정책평가론

[제5판]

노화준 저

法 文 社

제 5 판(第5版) 서문

우리 사회는 한층 더 빠른 속도로 변화하고 있고, 새로운 현상들이 계속해서 창발(emerge)함으로써 예측하기 어렵고 통제하기 어려운 복잡적응시스템적 성격이 더 한층 높게 나타나고 있다. 이러한 변화의 소용돌이 속에서 지난 2014년에는 세월호 사건, 그리고 2015년의 메르스(MERS)사태가 발생하여 사회적 혼란과 갈등, 그리고 막대한 경제적 손실을 경험하였으며, 이 과정에서 공공관리 부문의 관리역량과 정책역량구축의 중요성을 절감하게 되었다. 정책평가는 정책기획과 정책집행과정에 대한 평가를 통하여 학습하도록 함으로써 공공부문 조직들의 관리역량과 정책역량을 구축하는 논리와 방법론들을 제공하는 핵심적인 도구로서의 역할을 수행하고 있다.

이번 제5판에서는 정책평가의 이러한 성격들을 충분히 살리기 위하여 복잡적응적 시스템의 논리를 도입하고 복잡적응적 시스템 상황하에서 정책을 평가하고 역량을 구축하도록 하는 발전적 평가(developmental evaluation) 이론과 방법들을 새로이 도입하여 설명하였다. 또한 정책평가역량, 나아가서는 공공부분의 정책역량 구축의 논리와 방법에 관한 이론과 방법들을 설명하고, 사회변화 이론과 이러한 변화를 실현하고 뒷받침할 행동이론들간의 연계와 개발에 관해서도 설명하였다. 그 외에도 우리나라 정부의 정책평가제도의 변천과 성과관리 전략계획제도에 대해서도 간략하게 설명하였다.

그러나 이러한 새로운 시도에도 불구하고 시간의 제약으로 새로운 정책평가 이론들과 방법들을 이해하는데 도움이 될 더 많은 사례들을 개발하여 설명하기 못한 점을 아쉽게 생각한다. 다음 기회에 더 충분한 시간을 투입하여 보완하고자 한다.

제 5 전정판을 출간하는데 많은 수고를 하여주신 법문사의 편집부와 영업부의 여러분들게 감사드리며, 학기에 맞추어 출간할 수 있도록 많은 노력을 해 주신 장지훈 부장님께 충심으로 감사드린다. 아울러 개정판 원고작성과정에서 자료정리와 교정작업에 많은 수고를 해준 노유경 석사에게도 감사의 뜻을 표한다.

2015년 8월

관악산 명예교수 연구실에서

著 者 씀

차 례

제 1 장 서 론

제 2 장 정책평가의 유형, 절차 및 평가기획

제 8 장 평가질문과 분석방법간의 연계

제 9 장 진실험적 방법에 의한 정책혁신영향의 평가

제 10 장 준실험설적 방법에 의한 정책혁신영향의 평가

제 13 장 복합적응 시스템과 발전적 평가

제 14 장 정책평가의 관리와 활용

표 차례

그림 차례

제 1 장

서　론

장 | 머 | 리 | 에

넓은 의미에서 정책평가는 정책의 기획, 집행 및 그 결과를 이해하고 그 값어치를 따져보기 위하여 사회과학에서 발전시킨 여러 가지 연구방법과 원리들을 정책평가에 응용하는 일종의 응용연구이다. 정책평가는 프로그램 기획 과정에 필요한 정보를 제공하고, 프로그램을 계속해야 할 것인지, 개선해야 할 것인지, 확장하거나 삭감해야 할 것인지에 대하여 의사결정자를 도와주며, 새로운 프로그램의 효용성을 평가하고, 프로그램관리의 효과성을 증진시키며, 책임성을 높인다는 목적 등 여러 가지 실제적인 이유로 시행된다.

이번 장에서는 정책평가의 의미와 필요성에 대해서 좀 더 구체적으로 살펴보고, 정책평가의 기원, 정책평가와 다른 학문분야들과의 관련성 등을 살펴본다. 그리고 정책평가의 구체적인 목적과 성격 등을 살펴봄으로써 앞으로 정책평가를 공부하는데 필요한 기초적 이해를 넓히고자 한다.

제1절 정책 평가의 의의와 발전

Ⅰ. 정책 평가의 의의와 필요성

1. 정책평가의 의의

많은 경우, 정책결정자, 기획가, 프로그램관리자, 납세자, 자금공여조직 또는 프로그램의 고객들은 그들이 원하는 결과들을 얻기 위하여 수행할 값어치가 있는 프로그램들과 비효과적인 프로그램들을 구별할 필요를 느끼거나, 새로운 프로그램을 만들거나 기존의 프로그램을 수정할 필요를 느낀다.

그렇게 하기 위해서는 다음과 같은 질문들에 대한 답을 얻어야 한다.

- 추진하고 있는 정책이 실현된다면 그 정책이 추구하는 이념은 사회가 당면하고 있는 갈등들을 정당하게 해결할 수 있고, 변화시키고자 하는 방향으로 사회를 변화시킬 수 있는 기초를 제공해 줄 수 있으며, 또한 그러한 사회를 실현하는데 그 정책은 의미가 있는 것인가?
- 정책 문제의 성격과 범위는 어떤 것인가? 그것들은 어디에 위치하고 있으며, 누구에게 영향을 미치는가? 얼마나 많은 사람들이 영향을 받고, 문제는 그들에게 어떻게 영향을 미치는가?
- 새로이 창발하고 있는(emerging) 현상에 대응하기 위해서는 어떠한 프로그램을 마련해야 하는가?
- 문제가 새로운 프로그램이나 프로그램의 확대 또는 수정을 정당화 하는가?
- 정부간여에 대한 적절한 타깃모집단(target population)은 무엇인가?
- 특정한 정부간여가 타깃모집단에 도달하고 있는가?
- 정부간여는 잘 집행되고 있는가? 의도한 서비스는 제공되고 있는가?
- 정부간여는 바라는 목적이나 편익을 달성하는데 효과적인가?
- 프로그램의 비용은 달성한 효과나 편익에 비추어 볼 때 합리적인 것인가?
- 정책의 집행결과로 어떠한 결과가 초래되었는가?
- 정책이 달성할 것으로 기대하였던 것을 달성하였는가?

위에서 살펴본 질문들은 정부정책이나 프로그램들을 추진하거나 집행하는 과정에서 당면하는 이슈(issue)들을 예시한 것이다(Rossi, Lipsey and Freeman, 2004: 3).

정책평가는 바로 이들 평가이슈들에 답하는 활동들이다. 정책평가는 여러 가지 형태를 띨 수 있지만, 그것은 일반적으로, 하나의 프로그램이 그것이 추구하는 산출결과들(outcomes)을 달성할 수 있도록 얼마나 잘 작동하고 있으며, 왜 그렇게 작동하는가 하는 구체적인 질문에 대답하기 위하여 객관적인 측정과 분석방법을 사용하는 개별적이며, 체계적인 연구이다. 그리고 평가의 주된 목적은 불확실성을 감소시키고, 이해를 증진시키자는 데 있다.

정책평가의 과정에는 정책결정자, 정책집행자, 정책의 영향을 직접 간접으로 받게 되는 이해관계 당사자, 정책형성·집행 등을 학문적으로 연구하는 연구자 등 서로 입장과 관점을 달리하는 여러 사람들이 관심을 가지고 참여하며 평가의 결과를 이용한다. 그러나 정책평가의 과정에 참여하거나 그 평가의 결과를 활용하는 사람들이 처한 입장과 관심이 다르기 때문에 정책평가라는 말 그 자체도 여러 가지의 다른 의미로 사용되고 있다.[1)]

일반적으로 정책평가는 정책의 내용, 집행 및 집행의 결과와 그 영향 등을 추정하거나 사정 또는 평정하기 위하여 체계적 연구방법들을 응용하는 것으로서(Anderson, 1979: 151~153), 어떤 한 정책의 기획 및 집행 과정이나 결과를 이해하고, 그 값어치를 판단하는 사회적인 과정이라고 할 수 있다(Weiss, 1972: 1; Suchman, 1967: 7~8).

정책평가와 아울러 정책평가연구라는 용어가 널리 사용되고 있는데 정책평가연구는 정책의 결과를 이해하고 그 값어치를 따져보기 위하여 사회과학에서 발전시킨 여러 가지 연구의 방법들과 원리들을 정책(또는 프로그램)평가에 응용하는 일종의 응용연구이다.

Wholey는 정책평가란 현재 집행 중에 있는 프로그램이 그 목적을 달성하는데 효과적인가 하는 효과성을 따져보는 것으로서, 그 프로그램의 효과를 그 상황에 작용하는 다른 여타의 요인들의 영향으로부터 분리, 구분하기 위하여 연구

---

1) 정책결정자, 정책집행자, 그리고 제3자적 입장의 전문적인 평가자들이 어떤 관점에서 정책평가를 파악하고 있는가 하는데 대해서는 (Nakamura and Smallwood, 1980: 67~84) 참조.

설계의 원리에 의존하며, 현재 운용하고 있는 프로그램을 수정함으로써 프로그램을 개선하고자 하는 것을 목적으로 하는 의도적인 노력을 말하는 것이라고 정의하였다(Wholey *et al.*, 1976: 23~24). 이것은 정책평가연구가 사회과학의 연구방법을 정책평가에 응용하는 응용연구임을 말해 주는 것이다. Rossi와 Freeman도 정책평가연구란 사회적인 정부간여 프로그램(intervention program)의 개념화와 설계, 집행 및 그 효용을 사정(assessing)하는 데 사회과학적 연구절차를 체계적으로 응용하는 것이라고 규정하였다(Rossi, Lipsey and Freeman, 2004: 16~17). 이들을 종합해 볼 때 정책평가연구는 사회적 프로그램을 기획하고, 모니터링하며, 또 그의 효과성과 능률성을 판단하고 증진시키기 위하여 사회과학연구에서 발전시킨 방법들을 응용하는 것이며, 그렇기 때문에 사회과학연구에서 사용하는 규칙들을 그대로 따르는 것으로 규정할 수 있다.

정책평가와 정책평가연구를 구분하려는 학자들도 있다. 즉 정책평가는 어떤 특정한 정책 또는 그 정책의 구성요소의 값어치를 결정하는 사회과정 또는 정책과정을 가리키는데 비해서 정책평가연구는 과학적인 연구의 방법을 관심의 대상이 되고 있는 정책의 평가과정에 도입하여 응용하는 과정을 가리킨다는 것이다. 정책의 값어치에 대한 어떤 판단을 내리는 과정은 비록 어떤 논리나 합리성에 그 기초를 두고 있는 것이기는 하지만 그렇다고 하여 반드시 이러한 판단을 입증할 만한 객관적인 증거를 제시하기 위한 체계적 절차를 거쳐야 하는 것은 아니라는 것이다. 이에 비해서 평가연구는 과학적인 연구의 방법이나 기법을 평가를 위한 목적으로 활용하는 경우에 한정되는 것이며, 그 중점은 어디까지나 연구(research)에 두어지게 된다는 점에서 좀 더 한정적인 의미로 사용된다는 것이다. 이와 같이 정책평가연구는 정책의 가치나 프로그램의 생산성에 대한 정책결정을 하기 위하여 과학적인 방법을 응용한다는 점에서 정책평가의 하나의 특정한 유형이며, 정책평가는 정책평가연구를 포괄하는 개념이다.

정책평가는 다음과 같은 특징을 갖는다.

첫째, 정책평가는 일반적인 분석적 과정으로 정부의 간여, 즉 정치적 또는 행정적으로 계획된 사회변화를 위한 활동에 초점을 맞춘다. 둘째, 정책평가는 일반적으로 정책사이클(cycle) 가운데 집행, 산출, 산출결과 및 그 영향에 초점을 맞춘다. 그러나 발전적평가(developmental evaluation)는 새로운 현상이 창발

(emergence)하는 복잡성 상황(complex situation)에서 새로운 정책 방향을 탐색하는 데 중점을 둔다.[2)]

셋째, 발전적 평가를 제외한 일반적인 정책평가들은 회고적(retrospective)인 활동이다.

넷째, 정책평가는 정책의 값어치(merit)를 따지는 것이기 때문에 단순히 정책이 가져온 영향만을 사정(assessment)하는 것이 아니라 정책이 달성하고자 하는 목적의 성취여부를 측정하고, 프로그램 전략의 적실성을 따지며, 나아가서는 정책이 추구하는 가치와 이념의 적실성까지도 따져 볼 수 있는 가치기준(value criteria)까지도 평가기준으로 원용한다.

다섯째, 정책평가는 공공간여(public intervention)에 대한 주의 깊은 사정이다. 그러므로 정책평가는 체계적인 자료의 수집, 값어치에 대한 기준 및 성과표준들과 같은 평가기준들의 사려 깊은 적용 등 정책평가의 최소한의 질적 표준을 확보할 수 있는 객관적이고 과학적인 절차와 방법을 따라야 한다.

2. 정책평가의 필요성

정책을 실현하고자 하는 사회를 이룩하기 위하여 정부에서 결정하여 수행하는 활동, 즉 정부간여(government intervention)라고 정의한다면, 이러한 정책에 대한 정의는 실현하고자 하는 정책목표와 이를 실현할 수단들간의 관계를 포괄하고 있기 때문에 그 자체가 정책평가의 필요성을 제기하고 있는 것이다. 어떠한 사회적 목적을 달성하기 위하여 정부가 개입하기로 하였다면 그러한 정부에 의한 체계적인 간여, 즉 서비스나 정부활동들은 내용이 올바르고 올바른 대상들에게 전달되고 있는가? 정부가 개입하기로 한 활동의 정도는 제기되고 있는 문제의 성격에 비추어 보아 적정하며, 그러한 활동들을 통하여 달성하고자 하였던 목표들, 즉 실현하고자 하였던 사회는 실현되었는가? 이러한 의문들은 몇 가지 예에 불과하지만 바로 정부가 결정하여 집행하고 있거나 집행된 정책들에 대한 정책평가의 필요성을 나타내 주는 것들이다.

정부가 결정하여 집행하고 있는 정책들에 대한 평가의 필요성과 중요성들은

---

2) 복잡성 상황하의 발전적 평가에 대해서는 제13장에서 자세히 논의하게 된다. 발전적 평가에 대해서는 (Patton, 2011: 1~7; 30~34) 참조.

위에서 언급한 정책의 성격 이외에도 정책이 형성되어 집행되고 있는 정책환경의 변화로 인하여 점차로 더 높아져 가고 있다. 이들 가운데 중요한 것들을 몇 가지만 들어보면 다음과 같다.

첫째, 지난 34년여 동안 우리나라 정부는 급속한 성장을 경험하였다. 그 하나의 예로서 중앙정부의 일반회계 세출예산의 규모는 1980년에서 2014년 사이에 무려 38배 이상으로 성장하였고, 이에 따라 정부의 프로그램의 수도 급격하게 증가하게 되었다.[3)]

공공부문에 있어서의 이와 같은 양적 성장과 복잡성의 증대로 공공정책의 효과에 대한 평가가 정책결정자, 정책집행자 및 일반국민들의 중요한 관심사로 등장하게 되었다. 이러한 현상이 정책평가의 필요성을 증가시키는 가장 중요한 요인으로 작용하게 되었다.[4)]

둘째, 정부의 정책이 형성 집행되는 과정에 참여하는 행위자들의 수가 증대됨으로써 정책과정의 환경이 매우 복잡하게 변화하고 있다는 점을 들 수 있다. 정부가 결정하고 집행하는 정책에 대하여 이해관계를 갖거나 영향을 받는 집단과 개인들이 다양할 뿐 아니라, 하나의 정책과 관련된 정부기관들의 수가 많아지게 됨에 따라 어떤 한 사람의 정책결정자가 단독으로 정책을 결정하고 이를 집행하는 경우보다는, 하나의 정책을 새로이 설계하고 채택하거나, 수정 · 보완 · 종결하는 정책결정의 과정에 참여하는 사람들의 수가 많아지게 되고, 이에 따라 이 과정에 참여하고 있는 다양한 행위자들을 설득하고 이들의 지지를 획득해야만 하는 경우가 더 많아지게 되었다. 이러한 정책과정에서 합리적으로 정책을 판단하고 참여자들을 설득하여 그들의 지원을 획득하기 위해서는 이를 위한 정책판단의 자료가 필요하게 되었고, 이러한 정보수요를 충족시키기 위하여 정책평가의 필요성이 증대되고 있다.

셋째, 우리 사회가 복잡화되어감에 따라 체계적인 분석이나 평가가 없이 경험이나 통찰력에만 의존하여 정책의 효과를 판단하는 것이 점점 더 어려워져가고 있는 점을 들 수 있다. 국민들의 정부에 대한 기대가 높아져감에 따라 정부가 통

---

3) 1980년도 정부의 일반회계 총세출예산은 6조 4,860억 원이었던 것이 2014년도에는 247.2조 원에 달하였다. 기획재정부 예산실제공(2015년 6월).

4) 미국의 경우에도 정부규모의 팽창이 정책평가의 필요성을 증가시켰는데, 이에 대해서는 (Polivka and Stryker: 1983: 255~260) 참조.

제할 수 없는 경우가 많아지게 되었고, 통제할 수 있는 경우라 할지라도 좀 더 정밀한 분석에 의하여 효과적인 방안을 마련하거나 그 효과를 추정해 보기도 전에 정부가 문제해결을 위하여 무엇인가 당장 착수해야 한다는 압력이 가중되고 있는 실정이다. 정부는 이러한 압력에 의하여 충분한 준비도 없이 일에 착수하게 되는 경우가 점점 늘어나게 되었다. 그러나 이와 같이 해결방안에 대한 정확한 이해가 없이 착수한 일일수록 실제적인 성과는 미지수일 가능성이 높아진다. 따라서 정부가 이와 같이 그 정확한 효과들을 알아보기도 전에 착수하여 수행하고 있는 일들에 대하여는 과연 그들이 원래 의도한 목적들을 달성하고 있으며, 사회에 어떤 궁극적 또는 부정적인 효과를 가져오고 있는지에 대하여 평가하고, 그 성과를 피드백(feedback)하여야 할 필요성이 많아지게 되었다. 이와 같은 피드백에 의하여 정부의 정책이나 프로그램들이 수정되고 보완되거나 종결되지 아니하고, 효과도 없는 일이 계속 수행된다면 국민들의 정부에 대한 신뢰는 약화되어 갈 것이다.

넷째, 정부가 해야 할 일들이 늘어나게 되고, 또 이러한 일들을 추진하는데 고가의 비용이 소요되는 경우가 많아지게 되었다. 이에 따라 어떤 정책이나 프로그램을 새로이 채택하여 수행하거나 또는 과거로부터 수행해 오던 정책이나 프로그램의 수요를 정당화하여야만 할 필요성이 증가하게 되었다.

다섯째, 위에 든 여러 가지의 정책환경의 변화에 의하여 정책이나 프로그램을 결정하고 수행하는 행정가들의 책임이 회계적 책임을 넘어서 프로그램에 대한 책임이나 관리책임으로 확대되어야 한다는 것이 지배적인 경향이다. 특히 2000년대에 들어서면서부터 국민들의 복지에 대한 관심이 증대되면서 경제프로그램들과 같이 비교적 그 효과를 측정하기 용이한 프로그램들보다는 사회프로그램들과 같이 그 효과를 측정하기 어려운 프로그램들이 더 빠른 속도로 증가되어 가고 있는 추세에 있고, 이에 따라서 행정가들에 대한 관리책임의 중요성은 점점 더 높아져가고 있다. 이러한 관리책임을 따지기 위해서는 경제프로그램들 뿐만 아니라 사회프로그램들의 성과와 영향의 평가가 절실히 요청되는 것이다.

여섯째, 프로그램 기획은 목표로 하는 원하는 변화를 가져오기 위하여 전략적 중간목표들을 설정한다. 평가를 통하여 중간 목표들의 달성도를 평가하고, 그 정보들을 토대로 기획을 수정 발전시켜 감으로써 프로그램을 발전시킬 수 있고,

프로그램 담당자들의 정책역량을 향상시킬 수 있다. 이것이 프로그램 기획과 평가의 통합이다.[5)]

일곱째, 사회과학연구의 방법을 정부의 업무수행능력을 향상시키는 데 도움이 되도록 활용하여야 한다는 사회적 요망이 높아져가고 있으며, 사회과학자들 간에도 그들의 지식을 현실 문제를 해결하는데 활용하고자 하는 의식이 점차로 높아져가고 있는 추세에 있다. 이에 따라 정부가 수행하는 정책문제의 분석과 평가에도 사회과학의 방법과 원리를 응용하려는 노력이 계속되어 오고 있다.

앞에서 논의한 정책환경의 변화들 가운데 처음의 여섯 가지 요인들은 정책평가의 수요를 증대시키는데 작용하는 요인들이라 한다면, 일곱 번째 요인은 이러한 수요를 충족시킴으로써 새로운 수요를 계속적으로 창출시키는데 더 큰 작용을 하는 요인이라고 할 수 있다.

3. 평가과정에서 관련자들의 역할

정책평가 과정에는 평가와 관련된 많은 관련자들이 참여하는데, 그들 가운데에서도 중요한 네 가지 유형의 참여자들의 역할은 다음과 같다.

- **평가고객**

평가고객들(evaluation clients)은 평가에 대한 질문을 하고, 평가결과들을 활용한다.

- **이해관계자**

이해관계자들(stakeholders)은 프로그램에 기득의 이해를 가진 사람들로 평가에 의하여 가장 큰 영향을 받는 사람들이다.

- **평가자**

평가자는 프로그램평가를 기획하고 설계하며, 실행하고, 평가결과를 보고하는 전문가이다.

- **평가 컨설턴트**

평가의 컨설턴트들(consultants)은 평가의 여러 국면, 즉 자료수집, 분석, 또는 보고 등에 특별한 전문지식을 가진 직업적인 평가자들이다.

---

5) 프로그램 기획과 평가의 통합적 시각과 방법에 대한 논의에 대해서는 제3장 제2절 제2항 참조.

4. 성과측정 및 평가와 성과측정간의 관계

(1) 성과측정

프로그램 평가와 가장 밀접하게 관련된 개념은 성과의 측정(performance measurement)이다. 성과의 측정은 측정의 척도들(measures)을 정의하고, 관찰하며, 사용하는 과정이다. 어떤 학자들은 성과측정은 성과를 정의하고 성과에 관한 자료들을 수집하는 것을 지칭하는 것으로 사용하고, 성과의 모니터링(performance monitoring)은 관리와 의사결정시스템에서 이들 수집된 자료들을 활용하는 것을 지칭하기도 한다. 그러나 실제에 있어서 이들 두 용어들을 구분할 일반적인 합의는 없는 실정이다(Poister, 2003: 3~4).

성과측정의 개념을 설정된 목적(goal)과 관련하여 정의하기도 한다. 즉 성과측정이란 프로그램이 성취한 것들(accomplishments), 특히 사전에 설정된 목적들을 향해서 진척된 것을 계속적으로 모니터링하고 보고하는 것이라고 정의한다.

(2) 성과측정과 평가간의 관계

프로그램의 성과측정과 프로그램의 평가간에는 <표 1-1>에서 보는 바와 같은 차이가 있지만, 양자 간에는 밀접한 관계가 있다.

첫째, 성과측정 자료들은 프로그램을 평가하는데 필요한 정보를 제공해주고 프로그램의 성과를 평가할 수 있도록 해준다. 둘째, 성과측정자료의 부족은 평가를 수행하는데 주요 장애요인으로 작용할 수 있다.

표 1-1 성과측정과 프로그램평가간의 차이

성과측정	프로그램평가
• 성취한 것에 대한 계속적인 모니터링과 보고 • 프로그램 목표들의 달성의 검토 • 사전에 설정된 프로그램 목적에 비추어 주어진 시간에 산출과 산출결과 등 프로그램이 달성한 것을 기술 • 관리자들에게 조기 경보를 제공	• 심층적이고 체계적인 분석 • 주기적 또는 임시적(adhoc basis)으로 수행 • 현재 진행되고 있는 것을 모니터링하는 것 이상으로 프로그램 목표의 달성과 성과에 관한 정보의 검토 • 왜 그러한 결과가 일어났는지를 설명 • 장기적인 관점에서 효과성 심사

Ⅱ. 정책평가의 기원 및 다른 정책분야와의 관련성

1. 정책평가의 기원과 발전

정책평가가 언제부터 기원하였는가를 단정적으로 말하기는 어렵다. 왜냐하면 정부에서 정책을 결정하여 집행한 경우 그 결과가 어떻게 될 것인가 하는데 대해서 관심을 갖기 시작한 것은 최근에만 국한된 것이 아닐 것이기 때문이다. 이러한 관점에서 볼 때 정책평가는 정부가 정책을 형성하고 집행하기 시작한 것과 그 기원을 같이한다고 할 수 있을 것이다.

그러나 정책평가자들이 정책의 집행과정이나 집행의 결과에 대하여 관심을 가지고 체계적으로 평가를 실시해 볼 수 있는 능력을 획기적으로 향상시키기 시작한 것은 최근 40~50년 사이의 일이기 때문에 하나의 독자적인 학문으로서의 정책평가의 기원은 1960년대 초로 보아야 할 것이다.

그림 1-1 결과지향적 행정

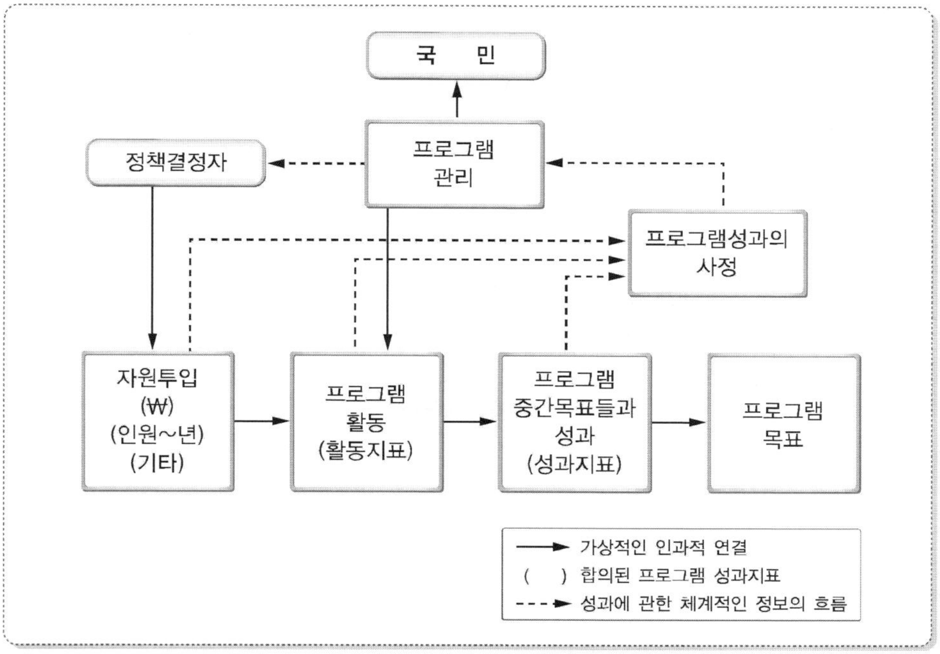

정책평가가 하나의 학문영역으로서의 자리를 굳힌 것은 세 가지의 서로 다르면서도 독립적인 지적 탐구의 흐름이 점진적으로 축적되어 온 결과라고 할 수 있다(Poland,1974: 333~338).

이들 세 가지의 흐름들 가운데 하나는 미국에서 1950년대부터 시작된 것으로 국방분야의 프로그램의 관리와 자원의 배정을 합리화하려는 노력이었는데 이 노력은 후에 미국 국방성의 기획예산제도(PPBS)로 발전하게 되었다. 이 제도의 철학적 배경은 결과지향적 행정철학이라고 할 수 있다. 이 새로운 제도가 지향하는 결과지향적 행정을 그림으로 나타내면 [그림 1-1]과 같다.

이 그림은 자원의 투입, 프로그램 활동, 프로그램 결과, 정보의 흐름 및 결과지향적 행정을 특징짓는 정보의 활용 등을 개괄적으로 나타내고 있다. 결과지향적 행정에서는 행정가가 그들의 프로그램을 평가하고 관리하며, 고위 정책결정자들에게 보고할 수 있도록 현실적이고 측정가능하며 결과지향적인 프로그램 중간목표들과 프로그램의 장기적인 목표들을 설정하는 것이 특징이다.

앞의 결과지향적인 [그림 1-1]과 대비하여 [그림 1-2]에서는 현재 정부의 행정에 더욱 전형적으로 나타나고 있는 과정지향적 행정을 개념적으로 나타내주고 있다. 결과지향적 행정에 있어서와는 달리 과정지향적 행정에 있어서의 프로그

그림 1-2 과정지향적 행정

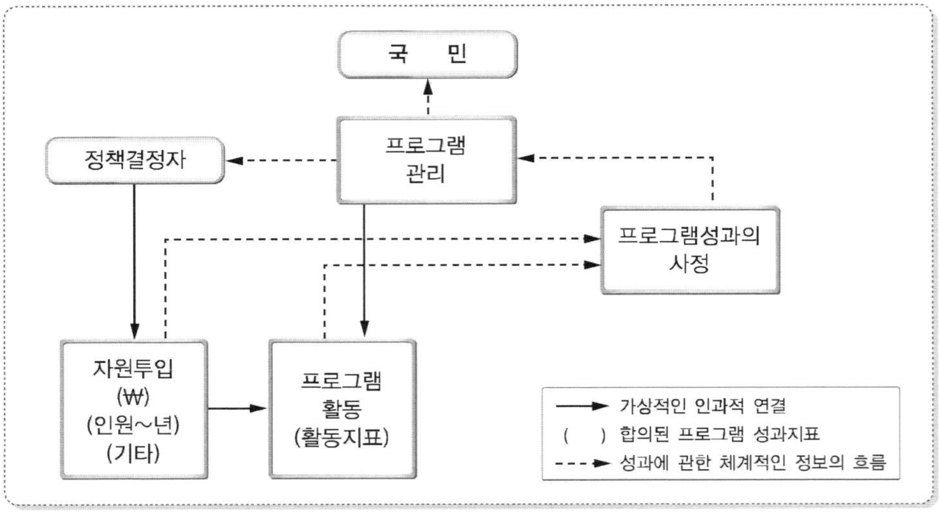

램의 목표들은 투입과 과정의 활동 목표들에 한정되어 있고, 그렇기 때문에 프로그램들은 이들 투입과 과정의 목표들에 비추어 평가되고 관리되며, 정책결정자들에 대한 보고도 투입과 산출자료에 기초하여 이루어지게 된다(Wholey, 1983: 3~10).

기획예산제도는 결과지향적 행정철학에 그 기초를 두고 있기 때문에 프로그램의 목표달성을 중요시하게 되며, 프로그램의 목표달성을 중요시하기 때문에 문제해결과 목표달성여부를 평가하여 피드백(feedback)할 정책평가를 중요시한 것이다. 미국에서는 1993년 정부성과 및 결과법(government performance and result act)을 도입하여 정책집행결과에 대한 성과의 평가를 강화하였고, 우리나라에서도 1990년대 후반에 시장지향적 · 결과지향적 정부개혁을 추진한 이래 성과의 평가가 강화되어 왔고, 2014년부터는 정부업무평가에 있어서 성과관리는 핵심적인 평가제도로 정착하였다.

정책평가의 모체가 된 두 번째 탐구의 흐름은 교육, 보건, 범죄분야 등에서 발전되어 온 것이다. 이러한 흐름은 오히려 국방 분야에서 시발된 기획예산제도보다 앞선 것으로서 1950년대에 이르기 이전에 이미 사회조사나 통계분석과 같은 응용사회과학연구의 방법들을 적용한 대규모적인 사후적 평가연구가 보편적으로 수행되어 왔던 것이다. 그런데 이와 같은 평가적 연구의 경로는 어느 한 학문분야에 의하여 발전되어 온 것이 아니라 심리학, 사회학, 정치학, 행정학, 사회복지학, 경제학, 응용통계학 및 문화인류학 등을 포함한 여러 학문분야들의 방법론적 공헌에 의하여 이루어진 것이었다.

1960년대에 들어서면서 정책평가로서의 응용사회과학연구는 미국 Johnson대통령시절 빈곤퇴치전쟁이라 불리는 위대한 사회의 건설을 위한 개혁프로그램들에 의한 자극으로부터 시작되었다(Rossi, Lipsey and Freeman, 2004: 12~15). 초기에는 이러한 프로그램들에 대한 투자가 어떤 효과를 가져왔는지를 밝혀내어야 한다는 필요성에서, 다음에는 이들 사회프로그램들의 비용을 절감시키고자 하는 관심에서, 그리고 그 후에는 평가정보를 이용함으로써 프로그램의 능률을 향상시키고자 하는 노력에 의하여 비교적 서서히 발전되어 왔다. 이 기간 동안에 OEO(the office of economic opportunity)가 평가연구를 적극적으로 제창하였던 것도 평가연구를 촉진시키는 촉매제가 되었다.

정책평가의 모체가 된 세 번째 흐름은 사회과학활동으로서 평가연구가 보편화되기 시작하였다는 것이다. 프로그램에 대한 체계적인 연구는 교육과 보건프로그램에서는 제1차 세계대전 이후에는 보편화되었다. 제2차 세계대전이후에는 도시개발과 주택, 기술 및 문화교육, 직업훈련, 건강증진 등을 위하여 미국 연방정부와 민간 재단들에 의하여 프로그램들이 개발되고 추진되었다. 이에 따라 1950년대까지는 프로그램 평가는 보편화되었다. 1970년대에는 평가연구(evaluation research)가 사회과학 내에서 하나의 뚜렷한 독자적인 전문분야로 등장하게 되었다(Rossi, Lipsey and Freeman, 2004: 8~9).

시간이 지남에 따라 이들 세 가지 서로 다른 경로의 평가적 탐구들은 점차 그 차이가 엷어져 오다가 오늘에 이르러서는 이들 세개의 흐름에서 개발한 여러가지 기법들이 하나의 평가연구에 혼합적으로 사용되기에 이르렀다.

1970년대에 들어오면서 공공부문의 생산성향상에 대한 미국 국민들의 관심이 높아지고 미국의회가 주요프로그램에 대한 평가를 법제화 하였을 뿐만 아니라 정부가 제공하는 서비스들의 생산성을 높이기 위한 정부의 노력으로서 평가연구를 활용함으로써 평가연구의 발전은 더욱 촉진되어 왔고,[6] 사회문제의 해결에 대한 평가의 영향은 더욱 증대되어 왔다.

한편 정책평가의 기원이 되는 세 가지 지적 흐름 가운데 PPBS의 발전에서 보는 바와 같이 정책평가는 프로그램관리를 위한 정보의 획득활동에서부터 출발하였고 그 활용성이 높아져 왔다. 물론 프로그램은 정책의 하나의 하위개념이기 때문에 정책은 의료보호프로그램, 사회복지프로그램 등과 같이 프로그램으로 표현되기도 하고, 호주제도, 남성만 국방의무를 지는 병역제도 등과 같이 프로그램 이외의 형태를 띠고 있기도 하다. 그러나 정책평가의 발전이 프로그램평가에서부터 시작되었고, 또 정책평가의 대종을 이루는 것도 프로그램 평가이기 때문에 이 책에서는 정책평가를 프로그램 평가를 포괄하는 개념으로 사용하고자 한다.

---

6) 미국 정부의 연방정부, 주정부 및 지방정부의 생산성향상을 위한 평가연구활동에 대하여는, (Caro, 1971: 1) 참조.

2. 다른 정책학분야와의 관련성

(1) 정책분석과 정책평가

정책평가에 대한 개념을 좀 더 분명하게 파악하기 위해서는 정책평가와 정책분석이 어떻게 다른가를 구분할 필요가 있다. 왜냐하면 어떤 학자들은 정책분석이라는 용어를 사용할 자리에 정책평가라는 용어를 사용함으로써 혼동을 가져오는 경우도 있기 때문이다. 정책분석과 정책평가에 대한 개념의 구분은 다음 [그림 1-3]과 같은 단순화된 정책과정을 보면 쉽게 이해할 수 있다.

일반적으로 정책문제는 조직의 내외적인 상황변동에 의하여 제기된다. 이와 같이 정책문제가 제기되면 그 문제를 이해하고 정의를 내리기 위하여 여러 가지 분석을 실시한다. 예컨대 상황변동의 성격, 그러한 변동에 의하여 영향을 받는 이해관계자들이나 집단, 영향의 방향과 강도, 또 앞으로의 변동의 전망 등에 대한 여러 가지 분석이 이루어져야 하는 것이다. 이러한 분석을 정책수요분석이라 하며, [그림 1-3]에서는 (1)로 표시되어 있다.

정책수요분석을 토대로 해결되어야 할 문제가 정의되고 추구하는 정책목표가 설정되고 나면 가장 효율적으로 이들 정책목표를 달성하기 위한 대안을 개발하고, 자료를 수집·분석함으로써 최적대안을 식별하고 판단하는 데 도움이 될 수 있는 정보를 산출해 내야 한다. 이러한 분석을 최적화분석이라고 하며 그림에서

그림 1-3　단순화된 정책과정

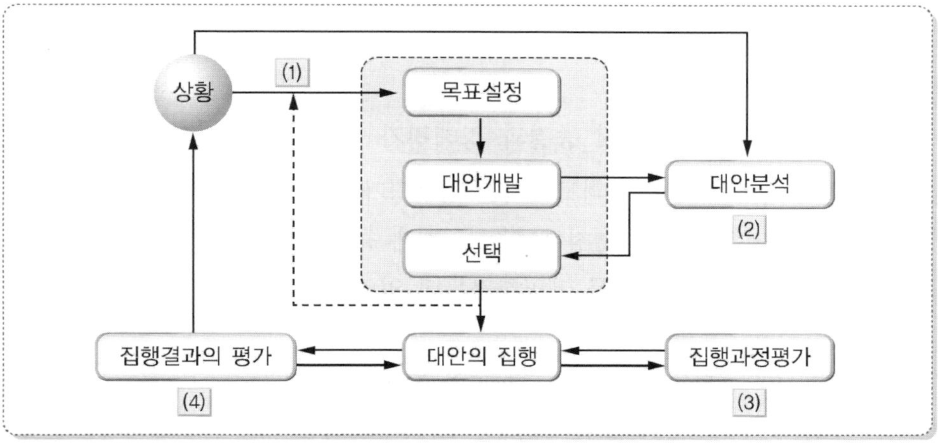

는 (2)로 표시되어 있다.

정책대안이 선택되고 나면 원래 의도한 효과가 나올 수 있도록 능률적으로 집행하여야 한다. 정책이나 프로그램의 집행과정에서 과연 정책이 의도한 바에 따라 능률적으로 집행되고 있는지를 검토하는 것이 집행과정평가이다. 이것은 [그림 1-3]에는 (3)으로 표시되어 있다.

끝으로 정책이 집행되고 나면 정책이나 프로그램이 원래 제기되었던 문제를 어느 정도나 해결하였으며, 설정된 목표는 효율적으로 달성하였는지의 여부를 검토하여야 하는데, 이것이 사후평가이다. 이것은 [그림 1-3]에는 (4)로 표시되어 있다.

넓은 의미로 사용할 때에는 [그림 1-3]에 (1), (2), (3) 및 (4)로 표시된 모든 분석과 평가 모두를 합하여 정책평가라 부른다.7)

그러나 좁은 의미로 사용할 때에는 (3)과 (4)만을 정책평가라 부르고, (1)과 (2)는 정책분석이라 부른다. 다시 말하면 정책결정에 필요한 여러 가지 정보를 산출하기 위한 사전적 또는 조망적 분석(anticipatory analysis)을 정책분석이라 부르고, 정책결정이 이루어지고 난 후 정책집행이나 집행의 결과를 검토하기 위한 사후적 또는 회고적 검토(retrospective examination)를 정책평가라고 부른다(Poland, 1974: 333). 정책분석이 조망적인데 비해서 정책평가가 회고적이라고 하는 구분은 매우 중요한 의미를 갖는다. 왜냐하면 이러한 구분은 이들 두 가지 분야에서 각기 다루어야 할 질문의 종류를 나타내주는 것이기 때문이다. 정책분석의 중점이 앞으로 가능한 효과(또한 이러한 효과의 추정이나 예측)에 주어지는데 비해서, 정책평가의 초점은 이와는 반대로 실제로 발생하게 된 효과에 주어지고 있다.

(2) 정책형성, 집행 및 종결과 정책평가

다음 절에서 자세히 살펴보겠지만 정책평가의 중요한 목적들 가운데 하나는 일반국민들과 입법부 및 행정부에 있는 개개 공공정책결정자들에게 정책의 집행 및 집행결과에 대한 정보를 제공하자는데 있다. 이들 공공정책결정자들은 그들

7) 이와 같은 용어사용의 예로서는 Stuart S. Nagel을 들 수 있는데 그는 흔히 말하는 정책분석을 정책평가라 부르고 있다. (Nagel, 1982) 참조. 이러한 관점에서 어떤 학자들은 정책평가연구를 정책분석기법들 가운데 하나로 간주하고 있다(Carley, 1980: 160~175) 참조.

의 위치에 따라 정책결정자나 관리자로서의 역할을 수행할 것이며, 이에 따라 그들은 정책형성과 정책집행에 있어서의 그들의 책무성을 높이기 위하여 정책평가에 의하여 산출된 정보가 필요하게 된다. 정책평가에서 산출하여 제공하는 정보들 가운데 책무성과 관련된 평가활동은 감사와 밀접히 관련되어 있다.

정책평가에서 산출된 정보들은 새로운 정책의 형성, 기존 정책의 수정·보완 또는 종결(Dery, 1984: 13~26), 그리고 집행방법의 개선 등에 활용될 수 있기 때문에 정책평가는 정책집행과 정책형성을 위한 경험적인 지식의 베이스(base)를 제공해 준다.

일몰법(sunset law)은 정책평가가 정책종결을 위한 경험적인 지식의 베이스가 된다는 단적인 예이다. 일몰법은 1976년 미국 콜로라도주에서 제정하여 사용한 이래 여러 주에서 채택하여 사용해 오고 있는 제도이다. 의회의 승인을 얻어 수행되고 있는 프로그램이나 사업은 일정한 기간(예컨대 3년 혹은 5년 등)이 경과하게 되면 자동적으로 그 사업과 담당기관이 종결되며, 다만 종결 전에 대상기관과 사업을 주기적으로 평가하여 의회가 존립의 타당성을 인정하는 경우는 예외로 한다고 하는 제도이다(Anderson, 1978: 78).

(3) 정책감사와 정책평가

정책평가는 [그림 1-4]에서 보는 바와 같이 통제과정(control process)에서 시행된다. 이러한 의미에서 정책평가는 의도적인 통제를 목적으로 수행되는 정책

그림 1-4 일반적인 통치모델(governance model)에서 평가

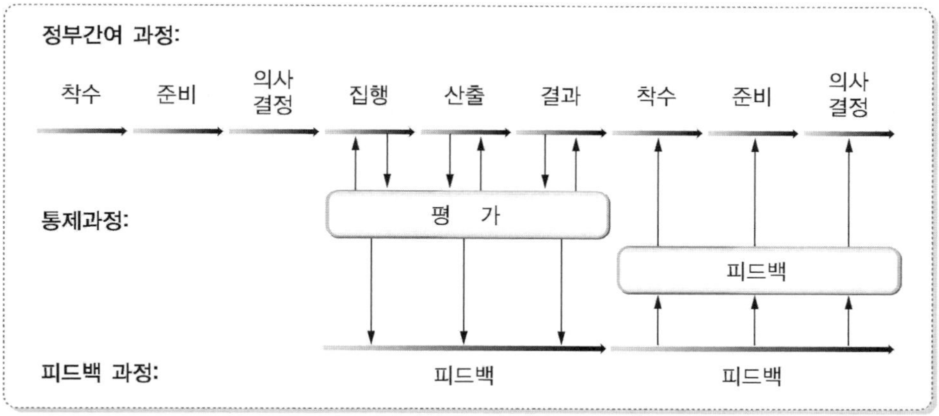

감사와 같은 기능을 수행한다고 할 수 있다.

일반적으로 정부개입과정은 문제의 인지(identification)와 이를 해결해야 한다는 요구(demand)로부터 시작된다. 이러한 요구는 국민이나 정치시스템으로부터 제기될지도 모르며 행정부 내부로부터 올지도 모른다. 이러한 요구에 대하여 정치지도자들이 관심을 가지고 그 해결방안을 모색할 때 이러한 문제는 정치적 의제(agenda)로 채택되며, 정책결정을 위한 준비가 시작된다.

정책결정의 준비단계와 협상 및 조정을 통하여 정책이 결정되고 나면 집행을 통하여 산출(output)과 산출결과(outcome)가 나타나게 된다. 이러한 정부간여의 사이클(cycle)은 일회적인 사이클로 끝나는 것이 아니라 집행, 산출 및 결과에 대한 평가를 통하여 새로운 문제가 제기되면 정책의 수정, 보완, 확대, 종결 또는 전면적인 개혁과 같은 새로운 정부간여의 사이클이 착수(initiation)되고, 새로운 해결대안들이 준비된다. 정책평가와 정책감사는 정부간여과정과 평행하게 진행되면서 영향을 주고받는 통제과정(control process)의 핵심적인 활동들이다. 정책감사는 정책평가로부터 정책감사를 수행하는데 필요한 여러 가지 방법들과 절차들을 가져와서 활용할 수 있다. 이러한 의미에서 정책감사와 정책평가는 그 기능과 방법론 측면에서 불가분의 관계에 있다 하겠다.[8] 그러나 정책감사는 정책평가뿐만 아니라 법학을 비롯한 여러 다른 학문분야로부터도 필요한 이론과 방법들을 도입하여 활용할 수 있으며, 반면에 정책평가는 통제의 목적뿐만 아니라 정책학습을 위한 정책이론의 발전과 같은 다른 목적으로도 수행되기 때문에 그러한 측면에서 정책평가와 정책감사는 동일한 것은 아니다.

제 2 절 정책평가의 목적과 성격

Ⅰ. 정책평가의 목적

일반적인 정책평가의 목적은 불확실성을 감소시키고, 이해를 증진시키자는데

8) 정책감사와 정책평가의 중요한 차이점은 정책감사의 지배적인 양식(mode)이 검사(inspection)인데 비해서 정책평가의 지배적인 양식은 리서치(research)라는 것이다(OECD, 1996: 22).

있다는 것은 이미 앞에서 기술하였다. 그러나 정책평가의 구체적인 목적은 정책평가의 의뢰자, 평가대상 정책의 내용, 성격, 집행의 단계 등에 따라 달라질 수밖에 없기 때문에 일률적으로 말하기는 어렵다. 평가분야 연구자들은 정책평가의 목적을 크게 세 가지로 나누고 있다(Chelimsky, 1977: 6).

이들 가운데 첫 번째 목적은 지식과 학습의 목적이다. 이는 정책평가의 목적이 정부가 가지고 있는 문제들과 이 문제들을 처리하기 위한 정부전략의 효과성들에 관한 새로운 지식을 얻는데 필요한 증거자료들을 얻고, 정책평가과정에서 제기되는 논쟁들을 통하여 정책학습을 하자는데 있다는 것이다(노화준, 1997: 31~55). 두 번째 목적은 관리개선이다. 이는 평가의 목적이 행정관리의 도구, 다시 말하면 정부프로그램의 효과성과 능률성을 평가하고, 대안의 선택과 개선, 운영상의 능률성을 증진시키기 위한 지원시스템으로서 봉사하는데 있다는 것이다. 그리고 세번째 목적은 책임성의 확보이다. 이는 정책평가의 목적이 정책결정자나 프로그램의 관리자들로 하여금 효과성과 운영상의 질이라는 두 가지 측면에서 그들의 관할하에 있는 프로그램들의 가치에 대한 책임을 지도록 함으로써 국민의 세금으로 이루어진 정부자원을 최선의 방법으로 활용하도록 하는데 있다는 것이다.

위의 목적들 가운데 첫 번째 목적인 지식과 학습의 목적은 현재 관심의 대상이 되고 있는 정책이나 프로그램의 평가를 통하여 사회현상에 대한 새로운 지식을 발전시키고 장기적으로 이를 정책의 개발과 사회문제의 해결에 응용하고자 하는 것으로 한편으로는 정부의 문제해결의 잠재적 능력을 높일 뿐 아니라, 학문적 발전에도 기여하자는 것이라 하겠다.

두 번째 목적인 관리의 개선은 정책평가 결과의 활용자가 행정과정에서 정책결정자의 위치에 있느냐, 프로그램 관리자의 위치에 있느냐, 아니면 정책집행 실무자의 위치에 있느냐 하는데 따라서 달라질 수 있다. 정책평가의 활용자가 정책결정자인 경우, 그들은 정책평가의 결과가 다음과 같은 광범위한 이슈들(issues)에 대하여 그들을 도와줄 수 있는 정보를 제공해 주기를 기대한다(Weiss, 1972: 14~15; Nachmias, 1979: 3~4). 즉 정책이 추구하는 가치와 정책목적은 적실성이 있는 것인가? 프로그램은 계속되는 것이 바람직한가, 아니면 종결되는 것이 바람직한가? 프로그램이 시스템 전체에 제도화되는 것이 바람직한가, 아니면 파일럿 프로그램 단계에서 중지하는 것이 더 바람직한가? 지금과 같은 절차와 기법을 계속 활용하는 것이 바람직한가? 더 많은 예산을 이 프로그램에 할당하는 것이 바람직한가, 아니면 예산을 다른 곳에 할당해야 하는가? 이와 같이 정책결정자들은 프로그램의 전체적인 효과성에 관한 정보를 얻기를 기대한다. 그러므로 이 경우의 정책평가의 목적은 이러한 정보의 수요에 맞추어 정책결정의 합리성을 높이는데 필요한 객관적이고도 신뢰성 있는 정보를 산출하여 제공하자는데 있다. 이와 아울러 정책평가는 정책의 목적달성을 위하여 계획된 프로그램과 프로젝트의 집행결과가 실제 국민생활에 미친 영향, 목적달성에 기여한 상대적인 효과 및 능률성 등에 대한 정보들을 산출하여 정책결정자들에게 피드백(feedback)함으로써 계획사업의 수정, 보완, 종결 등에 대한 합리적인 결정을 내리는데 객관적인 판단의 근거를 제공해 주고, 차후사업의 설계와 결정에 필요한 자료들을 산출하여 정책설계자들과 정책결정자들에게 제공해 주는데 그 목적이 있다.

한편 정책평가의 활용자가 프로그램의 관리자인 경우 그들은 정책평가의 결과가 관리의 효율성을 제고하는데 필요한 정보를 제공해 주기를 기대한다. 즉 그들은 그들의 프로그램이 바람직한 목적을 달성하는데 얼마나 효과적이냐 하는 것뿐만 아니라, 어떠한 일반적인 전략이 더 성공적이었고, 또 덜 성공적이었는가, 어떤 전략이 목적을 달성하는데 가장 능률적이었고, 또 경제적이었는가, 그리고 프로그램의 어떤 측면이 필수적이었고, 어떤 측면이 변경되거나 또는 중지되어야 하는가 하는 것들에 대한 정보들을 얻을 수 있기를 기대한다. 그러므로 이 경우의 정책평가의 목적은 정책결정과정에서 사회경제발전과정에 대한 정책결정 참여자들의 지식이 한정됨으로써 발생하게 될지도 모를 정책효과 추정상의 여러 가지 불확실성 등을 감안하여, 정책의 설계과정에서는 미처 예상하지 못했던 집행과정상의 가정변경 등에 따른 정책결과의 민감도의 결정, 집행과정에서 가장 주의 깊게 감독하고 조정하여야 할 주요변수들의 식별, 정책집행을 감독하고 조정하는데 필요한 정보수요의 결정 등(Imboden, 1978: 14~19) 결정된 정책집행의 효율성을 재고할 수 있는 여러 가지 전략과 방안 및 이들의 기초가 될 수 있는 자료들을 산출하여 이들을 정책의 집행자와 프로그램의 관리자들에게 제공해 주자는 데 있다.

정책평가의 활용자가 프로그램을 집행하는 실무자들인 경우 그들은 개인이나 소규모 집단을 취급하게 되고, 프로그램의 어느 한 국면과 접하게 되는 경우가 대부분이다. 따라서 그들은 정책평가가 실제로 이러한 프로그램을 운용하면서 느끼는 자기들의 경험, 애로사항 등을 토대로 그러한 애로사항을 타개해 주고 그들의 경험을 좀 더 잘 활용하도록 하는데 도움이 되기를 기대한다.

물론 정책결정자나 프로그램 관리자들의 정책평가의 활용목적은 앞에서 말한 바와 같은 합리적인 정책결정이나 능률적인 정책집행에만 국한되지는 않는다. 정책결정자나 프로그램의 관리자들은 모두 정책결정자나 프로그램의 관리자로서의 권한을 계속 유지하거나 이것을 더욱 신장시키는 데 높은 우선순위를 두고 있기 때문에 정책평가 또한 그들의 이러한 중심적인 목표에 관련된 가정과 절차로서 파악하는 경향을 보이고 있는 것이다(Nakamura and Smallwood, 1980: 68~72).

정책결정자들은 유권자인 국민들을 만족시킴으로써 그들의 지지를 계속하여 받을 수 있다면, 정치시스템에서 그들의 지위는 좀 더 안전하게 유지될 수 있을 것이다. 그러므로 정책결정자들은 정책에 대하여 국민들의 만족이 어느 정도인가를 측정함으로써 국민들로부터의 피드백(feedback)을 기대한다. 그러므로 정책결정자들에 대한 핵심적인 정책평가의 전략은 프로그램에 대한 유권자들의 태도를 모니터링(monitoring)하는 형태를 취하게 되는 것이다. 프로그램을 위한 평가의 표준은 정책결정자들과 가장 접촉가능성이 높고 영향력이 강한 지지자들에게 얼마나 인기가 높으냐 하는 것이 될 것이다. 이러한 관점은 프로그램의 성공이나 실패는 정책과 관련 있는 유권자들이나 그들 집단에 의하여 프로그램이 받아들여지거나 또는 거부되는 것으로서 측정될 수 있다는 가정에 그 기초를 두고 있다. 정책결정자들은 그들의 기본적인 지원집단이 어떻게 느끼고 있는가를 알고자 하는데 매우 열성적이기 때문에 그들의 유권자 집단이나 자기의 지지에 큰 영향을 미칠 수 있는 집단들에게 그들의 견해를 알릴 수 있도록 하는 기회를 만들고 그들이 받는 피드백을 모니터링하고자 하는 것이다.

이에 비해서 정책집행자들의 명성이나 그들의 미래는 그들이 관리하는 프로그램의 성공 여부와 크게 관련되어 있기 때문에 그들은 그들의 프로그램에 대한 정책결정자들의 지원을 계속 유지하거나 확장하는데 관심을 갖게 된다. 이를 위하여 정책의 집행자들은 정책결정자들이 받는 프로그램에 대한 정보를 프로그램에 유리한 방향으로 해석할 수 있도록 그 내용을 통제하거나 형성하고, 이렇게 함으로써 지원을 동원하게 된다.

이와 같이 정책결정자나 정책의 집행자들은 평가과정에서 커다란 정치적 이해관계를 갖게 된다. 이러한 관점에서 정책평가란 항상 정치적인 함축을 가지고 있다고 볼 수 있으며, 이 때문에 프로그램과 이해관계가 있는 사람들은 그 프로그램이 값어치가 있다는 결론이 나오도록 정책평가를 설계하려고 노력한다(Weiss, 1976: 311).

정책결정자나 집행자들은 그들의 권한이나 프로그램을 유지하거나 또는 이것들을 더욱 확대하려는데 관심을 두고 있기 때문에 이들은 모두 정책평가를 이러한 그들의 목표를 달성할 수 있는 하나의 수단으로 보려는 경향을 가지고 있는 것이다. 정책과정이나 행정과정에 있어서 정책평가의 목적은 이와 같이 정책결정이나 행정관리의 과정에서 그의 효과성과 능률성을 제고시키기 위한 피드백 메커니즘으로서의 활용목적과 아울러 정책결정자나 집행자들의 지원을 동원하기 위한 메커니즘으로서의 활용목적이라는 양면성을 가지고 있는 것이다.

세 번째 목적인 책임의 관점은 위의 두 가지 평가의 목적들과 밀접히 관련되어 있으면서도 정책평가의 목적을 적극적으로 정책결정자나 행정관리자들의 프로그램에 대한 책임을 제고시키는 메커니즘으로 본다는데 또 다른 의의가 있다. 미국의 경우에는 1960년대에 들어오면서 사회 프로그램이 대폭적으로 확대되게 되었고, 이에 따라 정책결정자나 행정관리자들이 이러한 프로그램을 결정하고 집행하는 과정에서 국가예산이 딴 곳으로 누출되어 나가지 않고 원래의 목적대로 활용되도록 하여야 한다는 소극적 의미의 회계적 또는 재정적 책임만 지는 것으로서는 충분하지 못하고 프로그램이 사회복지의 증진을 위하여 설정한 목표들을 효과적으로 달성하는데 적극적인 기여를 하도록 정책을 결정하고 집행하여야 한다는, 다시 말하면 프로그램의 질과 효과에 대해서까지도 적극적으로 책임을 져야 한다는 책임행정의 요청이 높아지게 되었다. 이에 따라 정책평가의 목적은 이러한 책임행정의 실현에 두게 되었던 것이다(Levitan and Wurzburg, 1979: 55~57).

우리나라 정부에서 1990년대부터 실시해온 기관평가제도와 2014년도부터 시작한 성과관리 평가제도도 정부부처에서 계획하고 시행한 주요 정책과제들을 책임지고 실행하여 원래 설정한 목적들을 효율적으로 달성하도록 책임성을 강화하자는데 그 목적이 있다.

Ⅱ. 정책평가연구의 성격

정책평가의 의의와 정책평가의 목적에 대한 논의를 통하여 알 수 있는 바와 같이 정책평가는 정부가 결정하여 집행하였거나 또는 집행 중에 있는 정책의 값어치를 따져보는 사회적 과정이며, 이를 통하여 정부의 정책결정 및 집행의 적실성과 효과성 및 능률성을 제고하고, 아울러 정부의 문제해결을 위한 지식과 능력을 제고시키자는데 그 목적이 있는 것이다. 그러므로 이를 뒷받침하기 위한 정책평가연구는 기초연구와는 다른 몇 가지 성격들을 가지고 있는데, 이들 가운데 중요한 것들을 들어보면 다음과 같다.

첫째, 정책평가는 어떤 실용적 목적을 달성하기 위하여 수행하는 연구이다. 만일 평가연구가 성공적인 것이 되려면, 이 평가연구는 정책의 기획, 개발 또는 운용에 유용한 정보를 제공하지 않으면 안 된다. 이에 비해서 비평가적 연구는, 물론 실용적인 목적도 있겠으나, 조작이나 행동보다는 이해의 증진을 그 1차적 목표로 하고 있다. 기초연구 프로젝트는 탐구된 지식이 사회적 변화를 가져오는 데 가치가 있는지 여부에 관계없이 새로운 지식의 탐구에 주요목적을 두고 있다. 이 경우 중점은 통제된 간여(intervention)를 통해서 어떤 변수들 간의 관계에 영향을 미치기 위한 인간의 능력을 향상시키는 데에 두어지는 것이 아니고, 변수들 간의 상호관계의 탐색 그 자체에 두어지는 것이다(Merton, 1949: 176).

이와 밀접히 관련된 구분으로서, 기초연구는 이론적인 보편화나 추상적인 예견의 형성을 1차적인 목적으로 하고 있으나, 평가연구를 포함하는 응용연구는 구체적인 예측을 포함하여 고도로 구체화된 상황에 있어서의 행동을 더 강조하는 성향을 갖는다. 이론적 연구로부터 평가적 연구로 가까워지면 가까워질수록 이러한 연구는 통제할 수 있는 변수의 수가 크게 줄어들어 가는 반면에 그 상황에만 독특한 요소의 수는 크게 증가되어 가게 된다. 어떤 평가연구사업을 둘러싸고 있는 이러한 상황적 특성들이 평가의 과정에서 필요하게 되는 구체성이라는 고유한 측면인 것이다. 이것이 많은 평가연구들이 반복해서 수행되게 되는 주요 이유라 할 수 있다. 어떤 한 상황에서 잘되어 가던 하나의 프로그램이 다른 상황하에서도 역시 잘되어 갈 것이라는 확실한 보장은 없는 것이다.

둘째, 위의 첫 번째 이유인 상황적 특성과 밀접히 관련된 것으로서 평가연구는 어떤 시간과 장소에 크게 제한되는 연구이다. 그러나 비평가적 연구는 가능한 한 시간과 공간을 초월하는 것을 그 목적으로 한다는 것이 다르다. 평가연구가 갖는 문제해결의 목표는 어떤 직접적인 필요성에 의하여 이루어진 행정적 의사결정에 큰 비중을 두게 된다. 그러므로 하나의 평가연구가 성공에 대한 여러 가지 상황적 특성들을 더욱 더 구체화할 수 있고 이들 구체화할 수 있는 것들을 더 통제할 수 있다면 이러한 평가연구들은 더욱 더 유용한 것이 될 것이다.

셋째, 평가연구와 비평가적 연구의 주요한 차이는 문제의 표현을 위하여 취하는 형태에도 그 차이가 있다. 비평가적 연구에 있어서 가설의 표현은 주로 "a가 많으면 많을수록 b가 더 많아진다"라는 기본적인 형태를 띠게 된다(Nagel, 1961). 비평가적 연구의 목표는 이러한 관계의 존재를 검증하기 위한 것이다. 여기에는 'b'에 대하여 바람직하다든지 또는 바람직하지 않다든지 하는 어떤 의미가 함축되어 있지 않고, 또 'a'의 조작(manipulation) 가능성에 대한 것도 함축되어 있지 않다. 그러나 평가연구에 있어서는 효과 'b'는 'b'를 가져오기 위하여 의도적으로 고안된 어떤 프로그램 'a'의 목적으로서 가치가 있는 것, 또는 바람직스러운 것이라는 의미가 명시적으로 내포되어 있는 것이다. 그리고 비평가적 연구는 'a'가 'b'와 관계가 있느냐 하는 사실에 대한 질문과 그에 대한 탐구에 초점이 두어지고 있으나, 평가적 연구에 있어서는 'a'가 'b'의 변화를 가져오는데 효과적으로 작용하고 있느냐 하는데 대한 질문을 하고, 'a'를 조작하는 프로그램을 만든 다음, 그것이 'b'에 대하여 미치는 효과를 측정함으로써 경험적으로 이 질문에 대하여 답을 하려 하는 것이다.

넷째, 위의 세 번째 특성과 관련된 것으로 정책평가연구는 목적지향적(goal-oriented) 연구이다. 즉 이 평가연구는 제안된 행동노선과 관련된 수단뿐만 아니라 정책목적 그 자체에 초점을 두는 경향을 띠고 있다(Nachmias, 1980: 3~4). 이러한 목적지향적 성격 때문에 평가연구자는 정책결정자가 명시적으로 천명한 행위에 대해서 뿐만 아니라, 정책결정자가 표명한 목적(goal)과 관련된 목표

(objectives) 그 자체에 대해서까지도 의문을 가지게 되며, 따라서 평가자는 정책문제 그 자체를 정의하는 데까지도 능동적으로 관여하게 되는 것이다.

다섯째, 정책평가연구는 시스템적 관점을 가진다. 다시 말하면 정책평가연구는 하나의 주어진 정책결정자의 관심사항뿐만 아니라 평가의 대상이 된 정책에 의하여 영향을 받게 되리라고 생각되는 하나의 사회단위 전체의 목적에 주의를 기울이게 된다. 공공사(public event)는 그것이 비록 정부단위에서 일어나건, 공식조직에서 일어나건 간에 하나의 특정한 사회적 맥락 또는 시스템 내에서 일어나게 되는 것이다. 그에 따라 정책은 그 시스템을 구성하고 있는 하나의 하위집단에 의하여 형성되고 수행되므로 정책연구에 있어서 정책을 정책결정자의 관점에서 뿐만 아니라, 시스템 내에 그 정책과 어떤 연관이 있다고 생각되는 모든 하위집단들의 입장에 서서 보려고 하는 노력이 필요하게 되는 것이다. 그리고 이렇게 함으로써 정책평가연구는 정책집행이 시스템 전체에 미친 영향을 추론해 낼 수 있게 된다.

여섯째, 정책평가연구는 조작이 가능한 변수들을 포함하게 된다. 이 말은 이러한 연구에 있어서 독립변수는 정책결정자가 그의 정책을 결정하는 상황하에서 통제가 가능했던 요소들로 구성된다는 것을 의미한다.

일곱째, 정책평가연구는 어떤 목적을 달성하기 위하여 선택된 행동의 효과를 연구함에 있어서 좀 더 포괄적인 것이 되도록 노력한다. 다시 말하면 어떤 정책을 수행함으로써 오게 되는 직접적인 영향뿐만 아니라, 잠재적인 효과나 의도하지 않았던 결과들에 대해서까지도 고려하게 된다.

여덟째, 정책평가연구는 범학문적 접근의 성격을 띠게 된다. 인간사회가 가지고 있는 문제들은 그 성질상 여러 가지 측면을 내포하고 있으며, 이와 같은 다양한 측면을 가지고 있는 문제들을 어떤 하나의 기존학문의 이론적 테두리 내에서 개념화하고자 할 때에는 큰 어려움에 부딪치게 될 것이다. 정책평가연구는 어떤 하나의 사회과학이나 혹은 그 정책과 관련된 분야에 의지할 수도 있을 것이다. 그러나 그러한 연구의 특색은 그 분야의 내용보다도 그 분석적 접근방법이나 시스템적 관점에 있다 할 것이다.

정책연구는 명시적으로 가치에 토대를 둔 사회행동을 다루는 것이며, 정책평가연구는 넓은 의미의 정책연구의 범주에 속하는 것이기 때문에 연구자는 자기

연구가 갖는 윤리적이며 규범적인 함축성을 고려하지 않으면 안 된다.[9] 이러한 이유로 최근에는 평가의 윤리와 표준(standard)이 평가자들에게 특히 강조되고 있다(Rossi, Lipsey and Freeman, 2004: 404~410).

이 장의 요약

1. 정책평가는 여러 가지 형태를 띨 수 있지만, 그것은 일반적으로 하나의 프로그램이 그의 산출결과들(outcomes)을 달성할 수 있도록 얼마나 잘 작동하고 있으며, 왜 그렇게 작동하는가 하는 구체적인 질문들에 대답하기 위하여 객관적인 측정과 분석방법을 사용하는 개별적이며, 체계적인 연구이다

2. 정책평가의 필요성을 높이는 환경적 요인들 가운데 중요한 것으로는 ① 우리나라 정부의 급속한 성장, ② 정치・행정과정을 둘러싼 환경의 복잡화, ③ 경험이나 통찰력에 의한 분석의 한계, ④ 정책이나 프로그램 수요를 정당화할 필요성의 증대, ⑤ 정치가와 프로그램 관리자들의 관리책임에 대한 의식의 증대, ⑥ 사회과학연구방법을 정부업무에 활용해야 한다는데 대한 요청의 증대 등을 들 수 있다.

3. 성과측정은 측정의 척도들(measures)을 정의하고, 관찰하며, 사용하는 과정이다. 성과측정자료들은 프로그램을 평가하는데 필요한 정보를 제공해주고 프로그램의 성과를 평가할 수 있도록 해준다.

4. 정책평가의 기원은 세 가지의 흐름으로부터 찾아볼 수 있다. 첫째, 기획예산제도(PPBS)의 실패의 경험에 따라 기존 정책의 집행과 효과에 대한 경험적인 정보기초(information base)의 필요성을 절감하였다. 둘째, 60년대 위대한 사

9) 이러한 점에서 정책연구는 사회과학연구에서 과학성을 부인하는 것이 아니라, 좀 더 고객지향적이고 좀 더 규범적이 되어야 한다는 후기 행태주의(post-behavioralism)의 접근방법의 성격이 강하다고 볼 수 있다. 이러한 입장에 대한 논의에 대해서는 (Frederickson, 1971: 315~316) 참조.

회건설을 위한 대대적인 사회복지 프로그램의 실시에 따라 그 효과를 추정해야 할 필요성이 높아졌으며, 정치, 경제, 사회, 행정, 사회복지, 교육 등 여러 분야에서 개발하여 발전시킨 응용연구가 이러한 사회복지 프로그램의 평가에 활용되기 시작하였다. 셋째, 사회과학 활동으로서 평가연구가 보편화되기 시작하였으며, 1970년대에는 평가연구가 사회과학 내에서 하나의 뚜렷한 독자적인 전문분야로 등장하였다는 것 등을 둘 수 있다.

5. 정책은 일반적으로 목적과 그것을 달성할 수단들을 내포하고 있다. 이러한 정책에 대한 개념정의는 정책이 정책목적의 달성수단으로서의 하위개념인 프로그램이나 정부의 간여(intervention)까지도 포괄하는 개념이라는 것을 의미한다. 따라서 정책평가와 프로그램 평가는 그 용어상의 차이는 있으나 실질적으로는 같은 의미로 사용되고 있다. 정책의 개념을 이와 같이 넓은 의미로 정의하면, 정책평가연구나 프로그램 평가연구는 정책이나 프로그램의 결과를 이해하고, 그 값어치를 따져보기 위하여 사회과학에서 발전시킨 여러 가지 연구의 방법들과 원리들을 정책이나 프로그램의 평가에 응용하는 일종의 응용사회과학연구라고 할 수 있다.

6. 정책분석은 정책수요의 분석과 최적대안의 발견을 위한 분석 등 주로 정책결정에 필요한 정보를 산출하기 위한 조망적 분석인 반면에 정책평가는 정책을 집행하고 난 후에 경험적인 자료들을 토대로 정책의 효과와 능률성 및 적합성 등을 검토하는 일종의 회고적 분석이라는데 그 차이가 있다.

7. 정책평가의 목적에는 여러 가지가 있는데 이들 가운데 중요한 것은 ① 정부가 직면하고 있는 문제들과 이 문제들을 처리하기 위한 정부전략의 효과성들에 관한 새로운 지식을 얻는데 필요한 증거자료들을 얻는데 있다는 지식과 정책학습의 목적, ② 정책과 행정관리의 도구, 다시 말하면 정부프로그램의 효과성과 능률성을 평가하고 대안의 선택과 개선, 운영상의 능률성을 증가시키기 위한 지원시스템으로서 봉사하는데 있다는 관리개선의 목적, ③ 정책결정자나 프로그램의 관리자들로 하여금 효과성과 운영상의 질이라고 하는 두 가지 측면에서 그들의 관할하에 있는 프로그램들의 가치에 대한 책임을 가지

도록 함으로써 국민의 세금으로 이루어진 정부자원을 최선의 방법으로 활용하도록 하는데 있다는 책임성 확보의 목적 등이 있다.

연/습/문/제

[1.1] 정책평가의 의미는 무엇인가? 정책평가는 성과측정과 어떤 관계를 가지고 있는가?

[1.2] 다음 각각에 대하여 설명하여라.
① 정책분석과 정책평가의 차이
② 정책평가와 정책평가연구의 차이
③ 정책평가에 대한 수요를 증대시키는 요인
④ 정책평가의 세 가지 목적과 그 차이

[1.3] 정책평가연구가 여타의 연구와 다른 성격상의 특징은 무엇인가?

[1.4] 정책평가결과에 대한 활용자의 행정과정에서의 위치에 따라 정책평가의 필요성이 어떻게 달라질 수 있는지에 대하여 설명하여라.

[1.5] 정책평가의 범학문적 접근의 성격의 구체적인 의미는?

[1.6] 정책감사와 정책평가의 관계를 설명하여라.

[1.7] 우리나라에서는 정책평가의 목적들 가운데 지식창출의 목적과 관리책임 구현의 목적들 가운데 어디에 더 중점을 두어야 하는가? 그 이유는?

[1.8] 정책평가연구는 시스템적 관점을 가진 연구라 한다. 정책평가연구가 이와 같이 시스템적 관점을 가져야 할 이유는 무엇인가?

제 2 장

정책평가의 유형, 절차 및 평가기획

장 | 머 | 리 | 에

정책평가의 유형과 평가설계에 대한 이해는 정책평가를 실제로 담당하는 연구자들은 물론이고, 정책결정자나 정책집행자들에게도 모두 중요하다. 정책평가를 담당하는 연구자들의 경우에는 고객이 원하는 평가문제를 올바르게 평가할 적절한 평가방법을 선택하기 위하여, 또한 적절한 평가설계에 따라 평가를 수행함으로써 가장 오류가 적은 평가결과를 얻기 위하여 평가의 유형과 기획에 대한 올바른 이해가 필요하다.

한편 정책결정자나 정책집행자들의 경우에는 그들로부터 평가문제를 의뢰받은 평가연구자들이 올바른 방법과 설계에 의하여 평가문제에 접근하였는가를 판단할 수 있고, 또 평가결과들을 정확히 이해하고 적절히 활용할 수 있기 위하여 정책평가의 유형과 평가기획에 대한 이해가 필요하다.

본 장은 정책평가에 이용되는 여러 가지 정책평가의 방법과 평가기획들을 개괄적으로 살펴봄으로써 그 개요를 파악할 수 있도록 하는데 초점을 두고 있다. 그리고 각각의 주요 방법들에 대해서는 다음의 여러 장에서 구체적으로 다루게 될 것이다.

제1절 정책평가의 유형

Ⅰ. 자체평가와 외부평가

정책평가는 평가자가 누군가에 따라 자체평가(또는 내부평가)와 외부평가로 나눌 수 있다. 자체평가는 프로그램집행을 담당하는 부서에서 자율적으로 평가하는 것이고, 내부평가는 프로그램을 집행하는 기관의 내부에서 평가하는 것이며, 외부평가는 프로그램을 집행하는 조직의 외부기관에 의하여 평가가 이루어지는 것을 말한다.[1] 자체평가와 내부평가는 엄밀한 의미에서는 차이가 있지만 자체평가와 내부평가를 혼용하여 사용하기도 한다.

외부평가는 우리나라 정부의 경우 국무총리실의 정책평가위원회에서 각 부처들의 주요정책과제를 평가하는 것이나 안전행정부에서 각 지방자치단체들의 업무를 평가하는 것과 같이, 어떤 기관의 외부에서 법령이나 정부시책에 의하여 평가하는데 비해서 내부평가는 정책을 담당하는 기관이 스스로의 필요에 의해서 자체적으로 평가하는 것이다.

일반적으로 내부평가(internal evaluation)는 프로그램의 집행이나 프로그램의 임팩트와 직접적으로 관련이 있는 개인이나 그룹에 의하여 수행되는 품질심사(quality review)이다. 외부전문가들의 자문이나 조력을 받을 수도 있다. 내부평가는 조직의 발전과 의도적인 변화를 지원하는 액션연구(action research)의 한 형태이다. 내부평가는 실무적인 관심사에 초점을 맞추고, 정치적 및 조직적 제약에 의하여 영향을 받는 조직의 간여(organizational intervention)이다.

최근 외국의 정책평가 경향을 보면 외부평가에서 내부평가로 급속하게 전환하는 경향을 보이고 있다(Love, 1991:1). 이것은 평가가 기본적으로 조직의 계속되는 관리, 의사결정 및 기획의 한 과정으로 간주되고 있기 때문이다. 정책평가는 조직의 설계와 조직 발전의 하나의 통합된 과정이며, 그렇기 때문에 평가역

---

1) 자체평가(self-evaluation)는 자기반성적 과정(self-reflective process)인데 비해서 내부평가(internal evaluation)는 내적인 심사과정(review process)이라는 점에서 구분된다. 그러나 실제로 그들 두 개념들은 동일하며, 질적관리의 형태로 조직내부 부서에 의하여 시행된다.

량이 계속 증진되어야 그 기능을 제대로 수행할 수 있다(Attkisson and Broskowsk, 1978).

내부평가의 중요한 특징은 다음과 같다. 첫째, 내부평가의 제일차적인 책임이 조직의 밖에 있는 것이 아니라 조직의 내부에 있다. 둘째, 외부평가(external evaluation)의 초점이 조직의 밖에 있는 사람들(예컨대 최고 정책결정자, 자금지원조직, 일반국민)의 관심사인데 비해서, 내부평가의 초점은 일반적으로 관리자, 집행담당요원 및 프로그램 참여자들의 이슈들과 관심사들이다. 셋째, 외부평가의 경우 평가자들은 그들이 평가하는 프로그램이나 조직과 독립되어 있으나, 내부평가의 평가자들은 그들이 평가하는 조직의 관리자들에게 직접적으로 책임이 있다.

내부평가 평가자들의 핵심적인 공헌은 다음과 같다. (1) 이해관계자들의 니즈(needs)를 식별한다. (2) 프로그램의 품질과 산출결과의 측정방법에 대하여 주기적으로 자문한다. (3) 프로그램의 품질과 산출결과에 관한 계속적인 모니터링 시스템을 발전시킨다. (4) 어떤 옵션(option)이 제대로 작동하거나 작동하지 않는지, 그리고 그들의 편익과 비용들은 무엇인지를 식별한다. (5) 프로그램 목적달성의 전략이 계획대로 달성되고 있는지를 검증한다. (6) 프로그램의 부작용에 대하여 검토한다. (7) 평가결과 발견된 내용들을 요약하고 배포한다. (8) 노력의 개선 내용을 모니터링한다. (9) 미래 방향에 대한 전략적 정보를 제공한다(Love, 1991).

내부평가와 외부평가는 각각 다음과 같은 강점들을 가지고 있다. 즉 내부평가는 (1) 관리자의 니즈들(needs)에 부합되고, 평가이슈들은 조직의 니즈에 더 잘 부합된다. (2) 비용이 저렴하다. (3) 내부평가자는 발견된 사실을 조직의 상황에서 해석한다. (4) 프로그램 기획과 프로그램 평가를 통합할 수 있고, 프로그램 전략을 수정 발전시킬 수 있다. (5) 평가결과는 관리자와 담당요원들에 의하여 더 용이하게 받아들여질 수 있다. (6) 데이터들은 조직내의 요원들이 더 잘 이해할 수 있다. (7) 고품질의 모니터링과 평가를 수행할 역량을 배양할 수 있고, 발견된 사실로부터 학습할 역량도 배양할 수 있다. 이에 비해서 외부평가는 다음과 같은 이점이 있다. (1) 외부의 전문성과 경험을 활용할 수 있다. (2) 자금 공여자와 이해관계자들에게 더 많은 신뢰를 줄 수 있다. (3) 내부의 요원들(staffs)은 그들의 하는 일을 바꾸지 않고 계속할 수 있다. (4) 참신한 관점들(fresh perspectives)을 도입할 수 있다.

한편 내부 평가와 외부평가는 각각의 약점들을 가지고 있다. 즉 내부평가는 (1) 내부요원들이 바쁘기 때문에 평가가 예정된 시간에 완성되지 못할 수 있다. (2) 독립성이 보장되지 않는다. (3) 편견(bias)이 스며들 가능성이 높다. (4) 역할에 대한 혼동(role confusion)이 일어날 가능성이 높다. 이에 비해서 외부평가는 (1) 평가자가 프로그램에 익숙해지는데 상당한 시간이 필요하다. (2) 개인적 편견이 스며들 가능성이 높다. (3) 비용이 많이 든다. (4) 세심한 관리가 요구된다.

Ⅱ. 전형적인 정책평가의 방법들

정책평가와 프로그램평가의 방법에는 여러 가지가 있으나 여기서는 미국의 평가연구학회에서 설정한 표준적인 정책평가방법과 그 외에 널리 활용되고 있는 능률성 평가 및 적합성 평가 등을 중심으로 개략적으로 살펴보기로 한다.[2] 이들 각 평가방법들은 주로 프로그램의 검증과 정책목표에 대한 상황적 타당화를 위한 평가들이다. 좀 더 구체적인 정책평가의 방법들에 대해서는 다음의 각 장에서 다루게 될 것이다.

1. 착수직전분석

착수직전분석(front-end-analysis)의 접근방법은 주로 새로운 프로그램 평가를 기획하기 위하여 프로그램을 착수하기 직전에 수행되는 선행적 평가작업이다. 예컨대 프로그램 관련 기술적 데이터의 수집, 신규 프로그램의 평가 가능성 검토 등을 들 수 있다. 그렇기 때문에 이것은 프로그램의 기획과 동시에 시작되

---

2) 정책평가분야의 여러 학자들에 의하여 여러 가지 다양한 정책평가의 종류들이 제안되어 오는 과정에서 1970년대말에 이르러서는 평가실무를 위한 평가의 표준적 분류에 어느 정도 합의에 도달하게 되었다. 특히 미국의 평가연구학회(Evaluation Research Society)에 의하여 개발된 표준에서는 모든 분야의 정책평가실무를 망라해서 모두 여섯 가지 유형의 일상적으로 수행되고 있는 정책평가의 접근방법들을 제안하고 있는데, 이들 여섯 가지 유형의 정책평가에는 착수직전분석(front-end analysis), 평가성 사정(evaluability assessment), 형성적 평가(formative evaluation), 효율성 또는 영향평가(impact evaluation), 프로그램과 문제의 모니터링(monitoring) 및 메타평가(meta-evaluation) 등이 포함되고 있다. 1981~1982년 사이에 공표된 두개의 평가표준들은 교육평가 표준위원회 및 평가연구학회 표준위원회에 의하여 설정되었다.(Joint Committee on Standards for Education Evaluation, 1981; Evaluation Research Society Standards Committee, September 1982: 7-19).

는 프로그램 평가기획과 유사하며, 전반적으로 볼 때 조망적인 평가이다. 이 접근방법에서는 문서, 기록 등 현존하는 자료와 아울러 그 이전에 평가를 실시하여 발견하였던 사실들을 토대로 평가팀 리더는 착수직전분석에서 다음과 같은 사항들을 검토한다.

- 리스크와 편익의 사정(assessment)
- 프로그램의 우선순위
- 보고에 대한 요구사항
- 전체로서의 조직의 우선순위 등.

이러한 검토를 통하여 발견된 사실들은 프로그램의 평가 가능성을 높힐 수 있도록 프로그램집행 계획을 다시 정교하게 수정하거나, 적정한 집행의 수준을 결정하는데 유용한 지침을 제공해 준다.

2. 평가성 사정

평가성사정은 여러 가지 가능한 평가로부터 얻을 수 있는 정보수요를 사정하고, 평가의 실행가능성을 사정하며, 실행가능하고 적절하며 유용한 평가설계를 선택하도록 도와줌으로써 평가의 공급과 수요를 합치(match)시키도록 도와주는 시장연구(market resarch)의 한 형태라 할 수 있다.(Wholey, 2004: 33~62).

Wholey는 결과지향적인 관리와 유용한 프로그램 평가를 가로막는 요인들로서 (1) 프로그램 목표들과 정보의 우선순위에 대한 합의의 부재, (2) 프로그램 목표들의 실현가능성의 부족, (3) 프로그램 성과에 관한 적절한 정보의 이용가능성의 결여, (4) 관리자들이 프로그램 성과에 대한 정보에 의거하여 행동하려는 의지의 부족, (5) 관리자들이 프로그램 활동의 가치에 대하여 의사를 전달할 능력의 부족 등 다섯 가지 문제점을 들고 있다(Wholey, 1983:36~38). 이들 다섯 가지 문제점들 가운데 두 가지는 프로그램 목표에 관한 것이고, 한 가지는 프로그램 성과지표에 관한 것이며, 나머지 두 가지는 관리자들의 행동의지와 의사전달 능력에 관한 것들이다.

위에 열거한 문제점들 가운데에서도 특히 다음과 같은 네 가지가 만족된다면 평가는 프로그램의 성과를 개선하는데 유용하게 활용될 수 있다.[3)]

---

3) Rutman에 의하면 평가가능 프로그램은 다음과 같은 세 가지 기본적인 사전조건들을 만족하여야

첫째, 프로그램의 목적이 잘 정의되어야 한다. 즉 프로그램을 담당하고 있는 책임자들이 프로그램의 목적을 구체적인 프로그램 성과측정의 용어로써 정의한다. 둘째, 프로그램 가정들과 목적들은 실현가능하여야 한다.[4] 즉 프로그램 활동들이 프로그램의 목적들을 달성하는 방향으로 진전을 가져오도록 하는 어떤 원인이 될 수 있다는 증거가 있어야 한다. 셋째, 평가정보를 어떻게 활용하겠다고 하는 것이 명확히 정의되어 있어야 한다. 다시 말하면 프로그램의 책임자들이 평가정보를 어떻게 활용할 것인가 하는데 대해서 정의하여야 한다. 넷째, 적절한 성과자료들은 합리적인 비용으로 획득가능하여야 한다.

평가성 사정은 위에서 제시한 네 가지의 표준들이 들어 맞는지를 확인하기 위하여 취해지는 프로그램 평가설계에 대한 하나의 예비적 평가이며, 평가의 효용을 극대화하기 위하여 이해관계 당사자들의 이익을 고려하는 평가계획을 위한 한 세트의 절차이다(Wholey, 1976: 39).

평가성 사정은 다음과 같은 것들을 탐구하고 고증한다. (1) 프로그램을 책임지고 있는 정책결정자와 관리자들이 가지고 있는 프로그램의 목적, 기대 및 인과적 가정들, (2) 정치적 그룹들(국회, 행정부의 고위정책결정자, 이익집단 등)이 보는 프로그램의 목적들, (3) 관리자들의 프로그램 목적들과 정보수요들이 측정가능한 용어로 정의되어 있는 정도, (4) 실제로 일어나고 있는 프로그램 활동들, (5) 프로그램 활동들이 프로그램 목적들을 향해서 측정가능한 향상을 이룩할 수 있는 가능성, (6) 프로그램의 성과에 대한 정보의 활용가능성, (7) 프로그램 활동, 목표 및 프로그램의 성과를 올릴 수 있는 정보활동 등에 있어서의 변화에 대한 옵션(options) 등.

평가성 사정은 프로그램이 평가될 수 있는지의 여부를 결정할 뿐만 아니라 프로그램의 성과가 적절한 것이 될 것 같은지의 여부와 프로그램 평가가 성과를 증진시키는 데 유용한 것이 될 것 같은지의 여부를 결정하기 위한 것이다. 프로그램의 책임을 맡고 있는 정책결정자들이나 관리자들은 평가성 사정의 정보를

한다고 한다. (1) 분명히 결집된 프로그램, (2) 분명하게 구체화된 목적 또는 효과, (3) 프로그램 목적 또는 효과와 프로그램을 연결하는 합리적 이유 등(Rutman, 1980: 41~86) 참조.

4) 여기서 실현가능한 프로그램이란 그의 목적을 달성할 수 있는 어떤 가능성이 있는 프로그램을 말한다. 프로그램의 가정들이나 목적들은 스케줄이 비현실적이라든지, 자원이 불충분하다든지, 또는 이용가능한 지식의 관점에서 볼 때 프로그램이 그의 목적을 달성할 것 같지 않다든지 하는 등의 이유로 실현가능하지 못한 경우도 있다.

프로그램 활동들과 목표들을 유지할 것인가 변경할 것인가에 대한 의사결정을 내리는데 활용할 것이다. 그리고 평가자들은 평가성 사정에 대한 정보를 측정척도의 유지 또는 변경, 하나 또는 그 이상의 평가옵션의 선택 등에 관한 의사결정을 내리는데 활용하게 될 것이다.

평가성 사정은 다음과 같은 핵심적인 여섯 단계들을 거쳐서 수행된다(Wholey, 2004: 36~42).

(1) 필요한 평가정보가 무엇인지 식별하는데 정책결정자, 프로그램관리자, 담당요원 등 정보의 활용예정자들이 참여한다.

(2) 정책결정자, 관리자, 서비스 전달자 및 기타의 이해관계자 등의 관점에서 프로그램의 의도가 무엇인지에 대하여 명료하게 한다.

(3) 프로그램 목적(goal)의 실현가능성과 측정가능성을 포함한 프로그램 현실을 탐색한다.

(4) 프로그램 활동들이나 목적들에 어떤 변화가 필요한가 하는데 대하여 합의한다.

(5) 여러 가지 평가설계 대안들을 탐색한다.

(6) 평가의 우선순위와 평가정보의 활용의도에 관하여 합의한다.

3. 형성적 평가

형성적 평가(formative evaluation)는 총괄적 평가(summative evaluation)에 대칭되는 개념이다. 형성적 평가는 과정평가 또는 프로그램 발전을 위한 평가라고 부르기도 한다. 이 형성적 평가는 그 이름에서도 알 수 있는 바와 같이 프로그램이 집행과정에 있으며 아직도 유동적일 때 프로그램 가운데 어떤 것이 제대로 작동(working)하고, 무엇이 개선하여야 할 필요가 있는가 하는 정보를 제공해줌으로써 프로그램을 개선하기 위하여 수행하는 평가이며, 프로그램의 개념화와 설계를 위한 평가이다. 형성적 평가는 정부간여의 성공을 극대화하기 위하여 새로운 프로그램을 설계하고 개발하기 위한 검증으로서, 평가의 초점은 어디까지나 프로그램 그 자체에 놓여지고 있다.

형성적 평가 또는 과정평가는 그 자체가 독립적으로 수행되기도 하고 또는 다른 유형의 평가와 병행해서 수행되기도 한다. 이 과정평가가 독자적으로 수행될 때 그 평가의 목적은 일반적으로 관리의 전략, 작업과정, 비용, 고객과 실무자들 간의 상호작용 등 집행되고 있는 프로그램 활동들의 과정을 기술하고 분석함으로써 이들 과정의 제요소들을 개선하자고 하는데 그 목적이 있다. 한편 다른 유형의 평가, 특히 효과성평가와 아울러 실시할 때에는 이 과정평가의 목적에는 효과성 평가의 설계를 결정하는데 도움을 주거나 효과성 평가에 의하여 발견된 사실들을 설명하는데 도움을 주고자 하는 목적들이 포함되어 있다. 그러므로 과정에 대한 평가는 왜 그리고 어떻게 하나의 효과가 성립되게 되었는가를 다루는 평가라 할 수 있다. 이러한 과정에 대한 분석은 행정적인 면과 행정학적인 면에 모두 유의미한 것이며, 특히 프로그램이 기대되고 있는 바대로 움직여 주지 않고 있는 것을 나타내 줄 때 이러한 평가의 의미는 더욱 크다. 이러한 평가를 통하여 프로그램이 제대로 작동되고 있지 않는 원인을 찾아내어 이것을 수정함으로써 프로그램이 제대로 운용될 수 있도록 할 수 있고, 이렇게 함으로써 이 프로그램을 완전히 실패된 것으로 간주하여 종결하는 일을 미리 막을 수 있는 가능성이 높아지게 된다.

과정의 평가는 다음과 같은 네 가지 차원에서 이루어지게 된다. 즉 (1) 프로그램 그 자체의 특성, (2) 프로그램의 집행대상이 된 모집단, (3) 프로그램이 집행되었던 상황적 맥락, (4) 프로그램에 의하여 산출된 서로 다른 종류의 효과 등이다(Suchman, 1967: 67~68).

4. 프로그램 모니터링

(1) 프로그램 집행의 모니터링

프로그램 모니터링(program monitoring)은 프로그램 집행의 능률성과 효과성을 확보하기 위한 평가라는 점에서 위의 세 가지 과정평가들과는 구별된다.

프로그램 모니터링은 이를 다시 두 가지로 구분할 수 있는데, 그들 가운데 하나는 프로그램 집행의 모니터링 또는 행정적 모니터링(administrative monitoring)이고, 다른 하나는 프로그램 성과의 모니터링이다.

프로그램 집행의 모니터링은 프로그램 투입 또는 프로그램 활동들을 측정하고, 이들을 사전에 결정되었거나 또는 기대되었던 어떤 기준값이나 측정값과 비교함으로써, 프로그램이 구체적으로 지정된 대상모집단 또는 지역에 도달되고 있는가, 그리고 프로그램 활동들은 프로그램 설계에 구체적으로 명시된 그대로 수행되고 있는가를 평가하자는데 그 중점이 두어지게 된다.

프로그램 모니터링이 널리 권장되고 있는 이유로는 국민들이 세금을 내서 프로그램을 지원하는 것이 바람직할 것이라고 생각하였던 결과가 실제로 일어나고 있는지 여부에 대한 경험적 증거가 필요하다고 하는 점과, 프로그램의 영향이나 그 결과가 실제로 일어나지 않거나 적절한 참여자들에게 전달되지 않는다면 프로그램의 영향에 대하여 계속적으로 관심을 갖는다는 것 자체가 무의미할 것이라는 점 등을 들 수 있다.

(2) 프로그램 성과의 모니터링

프로그램 성과의 모니터링은 투입활동 및 산출물들을 측정하고, 프로그램의 성과들을 사전에 설정되었거나 또는 기대되었던 성과와 비교하는데 평가의 중점을 둔다.

프로그램 성과의 모니터링의 목적은 1차적으로 프로그램이 그 목표를 향해서 진행되어 나아가는 성과를 주기적으로 측정하자는 것이다. 성과의 모니터링 시스템은 프로그램 목표와 중요한 부수적 성과를 밝혀내고, 프로그램 성과를 사전에 설정되었거나 기대되었던 성과와 비교함으로써 현재의 상태에 대한 정보를 산출·제공하며, 프로그램 목표들을 향해서 성취해 나아가고 있는 과정에 있어서의 프로그램 활동의 분석에 초점을 둔다. 대부분의 정부프로그램들에 있어서 프로그램 성과의 모니터링은 가장 실행가능성이 높고 또 유용한 평가대안의 하나이기 때문에 가장 널리 채택되어 시행되고 있다.

5. 정책영향평가

정책영향평가는 또한 총괄적 평가(summative evaluation), 산출결과평가(outcome evaluation) 또는 효과성 평가(effectiveness evaluation)라고 부르기도 한다. 일반적으로 정책평가라고 하면 바로 정책영향평가를 의미할 정도로 가장 널리 활용되고 있는 정책평가의 방법이며 프로그램이 전체적으로 보아 잘 되어가고 있는지 여부를 발견하기 위한 평가방법이다. 이 영향평가의 결과는 정책(또는 프로그램)의 계속, 확장 또는 감축과 같은 중요한 정책결정을 내리는데 유용한 정보를 제공할 수 있을 것으로 기대되고 있다.

형성적 평가와 대칭되는 의미에서의 총괄적 평가는 프로그램이 안정기에 도달한 다음에, 그것이 예상했던 목적들을 성취했는지 여부를 평가하는 것이다.

정책영향(프로그램 영향)평가의 목적은 크게 보아 네 가지로 구분된다. 첫째는 프로그램의 대상이 되는 모집단에 어떤 변화를 가져왔는지의 여부와 그 규모를 식별해 내는 일이고, 둘째는 이러한 변화가 오게 된 원인이 집행된 프로그램에 의한 것이었는지의 여부를 밝혀 내는 일이며, 셋째는 이러한 변화가 투입된 비용에 비추어 보아 정당화될 수 있는지를 밝혀내는 일이고, 넷째는 이러한 변화가 제기된 문제해결에 적합한 것이었는가 하는 것을 검토하는 것이다.

정책영향평가는 이미 앞에서 설명한 바와 같이 그 접근방법에 따라서 (1) 진실험적 설계에 의한 평가연구, (2) 준실험적 설계에 의한 평가연구, (3) 비실험적 방법에 의한 평가연구 등으로 나누어 볼 수 있다. 이들은 정책영향평가의 목적들 가운데 주로 전자의 두 가지 목적들, 즉 대상이 되는 모집단에 어떠한 변화가 일어났는지의 여부와 아울러 그 규모를 식별해 내고, 이루어진 변화들 가운데 타요인들의 영향에 의하여 일어난 변화를 배제하고 순수하게 정책에 의하여 일어나게 된 변화와 그 규모를 식별해 내고자 하는 목적을 달성하기 위한 평가의 유형들이다.

먼저 진실험적 설계에 의한 평가연구는 정책의 영향평가를 위하여 과학적인 실험조사설계의 원리를 도입하는 평가의 방법이다. 실험설계의 원리에는 두 가지 핵심적인 요소가 있는데 이들 가운데 하나는 실험집단 이외에 비교집단 또는 통제집단을 도입한다는 것이고, 또 다른 하나는 실험집단과 통제집단을 구성할 때에 무작위적 배정과 같은 통제를 위한 집단구성의 방법을 도입한다는 것이다. 정책실험연구에서 이와 같이 실험집단과 통제집단을 구성하고, 이러한 집단들의 구성과정에서 무작위적 배정과 같은 방법을 사용하는 것은 대상집단에 일어난 변화들 가운데 타요인들에 의한 변화를 제외하고 정책에 의해서만 이루어진 순수한 변화만을 추출해 내기 위한 것이다. 왜 이러한 실험설계의 방법을 사용하면 순수한 정책의 효과만을 추출해 낼 수 있으며, 정책실험연구는 어떠한 절차에 따라 이루어지느냐 하는 것이 진실험에 의한 정책평가연구의 핵심적인 논제가 된다.

이미 앞에서 말한 바와 같이 통제된 실험집단을 사용한 실험연구가 정책이 대상변수에 미친 영향의 정도를 분석하고 분리해 내는데 최상의 방법이라고 할 수 있을 것이다. 그러나 이와 같이 과학적인 실험을 통하여 정책의 효과를 평가하기 위해서는 최소한 하나의 독립변수가 조작가능하여야 하고, 연구대상들을 실험집단과 비교집단이라는 상호동질적인 두개의 집단으로 만들기 위해서 모집단의 구성원들을 이들 두 집단에 무작위적으로 배정할 수 있어야 하며, 이들 두 집단들에 대한 처리방법들을 또한 무작위적으로 배정할 수 있어야 한다는 것 등 몇 가지 기본조건들을 만족시킬 수 있어야 한다. 그러나 어떠한 이유로 이들 중 한 가지 또는 그 이상의 조건들을 만족시킬 수 없는 경우에는 불가피하게 절충에 의한 설계를 쓰지 않을 수 없는 것이다. 이때 이것을 준실험적 설계(quasi-experimental design)에 의한 정책평가연구라 부른다.

현실세계에서는 사회적·정치적 및 윤리적 제약 등에 의하여 통제된 실험연구의 적용이 어려운 경우가 더 많기 때문에 준실험적 연구에 대한 필요성이 급속히 증가되어 왔고, 이에 따라 준실험적 평가연구도 매우 활발해지고 있다.

진실험적 설계에 의한 정책평가연구나 준실험적 정책평가연구와는 달리 비실험적 평가연구는 실험설계의 원리에 의하여 정책의 효과를 식별하고 분리해 내는 것이 아니라, 통계적인 상관관계분석의 원리에 의하여 독립변수로서의 정책과 종속변수로서의 정책영향간의 상관관계를 분석해 내고 이를 해석함으로써 정책의 효과를 평가하고자 한다. 통계학과 사회과학의 발전에 따라 회귀분석, 인과분석 등과 같은 평가모형들이 정교하게 발전되고, 이들이 정책평가에 응용됨으로써 정책영향의 평가에 많은 공헌을 하고 있으며, 아직도 계속 발전되어 가는 과정에 있다.

6. 능률성 평가

프로그램의 능률성 평가는 하나의 프로그램에 의해서 이루어졌다고 판단되는 효과나 편익이 투입된 비용에 비추어 볼 때 정당화될 수 있느냐 하는 것을 검토하기 위한 평가이다. 왜냐하면 비록 집행된 정책에 의하여 대상집단에 의도한 변화가 이루어졌다 할지라도 만일 투입된 비용에 비추어 보아 그 변화가 미미하거나, 또는 그 변화는 크다 할지라도 투입된 비용이 엄청나게 큰 경우에는 바람직한 정책으로서 계속 채택하기가 어려울 것이며, 하나의 대상집단에 시행하였던 것을 다른 대상집단에까지 확대하기도 어려울 것이기 때문이다.

영향평가와 능률성 평가는 서로 밀접한 관계를 가지고 있다. 만일 하나의 프로그램이 밖으로 나타낼 수 있는 영향을 가지고 있지 않다면, 그러한 프로그램의 집행을 계속 주장하기는 매우 어려울 것이다. 여기에 영향평가의 필요성이 있다. 그러나 영향에 대한 지식만으로는 프로그램의 효과성을 판단하기에 불충분할 것이며, 산출된 영향을 투입된 비용과 관련시켜서 판단할 때 효과성에 대한 올바른 판단이 가능하게 될 것이다. 이와 같이 비용이 효과성에 대하여 갖는 관계를 결정하기 위한 필요성 때문에 능률성 평가가 불가피하게 된다.

능률성 평가는 정책분석에서 실시하고 있는 편익비용분석(benefit cost analysis) 또는 투자효과분석과 동일한 평가방법과 절차를 사용한다. 단지 차이가 있다고 한다면 정책분석에서 실시하고 있는 편익비용분석에서는 추정된 편익과 비용을 분석에 활용하고 있으나 능률성 평가에서는 집행되고 있거나 이미 집행된 경험적 자료에 의하여 편익과 비용을 산출하고 이것을 평가에 활용한다는 것이다.

7. 적합성 평가

프로그램이 그것이 달성하고자 설정했던 목표를 달성하였느냐 하는 것이 효과성 평가이고, 프로그램이 의도해서 이룩한 결과가 투입한 비용에 비추어 정당화될 수 있는지 여부를 검토하는 것이 능률성 분석이라고 한다면, 프로그램의 목표와 전반적인 프로그램 타입이 사회정책적 입장에서 볼 때 바람직한 것이냐 하는 것을 체계적으로 검토하는 것이 적합성(appropriateness) 평가이다. 적합성은 프로그램이 채택한 수단이나 전략보다 프로그램이 추구하는 목표와 그것이 달성하고자 하는 가치 그 자체를 가리키는 개념이다. 논리적으로 볼 때 프로그램이 추구하는 목표가 하나의 사회 전체 또는 하나의 지역사회에 적합한 것인지 여부의 문제는 프로그램이 그가 설정한 목표를 능률적이며 효과적으로 달성했는지의 여부에 관한 문제보다 선행한다고 할 수 있다. 그러므로 논리적으로는 적합성의 평가는 효과성의 평가나 능률성의 평가보다 앞서서 이루어져야 하는 것이다. 그리고 이때 프로그램의 적합성 평가의 초점은 프로그램의 목표가 사회가 추구하는 가치와 목적을 반영하고 있느냐 하는 문제를 따지는데 주어지게 된다.

8. 평가종합

평가종합(evaluation synthesis)은 연구자가 어떠한 연구결과를 일반화(generalization)하기 위하여 수행되기도 하고, 어떤 행정기관이 정책을 조정하거나 감독하기 위하여 수행하기도 하며, 국회 등에서 정책을 수정·보완·종결하기 위하여 정책심의에 필요한 정보를 요청함으로써 수행하기도 하는 등 여러 가지 관심사항을 충족시키기 위하여 이루어지고 있으며, 주로 영향평가에 적용되고 있다.

평가종합은 하나의 정책이나 프로그램의 수행을 통하여 무엇을 배웠는가 하는 것을 결정하기 위하여 하나 또는 여러 개의 기존의 평가에서 발견했던 사실들을 재분석하는 형태를 띠고 있다. 이러한 평가종합의 접근방법에서는, 기존의 평가가 어느 정도 이용되며 또 여타의 경험적 분석결과들이 얼마나 이용가능한가 하는데 따라서, 하나의 프로그램 또는 문제영역에 있어서 프로그램의 효과성이나 현존하는 지식의 정도에 관한 것들을 포함한 여러가지 많은 평가적 의문들을 다루어 볼 수 있다. 그렇기 때문에 평가종합은 매우 다양한 형태를 띠게 되며, 정책형성이나 정책집행, 그리고 행정책임 등 여러가지 목적에 필요한 정보들을 산출해 낼 수 있다.

평가종합 가운데 통계적 기법을 사용하여 어떠한 평가주제에 대하여 수행한 여러 계량적 평가에서 보고한 효과의 크기(effect size)를 종합하는 방법을 메타분석(meta-analysis)이라고 한다.

9. 메타평가

메타평가(metaevaluation)는 상위평가이며 평가에 대한 평가이다.

메타평가는 평가 그 자체와 피드백(feedback)기능을 평가하는 것이다. 그런 의미에서 메타평가는 평가에 대한 평가(evaluation of evaluation)이며, 상위평가이다. 메타평가를 개념적으로 나타낸 것이 [그림 2-1]이다.

메타평가는 이미 이루어진 평가를 최종 보고자(정책결정자)에게 보고하거나 보고서를 발간하기 전에 이루어질 수도 있다. 그리고 이러한 메타평가는 평가자

자신에 의하여 이루어질 수도 있으나 일반적으로는 상급자(상급기관)나 외부전문가들에 의하여 이루어 질 수도 있다. 그 주요목적은 평가에 사용된 방법의 적정성, 사용된 자료의 오류여부, 그리고 도출된 결과에 대한 해석의 타당성 등을 검토하자는데 있다.

그림 2-1 메타평가: 평가에 대한 평가

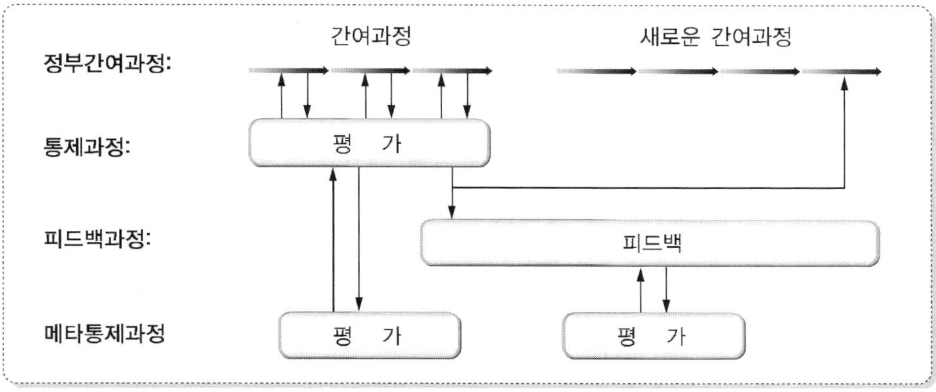

10. 발전적 평가

발전적 평가(developmental evaluation)은 전통적으로 이루어져 온 발전평가(development evaluation)과 대비되는 개념이다. 발전평가가 조직화된 시스템 동태 상황하에서 이루어지는 프로그램 평가인데 비해서 발전적 평가는 비조직화된 시스템 동태(unorganized system dynamics) 상황이나 자체 조직화된 시스템 동태(self-organizing system dynamics) 상황에서 정책을 발전시키기 위한 평가이다(Patton, 2011). 발전적 평가를 이해하기 위해서는 비조직화된 시스템 동태와 자체조직화된 시스템 동태에 대해서 이해하여야 한다. 그리고 비조직화된 시스템 동태와 자체조직화된 시스템 동태에 대해서 이해하기 위해서는 기초적인 복잡성 과학에 대한 지식이 있어야 한다. 이들 새로운 분야에 대해서는 장을 달리하여 제13장에서 구체적으로 논의 하고자 한다.

Ⅲ. 평가의 초점과 평가의 계서

우리는 앞에서 전형적인 평가의 유형과 방법들을 개략적으로 살펴보았다. 이들 평가의 유형과 방법들은 평가의 초점들이 서로 뚜렷이 다르지만 평가연구의 기초적 요소(building block)들이 되고 있다.

먼저 프로그램 니즈의 사정(needs assessment)은 표명된 문제의 성격과 규모, 프로그램 수요집단의 성격과 니즈(need) 및 서비스의 성격 등을 찾아내는데 평가의 초점이 있다.[5)]

설계평가(design evaluation)는 프로그램 이론에 초점을 맞춘다. 즉 프로그램의 상황이 주어졌다면, 제안된 활동들이 필요로 하는 변화들을 가져올 것으로 기대하는 것은 합리적인가, 그리고 프로그램은 개념적으로 건실한 것인가 하는 질문들에 대답하는데 초점을 둔다. 이에 비해서 과정모니터링은 프로그램이 어떻게 운영되고 있는가 하는 질문에 대답하고, 서비스전달의 절차와 이 과정에서 취해진 활동들을 문서화 하는데 초점을 둔다.

성과의 모니터링은 시스템이나 프로그램의 주요측면들이 어떻게 작동하고 있는가 하는데 대한 정보와 어떤 특정한 목표들이 어느 정도나 달성되었는가 하는데 대한 정보들을 산출해 내는데 초점을 맞춘다. 한편 프로그램 산출결과(outcome)와 임팩트 평가는 프로그램의 기대된 목적들(goals)과 결과들(results)이 달성되었으며, 프로그램의 산출결과는 변화나 개선된 조건들과 어떤 연계가 있는가 하는 프로그램의 인과관계(causality)에 대한 질문에 대답하는데 초점을 둔다. 비용의 평가는 프로그램 또는 프로그램 요소비용들은 얼마인가, 그리고 가능하다면 동일한 자원들을 다른 용도로 사용하거나 이 비용들을 프로그램에 의하여 산출된 편익과 관련하여 효율성을 평가하는데 초점을 둔다.

이들 서로 다른 평가의 질문들과 초점들은 [그림 2-2]에서 보는바와 같이 하나의 평가이슈들의 계서(hierarchy)를 정해준다(Rossi, Lipsey and Freeman, 2004: 79~81).

만일 사회적 니즈들이 적절히 파악되고, 그것을 나타내는 프로그램 논리와 이

---

5) 프로그램 니즈 사정에 대해서는 다음에 장을 달리하여 설명한다.

그림 2-2 평가의 계서

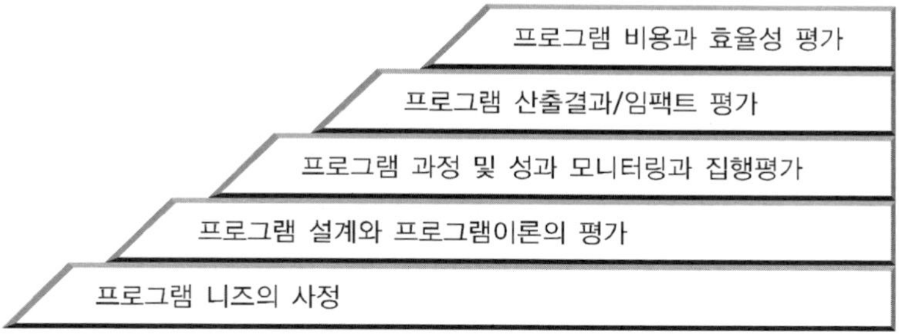

론들이 적정하며, 이에 상응하는 프로그램 활동들과 서비스들이 잘 집행되었다면, 프로그램 산출결과들을 평가하는 것이 의미가 있을 것이다. 그러므로 프로그램 산출결과와 임팩트를 평가하는 것은 평가계서상에서 그 아래에 있는 이슈들에 대한 평가결과가 받아들일 수 있다는 것이 전제되어야 한다. 만일 임팩트 평가 이전에 선행되는 다른 이슈들이 사전에 평가되지 않았다면, 이들 이슈들에 대한 사전적인 전제들이 정당화될 수 있을 때 그 임팩트 평가결과들은 해석이 가능할 것이다.

제 2 절 평가절차와 평가기획

Ⅰ. 평가의 절차

정책평가는 그 유형이나 결과의 활용목적, 사용되는 평가의 방법 등에 따라 그 평가의 절차가 각기 달라질 수 있다. 이와 같이 정책평가의 절차가 달라질 수 있기 때문에 평가를 실제로 담당하고 있는 사람들이나 평가를 의뢰하는 의뢰인들간에는 평가절차에 대하여 각기 다른 의견을 가질 수 있고, 이것이 실제 정책을 평가하는 과정에서 상호간에 불신과 불편한 관계를 가져올 수 있는 소지가 될 수 있으며, 평가의 질을 떨어뜨리고 비능률적인 평가작업의 원인이 될 수도 있다. 이러한 점들을 감안하여 미국 평가연구학회에서는 정책평가의 표준(standards)을 제안하게 되었다. 물론 구체적인 평가과정에서는 상황과 평가목적 등에 따라 약간 변형하여 사용할 수 있으나 이러한 표준적인 평가의 절차에 따르도록 노력하면 정책평가에 큰 도움이 될 것이다. 이들 정책평가의 표준적 절차는 (1) 이해관계자들의 식별과 평가계획의 발전, (2) 프로그램에 대한 기술, (3) 평가질문의 발전과 평가설계, (4) 정보의 수집, (5) 정보의 분석과 해석, (6) 보고서의 발전 등이다(McLaughlin and Jordan, 2004: 2004: 15~18).

1. 이해관계자들의 식별과 평가계획의 발전

정책이나 프로그램 평가를 시작하기 전에 평가를 담당할 평가자와 평가결과를 활용할 의뢰인들은 이 평가연구를 통하여 무엇을, 어떻게, 그리고 왜 해야 하며 장애 또는 제약요인들은 무엇인가 하는데 대하여 상호간에 충분히 논의하고 이해하여야 한다. 물론 평가의 초기과정에서 이용가능한 지식에는 한계가 있을 수 있기 때문에 이러한 내용들은 평가를 수행하는 과정에서 획득되는 정보와 상황변화에 따라 신축성 있게 변형되어야 한다.

평가연구의 초기과정에서 논의되고 확인되어야 할 중요한 사항들은 프로그램 활동의 목적과 성격, 프로그램에 기득권을 가진 이해관계자들(stakeholders)과 그들의 주요 관심사, 평가결과에 대한 예상되는 활용자와 의사결정과정에서의 활용의 방법, 평가의 유형, 평가를 수행하는데 소요되는 비용과 시간, 평가의 실행가능성, 투입된 비용에 상응하는 유용한 정보의 산출, 평가과정에서 있을지도 모르는 자료나 평가결과 등의 접근에 대한 제약 등이다.

2. 프로그램에 대한 기술

정책평가 설계를 제대로 하기 위해서는 먼저 프로그램을 올바로 이해하여야 한다. 이러한 프로그램에 대한 이해는 프로그램에 대한 기술을 통하여 높아질 수 있다. 프로그램에 대한 기술은 또한 평가과정에서 커뮤니케이션을 위해서도 필요하다.

프로그램에 대한 기술에는 프로그램에 투입되는 자원, 프로그램활동, 프로그램의 산출물(outputs), 프로그램의 주요고객, 프로그램의 산출결과들(outcomes)

을 포함한다. 산출결과는 다시 초기의 산출결과(short-term outcome), 중간산출결과 및 장기적 산출결과 등으로 구분된다. 이들 프로그램의 구성요소들을 토대로 그들간의 상호관계를 나타내는 프로그램 이론 또는 프로그램 논리모형(program logic model)을 작성하면 프로그램에 대한 이해는 더욱 깊어질 수 있다.

3. 평가질문의 작성과 평가설계

평가질문들은 평가가 대답해야할 광범위에 걸친 질문들이며 평가설계는 이러한 질문들에 대답하도록 이루어진다. 평가질문들은 프로그램에 대한 기술과 프로그램이 성공했다고 하는 주장을 지지하는데 필요한 자료들을 연결시켜준다.

평가질문들은 그 목적에 따라 여섯 가지로 유형화할 수 있다. 즉 (1) 이 프로그램에서 나는 누구를 위하여 또는 누구와 더불어 무엇을 하고 있는가? (2) 나는 그것을 얼마나 잘하고 있는가? (3) 누가 더 좋아졌는가? (4) 나의 프로그램이 변화를 가져왔다는 증거는 무엇인가? (5) 의도하지 않은 산출결과들은 없는가? (6) 프로그램을 둘러싼 상황(context)은 어떤 역할을 했는가? 평가질문들을 발전시키는 과정에서는 평가의 목적과 목표들, 프로그램에 대한 기술, 평가의 초점, 평가에 대한 이해관계자들, 정보의 니즈(needs)와 이용가능성 등이 영향을 미친다.

평가의 질문은 다음과 같은 단계들을 거쳐서 발전된다. (1) 프로그램과 평가의 목적 및 목표들의 검토, (2) 논리모형을 검토하고, 프로그램의 어떤 측면들을 평가하고자 하는지를 식별, (3) 낮거나 높은 성과분야들을 식별하기 위하여 현존하는 성과정보들을 검토, (4) 가능한 질문의 리스트 작성, (5) 작성된 각 질문들에 대하여, "왜 이 질문들이 중요한가? 이 정보들은 누구에게 어떻게 사용될 것인가?"하는 것에 대한 자문, (6) 정보를 평가할 표준/베이스라인(Baseline)의 식별(예컨대 성과의 타깃수준), (7) 프로그램과 평가의 목적에 비추어 질문들의 가치평가, (8) 자료의 수집, 분석 및 보고라는 관점에서 질문들의 실행가능성 평가, (9) 최종적인 질문들의 리스트 작성, (10) 관리자 및 이해관계자들과 더불어 주기적으로 평가의 질문들을 검토 등.

한편 평가설계는 제기된 평가질문에 대답하기 위하여, 그리고 평가결과가 신뢰할 수 있고 타당한 것이라고 하는 것을 확실하게 하기 위하여 평가에 사용될 계획이나 절차(protocol)이다. 평가설계는 평가의 신빙성을 높여 줄 수 있으며, 평가결과의 타당성에 대한 도전에 대응하는데 도움을 줄 수 있기 때문에 매우 중요하다.

4. 자료의 수집과 준비

자료에는 질적자료(qualitative data)와 계량적 자료(quantitative data)가 있다. 질적인 자료는 관찰, 인터뷰, 문서의 검토(document reviews), "사건・행동・과정 등을 묘사하는" 사진 등을 포함한다. 계량적인 자료는 보고서(reports), 테스트, 서베이, 현존하는 데이터베이스 등을 통하여 수집한 숫자로 된 자료들(numerical data)이다.

중요한 평가자료들의 소스는 개인들, 현존하는 기록들(records), 진행보고서, 현존하는 자료의 축적(existing data compilation), 기관의 기록들, 행정기록들, 직접적인 관찰, 사후적 접촉, 병원의 검사, 테스트, 서베이, 소비자 반응카드(response card), 특별히 설계된 설문지 등이다. 정부기관이 가지고 있는 구체적인 자료들은 명령에 따른 보고서, 관리정보체계(management information system), 서비스 요청자료, 생산기록과 재고, 발행된 허가(permits issued), 취소된 허가, 활동진행기록, 보조금 및 프로그램 보고서, 사례 진행기록, 클레임 처리시스템(claims processing systems), 사고보고서, 처리와 추적기록, 출석 및 봉급기록, 재무와 성과 및 순응 감사기록 등이다.

자료는 이를 수집할 계획에 따라 이 계획의 범위에서 수집되어야 한다. 그러나 상황과 정보수요의 변화에 따라 이 자료수집계획은 융통성있게 수정될 수 있어야 한다. 자료의 수집과 준비과정에서 확인하고 지켜져야 할 중요한 사항들은 사전적인 자료수집계획, 원래의 자료수집계획에서 벗어난 경우의 대처방안, 자료수집자에 대한 교육(자료수집방법에 관한 지식, 일관성있고 한편에 치우치지 않는 자료처리태도, 윤리의식 등 포함), 수집된 자료의 타당성과 신뢰성에 대한 추정, 오류(error)의 소스에 대한 분석, 자료의 수집과 처리과정에 대한 보안, 자료수집과정에서 관련된 대상집단에 의한 업무수행방해의 최소화, 자료수집대상에 대한 불리한 영향의 최소화, 수집된 자료에 대한 인가되지 않은 자의 접근방지, 수집된 자료의 소스, 수집방법, 수집 당시의 상황 등에 대한 명시, 천재지변 등에 따른 자료의 분실에 대한 대비책 등이다.

5. 자료의 분석과 해석

자료의 분석과정은 평가설계에 의하여 영향을 받게 된다. 이 단계에서는 이미 평가설계에 따라 수집된 자료들을 분석할 수밖에 없는 제약을 받기 때문이다. 이 단계에서는 각종의 통계적인 방법이나 모델링 방법 등을 이용하여 평가목적에 따른 정보들을 산출하게 되며 평가자들의 창의적인 자료처리능력이 크게 요구되는 단계이다. 이 과정에서 확인하고 지켜야 할 중요한 사항들은 자료분석방법과 평가목적간의 합치정도, 사용된 분석방법들에 대한 명기, 자료분석방법과 자료측정방법의 합치도, 자료수집방법에 적절한 분석단위의 선택, 선택된 분석방법의 정당화, 통계적인 분석방법이 채택된 경우 통계적 유의수준의 명시, 모든 가능한 경쟁적 설명들을 이해하고 이를 배제한 인과관계의 해석, 발견된 사실들의 객관성의 유지 등이다.

6. 보고서의 작성과 의사전달

정책평가를 위한 계획이 잘 이루어지고 형성된 평가계획에 따라 평가가 제대로 수행되며 평가결과에 대한 활용성이 높아지기 위해서는 평가자, 평가의뢰인 등 평가와 관계가 있는 사람들간의 원활한 의사전달이 필수적으로 요구된다. 특히 이와 같은 원활한 의사전달은 프로그램의 성격, 평가에 대한 기대, 요구되는 평가의 유형 등을 분명히 하기 위해서도 필요하고, 평가를 위한 노력에 대한 책임을 분명히 하기 위해서도 필요하며, 평가와 관련된 당사자들간의 협조를 확보하기 위해서도 필요할 뿐 아니라 자의적인 해석이나 개인적 의견으로부터 객관적으로 발견된 사실들을 구분하기 위해서도 필요하다.

그렇기 때문에 의사전달은 전적으로 최종적인 보고서와만 관련된 것으로 생각해서는 안될 것이다. 그렇지만 대부분의 평가활동들은 그러한 활동의 결과로서 구두 또는 문서화된 어떤 공식적인 중간보고서나 최종보고서를 산출하게 된다. 이 경우 이 보고서들은 발견된 사실들을 분명하고 완전하며 공정하게 기술하여야 하고, 이해가 가능하도록 조직화되고 표현하여야 하며, 발견된 사실과 건의사항들은 그 중요성을 반영하도록 우선순위에 맞추어 기술하여야 한다. 그리고 도입된 전제(assumptions)와 연구의 제약 등도 분명하게 표현하여야 한다.

보고서는 또한 행동지향적인 것이 되어야 하며, 연구설계나 분석보다(이들 상세한 내용들은 부록으로 첨부가능) 발견된 내용들과 건의에 더 초점을 맞추어야 한다. 보고서는 평가결과가 잘못 사용될 가능성에 대하여 주의를 환기시켜야 하며, 평가에 사용된 방법론상의 제약점들과 한계들에 대해서도 언급하여야 한다.

Ⅱ. 평가설계

1. 평가설계의 의미

평가설계는 이미 앞에서 개략적으로 설명한 바와 같이 정책평가과정의 초기에서 수행되는 가장 중요한 활동들 가운데 하나이다. 집을 지을 때 기초가 잘못되면 그 집이 안전하지 못하고 비용도 많이 드는 것과 마찬가지로, 평가설계가 잘못되면 그 후에 이루어지는 평가활동들도 비능률적인 것이 될 가능성이 높을 뿐만 아니라 평가결과도 타당성과 신뢰성이 의문시 되는 질적으로 낮은 평가가 될 가능성이 높다.

그러면 평가설계란 무엇인가? 여기에 대한 대답을 얻는 데에는 먼저 평가설계가 그 기초를 두고 있는 평가설계요소들이 무엇인가 하는데 대해서 이해하면 도움이 된다. 평가설계의 기본적인 요소들은 (1) 획득되어야 할 정보의 종류, (2) 정보의 소스(예컨대 응답자의 유형 등), (3) 표본추출을 위하여 사용될 방법(예컨대 무작위 표본추출 등), (4) 정보수집의 방법(예컨대 설문조사 등), (5) 정보수집의 시기와 횟수, (6) 정책산출결과를 비교할 기초(즉 정책집행대상집단과 그렇지 않은 집단간의 비교를 통한 인과관계 추론의 문제), (7) 분석계획 등이다.

평가설계는 위에서 기술한 평가설계요소들과 밀접하게 관련되어 있다. 즉 평가설계는 (1) 평가연구에서 탐구할 질문들을 정의하고 제기하여, (2) 이들 질문들에 대답할 방법론적 전략을 발전시키고, (3) 자료수집과정에서 직면하게 될지도 모르는 문제들과 장애요인들을 예견하고 기술하는 자료수집계획을 작성하며, (4) 평가연구에서 제기하고 있는 질문들에 대하여 수집된 자료들을 가지고 답변할 수 있는 가장 바람직한 정보를 산출할 수 있도록 하는 구체적인 자료 분석계획을 작성하는 활동이라고 할 수 있다(GAO, 1984: 3).

2. 평가설계에 있어서 고려사항

평가설계에 있어서 고려할 사항은 여러 가지지만 그 중에서도 평가의 목적, 프로그램의 구조와 환경, 평가에 이용가능한 자원 등이 특히 중요하다.

평가의 목적은 평가가 프로그램을 개선시키고자 하는 것이냐, 책무성을 확보하고자 하는 것이냐, 지식을 창출하기 위한 것이냐, 또는 숨겨진 아젠다(hidden agenda)가 있는 것이냐 하는 것이다.

프로그램의 구조와 환경은 프로그램이 어떤 발전단계에 있느냐, 프로그램이 처한 행정적 및 정치적 상황(context)은 무엇이냐, 프로그램의 개념적 및 조직적 구조는 어떤 것이냐 하는 것을 의미한다. 여기서 프로그램의 발전단계는 프로그램의 발전의 초기 단계에 있느냐 확장이나 축소단계에 있느냐 하는 것이며, 이에 따라 프로그램이 평가해야 할 질문은 달라질 수 있다. 프로그램의 행정적 및 정치적 상황이란 프로그램의 중요한 이해관계자들이 프로그램의 미션, 목적 및 기타의 중요한 이슈들에 대해서 얼마나 합의에 도달해 있느냐 하는 것을 의미한다. 만일 이들에 대한 합의가 높은 경우에는 평가자는 그러한 합의를 토대로 평가 기획과 설계를 작성하겠으나, 합의가 낮고 갈등관계에 있는 경우에는 평가자는 이해관계자들 간에 대화를 하고 협상을 촉진하도록 하는 역할을 하여야 한다.

한편 프로그램의 개념적 및 조직적 구조란 프로그램 활동부터 프로그램의 산출결과에 이르는 구조를 나타내는 것으로 프로그램 이론에 의하여 개념화할 수 있다. 프로그램이론에 의한 프로그램의 개념화는 프로그램 평가설계의 기초가 된다.

프로그램 평가는 또한 프로그램 평가를 위하여 주어진 시간과 투입할 수 있는 가용한 인적 및 물적자원에 의하여 크게 영향을 받기 때문에 평가설계에 있어서는 이들 가용자원들을 고려하여야 실행가능한 평가설계가 될 수 있다.

3. 평가설계의 과정

평가설계는 평가연구에서 다루어야 할 올바른 질문의 선택, 평가를 하는데 대한 제약요인들의 검토 및 평가설계안에 대한 사정 등의 절차에 따라 이루어진다.

(1) 올바른 질문의 선택

평가연구에 있어서 올바른 질문들을 선택해야 유용한 평가를 수행할 가능성이 높으며 만일 선택한 질문이 올바르지 못하면 수행된 결과도 도움이 안되거나 오히려 정책에 대한 판단을 오도할 가능성 조차 높다. 그렇기 때문에 올바른 질문의 선택의 중요성은 아무리 강조해도 지나치지 않는다.

평가해야 할 올바른 질문들을 선택하는데 있어서는 다음과 같은 몇 가지 사항들을 고려하면 큰 도움을 얻을 수 있다.

(가) 평가이슈를 분명하게(clarify) 한다. 올바른 질문을 형성하는 작업은 두 단계를 거쳐서 이루어진다(Cronbach, 1982: 210~244). 즉 첫 번째 단계에서는, 실행가능성 여부에 구애받지 않고 가능한 한 광범위한 범위에 걸쳐서 생각해 볼 수 있는 많은 수의 질문들을 추출한다. 이 단계에서 평가자는 프로그램의 여러 단계들, 예컨대 목적, 목표, 개시절차, 집행과정, 예상되는 산출물들을 상상하고 각 프로그램 단계에서 질문해 볼 수 있는 이슈들이 무엇인가를 밝혀 내면 도움을 얻을 수 있다. 또한 프로그램 목표의 성격, 예컨대 장기적인가 단기적인가, 계속적인가 산발적인 것인가, 태도(attitude)에 관한 것인가, 행동(behaviour)에 관한 것인가 하는 것 등에 초점을 맞춘다면 또한 도움을 받을 수 있다. 다음 두번째 단계에서는, 이들 추출된 여러 가지 질문들이 평가를 하는 데 이용가능한 인적·재정적 자원 등에 비추어 적합한 것인지 여부를 검토한다.

(나) 추출된 질문들 가운데 답변가능한 것이 어떤 것인가를 결정한다. 가장 중요하고 우선순위가 높은 질문들이 어떤 것인가 하는데 대한 합의에 도달한다고 해서 그것이 바로 대답할 수 있는 것이라고 단정해서는 안 된다. 이미 위에서도 언급한 바와 같이 인적·물적 자원에 비추어 과연 그러한 질문들이 답변할 수 있는 성질의 질문들이며, 주어진 시간과 현재 이용가능한 정책평가방법론 등에 비추어 보아 답변가능한 질문들인지의 여부를 결정한다.

(다) 정보수요를 적정하게 충족시킬 수 있는지를 검토한다. 질문이 정보수요를 적정하게 충족시킬 수 있는가 하는 것의 여부는 탐색되어야 할 질문들에 대한 대답이 얼마나 확증적(conclusive)인 것이냐 하는 것과 관련된 것이다.

대답하는데 있어서 높은 수준의 확증력(conclusiveness)을 요하는 질문들은 간단하게 현황을 기술하거나 순간적인 사정을 요하는 질문들에 비해서 좀 더 정교한 연구를 할 수 있는 연구설계를 필요로 한다. 예컨대 어떤 특정한 지역에 새로 이주해온 중소기업들에게 서비스를 제공하고 있는 기술개발프로그램으로부터 혜택을 받고 있는 중소기업들에게 그들이 받고 있는 서비스에 대하여 기술하도록 질문하는 것은, 그러한 서비스를 받음으로써 실제로 그들 중소기업들이 기술개발을 위한 연구개발투자를 착수하고 있으며, 그들의 연구개발능력은 어떠하며, 그 성과는 어떠한가 하는 것을 질문하는 것과는 다르다. 첫번째 질문에 답변하기 위해서는 단순히 배경적 변수(예컨대 기업의 업종, 규모, 매출액 등)들에 대한 자료들을 수집하고 표(table)를 만들면 되는 것이다. 그러나 두번째 질문은 인과관계에 관한 질문들이다. 그렇기 때문에 여기에 대답하기 위해서는 이들 중소기업들이 서비스를 받지 않고 있는 다른 중소기업들과는 어떻게 다르고, 또한 그들 서비스를 받고 있는 중소기업들이 그러한 서비스 프로그램의 혜택을 받기 이전에 비해서는 얼마나 연구개발투자가 증가하였으며, 그 연구개발의 성과가 달라지게 되었는가, 또한 서비스 프로그램 이외에도 중소기업의 연구개발투자와 연구성과에 영향을 미치는 다른 요인들은 무엇인가 하는 것 등에 대한 지식을 필요로 한다. 그러므로 단순히 현황에 대한 기술을 요하는 질문에 비해서 인과관계에 대한 사실을 밝혀내야만 답변할 수 있는 질문이 더 높은 수준의 확증력을 요하는 질문이라고 할 수 있다.

(2) 평가에 대한 제약의 검토

평가를 요하는 어떤 정책이나 프로그램에 대한 대답을 탐색하기 위한 평가연구는 주어진 시간, 주어진 비용, 평가담당자들의 관련분야와 평가에 대한 전문지식수준 등 평가능력 등에 의하여 크게 제약을 받게 된다. 주어진 시간이나 예산이 충분하지 못하거나 또는 평가를 담당할 전문가의 확보가 어려운 상태에서 정교하고 확증력이 높은 정보를 산출할 평가계획을 세운다면 그러한 평가연구로는 질문에 제대로 부응하는 정보를 산출하는데 성공할 가능성이 희박할 것이다.

(3) 평가설계안에 대한 사정

일단 평가설계안이 작성되고 나면 이 설계안을 실행에 옮기기 전에 평가자는 이 평가설계안에 대한 최종적인 검토를 해야한다. 평가자는 평가를 착수하기 전에 이 평가계획에서 선택한 것이 무엇이며, 삭제된 것이 무엇이고, 이 평가설계에 내재되어 있는 강점과 약점은 각각 무엇인가, 그리고 평가를 의뢰한 사람들의 수요(needs)는 무엇이고, 이 평가설계는 여기에 대답하는데 얼마나 적정하며, 시간, 비용, 전문인력, 위치, 장비 등은 적정한가 하는 것들을 검토함으로써 이 평가설계가 제기된 질문들에 적절한 해답을 할 수 있는 평가연구를 성공적으로 수행할 수 있을지의 여부를 판단하여야 한다. 그리고 미진하다고 판단될 때에는 다시 앞의 두 단계로 되돌아가 평가설계에 적절한 수정과 보완을 가하여야 할 것이다.

4. 평가설계의 유형

(1) 평가의 전략과 평가설계의 유형

평가의 전략과 평가설계는 여러 가지로 유형화해 볼 수 있다. 여기서 말하는 평가전략이란 평가를 위하여 제기된 질문들에 대한 대답을 찾는데 적용되는 일반적인 접근방법을 지칭한다. 하나의 평가전략은 여러가지 유형의 평가설계를 포함하고 있다.

이미 앞에서 언급한 바와 같이 평가전략과 평가설계는 연구자에 따라 여러가지로 분류하고 있으나 가장 전형적인 분류방법의 하나는 미국의 GAO에서 채택하고 있는 분류방법이다. 이 분류방법은 Runkel and McGrath 등의 분류방법과 유사한 분류방법이다(Runkel and McGrath, 1972). 이들 여러 연구자들은 평가전략을 다음 <표 2-1>에서 보는 바와 같이 표본조사, 사례연구, 현장실험 및 이용가능한 기존자료의 활용 등 네 가지로 분류하고 있다(GAO, 1984: 17).

<표 2-1>에 나와 있는 평가설계유형들은 대부분의 조사방법의 교재들에서 자세히 설명되고 있는 내용들이다. 여기에서는 앞으로의 논의를 위하여 단지 가장 기본적인 사항들에 대해서만 간략하게 설명하기로 한다.

표본조사는 관심의 대상이 되는 모집단을 구성하는 단위들 가운데 실제로 조사대상으로 추출된 표본에 대하여 조사하는 것이다. 이들 표본조사방법들 가운데 일정시점에서 여러 하위집단들(subgroups)을 동시에 조사하는 것을 횡단면적 연구라고 부르고(예컨대 일정시점에서 여러 사회계층에 대한 조사를 실시하거나 여러 국가에 관한 비교연구를 실시하는 것 등), 패널연구는 한번 표본으로 추출된 표본집단에 대하여 여러 시점에서 반복하여 조사하여 어떤 성향의 변화를 파악하고자

하는 조사이다(예컨대 동일한 표본집단이 정부의 의료보호정책에 대한 태도가 어떻게 변화하고 있으며, 이 표본집단을 구성하고 있는 연령계층별 태도의 변화는 어떠한가 하는 조사 등). 그리고 기준에 토대를 둔(criteria-referenced) 연구란 어떤 프로그램에 참여한 사람들의 태도가 이 프로그램의 목표에 비추어 보아 어떠하다고 판단되는가 하는 것을 조사하는 것으로(예컨대 연구개발을 위하여 장기저리의 융자를 받은 중소기업이 그러한 자금지원의 목적에 비추어 보아 얼마나 연구개발성과를 올리고 있는가 하는 것 등) 규범적 연구라고 부르기도 한다. 규범적 연구는 <표 2-1>에서 보는 바와 같이 표본조사에 의하여 실시할 수도 있고 사례연구에 의하여 실시할 수도 있다.

사례연구는 어떤 현상이 매우 복잡하여 단순히 표본조사를 하는 것만으로는 그것을 기술하거나 파악하기 어려운 경우 적용되는 방법으로 예컨대 어떠한 사건이 어떻게 전개되어 갔는가 하는 전개되어간 과정을 깊게 이해하고 설명하려고 한다든지, 또는 어떤 대규모 사건의 변화의 양태를 이해하고 설명하고자 할 때 적용되는 연구방법이다. 이 사례연구방법은 위에서 언급한 바와 같이 규범적 연구에도 응용할 수 있고, 인과관계를 탐구할 때에도 응용할 수 있으나 이 경우 인과관계를 설명할 어떤 이유(reasoning)에 대한 증빙자료들을 토대로 발견된 사실을 일반화하는 데에는 큰 제약이 따르기 때문에 특히 주의하여야 한다.

현장실험의 방법들 가운데 진실험적 방법에 의한 평가연구와 준실험적 방법에

표 2-1 평가전략과 평가설계유형의 예

평가전략	평가설계유형
표본조사	• 횡단면적(cross-sectional)연구 • 패널(panel)연구 • 평가기준에 토대를 둔 연구
사례연구	• 단일사례(single case)연구 • 다중사례(multiple case)연구 • 평가기준에 토대를 둔(criteria-referenced) 사례연구
현장실험	• 진실험적 방법에 의한 연구 • 비동질적 비교집단 설계에 의한 연구 • 사전사후(시계열 분석 포함) 비교연구
이용가능한 기존자료조사	• 이차적 자료분석 • 평가종합

의한 평가연구들에 대해서는 이미 앞의 정책평가의 유형에서 개략적으로 설명하였으며 더 자세한 내용은 장을 달리하여 다루게 될 것이다. 앞의 <표 2-1>에 나와있는 방법들 가운데 비동질적 비교집단 설계에 의한 연구는 준실험적 평가방법 가운데 짝짓기 방법에 의하여 실험집단과 비교집단을 형성함으로써 정책평가연구를 시행하는 방법이고, 시계열을 이용한 평가연구는 준실험적 평가방법의 하나로 단절적 시계열설계에 의한 평가이다. 이들 준실험적 방법에 대해서는 준실험적 방법에 의한 평가에서 좀 더 구체적으로 설명하게 될 것이다.

위에서 설명한 평가전략들은 새로운 자료를 수집하여 정책평가를 실시하는 평가설계의 방법들을 사용하는 것들이지만, 시간・예산 등의 제약으로 오리지널(original)한 새로운 자료를 수집하는 것이 아니라 이미 발표된 기존자료들이나 이미 수행된 동일한 프로그램 또는 유사한 프로그램들에 대한 정보들을 수집하여 이들을 비교・분석하고 종합하여 어떤 결론에 도달하는 방법이 있는데 이것이 바로 이용가능한 기존자료의 조사에 의한 평가전략이다. 이들 가운데 2차적 자료분석은 평가설계라고 하기보다는 오히려 자료분석의 접근방법이라고 할 수 있으며, 오리지널한 평가설계에 따라 연구하여 발표된 기존 자료들을 수집하여 이들을 비교분석하고 종합함으로써 어떤 결론에 도달하고자 하는 접근방법들을 총칭한다. 평가종합과 메타분석은 이미 앞의 항에서 설명한 바와 같이 어떤 프로그램에 대한 기존의 평가연구들의 결과들을 수집하여 그 연구의 타당성, 신뢰성, 연구의 맥락 등을 검토하고, 그들 평가연구에서 발견된 사실들을 종합하여 프로그램에 대한 종합적이고 균형잡힌 판단에 도달하고자 실시하는 평가연구이다.

이상에서 설명한 것들을 토대로 네 가지 평가전략들의 성격들을 요약하면 다음 <표 2-2>와 같다.

(2) 평가를 위한 질문과 평가설계의 연결

우리는 앞에서 네 가지 평가전략들의 특성에 대해서 살펴보았다. 평가설계의 마지막 단계는 이러한 평가전략들의 특성을 참조하여 현재 제기되고 있는 정책이나 프로그램의 평가를 위한 구체적인 평가전략을 선택하는 단계이다. 이 과정에서 평가자는 물어야할 평가질문의 유형과 선택의 폭을 좁히기 위한 몇 가지의 평가설계-스크린 질문(design screen questions)들을 참고하여야 한다. 맨 처음의 출발점은 평가질문의 유형이 될 것이다. 즉 평가질문이 기술적인가(하이테크

(high-tech) 훈련프로그램이 어떻게 운용되고 있는가), 규범적인가(하이테크 프로그램의 취업목표는 달성되고 있는가), 또는 인과적인가(하이테크프로그램이 취업률향상에 효과를 가져오는가) 하는 질문들에 대한 대답에 따라서 선택될 평가설계 또는 접근방법은 부분적으로 결정되게 된다.

표 2-2 네 가지 평가전략들의 특성

평가전략	가장 빈번하게 제기되는 평가질문의 유형	자료의 이용 가능성	평가설계요소		
			정보의 종류	표본추출 방법	명시적인 비교기준의 필요성
표본조사	기술적 및 규범적	새로운 자료수집	계량적인 정보의 성격을 띰	확률적 표본추출	없음a)
사례연구	기술적 및 규범적	새로운 자료수집	질적인 정보의 성격을 띰; 계량적인 정보도 가능	비확률적 표본추출	없음a)
현장실험	원인과 효과	새로운 자료수집	계량적 또는 질적 정보	확률적 또는 비확률적 표본추출	있음; 평가에 필수적으로 요구됨
이용가능한 기존자료 조사	기술적, 규범적 및 원인과 효과	이용가능 자료	계량적인 정보의 성격을 띰; 질적인 정보도 가능	확률적 또는 비확률적 표본추출	있을 수도 있고 없을 수도 있음

주: a) 표본조사와 사례연구는 그 정의에 의하여 명시적인 비교의 기준을 가지고 있지 않으나 이러한 정의는 일반적인 것은 아님.

평가설계 또는 접근방법의 선택은 몇 개의 평가-스크린(screening) 질문들, 예컨대 결론을 내리는데 요구되는 한정성(definitiveness)에 대한 질문(예컨대 평가에서 발견된 사실을 좀 더 넓은 범위에 걸쳐서 일반화할 필요가 있는가)과 예상되는 제약의 종류에 대한 질문들(예컨대 비교집단의 형성이 가능한가, 평가를 하는데 주어진 기간이 5개월인가 20개월인가)에 의하여 좀 더 그 범위가 좁혀지게 된다.

[그림 2-3]은 위에서 설명한 바와 같은 방법으로 평가설계를 선택하는 과정을 설명하는 의사결정나무(decision tree)를 나타내고 있다. 이 그림의 맨 위의 출발

그림 2-3 평가를 위한 질문에 따라 평가설계를 선택하는 과정을 나타내는 의사결정나무

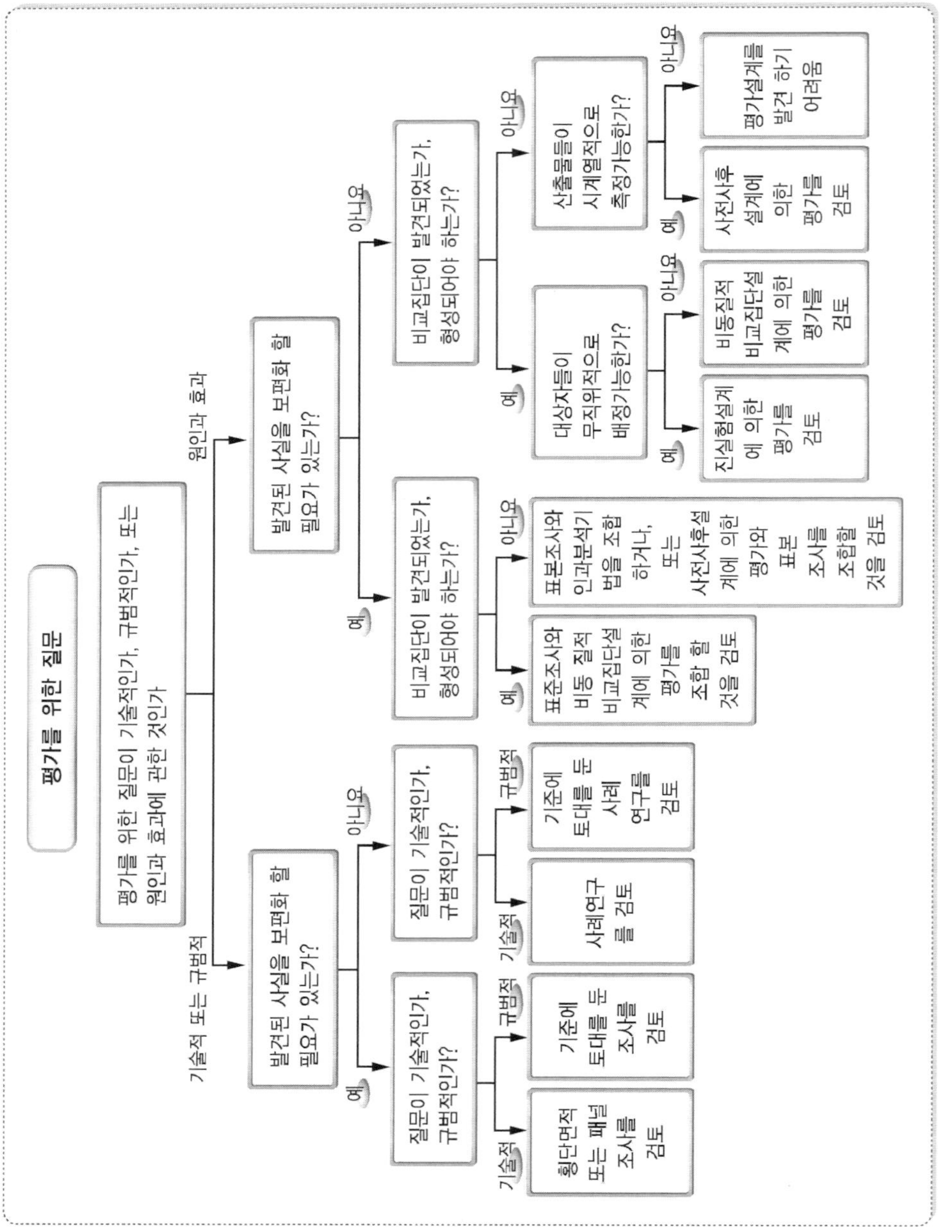

점은 평가를 위한 질문이 기술적인가, 규범적인가 또는 원인과 효과에 관한 것인가 하는 것을 나타내는 '가지'이다. 그리고 이러한 평가유형에 관한 질문에 따라 그 밑으로 내려오는 가지가 갈라지게 된다. 만일 이때 대답이 평가를 위한 질문이 기술적 또는 규범적인 것이라고 한다면 그 가지에는 다시 발견된 사실을 보편화할 필요가 있는가 하는 평가스크린(screen)을 위한 질문을 던지게 되고, 그에 대한 대답이 "예"인가 또는 "아니요"인가에 따라 각각 다시 평가를 위한 질문이 기술적인가 또는 규범적인가 하는 질문을 던지게 된다. 그리고 이에 대한 대답에 따라 최종적으로 고려할 평가설계에 도달하게 되는 것이다. 처음 출발하는 출발점에서의 평가를 위한 질문에 대한 대답이 원인과 효과인 경우에도 다음에 평가설계 스크린을 위한 질문을 하고, 그에 대한 대답 여하에 따라 다시 평가를 위한 질문을 던짐으로써 그 대답에 따라 최종적으로 고려하여야 할 평가설계에 도달하게 되는 것이다.

이와 같은 의사결정나무를 통하여 평가설계를 발견하는 과정에서 주의하여야 할 사항은 평가설계 스크린(screen)을 위한 질문들이 경우에 따라서는 불분명할 수도 있고, 평가의 목적이 하나가 아니고 여러 개여서 하나가 아니라 몇 가지 평가설계들을 동시에 사용하여 평가하여야 할 경우도 있을 수 있다는 점 등이다. 그렇기 때문에 의사결정나무를 통한 평가설계의 선정은 그 결과를 변경할 수 없는 것으로 볼 것이 아니라 하나의 개념적 지침으로서 평가설계대안들을 체계적으로 검토하는 방법으로 보아야 할 것이다.

이 장의 요약

1. 정책평가는 평가자가 누군가에 따라 자체평가 또는 내부평가와 외부평가로 나눌 수 있다. 내부평가는 프로그램을 집행하는 기관의 내부에서 평가하는 것이며, 외부평가는 프로그램을 집행하는 조직의 외부기관에 의하여 평가가 이루어지는 것이다.

2. 내부평가의 중요한 특징은 평가의 제1차적인 책임이 조직밖에 있는 것이 아

니라 조직의 내부에 있고, 평가의 초점이 관리자, 집행담당요원 및 프로그램 참여자들의 이슈들과 관심사들이며, 내부평가의 평가자들은 그들이 평가하는 조직의 관리자들에게 직접적인 책임이 있다는 것이다.

3. 정책평가에는 여러가지 방법이 있으나 가장 주로 사용되는 전형적인 정책평가로는 착수직전분석, 형성적(과정) 평가, 프로그램 모니터링, 정책영향평가, 능률성평가, 적합성평가, 발전적평가, 평가종합 등을 들 수 있다.

4. 프로그램 모니터링은 다시 프로그램 집행의 모니터링과 프로그램 성과의 모니터링으로 나눌 수 있으며, 정책영향평가는 원인과 효과간의 관계를 좀 더 정교하게 추정하기 위하여 사용되는 실험설계의 방법에 따라 진실험적 방법에 의한 평가연구, 준실험적 방법에 의한 평가연구, 비실험적 방법에 의한 평가연구 등으로 나눌 수 있다.

5. 정책평가의 표준적 절차는 이해자들의 식별과 평가계획의 발전, 프로그램에 대한 기술, 평가질문의 작성과 평가설계, 자료의 수집과 준비, 자료의 분석과 해석, 보고서의 작성과 의사전달(communication) 등 여섯 가지 단계로 조직화되어 있다.

6. 평가설계의 기본적인 요소들은 획득되어야 할 정보의 종류, 정보의 소스, 표본추출을 위하여 사용될 방법, 정보수집의 방법, 정보수집의 시기와 횟수, 정책산출을 비교할 기초 등이다.

7. 평가설계는 올바른 질문의 선택, 평가를 하는데 대한 제약요인들의 검토, 평가설계안들에 대한 사정 등의 절차에 따라 이루어진다.

8. 평가전략에는 표본조사, 사례연구, 현장실험, 이용 가능한 기존 자료의 조사 등이 있다. 그리고 이들 각 평가전략에는 다시 몇 가지씩의 평가설계들이 포함되어 있다. 이들 구체적인 평가설계들은 평가를 위한 질문, 평가설계의 스크린(screen)을 위한 질문 등으로 구성되는 의사결정나무에 의하여 최종적으로 식별해 낼 수 있다. 그러나 이들 평가설계들은 평가의 질문이 하나 이상인

경우, 즉 프로그램의 목적이 하나 이상인 경우에는 조합에 의하여 사용될 수 있다.

연/습/문/제

[2.1] 내부평가의 의미, 특징 및 핵심적 공헌들에 대하여 설명하여라.

[2.2] 평가성 사정의 의미와 단계에 대하여 설명하여라.

[2.3] 형성적 평가의 의미와 목적에 대하여 설명하여라.

[2.4] 프로그램 집행의 모니터링과 프로그램 성과의 모니터링의 주요 차이점은 무엇인가?

[2.5] 영향평가와 능률성 평가의 차이점은 무엇인가?

[2.6] 적합성 평가와 메타 평가의 차이는 무엇이며 각각 어떤 목적으로 활용되는가?

[2.7] 정책평가의 여섯 가지 단계에 대하여 설명하여라.

[2.8] 평가설계의 의미와 평가설계의 기본적인 요소들에 대하여 설명하여라.

[2.9] 평가설계에 있어서 올바른 질문을 선택하는 절차에 대하여 설명하여라.

[2.10] 평가의 전략과 평가설계의 유형들을 비교하여라.

[2.11] 의사결정나무를 이용하여 최종적인 평가설계대안을 식별해 내는 절차에 대하여 간략히 설명하여라.

제 3 장

프로그램에 대한 기술

제1절 프로그램 이론과 프로그램 논리모형

제2절 프로그램 논리모형의 개발, 검증과 평가에의 활용

장 | 머 | 리 | 에

프로그램 평가는 프로그램에 대한 이해에 그 기초를 두고 있다. 프로그램 논리모형은 프로그램을 기술해줌으로써 프로그램을 설계하는 과정에서 설계의 지침을 제공해 준다. 프로그램을 설계하고 만드는 과정에 참여하는 모든 참여자들, 예컨대 정부의 정책결정자, 관리자, 집행자 및 이해관계자들(stakeholders)은 모두 각자 자기의 프로그램 논리를 가지고 프로그램을 설계하고 집행하는 과정에 참여한다. 그렇기 때문에 프로그램의 형성과 집행 및 집행의 결과는 이들 다양한 논리모형을 가지고 참여한 참여자들의 상호작용의 결과이다. 그러므로 프로그램의 평가자는 프로그램을 평가하기 전에 먼저 프로그램의 논리모형과 프로그램 산출결과 체인들(outcome chains)을 이해하는 것이 중요하다. 프로그램의 논리모형과 프로그램 산출결과 체인들을 올바로 이해할 때 평가자는 프로그램 평가의 이슈와 문제점, 그리고 어떠한 종류의 평가가 필요한지를 이해할 수 있게 되고, 평가결과의 활용자가 필요로 하는 평가정보를 산출하여 제공할 수 있도록 평가를 설계하고 수행할 수 있다.

이번 장에서는 프로그램 논리모형의 개념과 그 형태, 프로그램 논리모형과 프로그램 산출결과 체인들을 작성하고 검증하는 절차를 설명함으로써 정책평가자나 정책평가결과의 활용자들이 평가의 니즈(needs)를 이해하고, 평가과정과 평가결과에 대한 기대를 공유하도록 함으로써 평가결과 산출된 정보의 활용성을 높일 수 있는 기초를 마련하도록 한다.

제1절 프로그램 이론과 프로그램 논리모형

Ⅰ. 프로그램 논리모형의 의의와 기능

1. 프로그램 논리모형의 필요성

하나의 프로그램은 하나의 가설로 간주될 수 있다. 만일 프로그램이 집행된다면, 기대되는 결과가 나오게 될 것이라는 가설이다. 논리모형을 작성하는 것은 이 가설의 밑에 깔려있는 전제들(assumptions)을 이해하고 프로그램이 가정하고 있는 가설들을 이해하기 위하여, 그리고 이 가설들을 검증할 전략들을 짜기 위하여 가설들을 풀어 헤치는데 사용될 수 있는 도구이다. 프로그램 평가는 이 논리모형의 구성요소들이 제대로 식별되고, 그들 간의 인과관계가 적정하게 설정되었다는 가정 하에 이뤄진다.

분별 있는 프로그램 평가는 또한, 프로그램이 의도한 수혜자들에게 전달되었다는 가정에 의존한다. 비록 의도한 프로그램 구성요소들이 제대로 구체화되었다고 할지라도 그들이 적절한 수혜자들에게 전달되었는지의 여부는 집행이 정확하고 효과적으로 이루어졌느냐의 여부에 따라 결정된다. 이들 두 가지 가정들의 세트, 즉 프로그램의 구성요소들이 적절하게 구체화되고, 정확하게 집행되었다고 하는 가정들의 확인은 프로그램의 효과평가에서 기본적인 과제이다. 그러므로 이들 중대한 과제들은 주의 깊게 연구되어야 한다.

프로그램 논리(program logic)가 없는 경우, 이 프로그램 산출결과에 초점을 맞춘 평가는 배면에 깔려있는 프로그램 이론들의 다양성을 간과할 가능성이 높다. 그러한 연구의 결과들은, 연구결과가 긍정적이든 부정적이든, 별로 유용하지 않은 경우가 많다. 만일 연구결과가 긍정적인 경우에는 어떤 특정한 프로그램 활동들이 왜 그러한 바람직한 결과들을 가져왔는지에 대해서 말하기 어렵다. 그리고 만일 프로그램에 대한 평가결과가 중립적이거나 부정적일 때, 또는 프로그램 사이트들(program sites)별로 그 변화가 심한 경우에는 평가자는 그러한 실망스런 결과가 오게 된 이유를 분석해내기가 어렵다.

프로그램 효과가 없게 된 이유는 집행이 적절하게 이루어지지 못했기 때문일 수도 있고, 각 사이트(site)별로 프로그램의 전달형태가 크게 달랐기 때문일 수도 있으며, 연구 설계가 부적절했거나 수집된 자료가 신뢰성이 없어서 그러한 결과가 나왔을 수도 있고, 또한 프로그램 이론이 근거하고 있는 인과관계 논리상에 더 근본적인 결함이 있기 때문일 수도 있다. 따라서 프로그램 논리모형이 작성되어 그 모형 자체의 타당성 여부가 검토되고, 타당성이 인정된 프로그램 논리모형에 근거해서 평가가 이뤄질 수 있다면 위에서 기술한 문제점들이 상당부분 해소될 수 있을 것이다.

2. 프로그램 논리모형의 의의

프로그램 논리는 프로그램이론(program theory)이라고 부르기도 하고, 간여의 논리(intervention logic)라고 부르기도 한다.[1)]

이미 위에서 기술한 바와 같이 프로그램의 성과를 측정하고 평가하기 위해서는 프로그램이 무엇을 했고, 그것이 달성하고자 한 결과가 무엇이었는지를 분명하게 이해할 수 있어야 한다. 프로그램 논리모형(program logic model)은 프로그램의 여러 구성요소들이 어떻게 상호작용하며, 그 결과로 생산한 생산품이나 서비스는 어떤 것들이고, 그들은 어떻게 바라는 결과들을 산출해 냈는지를 나타내는 프로그램 설계의 밑에 깔려있는 논리(logic), 즉 프로그램 활동들이 타깃으로 하고 있는 산출결과들(outcomes)을 가져오도록 작동할 것으로 기대되는 논리를 나타낸다(Hatry, Van Houten, Plantz and Greenway, 1996; knowlton and phillips, 2009: 3~14). 여기서 산출결과는 대상집단에 일어난 변화이다.

평가자가 일단 프로그램 논리를 분명하게 하면, 평가자는 성과측정 수단들(performance measures)을 체계적이며 신뢰할 수 있는 방법으로 식별해 낼 수 있고, 무엇을 왜, 어떻게 평가하여야 하는지를 이해할 수 있게 된다.

프로그램 논리모형은 프로그램 논리에 바탕을 두고 프로그램의 요소들과 해

---

1) 프로그램 논리는 그 외에도 인과모형, 원인맵(cause map), 간여이론(intervention theory), 변화의 이론(theory of change), 행동의 이론(theory of action), 결과선(Outcom line), 이론에 토대를 둔 평가(theory based evaluation), 이론이 가이드하는 평가(theory driven evaluation), 간여의 프레임워크(intervention framework)라고 부르기도 한다(Chen, 1990 ; Weiss, 1997: 501~524; knowlton and phillips, 2009; Donaldson, 2007:9).

결되어야 할 문제들 간의 핵심적인 논리적(인과)관계들을 기술하는 다이아그램(diagram)이면서 텍스트(text)이다. Bickman에 의하면 프로그램 논리모형은 "식별된 문제들을 해결하기 위하여 특정한 환경적 조건 하에서 프로그램이 어떻게 작동할 것인가를 나타내는 가능하고(plausible), 분별있는(sensible) 모형"이다(Bickman, 1987: 5~6).

논리모형은 디자인, 기획, 커뮤니케이션(communication), 평가 및 학습을 도와준다. 논리모형은 아이디어들을 설명하고, 하나의 도전(challenge)을 해결하거나 진행 상황을 평가할 때 사용된다. 논리모형을 또한 요소들이나 부분들 간의 복잡한 관계들을 풀어주거나 분명하게 해준다.

논리모형은 도해식 방법(graphic way)을 사용하여 정보를 조직(organize)하고 생각을 나타낸다. 논리모형들은 어떻게 사회가 작동하고 있는가, 또는 작동하여야 하는가 하는데 대하여 무의식적으로 우리들의 마음속에 가지고 있는 지도들(maps)을 시각화하는 접근방법이다(knowlton and phillips, 2009: 4).

이러한 정의들을 종합해 볼 때 프로그램 논리모형은 어떻게 활동들이 의도한 산출결과들과 궁극적인 산출결과들의 체인(chain)에 기여하는가를 이해하도록 하고, 간여(intervention), 즉 이벤트(event), 프로젝트, 프로그램, 전략 등을 기획, 집행, 모니터링, 및 평가하는 것을 도와주는 단순화된 모형이라 할 수 있다(Frechtling, 2007: 1～20 ; Donaldson, 2007: 3～19).

프로그램 이론은 이해관계자들과 여타의 사람들에게 프로그램이 초점을 맞추고 있는 문제들에 대하여 이야기하고, 또 그것이 프로그램을 다른 것보다도 더 적절하게 나타낼 수 있는 유일한 것이라는 것에 대하여 이야기함으로써, 프로그램이 성취할 것으로 기대되는 성과에 대한 스토리(story)를 확신시키는 기초가 될 수 있다.

프로그램 이론은 하나의 프로젝트, 하나의 프로그램, 하나의 이니셔티브(initiative) 또는 하나의 정책 등과 같은 정부 간여가 어떻게 중간 산출 결과의 체인들(chains)에 영향을 미치며, 종국적으로는 의도하였거나 관찰된 산출 결과들이 일어나도록 하는데 기여하는가에 대한 명시적인 이론 또는 모형이다(Funnell and Rogers, 2011: xix). 프로그램 이론은 이상적으로는 변화의 이론(theory of change)과 행위이론(theory of action)이라는 두 개의 요소를 가지고 있다.

변화의 이론은 개인들이나 그룹들, 지역사회들에 변화를 가져오는, 예컨대 심리적 과정들, 사회적 과정들, 물리적 과정들 및 경제적 과정들의 중심적인 과정들 또는 드라이버들(drivers)에 관한 것이다(Funnell and Rogers, 2011: xix). 변화의 이론은 공식적인 연구(research)에 기초한 이론에서 끄집어내거나 또는 어떻게 일들이 되어 가는가 하는데 대한 이해(understanding)에서 끄집어낸다. 행위이론은 프로그램이나 여타의 다른 정부간여들이 이들 변화의 이론을 활성화하기 위해서 어떻게 만들어졌는지를 설명해준다. 예를들면 건강증진 프로그램은 동료조언자들(mentors), 서베이(survey) 결과들을 토대로한 광고들, 또는 사회적 규범에 대한 인식을 변화시키기 위한 어떤 전략들을 사용한다.

프로그램 이론은 "변화의 이론", "논리모형 작성(logic modeling)" 및 "간여의 논리" 등을 포함한 여러 가지의 라벨들(labels)로 알려졌으며, 지난 20년 이상을 대중적 인지하에서 발전해 왔다. 전 세계에 걸쳐 수많은 정부들이나 비영리조직들은 기획이나 모니터링 및 평가를 위하여 프로그램 이론을 사용할 것을 요구하고 있다.

프로그램 이론(논리모형)들은 측정한 프로그램에 의하여 발전되거나, 앞에서 언급한 바와 같이 이미 발전된(established) 단일의 사회과학 이론에서 마치 재고품을 선반에서 끄집어내어 사용하는 것과 같이 끄집어내서 사용할 수 있는 것이 아니다.

프로그램의 논리모형은 프로그램 철학에 토대를 두고 있다(Conrad and Miller, 1987: 19~42). 프로그램 철학은 프로그램의 구조, 과정 및 산출결과들을 정의하는 신념, 가치 및 목적들의 시스템이다. 프로그램 논리모형은 프로그램 철학을 측정하고 테스트하는 방법들을 포함함으로써 더욱 발전할 수 있다. 프로그램 논리모형은 처리(treatment)에 대한 한 세트의 인과관계들을 명확하게 해주기 때문에 처리에 대한 근거를 제공해준다.

프로그램 논리모형은 프로그램의 자원, 활동 및 산출결과 등과 이들간을 연결시켜주는 인과적 가정들을 식별해주는 기능을 한다. 프로그램 개발자들이 말하는 프로그램 논리모형은 정교한 이론이라기보다 왜 프로그램이 작동하도록 되어 있는가를 설명하는 몇 개의 간단한 가정들이다.

논리모형은 커뮤니케이션, 평가기획, 전략적 기획과 운영기획, 프로그램 설계와 개선 및 집행의 모니터링 등에 활용될 수 있다.

3. 프로그램 논리모형의 기능

지난 20여 년간 프로그램 평가의 중점은 최종 산출결과인 성과 평가에 중점을 둔 투입/산출모형 또는 검은상자 모형(black-box model)에서 최종 산출결과만이 아니라 이를 달성하는 중간 산출결과들의 변화를 평가하는, 즉 프로그램이 어떤 변화를 가져오고 있는가 하는 블랙박스 내부에 일어나는 변화를 평가하는 투명상자모형(transparent model)으로 이동하였다(Love, 2004: 65~67). 프로그램 논리모형의 발전은 이러한 평가의 중점의 이동에 따라 이루어지고 있다.

프로그램 논리모형의 주요 기능은 다음과 같다.

- 사회과학 지식의 발전에 기여
- 정책결정자에 대한 조력
- 이론의 실패와 프로그램 실패 간의 구별
- 문제와 타깃그룹의 식별
- 프로그램집행에 대한 기술(description)의 제공
- 의도하지 않았던 효과의 발견
- 매개변수들의 구체화
- 평가의 형성적 활용(formative use)의 확대
- 측정이슈들의 명료화
- 컨센서스 형성(consensus formation)의 증진 등.

대부분의 프로그램들은 강력하고 응집력 있는 이론(coherent theory)이나 논리를 발전시키지 못하고 있다. 그러므로 평가자나 성과의 측정자는 측정과 과제의 설계(task design)를 위하여 프로그램 개발자 대신에 프로그램의 밑에 깔려있는 이론을 발전시켜야 한다.

4. 프로그램 이론과 프로그램 논리의 구분

우리는 위에서 프로그램 논리와 프로그램이론은 동일한 것이며, 서로 다른 명

칭으로 불리는 것으로 보았다. 그러나 이와 같이 서로 차이가 없는 것으로 사용되고 있으나 두 개념들은 다음 <표 3-1>과 같은 차이를 가지고 있어 비록 구분하지 않고 혼용하는 경우에도 주의를 요한다.

표 3-1 프로그램 이론과 프로그램 논리의 비교

초 점	프로그램 이론	프로그램 논리
모형의 소스	공식적인 연구에 토대를 둔 이론	실무자들이 암묵적으로 가지고 있는 비공식적인 한 세트의 인과적 가정들(assumptions)
모형의 구체성	인과모형의 다이어그램	성과의 표준을 포함한 모형에 스며들어와 있는 가정들에 대한 세부적인 분석
인과적 과정들의 구체성	프로그램과정들과 산출결과들을 연결하는 인과과정을 나타내는 구체적인 다이어그램	투입, 과정, 산출, 및 산출결과들의 단순한 상자(box)들의 세트

위의 <표 3-1>에서 보는 바와 같이 프로그램이론과 프로그램 논리는 몇 가지 측면에서 차이가 있으나 실제 연구자들과 실무자들은 구분없이 사용하고 있으므로 본서에서도 두 가지 용어를 혼용하기로 한다.

프로그램 이론과 아울러 프로그램 이론평가(program theory evaluation)라는 용어가 널리 쓰이고 있는데 여기서 프로그램 이론평가는 프로그램이 의도하였거나 관찰된 산출결과들(outcomes)에 어떻게 기여하였는가 하는데 대한 명시적인 이론(explicit theory)이나 모형으로서, 이 모형에 의하여 최소한 부분적으로 가이드되는 평가를 지칭한다.

5. 활용의 효용성과 사용의 이점

프로그램 논리모형 활용상의 주요 효용은 다음과 같다. 첫째, 감독기관(국회, 국무조정실, 기획재정부, 감사원 등)과 시민단체들이 프로그램의 산출결과 목적(outcome goal)들에 대해 보다 잘 커뮤니케이션 할 수 있게 되며, 산출결과가 달성되었다는 것을 보여줄 수 있도록 집행기관의 프로그램의 스토리(program's story)를 이야기 해 줄 것을 요구할 때 프로그램 논리를 개발하여 활용하면 여기에 효과적으로 대처할 수 있다.

둘째, 많은 공공프로그램에 대하여 "프로그램에 의하여 제안된 결과들(results)은 올바른 것이냐"하는 묵시적인 질문이 점점 증대되는 추세에 있는데, 여기에 적절한 대답을 줄 수 있다.

셋째, 최근의 정부개혁 철학은 책무성과 결과를 위한 관리(managing for results)를 강조하는 방향으로 나가고 있다. 이러한 강조는 관리자들이 그들의 프로그램을 기술하고 프로그램의 성공을 문서화하도록 요구하고 있는데, 프로그램 논리의 개발은 이에 대응할 수 있는 효과적인 수단을 제공해 준다.

넷째, 프로그램을 개선하고 질을 향상시키는데 관리자들의 관심이 높아지고 있다. 이를 뒷받침하기 위하여 리스크분석(risk analysis), 시스템분석(systems analysis) 등과 같은 기법들이 프로그램을 계획하고 기술하는데 활용되고 있으나, 프로그램의 산출결과들을 측정하고, 프로그램을 개선할 수 있도록 프로그램이 어떻게 집행되고 있는가를 종합적으로 측정하여야 한다는 점증하는 요구에 부응하는데 논리모형의 활용이 점차로 증대되어 가는 경향을 보이고 있다.

다섯째, 논리모형은 커뮤니케이션을 용이하게 한다는 장점도 있다. 프로그램 논리모형을 작성하는 과정에 참여함으로써 관리자들은 프로그램과 프로그램의 성과에 대한 이해를 공유할 수 있게 된다. 프로그램 논리모형은 외부인들에게 간결하고 설득력있는 방법으로 프로그램 내용을 전달할 수 있고, 관리자들과 외부인들이 프로그램이 어떻게 작동하고 있으며, 또한 그들이 작동하도록 하는 책임이 어디에 있는가 하는데 대하여 공통적인 이해를 할 수 있도록 도와줄 수 있다.

이 외에도 프로그램 논리모형은 프로그램 모니터링과 성과계약(performance contract)을 위해서, 그리고 기획과 평가에서 성과측정방법을 개발하거나 확인하기 위해서도 활용된다.

프로그램 논리모형을 사용하면 여러 가지 이점이 있으나, 그들 가운데에서도 특히 중요한 이점들은 다음과 같다(McLaughlin and Jordan, 2004: 7~32; knowlton and phillips, 2009: 4~5).

- 논리모형은 고도의 학습 기회를 제공해 준다.
- 명시적인 산출결과들을 문서화해 준다.

- 무엇이 제대로 작동하고, 그것이 왜 작동하는지에 대한 지식을 분명하게 해준다.
- 평가이슈들을 지적해 주고, 균형 잡힌 한 세트의 핵심적인 성과측정의 포인트들(points)을 지적해 줌으로써 자료수집과 그의 유용성을 증대시켜 주고, 성과보고에 대한 요구사항들을 충족시키는데 기여한다.
- 목적달성에 매우 중요하거나, 중복되거나, 또는 프로그램 목적에 불일치하는 연계(linkages)를 가진 프로젝트들을 식별해 줌으로써 프로그램의 설계, 정렬(alignment), 조정(coordination) 및 개선 등에 도움을 준다.
- 조직이나 문제의 계층구조상에서 프로그램이 어디에 위치하고 있는가를 커뮤니케이션 시켜준다. 또한 이해관계자들에게 프로그램의 진행상황과 가치를 커뮤니케이션 하는데 도움을 준다.
- 자원, 서비스가 도달되는 고객 및 결과에 대한 기대와 프로그램에 관한 공통적인 이해를 형성해 준다. 이에 따라 아이디어의 공유, 가정들의 식별, 팀 형성 및 커뮤니케이션 등에 유익하다.

Ⅱ. 프로그램 논리모형의 구성요소와 사례

1. 구성요소

공공프로그램들은 바람직한 결과들을 구체화하고 달성할 수 있도록 기획되고 관리되어야 한다. 공공프로그램들은 어떤 문제들을 나타내거나, 어떤 니즈들(needs)을 충족시키거나, 또는 어떤 불만족스러운 생활조건들을 개선하는 방향으로 임팩트를 미칠 수 있도록 설계된 서비스 전달과 집행활동들을 포함하는 간여(intervention)이다. 이 간여에 의해서 창출되는 긍정적인 영향들이 프로그램이 의도하는 결과들을 구성한다. 이러한 결과들 때문에 프로그램을 지원하는 것이 정당화된다. 프로그램이 의도하는 결과들이나 산출결과들(outcomes)은 일반적으로 타깃으로 설정된 대상지역이나 대상집단에 일어나며, 프로그램 내부나 그 프로그램을 운영하는 조직 또는 대리기관(agency) 내에 일어나는 것은 아니다. 의도한 결과들은 분명하게 이해되고 정기적으로 모니터링 되어야 한다. 만일 프로그램을 수행하는 주체가 가치 있는 결과를 결집하지(articulate) 못하거나 프로그램 활동들이 바람직한 결과들을 산출해 내지 못한다면, 프로그램에 대한 지원은 의문시 될 것이다.

그러므로 프로그램 설계는 프로그램이 제공하는 서비스들, 프로그램이 서비스를 제공하는 고객들이나 프로그램이 취급하는 사례들, 프로그램이 의도한 결과들, 그리고 어떤 특정한 프로그램 활동들에 사용된 자원들이 어떻게 이들 기대하고 있는 결과들을 가져오는가 하는 논리(logic)에 따라 이루어져야 한다. 바로 이 프로그램 설계에 포함된 것들이 프로그램 논리모형을 구성하는 구성요소들이다.

가장 단순한 프로그램 논리모형은 투입, 과정, 그리고 단기적(short-term) 및 장기적으로 산출되는 의도한 결과들로 구성된다. 좀 더 복잡화된 논리모형들은 산출결과들의 체인(chain), 여러 개의 인과적 경로들, 피드백 고리(feedback loops), 여타의 요소들과 상황(context)들의 영향, 의도하지 않은 산출결과들을 포함한다.

프로그램 설계자들이나 관리자들은 [그림 3-1]에서 보여주는 바와 같은 일반적인 프로그램 논리모형을 사용하여 공공부문조직이나 비영리조직들의 프로그램들의 밑에 깔려있는 가정들을 분명히 하는데 도움을 받을 수 있다.

프로그램 논리모형의 주요 구성요소들은 자원, 활동, 산출물(outputs), 도달된(reached) 고객, 최초의 산출결과(initial outcomes), 중간산출결과(intermediate outcomes) 및 장기적인 산출결과(long-term outcomes) 등이다(McLaughlin and Jordan, 2004: 9).

[그림 3-1]에서는 프로그램의 산출물이 고객에 도달되는 것으로 가정하고 있으나, 어떤 프로그램에서는 프로그램의 집행과정에서 고객에게 서비스가 도달되기도 한다(Poister, 2003: 37). 이러한 경우에는 프로그램 논리모형은 [그림 3-2]와 같이 가정할 수 있다.

그림 3-1 기본적인 프로그램 논리모형

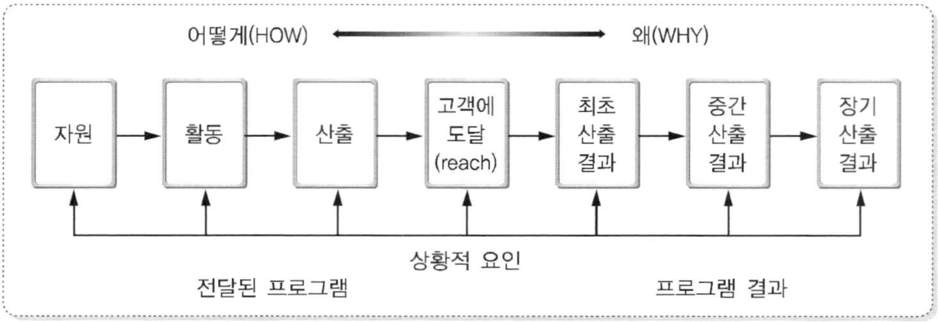

그림 3-2 대안적 프로그램 논리모형

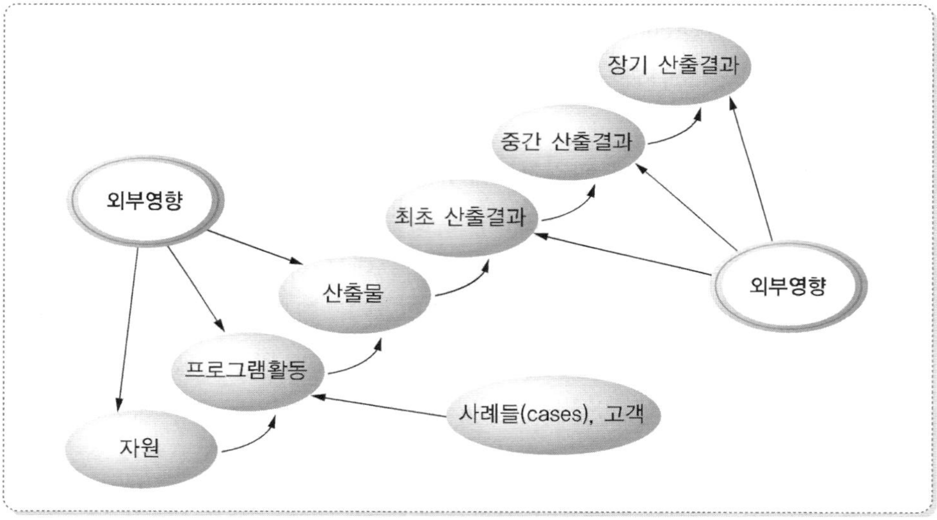

[그림 3-1] 및 [그림 3-2]에 나타나고 있는 프로그램 논리모형의 각 요소들은 다음과 같다(McLaughlin and Jordan, 2004: 38~39).

- 자원 - 자원은 인적 및 물적 자원들과 아울러 파트너십(partnership)이나 계약에 의한 서비스 등과 같은 프로그램을 지원하기 위하여 요구되는 다른 여러 가지 투입물들이다. 고객의 니즈(needs)에 대한 정보는 프로그램의 필수적인 자원이다. 자원들은 프로그램 활동들을 수행하고 생산품(products)이나 산출물들(outputs)을 생산해 내는 서비스들을 제공하는데 활용된다.

- 활동 - 프로그램의 산출물들(outputs)을 생산하는데 필요한 모든 활동조치들이다. 이러한 활동들은 서비스의 제공, 법률이나 규제의 집행들을 포함한다.
- 산출물 - 프로그램의 직접적인 고객이나 프로그램 참여자들에 제공되는 생산물(products), 재화 및 서비스들이다.
- 고객 - 고객은 Montague가 성과틀(performance framework)에 도달(reach)이라는 개념을 추가하기 전까지는 논리모형에 묵시적으로만 취급되어 왔다. Montague는 성과를 결정하는데 세 개의 R(3Rs), 즉 자원, 도달되는 사람(people reached) 및 결과가 중요하다고 역설하였다(Montague, 1997). 자원들과 결과들 간의 관계는 사람들이 없으면 성립할 수 없다. 여기서 사람들은 서비스를 받는 사람들과 결과들을 가져올 수 있도록 프로그램에 참여하여 활동하는 파트너들을 말한다. 고객이나 서비스를 받는 사람들을 프로그램 논리체인의 중간에 명시적으로 삽입함으로써, 프로그램 요원들(staff)이나 이해관계자들은 무엇이 무엇에 도달되고(what leads to what), 프로그램이 어떤 대상집단에 전달되게 되는가를 생각하고 설명할 수 있다. 때로는 프로그램의 일차적 고객들을 사례라 부르기도 한다. 공공병원에서 치료받는 환자, 입양아 양육프로그램에 의하여 서비스 받는 어린이들, 카운슬링 프로그램에 의하여 도움을 받는 고객들이 사례의 예들이다.
- 산출결과 - 산출결과는 활동과 산출물들로부터 나오는 편익이다. 프로그램은 대부분의 경우 복수적이고 순차적인 산출결과들을 가져오는데 이것들을 프로그램의 산출결과구조(outcome structure)라 부르기도 한다. 먼저 최초의 산출결과는 프로그램의 산출물이 원인이 되어 대상집단에 일어난 변화나, 이것과 밀접하게 관련되어 일어난 변화 또는 편익들이다. 이것을 직접적인 산출결과 또는 단기적 산출결과(short term outcomes)라 부르기도 한다. 중간산출결과(intermediate outcomes)는 최초의 산출결과로부터 나오게 된다. 한편 장기적인 산출결과 또는 프로그램 임팩트는 중간산출결과로부터 발생하는 편익들이다. 예컨대 교사가 훈련프로그램에 참여함으로써 교사는 학급을 관리하는 새로운 기술(skill)과 지식을 배울 수 있고(최초의 산출결과), 그에 따라 학생들은 새로운 교육을 받을 기회를 더 많이 가질 수 있게 되며(중기적 산출결과), 그에 따라 학습을 증진시킬 수 있게 된다(장기적 산

출결과).

- 상황적 요인(contextual factor) – 프로그램에 외생적인 상황적 요인들은 프로그램의 성공과 실패에 긍정적이거나 부정적으로 영향을 미칠 수 있으며, 이들은 논리모형에 매우 중요한 요소들이다. 프로그램 디자인과 전달(delivery)에 영향을 미치는 핵심적인 두 가지 상황적 요소는 선행변수와 매개변수이다. 선행적 변수는 고객의 특성, 지리적 변수 및 경제사회적 요소 등과 같이 프로그램이 시작될 때, 이미 존재하고 있는 변수들이다. 한편 매개변수는 프로그램 요원들의 변화, 새로운 정책방향, 경제의 하강이나 상승, 그리고 새로운 경쟁적 프로그램의 등장과 같은 프로그램이 수행되어 감에 따라 나타나는 변수들이다.

2. 산출물과 산출결과의 구분

프로그램 논리를 작성하거나 활용하는데 있어서 가장 중요한 것의 하나는 산출물(outputs)과 산출결과들(outcomes)을 구분하는 것이다. 산출물은 실제로 프로그램이 실행한 것인데 비해서 산출결과는 그것이 산출해 낸 결과(results), 즉 대상 집단에 일어난 변화이다. 산출물(output)은 정책결정자나 관리자들의 통제 범위 안에 있으나 산출결과는 통제범위 밖에 있다. 산출결과는 일반적으로 프로그램이나 정책을 만든 원인이고 또 프로그램이나 정책의 목적이다. 예컨대 금연교육 프로그램에서 산출물은 1년간에 교육시킨 교육대상자들의 수이다. 이에 비해서 산출결과(outcome)는 교육받은 대상 집단에 일어난 변화이며 프로그램 관리자의 통제범위 밖에 있다. 금연교육 프로그램에서 최초의 산출결과는 담배가 해롭다는 것을 알게 되었거나 담배를 끊는 방법을 알게 되었다는 것이다. 그리고 중간 산출결과는 피교육자들 중 일부가 담배를 끊었다는 것이고, 장기적인 산출결과는 담배를 끊은 사람들의 건강이 좋아졌다는 것이다.

예컨대 금연프로그램에서 금연프로그램을 운영한 횟수, 금연프로그램의 수료생들, 금연상담자수 등은 산출물이고, 금연프로그램의 이수자들 가운데 실제로 담배를 끊은 사람들은 산출결과이다. 금연프로그램은 담배를 피우는 것이 문제였기 때문에 만들었고, 담배를 끊도록 하는 것이 금연프로그램의 목적이다.

산출물은 순찰차가 순찰한 시간, 건설된 고속도로의 거리, 금연교육을 한 학급 수 등과 같이 수행된 일의 양이나 완료된 활동의 양을 나타낸다. 이에 비해서 산출결과는 이 산출로부터 생산된 것으로부터 일어나게 된 영향들(impacts)이다. 순찰 때문에 감소된 범죄, 건설된 고속도로 때문에 원활해진 교통소통, 금연교육 때문에 좋아진 건강 등이다. 산출과 산출결과에 대한 이러한 구분은 프로그램 설계, 성과측정, 프로그램 평가 등의 계획에 유용한 정보와 지침을 제공해 줄 수 있다.

일선의 관리자들은 능률적인 방법으로 질적으로 우수한 산출물들을 산출해 내는데 관심을 갖는다. 그러나 전반적인 성과에 관심을 갖는 고위관리자들은 산출을 넘어서 산출결과에 관심을 갖지 않으면 안 된다. 왜냐하면 산출결과는 프로그램의 효과성을 나타내기 때문이다. 프로그램 논리에서 산출물은 직접적인 편익을 구성하는 것이 아니기 때문에 고유한 가치를 갖는 것은 아니지만, 산출물들은 직접적으로 편익을 가져오도록 이끌거나 바람직한 결과들을 가져오도록 하는 변화의 인과적 순서(casual sequence)가 일어나도록 방아쇠를 당기는 역할을 하기 때문에 중요하다. 이러한 의미에서 산출물은 프로그램 성공의 필요조건이나 충분조건은 아니다. 산출물은 프로그램에 의하여 직접적으로 나오는 생산품이거나 프로그램에 의하여 제공된 서비스들이다. 그러므로 이러한 산출물의 적절한 믹스(mix)나 질적 수준이 보장되지 않는다면, 프로그램은 그것이 의도한 산출결과들을 가져올 수 없다. 그러나 프로그램 논리에 결함이 있다면, 즉 산출물과 산출결과들을 연결하는 인과적 연계에 대한 가정들이 현실세계에서 성립하지 않는다면, 바람직한 산출결과들은 구체적으로 실현되기 어렵다. 일반적으로 산출물의 생산은 관리자들의 통제 하에 있지만, 산출결과들은 프로그램 관리자들의 통제 밖에 있는 좀 더 넓은 범위의 외부적 요인들에 의하여 좀 더 강한 영향을 받는 경향이 있다. 그렇기 때문에 산출물의 생산이 산출결과를 가져올 것이라고 하는 보장이 없다. 그러므로 프로그램 성과를 모니터링하기 위해서는 산출결과들을 측정하는 것이 매우 중요하다.

3. 산출결과의 체인

이들 최초의 산출결과, 중간 산출결과 및 최종산출결과들은 산출결과의 체인(outcomes chain)을 구성한다. 이들 산출결과들의 체인은 산출결과의 계서(outcomes hierarchy)라고도 부른다. 이들 산출결과들의 체인은 최초의 산출결과들, 중간산출결과 및 최종산출결과들 또는 임팩트들(impacts) 간의 가설적인 인과관계들 또는 우발적인 상호관계들(contingency relationships)을 나타낸다. 이들 우발적인 상호관계들의 개념은 좀 더 높은 수준의 산출결과들을 성취하기 위한 선행조건, 즉 필요조건이지만 충분조건은 아닌 인과적 조건이다(Funnell and Rogers, 2011: 177).

산출결과의 체인은 최초의 산출결과들과 중간산출경과들 및 최종산출결과들 간의 가설적인 인과관계 또는 우발적인 인과관계들을 나타내므로 프로그램 기획에 있어서 매우 중요하다. 프로그램 활동들은 그들 자신들이 목적이 아니라 산출결과들을 달성하기 위한 수단들이다. 프로그램을 디자인하는 과정에서 산출결과의 체인은 프로그램 활동들과 자원들의 선택의 합리적인 근거가 된다. 또한 산출결과의 체인은 프로그램 성과평가의 기준을 제공해 주고, 또한 프로그램의 성공의 판단기준을 제공해 준다.

4. 다양한 형태의 논리모형 사례들

프로그램 논리모형을 이해하고 이를 토대로 관리자들이나 평가자들이 관심을 갖는 프로그램의 논리모형을 작성할 수 있기 위해서는 먼저 이미 개발된 다양한 형태의 프로그램 논리모형사례들을 접해 볼 필요가 있다.

[그림 3-3]은 직업복귀(vocational rehabilitation) 프로그램의 논리모형 사례이다. 이 직업복귀 프로그램 논리모형은 다양한 투입자원, 프로그램 활동 및 산출들이 어떻게 최초의 산출결과, 중간산출결과 및 장기적 산출결과들을 가져오는가를 나타내고 있다.

[그림 3-4]는 프로그램 논리모형이 프로그램뿐 아니라 조직의 활동과 산출결과간의 관계를 분석하는데도 활용될 수 있음을 보여준다. 이 프로그램 논리모형은 또한 프로그램 논리가 단선적이 아니라 순환적인 것이 될 수 있음을 기술해 주고 있다. 그리고 이 프로그램 논리모형은 상황적 영향요인들을 명시적으로 식별하여 제시하고 있다.

[그림 3-5]는 투입, 활동 및 산출들이 요인별로 하나하나 분리되어 기술되지 않고 투입, 활동 및 산출별로 묶어서 기술하고 있다.

이들 다양한 프로그램 논리모형의 사례들을 통해서 알 수 있는 바와 같이 프로그램의 성격과 논리모형의 활용의 니즈(needs)에 따라 각각 적절한 방법을 통하여 논리모형을 개발하여 프로그램 성과의 측정과 프로그램 평가에 활용할 수 있다.

그림 3-3 직업복귀(vocational rehabilitation) 프로그램 논리모형

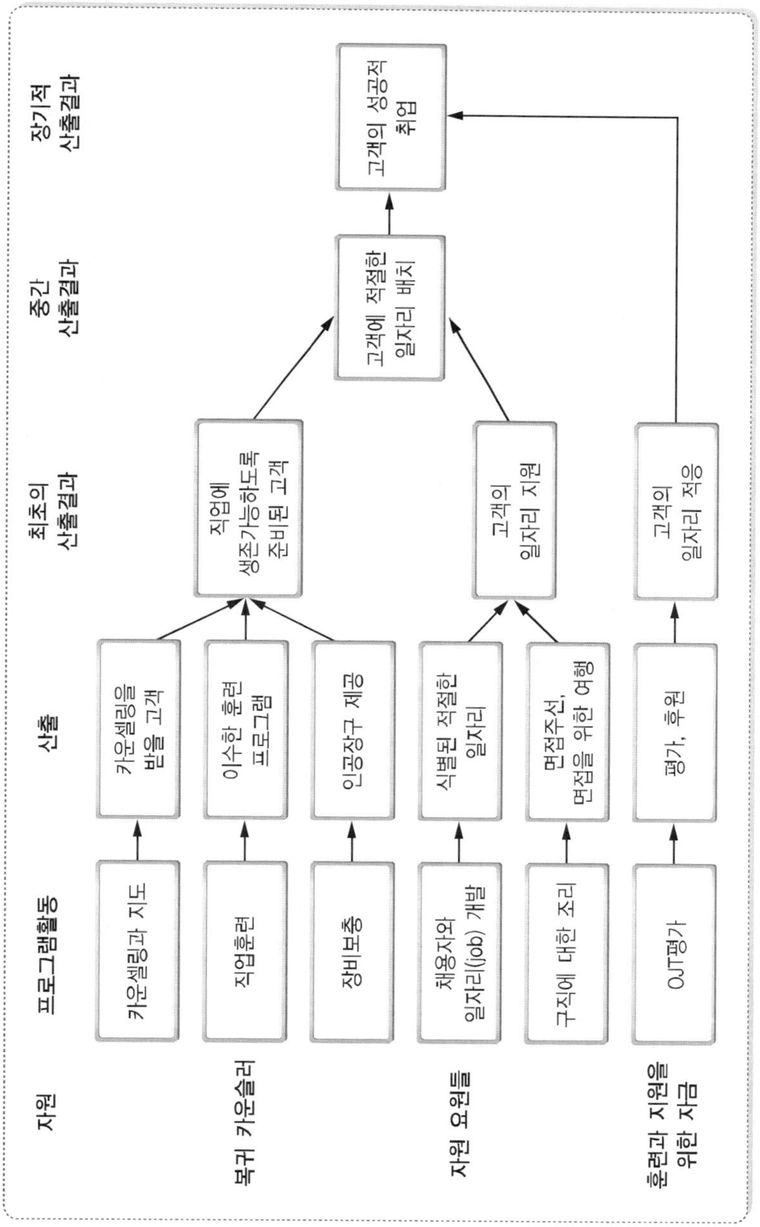

자료: Poister, 2003: 46.

그림 3-4 연구와 기술개발 조직에 대한 "Z" 논리모형

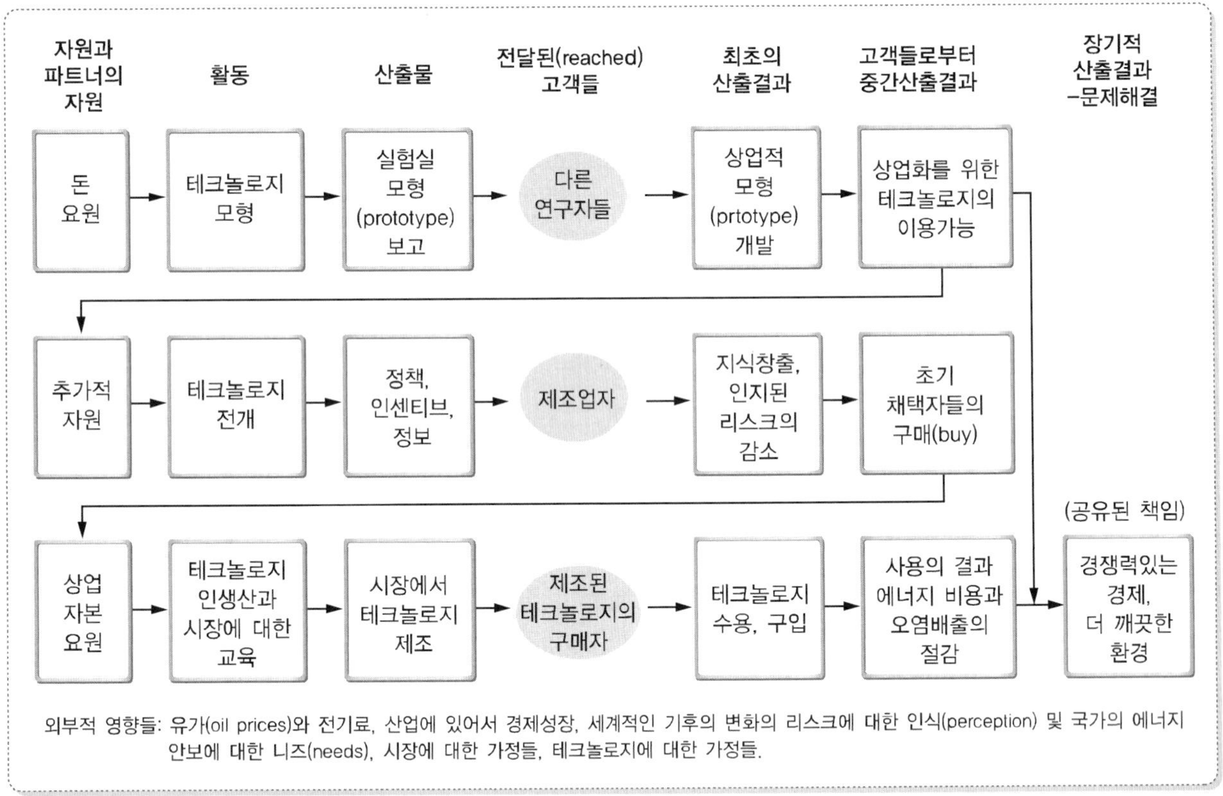

자료: McLaughlin and Jordan, 2004: 22.

그림 3-5 10대 모(teen mother) 출산교육 프로그램 논리모형

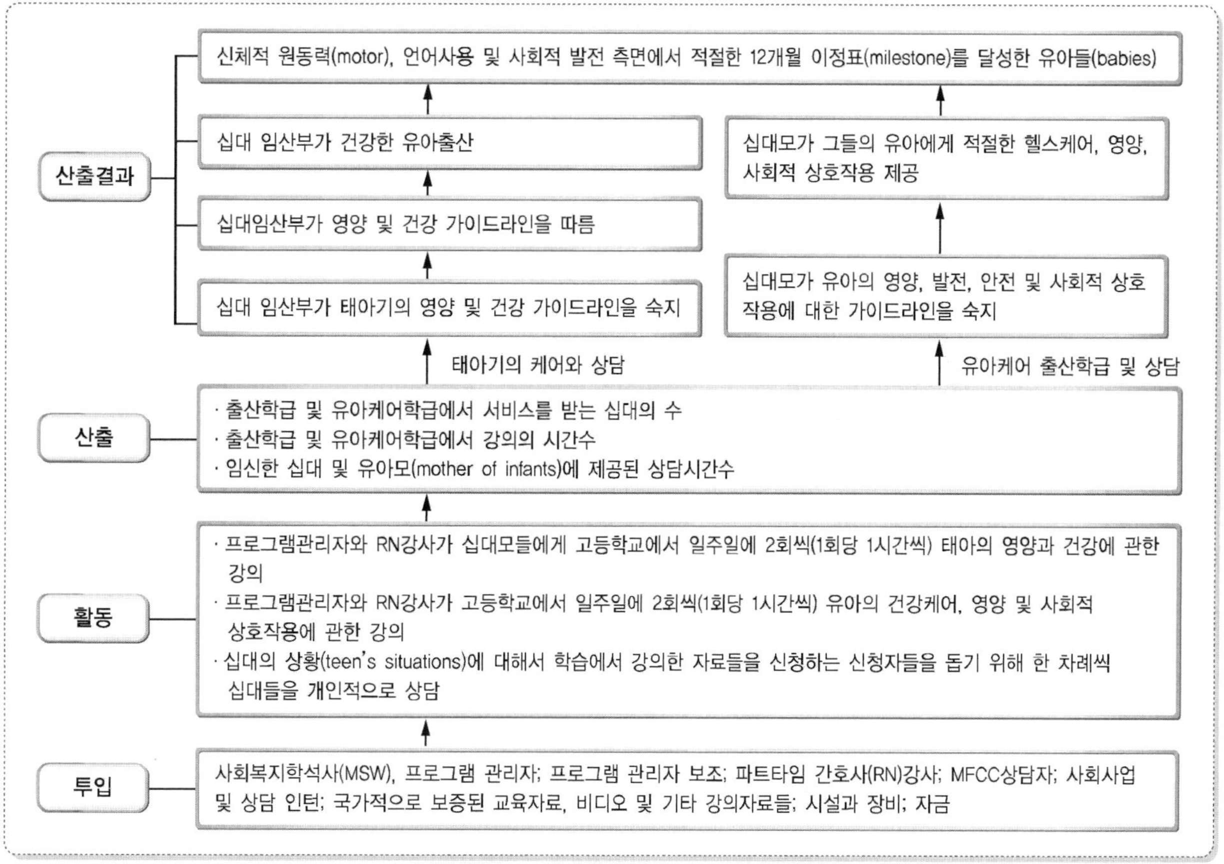

자료: Poister, 2003: 48.

한편 [그림 3-6]은 편견감소 워크숍(prejudice reduction workshop)의 논리모형이다. 이 프로그램은 유치원학생부터 12학년까지 학생들의 지식과 이해력을 증가시키고, 공감대와 자존심을 향상시키며, 비판적 사고력을 높이는데 초점을 맞춘 프로그램이다. 이 프로그램의 목적은 다음과 같다.

- 이 워크숍은 학생들이 어떻게 차별적 행태가 의식적 또는 무의식적으로 발생하게 되는가를 이해하도록 도와주고, 적절히 대응하도록 도와준다.
- 여러 가지 활동과 토론을 통하여 참여자들이 불관용을 식별할 수 있도록 가이드하고, 차별을 감소시킬 아이디어를 제안한다. 프로그램은 사람들 사이의 서로 다른 점에 대해서 두려움, 관심, 질문들을 공개적으로 표명하는데 대해서 긍정적이며 비난을 받지 않는 환경을 조성한다.

편견감소 워크숍 프로그램은 다음과 같이 설계되었다.

- 지역사회의 다양성을 대표하는 훈련받은 지역사회 멤버들(members)이 매 학년도(school year)마다 한 차례씩, 30분 또는 1시간씩 해당 연령에 적합한 교과과정을 학생들에게 발표한다.
- 이러한 교육을 통하여 학생들이 향상되어 감에 따라 똑같은 것과 다른 것(alike and different)에 대한 기본적인 개념들을 배우고, 세계의 종교들, 성차별, 성에 대한 지향, 및 권력의 사용과 남용에 대하여 도전적인 토론을 할 수 있게 된다.
- 교사들은 그룹간 관계들을 증진시키고 편견을 감소시키는 것과 연계된 최초의 목적들을 실현하기 위한 다양한 교과과정과 그의 능력들을 평가한다. 이 평가 자료들은 매년 그들의 교과과정을 개선하기 위하여 사용된다.

그림 3-6 로체스터(Rochester) 다양성 위원회 편견감소 워크숍(Prejudice Reduction Workshop: PRW)논리모형

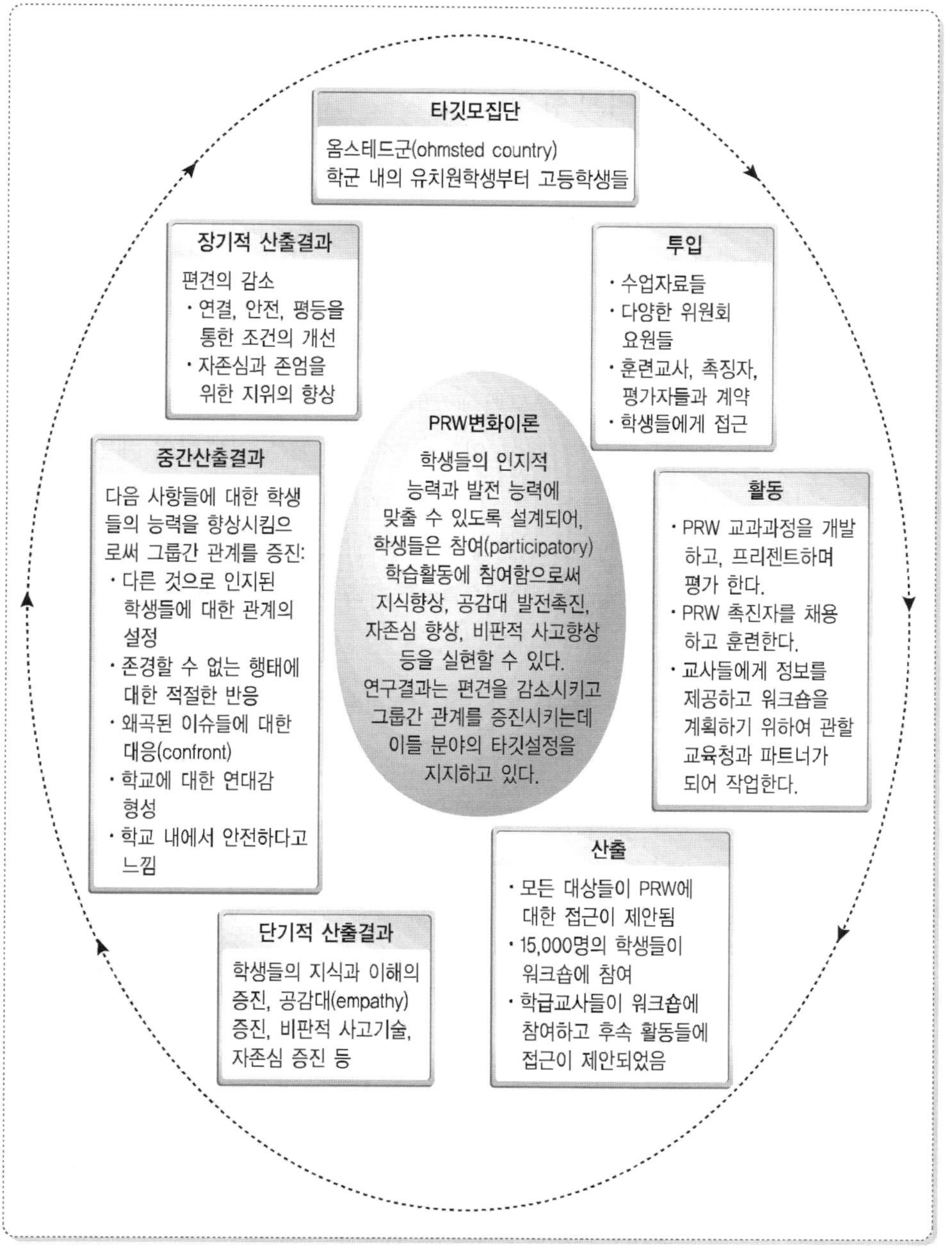

자료: http://www.diversitycouncil.org/presentation/logicmodel.jpg

제 2 절 프로그램 논리모형의 개발, 검증과 평가에의 활용

Ⅰ. 프로그램 논리모형의 개발

1. 논리모형 개발방법

프로그램 논리모형은 어떻게 개발되는가 하는 질문은 누가 프로그램 논리모형을 개발하며, 무엇이 그것을 개발하기 위한 정보를 제공하고, 그것은 어떠한 형태를 띠는가 하는 질문들을 포함한다.

프로그램 논리모형은 외부 전문가에 의하여 개발되거나 프로그램 집행과 관련된 집행요원, 관리자 및 고객들에 의하여 개발된다. 논리모형의 개발에 필요한 정보는 정책, 계획, 관찰, 토론, 및 연구증거(research evidence) 등이 제공한다. 그리고 개발된 프로그램 논리모형은 [그림 3-7] 또는 Bennett의 계층과 같은 공통적인 프레임워크(framework)에 기초를 두거나 자유로운 형태를 띤다. 우리는

그림 3-7 프로그램이론 발전을 위하여 사용하는 공통적인 프레임워크(Bennett의 계층)

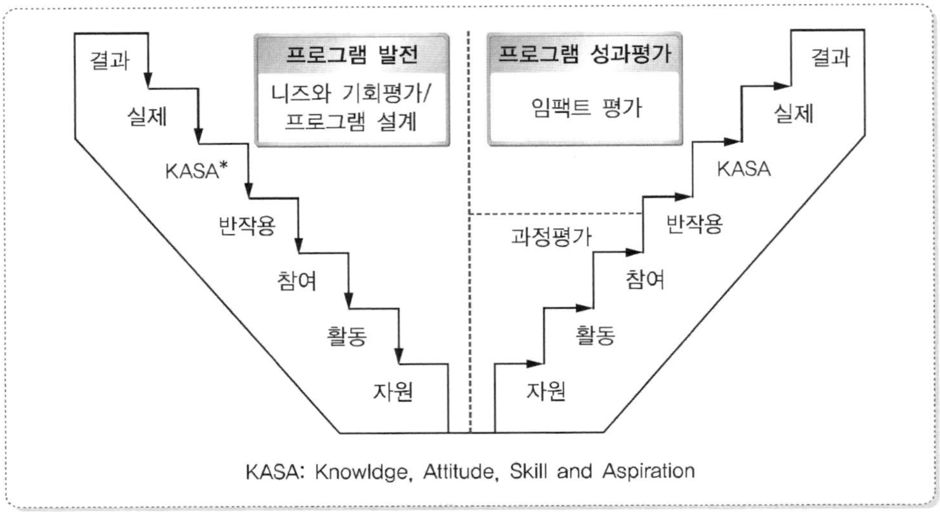

자료: Bennett and Rockwell, 1999.

다음에 공통적인 프레임워크에 기초를 두고 논리모형을 개발하는 절차를 살펴보고자 한다.

[그림 3-7]에서 "KASA"는 최초의 산출결과, "실제"는 중기적 산출결과, "결과"는 장기적 산출결과를 나타낸다. 그리고 "참여와 반작용"은 고객에 도달된 서비스와 상호작용을 나타낸다. 프로그램 개발(왼쪽)은 장기적 산출결과(맨 위쪽)부터 시작하고, 프로그램의 성과평가(오른쪽)는 자원투입(맨 아래쪽)으로부터 시작한다. 이것은 프로그램의 개발은 변화의 체인 또는 변화의 이론(theory of change)으로 부터 시작하고, 이러한 변화를 실현하기 위하여 자원투입과 활동을 한다는 행동이론(theory of action)을 개발하여야 하나, 프로그램평가는 자원투입과 활동이 소기의 성과를 가져 왔는지를 평가하여야 함을 의미한다.

2. 프로그램 산출결과 체인의 작성과정에 있어서 고려사항

프로그램 논리모형의 개발을 "프로그램 산출결과 체인 작성 과정의 고려 사항"과 "논리모형의 개발 단계와 검증" 단계로 구분하여 살펴보고자 한다. 약간의 중복은 있으나 프로그램 산출결과 체인을 이해하므로서 프로그램 논리모형의 개발과 검증에 대한 이해를 높일 수 있다.

올바른 산출결과 체인의 작성은 프로그램 논리모형 작성에 있어서 핵심적인 선행과정이다. 하나의 완전한 산출결과 체인의 작성은 산출결과들을 성취하는데 다음과 같은 여러 가지의 도움을 줄 수 있다(Funnell and Rogers, 2011: 180~189).

- 프로그램이 의도한 산출결과들(최초의 산출결과, 중간산출결과 및 최종 산출결과)이 프로그램을 수행하는 과정에서 일어날 여러 가지 문제들을 극복하는데 어떻게 기여할 수 있는가를 분명히 해야 한다.
- 산출결과 체인의 초점을 프로그램이 성취하려고 하는 것에 맞추어야 하지만 이에 그치지 않고 또한 이와 병행해서, 선행조건들로서 다른 프로그램들에 의하여 성취되어야 할 필요가 있는 핵심적인 수권적 산출결과들(enabling outcomes)에게도 적절한 고려를 해야 한다. 예컨대 새마을운동 프로그램에서 지역사회 발전이 일어나는 산출결과 체인의 발전에 초점을

두어 산출결과 체인을 발전시켜야 하지만 이에 선행해서 마을의 발전을 이끌어갈 새마을지도자 교육 프로그램을 통해서 성취해야 할 산출결과 체인에도 적절한 관심을 가져야 한다.

- 어떤 프로그램 활동들이 어떤 산출결과들을 성취하는데 적절한지, 어디에 갭들(gaps)이 존재하는지, 어떤 특정한 산출결과들이 어떤 다른 특정한 추가적인 활동들을 요구하지 않는 반면에 어떤 특정한 선행의 산출결과들(prior outcomes)의 성취에 더 의존하는지 등을 나타내는 방법으로 산출결과들을 묘사해야 한다.
- 산출결과 체인은 평가 전문가들에 의해서도 개발될 수 있고, 프로그램 담당자들 또는 프로그램과 이해관계를 가진 사람들에 의해서도 개발될 수 있다. 프로그램 산출결과 체인은 여러 가지 방법으로 개발될 수 있으나 그 기본적인 절차들은 다음과 같이 동일하다(Funnell and Rogers, 2011: 181~189).

  ① 가능한 산출결과의 체인들을 준비한다.

  ② 관리 가능한 수가 되도록 산출결과의 수를 줄이기 위하여 산출결과의 군들(clusters)을 만들고 각 산출 결과들의 군들에 작업라벨(working label)을 붙인다.

  ③ 작업라벨을 붙인 산출결과들을 하나의 가설적(if-then) 언명(statement)의 체인이나 복수의 가설적 언명의 체인으로 배열한다.

  ④ 모든 피드백 루프들(feedback loops)을 식별한다.

  ⑤ 서로 다른 이해관계자들과 더불어 산출결과 체인들이 하나의 응집력 있는 스토리(story)를 이야기하고 있는지를 검토함으로써 산출결과 체인들의 타당성을 검증한다.

3. 논리모형의 개발단계와 검증

(1) 기본적인 변화 이론모형에 대한 이해

본격적인 논리모형의 개발단계와 검증에 대해서 논의하기 전에 먼저 기본적인 변화이론모형(theory of change model)을 이해하면 논리모형의 개발단계를 이해하는데 도움이 된다.

변화의 이론은 이미 증명된 주장이나 가설에 바탕을 둔다. 만일 변화의 이론이 일련의 증거들에 의하여 입증된다면, 바람직한 결과를 가져오기 위하여 선택된 전략들은 실제로 바라는 결과들을 실현할 가능성이 높다. 변화의 이론은 이러한 입증되거나 가설적인 전략과 결과간의 관계에 토대를 두고 작성된다(knowlton and phillips, 2009: 18~21). 기본적인 변화의 이론은 처음에는 큰 그림부터 시작한다.

그림 3-8 기본적인 변화의 이론

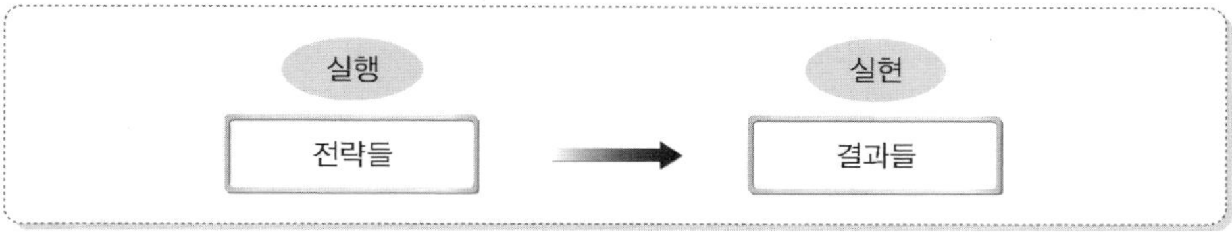

이러한 전략과 결과들의 관계를 나타내는 간단한 변화의 이론은 건강증진을 위한 변화의 이론을 보면 이해가 용이해진다.

그림 3-9 단순화된 건강증진 변화의 이론 모형

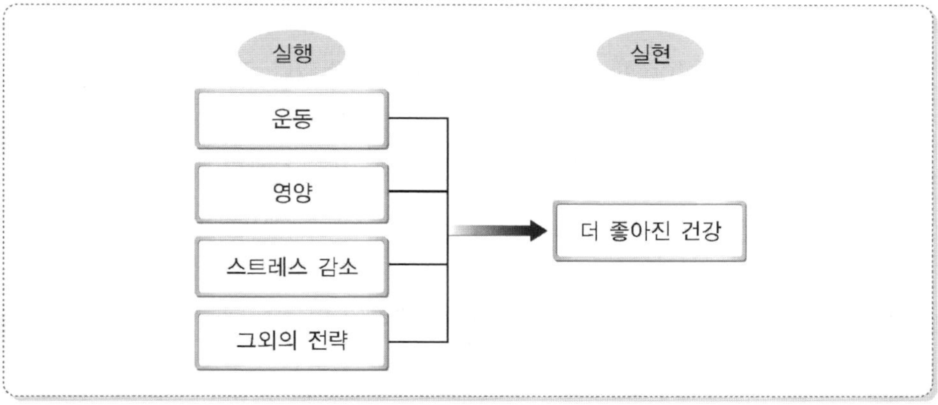

이 단순화된 건강증진 프로그램의 변화의 이론은 만일 적절한 운동을 하고, 적정양의 영양을 섭취하며, 스트레스를 해소시키고, 그 외에도 다른 전략들을 개발하여 실행하면 건강이 좋아질 것이라고 하는 변화의 논리를 제시하고 있다(knowlton and phillips, 2009: 21). 이 변화의 이론모형은 프로그램의 설계자가

믿고 행하는 전략들이 바라는 결과를 가져올 것이라고 하는 건강증진을 위한 변화의 이론을 설명하고 있다. 논리모형은 이와같이 아주 기본적인 변화의 이론모형으로부터 시작하여 이것을 점차로 발전시켜 만들 수 있는 것이다. 다음에는 이러한 과정을 좀 더 구체적으로 살펴보고자 한다.

(2) 실제적인 프로그램 논리모형의 개발단계와 검증

프로그램 논리모형의 개발은 프로그램 경계(boundary)의 정의, 적절한 자료의 수집, 프로그램이 해결해야 할 문제와 그의 상황의 기술, 모형의 구성요소들에 대한 정의, 논리모형의 작성, 논리모형의 검증 등 여섯 단계를 거친다.[2)]

제1단계: 프로그램 경계의 정의

프로그램 논리모형을 작성하는데 가장 중요한 첫 단계는 이슈가 되고 있는 프로그램의 경계를 정의하는 단계이다(Smith, 1989). 대부분의 정부기관들은 관련된 많은 프로그램들을 가지고 서비스를 제공하고 있기 때문이다. "이러이러한 문제들이 이 프로그램에 속한다"라고 프로그램 경계에 대한 정의를 내리기가 어렵다. 정부가 수행하는 정책과제 내에는 여러 개의 관련된 주요과제(프로그램)들이 포함되어 있고, 여기에는 다시 다수의 단위과제(하위 프로그램)들이 포함되어 있기 때문이다. 그러므로 평가를 의뢰한 의뢰자의 관심의 범위가 어디까지냐 하는데 따라 평가하여야 할 프로그램의 경계가 설정된다. 평가자가 내리는 프로그램의 경계는 의사결정이 내려지는 조직의 구조와 활동 등을 커버할 수 있도록 최소한 의사결정자의 관할범위에 속하는 것이 바람직하다.

프로그램 논리는 주로 수단들과 목적들 간의 관계(means-ends relations)를 다루는 것이기 때문에 프로그램의 경계를 설정하는데 가장 중요시 하여야 할 측면(aspect)은 그 경계 내에 중요한 산출결과들(outcomes)과 연결되는 주요 투입자원, 집행활동 및 사건들이 모두 포함되어야 한다는 것이다.

제2단계: 이해관계자 작업그룹의 설치와 적절한 정보의 수집

2) McLaughlin과 Jordan은 논리모형의 형성과정을 적절한 정보의 수집, 프로그램이 해결해야 할 문제와 그의 상황의 기술, 모형의 구성요소의 정의, 논리모형의 작성, 모형의 검증 등 5단계를 거치는 것으로 기술하고 있다. 여기에서는 자료수집의 전 단계로 프로그램 경계의 정의를 추가하여 여섯 단계로 보고자 한다(McLaughlin and Jordan, 2004: 14~25 참조).

이 단계에서는 이해관계자 작업그룹(work group)을 설정하고, 문서들과 정보들을 수집한다. 프로그램을 문서화(documentation)하기 위해서 자료들을 수집할 소스들은 다음과 같은 것들을 포함한다.

- 전략계획과 운영계획, 프로그램 조장활동 자료들(promotional materials)
- 프로그램 제안서, 작업계획서, 연도별 보고서들
- 예산요구서, 입법과정문서
- 현재의 측정기준(metrics)
- 과거의 평가자료, 유사한 프로그램들의 평가자료
- 현존하는 이론들(예컨대 행태과학, 경제학, 경영학 등)

이러한 문서화된 자료들 이외에도 관리자 및 프로그램의 설계와 집행과정에 밀접하게 관련된 요원들과의 인터뷰, 이해관계자들과의 워크그룹 형성이나 워크숍 등을 통해서 필요한 자료들을 수집한다. 워크그룹이나 워크숍을 통한 자료의 수집은 다른 관점들과 지식을 획득할 수 있고 성과에 대한 기대에 관한 합의를 촉진할 수 있다는 장점이 있다.

제3단계: 프로그램이 해결해야 할 문제와 그의 상황에 대한 기술

프로그램이 왜 필요한가 하는 것을 분명하게 기술한 내용들이 다음에 프로그램 논리모형을 개발하는 기초가 된다. 프로그램은 프로그램을 필요하게 했던 문제들이 무엇이었는가 하는 것을 이해하는데 기초를 두고 있다. 이러한 이해는 상황에 대한 이해, 관련된 사람들 및 어떠한 요인들이 문제를 일으켰는가 하는 문제의 원인들에 대한 이해 등이 포함된다. 이들 요인들이 프로그램이 문제를 해결한다는 장기적인 목적(long term goal) 달성을 결정하는 중요한 요인들이다.

프로그램이 천명하고 있는 문제가 무엇인가를 정의하기 위해서는 다음과 같은 점들을 주의하여야 한다(McLaughlin and Jordan, 2004: 17).

- 무엇이 프로그램을 필요로 하게 했는지를 찾아낸다.
- 문제를 일으켰던 주요 요인들을 정의한다.
- 이들 요인들 가운데 어떤 요인들을 프로그램이 취급하고 있으며, 동일한 성격의 문제들을 취급하고 있는 다른 프로그램들과의 계층구조상에서 현재 관심의 대상이 되고 있는 프로그램이 어디에 위치하고 있는지를 확인한다.

- 하나의 문장으로 문제를 기술한다. 여러 개의 목적들(goals) 또는 목표들(objectives)이 있는 경우에는 우선순위를 설정하도록 노력한다.

프로그램이 해결하고자 하는 문제들에 대한 정의와 아울러 프로그램 집행과 관련된 상황적 요인들(contextual factors)에 대한 정의는 이 단계에서 수행해야 할 또 하나의 중요한 과제이다. 프로그램 집행과 관련된 환경에 대한 정의를 내릴 때, 주의하여야 할 점들은 다음과 같다(McLaughlin and Jordan, 2004: 19; McLaughlin, 2003: 24~29).

- 프로그램의 성과에 영향을 미칠 것으로 보이는 상황적 요인들을 식별해 낸다. 경제적 압력, 고객의 사회경제적 지위 등이 그 좋은 예들이다.
- 프로그램 관련 요원들의 이직, 새로운 정책, 경제적 상황의 변화 등과 같은 성과에 영향을 미칠 수 있는 변화가 있는지 여부를 확인하도록 노력하여야 한다.
- 식별된 상황적 요인들을 다룰 수 있도록 프로그램을 수정하거나 상황을 유리하게 이용할 수 있는지 여부를 결정하여야 한다.
- 다른 프로그램의 결과가 관심을 가지고 있는 프로그램에 어떤 영향을 미칠 수 있는 가능성이 있는 경우, 그 프로그램과 성과 파트너십(performance partnership)을 가질 수 있는 가능성을 타진하여야 한다.
- 지금까지 고려하지 않았지만, 프로그램 결과에 영향을 미칠 수도 있는 어떤 요인들이 더 있는지 찾아내려고 노력하고, 평가에서 그들의 영향을 사정하도록 노력하여야 한다.

이상에서 논의한 내용들을 개념화하여 그림으로 나타내면 [그림 3-10]과 같다.

그림 3-10 상황과 프로그램이 천명한 문제

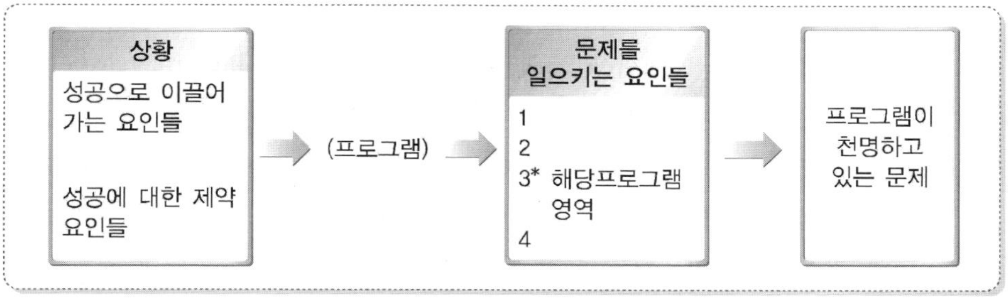

*프로그램들의 계층구조(hierarchy) 상에서 해당 프로그램의 위치

제4단계: 모형의 구성요소들에 대한 정의

논리모형의 작성은 일반적으로 수집된 정보들을 각각의 범주로 나누어 테이블에 있는 “저장통” 또는 열(column)에 채워 넣는 것으로부터 시작한다. 논리모형의 작성자는 수집한 자료들을 각각 자원, 활동, 산출, 최초의 산출결과, 중간산출결과, 장기적인 산출결과, 외적 요인 등으로 분류한다. 논리모형의 작성에 있어서는 프로그램이 어떻게 작동하는가 하는 것이 주요 관심사이므로 프로그램의 세부적인 구성요소들을 모두 식별하여 목록을 작성할 필요는 없고, 프로그램을 개선하는데 핵심적인 요인들의 식별에 중점을 두어야 한다. <표 3-2>는 식별된 요소들의 분류표이다.

표 3-2 식별된 요소들의 분류표

“어떻게”			“누구에게”	“무엇이” 및 “왜”		
자원	활동	산출	도달된 (reached) 고객	최초의 산출결과	중간 산출결과	장기적 산출결과

외부의 영향

논리모형의 구성요소들을 식별하는 과정에서 가장 중요한 작업의 하나는 프로그램의 목적(goals)과 목표들(objectives)을 결정하는 일이다. 이 목적과 목표들은 프로그램 논리모형에서 반드시 필요한 통합적 부분(integral part)이다.

프로그램 논리모형에서 말하는 목적과 목표는 프로그램의 임무기술서(mission statement)에 나와 있는 것들과 동일한 것일 필요는 없으며, 또한 이해관계자들에게 프로그램 목적이 무엇인지 질문하여 응답한 것일 필요는 없다. 평가자에게 유의미한 것이 되기 위해서는 프로그램 목적은 프로그램 활동들의 결과로 실제로 달성할 수 있는 상태로서 식별되어야 한다. 즉 프로그램이 수행한 것(활동)과 프로그램이 달성하려고 의도했던 것(목적) 사이에 어떤 합리적인 연결고리가 있어야 한다.[3] 목적과 활동간의 이러한 연결고리를 찾아내기 위해서는 평가자가 직접적으로 관리자나 이해관계자들에게 목적이 무엇인지 질문하지 말고 프로그램의 결과들(consequences)에 대하여 질문하여야 한다. 예컨대 주요 프로그램 활동들을 검토하는 과정에서 평가자는 "왜 그것을 하느냐? 기대되는 결과는 어떤 것이냐? 이러한 결과들이 실제로 일어날 것으로 보느냐?"하는 질문들을 한다면 자연스럽게 프로그램을 도입한 이유를 알아낼 수 있고, 이것이 프로그램의 목적이다(Rossi, Lipsey and Freeman, 2004: 149). 그리고 프로그램이 도입하고자 하는 변화, 즉 목적이 프로그램의 중간 혹은 장기적인 산출결과이다. 프로그램의 목적과 산출결과들 간의 관계에 대한 이해는 프로그램 논리모형의 작성과정에 대한 이해를 촉진한다.

프로그램 논리모형의 구성요소들이 수집되면, 평가자와 관리자 및 워크그룹들은 테이블에 기록된 정보들의 정확성과 완전성 여부를 계속해서 검토해야 한다. 이 검토과정은 핵심적인 이해관계자들의 대표들이 자원투입에서부터 장기적인 문제를 해결하는 과정에 이르기까지의 프로그램의 논리적 흐름을 이해할 수 있다면 성공적으로 이뤄졌다고 볼 수 있다.

프로그램 논리와 가정들을 발전시키고 검토하기 위해서는 자원에서부터 장기적 산출결과에 이르는 전향적 맵(forward map)과 장기적 산출결과부터 시작해서 집행활동과 투입에 이르는 후방향 맵(backward map)을, 그리고 이 맵에 따라

3) 이것은 변화의 이론(theory of change)과 행동이론(theory of action) 간에 연결고리가 있어야 함을 의미한다.

서 논리모형의 구성요소들과 그들 간의 연계관계를 검토한다. 이 검토를 실행하는 방법의 하나는 "어떻게"와 "왜"라는 질문을 던지는 것이다. 예컨대 테이블의 열(column) 하나를 선택하여 "어떻게 우리가 여기에 오게 되었는가?", "왜 우리는 여기에 도달하기를 원했던가?"하는 질문을 한다. 만일 최초의 산출결과가 있는 열을 선택하여 그 전후, 옆에 있는 프로그램 요인들과의 연계를 검토한다면 "이 최초의 산출결과에 도달하도록 이끄는 산출(outputs)에 대한 언급이 있었는가?"를 검토하거나, 동일한 최초의 산출결과에 대하여 "왜 우리는 이 산출결과를 얻기를 원했는가?"하는 것을 질문하여 이 최초의 산출결과 다음에 올 중간 산출결과나 장기적 산출결과에 대한 언급이 있는지를 검토한다. 이 "어떻게"라는 질문과 "왜"라는 질문이 전향적 맵핑(forward mapping)과 후향적 맵핑(backward mapping)의 방법들이다.

제5단계: 논리모형의 작성

프로그램 논리모형은 프로그램이 운영되어 성과를 내는데 존재하는 논리적 흐름과 연계들(linkages)을 나타낸다. 논리모형은 테이블에 있는 프로그램 요인들을 사용하여 정보를 조직함으로써 논리모형을 보는 사람들이 프로그램을 이해하고 가설적인 연계들을 평가할 수 있도록 도와준다. 프로그램 스토리(story)에 포함된 열(column)에 자원, 집합활동, 산출물 및 산출결과들이 나열되어 있고, 이들이 프로그램 논리모형에서 [그림 3-3] 및 [그림 3-4]에서 볼 수 있는 바와 같이 구체적으로 서로 연결되어 있기 때문에 논리모형을 보는 사람들은 어떤 활동들이 어떠한 산출을 가져오고, 이것이 다시 어떤 초기의 산출결과들을 가져오며, 그것들이 다시 어떤 장기적인 산출결과 또는 임팩트를 가져오는지를 정확하게 파악할 수 있게 된다.

논리모형을 작성하는 과정에서는 그림을 그리거나, 테이블에 화살표를 사용하고, 산출결과들에 순서를 나타내는 번호를 부여함으로써 인과적 체인(casual chain)을 만들고, 분명하게 한다. 논리모형의 다이어그램은 여러 가지 형태가 가능하다. 일반적으로 [그림 3-11]에서 보는 바와 같이 열(column)과 행(raw)에 박스(box)를 그리고 그들 간의 인과관계를 일방향적인 화살표(one-way arrows)로 연결한다.

논리모형의 작성은 [그림 3-11]과 같이 하나하나 식별된 요인별로 인과관계

그림 3-11 단순한 논리모형 작성을 위한 포맷(format)의 예

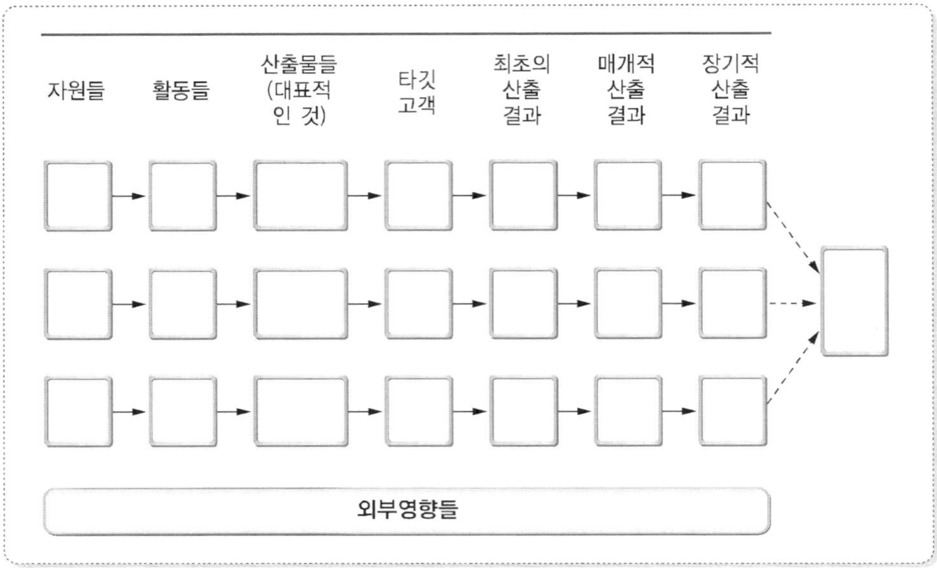

를 연결하는 방법을 사용할 수도 있으나, [그림 3-5]에서 보는 바와 같이 투입, 집행활동, 산출 등 각 구성요인별로 한데 묶어서 요인들 간의 인과관계를 나타낼 수도 있다. 논리모형 다이어그램은 이와 같이 다양하지만, 너무 복잡한 연결망 다이어그램이 되지 않도록 하여야 한다.

하나의 프로그램을 기술하는데 하나 이상의 논리모형이 필요할 수도 있다. 즉 서로 다른 활동그룹을 나타내는 구체성의 정도가 다른 모형 또는 성과가 측정되는 다른 수준의 모형을 작성할 수도 있고, 서로 다른 이해관계자들의 관점, 서로 다른 이론들을 반영하는 논리모형을 작성할 수도 있다.

논리모형은, 일단 만들어지면, 믿지 못할 정도로 단순하다. 논리모형은 프로그램의 정수(essence)를 기술할 수 있도록 수많은 초안들(drafts)과 지식이 필요하다. 논리모형을 작성하는데 있어서는 하나의 논리모형에 너무 많은 내용들을 기술하는 것을 피하여야 한다. 필요하면 분리된 다른 차트(charts)에 좀 더 자세한 내용을 기술하도록 한다. 화살표의 수를 제한하여야 하며, 화살표는 가장 핵심적인 관계들(critical relationships) 및 피드백 루프(feedback loops)들만 나타내도록 하여야 한다. 그리고 산출(outputs)은 외부고객에 대한 것만 포함시키고, 내부적

산출물들(internal outputs)은 분리된 다른 문서에 기록하도록 한다.

제6단계: 이해관계자들과 더불어 개발된 프로그램 논리모형의 검증

일단 프로그램 논리모형을 작성하고 나면 프로그램 논리모형을 작성한 이해관계자들이나 프로그램 논리모형을 활용하고자 하는 관리자 또는 평가자들은 논리모형을 검증하여야 한다. 프로그램 논리모형의 검증은 논리모형을 작성한 동일한 이해관계자들, 또는 좀 더 광범위한 이해관계자들이나 새로이 구성된 심의패널(panel of reviewers)에 의하여 수행된다(Chen, 1990; Rutman, 1980). 전문가 심의패널은 프로그램 요원들의 대표, 주요 이해관계자들 및 평가자 등으로 구성된다.

논리모형에 대한 검증은 사회적 니즈(social needs)와의 관계, 프로그램 논리 자체와 그 실행가능성(plausibility), 사회과학이론과 실무적 측면, 예비적 관찰 등 여러 관점에서 이루어질 수 있다(Rossi, Lipsey and Freeman, 2004: 152~164; Jordan,: 13~18).

(1) 사회적 니즈와의 관계에서 검증

사회적 니즈(needs)와 관련된 프로그램 이론의 검증은 프로그램이 실질적으로 서비스하려는 타깃 모집단의 사회적 니즈에 부응하여 만들어졌느냐 하는 것을 검토한다. 예로서 청소년 범죄를 예방하기 위하여 18세 미만의 청소년들에게만 적용되는 밤 12시 이후의 통행금지제도를 도입하는 프로그램을 들 수 있다. 만일 청소년 비행이 부부간의 맞벌이로 부모가 늦게 귀가하여 부모의 감시와 보호가 어려운 가정의 청소년들 가운데에서 주로 초저녁에 이루어진다고 한다면, 밤 12시 이후의 청소년에 대한 통행금지는 청소년 범죄예방에는 그리 큰 효과를 보기 어려울 수도 있다. 왜냐하면 이 시간에는 대부분의 가정에 부모들이 귀가하여 자녀들을 보호하고 감시할 수 있기 때문이다. 비행의 가능성이 높은 청소년 보호에 대한 사회적 니즈는 초저녁 시간대인데 밤 12시 이후에 청소년 전체에 대한 통행금지를 내린다면, 이 경우에는 프로그램이 서비스 대상이 되는 사회적 니즈와 프로그램이 타깃으로 삼고 있는 사회적 조건의 변화, 즉 산출결과들 간에 인과적 연계관계가 맞지 않기 때문에 프로그램 논리모형은 타당성이 낮은 것이다.

(2) 프로그램 논리의 가능성 검증

프로그램 논리모형의 개발은 프로그램에 고유한 주요 가정들(critical assumptions)들과 기대들을 나타낸다. 그러므로 가장 하기 쉬운 프로그램 논리모형의 검증의 중요한 측면의 하나는 이 가정들과 기대들의 논리와 가능성(plausibility)을 검토하는 것이다. 그들 가운데 몇 가지 중요한 것들을 들어보면 다음과 같다.

- 프로그램 목적들(goals)과 목표들(objectives)은 분명하게 정의되었는가? 프로그램이 이룩하여야 할 산출결과들은 그들이 달성되었는지 여부를 결정할 수 있을 정도로 충분히 명료하고 구체적인 용어로 기술되었는가?
- 프로그램 목적과 목표들은 실현가능한가?
- 프로그램 논리가 가정한 변화의 과정은 실현가능한가?
- 타깃 모집단의 구성원들을 식별하는 절차, 그들에게 서비스를 전달하는 절차 및 그러한 서비스를 계속할 수 있는 절차들은 잘 정의되어 있는가?

(3) 프로그램 요소들 간의 논리적 인과관계 검증

프로그램 논리를 재검토하는 과정에서 "어떻게" 또는 "왜"라는 질문을 하게 되는데, [그림 3-12]에서 보는 바와 같이 활동에서 시작하여 "왜?"라는 질문을 하고, 산출결과에서 시작하여 "어떻게?"라는 질문을 함으로써 활동과 산출결과들 간의 인과적 연계를 재검토한다. 또한 "만일 ~이면, 그러면 ~ (if ~, then)" 형태의 질문을 하며, 활동에서 출발하여 산출결과 쪽으로 이동하면서 "만일 이것이면, 그러면(then) 그것이 일어나는가?"를 질문한다.

프로그램 논리를 검증하는 과정에서는 또한 조직에 있는 단위들(units)이 산출결과에 대하여 각각 기여를 하기로 정의한 것과 실제로 실행하는 것을 비교함으로써 집행활동들과 산출결과들 간의 인과적 연계와 적절성을 검토한다.

프로그램 논리를 검토함에 있어서는 또한 조건들의 변화를 검토하여야 한다. 프로그램이 집행되고 조건들이 변화함에 따라 논리(logic)를 체크하고 최신의 것으로 업데이트(update)시켜 나가야 한다.

작성된 프로그램 논리모형에 대한 검증을 실시한 후에는 다음과 같은 네 가지 요약평가질문들을 하고, 그에 대한 대답이 긍정적인 경우 프로그램 논리에 대한

그림 3-12 전방향 맵핑과 후방향 맵핑

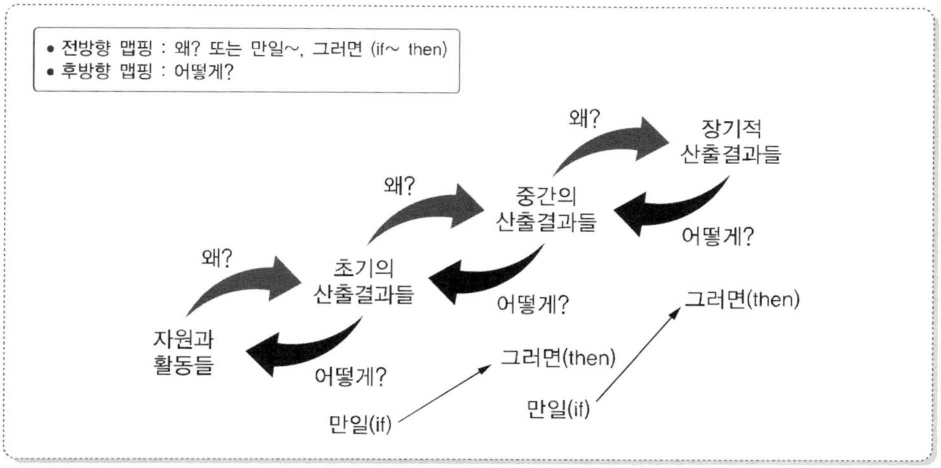

자료: McLaughlin, 2003: 32.

검증을 종료한다.

① 모형의 상세한 정도가 프로그램을 이해하는데 충분한가?(서로 다른 이해관계자들(audiences)에게 상세한 정도가 다른 것을 사용한다.)

② 모든 외부적인 상황요인들이 기술되었는가?

③ 완성된 논리모형은 모든 구성요소들을 고려하였는가?

④ 논리는 타당한가? 즉 구성요소들은 서로 잘 조화되고 경로는 가능한가?

Ⅱ. 프로그램 이론의 평가에의 활용과 공통적인 함정

1. 프로그램 이론의 평가에의 활용

우리는 앞에서 프로그램을 기술하기 위하여 논리모형을 발전시키는 절차에 대해서 논의하였다. 그러면 프로그램 이론을 평가에 활용하기 위해서는 어떻게 하여야 하는가? 여기에 대한 답은 평가가 이론검증평가인가, 아니면 프로그램의 개선에 초점을 둔 평가(improvement-focused evaluations)인가에 따라 다르다.

먼저 이론검증평가인 경우에는 일반적으로 다음과 같은 단계들을 거친다.

- 검증하기 위한 인과적 이론의 발전.
- 검증하기 위한 하나 또는 그 이상의 인과적 연계(causal link)의 발전.
- 연구 설계에 포함시키기 위하여 임팩트에 영향을 미치는 요인들의 식별.
- 바라는 산출결과들과 성과표준들에 존재하는 차이의 식별.

만일 프로그램의 개선에 초점을 둔 평가인 경우에는 일반적으로 다음과 같은 단계들을 거친다.

- 집행계획에 존재하는 갭들(gaps)을 식별하고 고정.
- 바라는 산출결과들과 표준들에 존재하는 차이를 표명.
- 요원들을 격려하고 동기를 부여.
- 프로그램에 대한 자금지원자들, 고객들 및 새로운 요원들에게 요점을 설명.
- 기획과 집행을 가이드하고 이들에 초점을 맞춤.
- 모니터링을 가이드함(예: 진행상황을 모니터하기 위하여 지표를 개발).
- 평가에 초점을 맞춤(예: 지식의 갭(gaps in knowledge)을 식별).

2. 부정적 프로그램 이론

우리는 프로그램 이론을 긍정적인 관점에서만 보고, 활용하려는 경향을 가지고 있다. 그러나 프로그램이론은 프로그램이론을 개발할 당시에는 예상하지 않았던 부정적인 산출결과들을 가져올 수도 있다. 이것이 부정적 프로그램이론(negative program theory)이다.

그러므로 프로그램이 치밀하게 집행된 경우라도, 의도한 산출결과들과 정반대의 산출결과나, 또는 문제가 있는 것으로 보이는 어떤 산출결과들과 같은 부정적 산출결과들(negative outcomes)이 발생가능한 논리를 검토하고, 이러한 부정적인 결과가 발생하지 않는지 여부를 탐색하여야 한다.

3. 프로그램 이론 활용에 있어서 공통적인 함정

프로그램 이론을 활용함에 있어서 평가자들이나 이해관계자들이 빠지기 쉬운 함정들이 있는데 그들 가운데 중요한 것을 보면 다음과 같다.

- 프로그램이론을 발전시키는데 막대한 시간을 투입하지만, 그것을 어떻게

활용할 것인가에는 시간을 충분히 할애하지 않을 뿐 아니라, 실제로는 그것을 평가에 활용하지 않는다.

- 의도하지 않은 산출결과들(좋은 것과 나쁜 것)은 매우 중요할 수 있음에도 불구하고, 단지 계획된 산출결과들에만 초점을 맞춘다.
- 프로그램이 서로 다른 그룹들이나 서로 다른 사이트들(sites)에 대한 작용이 매우 중요한 차이를 나타낼 수도 있으나, 단지 평균적인 결과들(average results)에만 초점을 맞춘다.
- 다른 설명이 있을 수 있는지를 살필 필요가 있으나 단지 프로그램의 결과를 가져온 원인이라고 가정한다.

위에서 지적한 공통적인 함정들을 피할 때 프로그램이론 활용의 이점들은 더 커질 수 있다.

이 장의 요약

1. 하나의 프로그램은 하나의 가설(hypothesis)로 간주될 수 있다. 즉 만일 프로그램이 집행된다면, 기대되는 결과가 나오게 될 것이다. 논리모형을 작성하는 것은 이 가설의 밑에 깔려있는 전제들(assumptions)을 이해하고 프로그램이 가정하고 있는 가설들을 이해하기 위하여, 그리고 이 가설들을 검증할 전략들을 짜기 위하여 가설들을 풀어 헤치는데(unpack) 사용될 수 있는 도구이다. 프로그램 평가는 이 논리모형의 구성요소들이 제대로 식별되고, 그들 간의 인과관계가 적정하게 설정되었다는 가정 하에 이뤄진다.

2. 프로그램 논리모형은 식별된 문제들을 해결하기 위하여 특정한 환경적 조건 하에서 프로그램이 어떻게 작동할 것인가를 나타내는 가능하고, 분별있는(sensible) 모형이다. 프로그램 이론은 이해관계자들과 여타의 사람들에게 프로그램이 초점을 맞추고 있는 문제들에 대하여 이야기하고, 또 그것이 프로그램을 다른 것보다도 더 적절하게 나타낼 수 있는 유일한 것이라는 것에 대하

여 이야기함으로써, 프로그램이 성취할 것으로 기대되는 성과에 대한 스토리(story)를 확신시키는 기초가 될 수 있다.

3. 프로그램 논리모형의 주요 구성요소들은 자원, 활동, 산출물, 도달된 고객, 최초의 산출결과, 중간산출결과 및 장기적인 산출결과 등이다.

4. 프로그램 논리를 작성하거나 활용하는데 있어서 가장 중요한 것의 하나는 산출물(outputs)과 산출결과들(outcomes)을 구분하는 것이다. 산출물은 실제로 프로그램이 실행한 것인데 비해서 산출결과는 그것이 산출해 낸 결과(results)이며, 대상집단에 일어난 변화이다.

5. 프로그램 논리모형의 개발은 프로그램 경계의 정의, 적절한 자료의 수집, 프로그램이 해결해야 할 문제와 그의 상황의 기술, 모형의 구성요소들에 대한 정의, 논리모형의 작성, 논리모형의 검증 등 여섯 단계를 거친다. 프로그램 논리모형의 검증은 별도의 분리된 과정으로 보기도 한다.

6. 프로그램 논리모형을 작성하는데 가장 중요한 첫 단계는 이슈가 되고 있는 프로그램의 경계를 정의하는 단계이다. 대부분의 정부기관들은 관련된 많은 프로그램들을 가지고 서비스를 제공하고 있기 때문이다. 제2단계에서는 이해관계자 워크그룹(work group)을 설정하고, 문서들과 정보들을 수집한다. 제3단계에서는 프로그램이 해결해야 할 문제와 그의 상황에 대해 기술한다. 프로그램이 왜 필요한가 하는 것을 분명하게 기술한 내용들은 다음에 프로그램 논리모형을 개발하는 기초가 된다. 프로그램이 해결하고자 하는 문제들에 대한 정의와 아울러 프로그램 집행과 관련된 상황적 요인들(contextual factors)에 대한 정의는 이 단계에서 수행해야 할 또 하나의 중요한 과제이다. 제4단계에서는 모형의 구성요소들에 대해 정의한다. 논리모형의 작성은 일반적으로 수집된 정보들을 각각의 범주로 나누어 테이블에 있는 "저장통" 또는 열(column)에 채워 넣는 것으로부터 시작한다. 논리모형의 작성자는 수집한 자료들을 각각 자원, 활동, 산출물, 최초의 산출결과, 중간산출결과, 장기적인 산출결과, 외적 요인 등으로 분류한다. 논리모형의 작성에 있어서는 프로그램이

어떻게 작동하는가 하는 것이 주요 관심사이므로 프로그램의 세부적인 구성요소들을 모두 식별하여 목록을 작성할 필요는 없고, 프로그램을 개선하는데 핵심적인 요인들의 식별에 중점을 두어야 한다. 제5단계는 논리모형을 작성하는 단계이다. 프로그램 논리모형은 프로그램이 운영되어 성과를 내는데 존재하는 논리적 흐름과 연계들(linkage)을 나타낸다. 논리모형은 테이블에 있는 프로그램 요인들을 사용하여 정보를 조직함으로써 논리모형을 보는 사람들이 프로그램을 이해하고 가설적인 연계들을 평가할 수 있도록 도와준다.

7. 올바른 산출결과 체인의 작성은 그의 핵심적인 역할 때문에 프로그램 논리모형 작성에 있어서 핵심적인 선행과정이다. 하나의 완전한 산출결과 체인의 작성은 산출결과를 성취하는데 여러 가지로 도움을 줄 수 있다.

8. 논리모형에 대한 검증은 사회적 니즈(social needs)와의 관계, 프로그램 논리 자체와 그 실행가능성, 사회과학이론과 실무적 측면, 예비적 관찰 등 여러 관점에서 이루어질 수 있다. 사회적 니즈(needs)와 관련된 프로그램 이론의 검증은 프로그램이 실질적으로 서비스하려는 타깃 모집단의 사회적 니즈에 부응하여 만들어졌느냐 하는 것을 검토한다. 한편, 프로그램 논리모형의 형성은 프로그램에 고유한 주요 가정들과 기대들을 나타낸다. 그러므로 가장 하기 쉬운 프로그램 논리모형의 검증의 중요한 측면의 하나는 이 가정들과 기대들의 논리와 가능성을 검토하는 것이다. 프로그램 요소들 간의 논리적 인과관계를 검증하는 과정에서는 "어떻게" 또는 "왜"라는 질문을 한다. 이를 위해서는 활동에서 시작하여 "왜?"라는 질문을 하고, 산출결과에서 시작하여 "어떻게?"라는 질문을 함으로써 활동과 산출결과표 간의 인과적 연계를 재검토한다. 또한 "만일 ~이면, 그러면 ~ (if ~, then)"형태의 질문을 하며, 활동에서 출발하여 산출결과 쪽으로 이동하면서 "만일 이것이면, 그러면(then) 그것이 일어나는가?"를 질문하고, 이 질문결과를 토대로 요소들 간의 인과관계를 검증한다.

연/습/문/제

[3.1] 다음 각각에 대하여 간략하게 설명하여라.

(1) 프로그램 논리

(2) 프로그램 논리 모형의 필요성과 기능

(3) 프로그램 이론평가

(4) 프로그램 논리모형의 구성요소.

(5) 프로그램의 산출결과체인

[3.2] 귀하가 속한 광역지방자치단체가 수행하는 프로그램을 하나 선택하여 프로그램 논리모형을 개발하여라.

[3.3] 우리나라 중앙정부기관들이 수행하는 프로그램들(주요 과제들) 가운데 하나를 선택하여 프로그램 논리모형을 개발하여라.

[3.4] [문제 3.3]에서 (1) 프로그램의 산출결과구조(outcome structure)는 제대로 기술되었으며, 논리적인가? (2) 프로그램의 고객들은 제대로 기술되었는가, 그리고 산출결과가 이 논리모형에서와 같이 주어졌을 때 그 고객들은 올바른 고객들인가? (3) 프로그램의 주요 자원들, 과정들 및 산출들은 올바로 기술되었는가? 그리고 그들은 산출결과들을 성취할 수 있도록 논리적으로 일관되고 충분한가? (4) 프로그램의 상황은 잘 기술되었는가?

[3.5] [문제 3.3]에서 프로그램 논리모형의 개발과정에는 누가 참여하였는가? 프로그램 논리모형 개발에 그들이 참여하는 것이 어떠한 효과를 가져왔는가? 개발된 프로그램 논리모형에 대한 그들의 견해는 어떠한가?

[3.6] [문제 3.3]에서 개발한 프로그램 논리모형에서 프로그램 요소들 간의 논리적 인과관계는 어떠한 방법으로 검증할 수 있는가?

[3.7] 편견감소 워크숍 프로그램을 이론검증평가와 개선에 초점을 둔 평가에 사용하는 경우 각각의 절차를 비교하여라.

[3.8] 프로그램 이론 활용에 있어서 공통적인 함정은 무엇인가?

제 4 장

평가이슈의 식별과 평가질문의 형성

장 | 머 | 리 | 에

정책평가의 단계를 이해관계자들의 식별과 평가계획의 발전, 프로그램에 대한 기술, 평가질문의 발전, 측정지표의 발전, 자료의 수집, 분석과 해석, 보고와 활용 등으로 본다면, 평가질문의 형성은 실질적으로 프로그램평가가 시작되는 단계라 할 수 있다. 왜냐하면 평가의 정수(essence)는 정부가 결정하여 집행하는 프로그램의 성과들에 대한 질문들에 대하여 신뢰할 수 있는 대답을 창출해 내는 것이기 때문이다. 바람직한 평가질문은 프로그램의 성격 및 핵심적인 이해관계자들과 관련하여 의미있는 평가이슈들을 나타내는 것이어야 한다. 평가질문들은 여러 가지 형태를 띨 수 있다. 이들 형태들 가운데 어떤 평가질문의 형태는 평가자가 적용할 접근방법과 방법들을 선택하고, 평가에 대한 대답을 얻는데 더 유용한 것이 될 수도 있다.

본 장에서는 평가의 시각이 평가질문의 형성에 어떠한 영향을 미치는가 하는 것을 살펴보고, 다음에는 평가질문형성의 접근방법과 평가질문의 우선순위를 형성하는 방법과 프로그램 논리모형을 평가질문의 발전에 활용하는데 대해서 고찰하고자 한다.

제1절 평가의 시각과 평가질문의 형성

Ⅰ. 평가질문형성의 중요성

정책분석문제 정의는 정책분석에서 가장 중요한 첫 단계이다. 정책문제를 무엇이라고 정의하느냐 하는데 따라 그 다음에 이루어지는 정책분석의 모든 활동이 결정된다(노화준, 2005: 63~66). 이는 마치 병을 가진 환자에게 당신이 가진 병이 무슨 병이라고 정의하느냐 하는 것이 그 다음 단계에서 좀 더 정밀하게 병을 진단하고, 처방하는 행동이 결정되는 것과 같은 이치이다. 마찬가지로 정책평가문제 또는 이슈를 무엇이라고 결정하느냐 하는데 따라 그 다음 단계에서 좀 더 구체적으로 평가의 접근방법을 결정하게 되고, 이에 따라 평가정보의 산출방향이 경정되는 것이다. 이런 의미에서 평가질문의 형성은 평가문제 정의적 성격을 가진다고 할 수 있다.

평가질문의 형성이 평가문제 정의적 성격을 띠기 때문에, 평가가 수행하고자 하는 평가질문의 식별과 형성단계는 평가에서 가장 핵심적인 중요한 단계이다. 평가질문의 식별과 형성은 기계적이고 일상적으로 이루어질 수 있는 것으로 생각하기 쉬우나, 평가에 관한 많은 연구결과들은 이것이 쉬운 일이 아니고, 많은 노력과 시간을 투입하여 수행하여야 할 어려운 과제라고 지적하고 있다.

평가질문의 식별과 형성이 중요한 또 하나의 이유는, 평가질문이 그 다음에 실제로 평가를 수행할 평가연구의 접근방법을 결정하는데 큰 영향을 미치기 때문이다. 평가질문이 무엇이냐 하는데 따라 평가를 위한 자료를 수집하는데 어떠한 접근방법을 선택해야 할 것인가, 진실험적 정책평가설계의 접근방법, 준실험적 정책평가설계의 접근방법, 또는 비실험적 정책평가의 접근방법 등 가운데 어떠한 평가설계방법을 선택해야 할 것인가를 결정하는데 영향을 미칠 수 있다. 평가의 질문은 또한 정보를 산출하기 위하여 사용할 분석기법들을 선택하는 데에도 큰 영향을 미친다.[1)]

1) 평가질문과 분석기법 간의 연계에 대해서는 제8장을, 그리고 평가질문과 정책평가설계방법에 대해서는 제9장 및 제10장을 참조.

이러한 관점에서 정책평가질문의 형성은 평가의 전단계에 걸쳐서 영향을 미치고, 산출된 평가정보가 정책결정자들을 포함한 이해관계자들에게 유용하고 적절한 것인지를 결정하는데 큰 영향을 미친다.

Ⅱ. 평가에 대한 시각과 평가질문

1. 이해관계자들과 관리자들의 평가에 대한 시각

평가질문의 형성은 구체적인 정책이나 프로그램의 성격과 프로그램을 둘러싼 상황적 여건에 의해서도 영향을 받지만, 정책이나 프로그램과 관련된 정책결정자들과 이해관계자들, 평가를 실제로 수행할 평가자들이 가지고 있는 평가에 대한 생각, 즉 평가를 무엇이라고 보느냐 하는 평가에 대한 시각에 의해서도 큰 영향을 받는다. 특히 평가의 후원자, 정책결정자, 이해관계당사자들이 가지고 있는 평가에 대한 시각은 평가의 방향을 결정함으로써 평가질문형성에 영향을 미친다.

이들이 가지고 있는 평가에 대한 시각은 여러 가지로 나누어 볼 수 있겠으나, 중요한 시각으로는 소비자지향적인 평가(consumer oriented evaluation), 실험으로서의 개혁(reforms as experiment)에 대한 효과평가 시각, 관리개선을 위한 결과지향적 평가 시각 등을 들 수 있다. 여기서 소비자지향적인 평가는 소비자보고서(comsumer report)를 모델로 한 목적과 무관한 평가(goal-free evaluation)를 특징으로 한다. 또한 생산자지향적이 아니라 소비자지향적이다. 평가에 대하여 이러한 시각을 가지면, 마치 자동차 회사별 차종을 체크리스트에 따라 품질을 평가하고 평가결과에 따라 등급을 부여하듯이, 정부기관의 프로그램이나 서비스를 평가하여 이 결과를 토대로 각 정부기관, 정부투자기관, 정책산하기관 등의 평가순위를 부여하는 것을 평가로 이해한다. 정부의 많은 고위관리자들이 이러한 시각을 가지고 기관별 순위를 부여하는 평가를 하는 것을 선호하는 것은 우리나라 정부가 정부기관평가, 정부투자기관평가, 정부산하기관평가 등을 실시하는데에서도 잘 나타나고 있다.

실험으로서의 개혁의 효과를 검증하는 것을 평가로 보는 시각은 정부가 하는 혁신정책이나 프로그램을 하나의 실험으로 보고, 그 효과를 식별해 내는 것을 평가로 보는 시각이다. 정책이나 프로그램 평가자들 가운데에는 이러한 평가시각을 가진 전문가들이 많으나, 정부기관의 관리자들이나 이해관계자들은 그렇게 많지 않은 것이 사실이다. 그러나 미국의 많은 연구지원재단의 관리자들 가운데에는 이러한 평가시각을 가진 경영자들이 많아서 미국에서 실시되고 있는 많은 평가연구들을 지원하고 있다.

관리개선을 위한 결과지향적 평가의 시각은 관리개선을 위한 프로그램평가를 평가로 보는 것으로, 정부성과향상에 관심을 갖는 많은 정부의 관리자들과 이해관계자들이 이러한 평가의 시각을 가지고 있다. 우리나라 정부의 성과관리를 위한 평가는 이러한 시각에서 이루어지는 평가라 할 수 있다.

발전적 평가의 시각은 비조직화된 시스템(unorganizing system)이나 비조직화하는 시스템(self-organizing system) 상황하에서 문제해결 방안을 탐색하는 탐색적 평가의 시각이다. 이에 대해서는 제13장의 발전적 평가에서 설명하고자 한다.

2. 평가에 대한 시각과 평가이론

평가이론의 평가에 대한 시각은 평가이론가의 수만큼이나 다양하다. 이는 그만큼 다양한 평가이론의 평가시각이 존재함을 의미한다. 그러나 여기에서는 평가이론의 평가에 대한 시각들 가운데 위에서 살펴본 관리자들 및 이해관계자들이 가지고 있는 네 가지 중요한 평가시각과 관련된 평가시각들을 살펴보고자 한다.

(1) 좋은 평가이론

평가이론의 평가에 대한 시각을 살펴보기 위해서는 먼저 평가이론들을 분석하는 틀(framework)을 개략적으로 고찰할 필요가 있다. Shadish 등에 의하면, 좋은 평가이론은 다섯 가지 이슈들(또는 다섯 가지 구성요소들)을 표명하여야 한다고 한다(Shadish, cook and Levitan, 1981: 36~67). 이들 다섯 가지 이슈들은 사회적 프로그래밍(social programming), 지식구축(knowledge construction), 가치평가(valuing)활용, 평가실무(practice) 등이다. 여기서 사회적 프로그래밍은 프로그램이 어떻게 운용되고, 외적 제약들은 무엇이며, 사회변동과정에서 프로그램의 역할은 무엇인가 하는데 대한 기술이다. 서로 다른 발전단계에서는 서로 다른 사회적 프로그래밍이 필요한 것이다.

지식의 구축은 우리가 어떻게 지식을 만들며(construct), 지식에 대한 주장들을 정당화할 수 있는가 하는 것이다. 인과성, 타당성, 신뢰성 등이 중요한 이슈들이다. 가치평가는 가치이슈들을 어떻게 분석하고, 평가에 사용될 가치들을 어떻게 선택하느냐 하는 것이다. 예컨대 John Roles의 정의의 이론은 어떻게 가치를 선택하여야 하는가에 대한 하나의 평가기준을 제시한 것이라 할 수 있다. 활용(use)은 어떠한 종류의 활용이 관심사항이며, 여러 가지 조건들 하에서 활용을 촉진하기 위하여 평가자가 무엇을 하여야 하는가에 대한 것이다. Patton의 "활용에 초점을 맞춘 평가"는 활용의 문제가 평가이론의 중요한 분야임을 말해주고 있다(Patton, 1997).

한편 평가실무(evaluation practice)는 평가의 목적, 평가자의 역할, 평가질문의 선택 및 활용과 관련된 활용의 이슈 등을 포함하여 어떻게 평가를 수행할 것인가에 대한 것이다.

그림 4-1 좋은 평가 이론의 구성요소들 간의 관계

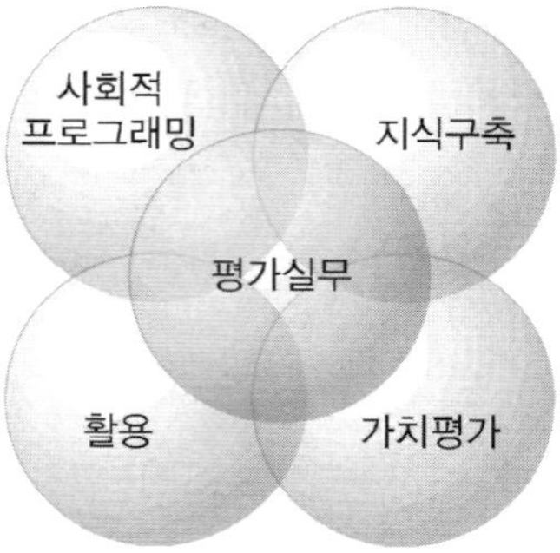

이상에서 기술한 좋은 평가 이론들 간의 관계를 그림으로 나타내면 [그림 4-1]과 같다.

[그림 4-1]은 좋은 이론의 구성요소들(이슈들)이 서로 중첩되어 있고, 특히 평가질문의 선택과 설계를 포함한 평가실무가 다른 구성요소들과 밀접하게 관련되어 있음을 나타내고 있다. 또한 평가질문의 선택과 평가설계를 포함한 평가실무

를 가이드 하는 것은 평가이론임을 알 수 있다. Shadish 등에 의하면, "평가이론은 군대의 전략(strategies) 및 전술(tactics)과 같고, 평가방법들은 군대의 무기 및 병참지원과 같다. 훌륭한 군대의 지휘관은 무기들을 적절하게 배치(deploy)하거나, 서로 다른 상황에서 물자보급(logistics)을 효율적으로 조직화하기 위하여 전략과 전술을 알 필요가 있다. 훌륭한 평가자는 평가방법들을 선택하고 사용하는데 있어서 군대지휘관과 같은 이유로 평가이론이 필요하다는 것이다."(Shadish, cook and Levitan, 1981: 36~67). 특히 평가실무에 있어서 프로그램 이해관계자들과의 관계에 있어서 평가자의 역할이 무엇이며, 어떠한 질문을 물을 것인가를 어떻게 결정하며, 어디에서 평가질문들을 얻고, 평가질문들의 우선순위가 주어졌을 때 어떠한 방법론들을 선택할 것인가 하는 것 등을 결정하기 위하여 좋은 평가이론의 가이드가 필요한 것이다.

많은 경우 평가이론을 발전시킨 평가이론가들의 평가시각은 좋은 평가이론을 구성하는 구성요소들을 모두 다루지 않고, 그들 가운데 어떤 특정한 구성요소들에 더 관심을 가지고 강조하고 있으며, 이를 토대로 평가시각을 형성하고 평가이론을 발전시키고 있다.

(2) 주요 평가시각과 평가이론

소비자보고서(Consumer Report)의 시각에서 평가이론을 발전시킨 대표적인 평가이론가는 Scriven이다. Scriven은 소비자보고서를 모형으로 하여 소비자지향적 평가이론을 발전시키는 데 헌신하였다. 그리고 생산자지향보다는 소비자지향에서 유도한 목적과 무관한 평가(goal-free evaluation) 이론을 발전시켰다. 생산품 평가에 대한 소비자보고서를 일반화(generalization) 함으로써, Scriven은 평가의 성격에 대한 많은 통찰력을 제공하였다. 그는 소비자야말로 고려할 가치가 있는 유일한 정통성을 가진 이해관계자라고 주창하였다. 이러한 관점에서 볼 때, Scriven의 평가이론은 Shadish의 좋은 이론의 다섯 가지 구성요소들 가운데 특히 가치평가(valuing)에 더 중점을 두고 발전시킨 것으로 보인다(Scrivin, 1995: 49~70 ; Donaldson and Scrivin, 2003). 그가 제시한 가치평가의 4단계는 ① 메리트(merit) 평가의 기준 식별, ② 성과표준들(performance standards)의 설정, ③ 성과의 측정, ④ 평가결과들의 종합(synthesize results) 등이다. 이러한 가치평가의 단계들은 평가자들이 평가대상의 메리트를 평가할 때 사용하는 일반적인 절차들이다.

Scriven의 소비자 보고서적 평가시각이 평가실무에 주는 가이드라인은 ① 소비자보고서의 은유(metaphor), ② 목적과 무관한 평가(goal-free evaluation), ③ 고객의 니즈들에 맞는 성과평가, ④ 핵심적인 평가 체크리스트(checklist), ⑤ 형성적 평가보다 총괄적인 평가(summative evaluation)에 중점, ⑥ 상위평가(meta-evaluation) 및 ⑦ 초학문적(trans-discipline) 평가 등이다. 이들 가운데 정책이나 프로그램의 평가이슈 및 평가질문들을 형성하는 것과 관련하여 특히 중요한 가이드라인이 될 수 있는 것은, 고객의 니즈에 맞는 성과를 평가하여야 한다는 것, 핵심적인 체크리스트를 작성하여야 한다는 것, 총괄적 평가에 초점을 맞추어야 한다는 것 등이다.

사회실험으로서의 개혁의 효과평가라는 평가시각에서 평가이론을 발전시킨 대표적인 평가이론가는 Campbell이다. Campbell의 평가시각은 Shadish의 좋은 평가이론의 다섯 가지 구성요소들 가운데 사회적 프로그래밍과 지식의 축조(knowledge construction)에 더 초점을 맞추고 있다(Campbell, 1969: 409~429; Campbell, 1991: 223~260). 그에 의하면, 사회의 진보는 프로그램과 실무(practice)의 선택에 의하여 이루어질 수 있다는 것이다. 그는 프로그램 요원들의 주장과 성과지표들(performance indicators)에 의문을 가지며, 부패 가능성을 제기한다. 그는 인간은 잘못을 저지를 수 있기 때문에 통제가 필요하다는 비판적 현실주의(critical realism)의 입장을 취하고 있다.[2)]

Campbell은 다양한 프로그램 중 현실적으로 살아남는 것은 효과와 경쟁력이 있는 것이라는 진화론적 관점(evolutionary perspective)을 가지고 있다. 그에 따라 효과적인 프로그램을 선택하는 것이 중요하다는 것을 강조한다. 효과를 추론하는 데에는 편의(bias)가 개입할 수 있고, 틀리기 쉽다는(fallibilism) 입장을 견지하고 있다. 이에 따라 Campbell은 효과가 있다는 결론에 도달하는 방법론에 관심을 가지며, 좀 더 정확한 결론에 도달하는 과정을 도와주는데 관심을 갖는다.

평가자는 실험하는 사회를 위한 봉사자이며, 평가과정에서는 진실험적 방법과 준실험적 방법들을 사용할 것을 주장한다. 프로그램의 효과를 설명하는 대안들을 평가할 때에는 기각(rule out)의 논리를 사용할 것을 제안하고,[3)] 평가가 개인

2) 이에 비해서 나이브 현실주의(naive realism)는 보기 때문에 믿는다는 입장이다.

의 것이 아니라, 커뮤니티(community)에 속하는 것이기 때문에 평가결과를 교차검증(cross-check) 할 수 있는 동료심의(peer review)의 과정을 중요시하는 논쟁적인 커뮤니티(disputative community)의 중요성을 강조한다.

Campbell의 평가시각에 대한 이러한 논의를 통해서 볼 때, Campbell의 사회개혁에 대한 효과검증적 평가시각은 평가질문의 형성과 평가이슈의 식별은 좀 더 객관적이고 타당성과 신뢰성이 높은 효과추정방법론들에 중점을 두어야 할 것이라는 것을 시사해 준다.

Wholey의 평가시각은 Shadish의 좋은 평가이론의 다섯 가지 구성요소들 모두에 초점을 맞춘 관리개선지향적인 것이다(Wholey, 1979: Wholey, 1987: 77~92; Wholey, 1994: 15~39). 그는 사회적 프로그래밍을 프로그램 관리자의 입장에서 보고 있다. 민간부문의 관리자들은 판매에서 피드백을 받는다. 그러나 공공부문 관리자들은 이러한 계속적인 피드백을 받지 못하므로, 그의 목적달성과 성공 등 성과에 대한 정보를 얻지 못한다는 것이다. 공공부문 관리자들도 민간부문 관리자들과 마찬가지로 관리개선을 위해서 성과정보가 필요하다. 그러므로 기존의 프로그램들을 점진적으로 개선해 나가기 위해서는 평가를 통하여 산출된 성과정보가 제공되어야 한다고 주장한다.

Wholey는 전통적인 의미에서의 지식의 축조(knowledge construction)에는 관심이 적었으나 성과관리에 있어서 성과측정 이슈들에는 점차 관심을 증가시켜 왔다. 가치의 평가에 있어서는 초기에는 프로그램 목적에 더 주목하였으나 후기에는 이해관계자들의 투입에 더 많은 관심을 집중해 왔다.

평가실무에 있어서는 평가성 사정(evaluability assessment), 형성적 평가, 성과측정시스템의 구축과 활용 등에 더 중점을 두고 있으며, 성과측정시스템의 효과성이 증진될 때 프로그램 관리의 효과성이 증가된다고 주장하고 있다. 이러한 Wholey의 평가시각은 결과지향적 관리를 위한 평가에 기여하고 있다. Wholey의 평가시각에 의하여 발전된 평가이론은 성과측정 및 성과관리의 문제점들과 관련된 평가이슈들과 평가질문의 식별과정을 가이드해 주고 있다.

최근에 급속하게 발전되어가고 있는 평가이론의 한 분야는 이론이 가이드하는 평가(theory-driven evaluation) 시각에 기초를 둔 평가이론이다. 이러한 평가

---

3) 기각의 논리에 대해서는 제7장 정책영향평가에 있어서 인과적 추론과 타당성 참조.

시각에 의하여 평가이론과 평가실무에 기여하고 있는 대표적인 연구자들은 Chen, Rossi, McLaughlin, Jordan, Donaldson 등 다양하다(Chen, 1990; Chen and Rossi, 1980: 106~122; Donaldson, 2007). 이들은 주로 사회적 프로그래밍과 지식의 축조에 관심을 집중시키고 있다.

그들은 프로그램의 존립의 근거(rationale)와 집행에 더 관심을 가지고 있으며, 프로그램의 성숙도에 관심을 집중한다. 그들은 Campbell과 마찬가지로 타당성과 신뢰성이 높은 객관적인 자료에 의하여 프로그램의 효과를 추론함으로써 지식을 축조해 내는데 노력을 집중하고 있다. 프로그램이론 또는 프로그램의 논리모형을 발전시킴으로써 프로그램 활동들과 프로그램의 산출결과들을 연계하는 배면에 깔려있는 인과적 메커니즘을 식별해 내는데 노력을 집중하고 있다.

평가실무 면에서는 프로그램이론 또는 프로그램 논리모형을 발전시킴으로써 형성적 평가와 프로그램 기획에 실질적인 가이드라인을 제공하려고 노력한다. 이러한 평가시각은 매개변수들(mediators)과 상호작용변수(moderators)들의 식별을 통하여 성과와 효과를 가져오는 인과관계들을 밝히려고 하는 연구노력을 촉진하고 있다. 이러한 프로그램논리나 프로그램 이론적 평가시각은 프로그램 논리모형의 구성요소들 간의 관계들을 검토함에 있어서 "어떻게"와 "왜"라는 질문들을 던질 수 있도록 해주고, 성과측정지표들(performance mesaures)에 대한 질문들을 던질 수 있게 해준다. 그리고 이러한 논리적 과정을 발전시킴으로써 평가이슈의 식별과 평가질문의 형성에 있어 어떻게 접근해야 하는가 하는데 대한 유용한 가이드라인을 제공해 준다.

Ⅲ. 좋은 평가질문의 조건

평가질문의 형태는 평가가 수행해야 할 일을 확실하게 가리켜 주는 것이어야 하고, 핵심적인 프로그램평가의 의뢰자와 이해관계자들이 필요로 하고 활용하고자 하는 평가정보가 무엇인지를 나타내야 한다(Patton, 1997: 39~61). 평가질문은 또한 평가목적에 맞는 의미있는 정보들을 산출해서 제공할 수 있는 자료들을 수집할 수 있는 절차를 설계할 수 있도록 도움을 줄 수 있는 것이어야 한다. 예컨대 "정부는 소득이 없는 영세민 가구에 대해 한 달에 얼마정도를 보조해 주는 것이 적정한가, 그리고 만일 가족구성원 중에 시간제로 할 수 있는 일이 생겨 수입이 발생했을 때, 정부보조금은 얼마나 삭감해야 하고, 그 수입의 증가 정도에 따라 삭감의 비율은 어떠한 비율로 결정해야 효과적인가?" 하는 질문들은 프로그램의 효과에 관한 질문이다. 이 평가질문은 Campbell의 평가시각과 밀접하게 관련되어 있으며, 진실험적 평가방법, 준실험적 평가방법들 가운데 어떠한 평가설계방법을 사용하여 자료를 수집하여야 할 것인가 하는 것을 결정하는 것이 중요하다고 하는 것을 말해준다. 이에 비해서 "어떤 서비스가 제공되어야 하는가? 어떤 서비스전달시스템(service delivery system)이 가장 좋은 서비스전달시스템인가?" 하는 질문들은 프로그램 논리모형에서 활용의 내용과 전달시스템의 효율성에 관한 자료의 수집이 필요하다는 것을 말해준다. 즉 Chen 등의 평가시각과 관련되어 있고, 프로그램 논리모형의 개발과 활용이 중요하다는 것을 시사하고 있다. 평가이슈와 평가질문들은 이와 같이 평가의 접근방법, 평가가 산출해 내야 할 정보의 성격과 범위 등을 제시해 줄 수 있어야 한다.

좋은 평가질문은 또한 합리적이고, 적절해야 한다(Rossi, Lipsey and Freeman, 2004: 69~73). 여기서 합리적이고 적절해야 한다는 말은, 평가질문이 이해관계자들의 기대에 부응하는 성과의 차원과 프로그램이 현실적으로 성취할 수 있는 영역(domain)을 식별해 줄 수 있어야 한다는 것을 가리킨다. 평가질문이 합리적이고 적절한가 하는 것을 검토하는 한 가지 방법은 그 질문과 관련된 실제 프로그램의 상황(context)에서 그 질문들을 검토하는 것이고, 다른 한 가지 방법은 프로그램과 관련된 사회과학 문헌들 및 사회서비스 전달분야의 문헌들을 검토하는 것이다.

좋은 평가질문은 평가를 통하여 그 질문에 대답할 수 있어야 한다. 이는 평가질문이 구체적이고, 명확하며, 실용적이고, 측정가능한 것일 것을 요구한다. 평가질문이 측정가능하다는 것은 프로그램이 성공적이라는 것에 대하여 의미있는 대답을 할 수 있는 적절한 평가기준을 평가질문이 포함하고 있어야 한다는 것을 의미한다.

평가질문이 대답가능한 것이 되기 위해서는 현실적으로 관찰가능한 증거들을 수집할 수 있어야 한다. 이는 평가질문이 애매하지 않고, 상충되는 정의가 가능하지 않은 측정가능한 성과의 차원들을 포함하고 있고, 주어진 비용으로 문헌조사, 설문조사 등을 통하여 자료를 획득할 수 있어야 함을 의미하는 것이다.

제 2 절 평가질문형성의 접근방법과 우선순위설정

Ⅰ. 평가질문형성의 접근방법

평가질문들은 이미 앞에서 논의한 바와 같이, 평가에 대해서 이해관계를 가진 이해관계자들, 평가를 위해서 자금을 지원한 자금공여자들 및 평가자 자신들이 가지고 있는 평가에 대한 시각, 평가에 대한 니즈와 평가목적 등의 영향을 받아 형성된다. 뿐만 아니라 평가질문들은 평가자가 가지고 있는 평가에 대한 지식과 평가를 수행해 본 과거의 경험 등에 의해서도 영향을 받는다.

실제 평가에 직면해서 평가를 위한 질문들을 형성하는 방법은 평가의 후원자 및 주요 이해관계자들의 주요 관심이 무엇인가를 식별하여 그들이 가지고 있는 관심사에 관한 해답을 얻을 수 있도록 평가질문들을 형성하고, 여기에 평가자 자신의 추가적인 노력에 의하여 프로그램의 가정들과 프로그램 이론들을 분석함으로써 프로그램의 주요 이슈들을 식별해 내고, 이것을 평가질문으로 전환함으로써 평가질문들을 보완하고, 평가질문들의 풀(pool)을 형성하는 것이다(Rossi, Lipsey and Freeman, 2004: 82~86).

1. 평가후원자와 이해관계자들의 관심사 추출

평가를 위하여 자금을 제공하는 평가 후원자는 평가정보를 가장 절실하게 필요로 하는 정책결정자나 또는 정책이나 프로그램의 성과에 관심을 가지고 있는 외부의 자금지원기관이 될 수 있다. 때로는 평가의 후원자는 평가의 명령자(법에 의하여 평가실시를 위임하는 경우)인 경우도 있다. 평가질문의 형성에 있어서 가장 중요한 평가이슈 제공의 소스는 바로 이들 평가의 후원자이며, 이들 평가후원자들이 정책이나 프로그램에 대하여 가지고 있는 이슈가 무엇인가를 식별하고 이것을 평가질문으로 전환하는 것이 중요하다.

그러나 평가에 관심을 가지고 있는 것은 평가에 대한 후원자들 뿐 아니라, 평가결과에 의하여 영향을 받거나 평가정보를 활용하고자 하는 프로그램 관리자나 프로그램의 집행대상자, 프로그램 연구자, 프로그램에 관심을 갖고 있는 비영리 단체(NGO) 등 이해관계자들(stakeholders)이다. 이들 이해관계자들은 프로그램에 대한 이해관계의 정도와 관심도 다양하고, 평가에 대한 시각도 서로 다를 수 있다. 평가질문의 형성과정에서는 이들 모든 평가에 대한 이해관계자들을 식별하기는 어려울지라도, 평가에 대하여 큰 이해관계를 가지고 있고, 평가정보를 활용하고자 하는 영향력있는 이해관계자들을 식별하는 것이 중요하다. 평가에 대하여 큰 이해관계를 가지고 있는 이들 이해관계자들을 식별하고 나면, 그들이 평가에서 다루기를 바라고 있는 중요한 이슈와 여기에 대한 관점(또는 견해)이 무엇인가를 식별해 내고, 이것을 평가질문으로 전환하며, 이들 간의 우선순위를 정하고, 이들을 가능한한 평가에 반영할 수 있도록 그들의 투입을 평가계획에 포함시켜야 한다.

만일 평가계획이 이해관계자들의 참여하에 이루어질 수 있도록 구조화되었다면, 이들 중요한 이해관계자들은 평가계획과정에 참여하여 그들의 주요 관심사들을 개진하고, 이것을 평가질문으로 전환하여 평가계획에 반영할 수 있을 것이다. 우리나라 국무조정실에서 실시하고 있는 주요정책과제평가의 경우, 국무조정실에서 실시하는 평가계획은 주로 국무조정실의 평가조정관실에서 평가의 이슈와 평가의 체크리스트들을 결정하고, 실제 평가의 대상이 되는 실무부서가 평가이슈의 결정과정에 참여하는 기회는 제한적이라는 특징을 가지고 있다.

일반적으로 평가자들은 평가후원자(또는 평가의뢰자)와 평가에 대하여 이해관계를 가진 이해관계자들에 대한 인터뷰(interview)를 통하여 중요한 평가이슈들에 대한 그들의 견해를 청취하고, 평가질문으로 발전시킬 수 있다. 이 인터뷰에서 질문하여야 할 주요 질문들은, (1) 왜 평가가 필요한가, 그리고 법적인 요구사항들은 무엇인가, (2) 프로그램의 목적과 목표는 무엇인가,[4] (3) 평가가 대답하여야 할 가장 중요한 질문들은 무엇인가 하는 것 등이다. 이러한 질문들을 통하여 프로그램평가의 의뢰자들이나 이해관계자들의 프로그램에 대한 주요 관심

4) 여기서 목적(goal)은 프로그램의 전반적인 임무(mission) 달성을 위하여 수행해야 할 일반적인 과제들이며, 목표(objectives)는 구체적으로 측정가능한 성취(measurable attainment)를 나타낸다. 목적과 목표에 대한 더 자세한 논의는 제6장 성과모니터링과 산출결과의 모니터링 참조.

사가 무엇이고, 평가를 통하여 알아내고자 하는 주요 이슈들과 정보들이 무엇인지를 식별해 낼 수 있다.

이러한 인터뷰 정보들을 토대로, 실제로 평가질문들을 발전시키는데 있어서는 후방향 사상(backward mapping) 방법을 사용한다. 후방사상방법은 먼저 바람직한 최종목적지(desired endpoint)를 구체화한 다음, 이 최종목적지에 도달하기 위해서 무엇을 해야 할 것인가를 뒷방향(backward)으로 찾아가는 방법이다(Elmore, 1980: 601~616).

2. 평가자에 의한 프로그램 가정과 프로그램 이론의 분석

평가를 위한 이슈의 식별과 평가질문의 발전은 평가후원자와 평가에 대한 이해관계자들을 인터뷰함으로써만 이루어지는 것이 아니라, 평가자가 가지고 있는 프로그램에 대한 지식, 평가이론에 대한 지식 및 과거 평가경험을 통하여 얻은 평가에 대한 노하우(know how) 등을 토대로 프로그램 가정들(assumptions)과 프로그램이론(또는 프로그램논리)에 대한 분석을 통해서도 이루어진다.

우리는 이미 제3장의 프로그램에 대한 기술에서 프로그램이론과 프로그램이론의 발전과정에 대해서 자세히 기술하였다. 만일 프로그램이론이나 프로그램논리모형에 대한 묘사(depiction)가 평가에 대한 중요한 이해관계자들의 참여하에 이루어질 수 있고, 평가자와 이해관계자들간에 합의된 관점들이 이 프로그램논리모형에 표명될 수 있다면, 여기에서 도출된 평가이슈와 질문들은 적절한 것들이 될 가능성이 높을 뿐 아니라, 대부분 중요한 것들일 가능성이 높다. 최근에는 다양한 형태의 프로그램 논리모형들이 발전됨으로써, 이러한 프로그램 논리모형을 이용한 평가질문들의 발전은 다른 방법들을 이용한 경우보다 더 체계적으로 이루어질 수 있을 것으로 기대된다.

Ⅱ. 프로그램 논리모형을 활용한 평가질문의 발전

평가질문의 발전과정에서 평가시각의 역할에 관하여 설명한 바와 같이 프로그램이론 또는 프로그램 논리모형을 평가이슈를 식별하고 평가질문을 발전시키는데 활용하면 여러 가지 이점을 얻을 수 있는데, 그들 이점들 가운데 중요한 것들을 몇 가지 들어보면 다음과 같다.

첫째, 평가질문들을 체계적으로 검토하고 도출할 수 있다. 자원, 활동, 산출물, 최초의 산출결과, 중간산출결과 및 장기적 산출결과 등을 차례로 검토함으로써 평가질문들을 빠뜨리지 않고 체크해 볼 수 있고, 평가질문을 발전시킬 때 프로그램 논리모형들 간의 연계를 생각하면서 발전시킬 수 있다. 후방향 사상(backward mapping)을 사용하여 "어떻게"라는 질문을 사용함으로써 맨뒤의 장기적 산출결과(또는 장기적 목적)을 달성하기 위하여 바로 그 앞에 있는 중간산출결과의 산출이 왜 필요한가를 질문해 볼 수 있을 것이다.

이러한 방법을 되풀이 사용함으로써 마지막에는 왜 이러한 활동이 필요한가, 왜 이러한 자원들이 필요한가를 질문해 볼 수 있고, 이에 따라 산출하여야 할 정보들을 식별하고, 그러한 정보들을 산출하기 위하여 어떠한 평가가 필요한가를 자문할 수 있게 되는 것이다. <표 4-1>은 프로그램 논리모형의 구성요소별 평가질문들을 예시한 것이다.

둘째, 의사결정과 행동지향적인(action oriented) 평가질문들을 발전시킬 수 있다. 평가정보는 자원의 재활용, 즉 자원투입의 증가, 감소, 또는 중단에 관한 의사결정, 액션(action)의 수정, 대체, 전략 등을 바른 방향으로 설정하도록 압력(pressure)을 주는 의사결정, 산출결과에 대한 재정의, 동일한 산출결과를 달성하는 프로그램들 가운데 하나의 프로그램의 선택, 그리고 성과 파트너들(performance partners)이 프로그램에의 관여(engagement)하려는 의욕을 고취하는 등 다양한 활동에 대한 의사결정을 내리는데 활용될 수 있다. 프로그램 논리모형을 사용하면, 이러한 정보들이 왜 필요하고, 어떻게 자료를 수집하여야 하는가 하는 의문을 가지고 질문할 수 있으며, 이러한 의문을 통하여 행동지향적인 평가질문들을 발전시킬 수 있는 것이다.

셋째, 프로그램 논리모형을 사용하면 성과측정(performance measurement)에 관한 평가질문들을 발전시키는데 도움이 된다. 즉 자원, 활동, 산출물, 산출결과 등은 그들 자신들이 하나의 성과측정지표들이 될 수 있을 뿐 아니라, 이들 프로그램 논리모형의 구성요소들간의 상호연계하에 새로운 성과지표들을 발전시킬 수 있다.

즉 투입자원과 산출물간을 연계시킴으로써 능률성이라는 지표를 발전시킬 수 있고, 투입자원과 산출결과들간을 연계시킴으로써 효과성이라는 성과측정지표들을 발전시킬 수 있다. 이 말은 바꾸어 말하면, 이러한 프로그램 논리모형을 활용함으로써 다양한 성과측정지표의 개념들을 생각할 수 있게 되고, 평가과정에서 이 개념들을 활용하여 집행의 모니터링, 성과의 모니터링 및 산출결과의 모니터링에 필요한 정보수요를 파악할 수 있게 되며, 이러한 정보수요들을 충족시킬 수 있는 평가질문들을 발전시킬 수 있는 것이다.

표 4-1 프로그램 논리모형 구성요소별 주요 평가질문들의 예

프로그램 구성요소	자원	활동	타깃고객	단기적 산출결과	중 · 장기적 산출결과
평가질문	• 자원들에 대한 평가 질문들: -충분히 가지고 있는가? -올바른 자원을 확보하였는가? -필요한 수준을 확보하였는가? -일관성이 있는가?	• 활동에 대한 질문들: -우리가 해야 한다고 말한 방법으로 일들을 하고 있는가? -기대된 수준으로 생산품과 서비스들을 산출하고 있는가? -기대했던 품질지표들에 맞는가?	• 고객에 대한 질문들: -타깃으로 정한 고객들에게 서비스가 전달되고 있는가? -기대했던 숫자만큼 서비스를 전달하고 있는가? -고객들은 만족하고 있는가? -올바른 성과파트너에게 전달되고 있는가? -그들은 만족하고 있는가?	• 단기적 산출결과에 대한 질문들: -서비스가 전달된 고객들은 기대했던 방향과 수준으로 변하고 있는가? -그렇다고 한다면, 우리는(다른 사람들은) 변화를 일으키기 위해서 무엇을 해야 하는가? -만일 그렇지 않다면, 그 이유는 무엇인가?	• 중간산출결과에 대한 질문들: -정보를 사용하는 고객들은 지식, 기술 및 태도 등이 기대된 대로 변화되었는가? • 장기적 산출결과에 대한 질문: -그 결과는 어떠한가?
외부조건	어떤 요인들이 우리 프로그램의 성공에 영향을 미칠 것 같은가?				

그림 4-2 성과 스토리 논리-프로그램의 영향력의 영역들

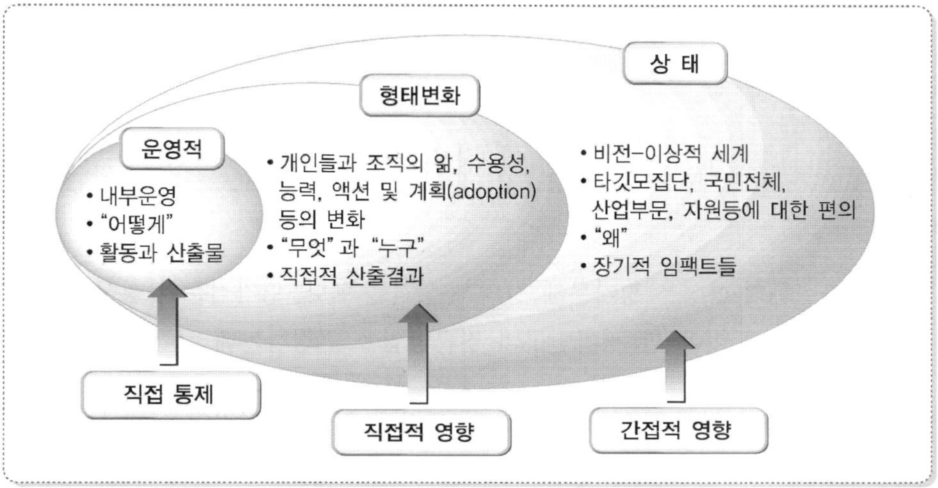

넷째, 프로그램 논리모형을 활용하면 성과 스토리 논리(performance story logic), 즉 프로그램의 영향력 행사영역을 이해할 수 있게 되고, 이러한 이해를 통하여 필요한 영향력을 증대시킬 정보의 우선순위를 파악할 수 있게 되며, 따라서 이러한 정보의 우선순위에 따라 필요한 정보들을 산출할 평가질문의 우선순위를 설정할 수 있다. [그림 4-2]에서 보면(Montague, 1997; McLaughlin, 2003), 어떤 조직이 직접적으로 통제력을 행사할 수 있는 영역은 조직의 운영적 영역(operational sphere)이며, 직접적으로 영향(direct influence)을 미칠 수 있는 영역은 행태적 변화영역이다. 그리고 조직이 간접적으로 영향을 미칠 수 있는 영역은 상태(state)에 관한 영역이다. 따라서 상태에 관한 영역의 정보는 주로 기술(description)하고 설명하기 위한 영역이고, 장기적인 목적과 관련된 정보들이 필요한 평가대상이다. 이에 비해서 운영적 영역과 행태적 변화의 영역은 조직의 의사결정자가 통제력과 영향력을 행사하기 위하여 어떤 의사결정을 내리고, 행동으로 옮기는데 필요한 정보를 산출하기 위한 평가대상이라고 할 수 있다. 상태(state) 영역의 평가질문들은 주로 '왜'라는 성격의 평가질문들인 반면에 행태변화 영역의 평가질문들은 '무엇'과 '누구'라는 성격의 평가질문들이고, 운영적 영역의 평가질문들은 주로 '어떻게'라는 성격의 평가질문들이 될 것이다. 따라서 당면하고 있는 상황과 프로그램의 성격에 따라 어떤 정보의 산출을 위한 평가질

문에 상대적으로 더 높은 우선순위를 두어야 할 것인지를 결정하는데 도움을 얻을 수 있다.

이 장의 요약

1. 평가질문의 형성은 평가문제 정의적 성격을 띤다. 평가질문의 형성은 또한 평가를 수행하여야 할 평가연구의 접근방법을 결정하는데 큰 영향을 미친다.

2. 평가질문의 형성은 평가의 의뢰자, 평가에 직접, 간접적인 이해를 가진 이해관계자 및 평가를 수행할 평가자들의 평가시각에 의하여 결정됨으로 이들의 평가시각을 이해하는 것이 평가질문형성의 첫 단계가 된다.

3. 평가시각은 평가이론의 발전과 밀접한 관계를 가지고 있다. 중요한 평가이론은 소비자지향적인 평가이론, 실험으로서의 개혁에 대한 효과의 객관적인 평가에 관한 이론, 공공부문 관리개선과 성과향상을 위한 평가이론, 프로그램이론으로서의 평가이론 등을 들 수 있다.

4. 평가질문의 형성은 평가후원자와 중요한 이해관계자들의 관심사 추출과 평가자에 의한 프로그램가정 및 프로그램이론의 분석들을 통하여 이루어질 수 있다.

5. 프로그램 논리모형을 사용하여 평가질문을 형성하면 (1) 평가질문의 체계적인 검토와 도출, (2) 의사결정과 행동지향적인 평가질문의 발전, (3) 성과측정에 관한 평가질문의 발전, (4) 프로그램의 영향력의 행사영역에 대한 이해와 평가질문의 우선순위 설정 등에 유용하다.

연/습/문/제

[4.1] 다음 각각에 대하여 설명하여라.

1. 평가질문형성의 중요성
2. 평가질문형성에 있어서 평가후원자, 이해관계자들 및 평가자의 평가시각의 역할
3. 평가에 대한 시각과 평가이론간의 관계

[4.2] 네 가지 중요한 평가이론들의 평가시각과 논리를 설명하여라.

[4.3] 좋은 질문의 조건들에 대하여 설명하여라.

[4.4] 평가질문형성의 접근방법에 대하여 논의하여라.

[4.5] 프로그램 논리모형을 활용한 평가질문 발전의 이점들을 설명하여라.

[4.6] 귀하가 익숙한 정부프로그램을 하나 선택하여 프로그램 논리모형에 기초한 평가질문들을 형성하여라.

[4.7] 평가스토리논리와 평가질문의 우선순위 설정들간의 관계에 대하여 설명하여라.

제 5 장

집행평가와 과정모니터링

제1절 집행평가의 의의와 필요성
제2절 프로그램 과정모니터링

장 | 머 | 리 | 에

사회적 조건들을 바라는 방향으로 개선해 나가기 위해서는 바라는 것을 실현하기 위한 프로그램 계획을 세우는 것만으로는 충분하지 않다. 그에 못지않게 중요한 것은 작성한 프로그램을 계획한 대로 집행하는 것이다.

집행은 프로그램 사이클에서 통합적인 부분을 이룬다. 여기서 집행이란 프로그램 운용에 초점을 맞춘 모든 활동들이다. 프로그램을 집행하는 것은, 일반적으로 치밀하게 계획된 프로그램이라 할지라도, 매우 복잡한 상황적 및 환경적 요인들이 집행과정에 부정적인 영향을 미쳐 의도한 효과를 가져오는데 어려움을 겪기도 한다. 이러한 결과로 의도했던 프로그램과 실제로 집행한 프로그램 간에는 큰 차이가 발생할 수 있다.

그러므로 프로그램이 의도한 목적을 달성하기 위해서는 프로그램 집행과정의 적절성을 평가하고, 필요한 개선조치들을 취하여야 한다. 프로그램 집행의 평가와 과정의 모니터링은 이러한 개선조치들을 취하는데 필요한 프로그램 활동들에 관한 정보들을 수집하고 피드백하는 활동이다. 이번 장에서는 프로그램 집행의 평가와 과정 모니터링에 관한 중요한 개념들과 도구들에 관하여 살펴보고자 한다.

제1절 집행평가의 의의와 필요성

Ⅰ. 집행평가의 의의

1. 평가패러다임의 변화와 집행평가

최근에 집행평가(implementation evaluation)가 정책평가에서 중요시되게 된 이유는 평가패러다임의 변화와 밀접히 관련되어 있다.

정책평가에서 중요한 두 가지 평가의 패러다임은 검은상자 패러다임(Black-box paradigm)과 투명상자 패러다임(Transparant-box paradigm)이다. 종래에는 검은상자 패러다임이 지배적인 평가패러다임이었으나 이것이 투명상자 패러다임으로 전환되어 가고 있다(Love, 2004: 63~97).

검은상자 패러다임의 몇 가지 주요 특징들은 다음과 같다.

- 총괄적 평가 패러다임(summative paradigm)이다.
- 평가자들은 일반적으로 프로그램의 참여자들을 프로그램이 시작되는 단계와 프로그램이 종료된 이후 시점(follow-up point)에서 평가한다.
- 평가자들은 프로그램이 전달되는 과정이나 고객에 영향을 미치는 여타의 요인들에 대해서는(이것을 검은 상자로 간주하고) 상대적으로 주의를 적게 기울인다.
- 검은상자 패러다임에 의한 평가에서는 프로그램의 전반적인 산출결과를 측정한다.
- 검은상자 패러다임에 의한 평가는 프로그램의 전달과정이나 프로그램을 어떻게 개선시킬 것인가 하는데 대해서는 언급이 적다.
- 검은 상자 패러다임에 의한 평가는 제공된 프로그램에 대해서 적절하게 기술하지 않고, 또한 프로그램의 구체적인 구성요소와 산출결과들 간의 관계에 대해서 적절히 기술하지 않는다.
- 그 대신에 프로그램의 양상(modality), 접촉의 빈도수, 또는 프로그램에 참여한 기간의 길이 등에 주의를 더 많이 기울인다.

그러나 산출결과와 집행간의 관계에 대한 중요성이 인식되면서 위와 같은 특징을 가진 검은상자 패러다임에서 투명상자 패러다임으로 평가패러다임의 전환이 이루어지고 있다. 프로그램의 산출결과를 측정하는 것을 넘어서 관찰된 결과의 원인을 밝혀내는 것으로 평가를 확장함으로써, 거기서 발견한 지식을 토대로 프로그램을 바꾸거나 집행의 양식을 바꾸는데 활용할 수 있다. 평가가 프로그램이 진행되어 나가는 것을 체크하거나 또는 변화의 방향을 바꾸는데 사용되는 경우에는, 그것은 집행의 평가를 포함하는 것이다(Browne and Wildavsky, 1983: 101).

투명상자 패러다임은 프로그램 평가에 있어서 최근의 두 가지 흐름을 반영하는 것이다. 첫째, 이 새로운 패러다임은 프로그램이 얼마나 잘 집행되고 있는지를 평가하고, 프로그램 구성요소와 산출결과들 간의 관계를 검토하는 것을 포함하여 프로그램의 전달(program delivery)을 주의깊게 연구할 것을 권장한다. 둘째, 이 패러다임은 프로그램 전달의 밖에 존재하는 상황적 요인들을 명시적으로 고려하고, 그러한 요인들이 프로그램의 개시, 프로그램 경험(program experiences) 및 프로그램 산출결과들에 어떻게 영향을 미치는가를 검토한다.

집행의 평가는 이와 같은 평가 패러다임의 변화에 따라 더욱 발전되어가고 있다.

2. 집행평가의 의미

집행평가는 정책이나 프로그램이 잘 만들어지면 좋은 결과를 산출해 낼 것이라고 하는 종래의 믿음에서, 좋은 산출결과를 산출해 내기 위해서는 집행이 잘 되어야 한다는 믿음으로 변화하게 되었는데 이것이 널리 받아들여지고 있다. 프로그램 집행의 평가는 프로그램 과정평가(program process evaluation)라고도 부른다. 따라서 본서에서는 집행평가와 프로그램 과정평가(또는 과정평가)라는 용어를 상호 교환적으로 사용하고자 한다.

집행평가(또는 과정평가)는 프로그램의 효과평가를 포함하지는 않는다. 이러한 관점에서 Scheiner는 과정평가를 프로그램이 무엇인지를 검증하고, 그것이 의도한 대로 타깃수혜자들에게 전달되었는지를 평가하려는 시도로 정의하였다(Scheiner, 1994: 40~68). 이에 비해서 프로그램의 효과를 평가하는 것은 산출결과평가(outcome evaluation)이다.

집행평가는 하나의 차별적인 평가절차를 대표하지 않고, 일련의 접근방법, 개념 및 방법론 등을 나타낸다. 프로그램 집행평가는 법제화된 프로그램 그 자체, 즉 그의 운용(operation), 활동, 기능, 성과, 구성요소들, 자원 등에 평가의 초점을 둔다. 프로그램 집행평가(또는 과정평가)가 프로그램 과정을 측정하고, 프로그램의 운용에 대한 정보들을 기록하는데 행정정보시스템을 사용하며, 계속적으로 피드백을 하는 것을 포함할 때, 이것을 프로그램 과정 모니터링(program process manitoring)이라고 부른다. 여기에 대해서는 다음 항에서 좀 더 구체적으로 설명하고자 한다.

Ⅱ. 집행평가의 이슈와 집행평가의 필요성

1. 집행평가의 이슈

프로그램은, 비행기와 마찬가지로, 잘 운행할 수 있기 위해서는 프로그램의 모든 부분들이 설계되어 있는 대로 작동하고, 각 부분들이 달성하도록 되어 있는 모든 것들을 달성하여야 한다. 프로그램들은 또한 비행기와 마찬가지로, 그들에게 부여된 기능들을 수행하고, 참여자들(승객들)의 안전을 유지하고 기대를 충족시키기 위하여 적절한 장비를 갖추고 있어야 한다. 그러나 프로그램들은 항상 필요한 장비들을 모두 갖추고 있는 것은 아니다. 그러므로 프로그램과 비행기 모두가 치명적인 사고를 피할 수 있도록 도와주기 위해서는 재고와 유지관리를 체크하여야 한다.

집행의 평가는 프로그램이 모든 구성부분들을 갖추고 있으며, 프로그램의 모든 부분들이 제 기능들을 하고 있고, 프로그램이 운용되도록 설계된 대로 운용되고 있는지의 여부들을 찾아내야 하는 필요에 따라 수행하는 것이다. 집행의 평가는 프로그램에 실제로 무엇이 일어나고 있는지를 찾아내는데 초점을 맞춘다. 즉 프로그램은 어떻게 구성되어 있는가? 프로그램의 핵심적인 특성은 무엇인가? 누가 참여하는가? 요원들은 무엇을 하는가? 참여자들은 어떠한 경험을 하는가? 프로그램은 설계대로 운영되고 있는가? 프로그램 가운데 어떤 것이 작동하고 어떤 것들이 작동하지 않는가? 이러한 것들이 프로그램 집행평가가 대답해야 하는 주요 이슈들이다. 다음 <표 5-1>은 집행의 평가가 대답해야 할 중요한 평가 질문들을 실행가능성, 형성적 평가, 총괄적 집행평가 등에 따라 요약한 것이다(Patton, 1997: 196).

<표 5-1>에서 보는 바와 같이 집행평가가 대답해야 할 질문들은 실행가능성과 순응이슈들, 형성적 평가와 관련된 이슈들, 총괄적 집행평가와 관련된 이슈들 및 집행에 관한 질문들로부터 얻은 교훈 등 매우 다양하다. 실제 집행평가과정에서 직면하는 질문들은 이 예시에서 제시된 질문들의 유형보다 훨씬 더 다양할 것이다.

표 5-1 집행평가질문들의 예시

• 실행가능성과 순응 이슈들

1. 원래 집행에 대하여 제안되거나 기대되었던 것은 무엇인가?
2. 니즈(needs)평가나 상황의 분석은 프로그램설계에 어떠한 정보들을 제공했는가?
3. 프로그램의 기대된 모형은 어떤 것이었는가?
4. 제안된 모형의 밑에 깔려있는 이론이나 전제들이 있다면 무엇인가?
5. 누가 프로그램이 원래 제안되고 설계된 대로 집행되는데 따라 이익을 얻는가?
6. 프로그램이 완전히 집행되려면 어떠한 자원들이 필요한가?
7. 예상되는 요원들의 역량과 역할은 무엇인가?
8. 원래 집행을 위하여 계획된 시간계획은 무엇인가?
9. 집행의 어떤 측면이, 만일 존재한다면, 법률적인 명령을 맞추어야 하는가?
10. 프로그램의 설계과정에서 어떠한 집행에 대한 위협 가능성이 예상되었는가?

• 형성적 평가 질문들

1. 여러 이해관계자들, 예컨대 참여자들, 프로그램 요원들, 행정가들, 자금공여자들에 의하여 인지된 프로그램의 핵심적인 특성들은 무엇인가? 이러한 인지들의 유사점과 차이점들은 무엇인가? 이러한 차이들의 토대는 무엇인가?
2. 프로그램 참여자들의 특성들은 무엇이며, 프로그램의 의도한 타깃모집단과 비교하면 어떻게 다른가?
3. 실제 자원, 요원들의 역량과 경험 및 시간, 계획 등은 기대되었던 것에 비하면 어떻게 다른가?
4. 어떤 것이 기대된 바대로 작동하는가? 무엇이 기대된 바대로 작동하지 않는가? 어떠한 도전과 장애들이 나타났는가? 요원들은 이러한 도전과 장애들에 어떻게 대응했는가?
5. 어떠한 가정들이 사실로 판명되었는가? 어떠한 전제들이 문제가 있는가?
6. 참여자들은 프로그램에서 실제로 무엇을 했는가? 그들의 제1차적 활동들은 무엇인가? 그들은 어떠한 경험을 했는가?
7. 참여자들은 무엇을 좋아하고 무엇을 싫어하는가? 무엇이 작동하고 무엇이 작동하지 않는다는데 대한 그들의 인지(perceptions)는 무엇인가? 참여자로서 그들이 무엇을 이루어야 할 것인지에 대하여 알고 있는가? 그들은 프로그램의 목적들과 의도한 산출결과들

(outcomes)을 받아들이는가?
8. 요원들은 전체적으로 얼마나 잘 기능하는가? 어떤 것이 작동하고 어떤 것이 작동하지 않는가 하는데 대한 그들의 인지는 무엇인가? 그들은 그들이 어떠한 산출결과를 목적으로 하고 있다는 것을 알고 있는가? 그들은 프로그램의 목적들과 의도한 산출결과들을 받아들이는가? 요원들은 참여자들을 어떻게 인지하고 있는가? 요원들은 행정가들, 그들 자신들의 역할 및 효과성(effectiveness)에 대하여 어떻게 인지하고 있는가?
9. 원래의 설계에서 무엇이 변하였으며, 왜 변했는가? 어디에 근거해서 원래의 설계가 변화되었는가? 누가 그러한 변화를 승인할 필요가 있는가?
10. 계속적으로 프로그램 집행평가를 하기 위하여 어떠한 모니터링 시스템이 설치되었고, 그것은 어떻게 사용되고 있는가?

• 총괄적 집행평가 질문들

1. 프로그램이 집행됨에 따라 어떠한 모형이 떠올랐는가? 즉 프로그램은 투입, 활동 및 산출들 간을 분명하게 연결하는 간여(intervention)나 처리로서 모형화될 수 있는가?
2. 원래의 집행설계는 어느 정도로, 그리고 어떠한 방법으로 실행 가능한가? 무엇이 가능하지 않는가? 그 이유는 무엇인가? 원래의 집행설계의 실행가능성과 생존가능성은 실제(practice)에서 테스트 되었는가, 또는 다른 어떤 것이 집행되었는가?
3. 집행은 시간적으로 그리고 여러 다른 사이트(site) 별로 얼마나 안정되고 표준화 되었는가?
4. 프로그램은 얼마나 다른 곳에서 집행가능한가? 프로그램의 어떠한 측면이 특정상황에만 맞는 것인가? 어떠한 측면이 일반화될 수 있는가?
5. 집행의 개시비용은 얼마이며, 계속비는 얼마인간?
6. 프로그램의 장점들(merits)을 계속 살려갈 수 있도록 집행은 충분히 효과적이고 일관성이 있었는가?

• 집행에 관한 질문들로부터 얻은 교훈들

1. 다른 곳의 유사한 노력들에 정보들을 제공할 수 있는 이 특정한 프로그램의 집행에 대하여 배운 것은 무엇인가?
2. 집행에 대한 학술 및 정책연구에 기여하도록 집행에 대하여 배운 것은 무엇인가?

자료: Patton, 1997: 213~214.

집행의 평가를 정책의 집행과 서비스전달(service delivery) 단계보다 더 확대해서 보려는 견해도 있다. Arnold Love는 집행평가를 프로그램 니즈(need)와 실행가능성 평가, 프로그램의 계획과 설계, 프로그램의 전달, 프로그램의 개선 등 네 단계로 나누고 있는데(Love, 2004: 63~97), 이러한 집행평가의 각 단계에서 매우 다양한 평가의 이슈들이 제기되고 있다. 다음 <표 5-2>는 각 단계별로 제기되는 이슈에 따른 평가의 질문들을 요약한 것이다.

표 5-2 집행단계별 핵심적인 평가질문

단 계	핵심적 평가질문
단계 1: 니즈와 실행 가능성평가	• 타깃 집단의 니즈는 무엇인가? • 이들 니즈들에 맞추기 위하여 프로그램집행에서는 어떠한 시도를 했는가? • 기존 프로그램이 직면한 주요 집행의 장애는 무엇이었는가? • 집행된 프로그램은 이 영역에서 최선의 실무(best practice)는 무엇이라고 말하고 있는가? • 프로그램을 효과적으로 집행하기 위해서는 어떠한 자원이 필요한가? • 집행의 이슈들과 집행상의 제약들을 고려할 때 프로그램 대안들 가운데 최선의 대안선택은 무엇인가?
단계 2: 프로그램 계획과 설계	• 의도한 산출결과들(outcomes)을 성취하기 위한 프로그램 이론은 무엇인가? • 이 이론을 유효하게 하기 위해서는 어떠한 운용이 필요한가? • 프로그램 집행의 환경(setting)은 프로그램 설계를 지원하고 있는가, 방해하고 있는가? 어떻게 지원 또는 방해하고 있는가? • 이러한 집행의 환경 하에서 의도한 산출결과들을 성취하기 위해서는 프로그램 설계의 어떤 측면들을 수정할 필요가 있는가? • 우리는 어떻게 이 프로그램의 집행을 모니터링하고, 필요한 변화를 이룩할 수 있는가?
단계 3: 프로그램 전달	• 프로그램은 올바른 타깃 집단에 서비스를 하고 있는가? • 잠재적 고객들(potential clients)이 프로그램을 거부하거나 취소하고 있는가? 왜 그런가? • 프로그램 설계는 계획에 따라 집행되고 있는가? • 프로그램은 계획된 산출물들(outputs)을 산출해 내고 있는가? • 프로그램은 질적 표준들(standards of quality)을 맞추고 있는가? • 프로그램은 고객들을 위하여 의도한 단기적 산출결과들(shortterm outcomes)을 산출해 내고 있는가? • 어떠한 집행상의 장애에 직면했는가? • 사이트들(sites) 간에 어떠한 차이가 존재하는가?
단계 4: 프로그램 개선	• 프로그램이 집행의 목적들과 타깃들을 충족하고 있는가? • 고객들은 그들이 기대한 산출결과들(outcomes)을 받고 있는가? • 프로그램은 의도하지 않았던 긍정적 또는 부정적 결과들(results)을 산출하고 있는가? • 프로그램, 프로그램 요원들, 또는 그의 고객들에게 영향을 미치는 커다란 내적 또는 외적 사건들이 있는가? • 프로그램의 강점과 약점들은 무엇인가? • 사이트들(sites)간에 강점과 약점들의 차이는 무엇인가? 왜 이런 차이가 발생했는가? • 개선을 요하는 영역은 어느 것인가? • 프로그램이 작동하도록 하는 개선노력이 있는가?

자료: Love, 2004: 68~69.

집행의 평가는 프로그램집행이 각 단계에서 제기되는 이러한 질문들에 대답하기 위하여 시행되며, 이러한 평가를 통하여 얻은 정보들을 활용하여 집행활동들을 개선하고, 프로그램 설계를 개선함으로써 프로그램이 의도하는 산출결과를 효과적으로 달성할 수 있는 것이다.

2. 집행평가의 필요성

집행평가가 필요한 이유는 이미 위에서 기술한 바와 같이 프로그램의 집행과정에서 제기되는 각종의 이슈들과 이러한 이슈들과 관련된 질문들에 대답할 수 있는 정보를 획득하여 관리자들에게 제공함으로써 프로그램이 의도한 목적을 달성하도록 하기 위한 것이다.

여러 가지 평가에 대한 검토보고서들을 보면 때로는 프로그램 활동들이 원래 프로그램에 명시된 대로 집행되지 않았거나 경우에 따라서는 활동 그 자체가 이루어지지 않는 경우조차도 있는 것으로 나타나고 있다(Mohr, 1988: 31~32). 이와 같이 부적절하게 수행된 활동이나 또는 전혀 활동이 없었는데도 단지 프로그램이론에 나타난 활동이라고 하여 이러한 활동들이 프로그램에 명시된 바 그대로 집행되었을 것으로 전제하고 프로그램 산출결과를 평가한 다음 여기서 산출된 정보를 토대로 프로그램을 수정하거나 종결한다면 엄청나게 큰 오류를 범할 수도 있을 것이다.

이러한 관점에서 Patton은 만일 평가자원의 제약으로 집행에 관한 평가정보와 결과에 대한 평가정보 가운데 하나를 선택할 수 밖에 없을 경우에는 집행에 관한 평가정보가 정책결정자나 프로그램 관리자들에게 훨씬 더 가치가 있는 경우가 많다고 주장하고 있다(Patton, 1979: 318~346). 만일 프로그램이 프로그램에 설계된 그대로 집행되었다고 하는 것을 알지 못한다면, 이 프로그램이 바람직한 결과들을 산출할 것이라고 기대할 수 없는 것은 당연한 것이다. 뿐만 아니라 집행에 관한 지식이 없이 결과가 평가된다면, 이러한 평가정보는 무엇이 관찰된 결과를 산출했는가 하는데 대한 정보가 결여되어 있기 때문에 정책결정자나 관리자들에게 다음에 취할 행동의 방향을 제시해 줄 수 없을 것이다. 바로 이러한 이유들 때문에 집행평가가 필요한 것이다.

집행의 분석과 평가가 수행되어야 할 좀 더 구체적인 필요성을 정책수준과 프로그램수준으로 나누어 정리하면 다음과 같다.

먼저 정책수준에서의 집행의 분석과 평가는 (1) 서비스전달(service delivery)이 정책의 설계보다 정책의 산출결과들을 형성한다. (2) 의도한 산출결과가 성취될 수 있도록 하는 프로그램성과와 그 조건들에 대하여 추론을 가능하게 해준다. (3) 정책집행을 본 궤도에서 벗어나지 않게 지켜주고, 전략과 정책수단들을 재설계하거나 재구조화하는데 필요한 정보들을 산출해서 제공해 준다.

프로그램 수준에서 집행의 분석과 평가는 (1) 변화과정(change process)을 가이드하고 활력을 준다. (2) 많은 프로그램들은 프로그램이 의도한대로 사용되지 않거나 또는 전혀 사용되지 않기 때문에 실패한다. (3) 겉으로 보기에는 건실한 아이디어에 토대를 둔 것 같은 많은 프로그램들이 실제 적용에 있어서는 실패하였다. (4) 동일한 프로그램이 어떤 환경(setting)에서는 성공하지만, 다른 환경에서는 실패할 수도 있다. (5) 집행된 프로그램과 의도한 효과들 간의 관계를 검토함으로써 산출결과들(outcomes)의 평가를 보완할 수 있다. (6) 집행의 평가는 평가자가 의도한 프로그램 산출결과들을 산출해 내는데 어떤 것이 실제로 작동했고, 어떤 것이 작동하지 않았는지를 분명하게 이해할 수 있도록 해준다(Bigman and Heflinger, 1995). 위에 열거한 이유들로 집행평가가 필요한 것이다.

3. 프로그램 집행과정을 판단할 판단기준설정

우리는 위에서 프로그램의 집행과정에서 제기되는 다양한 질문들에 대한 대답을 얻고 그 대응방안들을 마련하기 위하여 집행평가가 필요하다는 것을 살펴보았다. 이러한 질문들은 많은 경우 "적절한", "충분한", "만족스러운", "합리적인", "의도한" 등 평가적 판단(evaluative judgement)을 포함하고 있다. 그러므로 평가자나 평가에 책임이 있는 당사자들은 이러한 질문들에 대답하기 위해서는 단지 프로그램의 성과(performance)에 대해서 기술할 뿐 아니라, 그것이 만족스러운 것인지 여부를 판단할 수 있어야 한다. 이러한 요구는 다시 판단을 내릴 어떤 토대, 즉 적용할 어떤 방어적인 기준이나 표준의 필요성을 제기한다. 이러한 판단의 기준이 사전에 존재하지 않는다면 평가자는, 매우 어려운 작업이지만, 판단의 기준을 마련하지 않으면 안 된다.

프로그램의 성과에 대한 판단의 기준들을 설정하는 방법들로는 여러 가지가 제시되고 있다. 이러한 여러 가지 기준설정의 접근방법 가운데 하나가 이미 앞에서 설명한 프로그램이론(program theory) 또는 프로그램 논리모형에 기초하여 기준을 설정하는 방법이다.

프로그램이론은 다시 프로그램과정이론(program process theory)과 프로그램임팩트이론(program impact theory)으로 나눌 수 있다. 이들 가운데 프로그램과정이론은 프로그램이 무엇을 하고, 어떻게 할 것으로 기대하는가 하는 계획 또는 청사진(blueprint)을 구성하는 형태(form)로 프로그램을 기술하기 위하여 형성된 것이다. 그러므로 이것은 특히 프로그램과정평가(또는 집행평가)에 적합한 이론이다.

프로그램과정이론은 [그림 5-1]에서 보는 바와 같이 다시 서비스활용계획(service utilization plan)과 프로그램의 조직화계획(programs organizational plan) 등 두 가지로 나눌 수 있다. 따라서 프로그램이론은 서비스활용계획, 프로그램의 조직화계획, 프로그램임팩트이론 등으로 구성된다(Rossi, Lipsey and Freeman, 2004: 140).

[그림 5-1]에서 서비스 활용계획은 고객들과 서비스전달시스템 간의 상호작용을 나타내고, 프로그램의 조직화계획은 서비스를 전달하기 위하여 시설(facilities), 요원 및 활동들을 어떻게 효과적으로 조직화할 것인가를 나타낸다. 그리고 임팩트이론은 실현하고자 의도하고 있는 목적인 중·장기 산출결과와 그러한 산출결과를 달성하는데 큰 영향을 미치는 프로그램의 산출물(outputs)과 가장 근접한 산출결과들(proximal outcomes)간의 인과관계에 대한 가정을 나타낸다.

따라서 집행과정을 판단할 판단기준은 프로그램과정이론을 구성하고 있는 서비스활용계획과 프로그램의 조직화계획이 제대로 작동하여 의도한 성과를 달성하고 있느냐 하는 것을 판단하는 기준이다. 다시 말하면 [그림 5-1]에 나타나 있는 타깃과 서비스전달시스템 간의 상호작용과 프로그램시설, 요원, 활동 등을 측정하고 그 측정결과를 토대로 그 성과의 적정성을 판단하는 기준이다. 이러한 성과의 판단기준으로서 널리 쓰이는 것은 성과에 대한 벤치마킹(benchmarking) 접근방법이다.

그림 5-1 프로그램 이론의 개관

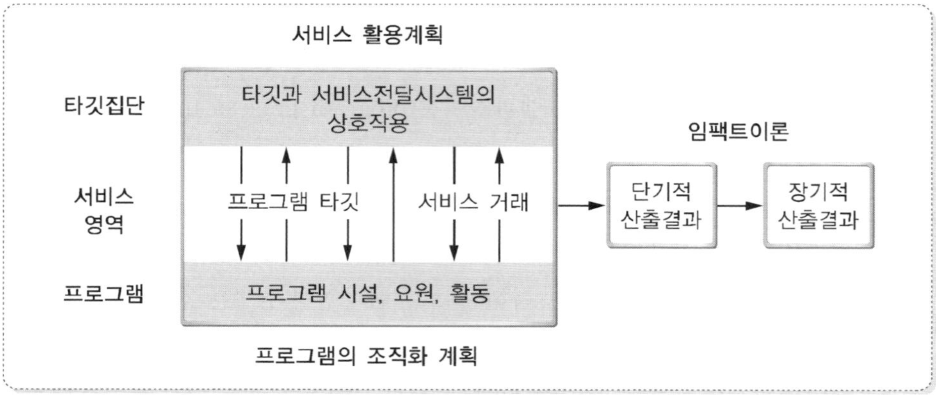

사전에 벤치마크로 설정한 값과 성과의 측정값을 비교하고 그에 따라 활동수행의 적절성을 판단하는 것이다. 공공부문에서 성과를 비교하는 비교의 벤치마크를 설정하는 기본적인 방법은(Poister, 2003: 236~237), (1) 과거의 성과에 대한 현재의 성과의 비교, (2) 표준 또는 설정된 타깃에 대한 실제성과의 비교, (3) 한 기관 또는 한 프로그램 내의 하위 단위들(subunits) 간의 비교, (4) 유사한 다른 기관이나 프로그램의 성과와 현재 프로그램을 운용하고 있는 기관 또는 운용중인 프로그램의 성과와의 비교 등이다.

제 2 절 프로그램 과정모니터링

Ⅰ. 의의와 중요성

1. 의 의

일반적으로 모니터링이라고 불리우고 있는 프로그램 평가는 가장 대표적인 과정평가들 가운데 하나이다.[1] 모니터링은 점검이라 부르기도 한다. 모니터링은

1) 어떤 학자들은 모니터링과 과정평가를 구분하기도 한다. 그에 의하면 모니터링은 무엇이 일어나고 있는가 하는 정보를 제공하는데 그 중점이 주어지고 있으나, 과정평가는 왜 그것이 일어나는가, 또

이미 앞에서 기술한 바와 같이 프로그램의 집행의 체인(chain)에서, 특히 정부간여(government intervention)에서, 행정정보시스템과 투입과 산출에 초점을 맞춘 성과지표들을 사용하여 프로그램의 자원들과 활동들에 대한 계속적인 피드백정보를 산출하고, 그 정보를 관리에 활용하는 것으로 정의된다.[2] 모니터링 엑서사이스(exercise)는 프로그램의 집행과정에서 프로그램이나 사업목표를 성취하는 방향으로 어떻게 진전이 이루어져 가고 있는가 하는 것을 사정하기 위하여 필요한 정보를 제공하자는 데에 그 목적이 있다. 그러므로 프로그램의 과정모니터링은 프로그램 그 자체에 관한 정보 뿐만 아니라 환경과 프로그램의 대상집단에 미치는 효과에 관한 정보까지도 제공할 필요가 있다.

모니터링은 그것이 어디에 더 중점을 두고 있느냐 하는데 따라 프로그램 모니터링, 산출결과(outcome)의 모니터링 및 균형성 분석 등으로 나누어 볼 수 있다.

프로그램 과정모니터링은 프로그램에 대한 투입들과 프로그램 활동들을 측정하고, 측정된 프로그램에의 투입과 프로그램 활동들을 사전에 설정되었거나 또는 기대되고 있는 것들과 비교하고, 이들 프로그램이 원래에 구상한 대로 정확하고 충실하게 집행되었는지를 결정하는데 그 목적이 있다. 이러한 의미에서 이것을 정확성 평가라 부르기도 한다(김명수, 1982: 518).

이에 비해서 산출결과의 모니터링은 프로그램에 대한 투입, 활동 및 결과들을 측정하고, 그 프로그램의 산출결과들을 사전에 설정하였거나 기대했던 산출결과들과 비교하고, 만일 원래에 의도하였던 산출결과가 이루어지지 않았을 경우에는 그 원인을 찾아 이를 시정함으로써 의도한 산출결과를 가져오도록 하자는데 그 목적이 있다. 프로그램의 과정모니터링과 산출결과의 모니터링을 비교해 보면, 프로그램의 과정모니터링은 프로그램의 투입과 활동들이 프로그램에 계획된 대로 집행되고 있느냐 하는 것을 체크하는데 상대적으로 큰 비중을 두는데 비해서, 산출결과의 모니터링은 프로그램의 산출결과가 계획된대로 실현되어 가고 있느냐 하는 것을 체크하는데 더 큰 비중을 둔다는데 그 차이가 있다. 한편 균형성 분석은 동일 프로그램 내에서 단위사업들 간의 균형적인 추진여부, 프로그램

는 왜 그것이 일어나지 않는가 하는 정보를 제공하는데 더 중점을 둔다고 한다. 그러나 여기서 사용하는 모니터링은 무엇이 일어나는가 하는 정보뿐만 아니라 왜 그것이 일어나는가, 또는 일어나지 않는가 하는 정보까지를 포함하는 넓은 의미로 사용될 것이다. 모니터링과 과정평가의 구분에 대해서는 (Imboden, 1978: 127~128) 참조.

2) 유사한 정의에 대해서는 (Vedung, 1995: 137) 참조.

과 관련된 타사업들의 적시적인 추진여부 및 그 내용의 적합성을 평가하는 것이며, 서로 다른 기관에서 유관프로그램들을 집행하는 경우에는 각각의 프로그램들을 구성하고 있는 단위사업들의 집행의 균형성 여부를 평가하는 것이다. 이러한 균형성 평가들을 통하여 문제점이 발견되면 이를 조기에 조정하자는데 균형성 분석의 목적이 있다. 이들 가운데 산출결과의 모니터링은 다음 장에서 다루기로 하고, 여기서는 프로그램 과정모니터링을 먼저 살펴보기로 한다.

프로그램 과정모니터링에서 프로그램에의 투입과 프로그램의 활동들이 원래 프로그램에 계획된대로 이루어지고 있느냐 하는 것을 따져보는 구체적 방법은 프로그램 감사, 프로그램의 커버리지(program coverage) 및 프로그램의 과정에 대한 분석이라 할 수 있다. 여기서 프로그램 감사는 전체로서의 프로그램 운영과 그 프로그램이 달성하고자 하는 목적들을 검토하는 것이고, 프로그램의 커버리지는 프로그램이 원래 의도한 대상집단에 도달되고 있느냐 하는 정도를 나타내는 것이며, 프로그램 과정은 전달된 서비스가 전달하고자 의도했던 것과 일치(match)하는 정도를 나타낸다. 그러므로 프로그램 과정모니터링은 프로그램의 운영을 검토하고 프로그램 커버리지와 프로그램 과정을 측정하려는 체계적인 시도인 것이다(Rossi and Freeman, 1985: 139~144). 이런 의미에서 이것을 집행의 모니터링(implementation monitoring)이나 행정적 모니터링(administrative monitoring)이라 부르기도 한다.

프로그램이 원래 의도했던 성과를 가져오지 못하고 실패하는 요인들로는 프로그램 집행과정상의 문제, 정부기관들간의 복잡한 관계, 모호하고 비현실적인 목표, 경제·사회적 환경의 변화 등 여러 가지를 들 수 있겠으나(Larson, 1980: 7), 이들 가운데에서도 프로그램 집행과정상의 문제, 즉 프로그램의 커버리지와 프로그램의 과정이 가장 빈번히 나타나고 있는 실패의 요인으로 지적되고 있다.

사회프로그램에 있어서 프로그램의 커버리지와 프로그램의 과정이란 적절한 수혜대상자들에게 전달되어야 할 프로그램의 산출물과 서비스를 말한다. 그러므로 프로그램 집행모니터링 또는 프로그램 과정모니터링의 초점은 프로그램의 산출물과 서비스가 적절한 수혜대상자들에게 전달되고 있느냐 하는 것을 측정하는 것이라 할 수 있다(William and Elmore, 1976; Pressman and Wildavsky, 1979). 프로그램 모니터링은 새로운 프로그램의 개발과 이미 설정된 프로그램 관리라는 여러 가지 다른 관점에서 취해질 수 있는 활동들이다. 그렇기 때문에 모니터링 정보는 새로운 프로그램의 개발이나 기존프로그램의 효과적인 집행에 모두 활용될 수 있다.

첫째, 프로그램 과정모니터링 정보는 프로그램이 검증되고 조정되는 개발의 과정에서 특히 중요하다. 프로그램의 설계자는 프로그램 집행의 과정에서 당면하게 되는 문제점들에 대한 지식을 갖는 것이 매우 필요하며, 그렇게 함으로써 당면한 장애들을 극복하기 위하여 프로그램 설계에 어떤 변화를 가져올 수 있기 때문이다. 기대하지 않았던 결과들이나 바라지 않았던 프로그램의 부수효과들은 프로그램과정의 모니터링 과정에서 명백하게 겉으로 드러나게 마련이다.

둘째, 프로그램 과정모니터링의 결과는 프로그램의 확산에 필요한 자료들을 제공하는 데에도 필수적이라 할 수 있다. 프로그램이 원래 시도되고 집행되었던 곳 이외의 다른 곳에 이러한 정부간여의 필수적인 특성들을 재생할 수 있도록 하기 위해서는 프로그램 운용상의 구체적인 사항들까지도 기술할 필요가 있다. 이에 따라 집행상의 가장 중요한 점들이 식별될 필요가 있으며, 관리상의 문제점들이 개괄되고, 성공적인 프로그램 관리에 필요한 요원들에 대한 자격요건 등이 기술되어야 한다. 바람직한 프로그램 개발은 구체적인 행정절차, 서비스의 제공, 필요한 요원들의 자격요건 등을 기술하는 매뉴얼(manual)의 제작을 포함한다고 할 수 있는데, 개발과정에 있어서 모니터링의 결과는 그러한 매뉴얼을 준비하는데 유용하게 활용될 수 있다.

셋째, 현재 집행중에 있는 프로그램에 있어서 프로그램 과정모니터링은 프로그램의 커버리지와 과정에 대한 정보를 제공해주고, 프로그램이 구체적인 요구사항들을 맞추어 나가고 있는지 여부에 대하여 피드백을 가해줌으로써 관리개선에 공헌할 수 있다.

프로그램 과정모니터링은 [그림 5-1]에 나타난 프로그램과정이론 가운데 프로그램 서비스활용계획 및 프로그램의 조직화계획과 관련하여 수행된다. 전자는 서비스활용에 대한 모니터링(monitoring service utilization)이고, 후자는 조직의 기능에 대한 모니터링(monitoring organizatinal function)이다. 여기서 서비스활용의 모니터링은 주로 프로그램의 커버리지와 관련되어 있고, 조직의 기능에 대한 모니터링은 주로 서비스전달시스템(service delivery system) 및 프로그램 지원기능들과 관련되어 있다.

서비스활용계획과 관련된 프로그램 과정모니터링의 가장 핵심적인 이슈는 이미 위에서 언급한 바와 같이 의도한 타깃들(intended targets)이 실제로 프로그램 서비스를 받고 있느냐 하는 것이다. 타깃의 참여는 프로그램 관리자와 예산지원자 모두의 관심사이다. 프로젝트를 효과적으로 관리하기 위해서는 타깃의 참여가 수용할 수 있는 수준을 유지하여야 하며, 만일 그 이하로 떨어지면 교정행동을 취하여야 한다. 한편 조직의 기능과 프로그램 활동의 모니터링의 초점은 프로그램이 그 노력을 잘 관리하고, 필수적인 과제들을 실행하기 위하여 프로그램 자원들을 잘 활용하고 있는지 여부에 맞춰지고 있다. 이러한 과제 중에서 가장 중요한 것은 역시 의도한 서비스가 타깃 모집단에 제공되고 있느냐, 그리고 서비스 전달시스템이 제 기능을 수행하고 있고, 프로그램 지원기능들이 원활히 수행되고 있느냐 하는 것을 계속적으로 모니터링하여 적절한 시정조치를 취하는 일이다. 이러한 서비스활용모니터링과 조직의 기능들에 대한 모니터링이 가장 중요한 프로그램 과정모니터링이다.

2. 중요성

프로그램 과정모니터링의 결과는 프로그램 개발, 기존 프로그램의 개선, 그리고 프로그램의 확산 등에 널리 활용될 수 있다는 것은 앞에서 설명한 바와 같다.

그러나 프로그램 과정모니터링은 프로그램의 설계와 관리에만 활용되는 것이 아니고, 프로그램 관리자들이나 운용자들의 책무성을 체크하고 높이는 데에도 널리 활용될 수 있다. 프로그램의 자금은 적절히 지출되었는가, 지정된 대상자들에게 프로그램이 제대로 전달되고 있는가, 의도된 서비스 가운데 얼마가 실제로 전달되고 있는가 하는 것 등이 책무성의 주요 이슈들이다. 프로그램에 대한 법을 만들고, 예산을 지원하는 고위정책결정자들이나 국회의원들에게는 이러한 프로그램 과정모니터링 정보들이 프로그램 영향에 대한 정보에 못지 않게 중요한 경우가 많다(Raizen and Rossi, 1981).

프로그램 과정모니터링이라는 관점에서 볼 때 책무성은 여러 가지의 형태를 띠게 된다.[3)]

---

3) 이 외에도 프로그램 영향의 책무성(impact accountability)과 능률성의 책무성(efficiency

(1) 커버리지 책무성(coverage accountability)

대상의 수와 성격은 어떠하며 대상으로 지정된 사람들이 서비스를 받고 있느냐, 잠재적 대상자들 가운데 얼마만한 부분에 서비스가 침투되었으며 서비스를 받지 않아야 될 수혜자는 없느냐, 그리고 도중에 탈락한 자는 얼마나 되느냐 하는 것들이 주요 문제가 된다.

(2) 서비스 전달의 책무성(service delivery accountability)

이것은 일반적으로 프로그램의 실제운용이 프로그램의 계획에 얼마나 순응하고 있느냐 하는 것을 사정하는데 필요하다. 적절한 양의 서비스가 전달되고 있느냐, 전달된 처리들은 그들 프로그램이 전달하기로 되었던 것을 전달하고 있느냐, 서비스는 유자격 요원들에 의하여 전달되고 있느냐 하는 것들이 핵심적인 이슈들이다.

(3) 재무적 책무성(fiscal accountability)

프로그램의 자금은 적절히 사용되어 왔느냐, 사용된 자금은 예산에서 설정된 한계 내에서 이루어졌느냐 하는 것들이 주요 이슈들이다.

(4) 법적 책무성

공사의 모든 프로그램들은 법적 책임을 진다는 언약을 요구한다. 그러므로 서비스의 공평성, 비용의 공평한 분담, 사생활의 보호, 직업적 안전 등을 포함하는 관련된 법령 등을 준수하고 있느냐 하는 것 등이 주요 이슈가 된다.

이들 가운데 재무적 책무성과 법적 책무성은 프로그램 과정모니터링의 영역이 아니라 감사의 영역이다. 그리고 커버리지 책무성과 서비스 전달의 책무성을 높이는데 프로그램 과정모니터링이 중요한 역할을 한다. 책무성에 대한 연구는 또한 정책결정자나 프로그램에 대한 후원자들이 프로그램 활동의 적절성을 판단하고, 프로그램을 계속해야 할 것인지 여부와 수정해야 할 것인지의 여부를 판단하는데 필요한 정보들을 제공해주는 데에도 중요한 역할을 하고 있다.

---

accountability) 등도 주요한 책무성들이라 할 수 있겠으나, 이들은 모니터링의 대상이 아니라 영향평가와 능률성 평가의 대상이다. 영향의 책무성과 능률성의 책무성에 대해서는 (Rossi and Freeman 1985: 95~97) 참조.

Ⅱ. 서비스활용의 모니터링

1. 커버리지 분석

커버리지 분석(coverage analysis)은 타깃집단에 의하여 프로그램이 받아들여지는 정도와 참여의 수준에 대한 정보를 제공해준다.

커버리지 분석의 이점은 이것이 가장 기본적인 집행에 대한 측정의 하나이며, 집행의 편의(bias)를 찾아내고, 산출결과 자료를 해석할 수 있도록 도와준다는 것이다. 커버리지 분석을 적절히 수행할 수 있기 위해서는 프로그램의 기획단계에서 타깃집단을 분명하게 식별하고, 참여자들의 특성을 정확하게 모니터링하여야 한다.

커버리지 분석의 주요 방법은 다음과 같다(Love, 2004: 82~84).

① 프로그램의 기획단계에서 타깃집단에 대한 분명한 정의를 내린다.
② 모니터링을 위해서 타깃모집단의 핵심적 특성들을 식별한다.
③ 프로그램에 참여하는 능력에 영향을 미칠 가능성이 있는 구체적인 특성들을 식별한다(예: 교통수단, 프로그램 사이트로부터의 거리, 운용시간 등).
④ 타깃모집단의 특성으로 식별된 것들에 대한 자료를 수집한다.
⑤ 프로그램에 의하여 서비스를 받은 사람이 프로그램계획에 명시된 사람인지 여부를 결정하기 위하여 타깃모집단의 특성에 대하여 수집한 자료들을 분석한다.
⑥ 프로그램에 의하여 서비스를 받은 사람이 프로그램의 유자격조건 기준에 합당한지 여부를 결정하기 위하여 자료들을 분석한다. 이 자료는 편의(bias)를 식별하는 것을 도와준다.
⑦ 타깃모집단에 대한 식별된 특성들을 사용하여 프로그램 참여자들 가운데 어떤 하위집단이 과소 대표되거나 혹은 과대 대표되는지를 결정한다. 이 분석은 프로그램 편의를 찾아 준다.
⑧ 프로그램 기록으로부터 프로그램에서 탈락한 사람들의 특성을 분석한다. 이들 자료들은 편의를 검토할 수 있도록 해준다. 또한 타깃모집단을 끌어

들이거나 더 적극적으로 참여하도록 하는데 필요한 가능한 프로그램변화에 대한 통찰력을 제공해준다.

2. 커버리지의 측정

대상집단의 구성원들 가운데 어느 정도가 실제로 프로그램에 참가하고 있느냐 하는 것은 프로그램 관리자에게나 정책결정자에게 모두 중요한 정보이다. 특히 대상집단 구성원들의 참여가 일정한 수준에 도달되지 않아서 프로그램 절차에 대한 수정이 요구되는 경우에는 대상자들의 참여에 관한 정확한 정보가 적시에 제공되는 것이 능률적인 관리를 위해서 필요하다. 프로그램 관리자의 관점에서 본다면 대상자들의 참여수준은 프로그램의 활력과 궁극적인 효과성에 대한 중요한 측정수단이 된다.

대상모집단의 참여의 이슈는, 이미 커버리지와 분석에서도 기술한 바와 같이, 커버리지와 편의(bias)의 문제로 구성된다. 여기서 커버리지는 어떤 한 프로그램이 프로그램 설계에 명시된 것에 비해서 대상모집단의 참여가 실제로는 얼마나 이루어지고 있느냐 하는 정도로 표시된다. 한편 지정된 대상모집단의 각 하위집단들의 참여가 서로 다를 수가 있는데, 편의는 각 하위집단들의 서로 다른 참여의 정도로 표시되게 된다. 하나의 프로그램의 커버리지에 있어서의 편의는 어떤 하위집단이 타하위집단들에 비해서 보다 더 철저히 커버(cover)되고 있다는 것을 의미한다. 편의가 일어날 수 있는 요인은 여러가지가 있을 수 있다.

첫째, 편의는 자연적으로 일어날 수도 있다. 즉 어떤 하위집단의 구성원들은 다른 하위집단의 구성원들보다 더 자발적으로 참여하는 수가 있는데, 이것이 편의를 가져오는 원인의 하나가 된다. 둘째, 편의는 프로그램 활동의 결과로 오기도 한다. 예를 들면, 프로그램 요원들이 어떤 고객에게는 더 친절하고, 어떤 고객들에게는 거부반응을 보일 때 이러한 편의가 발생하게 된다. 셋째, 편의는 보이지 않는 어떤 요소에 의하여 일어나게 되는 수도 있다. 예컨대 프로그램 관리사무실의 위치가 어떤 특정한 장소에 설치됨으로써, 어떤 하위집단의 구성원들은 프로그램의 활동들에 접근하기가 더욱 용이해서 더 많은 참여의 기회를 제공받는 셈이 되고, 이것이 서로 다른 참여율을 가져오는 요인으로 작용하게 될 수도 있다. 이러한 편의들은 전체적으로 프로그램의 커버리지를 낮추는 방향으로 작용하게 된다.

프로그램 관리자와 후원자들은 낮은 커버리지와 초과커버리지의 모두에 관심을 갖게 된다. 낮은 커버리지는 그 프로그램에 참여해야 할 필요가 있으나 아직 커버되지 않고 남아있는 대상의 비율을 말하고, 초과커버리지는 프로그램에 참여하고 있는 전체를 참여해야 할 필요가 있는 자들과 비교한 비율로서 이것은 프로그램에 참여하지 않아야 할 부적절한 대상들이 참여하고 있거나 프로그램의 설계가 부적절함을 나타내준다. 프로그램 자원의 능률적인 활용은 이러한 낮은 커버리지와 초과커버리지를 모두 최소화함으로써 이루어질 수 있다. 프로그램 커버리지의 능률성은 다음 공식에 의하여 측정된다.

$$\text{프로그램 커버리지} = \left\{ \left[\frac{\text{참여의 필요가 있는 자 중 서비스를 받은 자의 수}}{\text{참여의 필요가 있는 자의 총수}} \right] - \left[\frac{\text{참여의 필요가 없는 자로서 서비스를 받은 자의 수}}{\text{서비스를 받은 자의 총수}} \right] \right\} \times 100 \quad (5 \cdot 1)$$

위의 식 (5.1)은 실제 서비스를 받은 자의 수가 서비스를 받을 필요가 있다고 지정된 대상모집단과 같고, 부적절한 대상자가 서비스를 받지 않았을 때에는 100이 된다. 그러나 만일 부적절한 대상자들만이 모두 서비스를 받은 경우에는 −100이 된다. 그러므로 +100과 −100 사이의 값들은 커버리지 능률성을 나타내게 된다. 예를 들면, 만일 어떤 특정지역에서 100명의 대상이 프로그램에 참여해야 할 필요가 있는 것으로 추정되었는데, 실제 서비스를 받은 100명 가운데 오직 70명만이 유자격 대상자들이라 한다면, 식 (5 · 1)에 의하여 얻은 값은 +40이 될 것이다. 만일 100명이 프로그램에 참여할 필요가 있는 대상자들이고, 프로그램에 실제로 참여하여 서비스를 받은 사람 100명 가운데 적절한 유자격자가 10명 뿐인 경우에는, 커버리지 능률성의 값은 −80이 된다. 만일 250명의 대상이 프로그램에 필요한데 실제로 프로그램이 집행되었던 220명 가운데 200명만이 적절한 대상자였다면 커버리지 능률성의 값은 +70.9%가 된다. 이러한 커버리지 능률성의 값은 현재 진행중인 프로그램이 적절한 대상을 위하여 자원을 능률적으로 사용하고 있는가를 판단할 수 있는 자료를 제공해 주기 때문에 관리자는 이를 토대로 프로그램 대상자 선정의 적절성이나 프로그램대상의 확대 등에 대한 의사결정을 내릴 수 있다.

Ⅲ. 조직기능의 모니터링

만일 어떤 한 프로그램에서 프로그램과정이론이 충분히 발전되었다면, 그 이론은 주요 프로그램기능, 활동 및 주요 산출물들을 식별하고, 그들이 상호간에 어떻게 관련되어 있고, 조직의 구조, 요원들의 충원패턴, 프로그램의 자원 등과 어떻게 관련되어 있는가를 나타낼 것이다. 이러한 기술은 평가자들이 중요한 프로그램 기능들과 이것을 달성하는데 필요한 선행조건들을 식별 가능하도록 도와주는 지도(map)를 제공해 줄 것이다. 그러므로 프로그램 과정모니터링은 프로그램이 그의 주어진 의무들을 효과적으로 성취하는데 필수적인 활동들과 조건들을 식별하고 측정하는 일이 될 것이다. 이러한 일은 주로 서비스 전달이 실제로 일어나고 있느냐, 서비스 전달시스템이 어떠하냐, 그리고 프로그램 지원기능이 제대로 작동하고 있느냐 하는 것이 된다(Rossi, Lipsey and Freeman, 2004: 191).

1. 서비스전달

많은 프로그램들은 의도했던 임팩트를 가져오지 못하고 있는데, 그 이유는 프로그램이 프로그램 설계에 명시되어 있는 간여들(interventions)을 전달하는데 실패하고 있기 때문이다. 일반적으로 이것은 집행의 실패(implemenlation failure)로 알려져 있다.

서비스 전달의 모니터링은 집행의 실패를 막고 서비스 전달의 책무성을 높이기 위하여 정보를 산출하는데 그 목적이 있다. 서비스 전달의 모니터링을 이해하기 위해서는 먼저 전달체계(delivery system)에 대해서 이해해야 할 필요가 있다.

한 프로그램의 전달체계는 여러 개의 서로 분리된 구성요소들로 되어 있다. 그리고 이 전달체계는 어떤 프로그램을 제공하기 위한 통로(pathway)와 취해지는 행동의 조합으로 생각될 수 있다. 예를 들면 가정의에 의한 1차진료, 지역단위의 병원에 의한 2차진료, 그리고 종합병원에 의한 3차진료로 의료전달체계가 구성되어 있다면, 환자를 가정의에서 지역단위병원으로, 그리고 지역단위병원에서 종합병원으로 옮기는 루트(route)는 통로가 되고, 가정의, 지역단위병원, 종합병원 등에서 취하는 진찰과 치료는 의료행위 또는 활동이 된다. 그리고 의료전달체계는 이러한 통로와 의료행위의 조합으로 구성되게 된다. 프로그램의 서비스 전달체계는 이와 같은 개념으로 사용되는 것이다.

프로그램이 의도한 영향을 가져오지 못하고 실패하는 주요 원인은 프로그램에 명시된 방법대로 정부간여의 내용을 전달하는데 실패하였기 때문이다. 이러한 집행의 실패는 세 가지 유형으로 구분될 수 있는데, 이들 가운데 첫째는 간여(intervention)가 없었거나 충분한 양이 전달되지 못한 경우이고, 둘째는 프로그램에 명시된 것과 다른 간여가 전달된 경우이며, 셋째는 간여가 표준화되지 않았거나, 통제되지 않았거나, 또는 대상자들에 따라 그 처리가 서로 달랐던 경우이다.

(1) 프로그램이 없었거나 충분한 양이 전달되지 못한 경우

예컨대 각 구에 설치된 영세민을 위한 직업훈련 프로그램이 명목만 있고 실제로는 실시되지 않고 있거나, 또는 프로그램에 참여해야 할 대상자 가운데 극히 일부만이 참여하는 경우, 이것이 영세민을 위한 직업훈련 프로그램이 실패하는 요인이 될 수 있다. 때로는 서비스의 전달은 있었지만 서비스 전달의 체계가 처리를 희석시킴으로써 충분하지 못한 양의 서비스만이 대상집단에 도달하게 되는 수도 있다. 이러한 현상은 일선에서 서비스 전달을 담당하는 자들이 업무수행에 대한 열의가 없어서 최소한의 서비스만을 전달하거나, 마지 못해서 형식적인 순응만을 보이기 때문에 일어난다(McLaughlin, 1965; Rossi, 1978: 573~599).

(2) 프로그램에 명시된 것과 다른 간여가 제공되는 경우

이것은 두 가지 방법으로 일어나게 된다. 그 하나는 서비스를 전달하는 행태가 간여를 무효로 하는 경우를 들 수 있고, 둘째는 너무 과도하게 복잡미묘한 전달체계로부터 잘못된 처리가 오게 되는 경우를 들 수 있다. 첫 번째 경우의 예로서는 교도소에서 집단카운셀링의 효과를 검증하는 무작위실험에서 훈련되지 않거나 때로는 적대적인 경비원을 집단의 지도자로 함으로써 집단카운셀링의 효과가 크게 나타나지 못하는 경우를 들 수 있다. 두 번째의 예로서는 컴퓨터 도움을 받는 자율학습, 개인별 지도 등의 강의방법이 개발센터에서 주관하는 실험상황에서는 잘 되었는데 실제의 일상적인 학교시스템에서는 잘되지 않는 경우를 들 수 있다.

(3) 비표준화된 간여

프로그램 집행에 대한 자유재량이 전달체계에 남겨지게 됨으로써, 프로그램이 집행되는 현장에 따라 간여가 현저히 다양화될 수도 있는데 이에 따라 일어나게 되는 문제가 바로 비표준화된 간여에 의한 문제이다.

위에서 말한 어떤 이유로 적절한 양의 프로그램 산출물이 전달되지 못하고 있는지의 여부, 또는 전달된 간여가 프로그램이 전달하고자 하였던 것인지의 여부 등에 대해서 평가하는 것이 바로 집행과정의 모니터링이다. 집행의 실패를 가져오는 주요 요인들에 대한 평가는 전달체계의 각각의 통로와 각 통로의 활동들을 중심으로 하여 그러한 요인들이 일어나게 되었던 구체적인 원인들을 규명해 내는데 초점을 두어야 한다.

2. 전달체계

위에서 지적한 원인들을 검토함에 있어서는 전달체계에 대한 접근가능성과 서비스의 명세서를 분석에 포함시켜야 한다.

여기서 접근가능성(accessibility)이란 프로그램에 대한 참여를 촉진할 수 있도록 기회를 제공하고, 운용하는 방향으로 구조적 및 조직적 배열이 이루어진 정도를 말한다. 모든 프로그램들은 적절한 대상집단에 대한 서비스를 제공하기 위한 전략을 가질 필요가 있다.

이러한 접근가능성과 관련하여 일련의 평가에 대한 질문들이 제기될 수 있는데, 이들 가운데 어떤 것은 서비스의 전달에만 관련되어 있고, 어떤 것은 대상의 참여에 대한 이슈들과도 관련되어 있다. 이러한 질문들 가운데 중요한 것은 다음과 같다. 첫째, 설정된 접근방법에 대한 운용이 프로그램 설계와 일관성이 있는가? 둘째, 참여자들은 계획된 바대로 프로그램에 끝까지 남아 있는가? 셋째, 잠재적 대상자들이 적절한 서비스에 접근할 수 있는가? 넷째, 프로그램에 접근한 대상자들은 프로그램에 어느 정도 만족하고 있는가?

서비스에 대한 명세서에는 실제로 제공될 서비스를 운용상의 용어로 구체화하는 것이 매우 중요하다. 이때 수행하여야 할 첫 번째 과업은 각종의 서비스를 앞으로 취하게 될 활동의 용어 또는 여러 서비스의 제공자들에 의하여 이루어지고 있는 참여의 유형으로 정의하는 일이다. 서비스의 단위나 프로그램의 요소들은 시간, 비용, 절차 혹은 산출물 등으로 정의될 수도 있다.

이와 같은 프로그램 요소들이나 서비스 단위들에 대한 명세는 프로그램 관리에도 도움이 될 수 있다. 참여자들에게 전달된 서비스 단위의 실제적인 배분에 대한 모니터링은 프로그램 관리자들이 프로그램을 원래 의도한 것에 더욱 가깝게 유지되도록 하는데 도움을 줄 수 있다.

3. 프로그램 지원기능

의도된 프로그램서비스를 제공하는 것이 프로그램의 주된 기능이지만, 또한 모니터링해야 할 필수적인 요소의 하나는 프로그램 자체를 유지하고 서비스제공을 계속할 수 있도록 능력을 유지하는 일이다. 이들 기능들은 프로그램 관리자들의 관심사이지만, 평가자들과 외부의 의사결정자들도 모니터링해야 할 중요한 과제이다.

이들 지원기능 가운데 중요한 것으로는 잠재적인 프로그램 스폰서들(sponsors)과 의사결정자들의 프로그램에 대한 이미지를 높일 수 있도록 대민관계와 홍보, 프로그램 요원들의 훈련, 주요 요원들의 충원과 유지, 관련된 프로그램들과의 관계 유지, 서비스에 필요한 자료들의 획득 및 서비스를 받는 타깃집단들을 대신하여 창도(advocacy)하는 활동 등이다. 프로그램 과정모니터링은 이들 필수적인 지원기능과 관련된 지표들(indicators)을 모니터링 대상에 포함시키고, 모니터링하며, 수집된 정보를 의사결정자들에 전달하여 적시에 적절한 수정・보완조치를 취할 수 있도록 하여야 한다.

이 장의 요약

1. 정책평가의 패러다임은 검은상자 패러다임에서 투명상자 패러다임으로 전환하고 있다. 검은상자 패러다임에서는 평가자들은 프로그램이 전달되는 과정이나 고객에 영향을 미치는 여타의 요인들에 대해서는 이것을 검은 상자로 간주하고, 프로그램의 전반적인 산출결과를 측정한다. 이에 비해서 투명상자 패러다임에 의한 평가에서는 평가자는 프로그램의 집행과정이 산출결과에 어떠한 영향을 미치는가 하는데 대한 정보를 산출하고 프로그램 관리의 개선, 프로그램의 재설계 등에 활용하는데 중점을 둔다.

2. 집행평가는 법제화된 프로그램 그 자체, 즉 그의 운용, 활동, 기능, 성과, 구성요소, 자원 등을 평가하는데 평가의 초점을 둔다.

3. 집행평가는 프로그램이 모든 구성부분들을 갖추고 있으며, 프로그램의 모든 부분들이 제 기능들을 하고 있고, 프로그램이 운용되도록 설계된 대로 운용되고 있는지 여부 등을 찾아내야 하는 필요에 따라 수행된다. 집행의 평가는 프로그램에 실제로 무엇이 일어나고 있는지를 찾아내는데 초점을 둔다.

4. 프로그램 집행평가는 프로그램의 집행과정에서 제기되는 각종의 이슈들과 관련된 질문들에 대답할 수 있는 정보를 획득하여 관리자들에게 제공함으로써 프로그램이 의도한 목적을 달성하도록 하기 위하여 필요하다. 프로그램 수준에서 집행평가는 변화과정을 가이드하고, 집행된 프로그램과 의도한 효과들 간의 관계를 검토함으로써 산출결과들의 평가를 보완하며, 평가자가 의도한 프로그램 산출결과들을 산출해 내는데 어떤 것이 실제로 작동했고, 어떤 것이 작동하지 않았는지를 분명하게 이해할 수 있도록 하는데 필요하다.

5. 공공부문에서 성과를 비교하는 비교의 벤치마크를 설정하는 기본적인 방법은 ① 과거의 성과에 대한 현재의 성과의 비교, ② 표준 또는 설정된 타깃에 대한 실제성과의 비교, ③ 한 기관 또는 한 프로그램 내의 하위 단위들 간의 비

교, ④ 유사한 다른 기관이나 프로그램의 성과와 현재 프로그램을 운용하고 있는 기관 또는 운용중인 프로그램의 성과와의 비교 등이다.

6. 프로그램 과정모니터링은 하나의 사업이나 또는 몇 개의 사업의 운용과 관련된 사건들에 대한 구체적인 정보의 수집과 관리에의 활용으로 정의된다. 모니터링은 프로그램의 집행과정에 더 중점을 두느냐 산출결과에 더 중점을 두느냐에 따라 프로그램 집행의 모니터링과 산출결과의 모니터링으로 구분된다.

7. 프로그램 과정모니터링은 프로그램 감사로부터 시작되는 것이 보통이다. 프로그램 감사는 프로그램의 운영과 기능에 대한 기술, 프로그램 운영의 실제상태, 서비스의 제공자, 그리고 누가 서비스를 받고 있는가 하는 것들에 대해서 기술한다.

8. 프로그램 커버리지는 어떤 한 프로그램이 프로그램 설계에 명시된 것에 비해서 대상모집단의 참여가 실제로 얼마나 이루어지고 있느냐 하는 정도로 표시된다.
커버리지 분석의 이점은 이것이 가장 기본적인 집행에 대한 측정의 하나이며, 집행의 편의를 찾아내고, 산출결과 자료를 해석할 수 있도록 도와준다는 것이다. 커버리지 분석을 적절하게 수행할 수 있기 위해서는 프로그램의 기획단계에서 타깃모집단을 분명하게 식별하고, 참여자들의 특성을 정확하게 모니터링하여야 한다.

연/습/문/제

[5.1] 평가 패러다임으로서의 검은상자 패러다임과 투명상자 패러다임을 비교하여라. 이러한 패러다임들을 평가설계에 활용한다면 평가설계의 초점들을 어떻게 달라지겠는가?

[5.2] 교육정책분야 또는 사회복지정책분야의 프로그램을 선택하여, 집행평가 설계를 한다고 가정하고, 집행평가의 이슈들을 열거하여라.

[5.3] 지방정부의 정책을 하나 선택하여, 집행평가의 질문들을 프로그램 니즈와 실행가능성 평가, 프로그램의 계획과 설계, 프로그램의 전달, 프로그램의 개선 등 각 단계별로 열거하여라.

[5.4] 사회복지정책분야의 프로그램을 하나 선택하여 집행평가의 필요성을 논의하여라.

[5.5] 집행평가에서 판단의 기준을 설정하는 기본적인 접근방법을 제시하여라.

[5.6] 프로그램 과정모니터링의 의의를 논의하여라.

[5.7] 프로그램 책무성의 형태를 설명하여라.

[5.8] 커버리지 분석의 방법을 설명하여라.

[5.9] 사회복지정책분야의 정책을 선택하여 프로그램 커버리지 측정이 어떻게 이루어질 수 있는지를 보여라.

[5.10] 조직기능의 모니터링에 대하여 논의하여라.

제 6 장

성과의 모니터링과 산출결과의 모니터링

제1절 성과모니터링과 성과의 측정
제2절 성과측정지표의 발전과 성과 및 산출결과모니터링

장 | 머 | 리 | 에

성과의 모니터링은 프로그램이 프로그램의 목표를 향해 진전해 가는데 대한 주기적인 측정이다. 그러므로 프로그램의 성과모니터링을 이해하고 활용하기 위해서는 먼저 성과의 측정방법과 절차에 대해서 이해하고, 아울러 현재 관심을 가지고 있는 프로그램이 조직 또는 전체 시스템내의 다른 프로그램들과의 연계체제하에서 성과측정을 설계하고 집행하는데 대해서 이해하여야 한다.

본 장에서는 시스템 전체의 전략기획과 관련하여 성과측정기준을 이해하고, 개별프로그램의 성과측정을 설계하고 실행하며, 성과측정을 모니터링에 활용하는 방법, 프로그램 산출결과를 모니터링하는 방법들에 대해서 논의하고자 한다.

제1절 성과모니터링과 성과의 측정

Ⅰ. 성과모니터링과 성과측정의 의의

1. 성과모니터링의 의의

성과의 모니터링은 프로그램 목표를 향한 진전에 대한 주기적인 측정이다. 성과의 모니터링 시스템은 프로그램의 목표와 중요한 부수효과를 분명히 하고, 사전에 설정하거나 기대된 성과와 실제의 프로그램 성과를 비교한 현재의 정보를 제공하며, 프로그램 목표를 향한 진전을 이룩하기 위한 프로그램 활동에 초점을 둔다.[1)]

성과모니터링의 산출물은 사전에 설정되었거나 기대되었던 프로그램의 성과와 실제성과의 측정결과를 비교한 것이다. 관리자들은 이 모니터링에 의하여 산출된 정보들을 프로그램 목표의 유지 또는 변경, 프로그램 활동의 유지 또는 변경, 그리고 프로그램 성과에 대한 측정수단의 유지 또는 변경 등을 결정하는데 활용하게 된다.

프로그램 과정의 모니터링과 성과의 모니터링의 중요한 차이는 프로그램 과정의 모니터링이 투입과 활동의 기술에 더 중점을 두는데 비해서, 성과의 모니터링은 프로그램에 의하여 이루어진 산출결과(outcome)나 성과(performance)의 측정과 비교에 더 중점을 둔다는데 있다.

2. 성과모니터링과 관련된 주요개념들

성과의 모니터링에서는 여러 가지 생소한 용어들을 사용하고 있는데 그들의 의미는 다음과 같다.

---

1) 성과의 모니터링을 더 넓게 해석해서, 의도하지 않은 정책효과를 가져오지 않으면서 가장 비용-효과적인 방법으로, 의도한 결과와 편익을 가져오도록 공공서비스를 제공하도록 하는 것으로 정의하는 학자도 있는데 이에 대해서는 (Mayne and Zapico-Goñi, 1997: 3~29) 참조.

(1) 프로그램 성과(program performance)

프로그램이란 어떤 한 관리자나 관리자팀의 관할하에서 하나 또는 그 이상의 공통적인 목적을 달성하기 위하여 투입한 자원, 노력 및 산출결과의 세트(set)를 지칭한다. 이러한 프로그램의 성과는 이 프로그램에 실제로 투입된 자원, 실제로 취해진 프로그램활동, 그리고 이러한 프로그램 활동들의 산출과 영향들을 포함한다. 특히 프로그램의 성과를 나타내는 산출 및 산출결과와 영향들은 프로그램 목적을 위한 진전과 프로그램의 바람직한 부수효과 및 바람직하지 않은 부수효과까지도 아울러 포함한다.

(2) 프로그램 성과지표(program performance indicators)

프로그램 성과지표는 프로그램의 성과의 결과를 사정하기 위하여 사용될 질적 및 계량적인 증거의 유형을 구체화한 것이다. 프로그램 성과지표는 프로그램의 생산성에 대한 지표, 효과성에 대한 지표, 비용효과에 대한 지표, 감응성(responsiveness)에 대한 지표 등을 포함하며, 때로는 프로그램의 중요한 부수효과를 나타내는 지표를 포함하기도 한다.

(3) 합의된 성과지표

프로그램을 관할하고 있는 관리자와 정책결정자가 프로그램 성과의 결과들을 사정하기 위하여 사용하기로 동의한 성과지표 또는 성과지표의 세트(set)를 말한다.

(4) 프로그램 성과 타깃(targets)

프로그램성과 타깃은 합의된 프로그램 성과지표로 표현된 기대되거나 개선된 프로그램 성과의 수준을 말한다. 그런데 만일 프로그램 목표나 성과의 타깃이 성취가능한 것이라면 이 프로그램 목표나 성과의 타깃은 현실적인 것이라 할 수 있고, 만일에 그렇지 않다면 비현실적인 것이라 할 수 있다.

사전에 합의된, 그리고 결과지향적인 프로그램 목표와 질적 또는 계량적 성과측정수단에 대한 틀(framework)이 형성되고 나면, 성과모니터링은 합의된 목표와 성과측정의 방법에 의하여 프로그램 성과를 측정하고, 이 측정된 결과들을 이전의 성과나 기대되거나 표준화된 성과와 비교하며, 부수효과를 추정하여 이러한 정보들을 프로그램 관리자와 정책결정자에게 제공한다. 관리자와 정책결정자들은 성과모니터링에 의하여 산출된 이러한 정보들을 프로그램 활동들이나 목표들을 유지 또는 변경하는데 활용할 수 있다.

3. 중요성

비록 성과의 모니터링이 평가자들이나 정책분석가들에 의하여 무시되어 온 것이 사실이나, 이것은 지금까지 정부에서 가장 널리 활용해 왔고 또 가장 실행 가능성이 높은 평가의 옵션이 되어 왔다.

만일 정책결정자나 프로그램의 관리자가 프로그램이 구체적으로 명시된 목표를 향해서 진전해 나가는데 책무감을 느끼고 적절한 측정수단을 설정한다면, 모니터링 시스템은 프로그램 성과에 대한 시의적절한 보고서를 제출해 줄 수 있을 것이다. 프로그램 성과에 대한 모니터링 시스템을 가짐으로써 정책결정자와 관리자들은 성과의 기준을 설정할 수 있고, 프로그램 성과를 이러한 기준에 맞추거나 또는 초과하도록 할 수 있는 여러 가지 대체적 방법들을 테스트할 수 있으며, 또한 프로그램의 성과를 개선하고 향상시킬 수 있는 가능성과 그 비용 등을 문서화할 수 있고, 예산의 편성에 활용할 수 있는 입장에 설 수도 있게 된다.

또 어떤 경우에는 성과의 모니터링은 정책결정자나 관리자들로 하여금 평가에 익숙하게 함으로써 차후에 진실험적 방법이나 준실험적 방법과 같은 좀 더 강도 높은 평가를 해볼 수 있도록 하는 기초를 다져주기도 한다.

Ⅱ. 성과측정의 의의와 활용

1. 성과측정의 의의

성과의 모니터링은 성과측정에 기초를 둔다. 그러므로 성과의 모니터링을 이해하려면 먼저 성과의 측정에 대해서 이해하여야 한다.

성과가 무엇이고, 성과측정(performance measurement: PM)이 무엇을 의미하느냐 하는 데 대해서는 사람마다 서로 다른 견해를 가지고 있다. 이러한 의미에 대한 차이는 관리자의 기능과 전문가로서의 교육적 배경, 그리고 조직이 속하고 있는 경제부문이 민간부문이냐 정부부문이냐 하는 차이에 기인한다. 먼저 성과가 무엇이냐 하는 것은 영리조직, 비영리조직 및 공공조직에 따라서 복잡하고 논쟁의 여지가 있는 용어이다. 그러나 PM은 공공부문조직, 비영리조직 및 기업경영조직들에 모두 적합한 것이다.

성과측정을 위해서는 성과측정지표(performance measure)가 필요하다. 성과측정지표는 공공프로그램이나 기관의 성과를 계량하기 위한 여러 측면에 대한 지표이다. 성과측정(performance measurement)은 선택된 성과지표들을 사용하여 프로그램의 진행과 성취를 정의하고, 관찰하며, 보고하고, 활동하는 과정이다(Poister, 2003: 3~4; McLaughlin, 2005: 7). 정부내에서 성과의 측정은 "임무와 바람직한 산출결과들(outcomes)을 정의하고, 성과의 표준들을 설정하며, 성과와 예산을 연결 지우고, 산출결과를 보고하며, 그 결과에 대해서 관리자들에게 책임을 지도록 하는 과정"으로서 특징지을 수 있다(Vinelli, 2000: 5). OECD에서는 개혁수단으로서의 정부업무의 성과측정의 의의를 다음과 같이 나열함으로써 위의 특징들을 뒷받침하고 있다. 즉, 성과의 측정은 첫째 경제성, 생산성, 실효성, 서비스의 질을 향상시키고, 둘째 고위관리자, 의회, 감사기관의 통제를 증대시키며, 셋째 정확하고 계량화된 성과정보를 예산과정에 반영시킬 수 있도록 하고, 넷째 공무원들에게 성과향상의 인센티브를 부여할 수 있다는 것이다(OECD, 1996). 비록 정부의 프로그램들이 성취한 것을 측정하려는 노력은 1930년대 Herbert Simon에 의한 지방정부의 활동에 대한 측정으로까지 거슬러 올라갈 수도 있다. 그러나 그 아이디어는 1980년대 영국에서 주요 공공부문의 구조개혁의 핵심적 수단으로서의 성과지표를 활용한 것과(Carter, 1991: 85~124) 1990년대 미국에서 정부성과 및 결과법(Government Performance and Result Act: GPRA)에 의한 정부업무의 전략적 추진과 관리책임을 확보하기 위하여 활용한 것을 계기로 지속적인 개혁을 추진하고, 성과를 확보하기 위하여 활용한 것을 계기로 각국 정부에 의하여 급속히 채택되어 가고 있는 추세에 있다.

민간부문에서 성과는 주로 이익을 의미한다. 물론 민간기업 경영에서도 종업원들의 복지향상, 자연환경의 보존, 회사가 입지하고 있는 지역의 발전 등과 같이 회사에 대한 이해관계자들(stakeholders)의 이익증진이라는 목적도 있겠지만,

성과측정의 주된 방법은 회계수단들(accounting tools)의 활용을 통해서 이루어지고 있다.

그러나 이러한 재무적 사정(financial assessment)이 성과의 모든 차원들을 포착하지는 못한다. 특히 공공부문조직과 비영리조직에서 이러한 성격이 강하다. 비영리조직과 공공조직의 경우, 기관에 의하여 창출되는 가치는 기관에 의하여 추구되고 있는 임무(mission)와 관련된 가치들이 대부분이다(Brinckerhoff, 1994: 10~24).

더욱이 이들 기관들과 관련된 주된 가치들은 재무적 성과보다는 임무와 관련되어 있다. 재무적 성과는 매우 중요한 것이기는 하지만, 비영리조직과 공공부문 조직의 경우에는 이들 조직에 부여된 고유의 임무를 수행하는 것이 조직이 존재하는 주된 이유(main raison d'etre)이다. 특히 정부조직의 경우 법으로 요구된 위임사항(mandate)이 가장 중요한 조직의 존재이유이다. 그러므로 공공조직의 성과측정은 추구되고 있는 프로그램의 목적달성이라는 관점에서 이루어져야 한다.

2. 성과측정의 필요성과 이점

(1) 성과측정의 필요성과 목적

성과측정이 왜 필요한가 하는 것을 Osborne과 Gaebler는 "측정되는 것이 실행된다"는 말로 표현하고 있다(Osborne and Gaebler, 1992: 146). 바꾸어 말하면 성과측정은 사람들의 행태와 의사결정에 영향을 미치기 때문에 필요한 것이다. Hatry는 "사람들이 이기고 있는지, 지고 있는지를 말할 수 없다면 사람들은 점수(score)를 유지할 수 없다"고 하여 좋은 점수를 유지하기 위해서 측정이 필요함을 역설하고 있다(Hatry, 1978: 28~33).

만일 사람들이 측정하지 않는다면, 사람들은 실패와 성공을 구분할 수 없게 된다. 그리고 성공하는 것을 알지 못한다면, 그것을 보상할 수도 없다. 성과가 좋은 사람에게 인사상의 이익을 준다든지, 성과가 좋은 프로그램이나 조직에 예산상의 우대를 해 줄 수도 없을 것이다.

또한 실패하고 있는 것을 알지 못한다면, 그것을 고칠 수 있는 기회조차 갖지 못하게 된다. 성공하고 있는지 실패하고 있는지를 알 수 있기 위해서 성과측정이 필요하다. 조직이 프로그램의 목적과 목표를 설정하고, 이들 목적을 달성하기 위하여 프로그램 활동들을 기획하고, 이 프로그램들에 자원을 배분하며, 이들이 설정된 목적을 목표들을 달성할 수 있는 방향으로 어떤 진전이 이루어지고 있는지 여부를 결정하며, 이에 따라 성과를 향상시킬 수 있도록 프로그램 계획들을 수정하기 위하여 성과의 측정이 필요한 것이다(Hatry, Fountain Jr. and Sullivan, 1990: v).

성과측정의 필요성과 성과측정의 목적은 밀접하게 관련되어 있다. 예컨대 지방정부의 성과측정의 활용목적을 보면, 성과측정의 필요성과 목적간의 상호관계를 이해할 수 있다. 지방자치정부에 의한 비교성과자료들의 활용목적은 ① 좋은 성과를 분간해 내고 개선해야 할 영역을 식별해 내며, ② 성과가 더 높은 관할영역에 대한 지표 값을 상대적으로 그보다 성과가 낮은 관할영역이 얼마나 개선해야할 것인가 하는 타깃으로 삼기 위하여, ③ 관할영역내의 하위 단위들간의 성과를 비교하기 위하여, ④ 지방정부 부문의 외부에 있는 이해관계자들(예컨대 시민들이나 비즈니스 집단들)에게 정보를 제공하기 위하여, 그리고 ⑤ 해당되는 각 지역들간에 미래의 산출결과들(outcomes)을 향상시킬 수 있도록 협조를 공고히 하기 위하여 사용하는 데 있다(Kopczynaski and Limbrando, 1999: 124~134).

위의 예에서 보는 바와 같이 성과측정의 목적은 다양하지만 성과측정의 목적들은 ① 평가, ② 통제, ③ 예산, ④ 학습, ⑤ 개선, ⑥ 동기부여, ⑦ 진흥(promote) 및 ⑧ 축하(celebrate) 등에 사용하기 위한 것이다. 이들 여덟 가지 성과측정의 목적과 이들 각기 다른 성과측정의 목적에 따른 구체적인 성과측정의 질문, 이들 목적들의 달성을 도울 수 있는 성과측정방법의 성격들은 각기 다를 수 있다.

(2) 성과측정의 이점

성과측정은 성과측정의 필요성에서 부분적으로 설명했지만, 이러한 필요성의 충족에서 오는 이점 이외에도 조직(또는 프로그램)의 임무(mission)와 전략에 좀 더 분명하게 초점을 맞출 수 있고, 관리와 의사결정을 개선할 수 있으며, 성과를 향상시킬 수 있고, 책무성을 높일 수 있다는 것 등의 이점을 가지고 있다.

3. 성과측정의 유형과 활용

(1) 성과측정의 유형

성과측정의 유형은 프로그램 논리모형의 구성요소들과 관련시켜보면 이해가 용이해진다. 다음 <표 6-1>은 프로그램 논리모형의 구성요소들과 관련된 성과측정의 유형들이다.

<표 6-1>에 나타난 프로그램 논리모형의 구성요소별 성과측정 유형은 각 구성요소들이 모두 성과측정 기준이 될 수 있음을 보여주고 있다. 그러나 사회에서 더 많이 활용되고 있는 성과측정의 유형은 프로그램 논리모형의 구성요소들 간의 관계에 의하여 새로 조합된 측정수단들이다.

표 6-1 프로그램 구성요소별 성과측정 유형

카테고리	정 리	예
자원/투입	조직에 의하여 소비된 자원	자금의 양, 요원의 수, 원자재, 장비, 소모품(등)
활동	핵심적인 생산품과 서비스들을 직접적으로 산출하기 위하여 수행된 일	계획에 따라 제공되는 금연교육
산출물	프로그램활동의 직접적인 결과로서 제공된 서비스와 생산물(products)	금연교육 수료생수, 개발된 순응 워크북(compliance workbook)의 수
도달된 고객	산출물을 받은 타깃모집단의 측정지수(measure)	훈련받은 타깃모집단의 %, 기술적 지원을 받은 타깃모집단의 수
고객만족	산출물에 대한 만족의 측정지수	훈련에 불만족한 타깃모집단의 %
산출결과	프로그램목표의 달성; 프로그램 산출물에 대한 특성(attribute)	금연자수, 감소된 오염물질의 무게(pounds)

<표 6-1>의 프로그램 구성요소별 성과측정과 관련된 성과측정지표들은 서비스의 질, 능률성(efficiency), 효과성(effectiveness), 생산성(productivity), 비용효과성(cost-effectiveness) 등이다. 여기서 능률성은 투입된 양에 대한 산출물의 양의 비율로 정의되며, 생산성은 투입된 자원의 특정단위당 생산물(production)의 비율(rate)을 측정하는 기준이다. 예로서 장비의 생산성, 노동 생산성등을 들 수 있다. 비용효과성은 비용에 대한 산출결과의 비율을 나타낸다.

다음 <표 6-2>는 제3장의 [그림 3-5]에 예시된 10대모 출산교육 프로그램 논리모형을 토대로 작성한 프로그램 구성요소별 성과측정지표를 예시한 것이다.

표 6-2 프로그램 구성요소별 성과측정지표의 예

카테고리	정 리
산출(outputs)	• 운영된 출산교육 학급수 • 운영된 유아케어(infant care) 학급의 수 • 출산교육 학급에서의 강의시간 • 유아케어 학급에서 강의한 시간 수 • 출산교육 학급을 이수한 참여자 수 • 유아케어 학급을 이수한 참여자 수 • 십대 임신부에 제공된 상담시간 • 유아모(mothers of infants)를 위해 제공된 상담시간
운영효율	• 이수된 코스당 비용(cost per course completed) • 매 강의시간당 비용 • 매 십대 임신부당 프로그램을 이수하는 데 드는 비용 • 매 상담(counseling)시간당 비용
노동생산성	• 투자된 요원시간당(per staff hour invested) 프로그램을 이수한 십대 임신부의 수
서비스의 질	• 참여자에 의한 코스(course)의 평가등급
효과성	• 태아케어(prenatal care)와 유아케어: 유아의 수유(feeding)·유아와의 상호작용 등에 관한 테스트 점수 • 매일 최소한 네 개의 칼슘서빙(four calcium serving)과 다른 영양 음식물 그룹(other nutritional food groups)중 각 한 개의 서빙(one serving of each)을 섭취하는 참여자의 백분비(percentage) • 흡연을 하지 않는 참여자들의 백분비 • 매일 출산모용 비타민을 복용하는 참여자의 백분비 • 출산기의 체중증가(prenatal weight gain)가 적정 범위 내에 속하는 참여자의 백분비 • 몸무게가 최소한 5.5파운드 이상되고, 에프가 스케일(Apgar scale)상에서 7점 또는 그 이상되는 신생아의 백분비 • 적정한 12개월 이정표(milestone)를 달성한 것으로 평가되는 교육참여자들의(attentees) 유아들의 백분비
비용-효과	• 적정한 12개월 이정표를 달성한 건강한 유아당 비용
소비자만족	• 유아가 탄생한 후 프로그램에 만족한다고 보고한 프로그램 이수자의 백분비

자료: (Poister, 2003: 55).

(2) 성과측정정보의 활용

성과측정정보는 결과지향적 관리과정에서 활용될 수 있는 여러 가지 유용한 정보들을 제공해 주는데, 그들 가운데 중요한 것들을 다음과 같다.

① 성과를 평가할 수 있는 편의없는(unbiased) 방법의 제공
② 활동을 지원하기 위한 자원할당의 사정
③ 프로그램의 우선순위 설정(평가없이는 수행하기 어려움)
④ 프로그램과 프로젝트의 목적들이 달성되었는지 여부에 대한 사정
⑤ 정책이나 프로젝트 의사결정에 필요한 정보의 제공
⑥ 이해관계자들과 일반국민들에게 프로그램 관리를 잘하고 있다는 것과 투자에 대한 수익성이 있다는 가치평가제공(demonstration) 등.
⑦ 새로운 프로그램이나 프로젝트의 접근방법을 채택하거나 작업 프로세스(work process)들의 변화
⑧ 조직 내외의 다른 프로그램들과 현재 관심의 대상인 프로젝트나 프로그램들의 조정
⑨ 기존 성과목적들이나 목표들을 수정하거나 새로 설정
⑩ 평가를 수행하는데 필요한 정보의 제공 등.

관리과정에서 성과측정 정보를 활용하는 대상분야들은 다양하지만, 중요한 대상들을 예시하면 전략기획, 프로그램 질의 향상, 예산편성, 계약관리, 프로그램관리, 성과관리, 프로그램평가, 벤치마킹(benchmarking), 모니터링과 보고 등이다.

(3) 성과측정의 잠재적 문제점

성과측정은 많은 이점과 활용성을 가지고 있으나 동시에 여러 가지 한계와 문제점들도 아울러 가지고 있으므로 성과측정을 활용할 때에는 유의하여야 한다. 성과측정의 한계와 잠재적 문제점들을 들어보면 다음과 같다.

- 정밀한 평가자료가 아니라 기술적(descriptive) 자료를 제공한다.
- 바람직하지 않은 행태를 고취할 수도 있다.
- 남용될 가능성도 있다.

• 준비와 실행하는데 너무 많은 시간과 노력이 소요될 수 있다.
• 자동적으로 활용되지 않고, 무시될 가능성도 있다.

Ⅲ. 성과측정과 전략계획간의 관계

1. 전략계획의 핵심적 구성요소

성과의 모니터링은 프로그램이 프로그램의 목표를 향해 전진해 가는데 대한 주기적인 측정이기 때문에 프로그램의 목표와 밀접히 관련되어 있다. 그리고 프로그램은 조직이 추진하는 조직전체의 전략계획의 일부이며, 프로그램의 목표는 정책목적 및 목표들과 통합되고 조화를 이루고 있기 때문에 성과측정은 전략계획의 실행과 계획목표 달성의 측정들과 연관되어 있다. 그러므로 성과측정은 조직의 전략계획의 맥락에서 이해되고 활용되어야 한다.

전략계획의 구성요소는 조직의 임무(mission), 조직의 성공비전(success vision), 전략적 목적(strategic goals), 목표(objectives) 및 수단과 활동 등이다 (Bryson, 1995; Nutt and Backoff, 1992). 조직의 임무가 가장 상위에 있고, 차례로 내려와서 수단과 활동이 가장 아래에 위치하는 것으로 생각해 볼 수 있다.

전략계획은 일반적으로 임무(mission), 성공비전, 목적, 목표, 역할과 책임들 (responsibilities), 행동의 스케줄(timeliness) 등을 결정하는 것으로 정의되기도 하고, 또 간단히 비전과 전략을 결정하는 것이라고 정의하기도 한다. 여기서 사용하고 있는 용어들의 개념들 간에는 [그림 6-1]과 같은 관계를 가진 것으로 이해할 수 있다.

[그림 6-1]에서 조직의 임무, 성공비전(성공했을때 도달될 상태), 전략적 목적들을 통틀어서 일반적으로 비전이라고 부르고, 목표들과 수단 및 활동들을 통틀어서 전략이라고 부르기도 한다.[2] 조직의 비전은 조직이 앞으로 무엇을 하겠다는 것, 즉 어떤 상태에 도달하겠다는 것을 나타내고, 전략은 그것을 어떻게 이룩하겠다는 것, 즉 어떻게 거기에 도달하겠다는 것을 나타낸다.

목적과 목표의 구분도 중요하다. 일반적으로 목적(goals)이 일반적이고 장기

2) 조직에 따라서는 목표들을 전략이라고 부르기도 한다.

그림 6-1 전략계획의 구성요소

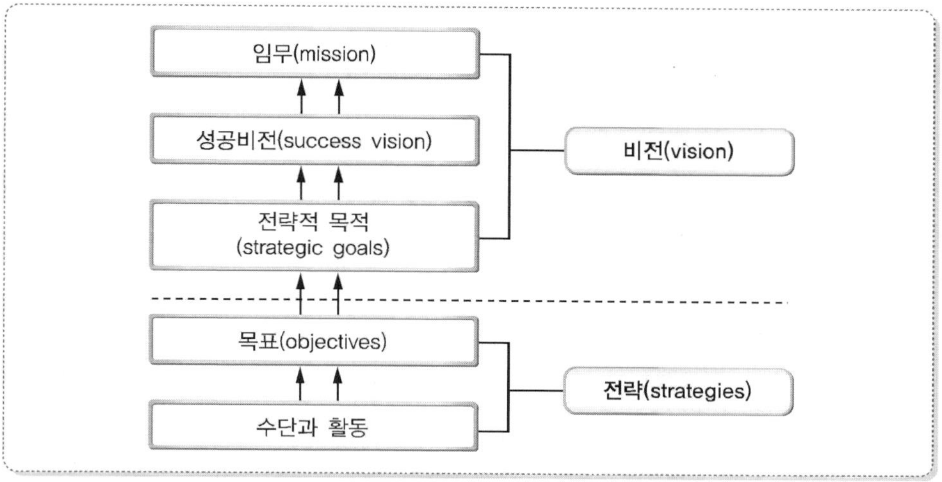

적인 전략의 주요방향을 정의하는 것이라고 한다면, 목표들은 좀 더 구체적이고 측정 가능한 타깃들(targets)이다. 한편 목표를 구성하는 타깃들은 실제성과를 비교할 최종상태를 기술해 주며, 수단과 활동들은 무엇을 사용하여 그러한 목표들을 달성하겠는가 하는 것을 나타낸다.

2. 성과측정 과정에서 전략계획과 다른 활동들간의 관계

성과측정 과정에 있어서 전략계획과 다른 활동들간의 관계를 이해하기 위하여 성과측정 과정모형(performance Measurement Process Model)을 보면 다음 [그림 6-2]와 같다(Artley, Ellison and Kennedy, 2001: IV).

[그림 6-2]에서 보면, 전략계획을 기초로 다년도 목적설정과 자원계획을 세우고, 이 다년도 목적설정을 토대로 연도별 성과계획을 작성하며, 다시 이 연도별 성과계획에 의거해서 목적과 성과측정방법을 결정한다. 성과의 측정은 이렇게 설정된 성과에 대한 책무성의 성취정도를 검토하기 위하여 이루어지는 것이다.

그림 6-2 성과측정과정모형

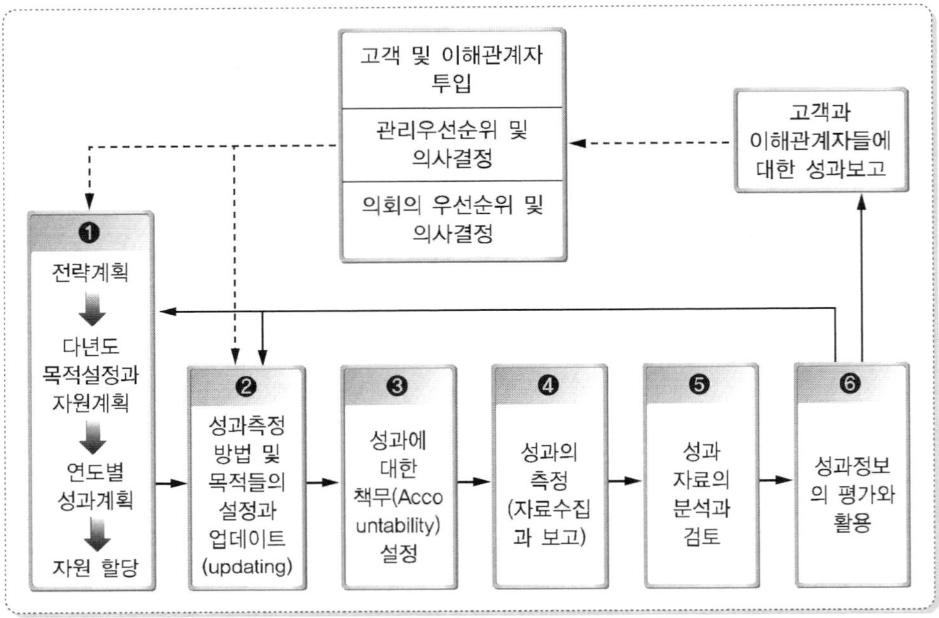

3. 성과측정과 스마트(SMART) 목표

우리는 위에서 전략계획과 성과측정간의 관계를 고찰하였다. 실제 성과측정은 프로그램과 프로젝트 수준에서 이루어진다. 프로그램 목표가 성과측정과 모니터링에 활용되기 위해서는 어떤 주어진 기간 동안에 달성될 이정표(milestone)를 구체화 하여야 한다. 그러나 현실적으로 목표에 대한 기술은 지나치게 일반적(general)이고, 모호하며 시간상으로 특정시점을 정하지 않은(openended) 형태를 취하고 있다. 이와 같이 잘 짜여지지 않은 목표에 대한 기술은 관리자들이 특정한 목표들을 달성하고자 하는 강한 의지(commitment)를 가지고 있다는 메시지를 전달하기 어렵다. 이러한 목적에 대한 기술은 성과를 평가할 유의미한 측정기준들을 정의하는 데에 지침을 제공해 주지도 못한다. 진정으로 유용한 프로그램 목표들은 SMART라는 대표용어를 사용하므로써 개발될 수 있다(Poister, 2003: 63; Broom, Harris, and Marshall, 1998). 즉 프로그램목표는 성취되어야 할 결과라는 관점에서 구체적이어야 하며(specific), 측정가능하고(measurable), 야심적(ambitious)이지만 현실적(realistic)이고, 그리고 시간이 명시되어야(time-bound) 한다. 프로그램목표가 SMART 목표일 때, 그 목표는 성과측정과 성과모니터링에 유용하게 활용될 수 있다.

4. 조직단위의 성과측정과 균형성과카드(BSC)

우리는 정책이나 프로그램 단위의 성과측정과 성과의 모니터링을 기술하였다. 그러나 조직을 하나의 성과단위로 보고, 성과를 측정하고 관리하는 방법과 전략에 대해서 이해하는 것도 매우 중요하다. 균형성과카드(Balanced score card: BSC)는 조직을 성과의 단위로 보고, 성과를 측정하고 관리하는 중요한 기법이다.

기존기업의 전통적인 성과측정방법이 과거의 재무적 성과만을 중요시한데 비해, 균형성과카드(BSC)는 기업의 재무・고객・내부프로세스・학습과 혁신 등 네 가지 관점의 균형적 결합을 통해 균형있게 성과를 측정하고 관리하는 접근방법이다. 이 접근방법은 민간부문에 처음 도입되었으나 공공부문에도 그 활용이 확산되어가는 추세에 있다(Kaplan and Norton, 1996: 75~85; Olve, Roy and Wetter, 1999; 윤수재, 2005: 331~353).

균형성과카드(BSC)는 다음과 같이 이해할 수 있다.

- 비전과 임무(mission)를 측정가능한 단계들(steps)로 전환시켜주는 도구(tool)이다.
- 전략의 집행을 관리하기 위한 틀(framework)이다.
- 전략과 경영(operations)을 연계시켜 주는 접근방법이다.
- 핵심적인 성공요인들이 모니터링되고 평가될 수 있도록 해주는 시스템이다.

균형성과카드 접근방법은 조직을 하나의 유기적인 시스템으로 본다는 것이 특징이다. 따라서 하위부서, 기관 등의 하위시스템을 포함하며, 이러한 하위시스템을 유기적인 상호연계성을 강조하는 조직전체적인 시각에서 성과를 관리한다는 것이 특징이다. 비전과 전략을 집행하기 위한 도구로서 균형성과카드 접근방법의 개념을 그림으로 나타내면 [그림 6-3]과 같다.

그림 6-3 비전과 전략을 집행하기 위한 도구로서의 균형성과카드 접근방법

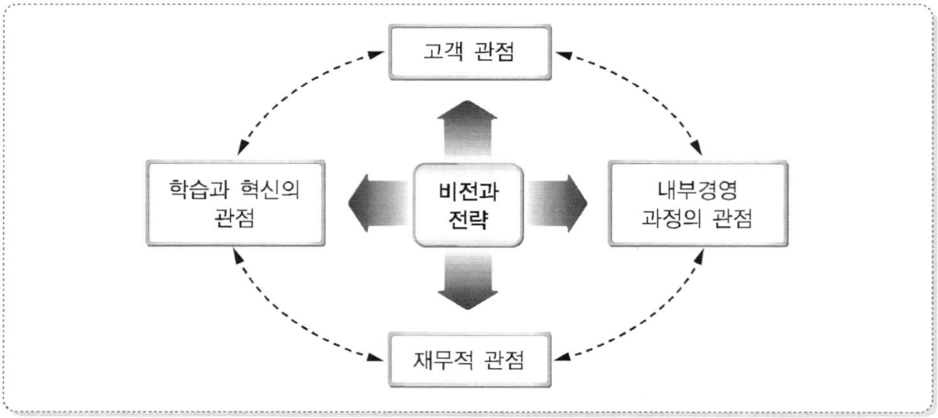

균형성과카드 접근방법이 필요한 이유는 (1) 성과측정지표(performance measures)가 전략과 액션(action)의 갭(gap)을 연결해 줄 수 있고, (2) 성과측정지표가 전략의 집행에 영향을 미치는 전체적인 이슈들을 고려할 수 있도록 하며, (3) 성과측정지표들이 재무적지표들과 아울러 비재무적지표들을 포함하여야 하

그림 6-4 균형성과카드의 기본적 모형

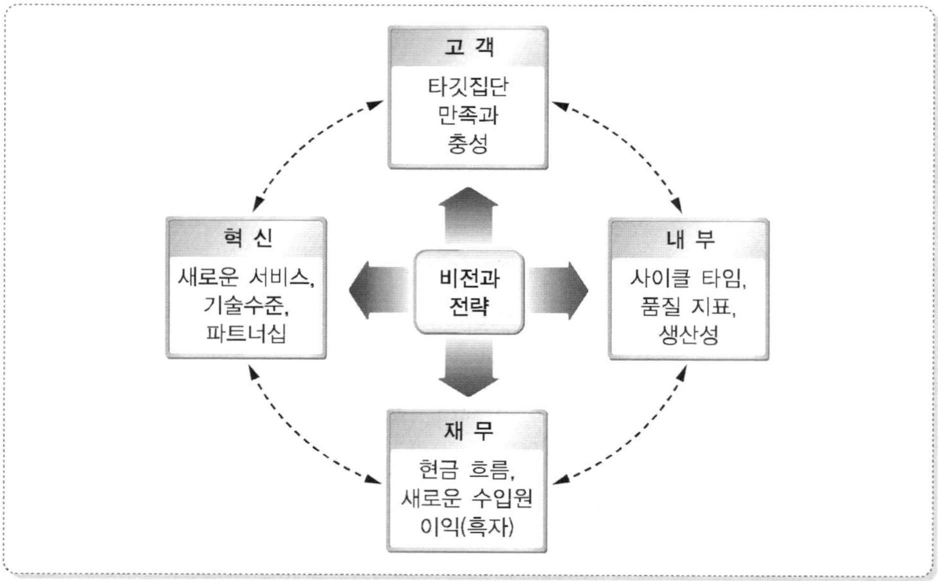

기 때문이다.

균형성과카드(BSC) 접근방법에 대한 예를 그림으로 나타내면 [그림 6-4]와 같다.

[그림 6-4]에서 사각형 내에 있는 것들은 각 관점들, 예컨대 고객관점, 내부경영관점, 재무적관점 및 혁신의 관점에서 본 목표들이다. [그림 6-4]에 있는 가상적인 균형성과카드의 기본모형의 목표들을 측정하는 성과지표들(performance measures)과 타깃으로 전환시킨 것을 가상적으로 나타내면 <표 6-3>과 같다.

표 6-3 자원봉사조직의 균형성과카드에서 가상적인 목표, 측정지표 및 타깃의 예

관점	목표	측정지표	타깃
고객	고객의 충성심의 증대	전체 고객 중 다른고객에 의하여 추천된 고객의 %	+7%
내부경영과정	서비스파트너의 확보	전체 고객 중 파트너에 의해서 서비스가 제공된 고객의 %	+15%
혁신과 학습	기술(skill)갭의 축소	컴퓨터 기술을 업그레이드한 요원의 %	+80%
재무	정부지원의 축소	서비스에 대한 요금으로부터의 수입 %	+15%

제 2 절 성과측정지표의 발전과 성과 및 산출결과 모니터링

Ⅰ. 성과측정지표의 발전

1. 성과측정계획의 발전

일반적으로 프로그램 성과측정의 틀(performance measurement framework)은 프로그램평가의 틀과 유사하다. 첫 번째 단계에서는 이해관계자들을 식별하고, 성과측정계획을 발전시킨다. 두 번째 단계에서는 프로그램을 기술한다. 세 번째 단계에서는 성과측정질문들을 발전시킨다. 네 번째 단계에서는 성과특정지표를

개발하고, 기준선들(baselines)을 발전시킨다. 다섯 번째 단계에서는 자료를 수집한다. 여섯 번째 단계에서는 수집된 자료들을 분석하고 정보들을 해석한다. 일곱 번째 단계에서는 보고서를 발전시킨다. 이러한 성과측정의 단계들은 대부분 프로그램평가의 단계와 일치한다. 우리는 이미 제3장에서 프로그램 논리모형(program logic model)이나 프로그램이론(program theory)을 이용하여 프로그램을 기술하는 절차와 방법들에 대하여 설명하였고, 제4장에서는 평가질문들을 발전시키는 절차와 방법들에 대하여 기술하였다. 이러한 프로그램에 대한 기술과 평가질문 및 성과측정질문들의 발전을 토대로 다음에는 성과측정지표들(performance measures)을 발전시키는 절차와 방법들을 살펴보고자 한다.

성과측정계획을 발전시키기 위해서는 먼저 성과측정과 이해관계를 가진 이해관계자들(stakeholders)과 성과측정팀의 구성요원들을 식별해야 한다. 여기서 성과측정과 관련된 이해관계자와 성과측정팀의 구성원은 ① 성과측정치표들을 설계하고, 집행하며, 보고하는데 책임이 있는 개인들, ② 프로그램 및 프로젝트에 대해서 깊은 지식을 가지고 있는 요원들, 및 ③ 프로그램 및 프로젝트의 시행 및 그 임팩트에 대해서 기득의 이해관계를 가진 개인들이다.

성과측정계획에 포함되어야 할 주요 구성요소들은 다음과 같다.

- 프로그램 및 프로젝트의 주요임무(mission)
- 제1차적인 성과정보의 청취자(audience)
- 범위(이것은 프로그램에 대한 기술과 논리모형으로 나타낼 수 있음)
- 맥락(조직, 관리, 및 정치적인 맥락)
- 프로그램 요원, 참여자 및 핵심적인 이해관계자들의 역할과 기대
- 성과측정 질문들
- 자료의 수집과 분석
- 보고 및 관련된 피드백 루프(feedback loop)
- 요원, 예산 등을 포함한 자원들
- 성과측정의 스케줄 등.

성과측정계획을 발전시킬 때에는 성과측정시스템이 많은 시간과 노력을 필요로 한다는 것을 이해하여야 한다(Poister, 2003: 15~21). 시간, 노력 및 비용들은 성과측정시스템의 설계 초기에는 과소추정되는 경향을 보이고 있다. 그러므로

성과측정시스템을 설계하고 집행할 때에는 시간, 노력 및 비용들의 추정에 좀 더 현실성이 있어야 한다. 여기서 말하는 성과측정시스템은 성과측정지표들을 개발하고, 자료들을 수집・분석하는 모든 일을 하는 시스템이다. 그러므로 성과측정시스템을 설계하는 단계에서는 성과측정시스템을 개발하고, 지원하고, 유지하는데 소요될 것으로 예상되는 전체비용들을 분명하게 이해하고, 그것을 생산될 정보와 관련해서 합리적으로 유지하여야 한다.

2. 성과측정지표 발전단계

프로그램 논리모형을 이용하여 프로그램을 기술하고, 프로그램 논리모형의 각 구성요소들과 관련된 성과측정질문들이 식별되고 나면, 다음단계는 이러한 성과측정질문들을 성과측정지표로 발전시키는 단계이다.[3)]

프로그램 성과측정지표의 발전은 지표들(measures)의 식별과 정의, 지표들의 평가와 사정(evaluate and assess) 및 가장 중요한 지표의 선택 등의 단계를 거쳐서 이루어진다(McLaughlin, 2005: 66~80).

(1) 지표의 식별과 정의

측정지표의 식별과 정의는 다음과 같은 단계들을 거친다.

① 성과지표를 식별하고 정의하기 위해서는 먼저 성과측정을 하고자 하는 프로그램에 대해서 법, 시행령, 전략계획, 법원의 명령 등에 구체화된 현존하는 요구사항들을 리뷰(review)하여야 한다. ② 이 리뷰과정에서는 현재 관심을 가지고 있는 프로그램이나 프로젝트가 그의 목적과 목표들을 달성하고 있는지를 평가하기 위하여 어떤 정보가 필요한지를 자문해야 한다. ③ 다음에는 프로그램 논리모형을 검토한다. 이때는 성과의 전체의 스펙트럼(spectrum)에 걸쳐서 활동, 산출물 및 산출결과들을 검토한다. 그리고 자원, 산출물, 산출결과, 고객만족 등 추적하고자 하는 측정지표의 유형을 식별해낸다. ④ 그 외에 다른 성과측정 또는 평가보고서들과 과학적 문헌들을 검토한다. ⑤ 현재 관심을 가지고 있는 프로그램을 추적하기에 가장 적합한 계측도구를 찾아낼 수 있도록 잠재적인 측정

3) 프로그램 논리모형을 이용하여 프로그램을 기술하고, 성과측정을 위한 질문들을 개발하는 과정에 대해서는 제3장 및 제4장 참조.

지표들(measures)의 리스트를 만들어낸다. ⑥ 측정지표를 개발하는 팀의 구성원들이 모여서 프로그램에 긍정적으로 또는 부정적으로 영향을 미칠 가능성이 있는 맥락적 요인들(contextual factors)에 대하여 논의하고, 프로그램에 영향을 미치는데 대한 증거(evidence)를 수집할 수 있으면서, 프로그램에 가장 영향을 미칠 것으로 간주되는 측정지표들을 창출해낸다.

이러한 단계들을 거쳐서 창출해낸 측정지표의 분석에 활용될 수 있는 자료의 유형들은 투입자원을 나타낼 수 있는 숫자(raw numbers), 평균, 백분비(percentage), 비율(ratio), 감소 또는 증가율(rate)등 다양하다.

(2) 측정지표들에 대한 평가

개발된 측정지표들은 자료의 질, 자료의 수집, 분석 및 보고 등의 관점에서 그 가능성이 평가되고 사정되어야 한다. 여기서 자료의 질이란 수집될 자료의 신뢰성, 타당성 및 객관성 등을 말한다. 또한 각 측정지표들은 자료의 이용가능성, 자료수집의 빈도, 자료의 계속적인 수집가능성, 전반적인 집행비용(implementation cost) 등의 기준에 의하여 평가되어야 한다.

측정지표들을 분석의 관점에서 평가한다는 것은 시간과 프로그램의 집행에 따라 측정지표가 변화할 것인지를 검토하는 것을 의미한다. 또한 프로그램집행에 책임이 있는 관리자들이 이 측정지표에 대해서 직접 또는 거의 직접적인 통제력을 가지고 있는지, 아니면 외부요인들에 의하여 큰 영향을 받는지를 검토함을 의미한다.

측정지표들을 보고의 관점에서 평가한다는 것은 각 측정지표들에 대한 앞으로의 보고 양식(reporting format)을 식별하고 분석하는 것을 말한다. 이 분석과정에서는 ① 이 측정지표가 얼마나 빈번하게 보고될 것인지를 식별하고, ② 전시양식(display format)을 식별(예: 차트(chart), 표, 도표, 텍스트(text) 등)하며, ③ 이 보고양식이 의도한 청취자(audience)에게 의미가 있을 것인지 여부를 검토하여야 한다.

(3) 가장 중요한 측정지표의 선택

개발된 측정지표를 선택하기 위해서는 프로그램의 목적 및 목표들과 관련된 기준들, 즉 필요성(required), 중요성 및 관심도(interesting) 등의 기준에 비추어 그 가치를 사정해야 한다. 이러한 사정을 통하여 선택된 성과측정지표들의 리스트를 관리자들 및 이해관계자들과 함께 최종적으로 검토한다.

이 과정에서는 다음과 같은 질문들을 하고 여기에 대하여 대답한다면 측정지표를 선택하는데 도움을 얻을 수 있다.

- 이들 측정지표들은 프로그램목적 및 목표들과 명확한 관련성을 가지고 있는가?
- 이들 측정지표들은 관리자들 및 이해관계자들에게 중요한가?
- 각 측정지표들에 사용할 정밀하고 신뢰할 수 있는 자료들을 수집할 수 있는가?
- 측정지표들은 전체적으로 프로그램의 결과, 활동 및 서비스들을 정확하게 반영하고 있는가?
- 각 프로그램 목적 및 목표들에 대하여 하나 이상의 측정지표들이 존재하는가?
- 현재 검토하고 있는 측정지표들은 기본적으로 산출결과 측정지표인가, 능률성 측정지표인가, 또는 질을 측정하는 측정지표인가?

이러한 질문들에 답하고, 긍정적으로 대답할 가능성이 높을수록(맨 마지막 질문 제외) 유용한 성과지표라고 할 수 있을 것이다.

3. 성과측정 정보의 계서

우리는 성과측정지표들이 프로그램 논리모형의 각 구성요소들과 밀접하게 관련되어 있다는 것을 알고 있다. 그러므로 성과측정으로 산출된 정보나 자료들도 프로그램 논리모형의 각 구성요소들과 밀접히 관련되어 있다. 프로그램 논리모형의 구성요소들을 하나의 계층구조로 파악한다면, 마찬가지로 성과측정 정보들도 이와 매치된 하나의 계층구조로 파악할 수 있다(McLaughlin, 2005: 82). 이것을 그림으로 나타내면 [그림 6-5]와 같다.

[그림 6-5]에서 볼 때 성과측정자료의 계서(hierarchy of performance measurement data)에서 아래로 내려갈수록(번호가 낮을수록) 프로그램 관리자가 직접적으로 영향을 미칠 수 있고 통제가능한 영역의 자료들의 성격이 강하다는

그림 6-5 성과측정 정보의 계서

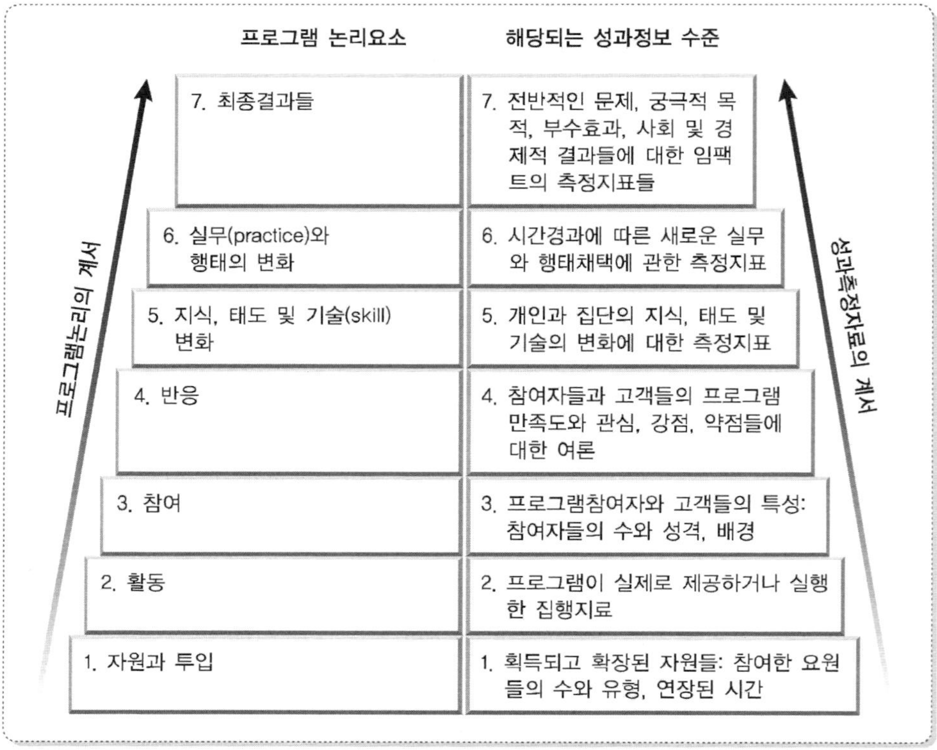

것을 알 수 있다.

Ⅱ. 성과모니터링 절차

성과측정을 위한 지표의 발전은 성과모니터링 절차의 한 단계이다. 프로그램이 설정한 목적과 목표를 달성해 나가고 있는지를 모니터링하기 위해서는 기준선(baseline)을 설정하고, 자료의 소스를 설치하며, 자료를 수집하고 분석하며, 분석하여 산출한 정보를 해석하고, 그에 따라 적정한 의사결정을 내려야 한다(Wholey, 1983: 155~158).

여기에서는 이들 단계들 가운데 기준선의 설정, 자료의 수집과 분석에 대해서 개괄적으로 살펴보고자 한다.

1. 기준선의 설정

(1) 기준선 설정의 필요성

기준선을 설정하는 이유는 현재의 성과수준을 설정함으로써 여기에 비추어 미래의 성과를 비교평가하기 위한 것이다.

프로그램의 어느 측면이 기준선으로 설정되어야 하느냐 하는 것은 시간의 경과에 따라 프로그램에 의하여 무엇이 변화되었다고 프로그램 관리자들이 주장하기를 원하느냐 하는데 따라 달라질 수 있다. 일반적으로 산출결과(즉 단기적 산출결과, 중간 산출결과 및 장기적 산출결과 등), 고객의 만족도 등의 측면이 기준선으로 설정되는 경향이 높다. 왜냐하면 이것이 프로그램을 도입하고 집행하는 이유이기 때문이다. 그러나 새로운 프로그램들에 대해서는 자원, 활동 및 산출물들의 측면이 기준선으로 설정될 수 있다.

(2) 기준선의 발전

기준선을 발전시키는 첫단계는 선택된 지표가 기준선의 상태들(baseline conditions)과 미래의 변화들을 적절하게 나타낼 수 있는 것인지 여부를 분석하고 검증하여야 한다. 그리고 프로그램이나 프로젝트의 정의와 범위를 고려하여 애매모호한 점들을 분명하게 하여야 한다.

기준선을 설정함에 있어서는 적절한 시간프레임(time frame)을 선택하는 것이 바람직하다. 일반적으로 프로그램을 실시하기 전의 일정 시점이 기준선으로 설정될 수 있다.

2. 자료소스의 설치

유용한 성과모니터링이 되기 위한 핵심적 열쇠는 평가자와 장차의 활용자 사이에 평가되어야 할 사건, 모니터링에 사용될 측정방법, 그리고 이에 의하여 산출될 정보의 활용 등에 관하여 합의가 이루어지는 일이라 하겠다(Horst, and Nay *et al.*, 1974: 302~303; Schmidt and Waller, 1976). 그렇기 때문에 많은 중요한 프로그램에 있어서 평가성 사정이나 빠른 피드백 평가와 같은 예비적 평가가 필요하게 된다. 이것은 이미 앞에서도 설명한 바와 같이 장차의 활용자로 하여금 현실적이고 측정가능한 목표를 설정하도록 하고, 프로그램 성과의 가능한 측정지표와 프로그램 성과 정보의 활용방법 등을 사전에 설정하도록 하기 위한 것이다. 이러한 사전조건들이 만족되고 나면 프로그램 성과의 모니터링을 위한 자료의 소스를 설치할 수 있게 된다.

사회적 프로그램 성과의 모니터링은 앞에서 기술한 바와 같이 프로그램 기록, 중앙정부나 지방정부의 기타 관련된 기록문서, 프로그램 집행현장의 답사 또는 프로그램 집행요원, 프로그램에 의하여 서비스를 받고 있는 사람 또는 프로그램 운용이나 결과에 대해서 잘 알고 있다고 생각되는 사람 등에 대한 직접적인 조사 등으로부터 획득된 자료에 의존하게 된다. 만일 평가자들이 투입이나 과정에 관한 자료 이상의 것을 제공받고자 하는 경우에는 프로그램을 담당하고 있는 기관의 기록이나 프로그램의 기록에만 의존해서는 안되며, 프로그램 운용이나 그 결과에 대해서 잘 알고 있으리라고 생각되는 사람들에 대한 조사를 통하여 정보를 얻도록 노력하여야 한다.

3. 프로그램 성과에 관한 자료의 수집

프로그램 결과에 대한 측정방법과 자료에 접근하는 방법에 대하여 합의가 이루어지고 나면 자료의 수집은 비교적 명료하게 이루어질 수 있다.

자료의 수집은 설정된 자료의 소스에 따라 해당되는 기관이나 프로그램의 기록을 검토하거나, 전화에 의한 조사, 현장답사 또는 표본조사 등을 통하여 이루어지게 된다.

전화에 의한 조사는 프로그램에 관여했던 사람들의 태도, 의견 및 경험 등에 관한 적절한 자료들을 비교적 적은 비용으로 빠른 속도로 수집할 수 있게 해준다. 따라서 조사의 시간이 촉박한 경우에는 전화에 의한 조사도 시도해 볼 수 있다. 경영에 있어서 시장조사, 선거시의 여론조사, 실업과 같은 사회지표조사 등에는 전화에 의한 조사가 널리 이용되고 있으나 아직까지 프로그램 성과의 모니터링을 위한 자료의 수집에는 그다지 널리 이용되고 있지는 않다.

현장답사는 전통적인 모니터링 기법이라 할 수 있다. 현장답사 보고서는 프로그램 운영에 관한 실태를 생생하게 전할 수 있고, 관리자와 정책결정자가 가장 안심하고 이용할 수 있는 여러가지의 질적인 자료들도 제공해 줄 수 있다. 현장답사는 프로그램 성과에 대한 타당성 있는 자료와 좀 더 바람직한 성과를 올리는데 장애가 되는 문제점들을 밝혀주는 것 이외에도 새로운 성과측정지표들을 시험해 볼 수 있는 기회도 아울러 제공해 준다.

그러나 프로그램 성과와 결과를 사정할 수단으로서의 1회의 현장답사 방법은 다음과 같은 여러가지의 문제점들도 아울러 가지고 있다는 점을 유의하여야 한다. 즉 ① 과정을 지나치게 강조하고 프로그램의 결과를 너무 경시하는 경향을 가지고 있다. ② 현장답사자에 따라 그들이 수집한 자료들이 각기 다를 수 있고, 자료에 대한 그들의 주관적인 해석이 각기 달라질 수 있어 측정의 신뢰성이 낮다. ③ 현장답사장소의 수가 제한되어 있어서 전체 프로그램에 대한 일반화가 어렵다. ④ 바쁜 일정에 쫓겨서 현장답사보고서를 완성하기 어렵다. ⑤ 현장조사로부터 배웠던 것에 대해서 정확하게 전달하기가 어렵다.

그러나 위에서 논의한 결점들은 다행히 현장답사 방법의 개선에 의하여 보완될 수 있는 것들이다. 예컨대 현장답사시에 과정에 대한 자료뿐 아니라 단기적인 결과에 관한 자료들도 아울러 수집하도록 한다든지, 많은 장소에서 발견된 사실들을 크로스 체크(cross-ckecking)하도록 한다든지, 보고서를 일정한 기한 내에 쓰도록 제한한다든지, 20여 페이지의 짤막한 보고서를 작성토록 하는 방법 등을 사용함으로써 위에서 지적하였던 여러가지 문제점들을 해결하거나 보완할 수 있다.

자료수집과 관련하여 또 한 가지 주의하여야 할 점은 성과모니터링을 위해서는 자료를 분기별, 6개월, 또는 1년 단위 등으로 반복적이며 계속적으로 수집하여야 한다는 점이다. 이러한 경우 1회의 평가연구와는 대조적으로 성과의 모니터링은 자료수집 시스템을 수정하여 좀 더 완벽한 것이 될 수 있도록 하는 기회를 제공해 준다는 이점을 가지고 있다.

자료의 수집기간을 절감하기 위하여 표본조사를 실시하게 되는 경우도 있는데 이때 주로 이용되는 표본추출의 방법으로는 무작위표본추출, 층화표본추출, 군집표본추출 및 목적적 표본추출(purposeful sampling) 등을 들 수 있다.

4. 분석 및 해석, 보고와 의사결정

의미있는 성과모니터링을 하기 위해서는 수집된 원자료들(raw data)이 계산되고 해석되어야 한다.

먼저 자료의 분석은 해석의 가능성을 높이기 위하여 비교과정을 포함한다. 이때 비교는 ① 시간경과에 따른 추세(trends), ② 타깃에 비추어본 실제성과, ③ 기준선에 대한 변화(증가 또는 감소), ④ 내외부조직단위들에 대한 비교, 즉 내부적 벤치마킹(internal benchmarking)에 대한 변이(variation), 외부적 벤치마킹에 대한 변이 등을 중심으로 이루어진다.

자료의 분석과정에서는 기술통계학(descriptive statistics) 방법들이 널리 이용된다. 그들 가운데 전형적인 것들을 들어보면 빈도분포(frequency distribution), 점유비율(portion)과 백분비(percentages), 중앙경향지표(산술평균, 중위수 및 최빈수), 변이지표(variability measures)(범위, 표준편차, 분산) 등을 들 수 있다.

분석가는 이러한 분석결과들을 해석하고 보고 한다. 그리고 프로그램관리자는 보고된 결과를 평가, 통제, 예산배정, 학습, 개선, 동기부여, 진흥 등에 대한 의사결정을 내리는데 활용할 수 있다(Behn, 2000: 2~14).

5. 성과모니터링의 주요문제점들

성과모니터링의 주된 목적은 정부 프로그램을 효과적으로 집행하도록 하자는데 있다. 그리고 성과모니터링의 직접적인 목적은 프로그램의 활동이나 목표들을 유지할 것이냐 변경시킬 것이냐 하는 결정에 성과모니터링의 정보를 활용하자는 것이다. 이러한 목적을 달성하기 위한 성과의 모니터링 과정에서 당면하게 되는 문제점들 가운데 두가지 주요 문제점들은 다음과 같다.

(1) 자료의 소스를 설치하고, 성과자료를 수집하는 것과 관련된 문제

프로그램 성과의 모니터링에서 가장 주요한 문제는 프로그램 성과에 관한 타당성이 높은 자료를 수집하는 문제이다.

대부분의 경우 프로그램 성과의 자료들은 프로그램 운용요원들을 통해서 얻게 된다. 그러나 프로그램 성과에 대한 책무성을 강조하면 할수록, 프로그램 운용요원들은 그들의 운용실적이나 성과를 과대하게 보고하는 경향이 강하기 때문에, 타당성과 신뢰성이 높은 정확한 자료를 얻는데 한계가 있기 마련이다. 그러므로 이러한 경우에는 여러 가지의 다른 자료수집방법들, 예컨대 현장의 방문,

서비스 수혜자들에 대한 표본조사 등이 보완적으로 병행되어야 할 것이다.

(2) 실제 프로그램 성과와 사전에 설정되거나 기대된 성과간의 비교와 관련된 문제

합리적인 성과의 표준(기대된 성과의 수준들)을 설정하는 것이 현실적으로는 어려운 경우가 대부분이다. 왜냐하면 이는 프로그램 산출물에 영향을 미칠 수 있는 요소들이 매우 다양하기 때문이다. 그리고 실제로 성과의 표준들이 설정되는 것을 보면, 부당하게 높거나 또는 부당하게 낮게 책정되는 경우가 많고, 이에 따라 그 후의 평가는 편의(bias)를 가져오는 것을 피하기 어렵게 되는 것이다.

때로는 프로그램 성과의 표준을 설정하는 것보다 모니터링되어야 할 사건들에 대한 합의를 보는 것이 훨씬 더 중요한 경우도 있다. 이러한 경우 관리자는 초기에는 기대되는 성과의 수준들을 설정하는 것을 생략하고 프로그램 성과를 측정할 수 있는 가장 중요하다고 생각되는 측정수단들을 설정하며, 이들 측정수단에 의하여 자료들을 수집할 수 있다. 그리고 얼마간의 자료가 축적된 후에, 관리자들은 미래의 프로그램 성과에 대한 합리적인 표준들을 설정할 수도 있을 것이다.

Ⅲ. 산출결과의 모니터링

1. 산출결과 모니터링의 의의

산출결과 모니터링(outcome monitoring)은 프로그램에 대한 이해관계자들이 프로그램의 결과들(results)을 이해하고 판단하도록 하기 위하여 사용할 수 있도록 프로그램의 결과를 주기적으로 보고하는 활동이다(Affholter, 1994: 96~118).

산출결과에 대한 모니터링은, 프로그램의 산출결과들(outcomes)이 타당성과 신뢰성이 높고, 정확하게 측정되었다고 한다면, 이러한 프로그램의 산출결과들로부터 평가자나 프로그램 관리자들이 학습할 수 있는(leaning) 접근방법이다. 산출결과 모니터링의 목적은 프로그램이 변화시키고자 의도했던 사회적 조건들(social conditions)의 상태를 측정지표를 사용하여 계속적으로 측정하고 보고하기 위한 것이다(Rossi, Lipsey and Freeman, 2004: 222~225).

예컨대 금연프로그램에 참여했던 사람들에게 6개월이 지난 후부터 일정한 기간마다 현재 담배를 피우고 있는지 또는 금연하고 있는지를 계속적으로 추적 조사하고 보고하는 활동이 산출결과의 모니터링이다.

산출결과 모니터링의 구체적인 목적들은 다음과 같다.

- 성과문제를 조기에 발견하여 수정하고, 성과를 개선할 기회를 탐지한다.
- 성과개선에 대한 광범위한 의지(commitment)를 동원한다.
- 여타의 조직의 지원 자원들(support resources)을 좀 더 효율적으로 활용한다.
- 조직의 프로그램 수행능력에 대한 신뢰를 획득한다.

산출결과를 모니터링하기 위해서는 프로그램의 중요한 산출결과들을 계속적으로 측정할 자료들을 수집가능하여야 하고, 프로그램의 효과성(effectiveness)을 잘 반영할 수 있는 지표들을 식별할 수 있어야 한다.

2. 산출결과의 측정과 프로그램의 효과

산출결과에 대한 모니터링은 두가지 측정의 과제를 가지고 있다. 하나는 프로그램집행의 대상모집단에 일어난 변화 또는 프로그램이 변화시키려고 기대했던 사회조건들(social conditions)의 변화정도를 측정해 내는 것이고, 다른 하나는 이러한 사회변화들 가운데 프로그램이 기여한 효과부분을 식별해 내는 것이다. 왜냐하면 대상모집단이나 사회조건의 변화는 프로그램의 영향에 의해서 일어나는 변화 이외에도 다른 여러 가지 요인들(허위변수와 혼란변수들)의 영향에 의하여 일어난 변화도 포함하고 있기 때문이다. 우리는 다음에 진실험적 방법에 의한 정책영향의 평가, 준실험적 방법에 의한 정책영향의 평가 및 비실험적 방법에 의한 정책영향의 평가에서 대상모집단이나 사회조건의 변화에 영향을 미치는 이들 프로그램 이외의 영향들을 통제(control)하고, 프로그램의 영향을 식별해내는 접근방법들에 대해서 설명하고 있다. 그러므로 여기에서는 프로그램효과의 기본개념에 대해서 살펴보고, 이러한 개념이 산출결과의 모니터링에 어떻게 활용될 수 있는지에 대해서 살펴보고자 한다.

이미 프로그램 논리모형을 기술하는 과정에서 설명한 바와 같이, 산출결과(outcome)는 대상모집단이나 사회조건들에 관한 관찰된 특성들(characteristics)

이며, 프로그램의 특성이 아니라는 것이다. 금연프로그램에서 최초의 산출결과는 흡연이 해롭다는데 대한 지식이나 금연하는 기술을 습득하는 것이고, 중간산출결과는 프로그램의 목표인 금연프로그램에 참여한 사람들이 일정한 기간이 경과한(예: 6개월) 후에 금연한 사람의 비율이며, 장기적 산출결과는 금연에 따라 본인과 가족들의 건강이 향상된 것이다. 이와 같이 프로그램 대상 집단에 일어난 변화가 산출결과이다.

산출결과에 대해서 이해하여야 할 다른 중요한 것은 프로그램 타깃모집단이나 사회조건들이 항상 반드시 변화한다든지, 긍정적인 방향으로 변화하는 것만은 아니라는 것이다. 어떤 경우에는 전혀 변화가 일어나지 않을 수도 있고, 어떤 경우에는 부정적인 방향으로 변화가 일어날 수도 있다. 십대청소년들에 대한 금연프로그램을 집행해도 금연하는 청소년의 비율은 줄어들지 않거나, 오히려 그 이전보다 흡연하는 청소년의 비율이 늘어날 수도 있고, 흡연하는 십대청소년들의 연령이 낮아질 수도 있는 것이다.

프로그램의 효과에 대한 개념을 이해하기 위해서는 산출결과의 수준(outcome level), 산출결과의 변화(outcome change) 및 프로그램 효과간의 관계를 이해하는 것이 중요하다(Rossi, Lipsey and Freeman, 2004: 206~208). 이들 세 가지 개념들간의 관계를 그림으로 나타낸 것이 [그림 6-6]이다.

그림 6-6 산출결과수준, 산출결과변화 및 프로그램효과간의 관계

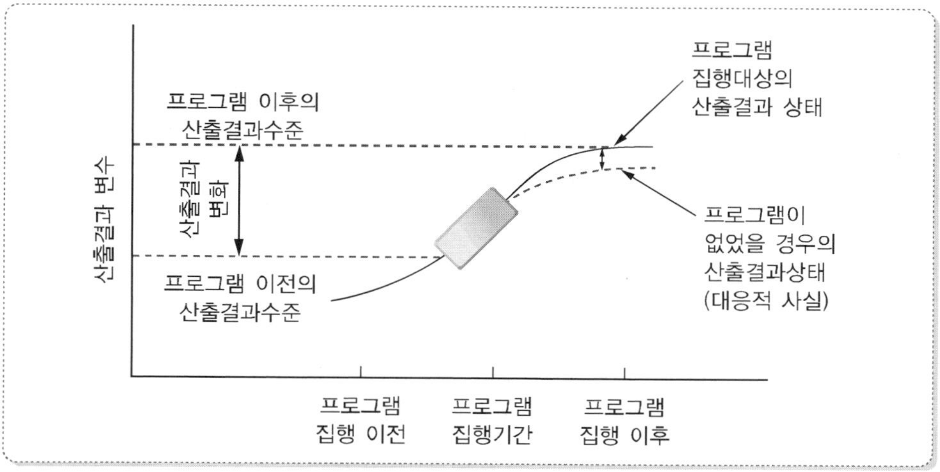

먼저 산출결과 수준은 어떤 일정시점에서의 산출결과의 상태(status of an outcome)이다. 어떤 일정시점에서의 십대청소년들의 흡연상태가 그 예이다. [그림 6-6]에서 프로그램을 집행하기 이전과 프로그램을 집행한 이후의 산출결과의 상태가 바로 산출결과의 수준이다. 한편 산출결과의 변화(outcome change)는 두 산출결과 수준들간의 차이이다. 예컨대 금연프로그램을 집행하기 이전의 청소년들의 흡연자의 비율과 집행 이후의 청소년들의 흡연자의 비율의 차이가 산출결과의 변화를 나타낸다. 끝으로 프로그램 효과는 일정시점에서의 프로그램 집행대상의 산출결과 변수로 측정된 산출결과의 상태와 프로그램이 없었을 경우에 도달되었을 산출결과의 상태(대응적 사실 또는 기준선)간의 차이로 정의된다. [그림 6-6]에서는 프로그램을 집행한 이후의 일정시점에서의 프로그램 집행대상의 산출결과 상태를 나타내는 실선과 프로그램이 없었을 경우의 산출결과상태를 나타내는 점선간의 차이가 프로그램 효과이다.

프로그램에 적절한 산출결과들은 프로그램과 관련된 이해관계자들의 시각(perspectives), 프로그램 임팩트 이론(program impact theory), 선행연구결과 등을 조사하고 분석함으로써 식별해 낼 수 있다.

3. 산출결과 모니터링을 위한 지표

산출결과를 모니터링하기 위해서는 산출결과와 산출결과의 변화를 나타내고 측정할 산출결과 변수들을 식별하고, 이것을 토대로 지표들(indicators)을 작성하여야 한다. 여기서 산출결과 변수란 프로그램의 활동에 의하여 영향을 받을 사회적 조건들이나 타깃모집단의 측정가능한 특성(measurable characteristics)을 말한다. 십대청소년들의 흡연양이 그 예이다. 그리고 지표는 흡연양의 정도를 측정하기 위한 측정수단이나 측정기준으로 십대청소년들의 흡연비율을 예로 들 수 있다.

산출결과 모니터링을 위하여 사용되는 지표들은 가능한한 프로그램효과를 잘 반영하는 것이어야 한다. 즉 사회에서 사용하는 일반적인 지표보다 프로그램에 참여한 대상의 변화를 제대로 반영할 수 있는 것이어야 한다. 프로그램 대상집단의 변화를 적절하게 반영하는 지표를 선택하고, 이것을 이용하여 프로그램의 산출결과들의 변화를 계속하여 측정하고 보고할 수 있을 때, 프로그램에 대한 자금의 공여자들과 관리자들은 프로그램의 효과를 올바로 이해할 수 있게 되고, 프로그램의 산출결과가 어떤 변화를 하면 프로그램과 프로그램집행의 맥락변수들이 이러한 변화에 어떠한 작용을 하는지에 대하여 분석함으로써 프로그램의 재설계와 관리개선을 위한 적절한 조치들을 취해 나갈 수 있게 될 것이다.

이 장의 요약

1. 프로그램 모니터링은 프로그램목표를 향해 진전해 가는데 대한 주기적인 측정과 보고이다.

2. 프로그램 성과의 모니터링은 자료소스의 설치, 프로그램 성과에 대한 자료의 수집, 사전에 설정하였거나 기대되었던 성과와의 비교, 의도된 활용자를 위한 프로그램 성과정보와 활용자의 반응 등 네 단계의 과정을 거쳐서 이루어지게 된다.

3. 성과를 측정하기 위해서는 성과측정지표가 필요하다. 성과지표는 공공프로그램이나 기관의 성과를 계량하기 위한 여러측면에 대한 지표이다. 성과측정은 선택된 성과지표들을 사용하여 프로그램의 진행과 성취를 정의하고, 관찰하며, 보고하고 활용하는 과정이다.

4. 성과측정은 사람들의 행태와 의사결정에 영향을 미치기 위하여 필요하다. 만일 측정하지 않는다면, 사람들은 실패와 성공을 구분할 수 없게 된다. 그리고 성공하는 것을 알지 못한다면, 그것을 보상할 수도 없다. 또한 실패하고 있는 것을 알지 못한다면, 그것을 고칠 기회를 갖지 못하게 된다. 성공하고 있는지 실패하고 있는지를 알 수 있기 위해서는 성과측정이 필요하다.

5. 성과측정지표를 프로그램 논리모형의 각 구성요소들과 관련하여 작성한다면 이해하기 용이하고, 어떠한 용도로 사용할 수 있는가를 판단하는데 도움이 된

다. 프로그램 구성요소별 성과측정과 관련된 성과측정지표들은 투입자원의 양, 서비스의 질, 능률성, 효과성, 생산성, 비용효과성 등이다.

6. 성과측정과 성과측정결과의 활용은 전략계획, 다년도 목적설정과 자원계획, 연도별성과계획, 자원배분등과 연계시키면 그 효용성이 높아진다.

7. 성과측정계획 발전의 단계는 ① 이해관계자들의 식별과 성과측정계획의 발전, ② 프로그램에 대한 기술, ③ 성과측정질문의 발전, ④ 성과측정지표의 개발과 기준선의 발전, ⑤ 자료의 수집, ⑥ 분석과 해석, ⑦ 보고 등이다.

8. 산출결과의 모니터링은 프로그램이 변화시키고자 의도했던 사회적 조건들의 상태를 측정지표를 사용하여 계속적으로 측정하고 보고하는 활동이다.

9. 산출결과의 수준은 어떤 일정시점에서의 산출결과의 상태이다. 그리고 산출결과의 변화는 두 산출결과 수준들 간의 차이이다. 프로그램효과는 일정시점에서의 프로그램 집행대상의 산출결과의 상태와 프로그램이 없었을 경우 산출결과의 상태(대응적사실 또는 기준선)간의 차이이다.

연/습/문/제

[6.1] 프로그램 집행의 모니터링, 프로그램성과의 모니터링 및 산출결과의 모니터링 간의 차이에 대해서 설명하여라.

[6.2] 효과적인 프로그램 모니터링의 조건은 무엇인가?

[6.3] 사회프로그램 성과모니터링의 절차를 우리나라의 사회프로그램 하나를 예로 들어 구체적으로 설명하여라.

[6.4] 전략계획과 성과측정 및 성과모니터링간의 관계를 설명하여라.

[6.5] SMART 목표는 왜 성과모니터링에 유용한가?

[6.6] 조직단위의 성과측정에서 균형성과카드(BSC)의 활용성을 설명하여라.

[6.7] 성과측정계획의 발전단계를 사회프로그램 하나를 예로 들어 설명하여라.

[6.8] 성과측정지표의 발전단계를 설명하여라.

[6.9] 성과모니터링 과정에서 기준선의 설정이 왜 필요한지에 대하여 설명하여라.

[6.10] 산출결과 모니터링의 의미와 중요성을 설명하여라.

제 7 장

정책영향평가에 있어서의 인과적 추론과 타당성

장 | 머 | 리 | 에

어떤 행태는 그것이 어떤 목적을 추구하고 있을 때, 그리고 실제의 성과와 그 성과에 대한 기대간의 갭을 좁히고자 하는 시도가 과거와 현재의 기대에 어긋났던 오류의 크기, 성격 및 성향 등에 그 기초를 둘 때 목적지향적(pur- poseful)이라 할 수 있다.

목적지향적인 행태의 네 가지 필수적인 구성요소들은 성과에 대한 기대, 성과의 측정, 비교, 비교결과들에 대한 반응 등이다.

성과에 대한 기대는 소망하고 있는 성과들이 비교될 수 있는 표준들이 된다. 이 표준들은 절대적인 표준들일 수도 있고, 다른 조직의 성과 또는 동일조직의 과거의 성과에 비추어 본 상대적인 표준들일 수도 있다. 성과의 측정은 이미 앞에서 설정했던 것과 동일한 술어(term)로서 실제 노력의 결과들을 신뢰성 있게 결정할 수 있는 측정시스템에 의한 측정을 말한다.

한편 비교는 실제 성과가 표준으로 설정된 기대에 얼마나 어긋나는가 하는 오류를 결정하기 위하여 성과의 측정결과들을 표준치들(기대치들)에 비교하는 것이다. 끝으로 비교결과들에 대한 반응은 바람직한 활동들을 창출하고 일정기간 동안 그의 접근방법, 노력 및 기법들을 변경시키고자 하는 조직노력이다. 비교에 의하여 발견된 오류에 기초를 둔 변경은 실제의 성과와 기대되는 성과간의 차이가 받아들여질 수 있을 정도로 작아질 때까지 계속되어야 한다.

목적지향적인 행태에서 정책영향평가는 피드백(feedback)을 위하여 측정과 비교를 수행하는 것이다. 이때 평가의 기능은, 목적지향적인 관리행태를 지원하기 위하여 설정된 표준과 타당성이 있는 비교를 가능하게 할 수 있도록 방법론적으로 건전한 정보를 산출하고, 실제로 이러한 비교를 시행하며, 이 비교의 결과들을 관리자들이나 정책의 집행자들에게 알려주는 것이다.

정책영향평가의 방법론에서 가장 기초가 되는 개념은 인과관계와 타당성이다. 본장에서는 이들 인과관계의 개념변천, 정책집행의 상황적 특성과 인과관계, 그리고 정책효과의 평가와 관련된 여러 가지 타당성의 개념들에 대해서 살펴보고자 한다.

제1절 정책영향평가에 있어서 인과적 추론

Ⅰ. 원인의 개념

평가연구는 인과적 요소와 기술적 요소들을 모두 포함하지만, 하나의 정책의 영향에 대한 추론은 항상 인과적인 것이다. 그리고 인과적 추론은 평가자로 하여금 영향을 미치고 있는 변수 또는 독립변수(X)가 종속변수(Y)에 얼마나 많은 영향을 미치는가 하는 것을 평가할 것을 요구한다. 여기서 독립변수는 가설적인 원인이고, 종속변수는 그의 효과이다. 평가연구에 있어서 원인은 정책결정자가 선택할 수 있는 한 세트의 프로그램, 정책 혹은 관리옵션(option)들이다. 그리고 효과는 평가자가 영향모형 또는 프로그램 논리모형에서 발전시킨 목록에 따라 도출할 수 있는 한 세트의 산출결과들이다. 예컨대 인력훈련 프로그램이 훈련에 참가한 피훈련자들의 소득을 향상시키는지 여부를 평가하기 위해서는 인과적 연구가 필요한데, 이때 독립변수는 인력훈련 프로그램이고, 결과 또는 종속변수는 소득이다.[1)]

이런 관점에서 볼 때 정책평가 연구활동의 핵심을 이루고 있는 것은 인과(causality)에 대한 아이디어이다. 정책은 정책결정자가 의도한 어떤 목적을 달성하기 위하여 정책집행의 대상이 되고 있는 사람들의 행태에 변화를 가져오기 위한 수단이다. 그러므로 정책평가연구의 핵심은 바로 정책이 이러한 변화를 가져왔느냐, 그리고 만일 가져왔다면 어떠한 경로를 통하여 이러한 영향을 미쳤으며, 그 강도는 어떻게 나타나고 있느냐 하는 것을 밝히는데 있다.

그러면 인과분석에서 말하는 원인(cause)이라는 말의 개념은 무엇인가? Bunge에 의하면 과학자들이 쓰는 원인이라는 말의 가장 핵심적인 요소는 '창출하는 것(producing)'이라는 아이디어이며, 이 말은 기본적으로 '일으키는 것

---

1) 대부분의 평가는 하나 이상의 산출결과들을 가진다. 그러므로 하나의 단일 프로그램(X)은 하나 이상의 효과(Y_1, Y_2, $\cdots$, Y_k)들을 가질 수 있게 되는 것이다. 그러나 여기서 하나의 효과(Y)만을 이야기하는 것은 표현을 단순화하기 위한 것일 뿐이고, 또 이렇게 하여도 보편성(generality)을 상실하게 되는 것은 아니다. 프로그램 산출결과에 대하여 복수의 측정수단을 사용하여야 한다는데 대해서는, (Ostrom, 1975: 13~24) 참조.

(forcing)' 또는 '일어나도록 힘을 미치는 것'이라는 개념과 유사하다(Bunge, 1959: 46~48). 즉 만일 *X*가 *Y*의 하나의 원인이라고 한다면, *X*의 변화가 *Y*의 변화를 가져왔다고 마음 속에 생각하는 것이지, 단순히 *X*의 변화가 있은 다음에 *Y*의 변화가 있었다거나 또는 *X*의 변화가 *Y*의 변화와 관련이 있다고 생각하는 것은 아니라는 것이다(Blalock, Jr.,1964: 9).

정책목표달성의 수단으로서의 정책이 어떤 변화를 가져오는데 한 원인이 되었다고 할 때에는 바로 이 정책이 그러한 변화를 일으키는 원동력이 되었다고 하는 것을 의미한다.

그러나 오늘날 사회과학에서 인과관계를 규명하기 위하여 도입하고 있는 분석방법론들, 예컨대 통계적 방법론들은, *X*의 변화와 *Y*의 공동변화를 관찰함으로써 *X*의 변화가 *Y*의 변화를 가져왔다고 추론하는 것이므로, 이러한 추론이 타당한 것이 되기 위해서는 여러가지 인과적 추론의 논리가 필요하다. 다음에는 이들에 대해서 좀 더 구체적으로 살펴보고자 한다.

Ⅱ. 인과관계 관념의 변천과 정책평가에의 시사

1. 인과관계 관념의 변천

인과관계란 원인과 결과의 관계라는 말을 약해서 쓰는 말이다. 원인과 결과의 관계를 논의하는데 있어서는 원인, 결과, 그리고 관계의 하나하나가 모두 중요한 논의의 대상이 될 수도 있겠으나, 그 중에서도 관계에 대한 논의가 가장 큰 핵심을 이루고 있다.

인과관계는 과학철학의 중요한 연구의 대상으로서 활발한 연구가 진행되어 오고 있는 분야이나, 여기서는 정책평가와 관련된 몇 가지 주요한 인과관계의 사상들만을 간략하게 살펴보고자 한다.

정책평가연구와 관련하여 인과관계를 논의함에 있어서 현대 과학철학에 큰 영향을 미친 실증주의(positivism)의 인과에 대한 관념부터 살펴보도록 하자.

실증철학자들 가운데 인과의 분석에 가장 널리 알려진 학자의 하나는 David Hume이다. 그에 의하면 인과관계를 추론하는데 있어서는 다음과 같은 세 가지의 조건이 가장 중요하다고 한다. 즉 (1) 추정되고 있는 원인과 효과간의 근접성,

(2) 원인이 시간적으로 효과를 선행하여야 한다는 시간적 선행성, 그리고 (3) 효과가 있을 때에는 언제나 바로 그 원인이 존재해야 한다는 상시연결성 등이 그것들이다. 이들 가운데에서도 세번째 조건이 가장 중요하고 가장 실증주의적 사고라 할 수 있다.

상시연결성의 요구조건은 인과적 추론을 추정된 원인과 효과간의 의존상태에 관한 관측의 규칙성과 동등시하는 것을 의미한다. Hume은 관측되지 않은 현상에 대한 모든 개념적 상태를 부정하고, 인과에 대한 결론은 오직 과거의 변수들간의 상호관계에 대한 관찰에 토대를 두어야 한다고 주장하였다.

한편 인과에 대한 본질주의 이론(essentialist theories of causation)에 의하면 원인이란 말은 어떤 변수들이 한 효과가 일어나는데 필요하고도 충분한 요건이 되는 경우, 이러한 현상을 설명하는 변수들을 지칭하기 위해서만 사용되어야 한다고 한다. 이러한 인과에 대한 본질주의적 입장은 원인이라는 것을 필수적이며, 불가피하고 또 확실히 효과를 가져오고야 말 변수들의 무리(群)와 동격으로 만들었다. 원인을 관측가능한 필요・충분조건들에 한정하는 이들 본질주의 철학자들은 원인이 때로는 어떤 효과들을 가져오나, 또 때로는 가져오지 않는 요소로 보는 것을 거부하였다. 이와 같이 필요・충분의 전제조건으로서의 원인을 논의하는 것은 다분히 기계론적인 메카니즘의 발상이라 할 수 있다. 오늘날 사회과학의 이론들은 자연과학 이론의 배경을 가지고 있는 것도 아니며, 또한 폐쇄된 시스템과 같은 비교적 통제된 상황하에서의 연구를 통하여 검증된 경험적 관계에 그 토대를 두고 있는 것도 아니다. 본질주의 철학자들이 주장하는 인과관계의 관념에서 볼 때에는 폐쇄된 시스템의 관점은 매우 중요한 것이다. 왜냐하면 소수의 변수들간의 인과관계는 모든 알려진 외적인 힘들이 배제된 폐쇄된 시스템에서 연구됨으로써 가장 잘 규명될 수 있기 때문이다(Bhaskar, 1975). 그러나 현지연구(field research)에 있어서는 외적 변수들이 항상 종속변수에 침투해 들어옴으로써, 명시적인 이론적 시스템에 포함된 변수 이외의 다른 요소들에 대해 그 결과가 민감하게 반응하게 된다. Suppe와 Campbell에 의하면 사회과학에 있어서 관찰된 인과관계는 필연적인 것이라기보다는 오히려 틀리지 않을 수 없는 것이며, 선행요소들과 결과들 사이의 연계는 확률적인 것이라는 것이다(Suppe, 1970; Cook and Campbell, 1979: 14~15).

인과에 대한 행위이론(activity theory)은 또 다른 관점에서 인과를 논의할 때 빼놓을 수 없는 주요 이론이다. Collingwood와 Gasking 같은 과학철학자들에 의하면, 일상생활에서 쓰는 원인이라는 개념은 조작(manipulation)이라는 관념이 강하게 내포된 개념이라 한다(Collingwood, 1940; Gasking, 1959: 479~487). 원인이란 어떤 무엇이 일어나도록 만들기 위하여 조작할 수 있는 것이다. 그런데 이 조작들은 항상 의도한 효과를 산출해 내는 것은 아니다. 그리고 이러한 조작을 통하여 효과를 얻는데 있어서는, 그것이 물리적인 것에서 사회적인 것으로 되면 될수록, 그리고 조작 후에 효과가 나타나기까지의 경과하는 시간이 길어지면 길어질수록 그 효과를 얻을 확률은 감소되어 간다.

Collingwood는 원인이라는 용어가 사용되는 세 가지 의미를 구분하였다. 그 첫째는 원인의 작용에 의하여 일어나게 된 것은 자각있고 감응성있는 기관의 자유롭고 사려깊은 행위이며, 어떤 대상에게 그것을 하도록 하는 원인이 되었다는 것은 그에게 그것을 하도록 동기를 부여했다는 것을 의미한다. 둘째, 원인의 작용에 의하여 일어나게 된 것, 즉 결과는 성질상 하나의 사건이며, 우리가 그의 원인이라고 부를 수 있는 것을 산출하거나 방지함으로써 산출하거나 방지할 수 있는 하나의 사건이거나 물건의 상태이다. 셋째, 원인의 작용에 의하여 일어나게 된 것, 즉 결과는 하나의 사건이거나 사물의 상태이고, 그의 원인과 1 대 1 관계의 인과적 우선순위에 맞추는 또 다른 사건 또는 사물의 상태이다. 여기서 말하는 관계란 (1) 만일 원인이 일어나거나 존재하면, 더 이상의 조건이 충족되지 않는다 할지라도 효과가 반드시 일어나거나 존재하여야 하며, (2) 효과는 원인이 일어나거나 존재하지 않을 때에는 일어나거나 존재할 수 없으며, (3) 원인은 효과에 선행해야 하는데, 이는 이러한 우선순위가 없을 때에는 어느 것이 어느 것인지를 말할 수 없기 때문이다. Collingwood의 세 번째 의미의 원인은 본질주의 철학자들의 그것과 매우 가까운 것이다. 인과적 설명은 조작될 수 있는 요소를 제공할 수 있는가의 여부에 따라 그 값어치가 결정된다고 하는 것이 Collingwood의 인과에 대한 관념의 요점이다. 만일 어떤 효과에 대한 필수적인 원인이 이 원인을 구성하고 있는 요소를 조작함으로써 그 효과를 통제할 수 있는 것이 아니라고 한다면 원인에 대한 지식은 많은 사람들에 의하여 유용한 것으로 생각되지 않을 것이다.

만일 어떤 원인의 작용에 의하여 일어난 것이 심사숙고에 의한 변화행위라면, 어떠어떠한 것이 일어나게 될 것이라고 하는 지식은 사회정책을 위하여 매우 값어치가 있는 것이 될 것이다. 그러한 인과에 대한 지식이 없이는 바람직한 변화를 가져오기도 어렵고, 또 바람직하지 않은 상태를 제거하기도 어려울 것이다. 그리고 어떠한 요소의 조작에 의하여 어떠한 효과가 발생하게 되었을 것이라는 인과적 사고는 또한 어떤 현상에 대한 사려깊은 분석에 의하여 인과관계를 밝혀 낼 수 있다는 사고와도 통하는 것이기 때문에, 이는 정책영향평가연구의 토대가 되는 개념이라 할 수 있다.

2. 정책영향평가 연구에의 시사

지금까지 논의한 인과관계에 대한 사고의 변천은 우리에게 다음과 같은 몇 가지 점들을 시사해 준다.

첫째, 대량의 복잡한 대상에 대한 인과법칙은 통제된 조건하의 폐쇄된 시스템에서 찾아내기가 가장 용이한 것이지만, 대개의 경우 정책영향평가 연구들은 개방시스템을 포함한다(Cook and Campbell, 1979: 32~39).

정책이 집행되는 상황적 특성들 가운데 정책영향의 평가와 관련하여 가장 중요한 것은 정책이 이와 같이 개방된 시스템(open system)을 대상으로 하여 집행된다는 점일 것이다. 예컨대 화학실험실에서 실험을 할 때에는 우리는 흔히 유리병 속에 실험약을 넣고 여기에 시약을 떨어뜨려 그 반응을 살펴본다. 이때 실험약을 넣어 둔 유리병은 폐쇄된 시스템(closed system)이다. 왜냐하면 이 유리병 속에 들어있는 실험약은 실험을 진행하는 동안에 외부와 차단이 되어 있기 때문이다. 이에 비해서 정책이 집행되고 있는 동안 정책집행의 대상이 되는 사람들은 정책이 집행되는 동안에도 계속해서 정책이 집행되지 않는 외부사람들과 자유롭게 접촉하는 것이 일반적이다. 따라서 정책은 화학실험과 같이 폐쇄된 시스템을 대상으로 집행되는 것이 아니라 개방된 시스템을 대상으로 집행된다는 것이 중요한 특징이다.

둘째, 대량의 복잡한 대상에 대한 인과법칙에 있어서 효과는 복수의 원인에 의한 것이 될 수 있다.

정책이 위에서 말한 바와 같이 개방된 시스템을 대상으로 집행되기 때문에 정책 이외에도 복수의 여러 가지 요인들이 정책과 아울러 정책집행대상에 작용하게 된다. 예를 들면 어떤 마을 주민들의 소득향상을 위하여 새마을 사업을 집행하는 경우 이 마을에는 새마을 사업뿐만 아니라 영농교육, 종자개량, 농업기계화, 매스컴의 작용 등 농촌주민들의 소득향상을 위한 다른 정책들도 동시에 작용하는 것이다.

셋째, 사회정책들은 대개의 경우 대량의 복잡한 대상들을 대상으로 하여 실시하게 된다. 이와 같이 대량의 복잡한 대상에 대하여 주장되는 인과적 법칙들은, 인과적 법칙과 아울러 다른 여러 가지의 요소들이 함께 작용하기 때문에 틀리기 쉬우며, 따라서 확률적인 것이 된다(Cook and Campbell, 1979: 32~39).

정책이 개방된 시스템을 대상으로 집행됨으로써 이 정책집행대상에 정책 이외의 다른 여러 가지 복수적인 요인들이 동시적으로 작용하기 때문에, 이들의 상승작용으로 집행된 정책의 효과는 더 커질 수도 있고 때로는 그 효과들이 상쇄되어 실제로는 정책의 효과가 존재하는 경우에도 그 정책의 효과가 관찰되지 못하는 경우도 있을 수 있게 된다. 다시 말하면 정책집행대상에는 정책과 아울러 여러 가지 요소들이 함께 작용하기 때문에 정책의 효과에 대한 관찰은 틀리기 쉬우며 또한 그 효과는 확률적인 것이 된다.

정책집행대상들의 이와 같은 여러 가지 상황적 특성들 때문에 정책의 순수한 효과의 추정이 어렵게 되고 따라서 정책의 순수한 효과의 추정을 위한 정책영향평가논리의 도입이 필요하게 된다.

넷째, 인과관계에 있어서 원인에 대한 조작은 효과에 대한 조작을 가져올 수 있다. 다시 말하면, 정책이나 프로그램(독립변수)에 있어서의 변화는 산출결과(종속변수)의 변화를 더불어 가져오게 된다. 만일 원인을 그의 유의미성을 검증할 수 있고, 신빙성이 높으며, 계획된 변화를 가져올 수 있는 능력으로 정의한다면, 가장 유의미한 원인은 사려깊게 조작될 수 있는 것들이 될 것이다. 그리고 정책은 의도적이며 사려깊은 조작이라는 점에서 가장 유의미한 대상변화를 위한 원인이라 할 수 있고, 그렇기 때문에 정책영향평가연구는 인과적 사고에서 출발하는 것이라 할 수 있다.

다섯째, 인과적 변화에 있어서는 독립변수의 변화는 종속변수의 변화에 선행하여야 하며, 이러한 시간적 선후관계는 많은 경우 정책영향평가의 기초를 제공해 준다.

여섯째, 인과관계를 추정하기 위해서는 대상에 일어난 변화를 설명하는 다른 설명의 대안들을 기각(rule out)하는 접근방법을 사용하고 있다. 평가자는 종속변수에 일어난 변화가 다른 변수에 일어난 변화에 기인된 것이 아니라 바로 독립변수(프로그램 그 자체)의 변화에 기인된 것으로 돌릴 수 있어야 하기 때문이다.

정책영향평가의 일반적인 틀에 의거하여 정책을 평가하여 어떤 결과가 평가하고 있는 정책에 의하여 오게 되었다는 것을 주장하기 위해서는, 인과에 대한 이러한 시사점들 가운데에서도 특히 마지막 세 가지 조건들을 먼저 경험적으로 입증하여야 한다.

Ⅲ. 기각의 의미와 정책효과 추정의 기본논리

1. 기각의 의미

우리는 위에서 어떤 대상집단에 일어난 변화가 다른 요인이 아니라 바로 우리가 관심을 가지고 있는 정책에 의하여 일어난 효과라는 것을 주장하기 위해서는 다른 설명의 대안들을 기각하여야 한다고 하였는데 그러면 기각한다는 말의 뜻은 무엇인가? 여기에 대한 해답을 좀 더 쉽게 이해하기 위하여 먼저 다음과 같은 예를 살펴보기로 하자.

P라는 사람은 심한 독감을 앓고 있다. 그 사람은 독감을 빨리 치료할 목적으로 여러 가지 감기에 좋다는 약들을 일주일 동안 동시에 복용하였는데 그 약들은 한약, 아스피린, 판콜 A, 콘택 등이었다고 한다. 그런데 일주일 후에 P라는 사람의 독감이 깨끗하게 완쾌되었다고 가정해 보자. 여기서 알아보고 싶은 것은 과연 한약이 P라는 사람의 독감을 치료하는데 효과가 있었는가 하는 것이다. 이와 같이 하나의 목적(여기서는 독감을 치료하는 것)을 달성하기 위하여 여러 가지 수단들을 동시에 동원하였을 때에는 이 수단들 가운데 어느 특정한 하나의 수단이 목적달성에 과연 얼마나 효과가 있었는지를 식별해 낸다는 것은 어려운 과업이 아닐 수 없다. 왜냐하면 이 수단들은 동시에 작용하고 있어서 그 효과들을 하나하나 분리하여 측정하기가 어렵기 때문이다.

P라는 사람이 감기를 치료하기 위하여 여러 가지 약들을 동시에 복용한 것이 바로 이러한 상황이라 하겠다. 이러한 경우 어느 한 가지 약, 예컨대 한약이 효과가 있었는지 여부를 알아낼 수 있는 가장 간단한 방법은 P라는 사람이 앓고 있는 독감과 유사한 독감을 앓고 있는 또 다른 한 사람을 비교대상으로 도입하는 것이다. P가 앓고 있는 독감과 비슷한 독감을 앓고 있는 사람을 L이라고 하고 그 사람에게 P가 복용한 약들 가운데 한약만을 제외한 모든 감기치료약, 예컨대 아스피린, 판콜 A, 콘택 등을 복용시켰다고 가정해 보자. 그러면 우리는 두 가지 서로 다른 결과들을 생각해 볼 수 있을 것이다. 그들 가운데 하나는 L도 P와 마찬가지로 감기에서 회복된 경우이고, 또 다른 하나는 P와는 달리 L은 감기에서 회복되지 않은 경우이다.

만일 첫 번째 경우와 같이 P와 L의 감기가 모두 치료되었다고 한다면 우리는 P가 복용한 한약의 효과가 별로 없는 것이라고 생각할 수 있을 것이다. 왜냐하면 P는 L이 복용한 감기치료약들 이외에도 한약을 추가로 복용하였으나 P와 L의 감기가 모두 치료되었기 때문에, 감기가 치료된 것은 P만이 추가적으로 복용한 한약의 효과에 의해서라기보다는 P와 L이 동시에 복용한 감기치료약들 가운데 어느 것에 의한 것이라고 볼 수 있기 때문이다. 그런데 만일 두 번째 경우와 같이 P의 감기는 회복되었으나 L의 감기는 회복되지 못한 경우에는, 한약 이외에는 P와 L이 복용한 약들이 동일하기 때문에 우리는 P의 감기가 치료된 것은 L이 복용하지 않았던 한약을 P가 추가적으로 복용하였기 때문이라고 추론할 수 있다.

이와 같이 어떤 약의 효과가 있는지의 여부를 확인하기 위해서는 병의 증세가 비슷한 두 사람을 선택하여 그들 가운데 한 사람에게는 우리가 그 효과를 알고자 하는 약을 복용시키고, 나머지 한 사람에게는 그 약을 복용시키지 않은 다음 일정기간 동안 그 결과들을 관찰하여 비교하면 되는 것이다. 이때 약을 복용한 환자를 실험대상이라 하고 약을 복용하지 않은 환자를 통제대상 또는 비교대상이라고 한다. 만일 어떤 약의 효과가 있는지 여부를 확인하기 위하여 선발되어 약을 복용한 사람이 여러 사람인 경우, 약을 복용한 사람들을 실험집단, 약을 복용하지 않은 사람들을 통제집단 또는 비교집단이라고 부른다.

이제 다시 P라는 사람의 감기치료에 대한 앞의 예를 생각해 보기로 하자. 만일 P라는 사람과 L이라는 사람의 감기증세는 비슷하였으나 P는 20대 청년이었고, L은 60대 노인이었다고 가정해 보자. 이러한 상황하에서 앞서 말한 대로, 감기약들 외에 한약을 추가적으로 복용한 P의 감기는 회복되었고, 한약 이외의 다른 감기약들만을 복용한 L의 감기는 회복되지 않았다고 한다면, P의 감기는 회복되고 L의 감기는 회복되지 않은 것이 단지 한약을 복용한 것과 그렇지 않은 것의 차이에 의해서만 오게 된 것이라고 할 수 있겠는가?

이에 대한 대답은 그렇게 확실하게 할 수가 없다. 왜냐하면 P는 L에 비해서 한약을 추가적으로 복용한 것 이외에도 P는 20대 청년이어서 60대 노인인 L에 비해서 병에 대한 자연적인 회복력이 더 강할 수도 있기 때문이다. 따라서 한약의 효과가 있는지 없는지를 확인하기 위해서는 P와 L의 감기증세가 비슷할 뿐 아니라 그들의 연령을 비롯한 기타의 모든 조건들도 동일하여야 한다. 그리고 오직 P와 L의 차이가 감기약으로서 한약을 복용하였느냐 또는 복용하지 않았느냐 하는 것만 차이가 있을 때, 만일 P의 감기는 회복되고 L의 감기는 회복되지 않았다면 한약의 효과가 있다고 결론을 내릴 수 있으며, 만일 P와 L의 감기가 모두 회복되었다면 한약은 감기치료에 아무런 효과가 없고 한약 이외의 어떤 다른 약이 감기치료에 효과가 있었을 것이라고 하는 결론을 내릴 수 있다.

2. 정책효과 추정의 기본 논리

어느 한 정책의 효과가 있었는지 여부를 확인하는 논리도 위에서 예로 든 감기환자의 치료에 한약의 효과가 있었는지 여부를 확인하는 논리와 동일한 것이다. 예를 들어서 새마을사업이 농촌의 소득증대에 효과가 있는지 여부를 밝혀내려는 평가연구를 한다고 가정해 보자. 이 평가연구를 의뢰받은 사람이 A라는 마을을 선택하여 새마을사업의 추진과정을 살펴보고 그 동안의 마을주민들의 연도별 1인당 소득의 변화를 조사하였다고 해보자. 그런 다음 연구자는 어떤 결론에 도달될 수 있겠는가?

농촌지역의 한 마을인 A마을 주민들의 소득변화를 결정짓는 데에는 여러 가지 요인들이 작용한다. 이들 가운데 중요한 것들로는 입지적 조건, 마을의 인적 구성, 새마을 사업 이외의 정부시책 등을 들 수 있다. A라는 마을이 도시지역에 가까운 곳에 위치하여 도시주민들의 일용식품인 채소를 재배할 수 있다든지, 수리시설이 잘 되어 오랫동안 비가 내리지 않아도 농사에 큰 어려움이 없는 경우에는 그렇지 않은 경우보다 A마을의 소득은 더 높아질 수 있을 것이다. 그리고 그 마을에 일할 수 있는 청년층이 더 많다든지, 과학적인 영농을 할 수 있는 교육받은 인구의 비율이 다른 지역의 그것보다 더 높다면 이것은 주민들의 소득을 더 높일 수 있는 요소가 될 수 있다. 또한 새마을사업 이외에 정부에서 그동안 시행한 여러 정책들 중에서도 주민들의 소득향상에 기여한 것들이 있을 수 있다. 예컨대 농촌기계화 등 영농방법의 개선, 중고등학교 교육 등 고등교육의 확대, 다수확품종의 개발과 보급 등도 농촌주민들의 소득증대에 기여했을 것으로 생각된다. 라디오, TV, 신문 등 매스컴의 보급 또한 농촌지역 주민들의 의식수준을 높여서 이것이 농촌주민들의 생산활동의 변화를 가져옴으로써 주민들의 소득증대를 가져오는데 기여했을 수도 있다.

이상에서 새마을사업 이외에도 A라는 마을의 소득증대에 기여했을 수도 있는 여러 가지 요인들 가운데 몇 가지를 예시적으로 나열하였는데, 그러면 이러한 여러 가지 요인들이 새마을사업과 아울러 A라는 마을의 소득변화에 동시에 작용했다고 가정할 때 어떻게 새마을사업의 효과를 추정할 수 있겠는가? 이 경우 한약이 P라는 사람의 독감치료에 효과가 있었는지를 확인하는데 적용된 논리와 동일한 논리를 적용할 수 있다.

새마을사업이 A라는 마을의 소득을 향상시키는데 효과가 있었는지를 밝혀내기 위해서는 A라는 마을과 입지조건, 마을의 인적 구성, 새마을사업 이외에 실시된 정부시책 등이 모두 유사한 또 하나의 마을 B를 선택하여야 한다. 그리고 A라는 마을에는 새마을사업을 실시하고 B라는 마을에는 새마을사업을 실시하지 않은 다음, 일정한 기간이 지난 후에 A마을과 B마을의 1인당 평균 주민소득들간에 차이가 발견된다면 이러한 차이는 바로 새마을사업에서 기인된 것이라고 할 수 있다. 이때 새마을사업을 시행한 A라는 마을을 실험집단(experimental group)이라고 하고, 새마을사업을 시행하지 않은 B라는 마을을 통제집단(control group)이라고 한다.

따라서 정책의 효과를 확인하기 위해서는 모든 조건들이 동일하도록 두개의 집단들을 구성한 다음, 이들 두개의 집단들 가운데 한 집단을 실험집단으로 선택하여 이 실험집단에는 정책을 집행하고 나머지 한 집단은 통제집단으로 선택하여 이 통제집단에는 정책을 집행하지 않도록 한다. 그 다음 일정한 기간이 경과한 후 이들 두 집단들의 평균적인 변화를 추정하여 비교한다. 만일 이러한 비교의 결과 실험집단과 통제집단들 간에 어떤 유의미한 차이가 발견된다면 이러한 차이는 정책에 의하여 이루어진 것이라고 할 수 있고(정책의 효과가 있다고 할 수 있고), 만일 아무런 유의미한 차이가 발견되지 않는다면 이때에는 그 정책의 효과가 없다고 결론지을 수 있다.

Ⅳ. 정책효과의 추정을 어렵게 하는 허위변수와 혼란변수

경쟁적 설명요인들로서 정책효과의 추정을 어렵게 하기 때문에 기각되어야 할 요인들이 바로 허위변수와 혼란변수들이다. 여기서 허위변수란 두 변수들간에 전혀 관계가 없는데도 이들 두 변수들간에 어떤 상관관계가 있는 것 같이 나타나도록 두 변수들에 모두 영향을 미치는 뒤에 숨어있는 변수를 말한다.

예를 들어서 초등학교 1학년 학생들의 성적과 발바닥의 넓이와의 상관관계가 있는지를 연구하는 교사가 있다고 가정해 보자. 만일 이 교사가 학생들의 발바닥의 넓이를 측정하고 또한 이 학생들의 학기말 고사의 성적을 조사한 다음 상관관계를 계산해 보았더니 0.7이었다고 가정해 보자. 그러면 이 교사는 초등학교 1학년 학생들의 발바닥의 넓이와 학교성적간에는 밀접한 상관관계가 있다고 주장할 수도 있을 것이다.

그러나 초등학교 1학년 학생들을 관찰해 보면 초등학교의 입학이 어떤 해의 3월 1일부터 그 다음 해의 2월 28일까지 1년 단위로 되어 있기 때문에 같은 초등학교 1학년 학생들이라고 할지라도 심한 경우에는 거의 1년 차이가 나는 수도 있고, 그렇지 않은 경우에도 몇 개월씩 차이가 나는 경우가 대부분이다. 따라서 같은 1학년 학생이라고 할지라도 생일이 빠를수록 키도 크고 발바닥의 넓이도 더 넓을 가능성이 높고, 저학년의 경우 생일이 빠를수록 이해력이 빨라서 학교성적이 더 좋은 경우가 많을 것이다.

따라서 발바닥이 넓을수록 학교성적이 더 좋은 것으로 나타나서 이들간에 높은 상관관계가 있는 것 같이 보이는 것은 실제로는 모두 뒤에 숨어 있는 연령의 영향에 의한 것이라 할 수 있다. 이때 발바닥의 넓이를 독립변수 가운데 처리변수를 나타내는 X_T로 놓고 학교성적을 종속변수 Y로 놓으면, 이들 두 변수 X_T와 Y간의 상관관계는 진정한 상관관계가 아니라 모두 뒤에 숨어 있는 연령이라는 제3의 인과변수인 X_1의 영향에 의한 것인 것이다. 이러한 경우 X_T와 Y의 상관관계를 허위의 상관관계라 하고(Simon, 1971: 5~17), 연령과 같이 뒤에 숨어서 두 변수들에 모두 영향을 미치는 변수 X_1을 허위변수라 부른다. 여기서 한 가지 주의하여야 할 점은 X_1이 허위변수인 경우에는 두 변수 X_T와 Y의 변화는 전적으로 X_1의 변화에 의존한다는 점이다.

이에 비해서 혼란변수란 독립변수 X_T가 종속변수 Y의 변화에 부분적으로 영향을 미치고, 또 뒤에 숨어 있는 변수 X_1이 X_T와 Y의 변화에도 부분적으로 영향을 미치는 경우, 이 변수 X_1을 혼란변수라 한다. 다시 말하면 뒤에 숨어 있는 제3의 변수 X_1이 독립변수 X_T와 종속변수 Y의 변화를 모두 설명할 수 있다면, 이때 이 제3의 변수 X_1을 허위변수라 하고, 독립변수 X_T도 Y의 변화의 일부를 설명할 수 있고 제3의 변수 X_1도 X_T와 Y의 변화의 일부를 설명할 수 있다면, 이때의 이 제3의 변수 X_1을 혼란변수라 부른다. 허위변수들과 혼란변수들은 마치 새마을사업을 실시하고 있는 A라는 마을에 동시에 작용하고 있는 영농교육, 종자개량사업, 농업기계화, 매스컴의 보급 등과 같이 우리가 그 효과를 평가하고자 하는 정책과 아울러 동시에 정책을 집행하고 있는 대상들에게 작용하고 있는 요소들로서 정책의 효과추정을 어렵게 하는 요소들인 것이다. 그러므로 정책의 효과를 올바로 확인하고 그 크기를 추정하기 위해서는 먼저 앞에서 논의한 정책효과 추정의 논리를 응용함으로써 이들 허위변수와 혼란변수들의 영향을 제거하여야 한다.

평가자가 이들 허위변수와 혼란변수의 영향을 제거하지 못한다면, 그는 타당하지 않은 인과적 추론을 하게 될 위험에 빠지게 된다. 다음 [그림 7-1]의 (가)는 허위변수의 예이고, (나)는 혼란변수의 예이다. 먼저 [그림 7-1]의 (가)의 경우와 같이 허위변수 X_1이 존재하는 경우에는 X_T가 Y에 실제로는 아무런 영향을 미치지 않았는데도 X_T가 Y에 직접적인 효과를 미친 것으로 잘못 결론을 내리도록 유도할 수가 있다. 그리고 (나)와 같이 혼란변수 X_1이 존재하는 경우에는 X_T가 Y에 미치는 영향을 과대추정하거나 또는 과소추정하도록 함으로써 정확한 인과적 추론을 위협할 수 있다.

먼저 실제로는 X_T가 Y에 전혀 영향을 미치지 않고 있으나, X_T가 Y에 영향을 미치는 것으로 평가자가 잘못 결론을 내리는 허위변수의 경우를 생각해 보도록 하자. X_T가 Y에 영향을 미치는지 여부를 정확하게 결정하기 위해서는 평가자는 먼저 X_T와 Y 사이에 어떤 허위의 상관관계도 존재하지 않고 있다는 것을 확인해야 한다. 예컨대 인력훈련 프로그램이 이 프로그램에 참여한 사람들의 소득에 미치는 영향을 연구하는 데 있어서 평가자는 이들 프로그램의 참여자들이 여기에 참여하지 않은 자들에 비하여 평균소득이 높았다는 것을 확인하였다고 가정하고, 또한 이러한 소득의 증가는 직업훈련 프로그램에 참여한 뒤에 일어난 것이며 그 전에 일어난 것이 아니라고 가정해 보자. 그러면 이러한 검토사실은 비록 독립변수와 종속변수간에 공동변화가 이루어져야 한다는 조건과 독립변수의 변화가 종속변수의 변화를 선행하여야 한다는 타당한 인과적 추론에 필요한 두 가지 조건들은 충족시키고 있으나, 아직도 제3의 변수가 프로그램의 참여(X_T)와 소득(Y)의 양자에 모두 영향을 미칠 수 있다는 가능성을 배제하지는 못하고 있는 것이다. 인력훈련 프로그램에 참여하기로 결정하였던 사람들은 대개의 경우 참여하지 않은 사람들보다 더 성취동기가 높은 경우가 많고, 이러한 높은 성취동기가 더 높은 소득을 가져오도록 할 수가 있는 것이다. 그러므로 성취동기는 타당한 인과적 추론을 내리기 위하여 그의 영향을 제거하여야 할 허위변수인지도 모르는 것이다.

동기가 실제는 허위변수인지 여부를 테스트하기 위해서는 개념적인 실험이

그림 7-1 허위변수와 혼란변수

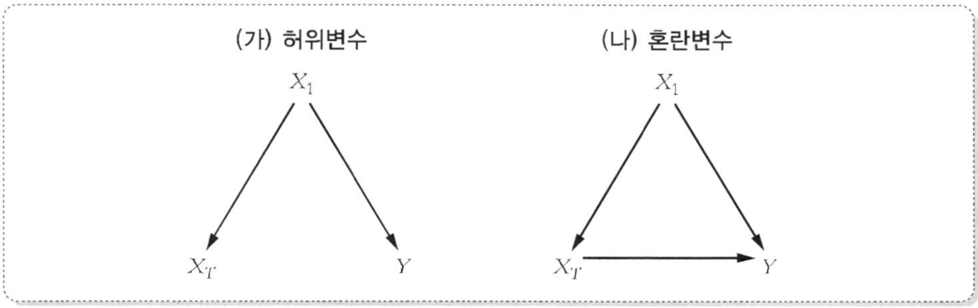

필요하다. 만일 동기가 허위변수라고 한다면, [그림 7-2]에서 X_1(동기)의 변화는 X_T(프로그램에의 참여)와 Y(소득) 모두의 변화를 가져온 원인이 될 것이다. 그러므로 X_T와 Y 사이의 모든 공동변화는 그들이 X_1에 공동으로 의존하는데 기인하는 것으로 돌릴 수 있을 것이다. 그러나 만일 X_1이 혼란변수인 경우에는 역시 X_1이 X_T와 Y간의 공동변화를 가져오겠지만, [그림 7-1]의 (나)의 경우와 같이 X_T에서 Y로 향하는 직접적인 인과를 나타내는 화살표가 있게 된다. 이것은 X_1이 불변인 경우에도 X_T의 변화만으로도 Y의 변화를 가져오는데 충분하다는 것을 의미하는 것이다. [그림 7-1]의 (가)와 (나)의 차이가 변수 X_1이 허위변수인지 여부를 테스트해 준다. X_1이 허위변수인 경우에는 X_1의 변화가 X_T와 Y의 공동변화를 모두 설명한다. 그 결과 허위변수 X_1의 변화를 제거하면(고정시키면) X_T와 Y간의 공동변화도 또한 제거되게 된다. 그러나 X_1이 혼란변수인 경우에는 X_1에 있어서의 변화가 X_T와 Y의 공동변화를 가져오는 것이 사실이지만, 또한 X_1이 고정되고 X_T만이 변화되는 경우에도 Y의 변화에 영향을 미칠 수 있다. 따라서 혼란변수 X_1에 있어서의 변화를 제거하는 것만으로는 X_T와 Y간의 공동변화를 없어지게 만들지는 못한다.

그림 7-2 허위변수로서의 동기

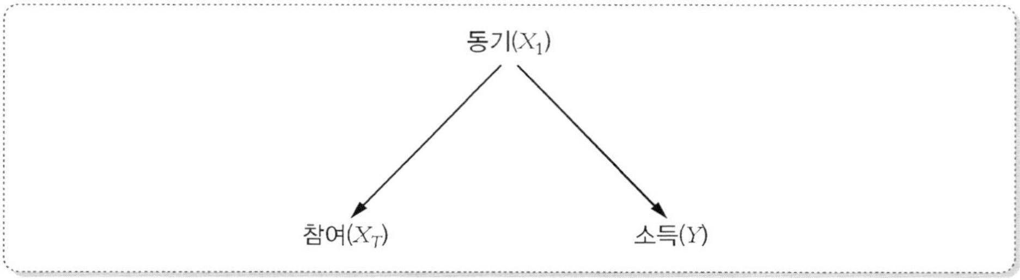

제3의 변수가 항상 허위변수이거나 혼란변수인 것만은 아니다. [그림 7-3]은 X_T 혹은 Y와 관계있는 제3의 변수가 존재하는 경우에도, 이 제3의 변수 X_1이 허위변수도 아니고, 혼란변수도 아닌 경우들을 나타내고 있다.

변수 X_1이 변수 X_T와 변수 Y를 매개할 때에는 언제나 그것은 허위변수도 아니고, 또 혼란을 가져오는 변수도 아닌 매개변수(mediator)이다. 일반적으로 매개변수는 예측변수(독립변수)와 산출결과(종속변수) 사이의 인과적 통로(path) 상에 놓여 있는 변수이며, 예측변수와 산출결과 간의 관계의 일부 또는 전체를 설명(account)한다. [그림 7-3]의 (나)는 이러한 경우를 나타내고 있다. [그림 7-3]의 (다)와 (라)도 X_1이 X_T 또는 Y에 직접 영향을 미치고 있는 것을 나타내고 있으나 그것도 허위변수의 관계도 아니고, 혼란변수의 관계도 아니다. 물론 (다)의 경우와 (라)의 경우의 X_1의 영향은 모두 동일하다는 것은 아니며, (라)의 경우에는 X_T만이 Y에 미치는 영향을 측정하기 위해서는 X_1의 영향을 통제하여야 하는데 여기에 대해서는 다음 절의 내적 타당성에서 더 자세히 논의하게 될 것이다. [그림 7-3]에서 (마), (바), (사)는 X_1이 X_T와 Y의 두 변수에 의하여 영향을 받는 것을 나타내는데, 이러한 제3의 변수들은 허위변수도 아니고, 또 혼란변수도 아니다. 제3의 변수가 인과적 추론의 정확성을 위협하는 경우는 이들 제3의 변수들이 프로그램(X_T)과 산출물(Y) 양자에 모두 직접적인 영향을 미치

그림 7-3 허위가 아닌, 그리고 혼란을 가져오지 않는 제3의 변수들

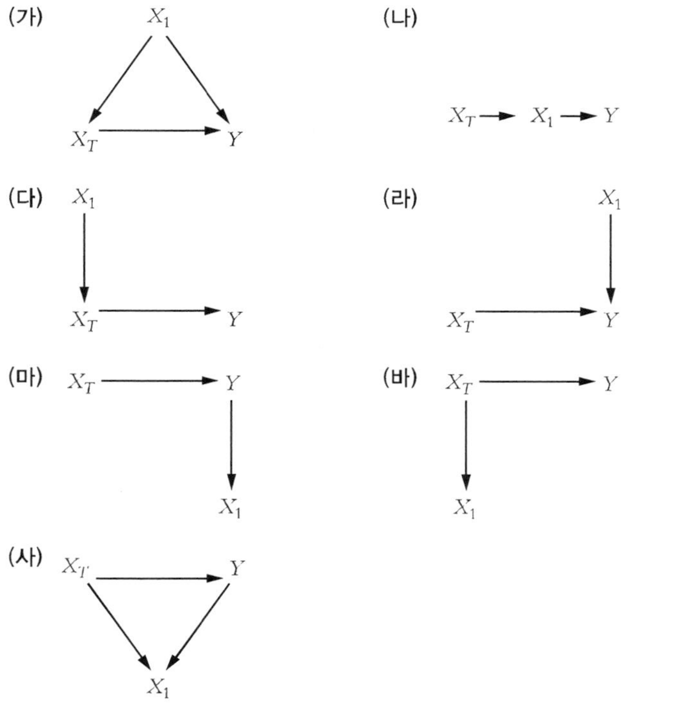

는 경우이다.

때로는 하나 이상의 혼란변수나 허위변수가 존재하는 경우가 있는데, 이러한 경우 인과적 추론의 정확성은 이들을 식별하고, 그 영향력을 제거할 수 있느냐의 여부에 달려 있다. [그림 7-4]에서 보는 바와 같이 X_1과 X_2의 두개의 허위변수가 존재하는데, 평가자가 X_1만이 X_T와 Y에 영향을 미치는 혼란변수 또는 허위변수라고 잘못 생각하고 있는 경우를 생각해 보자. 이 경우에는 X_T가 Y에 아무런 영향을 미치지 않는다 할지라도 평가자는 X_1의 영향을 제거한 후에도 X_T와 Y 사이에 공동변화를 관찰할 수 있게 될 것이고, 따라서 그는 X_T가 Y에 영향을 미치는 것으로 올바르지 않은 결론을 내리게 될 것이다. 그러므로 평가자는 X_1과 X_2 양자의 영향을 모두 제거할 때에만 올바른 결론을 내릴 수 있을 것이다. 같은 논리로 셋 또는 그 이상의 허위변수나 혼란변수들이 존재하는 경우에도 이들을 모두 제거해야만 독립변수 X_T와 종속변수 Y 사이에 존재하는 인과관계에 대한 올바른 추론을 할 수 있게 될 것이다.

그림 7-4 허위변수들을 무시하는 경우

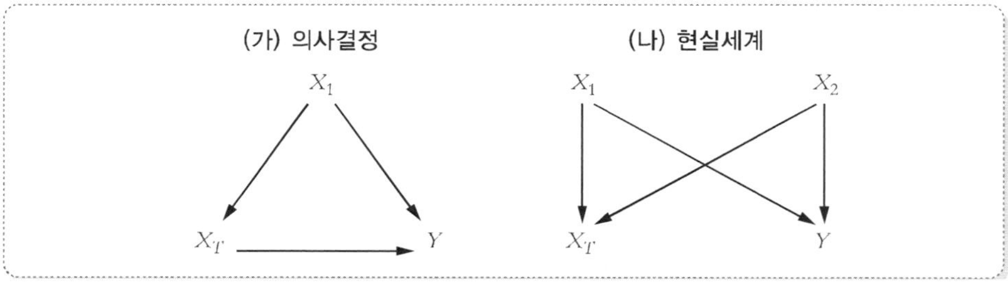

제 2 절 정책영향평가에 있어서 타당성

Ⅰ. 타당성의 의의와 종류

정책영향평가의 가장 중요한 연구목적은 정책의 효과에 대한 정확하고도 타당성이 높은 정보를 창출해 내려는데 있다. 그리고 여기서 말하는 정책의 효과란 하나의 정책에 의하여 이루어진 어떤 상황이나 조건의 변화를 말한다.

이러한 정책의 효과에 대한 평가연구의 기본적인 가정은 관심의 대상이 되고 있는 정책이나 프로그램이 어떠한 조건의 변화(일반적으로는 개선)를 가져왔다는 것이다.

X를 독립변수, Y를 종속변수라 한다면, 이 가설은 다음과 같이 표현될 수 있다. 즉 "만일 X가 Y의 변화를 가져온 원인이고, 또 만일 Y의 변화를 가져오는 다른 모든 원인들을 일정하게 유지할 수 있다면, 독립변수 X의 어떤 변화는 이에 상응하는 종속변수 Y의 변화를 수반하게 될 것이다."

정책의 효과에 대한 기본적인 가정이 이와 같이 인과에 대한 가정이기 때문에 정책효과평가연구에 의하여 창출되는 정보도 역시 정책과 변화간의 인과관계와 그 변화의 내용에 대한 정보가 된다.

타당성이란 측정이나 절차가 그것이 목표로 하는 것을 달성했느냐 하는 정도를 나타내는 개념이며, 측정의 타당성은 어떤 측정도구가 측정하고자 하는 것을 측정하였느냐 하는 것을 나타내므로(Suchman, 1967: 120; Kerlinger, 1973: 456~457) 정책평가의 타당성은 정책평가의 연구가 정책의 효과를 얼마나 진실에 가깝게 추출해 내고 있느냐 하는 정도를 나타내는 개념이라 할 수 있다.[2] 그러므로 실제로 정책의 효과가 있을 때 효과가 있다고 말하고, 정책의 효과가 없을 때 효과가 없다고 말할 수 있다면 타당성이 높다고 할 수 있고, 반대로 정책의 효과가 없는데 있다고 하거나 또는 정책의 효과가 있는데 없다고 한다면 타당성이 낮다고 할 수 있다.

---

2) Cook과 Campbell에 의하면 진실(truth)은 결코 알 수 없는 것이기 때문에 가까운 추측(approximation)이라는 용어를 쓰는 것이 옳다고 한다(Cook and Campbell, 1979: 37).

하나의 정책영향평가연구의 타당성은 정책영향평가의 어느 한 과정, 예컨대 측정의 타당성만을 가리키는 것이 아니라, 정책평가연구의 각 단계에서 정책의 효과를 왜곡하는 어떤 체계적인 편의(bias)가 스며들어 오지 않았는가 하는 것과 관련된 좀 더 넓은 의미를 나타낸다.

정책평가에 있어서 타당성은 편의에 의하여 영향을 받고, 또 이러한 편의는 위에서 지적한 바와 같이 정책영향평가연구의 어느 한 단계 또는 모든 단계에서 발생할 수 있기 때문에 타당성의 문제는 하나의 평가연구 프로젝트를 수행하는 모든 단계에 존재하게 된다. 이들 정책효과평가연구의 각 단계와 관련된 주요한 타당성들을 보면 다음과 같다(Suchman, 1967: 122~123).

즉 (1) 올바른 이론에서 정책목표가 연역되었는지 여부와 관련된 명제의 타당성(propositional validity), (2) 적합한 조작적 지표들을 사용하고 있는지 여부와 관련된 측정도구의 타당성, (3) 연구를 위하여 추출된 표본들이 그들이 뽑힌 모집단을 올바로 대표할 수 있는 정도와 관련된 표본추출의 타당성, (4) 평가연구자가 가지고 있는 신념이나 사전에 가지고 있던 주관이 조사대상자들에게 어떤 영향을 미침으로써 어떤 체계적인 편의(bias)를 정책효과의 추정과정에 가져오지 않았는지의 여부와 관련된 평가자의 타당성, (5) 평가의 대상으로 뽑힌 개인의 습관이나 그가 어떤 특정한 표현에 대하여 가지고 있을지도 모르는 성향이 정책의 평가조사과정에 부적절한 어떤 요소를 도입함으로써 이것이 정책효과의 측정에 어떤 편의를 가져오지나 않았는지의 여부와 관련된 조사대상의 타당성, (6) 평가연구가 진행되는 상황적 조건이 조사과정에 영향을 미침으로써 어떤 편의를 가져오지 않을지의 여부와 관련된 행정적 타당성, (7) 자료를 수집하고 이를 분석하여 해석하는 분석가가 사전에 가지고 있었던 주관이 무의식중에 조사과정에 어떤 영향을 미침으로써 가져올지도 모르는 편의와 관련된 분석가의 타당성 등을 들 수 있다.

정책영향평가연구에 있어서 타당성의 문제는 Cook와 Campbell에 의하여 좀 더 체계화되었다. 그들에 의하면 정책영향평가에 있어서의 타당성의 문제는 구성의 타당성(construct validity), 결론의 타당성, 내적 타당성(internal validity), 외적 타당성(external validity) 등으로 구분될 수 있다고 한다(Cook and Campbell, 1979: 37~94). 일반적인 평가모형을 사용하여 수행되는 정책영향평가연구는 인과관계의 가설로부터 시작하게 된다. 그 가설의 형태는 "어떤 상황하에서 어떤 모집단에 대하여 하나의 처리(treatment)를 하게 되면 이러이러한 결과를 가져오게 될 것이다"라고 하는 하나의 인과관계적 표현의 형을 띤다. 정책효과평가연구의 기초가 되는 모든 인과적 가설들은 최소한 묵시적으로나마 앞에서 본 바와 같이 네 가지의 구성요소들을 포함하고 있다.

정책영향평가연구에 있어서 가설은 어떤 이론적인 처리와 어떤 일반적인 이론적 결과 사이에 하나의 인과관계를 설정하게 되고, 또한 이 인과관계가 하나의 이론적 모집단과 이론적 상황하에서 성립하게 됨을 가정한다. 그러나 실제로 평가연구를 실시하기 위하여 연구설계를 하게 될 때에는 이들 모든 이론적인 구성요소들이나 아이디어들은 구체적인 실례나 조작(operation)들로 전환되어야 한다. 평가를 위한 가설의 이론적 구성요소들을 연구설계에 있어서의 구체적인 실례들로 전환하는 것을 구성요소들에 대한 조작화(operationalization)라 한다.

이론적 구성요소들이 일단 조작화되고, 또한 이에 의하여 연구가 수행되고 나면, 우리는 조작화된 처리에 의하여 과연 어떤 효과가 있었는지 여부를 결정하여야 하는데, 여기에는 두 가지 이슈가 관련되어 있다. 이들 가운데 첫째는 충분히 큰 효과를 찾아낼 수 있었느냐 하는 것이고, 둘째는 이렇게 찾아낼 수 있는 효과가 실제로 이 정책(처리)에 의하여 오게 된 것이냐 아니면 다른 경쟁적 인과적 설명이 존재하고 있느냐 하는 것이다.

일단 위의 문제들에 대하여 답을 얻고 나면, 다음에는 우리가 조작화된 구성요소들 가운데에서 관찰하고 있는 이들 인과적 효과가 우리가 관심을 가지고 있는 다른 이론적 처리, 다른 이론적 결과, 다른 이론적 모집단 및 다른 상황에 대해서도 역시 일반화될 수 있느냐 하는데 대하여 관심을 가지게 된다.

우리가 수행하는 모든 정책영향평가연구의 결론들이 모두 위에서 제기한 네 가지 관점에서 의문시되는 것은 아니겠지만 그들의 어느 하나 또는 둘 이상에 대하여 의문시되는 경우가 대부분이다. 다시 말하면 우리는 정책영향평가연구의 결론에 대하여 다음의 이유들 가운데 어느 것 때문에 의문을 가질 수도 있다.

1) 가설의 이론적 구성요소들이 적절하게 조작화되지 못하였지나 않았는가?

2) 채택된 연구의 설계가 조작화된 구성요소들 가운데에서 인과적 효과를 찾아내기에 충분할 만큼 정밀하거나 강력하지 못하였지나 않았는가?

3) 조작화된 결과에 대하여 찾아낸 효과들은 실제로는 평가연구에서 관심을 가지고 있는 처리 이외의 다른 요인들에 기인된 것이 아닌가?

4) 이 연구에서 조작화되지 않은 다른 구성요소들에 대하여 이 연구결과를 토대로 일반화하는 것은 부적절한 것이 아닌가?

위에서 의문을 제기했던 이들 네 가지 관심사들은 정책평가의 타당성의 어떤 측면들을 나타내고 있다. 이들 가운데 첫 번째 관심사는 구성의 타당성, 두 번째 관심사는 결론의 타당성, 세 번째 관심사는 내적 타당성, 그리고 네 번째 관심사는 외적 타당성을 나타낸다. 이들 네 가지의 타당성들은 각각 다음과 같이 정의될 수 있다.

(가) 구성의 타당성 처리, 결과, 모집단 및 상황들에 대한 이론적 구성요소들이 성공적으로 조작화된 정도

(나) 결론의 타당성 만일 정책의 결과가 존재하고 이것이 제대로 조작화되었다고 할 때, 우리가 이에 대한 효과를 찾아낼 만큼 충분히 정밀하고 강력하게 연구설계가 되어진 정도

(다) 내적 타당성 조작화된 결과에 대하여 찾아낸 효과가 다른 경쟁적인 원인들에 의해서라기보다는 조작화된 처리에 기인된 것이라고 볼 수 있는 정도

(라) 외적 타당성 조작화된 구성요소들 가운데에서 우리가 관찰한 효과들이 원래의 연구가설에 구체화된 것들 이외의 다른 이론적 구성요소(theoretical constructs)들에까지도 일반화될 수 있는 정도

위에서 설명한 이들 네 가지 유형의 타당성들은 평가연구에 있어서 서로 다른 종류의 관계에 관한 것들이다. 구성의 타당성은 이론적인 구성요소들과 그들에 대한 조작화에 관한 것이고, 결론의 타당성과 내적 타당성은 조작화된 처리와 조작화된 결과들 사이의 관계에 관한 것이며, 외적 타당성은 조작화된 가설적 구성(constructs)과 조작화되지는 않았으나 역시 관심이 있는 다른 구성간의 관계에 관한 것이다.

Ⅱ. 타당화의 방법과 저해요인

1. 구성의 타당성

이미 앞에서 구성의 타당성이란 평가연구에 채택된 구체적인 결과의 측정, 처리, 표본 및 상황 등이 각각 관심을 가지고 있는 이론적 구성요소들을 나타내는 정도로 정의하였다. 여기서는 이들 가운데 결과의 측정을 위한 측정도구에 대한 구성의 타당성 문제를 중심으로 살펴보도록 하자.

측정도구의 구성의 타당성은 측정도구를 전반적인 이론적인 구조와 연결시켜 볼 때, 측정도구가 채택되고 있는 개념들 및 이론적인 전제들과 올바른 관계를 맺고 있는가 하는 정도를 나타내 주는 것으로 정의된다(Cronbach, 1981: 142~143).

다시 말하면 결과측정도구의 구성의 타당성은 우리가 측정하고자 하는 이론적 특성을 측정도구가 얼마나 올바르게 사정해 줄 수 있느냐 하는 정도를 나타내는 것이다.

결과를 나타내는 각각의 변수는 여러 가지의 구성요소들과 무작위적 오류요소를 반영하고 있다. 만일, Y를 결과를 나타내는 어떤 한 변수라 하고, C_j를 Y의 변수에 공헌하는 측정되지 않고 있는 이론적 구성요소들, 그리고 e를 무작위적인 오류요소라 한다면 Y는 다음과 같이 놓을 수 있다.

$$Y = C_1 + C_2 + \dots + C_j + \dots + C_n + e \qquad (7 \cdot 1)$$

하나의 예로서 시민들에 대한 교육프로그램이 정치적인 태도에 미치는 효과를 식별해 내는데 관심이 있다고 하자. 이때 하나의 방법으로서 태도측정을 위한 척도를 만들고, 이것을 처리대상과 비교대상의 양자에게 모두 적용해 볼 수도 있다. 이 경우 태도척도상에 나타나고 있는 개개인들의 점수들은 최소한 세 가지의 서로 다른 구성요소들을 반영하는데, 이들 세 가지 구성요소들은 우리가 측정하고자 하는 참된 태도(C_1), 대상자들이 사회적으로 바람직하다고 생각하는 그들 자신들에 대한 이미지를 나타내고자 노력하는 정도(C_2), 그리고 대상들이 그들에게 질문되고 있는 바를 이해하기에 충분한 언어능력을 가지고 있는 정도(C_3) 등이라고 생각해 볼 수 있다. 그리고 측정에 있어서는 이들 세 가지의 체계적인 변이의 소스(source) 이외에도 무작위적 오류(e)가 척도반응(尺度反應)에 불가피하게 나타나게 된다. 측정에 있어서 구성의 타당성의 문제는 이들 각 구성요소들이 Y의 변화 가운데 얼마 만한 몫을 차지하고 있느냐 하는 정도를 말한다. 이에 비해서 신뢰성의 문제는 e가 Y의 변화 가운데 얼마나 차지하고 있느냐 하는 문제이다.

만일 우리가 측정한 Y가 높은 구성의 타당성을 가지고 있다면, 즉 그것이 우리가 측정하고자 하는 밑에 깔려 있는 참된 정치적 태도를 진정으로 측정할 수 있다면, Y의 변이에 대한 C_1의 공헌은 실질적인 것이 되어야만 한다. 그러나 이것은 높은 구성의 타당성을 위한 필요조건일 뿐이지 충분조건은 되지 못한다. 앞에서 말한 것 이외에도 우리가 지금 수행하고 있는 연구에서 이론적인 관심이 별로 없는 구성요소들인 C_2와 C_3의 공헌들은 상대적으로 작다는 것이 확인되어야 하는 것이다. 그러므로 구성의 타당성에 대한 필요하고도 충분한 두 가지 조건들은 다음과 같다(Campbell and Fiske, 1959: 81~105).

(1) 수렴의 타당성

측정에 있어서의 변이가 관심이 있는 이론적 구성요소에 있어서의 변이의 결과인 정도

(2) 차별의 타당성

측정에 있어서의 변이가 이론적 관심이 조금도 없는 다른 구성요소들의 변이의 결과가 아닌 정도

앞의 정치적 태도의 예에 있어서 수렴의 타당성은 척도에 나타난 변화가 우리가 관심을 가지고 있는 이론적 구성요소인 밑에 깔려 있는 정치적 태도의 구성요소의 변화의 결과에 의한 것인 정도를 말한다. 그리고 차별의 타당성은 척도에 나타난 변화가 이론적 관심이 거의 없는 사회적 소망성과 언어능력 구성요소들의 변이의 결과가 아닌 정도를 말한다.

위에서 결과의 측정에 대하여 논의했던 구성의 타당성은 처리, 표본 및 연구의 상황 등에 대하여도 그대로 적용된다.

구성의 타당성을 구성하고 있는 수렴의 타당성과 차별의 타당성의 개념을 좀 더 명확히 이해하기 위하여는 조작화(operationalization)와 지표간의 관계를 좀 더 구체적으로 살펴볼 필요가 있다. 이론적 구성요소들과 가능한 조작화들간의 연계는 이것이 연구자들에게 무엇을 측정할 것인가를 선택하는데 실질적인 지침을 주기 때문에 실무적으로 매우 중요하다. 모든 측정도구나 조작화는 직접 측정할 수 없는 구성요소와 그의 지표들간의 관계에 관한 하나의 이론적인 가설을 나타낸다.

만일 하나의 이론적 구성요소에 대하여 복수의 조작화지표들을 사용한다면, 우리는 그들간에 높은 상관관계가 있을 것으로 기대할 수 있다. 그 이유는 이들 각각의 지표들이 직접적으로 측정되지 않고 있는 구성요소들과 높은 상관관계가 있을 것이기 때문이다. 만일 어떤 몇 가지 가정들이 주어진다면 지표들간의 상관관계를 통하여 지표들과 측정되고 있지 않는 구성요소들간의 상관관계를 추정할 수 있다. 그러므로 우리는 각 지표들과 관심이 있는 구성요소들간의 관계를 추론할 수 있게 된다. 이 관계는 지표들의 수렴의 타당성을 나타내기 때문에 매우 중요한 의미를 갖는다.

구성의 타당성의 필요충분조건 가운데 차별의 타당성 역시 구성요소를 정의하고 조작화할 수 있을 때, 복수의 지표를 통하여 추정될 수 있다.

예를 들어서 탁아소의 평가에 있어서 하나의 결과로서 소아들의 사회적 발달을 측정하려 한다고 하자. 그리고 그들의 수렴의 타당성을 검토하기 위하여 복수의 지표를 개발한다고 가정해 보자. 이와 아울러 여기서 우리가 측정하고자 관심을 가지고 있는 것은 사회적 발달이지 인지적 발달이 아니라고 가정해 보자. 이때 사회적 발달의 구성요소를 조작화한 세 개의 지표와 인지적 발달을 조작화한 세 개의 또 다른 지표를 개발하였다고 하고, 이들 여섯 개의 지표들간의 상관관계를 구하면, 이들 상관관계행렬은 다중특성 · 다중방법행렬(multitrait-multimethod matrix)이라 불리는 상관행렬의 형으로 나타나게 되고(Campbell and Fiske, 1959: 81~105), 우리가 사용한 측정도구의 수렴의 타당성과 차별의 타당성을 동시에 추정하는데 사용될 수 있다. 이 상관행렬표에서 전자는 사회적 발달의 측정간에 높은 상관관계로 나타나고, 후자는 두 가지 구성요소들에 대한 지표들간에 상대적으로 낮은 상관관계로 나타나게 될 것으로 기대된다.

그러므로 구성의 타당성에 대한 타당화의 방법으로서의 수렴원리와 차별원리를 일반화하면 동일한 속성에 대한 두 측정은 비록 서로 다른 방법을 사용한다고 하더라도 각각 높은 상관관계를 가져야 하는 반면에, 상이한 속성을 측정하는 것이면 유사한 측정도구가 사용되더라도 두 측정간에 높은 상관관계가 있어서는 안된다는 것을 의미한다.

원인과 효과추정에 있어서 구성의 타당성에 대한 위협들은 여러 가지가 있으나 이들은 두 가지로 유형화해 볼 수 있다. 첫째는 우리가 평가하고자 하는 것에 대하여 충분한 구성의 이론을 발전시키지 못함으로써 구성의 타당성을 낮게 하는 경우이다. 즉 우리가 평가에 관련된 주요 요소들에 대하여 이들을 성공적으로 조작화할 만큼 아주 구체적인 이론적 구성요소들을 정의하지 못할 경우, 구성의 타당성은 낮아지게 된다. 둘째는 이론적 구성요소들에 대한 이론을 발전시킨 경우라 할지라도, 모든 구성의 차원을 포함하여 조작화하는데 실패하였거나, 또는 대상(target)구성요소에 대하여 부적절한 차원을 포함하여 조작화하는 경우이다(Cook and Campbell, 1979: 64). 이들 가운데 전자를 '구성요소 최저대표화'라 부르고, 후자를 '잉여구성요소 적절성'이라 부른다.

2. 결론의 타당성

결론의 타당성은 이미 앞에서 연구의 설계가 처리효과를 찾아내기에 충분할 만큼 정밀하거나 강력한 것이었는가 하는 정도로 정의되었다. 실제로 처리효과가 존재하고 있느냐 하는 결론을 내리는 데에는 두 가지 유형의 결론의 오류가 존재한다. 이들 가운데 첫째 유형의 오류는 실제로는 처리효과가 존재하지 않는데 이것이 존재한다고 결론을 내리는 것이고, 둘째 유형의 오류는 실제로는 처리효과가 존재하고 있는데 이것이 존재하고 있지 않다고 결론을 내리는 것이다. 이러한 결론의 오류의 구분은 바로 통계학에서 구분하는 제1종 오류(Type I Error) 및 제2종 오류(Type II Error)와 동일한 것이다.

결론의 타당성을 논의할 때에는 결론의 오류를 처리효과를 추정하는데 있어서의 편의(bias)와 구분하는 것이 매우 중요하다. 편의란 우리가 어떤 이유로 경쟁적인 인과적 설명을 적절히 통제하지 못함으로써 처리효과의 크기를 잘못 추정하는 것이다. 편의는 내적 타당성에 대한 위협들을 효과적으로 제거하지 못하였기 때문에 처리효과가 과대추정 또는 과소추정됨으로써 오게 되는 것이다. 이에 비해서 결론의 오류는 처리효과의 크기 그 자체는 적절하게 추정하였으나, 이것이 자료 내의 다른 소스의 차이들과 비교될 때, 처리효과의 존재에 대하여 부적절한 결론에 도달하게 되는 것을 말한다.

처리효과가 존재한다거나 또는 존재하지 않는다는 결론은 측정된 처리효과의 크기를 항상 자료 내에 있는 다른 소스에서 기인되는 변이들과 비교함으로써 내려지게 되는 것이다. 그러므로 결론의 오류는 처리효과의 크기는 정확하게 추정하였으나, 이것을 자료 내의 다른 변이들과 비교할 때 그 효과를 신뢰할 수 없는 것으로 잘못 결론을 내리는데 기인하는 것이다.

처리효과가 존재한다거나 또는 존재하지 않는다는 것에 대한 결론은 이것을 측정한 다른 소스의 변이와 비교해서 내리는 것이기 때문에, 관심의 대상이 되고 있는 구성요소 이외의 다른 소스에 의한 변이가 상당히 크고 또 통제되지 않고 있는 경우에는 비록 처리효과가 존재한다고 할지라도 상대적으로 작은 것으로 평가함으로써 우리는 이것이 존재하지 않는 것으로 잘못 결론을 내릴 수도 있는 것이다.

결과의 측정에 있어서 부적절한 소스의 차이에 의하여 오는 결론의 타당성에 대한 위협을 극복하기 위한 절차의 선택은 이들 부적절한 변이가 체계적인 것이냐 또는 무작위적인 것이냐에 따라 다르게 된다. 만일 관심의 대상이 되고 있는 구성요소 이외의 다른 구성요소들에 의한 변이가 크다고 생각되고, 또한 결론의 정밀성이나 타당성을 높이고자 한다면, 부적절한 변이를 통계적으로 통제하여야 할 것이다. 결과의 측정에 있어서 부적절하거나 체계적인 변이에 대한 통제는 차단변수(blocking variable)를 사용하거나 또는 공분산(covariance)분석을 통하여 이루어질 수 있다. 만일 결과의 측정에 있어서의 부적절한 소스에 의한 변이가 체계적인 소스에 기인된 것이 아니라 무작위적 오류에 기인된 것이라고 생각되면, 좀 더 신뢰성이 높은 복수의 지표들을 결과의 측정에 채택하여야 할 것이다.

결론의 오류는 또한 처리변수의 수준이 충분히 높지 못한 것을 사용함으로써 오는 수도 있다. 이 경우 처리효과를 탐지하고자 한다면 상대적으로 좀 더 극단적인 처리수준을 채택함으로써 이러한 종류의 결론의 타당성에 대한 위협을 제거할 수 있다. 이에 대해서는 정책평가의 실험적 연구설계에서 좀 더 구체적으로 논의하게 될 것이다.

결론의 오류는 또한 평가연구를 위하여 충분한 관찰자료를 수집하지 못하였거나 또는 이들 관찰이 매우 이질적인 경우에도 올 수 있다. 만일 평가연구자가 기대처리효과의 크기를 미리 추정할 수 있다면, 검증력분석(power analysis)을 함으로써 제2종 오류를 피하는데 필요한 크기의 표본수를 결정할 수 있다.

3. 내적 타당성

내적 타당성은 결과변수에 대한 처리효과로써 탐지된 것이 다른 경쟁적인 원인, 다시 말하면 허위변수나 혼란변수에 기인된 것이 아니라 바로 관심의 대상이 되고 있는 정책에 기인된 것이라고 볼 수 있는 정도로서 정의된다. 바꾸어 말하면, 내적 타당성은 정책과 결과간의 관찰된 관계로부터 도달하게 된 인과적 결론의 적합성의 정도를 나타낸다(Campbell and Stanley, 1966: 5). 내적 타당성을 위태롭게 하는 요소들은 평가연구 수행에 대하여 외재적인 요소들과 평가연구를 수행하는 과정에서 결과에 스며들어가는 내재적 요소들로 구분할 수 있다.

여기서 외재적인 요소란 처리집단과 비교집단을 구성할 때 두 집단에서 서로 다른 개인들을 선발하여 할당함으로써 오게 될지도 모르는 가능한 편의들이다. 이것을 선발요소라고 부르기도 한다. 만일 서로 다른 대상들이 처리집단과 비교집단에 배정되고, 비무작위적 배정의 규칙이 사용된다면, 우리는 처리효과가 없는 경우에도 결과의 측정에서 두 집단간에 차이가 관찰될 것으로 기대할 수 있다. 처리와 비교집단이 구성되고 비무작위적 배정이 이루어지는 경우에는 언제나 선발이 편의의 하나의 주요한 소스가 될 수 있다.

만일 개인들이 하나의 프로그램에 참여할 것인지 여부를 그들 자신들이 결정하게 되는 경우에는, 이 선발효과가 특히 두드러지게 나타나고 문제가 된다. 그러한 경우에는 평가자는 처리 그 자체가 처리집단과 비교집단간의 관찰된 차이를 가져온 원인이 되었는지, 아니면 선발절차와 관련된 다른 변수들이 관찰된 효과를 가져온 것인지 구분하기 어려울 것이다. Rossi에 의하면 많은 사회프로그램들이 일단 집행되기 시작하면 광범위한 대상집단들이 자기선발의 베이스에 의하여 이 프로그램을 이용할 수 있으며, 이에 따른 선발효과 때문에 이러한 프로그램의 효과성을 평가하는데 더욱 많은 문제가 된다고 한다(Rossi, 1972: 11~49).

내적 타당성을 위협하는 내재적인 요소들은 외재적인 요소들과는 반대로 처리를 하는 동안에 일어나는 변화, 측정도구에 일어나는 변화, 혹은 연구 그 자체에 대한 반작용효과 등이다. 다음에 열거하는 요소들은 인과적 추론의 타당성을 낮게 할지도 모르는 주요한 내재적 요소들이다(Campbell and Stanley, 1965: 5; Campbell, 1973: 193~203).

(1) 역사적 요소

역사적 요소란 조사를 하는 기간 동안에 일어나는 사건으로서, 정책효과의 연구대상이 되고 있는 개인이나 집단에 영향을 미칠 수도 있기 때문에 이것이 대상변수의 변화에 경쟁적인 설명을 제공할 가능성이 있다. 프로그램을 집행하기 전과 집행한 후에 그 결과를 측정한 사이의 기간이 길수록 역사적 사건이 잠재적인 경쟁적 설명이 될 확률은 더욱 높아진다. 예를 들면, 소비자 행태에 미치는 에너지 절약운동의 효과를 평가하는 연구에 있어서 기본가정은 에너지 절약운동 기간 동안에 소비자들이 접한 정부의 홍보활동들이 그들의 소비행태에 영향을 미칠 것이라고 하는 것이다. 이 경우 그 효과를 찾아내기 위해서는 정부의 홍보에 접하기 전후의 소비행태를 비교해 보아야 한다. 그러나 정부의 홍보에 접하기 전후의 소비행태에 어떤 변화가 있었다고 할지라도, 이 변화는 이 기간 동안에 일어난 어떤 다른 사건들, 예컨대 에너지 비용의 상승, 정부의 규제, 에너지 파동 또는 불규칙적인 기상조건 등의 영향에 의한 것일 수도 있다.

(2) 성숙효과

만일 어떤 대상 내(within subject)에 처리의 효과에 대한 비교가 이루어진다면, 그리고 그 대상에 대하여 처리를 하기 전의 비교조건과 처리 후의 그것을 각각 관찰한다면, 연구대상의 결과에 대한 처리전과 후의 측정값들은 처리기간 동안에 처리대상 개개인들이 성숙함으로써 다르게 나타날 가능성도 있다. 대상 내에서 처리에 대한 비교가 이루어지고, 또한 처리조건과 비교조건이 비무작위적으로 이루어진 상황하에서 대상들이 관찰되는 경우에는 언제나 성숙효과가 잠재적인 편의(bias)의 소스가 될 수 있다. 예를 들어서 연구자가 어떤 특정한 강의 프로그램이 초등학교 3학년 학생들의 성취에 어떤 효과를 미치는가를 평가해 보기 위하여 그 프로그램이 집행되기 전과 후에 학생들의 성취도를 기록했다고 가정해 보자. 그런데 학생들은 프로그램이 집행되기 전과 후의 측정기간 사이에 성장하기 때문에 이해력이 높아질 수도 있고, 이 때문에 성취도가 높아질 수도 있어서 이것이 프로그램보다는 학생 자신들에게 일어난 변화인 두 개의 측정치들간의 차이를 설명해 줄 수도 있다.

(3) 상실요소

만일 연구대상들이 어떤 알려져 있지 않은 이유로 연구기간 동안에 처리집단과 비교집단에서 서로 다른 성격과 비율로 탈락한다면, 대상들의 이러한 상실이 이들 두 집단의 구성을 다르게 함으로써 잠재적인 편의의 소스가 될 수 있다. 예를 들면 미디어(media)가 편견에 미치는 효과를 연구하는데 있어서, 만일 실험연구과정에서 탈락한 사람들이 주로 편견을 가진 개인들인 경우에는 의견이 달라진 것으로 관측되는 것이 실제로는 실험과정에서의 서로 다른 상실에 의한 것임에도 불구하고 미디어에 노출됨으로써 편견이 감소된 것으로 잘못 인상을 받을 수도 있다.

(4) 테스트와 측정요소

테스트와 측정의 절차가 연구되고 있는 현상을 변화시킬 수도 있다. 이와 같은 측정의 반동력이 정책이나 프로그램의 효과를 평가하는데 주요한 문제의 하나가 되고 있다. 프로그램을 도입하기에 앞서 테스트를 받은 것의 효과는 개개인들이 신경을 세우도록 자극함으로써 프로그램을 집행한 후의 그들의 측정점수를 높이도록 할 수 있다. 그러므로 프로그램을 집행하기 전후의 테스트 점수의 차이는 반드시 프로그램에서 온 것이라고는 할 수 없을 것이며, 오히려 프로그램을 집행하기 전에 개인들이 테스트 경험을 통하여 얻어진 것이라고 할 수도 있는 것이다. 예를 들면, 인지적 기술을 향상시키는 훈련프로그램에서, 실제로는 그 프로그램이 효과가 없는 경우에도, 만일 동일한 테스트 문제들이 프로그램 전과 후에 사용되었다고 한다면, 개인들이 이들 문제들을 기억하거나 혹은 프로그램 집행 후의 테스트에 앞서 이 문제들을 토의함으로써 테스트 점수가 높아지게 되어 프로그램의 효과가 있었던 것같이 보고될 수도 있다.

(5) 회귀인공요소

회귀인공(regression artifact)요소들은 프로그램 집행 전의 1회의 측정에서 극단적인 점수를 얻은 것을 기초로, 개인들을 선발하게 되면, 다음의 측정에서 선발된 사람들의 평균점수는 덜 극단적인 방향으로 이동하게 되는 것을 의미한다. 바꾸어 말하면 프로그램 집행 전에 테스트 점수가 최하위에 속하는 개인들을 선발하여 이들을 대상으로 프로그램을 집행한 후에 다시 테스트하면, 비록 실제로는 프로그램의 효과가 없었다 할지라도 그들 집단의 평균점수는 향상된 것같이 나타날 수 있다는 것이다.

예를 들어 28명의 학생들에게 통계학시험을 보게 하고, 그 성적을 토대로 하위 25%에 해당되는 7명을 뽑아서 한 학기 동안 특별지도를 한 다음 그 특별지도 프로그램의 효과를 평가한다고 가정해 보자. 그리고 이러한 특별지도를 하는 기간 동안에 성숙효과가 없었고, 또한 이 특별지도 프로그램이 아무런 효과가 없었다고 가정해 보자. 만일 연구설계가 편의가 없는 것이라면, 위와 같은 가정하에서는 특별지도 프로그램에 의하여 아무런 유의미한 향상도 관찰되어서는 안 될 것이다. 예를 들어서, 28명의 통계학성적의 테스트 결과가 <표 7-1>과 같이 요약되었다고 하자.

제 I 열: 학생들의 진정한 테스트 점수를 나타낸다. 물론 이것은 실제로는 결코 완전하게 측정될 수는 없을 것이고, 여기에 얼마간의 측정오류가 따르게 될 것이다.

제 II 열: 앞의 제 I 열의 진정한 테스트 점수에 −20에서 +20 사이의 무작위수(random number)를 하나씩 더하여 얻은 점수들이다.

제 III 열: 역시 제 I 열의 진정한 테스트 점수에 −20에서 +20 사이의 또 다른 무작위수를 하나씩 더하여 얻은 점수들이다.

여기서 제 II 열에 있는 점수들이 모든 학생들에 대한 첫 번째 테스트 점수를 나타낸다고 가정하고, 제 III 열에 있는 점수들이 두 번째 테스트 점수를 나타낸다고 가정해 보자. 그런데 이들 두 개의 테스트 점수들은 '진정한 테스트 점수'에 무작위적 오류를 더하여 얻은 것들이기 때문에 전체학급의 테스트 값들의 평균

점수는 첫 번째 테스트와 두 번째 테스트간에 큰 차이는 없을 것이다.

표 7-1 테스트의 진정한 점수에 무작위적 오류를 더한 점수

학생	I 진정한 점수	무작위적 오류테스트 1	II 관찰된 점수테스트 1	무작위적 오류테스트 2	III 관찰된 점수테스트 2
A	70	+13	83*	+1	71
B	75	−20	55*	+15	90
C	80	+8	88	−13	67
D	84	+7	91	−1	83
E	87	−15	72*	−9	78
F	90	+2	92	+8	98
G	93	−4	89	+12	105
H	95	−7	88	+16	111
I	96	+3	99	−12	84
J	97	+17	114	+20	117
K	98	−19	79*	−1	97
L	99	+11	110	+5	104
M	99	−18	81*	−17	82
N	100	−13	87*	+3	103
O	100	+9	107	−7	93
P	101	+12	113	+10	111
Q	101	−0	101	−5	96
R	102	−18	84*	+2	104
S	103	+13	116	+9	112
T	104	+7	111	−15	89
U	105	+3	108	+14	119
V	107	+12	119	−7	100
W	110	−11	99	+16	126
X	113	−20	93	+5	118
Y	116	+15	131	−19	97
Z	120	+1	121	+5	125
AA	125	−2	123	−2	123
BB	130	−14	116	−14	116

* 하위 25%에 속하는 학생들.

여기서 분명히 해 두어야 할 것은 이들 테스트 점수들을 만드는 데 무작위적인 오류만 개입되었을 뿐, 첫 번째 테스트와 두 번째 테스트에 차이를 가져올 아무런 체계적인 효과도 작용하지 않았다는 점이다. 특별지도를 받을 학생들로는

첫 번째 테스트 결과를 토대로 가장 점수가 나빴던 7명이 뽑혔다. 이들 학생들 각각의 첫 번째 테스트 점수와 두 번째 테스트 점수를 요약해 놓은 것이 <표 7-2>이다.

표 7-2 첫 번째 테스트에서 하위 25%에 속했던 학생들 점수의 변화

학생	테스트 1	테스트 2	차점
A	83	71	−12
B	55	90	35
E	72	78	6
K	79	97	18
M	81	82	1
N	87	103	1
R	84	104	20

이 연구설계를 기초로 해 볼 때, 이들 특별지도 프로그램 대상학생들의 첫 번째 테스트 점수의 평균은 77.3점이었고, 두 번째 테스트 점수의 평균은 89.3점으로서, 평균점수가 12점이 순증가한 것으로 나타나고 있다. 다시 말하면 특별지도 프로그램이 성공적이 아니었다 할지라도 회귀인공요소의 작용에 의하여 12점이 향상된 것 같이 나타나고 있는데, 이것이 프로그램의 회귀인공에 의한 거짓 효과이다.

(6) 측정도구의 조락

측정도구의 조락이란 정책이나 프로그램의 집행 전과 집행 후에 측정하는 절차나 측정도구가 변화되는 것을 말하며, 이와 같이 평가대상에 대한 측정절차나 측정도구가 동일하지 않다고 할 때에는 나타난 변화가 정책의 효과에 기인된 것인지, 아니면 단지 측정도구나 절차가 달라짐에 따라 나타난 것인지 그 구분이 애매하게 된다. 예를 들면 인지적 기술을 증진시키는 한 프로그램을 심리학자가 프로그램을 집행하기 전과 프로그램을 집행한 후에 테스트한 점수에 의하여 평가한다고 가정해 보자. 만일 테스트 기간 동안에 심리학자의 판단의 기준상에 어떤 변화가 있게 되면 측정도구가 변화할 수 있게 되고, 이것이 발견된 결과를 왜곡시킬 가능성도 있는 것이다.

(7) 선발과 성숙의 상호작용

실험집단과 비교집단에 선발된 개인들이 최초에도 다를 뿐만 아니라 그들 두 집단의 성장 또는 성숙의 비율이 다를 수도 있으며, 이것은 정책효과를 왜곡하는 편의의 소스가 될 수 있다.

(8) 처리와 상실의 상호작용

실험집단과 비교집단에 무작위배정이 이루어진 경우라 할지라도, 이들 집단들에 서로 다른 처리로 인하여 두 집단으로부터 처리기간 동안에 서로 다른 성질의 구성원들이 상실됨으로써 실험집단과 비교집단에 남아 있는 개인들을 대상으로 처리효과를 추정하게 되면 그 결과가 왜곡될 가능성이 있게 된다. 예컨대 정책실험집단에서는 정책의 집행에 불만을 품은 표본들이 주로 탈락되고, 비교의 집단에서는 그 정책에 호의적인 표본과 불만을 품은 표본들이 골고루 탈락하게 된다면 평가의 결과 정책의 진정한 효과와는 관계없이 정책실험집단에서는 비교집단에서보다도 정책의 효과가 더 큰 것으로 나타날 수도 있을 것이며, 이것이 정책효과의 판단을 어렵게 하는 요인이 될 수 있다.

내적 타당성을 위협하는 요소들은 위에서 설명한 것들 이외에도 여러가지가 있으며, 정책평가연구가 활발해짐에 따라 그들의 원인들도 규명되어가고 있다. 예컨대 Cook과 Campbell에 의하면 보상의 경쟁(compensatory rivalry)과 처리에 대한 보상의 동등화(compensatory equalization of treatment)는 내적 타당성을 위협하는 특히 중요한 요소들이라 한다(Cook and Campbell, 1979: 50~59). 아무런 처리를 받지 않고 있는 통제집단에 속하고 있는 개인들은 그들이 아무런 처리도 받지 않고 있다는 것을 알게 될지도 모르며, 이에 따라 처리를 받지 않는 것을 보상받기 위하여 더욱 열심히 하도록 동기가 유발될지도 모른다. 이러한 위협을 보상의 경쟁이라 부른다. 한편 실험을 관리하는 행정가들은 '혜택을 받지 못하는' 비교집단에 보상을 줄 필요성을 느끼게 될지도 모르는데, 이러한 위협을 처리에 대한 보상의 동등화라 부른다.

때로는 비교집단에 있는 대상들이 처리집단에 있는 대상들과 아주 가까이 접근해 있는 경우에는, 처리의 어떤 확산이나 모방현상이 일어나 집단간의 바람직한 차이가 극소화되어 버리는 경우까지도 생길 수 있어, 이것이 내적 타당성을 낮게 하는 요인이 될 수도 있다. 내적 타당성을 위협하는 요인들 가운데 여기서 설명되지 않았거나 또는 좀 더 자세한 설명이 필요한 것들에 대해서는 실험연구의 방법을 논의할 때에 보충하여 설명하게 될 것이다.

4. 외적 타당성

외적 타당성은 하나의 평가연구에서 관찰된 효과가 원래의 연구가설에서 구체화한 이론적 구성요소들 이외의 다른 이론적 구성요소들에게까지도 일반화될 수 있는 정도로 정의된다. 마치 구성의 타당성이 결과, 처리, 표본 및 상황들에 있어서 이론적 구성요소들과 조작화 사이의 모든 관계에 관한 것인 것과 마찬가지로 외적 타당성도 이들 각각에 대하여 말할 수 있을 것이다. 다시 말하면 원래의 연구가설에 포함된 결과, 처리, 표본 및 상황 등에서 관찰된 바를 원래 구체화되지 않았던 다른 것들에까지도 일반화하고자 할 때, 이것이 가능한 정도로서 나타내어지는 것이 외적 타당성이다.

그러므로 외적 타당성이란 정책평가의 결과로 발견된 사실들이 평가조사의 대상집단에서 뿐만 아니라 구체화되지 않고 있는 다른 모집단에서도 그대로 적용될 수 있으며, 또한 정책이 집행된 것과 다른 상황에서도 실험에서 발견된 효과들이 그대로 나타날 수 있느냐 하는 의문에 대한 대답이다. 위의 의문에 대해 긍정적이면 그럴수록 외적 타당성은 그만큼 높은 것을 의미하고, 부정적이면 그럴수록 외적 타당성은 그만큼 낮은 것을 의미한다.

평가조사의 대상이 되는 표본을 추출할 때에 그 표본의 크기가 정책집행의 대상모집단을 대표할 만큼 충분히 큰 수를 추출하며, 표본을 뽑을 때에도 어느 한쪽에 치우치지 않도록 무작위추출, 계통추출, 층화추출, 군집추출 등 통계적 표본추출의 방법에 의해서 평가대상표본들을 추출함으로써 표본의 대표성을 확보할 때, 이것은 외적 타당성이 아니라 구성의 타당성을 높일 수 있다. 이미 앞에서 정의한 바와 같이 관찰된 대상집단으로부터 관심의 대상이 되고 있는 모집단에로의 일반화를 가능하게 해주는 표본추출절차는 외적 타당성보다는 구성의 타당성을 높이는데 더 적합하다. 이는 이러한 표본추출로 관심의 대상이 되고 있는 이론적 구성요소들이 현재의 연구에서 적절히 대표되거나 조작화되었기 때문이다. 그러므로 관찰로부터 관심의 대상이 되고 있는 이론적 모집단으로의 일반화는 구성의 타당성의 영역이지만, 조작화된 이론적 모집단이나 구성요소들로부터 관심이 있는 다른 모집단이나 구성요소들로의 일반화는 외적 타당성의 영역이라 할 수 있다.

구성의 타당성과 외적 타당성의 구분은 다음과 같은 가상적인 예를 보면 이해가 분명해질 수 있다. 즉 초등학교에 들어가기 전의 빈곤한 가정의 아동들을 돕기 위한 D라는 특별 TV교육프로그램이 약 1년간 방송되었는데, 한 연구자가 그 프로그램이 이들 가정의 미학령아동들의 인식력발달에 미친 효과를 평가하려 한다고 하자. 이때 이 연구자가 일반화하고자 하는 관심의 대상이 되고 있는 이론적 모집단은 빈곤한 가정의 미학령아동들로 구성되어 있다. 이 평가결과를 일반화할 수 있도록 하기 위하여 연구자는 정교한 표본추출방법을 사용하였다. 이러한 표본추출방법에 의하여 연구자는 이 평가조사가 관심을 가지고 있는 이론적 모집단을 대표하고 있다는데 높은 신뢰를 가지고 있다. 그러면 우리의 정의에 비추어 볼 때 이 표본추출의 절차는 표본의 구성의 타당성을 극대화할 수 있도록 설계된 것이라 할 수 있다. 다시 말하면 이 표본추출의 절차는 연구자로 하여금 하나의 특정한 조작으로부터 관심의 대상이 되고 있는 이론적인 구성으로서 일반화를 가능하도록 해주는 것이다.

그러나 앞의 예에 있어서 관련된 외적 타당성은 연구결과를 빈곤한 가정의 미학령아동들에게 일반화할 수 있느냐 하는 것이 아니라, 오히려 이 연구에서 실재로 조작화되지 않고 있는 다른 모집단들(예컨대 중산층 가정의 미학령아동)에까지도 관찰된 효과를 일반화할 수 있겠느냐 하는 것이다. 마찬가지로 결과측정에 대한 외적 타당성은 관심을 가지고 측정된 구성요소로부터 다른 측정되지 않은 구성요소들에까지도 일반화할 수 있느냐 하는 것에 관한 것이다.

이러한 정의를 통해서 볼 때 외적 타당성을 높일 수 있는 유일한 수단은 한 구성요소와 다른 구성요소들간의 관계를 정의해 주는 이론을 사전적인 연구, 경험 및 상식 등에 의하여 타당화시키는 것이다. 앞의 TV프로그램의 경우, 연구자가 D프로그램에서 빈곤한 가정의 미학령아동들에 대하여 관찰된 효과를 중산층 가정의 미학령아동들에게까지도 확대하여 일반화하고자 하는 경우에는, 사회적 및 경제적 신분이 TV프로그램과 상호작용을 할 것이라든지 또는 하지 않을 것이라든지 하는 이론적 추론을 먼저 해야만 한다. 이러한 이론적 추론은 이전의 연구나 경험에 의한 정보에 의하여 할 수 있을 것이다. 우리는 표본을 뽑은 모집단과 다른 이론적 모집단들이 다른 정도를 유사성 경사도(gradient of similarity)라는 개념으로 파악할 수 있다. 어떤 이론적 모집단은 표본이 뽑힌 모집단과 매우 유사한 반면에, 어떤 이론적 모집단은 그렇지 않다. 일반적으로 조작화되지 않은 모집단에 대한 일반화에 대하여 우리가 가질 수 있는 평가결과의 일반화에 대한 신뢰도는 이러한 유사성 경사도상에서 이론적 모집단의 위치에 따르게 될 것이다. 이러한 유사성 경사도는 또한 평가연구에 있어서 조작화되지 않은 결과, 처리 및 상황 등의 이론적 구성요소들에 대한 일반화에 있어서도 그대로 사용될 수 있다.

Ⅲ. 타당성과 신뢰도

1. 신뢰도

결과를 나타내는 각각의 변수가 여러가지의 구성요소들과 무작위적인 요소들을 반영하고 있다는 것은 이미 구성의 타당성에서 말한 바와 같다. 설명의 편의상 식 (7·1)을 여기에 다시 옮겨 써 보면 식 (7·2)와 같다.

$$Y = C_1 + C_2 + \cdots + C_j + \cdots + C_n + e \qquad (7 \cdot 2)$$

식 (7·2)에서 Y는 결과를 나타내는 변수, C_j를 Y의 변화에 공헌하는 이론적 구성요소, 그리고 e를 무작위적인 오류요소라 한다면, 신뢰도의 문제는 변화에 있어서 e가 차지하는 정도가 얼마나 되느냐 하는 문제이다. 위의 모형에서 신뢰도는 결과에 대한 반복적인 측정에 있어서 가변적인 오류를 얼마나 포함하고 있느냐 하는 정도를 나타내 준다. 만일 오류가 포함되는 정도가 측정할 때마다 크게 다르다고 한다면, 그러한 측정의 결과는 일관성이 없어지게 될 것이다. 이러한 점에서 신뢰도는 측정도구가 어떤 현상을 되풀이해서 측정했을 때 얼마나 일관성있게 측정할 수 있느냐 하는 정도로 파악된다(Suchman, 1967: 116~117). 그러므로 신뢰도는 동일한 측정도구를 반복해서 사용했을 때 동일한 결과를 얻을 확률을 나타내는 것이다. 이러한 신뢰도에 대한 기준은 평가의 신빙성

(dependability)과 안정성(stability)의 측면을 나타낸다.

신뢰도를 측정하는 방법으로는 재검사법(test-retest method), 반분법(split-half method) 등이 널리 이용되고 있다. 여기서 재검사법은 한 번 측정한 후에 일정한 시간 간격을 두고 동일한 측정도구, 예컨대 동일한 설문서를 가지고 다시 조사하여 두 조사결과(또는 측정결과)간의 상관관계를 가지고 신뢰도를 측정하는 것이다. 두 측정 간의 상관관계가 높을수록 신뢰도가 높다고 판정한다. 한편 반분법은 측정도구, 예컨대 동일한 개념을 측정하는 한 세트의 설문서를 무작위로 두 개의 하위세트로 나눈 다음, 동일한 대상에 대하여 설문조사하고(실제 설문조사는 두개의 하위 세트설문들을 섞어서 조사를 실시한 후, 조사 후 집계는 둘로 나누어 실시), 두 하위세트에 의한 측정치들 간의 상관관계를 분석하는 방법이다.

2. 평가에 있어서 신뢰도를 낮게 하는 요인들

평가연구에 있어서 체계적이 아닌 무작위적 오류의 주요 소스들은 다음과 같다.

(1) 대상자요소

프로그램의 대상자들의 무드(mood), 동기, 피로 등이 그의 육체적 및 정신적 건강에 영향을 미치고, 이것이 다시 공공프로그램과 관련된 그의 태도나 행태에 일시적으로 영향을 미치게 되는 수도 있다. 그리고 이러한 요소들은 변화하기 쉬운 성격을 띠고 있기 때문에 이들이 그의 반응에 비체계적인 변화를 일으킬 수 있다.

(2) 관찰자요소

위에서와 동일한 개인적 요소들이 관찰자가 측정을 하는 방법에도 또한 영향을 미칠 수도 있다. 이들 관찰자요소들은 프로그램 대상자들의 반응에 영향을 미치는 경향이 있을 뿐만 아니라, 나아가서는 대상자들의 반응에 대한 관찰자의 해석에도 또한 영향을 미치기도 한다.

(3) 상황적 요소

측정이 이루어지고 있는 상황적 조건들이 연구되고 있는 모집단의 진정한 변화를 반영하지 않는 변화를 가져올 수도 있다. 만일 평가상황의 변화가 체계적인 것이라면, 연구자들은 물론 평가상황이 그의 측정에 미치는 효과에 대하여 타당한 연역을 할 수 있을 것이다. 그러나, 만일 그러한 상황변이가 무작위적인 것이라면, 이들 상황적인 요소들은 어떤 일관성있는 편의를 가져오기보다는, 오히려 신뢰할 수 없는 결과를 가져오는 비체계적인 반응을 초래하게 될 것이다.

(4) 측정도구요소

위에서 말한 모든 요소들이 신뢰도가 낮은 신뢰도구를 가져오는데 함께 작용하는 것이 일반적이다. 그러나 때로는 측정도구 그 자체의 어떤 특수한 측면이 그의 신뢰도에 영향을 미치는 수가 있다. 예를 들면 면접에서 불명확한 표현과 같은 서투른 질문이 응답대상자들의 응답에 무작위적 변이를 가져오게 하는 수도 있다.

(5) 과정적 요소

단순한 코딩(coding)이나 기계적 오류들도 이것들이 무작위적 또는 비체계적으로 일어날 때에는 신뢰도를 떨어뜨리는 요인이 될 수도 있다.

신뢰도는 위에서 말한 요인들 가운데 평가를 위한 측정의 과정에서 무작위적 오류를 가져오는 주된 요인이 무엇인가에 대해서 주의깊게 관찰하고 이를 제거함으로써 통제될 수 있다. 이러한 낮은 신뢰도는 비체계적인 오류에 대한 부주의와 적절한 사전 주의가 결여된 데에서 기인되는 경우가 많다. 그러므로 평가연구의 과정에서 신뢰도를 낮추는 위의 요인들에 대해서 사전에 체크하고 주의해 나감으로써 신뢰도를 높일 수 있게 될 것이다.

3. 타당성과 신뢰도

타당성과 신뢰도는 모두 정책평가연구에 있어서 매우 중요한 것이지만, 대부분의 경우 정책평가에 있어서 주로 문제가 되는 것은 신뢰도의 문제인 경우보다는 타당성의 문제인 경우가 많다.

타당성이 높은 평가연구는 물론 신뢰도 역시 높다 하겠으나, 신뢰도가 높은 평가연구라 하여 타당성 역시 높다고 할 수는 없을 것이다. 다시 말하면 신뢰도가 높은 평가연구는 타당성이 높을 수도 있고 타당성이 낮을 수도 있다. 또한 타당성이 낮은 연구는 신뢰도가 높을 수도 있고, 또 신뢰도가 낮을 수도 있다. 그러나 타당성이 높은 평가연구의 경우에는 신뢰도 역시 높은 것이다. 그렇기 때문에 평가연구에 있어서 주로 문제가 되는 것은 타당성의 문제라 할 수 있는 것이다. 물론 이 말은 신뢰도 확보에 등한히 하여도 좋다는 의미로 해석해서는 안되며, 평가연구에 있어서는 타당성을 높이는 데에 더 높은 우선순위를 두어야 한다는 것을 의미하는 것으로 해석해야 한다.

이 장의 요약

1. 인과관계란 원인과 결과라는 말을 약해서 쓰는 말이다. 원인과 결과관계를 논의하는데 있어서는 원인, 결과, 그리고 관계의 하나하나가 모두 중요한 논의의 대상이 될 수도 있겠으나, 그 중에서도 관계에 대한 논의가 가장 큰 핵심을 이루고 있다.

2. 인과관계에 대한 생각은 시대에 따라 여러가지로 변천되어 왔는데 이러한 인과관계에 대한 사고의 변천은 우리에게 다음과 같은 몇 가지 점들을 시사해 준다. 즉, ① 인과적 법칙은 확률적 법칙이다. ② 대량의 복잡한 대상에 대한 인과법칙에 있어서 효과는 복수의 원인에 의한 것이 될 수 있다. ③ 인과관계에 있어서 원인에 대한 조작은 효과에 대한 조작을 가져올 수 있다. ④ 인과적 변화에 있어서 독립변수의 변화는 종속변수의 변화를 선행해야 하며, 이러한 시간적 선후관계는 많은 경우 정책효과평가의 기초를 제공해 준다. ⑤ 인과관계를 주장하기 위해서는 결과에 일어난 변화를 설명하는 다른 설명의 대안들을 기각할 수 있어야 한다.

3. 타당성이란 측정이나 절차가 그것이 목표로 하는 것을 달성했느냐 하는 정도를 나타내는 개념이므로, 정책평가의 타당성은 정책평가의 연구가 정책의 효과를 얼마나 진실에 가깝게 추출해 내고 있느냐 하는 정도를 나타내는 개념이라 할 수 있다. 정책평가에 있어서의 타당성은 구성의 타당성, 결론의 타당성, 내적 타당성 및 외적 타당성 등으로 구분될 수 있다. 구성의 타당성은 처

리, 결과, 모집단 및 상황들에 대한 이론적 구성요소들이 성공적으로 조작화된 정도를 나타내고, 결론의 타당성은 만일 정책의 결과가 존재하고 이것이 제대로 조작화되었다고 할 때, 우리가 이에 대한 효과를 찾아낼 만큼 충분히 정밀하고 강력하게 연구설계가 되어진 정도를 나타내며, 내적 타당성은 조작화된 결과에 대하여 찾아낸 효과가 다른 경쟁적인 원인들에 의해서라기보다는 조작화된 처리(정책)에 기인된 것이라고 볼 수 있는 정도를 나타낸다. 끝으로 외적 타당성은 조작화된 구성요소들 가운데에서 우리가 관찰한 효과들이 원래의 연구가설에 구체화된 것들 이외의 다른 이론적 구성요소들에까지도 일반화될 수 있는 정도를 나타낸다.

연/습/문/제

[7.1] 인과분석에서 말하는 원인이란 말의 개념은 무엇인가?

[7.2] 인과관계에 대한 세 가지 중요한 철학적 사고의 변천은 무엇이며, 이들 사고의 기본관념들은 무엇인가?

[7.3] 구성의 타당성과 외적 타당성의 차이점은 무엇인가?

[7.4] 결론에 오류가 존재하는 경우에 제1종 오류와 제2종 오류는 어떻게 다른가?

[7.5] 인과관계에 대한 철학적 사고의 변천이 정책평가연구에 주는 시사점들에 대하여 설명하여라.

[7.6] 정책효과추정의 기본논리를 설명하여라.

[7.7] 허위변수와 혼란변수의 차이점은 무엇이며, 이들은 정책효과의 추론에 어떠한 영향을 미치는가?

[7.8] 타당도와 신뢰도의 차이와 그 상대적 중요성에 대하여 설명하여라.

[7.9] 매개변수와 혼란변수의 차이는 무엇인가?

[7.10] 다음 내적 타당성을 저해하는 주요 개념들에 대해서 간략히 설명하여라.

① 역사적 요소 ② 성숙효과
③ 상실요소 ④ 테스트와 측정요소
⑤ 회귀인공요소 ⑥ 측정도구의 조락
⑦ 선발과 성숙의 상호작용 ⑧ 처리와 상실의 상호작용

제 8 장

평가질문과 분석방법간의 연계

장 | 머 | 리 | 에

평가질문과 분석방법간의 관계를 이해하는 것은 매우 중요하다. 그 이유는 이러한 이해는 평가설계와 분석과정에 도움을 주기 때문이다. 평가질문과 분석방법간의 관계를 이해하면, 평가과정에서 어떠한 형태의 자료들을 수집할 필요가 있으며, 자료를 수집할 표본의 크기는 얼마가 되어야 하느냐 하는 것을 결정하는 평가설계에 필요한 정보를 제공해 준다. 평가질문과 분석방법간의 관계에 대한 이해는 또한 평가질문에 답하기 위해서 어떠한 정보를 산출해 내야 하며, 분석방법이 이러한 정보를 산출해 내는데 적절한지 여부를 판단할 수 있도록 해준다.

실제 프로그램평가과정에서 제기하는 평가질문들은 다양하고, 평가목적에 따라 제기되는 평가질문들도 서로 다르다. 이들 다양한 평가질문들을 하나하나 열거하고, 이러한 질문에 어떠한 분석방법이 적절하고 어떻게 활용될 수 있느냐 하는 것을 설명하는 것은 매우 어려운 일이다. 그러므로 여기서는 몇 개의 대표적인 평가질문들의 유형을 제시하고, 이러한 평가질문들에 답하기 위해서 어떠한 통계적 분석방법들이 활용가능하고, 어떻게 활용되며, 유의할 점은 무엇인가를 살펴보고자 한다.

정책평가를 공부하는데 기초적인 통계적 지식은 필수적이다. 이미 통계적 지식은 가지고 있으나 정책평가질문과 연계하여 생각하지 않은 사람에게는 통계적 지식이 평가질문에 답하는데 어떻게 활용될 수 있는가를 이해할 수 있도록 할 것이며, 통계적 지식이 적은 사람들에게는 평가질문에 답하기 위해서 어떠한 통계적 지식을 습득할 필요가 있는지를 이해할 수 있도록 하는 것이 본 장의 목적이다. 그러므로 여기에서는 먼저 기초적인 통계적 분석방법을 논의하고, 이것을 토대로 평가질문과 통계적 분석방법을 어떻게 연계시켜 나갈 것이냐 하는데 대해서 기초적인 설명을 하고자 한다.

제1절 프로그램에 대한 이해 및 차이에 대한 평가질문과 분석방법간의 연계

평가질문과 분석방법간의 연계를 이해하도록 하기 위해서는 먼저 관련된 통계분석방법의 기초를 설명하고, 이를 토대로 연계에 대하여 설명하는 것이 효과적이다. 여기에서는 먼저 차이(difference)에 대한 평가질문과 분석방법간의 연계에 대하여 논의하는 것이 목적이므로, 통계분석방법들 가운데 차이에 대한 가설을 검증하는 방법과 절차를 설명하는 것으로부터 논의를 시작하고자 한다.

Ⅰ. 가설검증의 절차에 대한 이해

1. 프로그램 가설과 실험결과간의 관계설정

어떤 정책목적을 달성하기 위하여 계획하고 집행하는 프로그램은 정책목적 달성을 위한 수단이며, 이러이러한 프로그램 활동을 하면 이러이러한 산출결과가 오게 될 것이라고 하는 가설이다. 그리고 프로그램을 집행한 대상집단을 실험집단, 집행하지 않은 대상집단을 통제집단이라고 한다면, 프로그램 가설은 실험집단의 산출결과와 통제집단 산출결과간의 차이가 유의미한 것인지(significant) 여부에 의하여 검증될 수 있다.

집행한 프로그램이 어떤 영향을 가져왔는가 하는 것에 대해서 검토하기 위해서는, 먼저 프로그램을 집행하였던 실험집단에서 프로그램을 집행함으로써 대상자들에게 일어난 변화의 평균을 구하고, 동시에 프로그램을 집행하지 않았던 통제집단(또는 다른 내용의 프로그램을 집행하였던 비교집단)에 같은 기간 동안에 일어난 변화의 평균을 구하여야 한다. 이들 평균들은 다음 [그림 8-1]에서 보여주고 있는 것과 같은 실험으로부터 오게 된다.

그림 8-1 프로그램연구가설 및 귀무가설의 실험결과와의 관계설정

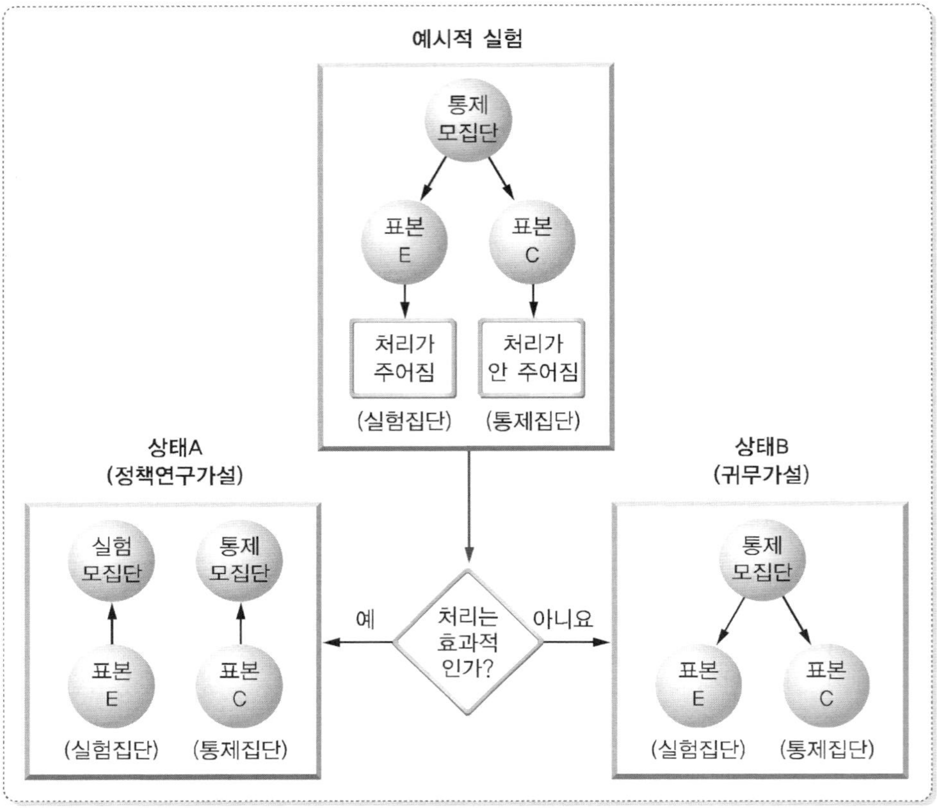

[그림 8-1]에서 예시적 실험으로 표시된 상자(box) 내에는 프로그램가설의 실험에 채택되었던 절차가 요약된 형태로 기술되어 있다. 실험의 대상이 되는 표본대상들은 원래의(original) 모집단이라고 불리우는 모집단으로부터 무작위적으로 추출된다. 다음에 이들 대상들은 실험집단 E와 통제집단 C 가운데 어느 하나에 무작위적으로 배정된다. 이 예를 좀 더 구체적으로 살펴보기 위해서 어떤 한 도시에 있는 실업자들을 원래의 모집단으로 보고, 정부직업훈련소에서 실시하는 직업훈련에 참여한 것을 처리로서 간주해 보도록 하자. 그러면 가상적인 프로그램연구의 질문은 "처리, 즉 직업훈련에 참여한 것이 그들의 소득을 증가시키는데 효과적이었는가?"하는 것이다. 만일 이 처리가 효과적인 것이 아니었다면, [그림 8-1]에 있는 상태 B가 실제 상태를 가장 잘 대표한다. 즉 집단 E는 집단

C와 하등의 차이가 없을 뿐만 아니라, 또한 원래의 실업자집단과도 전혀 다른 것이 없는 것이다.

[그림 8-1]의 상태 A는 처리가 효과적인 때의 상태를 가장 잘 나타내주고 있다. 여기서 동일한 표본 C가 아직도 원래의 모집단을 나타내 준다. 그러나 표본 E는 이제 더 이상 원래의 모집단을 나타내지 않는다. 이 표본 E는 실험 모집단이라고 하는 또 다른 모집단을 대표하는 것이다. 물론 실업을 당한 사람들은 비록 그들이 직업훈련에 참여했다 하더라도 동일한 사람들임에는 틀림이 없다. 그러나 우리는 이들이 직업훈련에 참여하였기 때문에 소득을 더 올릴 수 있는 능력이 향상되었다는 관점에서 이제 상당히 달라진 다른 하나의 모집단을 대표하는 것으로 취급할 수 있는 것이다.

이들 가운데 후자가 프로그램연구의 가설, 즉 직업훈련에 참여하는 것이 소득을 올릴 수 있는 능력을 높이게 된다는 가설에서 예측하였던 결과이다. 이때 처리는 직업훈련이 되고, 그 효과는 일정기간이 경과한 후의 실험집단의 평균소득과 통제집단의 평균소득으로 측정된 두 집단 간의 소득의 차이 $\overline{Y}_{aE}-\overline{Y}_{aC}$가 된다. 여기서 $\overline{Y}$는 평균소득, $\overline{Y}$의 첨자들 가운데 a는 정책을 집행한 후를 나타내고, E는 실험대상자를, 그리고 C는 통제대상자를 가리킨다. 그러나 편의상 본장 이후에는 $\overline{Y}_{aE}$를 $\overline{Y}_{E}$로 고쳐쓰고, $\overline{Y}_{aC}$를 $\overline{Y}_{C}$로 고쳐쓰고자 한다. 그러면 실험집단과 통제집단 간의 소득격차는 $\overline{Y}_{E}-\overline{Y}_{C}$로 표시된다. 프로그램가설로부터 이들 실험집단과 통제집단은 서로 다른 모집단을 대표하기 때문에 그들 두 평균은 다를 것으로 예측된다. 직업훈련에 참여했던 사람들의 일정기간 후의 평균소득은 그렇지 않았던 사람들의 같은 기간 후의 평균소득보다 높아야 하는 것이다.

직업훈련이 소득을 올릴 수 있는 능력에 아무런 영향을 미치지 않을 것이라는 귀무가설(null hypothesis)을 사용하면, 집단 E와 집단 C의 평균소득들간에는 아무런 차이가 없는 것으로 예측될 것이다. 이러한 귀무가설하에서는 실험집단의 평균과 통제집단의 평균들간에는 하나의 공동모집단으로부터 표본을 추출할 때 불가피하게 일어나게 되는 표본추출과 관련된 무작위적 변동(fluctuation) 만큼만 차이가 일어나게 될 것으로 예측할 수 있는데, 이것이 표본추출오류(sampling error)이다.

이상의 논의를 통해서 볼 때, 프로그램효과에 대한 가설검증이론의 핵심은 우리가 가설을 검증하기 위하여 그 평균들을 측정한 실험집단 E와 통제집단 C가 동일한 모집단으로부터 표본을 추출한 것이라고 볼 수 있느냐, 아니면 서로 다른 모집단들로부터 표본을 추출한 것이라고 볼 수 있느냐 하는 것이 된다.

2. 검증에 활용되는 기본적인 확률분포

사회과학의 연구에서 가설검증에 사용되는 일반적인 통계적 절차는 (1) 가설의 결정, (2) 표본분포의 획득, (3) 유의수준과 임계영역의 선택, (4) 검증통계의 계산, (5) 의사결정 등이다. 이러한 통계적 가설검증의 절차는 프로그램가설을 통계적으로 검증하고자 할 경우에도 적용될 수 있다.

프로그램영향의 평가에 있어서 프로그램연구가설은 프로그램의 집행이 대상집단에 어떤 유의미한 변화를 가져오게 할 것이라는 것이다. 이에 대해서 귀무가설은 프로그램의 집행이 대상집단에 아무런 유의미한 변화를 가져오지 않을 것이라고 하는 것이다. 일반적으로 귀무가설은 아무런 차이가 없을 것이라든지, 정책이 아무런 차이를 가져오지 않을 것이라든지 하는 것이고, 대립가설은 어떤 차이가 있을 것이라든지 또는 어떤 차이를 가져올 것이라는 것이 된다. 다시 말하면 귀무가설은 프로그램의 영향이 없다는 것이고, 프로그램가설은 프로그램의 영향이 유의미한 것이라는 것이다. 기호를 사용할 때에는 귀무가설은 H_0로 표시하고, 대립가설 또는 정책가설은 H_1으로 표시하게 된다. 가설의 검증에는 정규분포, t분포, χ^2분포 및 F분포 등의 확률분포 등이 널리 활용되고 있다.

프로그램의 처리집단과 통제집단간의 차이에 대한 가설의 검증에는 정규분포와 t분포가 활용된다. 이들 가운데 t분포는 표본의 수(sample size)가 30보다 적을 때 사용된다. 여기에서는 주로 t분포를 중심으로 검증통계에 대해서 살펴보고자 한다.

정규분포나 t분포를 이해하기 위해서는 먼저 점수(scores)의 분포가 어떻게 퍼져있는가, 즉 평균으로부터 떨어져있는 편차(deviation)의 정도를 나타내는 수치적 지표(numeric index)를 이해하는 것이 필요하다. 편차점수(deviation score)는 개별적인 점수로부터 평균을 뺀 것으로 $(X-\overline{X})$로 표시된다. 그러면 편차의 자승의 합계는(sum of squares: SS) 다음 식 (8・1)과 같다.

$$SS = \Sigma(X - \overline{X})^2 \qquad (8 \cdot 1)$$

그러면 편차의 자승의 평균인 분산(variance)은 식 (8・2)로 구할 수 있다.

$$S^2 = \frac{\Sigma(X - \overline{X})^2}{n - 1} \qquad (8 \cdot 2)$$

표준편차는 이 분산의 평방근(square root of variance)이다.

$$Sd = \sqrt{S^2} \qquad (8 \cdot 3)$$

실험집단과 통계집단의 차, 즉 프로그램의 효과를 검증하는 t분포는 식 (8・1)이나 식 (8・2)을 사용하여 나타낼 수 있다. 실험집단과 통제집단간에 차이가 있는지를 검증하기 위한 t분포에 대해서는 "차이에 대한 평가질문과 분석방법"을 설명할 때 논의하고자 한다.

3. 통계적 유의성과 추론의 오류

프로그램가설의 검증에 있어서 검증을 위한 확률분포가 결정되고 나면, 다음 단계는 평가결과로 나타난 변화가 과연 유의미한 변화인지를 결정하여야 한다. 이러한 결정에 사용되는 것은 획득된 P값(p value)이다. 여기서 획득된 P값은 결과(즉 실험집단과 통제집단의 효과의 차이)가 우연(chance)에 의한 것일 확률이다. 즉 귀무가설이 진이라면(실험집단과 통제집단 간에 차이가 없다는 것이 사실인 경우), 관찰된 차이가 우연에 의해서 일어날 확률이다. 유의수준(significant level)의 개념을 이해하기 위해서는, 가설에 대한 의사결정에 따르는 오류에 관한 개념을 먼저 정확히 이해하여야 한다. 다음 <표 8-1>은 하나의 가설검증에 의하여 일어날 수 있는 여러가지의 가능한 결과들을 나타내 주고 있다. 이 <표 8-1>은 정규분포에 의한 가설검증을 나타내는 [그림 8-2]에 의하여 유도된 것이다.

<표 8-1>에서 볼 수 있는 바와 같이, 실제로는 프로그램의 영향에 의한 변화가 없었는데 영향이 없는 것으로 결론을 내린다면(즉 실제로 실험집단과 통제집단 간에 차이가 없는데, 없다고 결론을 내린다면), 여기에는 아무런 오류가 없는 올바른

의사결정이 될 것이다. 그러나 영향이 없는데 영향이 있다고 결론을 내린다면(즉 실제로 차이가 없는데 있다고 결론을 내린다면), 이러한 의사결정은 분명히 오류를 범한 것이 될 것이다. 이것을 제1종오류라고 한다. 제1종오류를 범할 확률을 α라 할 때, 이 α값을 유의수준 또는 검증의 수준(level of the test)이라고 부른다. 바꾸어 말하면 α수준은 유의수준에 대한 전통적인 경계(threshhold)를 나타낸다. 보통 α수준으로 0.05를 많이 사용하고 있으나, 0.01 또는 0.10도 사용되고 있다. 이 값은 연구자가 결정한다. 그러므로 연구자가 어떤 정당한 이유로, α수준으로 0.06을 사용해도 잘못된 것은 아니다.

표 8-1 하나의 가설검증의 가능한 결과*

의사결정 / 실제상태	차이가 없다고 결론 (H_0를 받아들임)	차이가 있다고 결론 (H_0를 기각함)
차이가 없음 (단지 우연임) (H_0가 진(眞)임)	올바른 의사결정 $P(H_0$ 받아들임/H_0 진(眞)) $=1-a=$신뢰수준	제1종 오류 P(1종 오류)$=a$ $P(H_0$ 기각/H_0 진(眞))$=a=$ 유의 수준
차이가 있음 (우연 이외의 것이 작용) (H_0가 진(眞)이 아님)	제2종 오류 P(2종 오류)$=\beta$ $P(H_0$ 받아들임/H_0 진(眞) 아님)$=\beta$	올바른 의사결정 $P(H_0$ 기각/H_0 진(眞)아님) $=1-\beta=$검증력

* [그림 8-2]에 의하여 유도한 것임.

실제 평가실무에서는 통계적 유의수준 대신에 정책적 유의수준(policy significant) 또는 실제적인 유의수준(practical significance)을 중요시하고, 이것을 판정기준으로 사용할 때도 있다. 예컨대 영어독해력증진프로그램에서 독해력증진프로그램을 집행하지 않은 통제집단에 비해서 독해력증진프로그램을 집행한 처리집단(또는 실험집단)의 평균 단어에 대한 이해력이 5개 단어정도 향상되었다고 가정하고, 교육정책전문가들이 이것을 프로그램에 의한 유의미한 변화라고 판단한다면, 이것이 정책적 유의수준 또는 실제적인 유의수준이라 할 수 있다.[1)]

1) 정책효과의 유의미성 판단기준에는 통계적 유의미성 판단기준과 정책적 유의미성 판단기준이 있으며, 위의 본문에서 설명한 것은 통계적 유의미성 판단의 기준이다. 정책적 유의미성은 통계적 검증을 위하여 설정한 기준에 따라 판단하는 기준이 아니라, 정책결정자 또는 프로그램의 관리자가 이 정도의

그림 8-2 가설검증에 의하여 올 수 있는 두 가지 종류의 오류

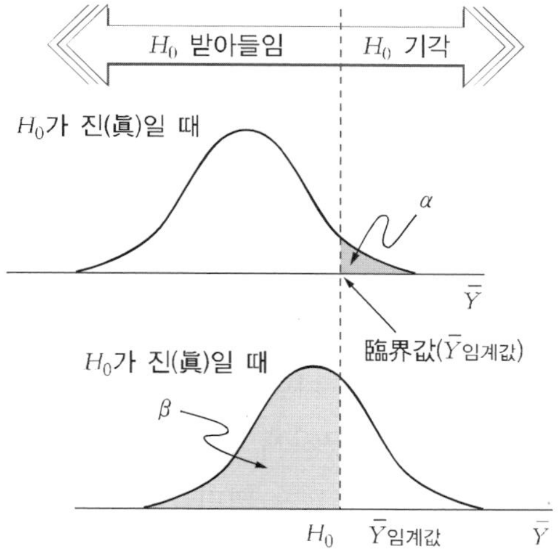

평가실무에서는 평가자가 프로그램 관리자들에게 얼마의 효과의 크기(effect size)(또는 평균의 차이)가 유용한 가에 대한 질문을 하고, 그 정보를 실제적인 유의수준의 값으로 사용할 수 있다.

한편 실제로 차이가 있었는데 차이가 없다고 결론을 내리게 되면 이것도 역시

변화는 이루어져야 한다라고 사전에 정한 어떤 기준이나 정도로서, 도입하고자 하는 변화가 그 이상이 되면 이것은 정책적 유의미성이 높다고 하고, 그 이하가 되면 정책적 유의미성이 낮다고 한다.

일반적으로 정책적 유의미성은 프로그램의 비용, 이용가능한 정부간여 대안의 존재여부, 그리고 정부간여 행위를 취할 필요성에 대한 압력 등 여러 가지 맥락하에서 평가에 의하여 발견된 것이 얼마나 의미가 있는가를 나타내는 정도로 정의된다. 그리고 이러한 정도는 정책의 분야에 따라 달라질 수도 있고, 또한 정책의 집행결과로 오게 되는 변화에 대하여 그 사회가 얼마만한 가치를 부여하느냐 하는 판단에 따라서 결정되기도 한다. 다시 말하면 사회가 정책에 의하여 이루어진 변화에 대하여, 만일 높은 사회적 가치를 부여할 때에는 이루어진 것이 조그마한 변화라 할지라도 정책적 유의미성이 높은 것으로 볼 수 있으나, 만일 낮은 사회적 가치를 부여하는 경우에는 정책에 의하여 도입된 변화가 큰 경우에도 이에 대한 정책적 유의미성은 낮다고 볼 수도 있다. 정책적 유의미성을 판단하기 위한 기준에는 역사적 표준(standard), 규범적 표준, 이론적 표준, 통계적 표준, 협상 또는 타협에 의한 표준 등 여러 가지가 있다. 여기서 역사적 표준이란 과거의 효과를 판단의 기준으로 삼는 것이며, 규범적 표준은 유사한 프로그램, 다른 지역, 국가 전체, 또는 국제적 표준을 어떠한 프로그램의 효과의 판단기준으로 채택하는 것을 말한다. 한편 이론적 판단의 표준은 현재의 자원의 제약을 고려하여 모든 일이 순조롭게 되어 갈 때 달성해야 할 표준이며, 절대적 판단의 표준은 자원의 제약과는 독립적으로 결함이 전혀 없는 경우에 달성해야 할 표준이다. 그리고 협상 또는 타협에 의한 표준은 정치적 과정이나, 목표에 의한 관리와 같은 표준의 설정과정을 통하여 결정된 표준을 말한다. 정책적 유의미성을 판단의 기준으로 설정하고자 하는 경우에는 위에 열거한 것들 가운데 어떠한 표준이건 정책평가를 위한 자료가 수집되어 분석이 끝나기 전에 판단의 표준으로 설정되는 것이 바람직하다.

의사결정에 오류를 범한 결과가 되는데, 이것을 제2종오류라 하고, 제2종오류를 범할 확률을 β로 놓는다. 끝으로 프로그램에 의해서 차이가 실제로 일어났는데 차이가 있다고 결론을 내린다면, 이것은 올바른 의사결정이다. 이때의 확률, 즉 $P(H_0$ 기각$/H_0$ 진(眞)이 아님$)=(1-\beta)$를 정책가설에 대한 검증력(power of the test)이라 부른다.

일반적으로 가설검증에 있어서는 α의 수준, 즉 유의수준을 먼저 결정하고, 이 유의수준과 관련된 임계값(critical value)을 정규분포표(또는 t분포표)에서 구하게 된다. 그 다음 실제로 평가에서 얻은 자료들을 분석하여 Z값(또는 t값)을 계산한 다음, 그 값이 임계값보다 크면 차이가 없다는 귀무가설을 기각하고, 임계값보다 작으면 귀무가설을 기각하지 못하게 된다. 그러므로 α값을 얼마로 정하느냐 하는 것은 의사결정에 있어서 중요한 의미를 갖는다.

그러나 최근의 평가연구에 있어서는 검증력에 대한 강조가 증대되어가고 있는 추세이다. 이는 처리집단과 통제집단 간에 차이가 있을 때 있다고 하는 결론을 내리는 검증력을 중요시하는 추세를 반영하고 있기 때문인 것으로 보인다.

Ⅱ. 프로그램에 대한 이해를 위한 평가질문과 분석방법

1. 필요성

프로그램에 대한 평가는 프로그램에 대한 이해에 기초를 둔다. 프로그램을 이해하기 위한 평가질문들에 대한 정보는 프로그램의 재설계와 프로그램의 집행을 위하여 필요할 뿐만 아니라, 프로그램을 올바로 평가하고 해석하기 위해서도 기초 자료로써 필요하다.

2. 전형적인 평가질문들

프로그램을 이해하기 위해 필요한 정보를 수집하기 위하여 질문하는 전형적인 질문들을 예시하면 다음과 같다.

- 누가 우리의 고객인가? 우리가 서비스를 하는 사람들은 어떤 종류의 사람들인가?

- 우리는 어떤 종류의 서비스를 또는 얼마만큼의 서비스를 제공하고 있는가?
- 사람들은 어떤 종류의 서비스를 원하는가? 또는 필요로(need) 하는가?
- 프로그램(처리)의 여러 가지 구성요소들 가운데 각각 어느 정도가 전달되고 (delivered) 있는가?
- 우리가 서비스를 제공하고 있는 여러 사이트들(sites)의 상태들은 어떠한가?
- 우리의 고객들은 (전체적으로, 또는 각 사이트 별로) 얼마나 다양한가?
- 각 서비스 제공자들별로 서비스의 강도(intensity)들은 어느 정도인가?

위에 예시한 질문들은 사회프로그램을 이해하기 위한 질문들이다. 프로그램을 이해하기 위한 질문들이라고 할지라도 교육, 보건의료, 노동, 복지, 환경, 과학기술 등 각 프로그램 분야에 따라서도 다를 것이고, 프로그램을 제공하는 목적, 고객 또는 상황들에 따라서도 달라질 수 있을 것이다.

3. 사용되는 통계적 방법들

위에서 제기한 프로그램을 이해하기 위한 질문들에 대답하기 위하여 사용되는 통계적 방법들은 주로 기술통계(descriptive statistics)에 속하는 방법들이다. 예컨대 성별, 인종별, 지역별, 서비스 유형별로 구분을 위하여 사용하는 카테고리 변수들(categorical variables)에 대해서는 백분비(percentage)를 도출하는 방법을 사용한다.

한편 연령, 소득수준, 서비스를 제공하는 시간들을 나타내는 계량적인 변수들에 대해서는 산술평균, 중위수, 최빈수 등과 같은 중앙경향치(central tendency)들이 활용되고, 아울러 분산(variance), 표준편차, 범위(range) 등과 같은 산포도(dispersion)가 활용된다. 표(table)와 도표를 활용하면 전하고자 하는 내용에 대한 이해도를 한층 더 높일 수 있다.

좀 더 좋은 표(table)를 작성하기 위해서는 다음과 같은 점들을 착안하면 도움이 된다(Bailor Ⅲ and Pitts, 1988: 266~273).

- 행과 열에 모두 한계평균(marginal average)을 제시한다.
- 표의 행과 열에 자료들을 정리할 때에는 한계평균(marginal average)의 크

기의 순서, 또는 기타의 어떤 다른 크기의 순서, 또는 어떤 논리적 순서에 따라 정리한다.

- 만일 몇 개의 유사한 표들을 작성하여 제시하는 경우라면, 행(raw)과 열(column)을 동일한 순서로 배열하도록 한다.
- 그림(figure)은 가능하면 행(raw)보다는 열(column)에 따라 비교할 수 있도록 배열하고, 가능하면 큰 수(larger number)가 위에 오도록 배열한다.
- 소수점이하는 두 자리 숫자 또는 유의미한 숫자가 나오도록 사사오입(round)한다.
- 좀 더 일반적으로, 보기 쉽고 비교하기 쉽도록 배열한다.
- 독자들이 표를 검토하는 것을 도와 줄 수 있도록 중요한 패턴과 예외를 요약하여 제시한다.

프로그램에 대한 이해를 위한 평가질문들 가운데 “우리의 고객들은(전체적으로, 또는 각 사이트 별로) 얼마나 다양한가?” “각 서비스 제공지역별로 서비스의 강도(intensity)들은 어느 정도인가?”하는 질문들에 대답하기 위해서는 기술통계 방법들 가운데 범위(range), 사분위수간 범위(interquartile range), 분산, 표준편차(standard deviation) 등을 사용한다.

Ⅲ. 차이에 대한 평가질문과 분석방법

차이에 대한 평가질문들은 다양한 형태 또는 목적을 가지고 있어 이들을 몇 가지 유형으로 나누어 살펴보고자 한다.

1. 집단간의 차이에 관한 평가질문

- 이들 두 집단들은 계량적인 측정상에서 서로 다른가?
- 사이트(site) A의 고객들은 사이트 B의 고객들과 서로 다른가?
- 프로그램대상자들과 비교대상자들은 사전 테스트(pretest)에서 서로 달랐는가?
- 두 개의 무작위적으로 배정한 조건들은 사후테스트(posttest)에서 달랐는가?

이러한 질문들에 대답하기 위해서 왜 단순히 기술통계를 사용하여 비교하지 않는가? 왜냐하면 (1) 이들 자료들은 표본추출변이(sampling variation)와 우연(chance)적 요소가 포함되어 있고, (2) 얼마나 큰 차이가 있을 때 그것을 차이(difference)라고 불러야 할지를 결정해야 하기 때문이다. 즉 이러한 결정을 내리기 위해서는 가설검증이 필요한 것이다.

두 개의 독립된 하위집단들(between subjects)간의 평균의 차이에 대한 t검증을 하기 위해서는 다음 식 (8・4)를 사용한다.

$$t = \frac{\overline{X_1} - \overline{X_2}}{\sqrt{\dfrac{SS_1 + SS_2}{(n_1 - 1) + (n_2 - 1)} \times \left(\dfrac{1}{n_1} + \dfrac{1}{n_2}\right)}} \qquad (8 \cdot 4)$$

$\overline{X}_1$를 처리집단의 평균, $\overline{X}_2$를 비교집단의 평균이라 하면, 식 (8・4)에서 t값이 크면 두 하위집단들간의 평균의 차이는 우연적 요소나 표본추출변이보다는 처리에 의하여 그러한 차이(또는 효과)가 발생했다고 볼 수 있다.

식 (8・4)에서 t값은 각 하위집단의 평균들, 각 하위집단들의 편차의 자승의 합계들(SS) 및 각 하위집단들의 관찰수(n_1과 n_2)(또는 자유도) 등으로 구성되어 있다. 식 (8・4)에서 t값은 두 하위집단들 간의 평균의 차이($\overline{X_1} - \overline{X_2}$)가 크면 클수록 커지고, 편차의 차승의 합계들(SS_1과 SS_2)가 작을수록(즉 하위그룹들이 각각 동질적일수록) 커지며, 하위집단들의 표본의 크기(n_1과 n_2)가 크면 클수록 그 값은 커져서 p값(prov-value)는 더 작아지게 된다. 즉 t값이 커질수록 p값은 작아지게 되고, 두 집단간의 차이가 유의미(significant)하다는 결론을 내릴 수 있는 가능성이 더 커진다.

[예 8.1] 다음 자료는 실험집단과 처리집단에 각각 7명씩 배정하고, k약을 투여한 집단과 그렇지 않은 집단을 10점 척도로 측정한 가상적인 자료이다.

<표 8-2>에서 실험집단을 하위집단 1로, 통제집단을 하위집단 2로 하고, 각각의 값들을 식 (8・4)에 넣으면, t값은 다음과 같이 구할 수 있다.

$$t = \frac{8-3}{\sqrt{\left(\frac{26+40}{6+6}\right) \times \left(\frac{1}{7}+\frac{1}{7}\right)}} = 3.99$$

위에서 얻은 값을 이 값을 구할 때 적용한 자유도(여기에서는 12) 하의 p값(prob-value)과 비교하면, 실험집단과 통제집단간의 차이가 유의미한 것인지를 알 수 있다.[2)]

표 8-2 하위집단간 차이를 측정하기 위한 가상적인 자료

관찰자번호	실험집단	통제집단
1	10	0
2	10	3
3	7	2
4	6	1
5	5	7
6	8	6
7	10	2
합계	56	21
평균	8.00	3.00
SS	26	40

2. 평가기획과 관련된 평가질문

평가질문들 가운데에는 수집한 자료들을 분석하는 방법과 관련된 질문들도 있지만, 자료를 수집하기 위한 계획이나 설계와 관련된 평가질문들도 있다. 예컨대 "우리 프로그램의 처리는 효과적(effective)인지 여부를 실제로 알 수 있겠는가?" 이와 밀접하게 관련된 평가질문 가운데에는 표본의 크기와 관련된 다음과 같은 질문도 있다. "얼마나 많은 참여자들(또는 사례들)이 이 프로그램 평가에 필요한가?"

이들 질문들은 평가설계와 관련된 질문들이며, 통계적 검증력(statistical power)을 증진시키는 방법과 관련된 질문들이다. 왜냐하면 처리에 효과가 있을

2) 자유도가 12일 때, $t_{0.001} = 3.930$이므로, p값은 $p < 0.001$이 되어 0.001수준에서 유의미하다.

때(즉 차이가 있을 때) 있다고 답할 수 있는 정도가 통계적 검증력이며, 이 검증력이 얼마나 큰가에 따라 프로그램의 처리가 효과적인지 여부를 확실하게 알 수 있기 때문이다.

통계적 검증력은 α수준, 표본의 크기(sample size) 및 효과의 크기(effect size)의 함수이다.3) 통계적 검증력은 식 (8·4)에서 보는 바와 같이 표본의 크기가 증가함에 따라 증가하고, 집단간의 효과의 크기가 클수록 증가한다. 그러므로 집단간의 효과의 크기가 일정수준으로 주어지고, 우리가 일정한 수준의 검증력을 얻고자 한다면, 거기에 알맞은 표본의 크기를 표본으로 확보하여야 한다. 이 원리를 이용하여 평가설계에서 처리하여야 할 표본과 통제하여야 할 표본의 크기를 결정할 수 있다.

검증력을 높이는 하나의 방법은 처리집단과 통제집단간의 차이(difference)를 증가시키는 것이라고 하였는데, 그러면 어떻게 하면 이들 하위집단들간의 차이를 증가시킬 수 있는가 하는 것이 관건이 된다. 하위집단들 간의 차이를 나타내는 식은 평가의 관심과 목적에 따라 다양하지만, 효과의 크기를 표준화된 평균의 차이로 본다면 효과의 크기(*ES*)는 다음과 같이 구할 수 있다.

$$ES = \frac{\overline{X_1} - \overline{X_2}}{S_{pooled}} \qquad (8 \cdot 5)$$

효과의 크기가 식 (8·5)와 같이 주어짐으로 이것을 증가시키려면 먼저 식 (8·5)의 분자를 증가시켜야 하는데, 이를 위해서는 처리의 강도(strength of treatment)를 높이거나,4) 자격이 있는 전문가나 훈련된 사람에 의하여 처리하는 등 처리집행(treatment implementation)을 개선하고, 측정범위(range)를 제한하는 문제가 없는지를 검토해 본다.5)

한편 식 (8·5)에서 보는 바와 같이, 효과의 크기(*ES*)를 증대시키기 위해서는 풀화된(pooled) 표준편차를 줄여야 한다. 이를 위해서는 좀 더 신뢰수준이 높은

---

3) 효과의 크기의 의미와 구체적인 예들에 대해서는 제12장의 메타분석부분 참조.

4) 처리의 강도를 높인다는 것은, 예컨대 일주일에 한 번 처리하던 것을 두 번 처리하는 것을 의미한다.

5) 실제 점수(score)의 범위는 [그림 1]에서와 같이 C에서 A 사이인데, 테스트를 위한 측정의 척도는 C에서 B 사이라면 이것이 측정범위의 제한(restriction of range)으로 효과의 크기를 줄이는 역할을 한다.

그림 8-3 하위집단간의 차이를 증대시키는 것과 풀화된(pooled) 표준편차를 줄이는 것의 개념도

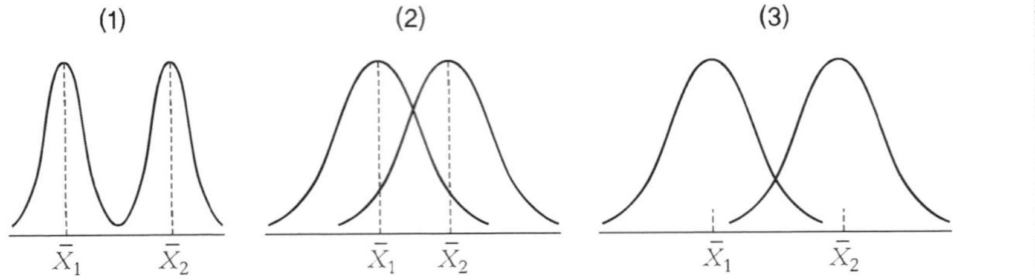

측정방법을 사용하고, 중요한 공동변량(covariate)을 추가하며, 대상들을 실험집단과 통제집단에 배정할 때 블로킹(blocking)방법이나 매칭방법(matching)을 사용하도록 하고, 동질적인 참여자들(homogeneous participants)을 사용하도록 한다.[6)]

[그림 8-3]에서 (1)과 (2)는 $\overline{X}_1$과 $\overline{X}_2$의 차이는 동일하나 관찰값들의 분포가 (1)에서 보다 (2)에서 더 넓기 때문에 (1)에서 효과의 크기(*ES*)를 분명하게 식별할 수 있다. 한편 (2)와 (3)을 비교하면, 관찰값들의 분포는 모두 동일하나 (3)의 $\overline{X}_1$과 $\overline{X}_2$의 차이가 (2)의 그것보다 더 크므로, (3)에서 효과의 크기(*ES*)를 더 분명하게 식별할 수 있다.

이미 앞에서 설명한 바와 같이 검증력 분석(power analysis)을 통해서 표본의 크기(sample size)를 결정할 수 있다. 즉 분산의 추정치가 주어지고, 또한 프로그

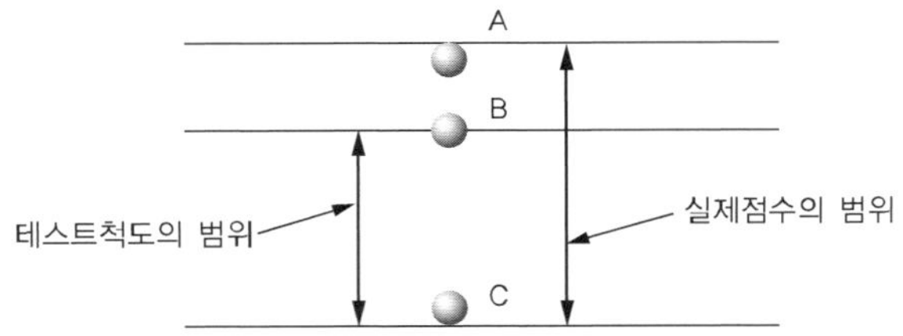

[그림 1] 실제점수(score)의 범위와 측정척도의 범위

6) 블록킹(blocking)이란 실험집단과 통제집단을 구성할 때 모집단 구성원들을 동질성을 가진 몇 개의 하위집단으로 나누고, 각 하위집단 내에서 무작위로 실험대상과 통제대상을 배정함으로써 실험집단과 통제집단을 구성하는 방법이다. 한편 공동변량은 달리기에서 성별 등을 고려하는 것 같이, 사전 테스트측정치(pretest measure)를 사용하여 실험집단과 통제집단의 차이를 줄이는 것을 의미한다.

램 평가자가 원하는 평균의 차이와 α의 수준이 주어지면, 평가자는 주어진 수준의 검증력을 확보하기 위한 표본의 크기(또는 사례의 수)를 결정할 수 있다. 이것은 통계학자들에 의하여 표본의 크기, 검증력, 효과의 크기(effect size) 간의 관계가 자세하게 그래프(graph)로 나와 있기 때문에 이것을 이용할 수 있다.

그러나 일반적으로 분산은 사전에 알려져 있지 않으므로 선행연구나 메타분석을 통하여 분산에 관한 추정치가 이용가능하다면, 이것을 이용할 수 있다.[7)]

3. 하위집단이 최저점을 넘었는지에 대한 평가질문

어떤 하위집단이 최저경계(threshhold)를 넘었는가 하는 것은 정치인이나 관리자들의 중대한 관심사인 경우가 많다. 교육 분야를 예로 들면, 이러한 경우 평가질문은 다음과 같다. "우리는 학생들이 평균적으로 어떤 표준(standards)을 넘었다고 확신할 수 있겠는가?"

이러한 질문에 답하기 위해서는 다음 식 (8・6)을 사용하여 t값을 구하고, 원하는 α수준의 신뢰구간을 계산하여 이 질문에 대답할 수 있다.

$$t = \frac{\overline{X_1} - \overline{\text{표준}}}{Sd/\sqrt{n}} \qquad (8 \cdot 6)$$

4. 프로그램에 참여한 후 향상 여부에 관한 평가질문

프로그램에 참여한 후, 참여자가 향상(improve)되었는가 하는 것은 프로그램 관리자, 프로그램에 자금을 제공한 후원자, 프로그램 참여자 등 모두의 관심사이다. 이러한 관심을 나타내는 평가질문은 "프로그램 참여자는 프로그램에 참여한 후 향상되었는가?"로 나타낼 수 있다.

프로그램 평가자는 이 경우, 개인적인 수준의 변화에 대한 추정과 평균(average)적인 수준의 변화의 추정을 구분할 필요가 있다. 프로그램에 참여한 후 평균변화에 대한 효과의 검증은 참여자 내의 평균에 관한 t검증을 사용할 수 있으며, 식 (8・7)을 사용하여 t값을 구하고, 원하는 α수준의 신뢰구간을 계산하여 이 평가질문에 대한 답을 할 수 있다.

---

7) 메타분석(meta-analysis)에 대해서는 제12장 참조.

$$t = \frac{\overline{D}}{\sqrt{\left(\frac{SS_D}{n-1}\right) \times \left(\frac{1}{n}\right)}} \qquad (8 \cdot 7)$$

식 (8 · 7)을 사용하여 t값을 구한 다음, p값(prof-value)을 구하여 평가질문에 대한 답을 할 때에는 내적타당성을 저해하는 여러 가지 요인들, 예컨대 역사적 사건(history), 성숙, 테스트효과, 측정도구의 조략, 회귀인공요소, 불균등한 상실 등의 발생여부에 주의하여야 한다.

제 2 절 관계 및 예측적 평가질문과 분석방법간의 연계

Ⅰ. 관계에 대한 평가질문과 상관분석

많은 사회프로그램들이 두 변수들간의 관계에 대한 가정에 기초하여 설계된다. 그러므로 이러한 관계가 실제로 존재하고 있느냐, 또는 관계가 있다면 그 정도는 얼마나 되느냐 하는 것은 프로그램을 만들고 그것을 지원하는 지원자들에게나 프로그램을 관리하는 관리자들 모두에게 중요한 관심사이다. 이러한 관심에 기초를 둔 전형적인 평가질문을 예를 들어 보면 다음과 같다. "처리 후(post-treatment)의 산출결과는 고객이 받은 서비스의 양과 관계가 있는가?"

이러한 평가질문에 대한 대답을 하기 위해서는 두 가지 측정이 필요하다. 하나는 처리에 노출된 기간(또는 처리를 받은 기간)이고, 다른 하나는 처리후의 산출결과(outcome)이다. 위의 평가질문에 나타난 바와 같이, 관찰된 두 변수들간의 관계가 선형의 관계(linear relationship)라고 가정하고 분석하는 방법이 상관관계분석이다.

1. 상관계수의 개념과 상관관계분석

상관계수(correlation coefficient)는 두 변수들간의 선형적인 관계의 정도를 평가하며, r로 나타낸다. 이 상관계수를 Pearson 상관계수(pearsons product-moment correlation coefficient)라 부른다. 상관관계분석은 다음에 설명할 회귀분석과 밀접하게 관련되어 있다. 상관분석과 회귀분석(regression analysis)의 중요한 차이점의 하나는, 회귀분석에 있어서는 회귀방정식이라고 하는 전체적인 함수가 추정되는데 비해서, 상관분석에 있어서는 두 변수들이 얼마나 밀접하게 움직이고 있는가에 대한 직접적인 상태를 나타내기 위한 하나의 지표로서의 하나의 수를 산출해 낸다는 것이다.

그림 8-4 두 변수들간의 상관관계를 나타내는 산점도(scatterplots)

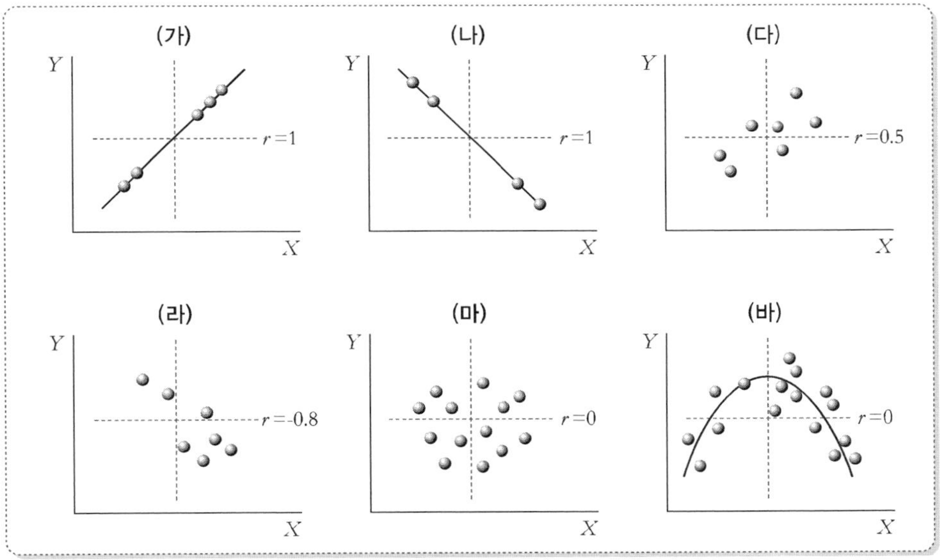

상관계수는 [그림 8-4]에서 보는 바와 같이 −1에서 +1 사이의 값을 가지며, 부호(sign)는 관계의 방향을 나타낸다. +는 두 변수들 간의 양의 상관관계를 나타내며, −는 두 변수들간의 음의 상관관계를 나타낸다. 두 변수들간의 관계의 정도는 r의 절대값의 크기로 나타내며, r의 절대값이 클수록 상관관계의 정도가

높은 것을 나타낸다. 예컨대 |r|=0.7이 |r|=0.5보다 두 변수들간의 상관관계의 정도가 높다.

두 변수들간의 선형의 관계를 나타내는 Pearson 상관계수는 다음과 같은 식 (8・8)에 의하여 구할 수 있으며, 회귀계수를 이용할 수도 있다.

$$r = \frac{\Sigma(X-\overline{X})(Y-\overline{Y})}{\sqrt{\Sigma(X-\overline{X})^2}\sqrt{\Sigma(Y-\overline{Y})^2}}$$

$$= \frac{\Sigma Z(X) \times Z(Y)}{n} \qquad (8 \cdot 8)$$

위의 식 (8・8)에서 $Z(X)$의 값은$(X-\overline{X})$를 X의 표준편차(Sd)로 나누어 얻은 값이다.

[예 8.2] 처리시간(Tx)과 산출결과 점수들에 대한 다음과 같은 가상적인 자료가 주어졌다. Pearson 상관계수는 얼마인가?

표 8-3 상관관계를 측정하기 위한 가상적인 자료

Tx 시간	2	10	9	4	7	10	1	5	2	5
산출결과	3	12	8	4	5	8	2	6	1	5

식 (8・8)의 Z점수(Z score) 공식을 이용하여 상관관계를 구하기 위해서는 먼저 Z점수를 구하고, 그 결과를 이용하여 Pearson 상관계수를 구한다.

표 8-4 Z점수공식을 이용한 상관계수의 계산과정

x	z(x)	y	z(y)	z×z
2	−1.09	3	−0.77	0.84
10	1.41	12	2.12	2.99
9	1.09	8	0.84	0.92
4	−0.47	4	−0.45	0.21
7	0.47	5	−0.13	−0.06
10	1.41	8	−0.84	1.18

	1	−1.41	2	−1.10	1.55
	5	−0.16	6	0.19	−0.03
	2	−1.09	1	−1.42	1.55
	5	−0.16	5	−0.13	0.02
합계	55		54		9.17

$\overline{X} = 5.5,\ \overline{Y} = 5.4$

X의 표준편차(Sd)=3.2 $Z(X) = \dfrac{(X - \overline{X})}{Sd(X)}$

Y의 표준편차(Sd)=3.1 $Z(Y) = \dfrac{(Y - \overline{Y})}{Sd(Y)}$

$\Sigma\ Z(X) \times Z(Y) = 9.17$

따라서 $r_{xy} = \dfrac{\Sigma Z(X) \times Z(Y)}{n} = \dfrac{9.17}{10} = 0.917$

2. 상관관계분석의 프로그램 기획 및 수정에의 활용

상관관계분석은 프로그램이론을 가설로 가정하고, 그것을 검증하는데 활용할 수 있으며, 이 결과를 자료에 기초한 프로그램 기획(data-driven program planning) 및 수정에 활용할 수 있다.

정보와 행동이 상관관계가 있다는 가정이 프로그램을 만드는데 전제가 되는 예는 많이 발견할 수 있다. 금연프로그램을 예로 들면, 금연프로그램의 산출(output)은 금연프로그램의 수료생이며, 단기적 산출결과(short term outcome)는 이 금연프로그램 수료생들이 획득한 담배를 피우는 것이 해롭다는 정보와 금연을 하는 기술이다. 그리고 중간산출결과(intermediate outcome)는 금연이라고 가정해보자. 그러면 과연 담배가 유해하다는 정보와 담배를 끊는 행동 간에 어떤 상관관계가 있는가, 또 담배를 끊는 기술과 실제 금연하는 행동간에 어떤 상관관계가 있는가 하는데 대한 상관관계분석을 할 수 있으며, 이 정보를 기초로 금연프로그램이론을 다시 작성하거나 금연프로그램을 수정할 수 있을 것이다.

Ⅱ. 통제 및 예측과 관련된 평가질문과 회귀분석

1. 통제 및 예측과 관련된 평가질문과 회귀모형 활용의 유용성

평가질문들 가운데에는 통제 및 예측과 관련된 평가질문들이 많다. 여기서 통제(control)는 다른 변수들의 영향을 일정하게 유지하고, 프로그램만이 어떤 변화(또는 종속변수)에 미친 영향을 찾아내고자 할 때 적용되는 것으로, 이때 다른 변수들의 영향을 일정하게 유지하는 것을 그 변수의 영향을 통제한다고 한다. 한편 예측과 관련된 질문이란, 독립변수 X가 증가(또는 감소)할 때 종속변수 Y가 증가(또는 감소)하는 방향과 크기가 어떠할 것이냐 하는데 대한 질문이다.

통제 및 예측과 관련된 전형적인 평가질문은 "프로그램 처리 후(post-treatment) 산출결과는, 초기의 지위와 인구통계적 요소를 통제한 후, 고객이 받은 서비스의 양과 관련이 있는가?" "프로그램 평가자는 사전-사후 테스트(pretest-posttest), 비동질적 집단설계(nonequivalent groups design)에서 처리효과를 어떻게 추정할 수 있는가?" "프로그램은 실제로 차이를 가져왔는가?"하는 것 등을 예로 들 수 있다.

위의 평가질문들 가운데 첫 번째와 두 번째의 평가질문들은 통제와 관련된 평가질문들이지만, 세 번째 평가질문은 차이에 관한 평가질문으로 t검증에 의해서도 차이를 검증할 수 있는 평가질문에 속한다. 그러나 첫 번째 및 두 번째와 같은 통제와 관련된 평가질문들은 물론이고, 세 번째 유형과 같은 차이에 관한 평가질문에 대한 대답도 회귀분석모형을 사용하여 프로그램의 처리효과를 분석할 수 있다.

프로그램의 효과는 단순회귀모형(simple regression model)과 다중회귀모형(multiple regression model)들을 사용하여 분석해 낼 수 있다. 특히 다중회귀모형은 하나 또는 그 이상의 예측변수(또는 독립변수)와 하나의 기준(또는 종속변수)간의 관계를 검토할 수 있는 융통성 있는 방법이다. 다중회귀모형을 사용하면, 각 예측변수들의 고유한 기여(unique contribution), 즉 다른 일련의 예측변수들(a subset of predictor)을 통제한 상태에서 다른 일련의 예측변수들의 기여와 전체 예측변수 셋트의 기여 등을 검토할 수 있다.

다중회귀모형은 또한 어떤 고객의 특성(client characteristic)이 처리효과와 상호작용(interact)하는가, 다시 말하면 고객의 특성이 프로그램 효과를 조정(moderate)하는가의 여부를 검증할 수 있도록 해준다.[8] 이러한 유용성들 때문에 통제 및 예측관련 평가질문들에 대답하기 위해서 회귀모형을 사용한다.

회귀분석모형은 평가질문에 대답하기 위하여 사용하면 여러 가지 이점들이 있지만, 그 중에서도 중요한 이점들은 다음과 같다.

첫째, 자료분석의 구조에 대한 지식은 평가설계를 적절하게 해나가는데 매우 도움이 될 뿐만 아니라, 이러한 지식은 어떤 면에서는 아주 필수적인 것이기도 한 것이다. 프로그램 효과에 대한 추론을 하기 위하여 관찰된 자료들이 어떻게 분석될 수 있는가 하는 것을 이해하지 못한다면, 여러 가지 평가설계 가운데 어떤 것을 활용할 것인가 하는 계획을 세우기가 어려울 것이다. 특히 통제변수나 하위목표들과 같이 여러 가지 복잡한 요소들이 분석에 포함되게 될 경우에는, 자료분석에 대한 구조와 절차를 알고 있어야만 어떤 평가설계가 현재 당면하고 있는 관심사항들을 가장 적절히 분석해 낼 수 있는지를 판단할 수 있다.

둘째, 회귀분석에 대한 지식은 여러 가지 서로 다른 평가설계 그 자체들을 이해하는데도 큰 도움을 준다. 만일 회귀분석에 대한 지식이 없다면, 회귀불연속설계(regression discontinuity design)와 비동질적 통제집단설계(nonequivalent control group design)간의 차를 명확하게 이해하기 어려울 것이다.[9] 또한 회귀모형을 이해하지 못한다면, 이들 평가설계를 이용한 정확한 분석방법을 이해시키기도 어렵고, 분석결과에 대한 의사전달을 하기가 대단히 어려운 경우도 있다. 따라서 평가방법에 대하여 이해하고자 하거나 평가를 실제로 실시해 보고자 하는 사람들은 최소한 초보적인 수준의 회귀분석방법을 이해하여야 한다.

이러한 전제하에서 다음에는 평가설계의 원리와 방법을 이해할 수 있는 초보적인 수준의 회귀모형의 개념과 활용방법에 대하여 설명하고자 한다. 평가사무

8) 상호작용효과(interaction effect)와 조정효과(moderation effect)는 같은 의미로 사용된다. 어떤 약이 유럽에서 이민온 미국인에게는 효과가 없으나, 아프리카에서 이민온 미국인에게는 효과가 있는 것이 그 예이다. 즉 어떤 변수의 효과가 다른변수에 따라 결정되는 것이 조정효과이다. 회귀분석에서는 두 독립변수의 곱의 형태(예: $X_1 \cdot X_2$)로 표시된다. 조정변수(moderator)는 매개변수(mediator)와는 구분하여야 한다.

9) 회귀불연속설계와 비동질적 통제집단설계에 대해서는 제10장 준실험 설계에 의한 정책영향평가 참조.

에 종사하고자 하는 사람들은 이를 토대로 회귀분석을 전문적으로 다룬 전문서적을 참고하여야 할 것이다.[10)]

2. 영향평가모형으로서의 단순회귀모형과 다중회귀모형

직원들의 교육훈련에 대한 함수로서의 업무능률을 생각해 보자. 이 경우 인과관계를 가진 것으로 생각할 수 있는 이들 두 변수들간의 관계를 나타내는 두 변수 선형회귀모형은 다음과 같이 나타낼 수 있다.

$$Y_i = \beta_0 + \beta_1 X_i + \epsilon_i \qquad (8 \cdot 9)$$

위의 식 (8 · 9)에서 Y는 종속변수, 효과변수, 결과변수 등이라고 부르며, X는 독립변수, 원인변수 또는 설명변수라고 부른다. 여기서는 업무능률이 효과 또는 결과이고, 직원에 대한 교육훈련은 원인이 된다. 그리고 i는 직원 개개인들을 가리킨다. 식 (8 · 9)에서 Y_i와 X_i는 i를 생략하고 Y와 X로 표시하기도 한다. 이 식 (8 · 9)에서 β_0는 절편을 나타내고, β_1을 회귀계수(regression coefficient)라 부르며, 이 기울기는 독립변수 X가 한 단위 증가할 때 변화하는 종속변수 Y의 변화량을 나타낸다. 그러므로 인과관계의 용어로 표현하면 β_1은 X가 Y에 미치

그림 8-5 선형회귀선의 절편과 기울기

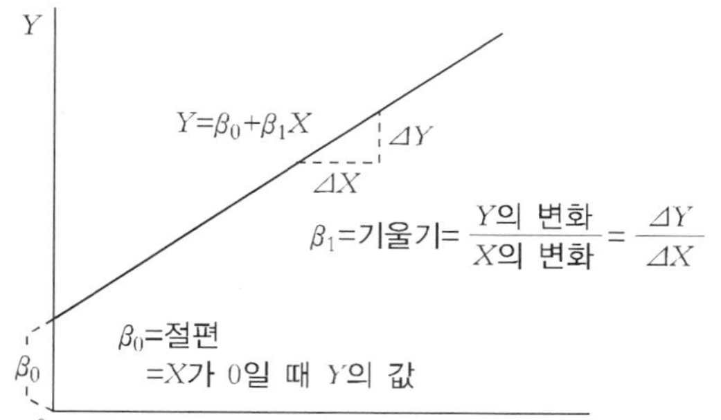

10) 여기에서 회귀분석에 대한 논의는 효과분석에 있어서 중요한 이슈가 되고 있는 것들과 이의 이해를 위하여 논리적으로 필요한 사항에 한정되고 있다. 회귀분석에 대한 좀 더 깊은 이해를 위해서는 기초적인 통계학 서적들과 회귀분석에 관한 서적들을 참고하여야 할 것이다. (박성현, 1981 ; Draper and Smith, 1966 : 1981) 등 참조.

는 영향을 나타낸다.

위의 식 (8・9)는 정책평가와 관련하여 중요한 몇 가지의 다른 식들로 변형하여 표현할 수도 있다.

$$\widehat{Y_i} = \widehat{\beta_0} + \widehat{\beta_1} X_i \qquad (8 \cdot 9a)$$

$$E(Y_i) = \beta_0 + \beta_1 X_i \qquad (8 \cdot 9b)$$

여기서 $\widehat{\beta_0}$와 $\widehat{\beta_1}$은 각각 β_0와 β_1의 추정값들이고, $\widehat{Y_i}$는 Y_i의 추정값을 나타낸다. $\widehat{\beta_0}$와 $\widehat{\beta_1}$은 b_0와 b_1으로 나타낼 수도 있다. 본서에서는 추정값은 모두 b_0와 b_1 등 소문자 b_i로 나타내고자 한다. 그리고 $E(Y_i)$는 Y_i의 기대값을 나타낸다.

한편 Y_i의 평균값과 X_i의 평균값들간의 관계는 다음과 같이 구할 수 있다.

$$\overline{Y} = \beta_0 + \beta_1 \overline{X} \qquad (8 \cdot 10)$$

한편, 한 정책이나 프로그램에서 처리가 두개 또는 그 이상인 다요인설계인 경우에는 독립변수가 두개 또는 그 이상이기 때문에 처리와 효과간의 관계는 다중회귀모형으로 나타내지게 된다.

$$Y = \beta_0 + \beta_1 X_1 + \beta_2 X_2 + \epsilon_i \qquad (8 \cdot 11)$$

식 (8・11)에서 β_0는 역시 절편을 나타내고, β_1과 β_2는 각각 회귀계수이며, X_1과 X_2는 원인변수 또는 프로그램을 구성하는 처리변수를 나타내고, Y는 그 효과를 나타낸다.

선형회귀모형에 있어서 회귀계수는 매우 단순하지만, 정책효과의 해석에 있어서 매우 중요한 의미를 가지고 있다.

먼저 식 (8・9)로 나타내지는 단순회귀모형을 생각해 보도록 하자.[11)]

식 (8・9)에서 β_1은 다음과 같은 의미를 갖는다.

β_1 = 만일 X가 한 단위 증가된다면, 증가되는 Y의 양 (8・12)

11) 우리는 여기에서 회귀계수의 해석에 더 관심을 가지고 있으므로 잠시 오류항을 무시하기로 한다. 그러나 오류항은 역시 중요하기 때문에 다른 논의에서는 이것을 계속 고려하게 될 것이다.

위의 식 (8 · 12)를 대수적으로 검토하기 위해서 X가 X_0에서 (X_0+1)로 한 단위 증가되었다고 가정해 보도록 하자. 그러면 오류항을 고려하지 않을 때 식 (8 · 9)에 각각 해당되는 X_0와 X_0+1을 대입하고, 이것을 풀이함으로써 Y의 증가값을 구할 수 있게 된다.

$$\begin{array}{l} \text{최초의 } Y=\beta_0+\beta_1 X_0 \\ \underline{\text{새로운 } Y=\beta_0+\beta_1(X_0+1)} \\ \quad \text{차}=\Delta Y=\beta_1 \end{array}$$

즉 식 (8 · 12)에서 회귀계수 β_1은 정책변수를 한 단위 증가시킬 때 변화하게 되는 효과 Y의 양을 나타낸다.

다음에 식 (8 · 11)로 표시되는 다중회귀모형을 생각해 보도록 하자. 이때 β_1의 해석은 다음과 같다.

$$\left.\begin{array}{l} \beta_1 = X_2\text{가 일정한 값으로 고정될 때, 만일 } X_1\text{이 한 단위} \\ \quad\quad \text{증가된다면, 증가되는 } Y\text{의 양} \end{array}\right\} \qquad (8 \cdot 13)$$

이제 식 (8 · 13)을 입증하기 위하여 X_2를 일정하게 고정시키고(예컨대 X_{20}), X_1를 X_{10}로부터 $(X_{10}+1)$로 증가시킨다. 그리고 이들 값들을 식 (8 · 11)에 대입하여 정리하면 다음과 같은 결과를 얻는다.

$$\begin{array}{l} \text{최초의 } Y=\beta_0+\beta_1 X_{10}+\beta_2 X_{20} \\ \underline{\text{새로운 } Y=\beta_0+\beta_1(X_{10}+1)+\beta_2 X_{20}} \\ \quad \text{차}=\Delta Y=\beta_1 \end{array}$$

일반적인 선형회귀모형

$$Y=\beta_0+\beta_1 X_1+\beta_2 X_2+\cdots+\beta_k X_k \qquad (8 \cdot 14)$$

에 대하여, 각 회귀계수에 관한 해석은 유사한 것이 될 것이다.

$$\left.\begin{array}{l}\beta_i = X_i \text{ 이외의 모든 다른 변수들이 일정한 값으로 고정될 때,} \\ \quad \text{만일 } X_i \text{를 한 단위 증가시킨다면, 증가되는 } Y \text{의 양}\end{array}\right\} \quad (8 \cdot 15)$$

식 (8·13)이나 식 (8·15)에서 보는 바와 같이, 회귀계수는 다른 독립변수를 일정하게 유지(고정)시키고 해당되는 독립변수를 한 단위 증가시킬 때 증가되는 종속변수의 변화를 나타내는 것이다. 따라서 회귀모형에 의하여 정책 또는 프로그램의 효과를 분석하는 경우, 회귀계수는 관심의 대상이 되고 있는 정책(또는 정부간여) 이외에 다른 요인들의 변화를 통제(일정하게 유지)시킬 때 정책변화에 의하여 대상에 일어나게 되는 한계효과(marginal effects)를 나타낸다고 할 수 있다. 여기에 회귀모형이 정책효과의 분석에 있어서 갖는 중요한 의미가 있다.

3. 정책영향에 대한 기술로서의 회귀모형

(1) 단순회귀모형을 사용한 경우

다음 식 (8·16)은 원인변수 X_i를 프로그램이나 처리를 나타내는 변수 X_T로 나타낸 것 이외에는 식 (8·9)와 동일하다.

$$Y = \beta_0 + \beta_T X_T + \epsilon_i \qquad (8 \cdot 16)$$

식 (8·16)에서 Y는 관심의 대상이 되는 산출 또는 사후테스트의 값을 나타내고, X_T는 처리변수를 나타낸다. 일반적으로 X_T는 1과 0의 값을 갖는 가변수(dummy variable)인 경우가 많다. 처리변수 X_T가 가변수인 경우에는 정책실험집단에 배정된 대상은 1의 값을, 그리고 통제집단 또는 비교집단에 배정된 변수는 0의 값을 갖는다.

두 변수 회귀방정식이 이와 같이 처리의 영향을 나타내기 위한 모형으로서 사용되면, 회귀계수 β_0와 β_T는 특별한 의미를 갖는다. 원인을 나타내는 변수 X_T가 0이나 1같이 두개의 점수나 카테고리만을 나타낼 때에는 회귀직선은 각 점수나 카테고리의 경험적 평균을 통과하게 된다. 따라서 [그림 8-6]에서 보는 바와 같이, β_0는 $\overline{Y}_C$로 나타내지는 통제집단의 Y의 평균점수를 나타내는데, 이것은 평가에서 대응적 사실(counterfactual)의 값으로 취급된다.

그림 8-6 하나의 가변수를 사용한 회귀직선

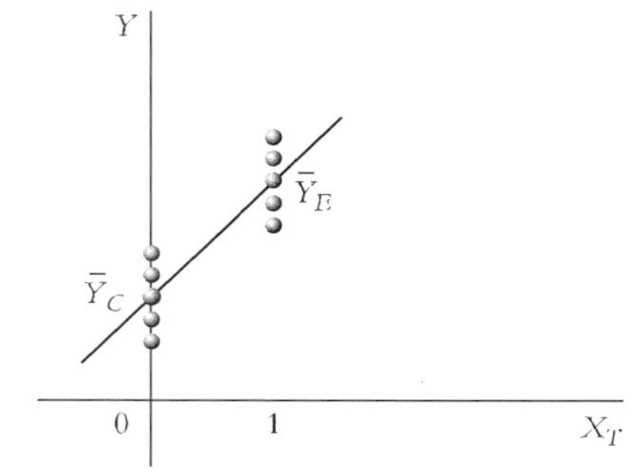

β_T는 X_T와 관련된 결과변수 Y의 영향을 나타내기 때문에 β_T는 분명히 처리효과를 나타낸다. 이 처리효과 β_T가 바로 총괄적 평가에서 산출하고자 하는 정보이다. 더구나 β_T도 또한 X_T가 한 단위 증가할 때 Y에 일어나는 변화로서 정의되기 때문에 β_T는 $(\overline{Y_E} - \overline{Y_C})$를 나타낸다. 결과적으로 두 변수 회귀모형에서 회귀계수와 평균의 차는 처리효과를 나타내는 동등한 표현의 양식이다.

(2) 다중회귀모형을 사용한 경우

프로그램 평가의 설계와 분석을 위한 틀(framework)로서의 회귀모형에 대한 개관은 위에서 살펴본 두 변수 회귀모형을 세 개 또는 그 이상의 변수를 포함하는 다중회귀모형으로 확대할 때 일단 완성되게 된다.

앞의 식 (8 · 16)에 추가되는 두 번째 독립변수를 사용한 다중회귀모형은 다음 식 (8 · 17)과 같이 표현된다.

$$Y_i = \beta_0 + \beta_1 X_1 + \beta_T X_T + \epsilon_i \qquad (8 \cdot 17)$$

식 (8 · 16)에 비해서 식 (8 · 17)에 추가된 제3의 변수는 X_1이다. 따라서서 인과변수를 더 추가하고자 하는 경우에는 X_2, X_3 등을 더 추가할 수 있는 것이다. 이들 추가되는 인과변수들은 대부분 사전 테스트를 나타내는 경우도 있으며, 통제하고자 하는 허위변수들이나 혼란변수들을 타나내기도 한다. 좀 더 부연해서 말하자면, 이들 인과변수들은 X_T 이외에도 X_T와 더불어 어떤 결과 Y를 가져오는데 영향을 미칠 수 있는 사회경제적 지위, 시간, 또는 개인적 특성 등을 나타내는 요소들이다. 이 제3의 변수나 그 외에 추가되는 변수들이 갖는 평가설계에 있어서의 주요 기능은 불완전한 무작위배정이나 무작위배정의 결함을 모두 보완해 주는데 있다. 다시 말하면, 처리변수 이외에도 실험집단과 통제집단간의 차이를 가져오는데 영향을 미칠 수 있는 중요한 변수들이 있을 수 있는데, 그러한 요인들을 측정이 가능한 분석모형에 포함시킴으로써 그들의 영향을 배제할 수 있다.

새로운 인과변수를 회귀모형에 포함시킴에 따라 두 번째 회귀계수 β_1이 추가되게 되었다고 가정해 보자.

이 경우에도 β_T는 식 (8・16)에서와 같이 처리효과를 나타낸다는 데에는 변함이 없다. 그러나 이 경우 β_T는 식 (8・17)에 포함된 인과변수인 허위변수나 혼란변수의 영향(즉 β_1의 영향)을 일정하게 유지한 경우(즉 통제한 경우), 실험집단과 통제집단의 Y의 차를 나타낸다.[12)]

우리는 앞의 식 (8・16)에서 β_T를 실험집단과 통제집단의 Y의 평균의 차($\overline{Y_E}-\overline{Y_C}$)로 해석하였다. 그러나 식 (8・17)에서는 X_1이 포함됨으로써 이 해석이 약간 달라지지 않으면 안된다. 식 (8・17)에서 β_T는 X_1이 일정한 값을 가질 때 실험집단과 통제집단의 Y의 차이를 나타낸다. 이에 대한 이해를 돕기 위해 먼저 X_1의 효과를 나타내는 β_1을 살펴보기로 하자.

X_1의 회귀계수 β_1은 X_T를 일정하게 유지시킬 때 Y에 대한 X_1의 영향을 나타낸다. 그런데 X_T는 1 또는 0의 값만을 가지므로 β_1은 X_T가 1일 경우의 X_1이 Y에 미치는 영향과 X_T가 0인 경우의 X_1이 Y에 미치는 영향을 나타낸다. 다시 말하면 β_1은 실험집단과 통제집단내에서 Y의 X_1에 대한 기울기, 즉 허위변수 또는 혼란변수 X_1이 Y에 미치는 영향을 나타낸다.

[그림 8-7]은 처리변수 X_T와 제3의 변수 X_1을 포함하는 다중회귀모형을 그림으로 나타낸 것이다. [그림 8-7]에서 β_1은 각 집단 내에서의 X_1에 대한 Y의 기울기를 나타내고, β_T는 X_1이 어떤 값을 가질 때 실험집단과 통제집단간의 차

12) 회귀모형에서 통제변수의 도입에 의한 허위변수와 혼란변수의 통제에 대해서는, (Cho, 1980: 264~287) 참조.

그림 8-7 처리변수와 제3의 인과변수를 포함한 다중회귀직선

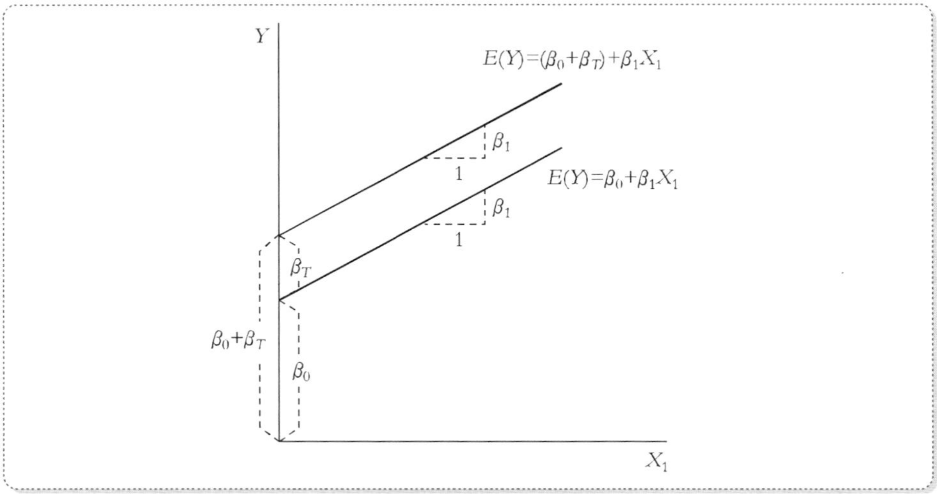

이를 나타내고 있음을 알 수 있다.

한편 파라미터 β_0는 Y의 절편을 나타내고 있다. 이 β_0는 X_1과 X_T가 모두 0인 경우의 Y의 값이 된다. 그런데 [그림 8-7]에서 이 β_0의 값은 바로 통제집단의 절편이라는 것을 알 수 있다.

두 변수 회귀모형인 식 (8 · 16)에서 처리효과는 두 집단의 평균의 차($\overline{Y_E}-\overline{Y_C}$)로서 해석되는데, 제3의 인과변수가 통제를 위하여 포함된 식 (8 · 17)에서 그 처리효과는 [그림 8-7]에서 보는 바와 같이 두 집단의 절편의 차 β_T로 측정된다.

한편 식(8 · 17)은 변수 X_1와 처리 X_T가 상호작용을 하지 않는 것으로 가정하였으나, 상호작용하는 경우에는 식(8 · 17)에 상호작용하는 조정변수 $\beta_2 X_1 X_T$를 식(8 · 17)에 추가하여야 한다. 그러면 식(8 · 17)에서 X_T의 값이 1인 경우 $E(Y)=(\beta_0+\beta_T)+\beta_1 X_1+\beta_2 X_1$이 되어 절편은 $(\beta_0+\beta_T)$로 그전과 동일하나, X_1의 기울기는 $(\beta_1+\beta_2)$가 되어 $X_T=0$인 경우의 기울기와 달라진다.

4. 회귀모형에서의 처리효과의 검증

회귀모형을 이용하여 정책효과를 검증하는 것은 결국 회귀모형을 검증하는 일이 된다.

회귀모형의 검증은 t검증법에 의하여 회귀계수를 검증하거나, 분산분석에 의한 F검증법에 의하여 모형(또는 R^2)을 검증하는 접근방법들 가운데 어느 한 접근방법을 택하게 된다. 그런데 단순회귀모형의 경우 t검증법에 의한 회귀계수의 검증이나 F검증법에 의한 R^2의 검증은 결국 동일한 것이 된다. 왜냐하면 단순회귀모형의 경우에는 단위변수가 하나뿐이기 때문에, 이 경우 회귀계수의 유의미성이 낮다는 결론을 내리게 되면 바로 회귀모형 자체의 유의미성이 낮다고 하는 결론이 되는 것이기 때문이다.

회귀모형에 의한 정책효과의 평가에 있어서 귀무가설과 대립가설은 다음과 같다.

$$H_0: \beta_T = 0$$
$$H_1: \beta_T \neq 0$$

t검증에 의하여 $\beta_T = 0$이라는 귀무가설을 기각할 수 있으면, 관찰된 처리효과 β_T는 주어진 유의수준 α하에서 유의미한 것으로 판단할 수 있다.[13)]

5. 생략된 변수가 정책효과의 추정에 미치는 영향

생략된 변수들이 효과의 추정에 미치는 영향이란, 참된 회귀모형이라면 당연히 모형에 포함되어야 할 변수가 추정모형을 작성할 때 생략(빠뜨림)되었을 때 이 생략된 변수가 모형에 포함된 변수들의 회귀계수의 추정에 미치는 영향을 말한다. 생략된 변수가 회귀모형에 포함된 변수들의 회귀계수의 추정에 미치는 영향은 두 가지 경우로 나누어 생각해 볼 수 있다.

첫째의 경우는 생략된 변수와 모형에 포함된 변수들간에 상관관계가 없는 경우인데, 이 경우에는 생략된 변수가 회귀모형에 포함된 변수의 회귀계수의 크기에 아무런 영향을 미치지 않는다. 다음 둘째의 경우는 생략된 변수와 모형에 포함된 변수간에 높은 상관관계가 있는 경우인데, 이 경우에는 포함되어야 할 변수가 생략됨으로써 모형에 포함된 변수의 회귀계수를 과대추정되도록 하는 방향으로 영향을 미친다. 여기서 회귀계수가 과대추정된다는 것은 독립변수가 종속

---

13) 회귀모형의 회귀계수들에 대한 t검증과 모형전체에 대한 F검증의 방법에 대해서는 노화준, 행정계량분석(개정판)(서울: 법문사, 1990), pp. 355~361 참조.

변수에 미치는 영향을 실제로 미치는 영향 이상으로 크게 보이도록 한다는 것을 의미한다. 다시 말하면 모형에 포함되어야 할 변수가 생략되면, 모형에 포함된 정책변수의 효과는 실제로 미친 영향 이상으로 과대평가된다(노화준, 1990: 355~361).

예를 들면, 교육과 개인의 능력을 독립변수로 하고, 소득을 종속변수로 하는 회귀모형에서, 만일 능력변수를 생략하면 소득에 대한 교육의 영향을 나타내는 회귀계수는 과대추정될 가능성이 높고, 따라서 소득에 대한 교육의 영향이 과대평가될 가능성이 높다. 이는 교육의 수준과 개인의 능력간에 높은 상관관계가 있기 때문인 것이다. 그러나 개인의 능력대신 교육수준과 개인의 성격(personality)을 독립변수로 하고, 소득을 종속변수로 하는 회귀모형에서는 개인의 성격을 나타내는 변수가 생략되었다 할지라도 교육이 소득에 미치는 영향은 과대평가되지 않는다. 왜냐하면 교육수준과 개인의 성격간에는 높은 상관관계가 존재하지 않기 때문이다.

다중회귀분석에서 독립변수들간에 상관관계가 높은 것을 다공선성(multi-collinearity)이라 부른다. 이 경우에는 서로 상관관계가 높은 독립변수가 추정된 회귀계수의 분산을 증가시킴으로써 그들의 표준오차를 증가시키는 결과를 가져오고, 이 때문에 변수의 효과에 대한 가설검증에서 귀무가설의 기각 여부에 대한 판단을 어렵게 하며, 이 때문에 통계적 결론의 타당성이 낮아지는 요인이 된다.

회귀모형의 작성에 있어서 생략된 변수와 관련된 문제에 대한 일반적인 지침은 다음과 같다.

1) 회귀모형을 작성할 때에는 정책효과에 영향을 미칠 것으로 생각되어 관심을 가지고 있는 모든 변수들을 가능한 한 포함시키도록 노력한다.

2) 현실세계를 이들 관심을 가지고 있는 변수들과 상관관계가 있는 것과 상관관계가 없는 것의 두 집합(sets)으로 분리한다.

3) 관심을 가지고 있는 변수와 유의미한 상관관계를 가진 모든 변수들을 모형에 포함시킨다.

4) 관심을 가지고 있는 변수와 허위적인 상관관계를 가진 변수(spuriously correlated variables)들을 포함시켜서는 안 된다.

6. 매개변수분석

프로그램에 대한 평가 질문 가운데 "왜 우리 프로그램은 그 효과를 가져오는가?" 또는 "왜 우리 프로그램은 작동하지 않는가?"하는 질문이 있다. 이에 대한 대답을 매개적 분석(mediational analysis)에서 찾으려는 접근방법이 있다. 그리고 이 매개적 분석방법을 그러한 현상이 일어나는데 대한 설명을 위한 분석으로 간주하는 경향이 있다. 그러나, 매개적 분석은 프로그램이론(program theory)의 중요한 접근방법이다.

매개적 모형(mediational model)에는 [그림 8-8]에서 보는 바와 같이 다양한

그림 8-8 인과적 매개 모형들

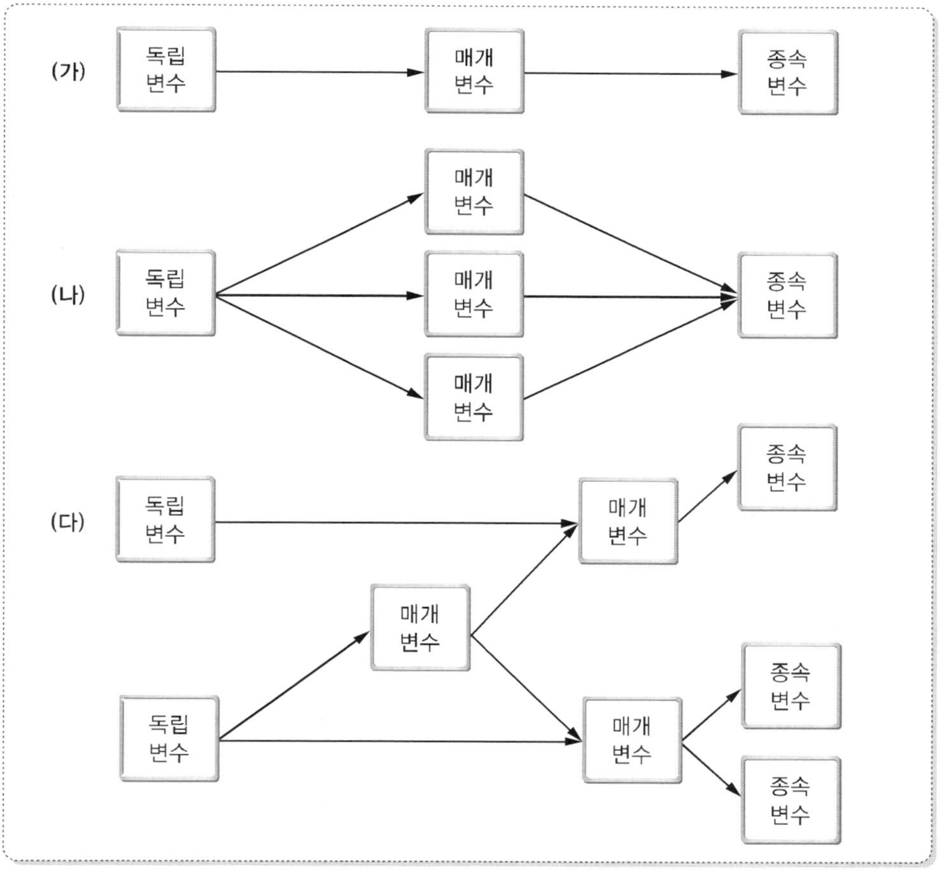

모형들이 있다. 어떤 프로그램에서는 독립변수가 직접 종속 변수에 영향을 미치지만, 어떤 프로그램에서는 독립변수 중개자인 매개변수에 영향을 미치고, 이 매개변수를 통하여 종속변수에 영향을 미친다. 어떤 경우에는 [그림 8-8]의 (다)에서 보는 바와 같이, 여러 단계의 매개변수들의 중개를 통하여 종속변수에 영향을 미치기도 한다. 그러므로 만일 매개변수가 통제되면 독립변수는 종속변수에 영향을 미칠 수 없게 된다. 그렇기 때문에 매개가 완전한 매개(complete mediation)인 경우에는 독립변수와 종속변수간의 관계가 유의미하지 않고, 때로는 프로그램이 작동하지 않는 경우도 발생할 수 있다.

일반적으로 빈약한 분석인 경우에는 준매개적 분석(quasi-mediational analysis)에 그쳐 독립변수가 종속변수에 미치는 과정을 완전하게 찾아내지 못할 수도 있다. 따라서 공변량(covariate)으로서 가능한 매개변수를 추가하여 분석함으로써 독립변수가 영향을 미치는 과정을 좀 더 구체적이며 완전하게 찾을 수 있다. 구조방정식모형을 통해서 영향과정을 식별하는 것이 일반적이다.[14)]

만일 프로그램이 작동을 하지 않는 경우에는 상쇄하는 효과들(countervailing effects)이 있지 않은지를 탐색하고, 집행의 실패(예컨데 전달된 서비스의 양)에 대한 증거를 찾도록 노력하며, 프로그램이론(또는 변화이론, 또는 논리모형)이 어느 면에서 붕괴(break-down)되지 않았는지를 검토한다. 그리고 이 프로그램이 작동할 어떤 조건들이 있을 수 있는지를 탐색한다.

이 장의 요약

1. 어떤 정책목적을 달성하기 위하여 계획하고 집행하는 프로그램은 정책목적을 달성하기 위한 수단이며, 어떤 프로그램활동을 하면 그에 따라 어떤 산출결과가 오게 될 것이라고 하는 가설이다. 프로그램가설은 실험집단의 산출결과와 통제집단의 산출결과간의 차이가 유의미한 것인지 여부에 의하여 검증될 수

14) 인과적 매개모형에 대한 더 자세한 논의에 대해서는 제11장 비실험적 방법에 의한 정책영향의 평가 참조.

있다.

2. 사회과학 연구에서 가설검증에 사용되는 일반적인 통계적 절차는 (1) 가설의 설정, (2) 표본분포의 획득, (3) 유의수준과 임계영역의 선택, (4) 검증통계의 계산, (5) 의사결정 등이다.

3. 프로그램 평가질문들은 다양하나, 차이에 관한 질문에 대한 대답을 하기 위해서는 표본의 크기에 따라 정규분포 또는 t분포에 의한 검증을 한다. t분포에 의한 검증은 표본의 크기가 30 미만일 때 주로 사용한다. 차이에 대한 평가질문에 답하기 위하여 사용하는 분석개념 가운데, 검증력(statistical power)에 대한 개념과 관련분석방법은 평가기획 및 평가설계에 필요한 정보를 산출해 내는데 활용될 수 있다.

4. 관계에 대한 평가질문들에 대한 대답을 하기 위한 분석방법으로는 상관분석과 회귀분석방법들이 활용될 수 있다. 상관분석은 두 변수들간의 관계의 방향과 관계의 정도를 찾아내는 분석에 활용된다. 회귀분석은 프로그램가설에서 검증하고자 하는 변수 이외의 변수들을 통제하는데 유용한 분석 방법이다.

연/습/문/제

[8.1] 다음의 각각에 대하여 설명하여라.
(1) 정책가설의 검증에서 귀무가설과 대립가설의 의미
(2) 편차의 자승의 합계, 표준편차와 분산
(3) 유의수준, 제1종오류와 제2종오류

[8.2] 통계적 유의수준과 실제적인 유의수준의 차이를 설명하고, 실제적 유의수준이 활용될 수 있는 경우를 예를 들어 설명하여라.

[8.3] 프로그램효과에 대한 통계적 검증에 있어서 검증력(power of the test)이 중요한 이유를 설명하여라.

[8.4] 교육분야, 사회복지분야, 또는 보건분야의 프로그램을 하나 예로 선택하여 처리집단과 통제집단의 차이를 검증하기 위한 t값을 계산하는 과정을 보이고, 계산결과를 해석하여라.

[8.5] 단순회귀모형을 이용하여 처리집단과 통제집단간의 차이를 검증하는 논리를 설명하여라.

[8.6] 정책효과를 위한 다중회귀모형에 가변수를 사용하는 경우가 많다.

(1) 가변수를 사용하면 어떤 이점이 있는가?

(2) 가변수의 사용절차에 대하여 설명하여라.

(3) 가변수를 이용한 효과추정의 원리를 설명하여라.

[8.7] 회귀모형을 이용한 정책효과의 평가에서 다음에 대하여 설명하여라.

(1) 생략된 변수의 영향

(2) 단순회귀모형과 다중회귀모형에서 β_T의 의미상의 차이

[8.8] 프로그램이 왜 작동하지 않는지에 대하여 원인을 탐색하고 대처하는 방법에 대하여 설명하여라.

제 9 장

진실험적 방법에 의한 정책혁신영향의 평가

장 머 리 에

새로운 정책을 결정하여 어떤 한 대상집단에 집행하게 되면, 이 정책은 정책집행의 대상집단에 직접적 또는 간접적인 영향을 미치게 됨으로써 그 대상집단에 어떤 변화를 가져오게 된다. 이와 같이 정책혁신에 의하여 어떤 한 대상집단에 변화가 일어났을 때 이러한 변화를 정책의 영향(impact)이라 부른다.

정책혁신의 영향에 대한 평가는 가능한 한 정확하게 관심의 대상이 되고 있는 프로그램이 의도된 효과(effect)들을 산출해 냈는지 여부를 검토하고, 그 효과의 정도를 결정하는데 그 목적을 두고 있다. 그러므로 정책영향의 평가는 새로이 제안된 프로그램의 설계, 기존프로그램의 제안된 수정이나 변경 등을 위해서도 필요할 뿐 아니라, 현재 집행중에 있는 프로그램의 재검토를 위해서도 필요하다.

정책혁신의 효과를 추정하기 위한 설계에는 여러 가지가 있는데, 본 장에서는 먼저 이러한 여러 가지 평가설계의 대안들을 정책효과의 평가를 어렵게 하는 허위변수와 혼란변수들의 통제와 관련하여 살펴보고, 이들 여러 가지 평가설계의 대안들 가운데 진실험적 방법에 의한 정책영향평가의 논리, 진실험설계와 관련된 여러 가지 타당성의 문제, 진실험에 의한 정책평가에 있어서 정책영향의 분석과 추정 등에 대해서 살펴보고자 한다.

제1절 정책혁신영향평가의 전략

Ⅰ. 정책영향평가설계의 유형

1. 총산출결과와 순산출결과

정책효과평가의 출발점은 평가하고자 하는 정책이나 프로그램의 목적을 나타내는 하나 또는 그 이상의 산출결과(outcome)에 대한 측정수단의 식별이라 할 수 있다. 정책혁신의 산출결과에 대한 측정수단이 식별되고 나면, 다음에는 이들 식별된 측정수단들에 의하여 정책의 산출결과들을 측정하게 된다. 예컨대 제조업체들로 하여금 연구개발투자를 증대시키도록 설계된 조세상의 지원프로그램에 있어서, 그 프로그램의 목적은 연구개발투자액의 증가로서 나타내질 것이다. 그리고 프로그램을 집행한 후에, 이 프로그램에 참여했던 제조업체들의 연구개발투자금액의 증가가 이 프로그램에 참여하지 않았던 제조업체들의 투자액의 증가보다 더 높다면, 이 프로그램은 성공적인 것으로 판단될 수도 있을 것이다.

여기서 유의하여야 할 점은 총산출결과(gross outcome)와 순산출결과(net outcome)를 구분하여야 한다는 점이다. 총산출결과는 프로그램이 집행된 후에 관찰된 변화, 즉 산출결과의 측정수단에 의하여 측정된 전체의 변화를 말한다. 앞에서 예로 든 연구개발투자를 촉진하기 위하여 실시한 조세상의 지원프로그램에 있어서 총산출결과는 이러한 조세상의 지원프로그램과 여타의 여러가지 요인들의 영향(예컨대, 새로운 발견이나 발명에 의하여 생산된 새로운 제품에 대하여 장기적으로 권익을 보장하는 특허제도의 동시적 도입 등)에 의하여 증가된 참여 제조업체들의 연구개발투자액이 될 것이다. 이에 비해서 순산출결과는 프로그램 이외의 다른 모든 요인들에 의하여 오게 된 효과들을 제거한 후, 순수하게 프로그램이 원인이 되어 오게 된 것으로 생각되는 효과를 말한다.

이들 총산출결과와 순산출결과간의 관계를 식으로 표시하면 다음과 같다.

$$\text{총산출결과} = \begin{bmatrix} \text{프로그램의 효과} \\ \text{(순산출결과)} \end{bmatrix} \pm \begin{bmatrix} \text{허위혼란요소들에} \\ \text{의한 효과} \end{bmatrix} \qquad (9 \cdot 1)$$

위의 식 (9・1)에서 보는 바와 같이 총산출결과는 연구개발투자 촉진을 위한 조세상의 지원프로그램에 참여하기 전・후에 측정된 참여 제조업체들의 연구개발투자의 증가(순산출결과)와 이 프로그램을 집행하는 동안에 제조업체들의 연구개발투자의 결정에 영향을 미친 여타의 요소들의 효과의 두 부분으로 구성되고 있다.

총산출결과는 이와 같이 프로그램의 효과를 반영할 뿐만 아니라, 프로그램의 집행과정에서 대상집단에 동시에 작용하게 되는 여타 요인들의 효과도 또한 반영하고 있는 것이다. 그러므로 프로그램의 영향을 평가하는데 있어서는 순수한 정부간여(intervention)의 효과를 추정하여야 한다. 이를 위해서는 허위요소(spurious factors)나 혼란요소(confounding factors)로 알려지고 있는, 순수효과를 오염시키는 요소들을 총산출효과로부터 깨끗하게 제거하지 않으면 안된다.

프로그램의 순산출효과를 오염시키는 허위요소들이나 혼란요소들은 이미 제7장의 정책평가의 타당성을 논의할 때 지적한 타당성을 저해하는 여러 가지 요소들, 특히 내적 타당성을 저해하는 여러 가지 요소들을 의미한다. 이들 가운데 중요한 것들을 몇 가지 들어보면, 대상집단의 내생적 변화(예컨대 감기환자가 일정한 기간이 지나면 스스로 회복되는 것 같은 자연적 변화), 장기적 추세, 역사적 사건, 성숙효과, 회귀효과, 자기선택효과, 선택과 성숙의 상호작용효과, 호손효과(Hawthorne effects) 등을 들 수 있다.[1] 관심의 대상이 되고 있는 프로그램을 대상집단에 집행하는 과정에서 이들 가운데 하나 또는 그 이상의 혼란을 유발하는 외부요소들이 동시에 영향을 미치게 되면, 프로그램의 순수효과의 추정이 어렵게 된다.

하나의 프로그램의 순수효과는 대상집단에 일어난 총산출결과로부터 허위요소들과 혼란요소들의 영향에 의하여 일어난 효과들을 제거함으로써 얻을 수 있다. 이러한 관계를 식으로 표시하면 다음과 같다.

$$\text{순효과} = \left[\begin{array}{c}\text{총산출}\\ \text{결과}\end{array}\right] - \left[\begin{array}{c}\text{허위요소 및}\\ \text{혼란요소들에}\\ \text{의한 효과}\end{array}\right] \pm \left[\begin{array}{c}\text{무작위}\\ \text{효과}\end{array}\right] \qquad (9 \cdot 2)$$

1) 이들 타당성을 저해하는 요소들에 대한 논의에 대해서는 제6장의 인과적 이론과 타당성 및 Cook and Campbell, 1979: 37~94 참조.

식 (9・2)에서 볼 수 있는 바와 같이 순효과는 총산출결과에서 허위요소들과 혼란요소들의 작용에 의하여 오게 된 효과들을 제거함으로써 추정될 수 있는데, 이렇게 추정된 순산출결과에는 여전히 무작위효과(random effects)가 포함되어 있다. 여기서 말하는 무작위효과란 효과의 측정과정에서 오게 되는 소위 확률적 과정이라 불리고 있는 우연 또는 무작위적인 변이를 말한다. 무작위효과를 무작위오류라 부르기도 한다. 이들 무작위효과 또는 무작위오류들은 때로는 정확한 순효과의 추정을 어렵게 하여 프로그램 효과에 대한 결론을 잘못 내리도록 함으로써 결론의 타당성을 저해하는 요인으로 작용하기도 한다.

총산출결과에서 허위요소들 및 혼란요소들의 효과를 제거함으로써 순효과를 얻기 위해서는, 먼저 이들 허위요소나 혼란요소들의 작용에 의하여 오게 되는 효과들의 크기와 방향을 하나하나 추정함으로써 허위요소 및 혼란요소에 의하여 오게 된 전체적인 효과를 추정하지 않으면 안 될 것이다. 또한 이들 허위요소들과 혼란요소들은 그 영향의 방향이 플러스(+)적인 것도 있을 수 있고, 마이너스(−)적인 것도 있을 수 있다. 그러므로 이들 허위요소들과 혼란요소들의 효과를 추정하는 것은 매우 어려운 과제가 아닐 수 없다. 그러나 다행히도 대부분의 경우에는 이들 허위요소들이나 혼란요소들의 영향에 의한 효과들을 하나하나 분리하여 추정할 필요는 없다. 적절한 평가연구설계를 사용함으로써, 대상집단에 작용하는 이들 허위요소들과 혼란요소들의 영향을 동시에 제거할 수 있고, 이로써 프로그램의 순효과추정의 가능성을 높일 수 있기 때문이다.

2. 허위요소와 혼란요소들의 통제유형

정책의 효과를 평가할 때 정책이나 프로그램의 영향 이외에 정책을 집행하는 대상집단에 작용하는 허위변수들이나 혼란변수들의 영향을 제거하는 것을 이들 변수들을 통제(control)한다고 한다. 우리는 이미 앞의 제7장에서 이들 허위변수들이나 혼란변수들의 영향을 통제하기 위해서는 정책을 집행하는 대상집단, 즉 실험집단 이외에 통제집단이나 비교집단을 도입하여야 한다는 것을 설명하였다. 그러나 만일 정책을 집행하는 대상이 되는 실험집단 이외에 비교집단이나 통제집단을 도입하여 우리가 원하지 않는 정책이나 프로그램 이외의 다른 요소들의 영향들을 통제할 수 없다고 한다면, 여타의 다른 방법들에 의해서라도 이들 원하지 않는 여타의 다른 요소들의 영향을 통제하여야 비로소 정책의 효과가 있는지 없는지, 그리고 있다면 그 크기는 얼마나 되는지를 알아낼 수 있다.

이미 앞의 관계식을 통하여 정책의 순효과는 실험집단의 총산출결과와 통제집단의 총산출결과간의 차이로서 정의된다는 것은 분명히 이해할 수 있다. 그런데 정책의 순효과, 즉 실험집단과 통제집단간의 차이는 실제로는 실험집단의 총산출결과와 통제집단의 총산출결과들을 각각 측정하여 그 차이를 구하는 것이다. 이들 두 집단의 차이는 이미 정책평가의 논리에서 살펴본 바와 같이 실험집단에 집행된 정책 이외의 모든 조건들이 실험집단과 통제집단에 동일할 때 추정가능하게 된다. 그러므로 정책효과평가의 주요 이슈는 결국 어떻게 실험집단과 통제집단을 동질적으로 구성하여 허위요소와 혼란요소들에 의하여 오게 될지도 모르는 영향들을 통제하느냐 하는 것이다.

정책이나 프로그램 이외의 다른 요소들의 영향들을 통제함으로써 정책의 순효과를 추정하는 접근방법 가운데 대표적인 방법들로서는 무작위배정에 의한 통제, 축조에 의한 통제, 재귀적 통제, 통계적 통제 등을 들 수 있다(Rossi and Freeman, 1982: 176~177).

여기서 무작위배정에 의한 통제(randomized control)란 실험집단과 통제집단을 동질적으로 구성하기 위하여 무작위 배정의 원리를 사용하여 두 집단을 동질적으로 구성함으로써 허위요소와 혼란요소들을 통제하는 것이다. 무작위 배정의 원리는 짝수 홀수 추첨을 하여 짝수를 추첨한 사람들은 실험집단에 배정하고 홀수를 추첨한 사람들은 통제집단에 배정함으로써 이들 두 집단을 완전히 동등하게 구성하는 것과 같은 원리이다. 이렇게 함으로써 허위변수 및 혼란변수에 의한 효과들이 실험집단과 통제집단에 동일하게 나타나게 하여 결과적으로 실험집단의 산출에서 통제집단의 산출을 빼어줄 때 허위변수의 영향과 혼란변수의 영향이 완전히 제거되도록 하는 것을 의미한다.[2)]

그러나 실제로 실험집단과 통제집단을 구성할 때에는 추첨을 하는 대신에 난수표(random number table) 등을 사용하여 연구대상들을 실험집단과 통제집단에 배정하게 되는데 이것이 바로 무작위배정에 의한 허위요소 및 혼란요소들의

---

2) 무작위배정(randomization)에 의하여 정책을 집행할 실험집단과 정책을 집행하지 않을 통제집단을 구성함으로써 허위변수와 혼란변수의 영향을 제거하는 방법에 대해서는 제6장 제1절의 정책효과추정의 논리를 참조할 것.

통제방법이다.

정책의 효과를 평가하는 실제상황에서는 사회구성원들을 무작위적으로 실험집단과 통제집단에 배정하여 정책효과를 실험하기가 어려운 경우도 많다. 그들 가운데 첫 번째 경우는, 예컨대 새마을사업의 효과를 평가하기 위하여 사람들을 새마을사업이 실시되는 지역(실험집단)과 새마을사업이 실시되지 않는 지역(통제집단)에 무작위방법으로 배정하고, 각각 생활하는 곳을 옮기도록 하는 것이 현실적으로 어렵다. 이처럼 무작위배정에 의하여 두 집단을 구성하는 것이 현실적으로 어려운 경우가 많다. 두 번째 경우는 어떤 정책이 전국적으로 실시되기 때문에 현실적으로 정책이 집행되는 실험집단과 정책이 집행되지 않는 통제집단을 구분하여 구성할 수 없는 경우이다.

이들 가운데 첫 번째 경우와 같은 이유로 무작위배정에 의하여 실험집단과 통제집단을 구성하기 어려운 경우에는 우선 연구대상들을 비슷한 대상끼리 둘씩 짝을 짓고, 이들 둘씩 짝을 지은 대상들 가운데 하나는 실험집단에, 그리고 다른 하나의 대상은 통제집단에 각각 배정하는 방법을 쓰게 되는데 이것이 축조에 의한 통제(constructed control)방법이다. 예컨대 새마을사업의 효과를 추정하기 위하여 마을의 지리적 조건, 마을의 인적 구성 등이 유사한 두 개의 마을들을 골라서(짝을 지어서) 이들 가운데 한 마을에는 새마을사업을 실시하고, 나머지 한 마을에는 새마을사업을 실시하지 않는다면, 마치 무작위배정에 의하여 실험집단과 통제집단을 구성한 것과 같이 된다. 이처럼 다른 모든 조건들이 이들 두 마을에 동일하므로, 만일 이들 두 마을 주민들의 소득상에 어떤 차이가 나타났다면 이 차이는 바로 새마을사업을 실시한 효과를 의미한다. 이것을 다른 말로 매칭에 의한 배정방법이라 부르기도 한다.

다음에는 무작위배정이 어려운 두 번째 경우와 같이 정책이 전국적으로 실시되는 경우인데, 이 경우에는 비교집단이나 통제집단을 구성하기가 불가능하므로 정책을 집행한 후에 일정한 기간 동안에 나타나는 산출결과의 변화를 바로 같은 대상에 대하여 정책을 행하기 이전의 일정한 기간 동안에 나타났던 산출결과의 변화와 비교하고, 이러한 비교를 통하여 정책의 효과를 추정하게 된다. 이와 같이 동일한 대상을 중심으로 정책이 집행되기 전과 후에 일어난 상태의 변화들을 비교하는 것을 재귀적 통제(reflexive control)에 의한 정책효과의 평가라고 한다.

끝으로 통계적 통제(statistical control)란 정책에 참여한 대상과 그렇지 않은 대상과의 차이를 통계적 기법을 사용하여 추정해 내는 방법을 지칭한다.

이외에도 엄밀한 의미에서는 통제라는 용어를 쓰기는 어려우나 정책효과를 평가하는데 쓰이는 방법으로, 포괄적 통제(generic control)와 잠재적 통제(shadow control)라는 것이 있다. 이들 가운데 포괄적 통제는 정책을 집행한 대상집단과 유사한 집단에 정책을 집행하면 이러이러한 변화가 일어날 것이라고 기대하는 전형적인 규범 또는 표준들이 있는데, 정책을 집행한 대상집단에 일어난 변화를 이것과 비교하여 집행한 정책이 효과가 있었는지 또는 없었는지를 판단하는 방법이다. 한편 잠재적 통제는 정책을 집행한 대상집단에 일어난 변화에 대해 전문가, 프로그램 집행자 또는 프로그램에 참여한 대상자들에게 질문한 다음, 이들의 의견을 토대로 정책의 효과가 있었는지 또는 없었는지를 판단하는 방법이다. 그런데 프로그램의 집행결과에 대한 전문가나 프로그램의 집행자, 또는 프로그램 참여자들의 의견은 각기 자기들의 주관적 판단에 따라 달라질 수도 있기 때문에, 이러한 방법을 주관적 평가라고 하여 위의 여러 가지 객관적인 평가방법들과 구분하기도 한다.

물론 위에서 말한 여섯 가지 통제의 방법들은 상호배타적인 것들도 아니고, 또 여기에 나열한 순서가 꼭 바람직한 통제의 순서를 나타내는 것도 아니다. 그러므로 실제 평가에 있어서는 이들 통제의 방법들 가운데 평가하고자 하는 프로그램이 처하고 있는 상황과 성질에 따라 적절한 것을 선택하여야 할 것이다.

3. 영향평가설계의 유형

영향평가대안의 선택에 가장 큰 제약을 가하는 것은 관심의 대상이 되고 있는 프로그램이 대상집단의 모든 구성원들에게 전달되고 있는지 여부에 관한 것이다. 오랫동안 수행되고 있는 전국적으로 지원되는 프로그램과 같이 대상집단 전체를 커버하는 프로그램의 경우에는 정부간여를 받고 있지 않는 집단, 즉 수혜대상자들과 비교할 수 있는 집단을 식별하기가 매우 어렵다. 다시 말하면 통제집단을 정의하는 것이 거의 불가능한 것이다. 이러한 경우에 이용가능한 주된 평가의 전략은 앞에서 말한 바와 같이 재귀적 통제가 될 것이다.

이와는 반대로, 전시베이스(demonstration base)로 검토 발전시키기 위하여 집행하는 프로그램은 일반적으로 모든 대상집단에게 집행되지 않는 것이 보통이다. 그러므로 개발국면에 있는 새로운 프로그램은 부분적으로만 대상집단을 커버하는 프로그램이라 할 수 있다.

표 9-1 영향평가연구설계의 전략

<table>
<tr><th colspan="2">정부간여의 양태</th><th colspan="3">자료수집의 양태</th></tr>
<tr><td>대상집단의 커버리지</td><td>정부간여를 대상집단에 배정하는 방법</td><td>사전 사후에 각각 복수적인 측정</td><td>정부간여 전과 후에 한 번씩만 측정</td><td>단지 정부간여 후에만(cross sectional) 측정</td></tr>
<tr><td rowspan="2">부분적 커버리지</td><td>무작위배정</td><td colspan="3">(i) 진실험</td></tr>
<tr><td>비무작위 배정</td><td colspan="2">(ii) 축조된 통제집단 및/또는 통계적 통제</td><td rowspan="2">(iv) 통계적 통제</td></tr>
<tr><td rowspan="2">전체적 커버리지</td><td>시간과 장소에 대한 비무작위적 변화(variation)</td><td>(iii) 재귀적 통제
시계열 분석</td><td>사전 및 사후 연구</td></tr>
<tr><td>일정한 정부간여</td><td></td><td></td><td>(ii) 포괄적 및 잠재적 통제</td></tr>
</table>

자료: Rossi and Freeman, 1982: 180.

대상집단을 부분적으로 커버하는 프로그램들의 평가에는 여러 가지 평가전략들이 이용될 수 있다. 만일 프로그램이 평가자의 통제하에 있으면, 가장 이상적인 평가방법은 무작위배정에 의한 통제를 사용하는 것이다. 만일 평가자가 실험집단과 통제집단을 구성하는데 무작위배정의 방법을 사용할 수 없는 경우에는, 매칭과 같은 축조에 의한 통제의 방법을 사용할 수도 있다.

위에서 설명한 프로그램의 커버리지와 자료수집의 방법을 조합하면 <표 9-1>과 같은 여러 가지 프로그램평가의 전략들을 산출해 준다. <표 9-1>에서 (1) 진실험으로 표시된 것이 진실험적 방법에 의한 정책평가연구의 전략을 가리키고 있으며, (2) 축조된 통제집단 및 또는 통계적 통제와 (3) 재귀적 통제로 표시된 것이 준실험적 방법에 의한 정책평가연구의 전략을 가리키고, (4) 통계적 통제, (5) 포괄적 및 잠재적 통제로 표시된 것이 비실험적 정책평가연구의 전략을 가리키고 있다.

Ⅱ. 진실험적 방법에 의한 영향평가의 논리

1. 진실험의 논리

진실험에 의한 영향평가의 논리는 정책집행대상집단에 정책이나 프로그램과 아울러 작용하는 허위요소와 혼란요소들을 제거하는 논리라고 할 수 있다. 이러한 논리에 대해서는 이미 앞의 제7장에서 허위변수와 혼란변수의 영향을 제거하는 논리로 자세히 논의한 바 있으나, 여기에서는 진실험에 의한 평가를 체계적으로 논의하기 위하여 부분적으로는 중복이 되겠으나 다시 한번 설명하고자 한다.

허위변수와 혼란변수의 영향을 제거하여 정책의 순효과를 추정하기 위해서는 정책을 집행하는 실험집단과 정책을 집행하지 않는 비교집단 또는 통제집단(control group)을 구성하되, 이들 실험집단과 통제집단을 동질적인 집단이 되도록 하여야 한다. 여기서 동질성이란 의미는 양 집단 전체구성원들이 평균적인 의미에서 같다는 것이다. 다시 말하면 두 집단을 구성하는 개개인들은 서로 이질적일 수 있겠으나 전체적으로 보아 평균적인 측면에서 동질적이라는 것을 의미한다.[3] 이와 같이 실험집단과 통제집단을 동질적으로 구성하는 것이 허위변수와 혼란변수들을 통제하기 위한 실험설계의 기본원리이다.

실험집단과 통제집단을 서로 동질적인 것으로 구성하기 위해서는 대상들을 이들 두 집단에 무작위적으로 배정하여야 한다. 여기서 무작위적으로 대상들을 두 집단에 배정한다는 말은 어떤 한 대상이 실험집단이나 통제집단에 배정될 기회가 동일하도록 하는 조건하에 이들 두 집단들 가운데 어느 하나에 배정한다는 것을 의미한다. 예컨대 주사위를 던져서 짝수가 나오면 실험집단에, 그리고 홀수가 나오면 통제집단에 대상을 배정한다면 이것이 바로 무작위배정이다. 왜냐하면 주사위를 던져서 짝수 및 홀수가 나올 확률은 동일하기 때문에 어떤 한 대상이 실험집단이나 통제집단에 배정될 확률은 완전히 동등한 것이 된다. 따라서 이러한 방법으로 대상들을 두 집단에 배정하게 되면, 이들 두 집단은 집행하고

---

3) 두 집단이 동질적이라는 것은 예컨대 IQ가 동일한 수준의 학생들만을 뽑아서 실험집단과 통제집단을 구성한다는 경우를 의미하는 수도 있으나, 여기서는 실험집단에도 IQ가 높은 학생, 중간정도 학생 및 낮은 학생들이 골고루 분포되어 있고, 통제집단에도 역시 IQ가 높은 학생, 중간정도 학생 및 낮은 학생들이 실험집단과 비슷하게 골고루 분포되어 있다는 것을 의미한다.

자 하는 정책 이외의 모든 조건들이 완전히 동등하게 될 것이다. 그러면 평가자가 이들 두 집단 가운데 무작위적으로 어느 하나를 실험집단으로 선택하고, 나머지 하나를 통제집단으로 선택한다면, 이들 실험집단과 통제집단은 동질적인 집단이 되고, 따라서 허위변수와 혼란변수의 영향은 통제될 수 있게 되는 것이다.

무작위배정에 의하여 실험집단과 통제집단을 구성함으로써 허위변수와 혼란변수를 통제하는 원리를 좀 더 구체적으로 이해하기 위하여 다음과 같은 가상적인 예를 살펴보기로 하자.

예컨대 초등학교 3학년 학생 100명을 뽑아서 50명씩, A, B 두 반으로 나누어 한 반에게는 시청각교재를 사용하여 자연과목에 대한 강의를 하고, 또 한 반에게는 주입식 방법으로 역시 자연과목에 대한 강의를 한 다음, 한 학기 후의 시험성적을 통하여 그 효과를 비교하려 한다고 가정하자. 그런데 두 반을 구성할 때 A반에는 지능지수가 높고, 성취동기가 비교적 높으며, 가정에서 교육에 더 관심을 가지고 지도를 할 수 있는 환경에 있는 학생들을 더 많이 배정하고, 또 B반에는 그렇지 못한 학생들을 더 많이 배정한 다음, A반에는 시청각교재를 사용하여 강의하고, B반에는 주입식 강의를 하였다고 하자. 그 결과 한 학기 후에 A반의 평균성적이 84점이고, B반의 평균성적이 77점이었다면 과연 이러한 성적의 차이는 강의방법의 차이에 의해서만 오게 되었다고 볼 수 있겠는가?

이 경우 학생들의 성적에 영향을 미치는 요소로는 강의방법 이외에도 학생들의 지능지수(IQ), 동기, 가정환경, 한 학기 동안의 성숙요소 등을 들 수 있을 것이다. 즉 우리는 강의방법 이외에도 학생들의 지능지수, 동기, 가정의 교육적 분위기 등 여러 요소들이 동시에 학생들의 성적에 영향을 미쳤을 가능성이 높다고 볼 수 있기 때문에 이 질문에 대하여 분명한 대답을 하기 어려울 것이다. 이때 이 학생들의 지능지수, 동기, 가정환경, 성숙 등의 제요소가 혼란변수들이다.

그러나 무작위배정에 의하여 A반과 B반을 구성하게 되면, 여러 가지 다른 요소를 가진 학생들이 A반과 B반에 편성될 기회가 동등하게 되기 때문에, 결과적으로 A반과 B반에 모두 지능지수가 높은 학생과 낮은 학생, 성취동기가 높은 학생과 낮은 학생, 그리고 교육적 분위기가 좋은 가정의 학생들과 그렇지 않은 학생들이 골고루 편성되게 될 것이다. 그리고 A반에 편성된 학생들이나 B반에 편성된 학생들은 모두 한 학기 동안 비슷하게 자란다고 볼 수 있기 때문에 성숙요소도 제거될 수 있을 것이다.

이와 같이 A반과 B반의 구성에 있어서 성적에 영향을 미칠 수 있는 여러 가지 다른 요소들을 가진 학생들을 골고루 갖추도록 두 집단을 구성하면, 바로 두 집단을 서로 동질적인 집단으로 구성한 것이 된다. 이러한 방법으로 A반과 B반을 서로 동질적인 집단으로 구성하고 난 다음에 이들 가운데 어느 한 집단, 예컨대 A반에 시청각교재를 사용하여 강의를 하고, B반에 주입식 강의를 한 다음, 만일 A반의 성적이 더 좋았다면, 이때 A반과 B반의 성적의 차이는 강의방법의 차이에 기인된 것이라고 볼 수 있다.

그런데 무작위배정(random assignment)을 해도 우연히 실험집단 또는 통제집단에 어떤 특성을 가진 사람들이 많이 배정될 수 있는데 이것을 "불행한 무작위배정(unhappy randomization)"이라고 부른다. 예컨대 높은 콜레스테롤을 가진 사람들을 치료하는 약의 효과를 실험하기 위하여 실험집단과 통제집단을 무작위배정에 의하여 구성한다 할지라도, 실험집단에 우연히 낮은 콜레스테롤을 가진 사람들이 많이 배정되어 약의 효과가 없는데도 있는 것으로 결과가 나올 가능성이 있다. 이 경우에는 블로킹(blocking)기법을 사용하면 어느 정도 예방이 가능하다.4)

그림 9-1 무작위배정의 영향

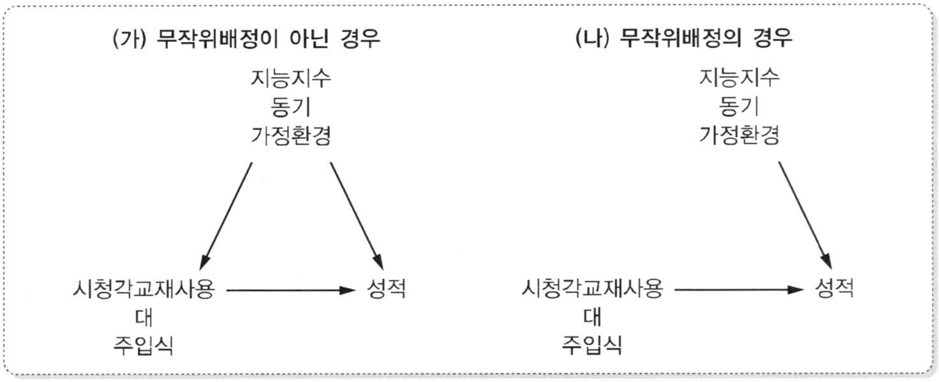

4) 여기서 블로킹기법이란 실험집단과 통제집단을 구성할 때, 대상 모집단의 사람들을 콜레스테롤의 정도에 따라 몇 개의 하위모집단들(sub-units)로 나누고, 이들 각 하위모집단별로 구성원들을 무작위방법으로 각각 실험집단과 통제집단에 배정하는 방법을 말한다.

위에서 설명한 것이 무작위배정에 의하여 허위변수와 혼란변수의 영향을 제거하는 원리이며, [그림 9-1]은 이것을 나타내 주고 있다.

물론 무작위배정이 모든 혼란요소들을 외재적 요소로 전환시켜 줄 수 있는 것은 아니다. 실험 그 자체의 조건들과 관련된 특정한 요소들은 무작위배정에 의해서도 제거하기 어려운 경우가 많기 때문에, 평가자는 항상 이러한 변수들이 영향을 미쳤을 가능성에 대해서도 유의하지 않으면 안 된다.

앞에서 설명한 논리를 토대해 볼 때, 무작위배정은 잠재적인 허위변수와 혼란변수들(X_1)을 일종의 외재적 변수로 전환시킴으로써 이들 허위변수와 혼란변수의 영향을 통제하는 것이다. [그림 9-2]는 무작위배정에 의하여 허위변수와 혼란변수(X_1)를 외재적 변수로 전환시키는 과정을 보여 주고 있다. 여기서 X_T는 프로그램 또는 정부간여를 나타내고, Y는 산출 또는 효과를 나타낸다.

그림 9-2 무작위배정

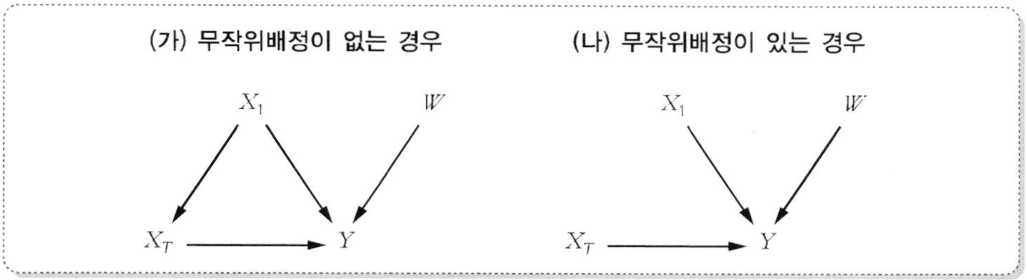

이와 같이 허위변수와 혼란변수가 외재적 변수로 전환되고 나면, 실험집단과 통제집단의 차이는 프로그램의 영향이 원인이 되어 오게 된 것과 무작위적 오류에 기인된 것뿐이다. 그러므로 식 (9・2)로 표시되었던 프로그램의 순효과는 다음과 같이 실험집단의 총산출결과와 통제집단의 총산출결과간의 차로서 정의할 수 있게 된다.

$$\text{순효과} = \begin{bmatrix}\text{실험집단의}\\\text{총산출결과}\end{bmatrix} - \begin{bmatrix}\text{통제집단의}\\\text{총산출결과}\end{bmatrix} \pm \begin{bmatrix}\text{무작위}\\\text{효과}\end{bmatrix} \qquad (9 \cdot 3)$$

위의 식 (9・3)에서 통계적 과정에서 오는 무작위효과는 적절한 통계적 검증을 사용함으로써 추정될 수 있으므로, 통제집단을 사용함으로써 프로그램의 순효과를 개략적으로 추정할 수 있게 된다.

위와 같은 논리에 비추어 볼 때 동등한 실험집단과 통제집단의 식별과 선택이야말로 순효과를 추정할 수 있는 가장 핵심적인 요소라 아니할 수 없다. 실험집단과 통제집단의 동등성 또는 동질성은 실험집단과 통제집단이 평가되고 있는 프로그램에 참여했느냐 또는 참여하지 않았느냐 하는 것 이외의 모든 것이 동일하여야 한다는 것을 의미한다.

두 집단의 동질성은 구체적으로 다음과 같은 세 가지를 필요로 한다.

(1) 동일한 구성

실험집단과 통제집단은 유사한 대상이나 단위들의 믹스(mix)를 포함하여야 한다.

(2) 동일한 경험

실험집단과 통제집단은 관찰기간 동안에 시간과 관련된 과정, 즉 성숙, 추세, 역사적 사건 등을 경험하여야 한다.

(3) 동일한 성향

실험집단과 통제집단은 프로그램에 대해서 동등한 경향을 가지고 있어야 한다. 즉 자기선택(self-selection)의 경향이 양 집단에 동일하여야 한다.

2. 무작위배정의 방법과 순효과

실험집단과 통제집단을 동질적인 것으로 구성하기 위해서는 무작위배정을 하여야 한다는 것은 앞에서 논의한 바와 같다.

무작위배정을 하기 위해서는 난수표를 이용하거나 동전이나 주사위 등을 무작위배정의 도구로 이용할 수도 있다. 난수표는 대부분의 통계학 서적에 부록으로 첨부되어 있으며, 컴퓨터의 통계패키지를 이용함으로써 쉽게 얻을 수 있다.

이와 같이 무작위배정에 의하여 실험집단과 통제집단을 구성한 다음, 프로그램의 영향을 측정하면 순효과는 다음 식 (9・4)를 이용하여 구할 수 있게 된다.

$$\text{순효과} = \left[\begin{array}{c}\text{무작위배정된}\\ \text{실험집단에 대한}\\ \text{정부간여 후의}\\ \text{결과측정점수}\end{array}\right] - \left[\begin{array}{c}\text{무작위배정된}\\ \text{통제집단에 대한}\\ \text{다른 정부간여}\\ \text{후의결과측정점수}\end{array}\right] \pm \left[\begin{array}{c}\text{무작위}\\ \text{효과}\end{array}\right] \qquad (9 \cdot 4)$$

Ⅲ. 진실험적 방법에 의한 정책평가의 사례

[예 9.1] 우편에 의한 운전면허증의 갱신실험

미국 켈리포니아주 의회는 만일 운전면허증의 소지자가 과거 4년 동안 운전중에 교통규칙위반이나 차량에 의한 사고를 낸 사실이 없다면, 운전면허증의 소지자가 직접 DMV(Department of Motor Vehicles)에 출두하지 않고 우편에 의하여 그들의 운전면허증을 갱신할 수 있도록 허용하였다. 이 법안에 대한 반대는 이러한 제도로는 시력검사를 할 수 없다는 것이었다. DMV에서 이 업무를 담당하고 있는 담당자들은 이것을 체크하는 것이 매우 중요하다고 생각하였다. 그래서 담당자들은 앞에서 제시한 조건을 충족하고 있는 수많은 운전자들에게 우편에 의한 운전면허증의 갱신을 허용하고, 그중 약 10%정도만 단순무작위 방법으로 표본을 추출하여 표본으로 추출된 운전자들에게는 직접 DMV에 출두하여 시력검사를 받도록 한 다음 운전면허증을 갱신하여 주도록 하였다.

이 실험에 관련된 운전자들은 수십만 명이나 되었다. 그 후 두 가지 다른 방법으로 운전면허증을 갱신하여준 두 집단들간에 안전과 관련된 문제상에 어떤 유의미한 차이가 있는지 여부를 운전기록부를 중심으로 세밀하게 검토하였다. 그러나 두 집단간에 아무런 유의미한 차이가 발견되지 않았고, 이로써 새로운 운전면허 갱신절차는 안심하고 채택될 수 있었다(Moses and Mosteller, 1997: 216).

이 운전면허증갱신방법의 개혁사례는 새로운 제도의 개혁이 가져오는 효과를 추정한다기보다는 고객만족을 위한 혁신적인 서비스제공방법에 대한 검증에도 진실험적 방법이 활용될 수 있음을 보여주는 사례이다.

[예 9.2] 설문조사 미응답자에 대한 독촉전화 사례

지난 1980년 미국 워싱턴에 소재하고 있는 한 통계조사기관의 관리자는 한 사무실에서 네 명의 조사원이 매일 어디엔가 항상 전화를 걸고 있는 것을 보았다. 확인결과 그 조사원들이 전화를 걸고 있는 상대방들은 설문지를 받고도 응답하지 않고 있는 조사대상자들이었다. 전화의 내용은 설문지에 대한 미응답자들에게 그들이 설문조사에 응하여야 할 법적인 의무에 대하여 상기(remind)시키는 것이었다. 조사자들이 이렇게 전화를 걸고 있는 것은 설문조사자들의 응답률을 높이기 위한 노력이었다. 그러나 그러한 전화가 효과를 가져오리라고 하는 확실한 증거는 아무것도 없었다.

관리자는 미응답 리스트에 올라있는 조사대상자들을 난수표(random number table)를 이용하여 무작위로 추출하여 두 집단으로 나눈 다음, 한 집단에 속하는 미응답자들에게는 전화를 걸고 다른 집단에 속하는 미응답자들에게는 전화를 걸지 않는 실험을 한 다음, 그 결과를 비교하였다. 그런데 놀랍게도 전화를 받은 집단의 전화를 걸은 후의 설문응답률은 그렇지 않은 집단과 큰 차이가 없었다. 전화를 거는 것을 전담하던 네 사람의 조사원들은 타 부서에 재배치되었다 (Moses and Mosteller, 1997: 216).

이와 같이 설문조사에 응답이 늦어지는 응답자들을 두 집단에 무작위적으로 배정함으로써 미응답이나 늦은 응답에 영향을 미치는 다른 모든 요인들이 상쇄되어 없어지게 되어, 두 집단이 동질적인 집단으로 구성되고 집단간에 전화를 거는 것 이외의 차이가 없어질 수 있다.

[예 9.3] 건강보험에 관한 사회적 실험사례

미국의 건강보험(health insurance)은 우리나라의 의료보험제도와 같이 전 국민이 동일한 보험에 의무적으로 가입하는 것이 아니라, 우리나라의 자동차보험과 같이 여러 개의 건강보험회사들 가운데 어떤 건강보험회사를 선택하여 보험에 가입하도록 되어 있다. 그리고 보험에 가입한 사람이 병원에 가서 진찰을 받고 치료를 받은 경우, 보험회사가 병원에서 청구한 요금을 전액 지불해 주는 것이 아니라 치료받은 환자와 보험회사가 비용을 공동부담(cost sharing) 하도록 하는 제도이다. 이때 환자가 부담하는 비용의 액수는 건강보험의 종류에 따라 다르다.

여기서 이슈는 다음과 같은 두 가지였다. 첫 번째 주장은 만일 병이난 사람들이 그들의 치료비용 중 본인부담 비율이 더 많아진다면 그들은 병원에 가는 것을 미루거나 아예 필요한 병원서비스 조차도 받지 않게 되어 건강이 악화될 것이라는 것이다. 그러므로 병원치료비는 전액 보험회사가 지불하고 환자 부담은 없어야 한다는 주장이다.

두 번째 주장은 이와는 정반대이다. 즉 만일 건강보험환자의 추가적인 의료비 부담이 없다면, 사람들은 그것을 남용하게 될 것이고 그들의 건강에 영향을 미치지 않는 불필요한 경우에도 병원을 찾아갈 것이라는 주장이다. 그 결과 건강보험 이외에 부담이 없는 의료서비스는 사회적으로 매우 값비싼 것이 될 것이므로, 사람들이 그들의 병원비의 대부분을 부담하도록 하고, 의료청구비가 아주 많은(large medical bills) 경우에만 건강보험이 커버하도록 해야 한다는 주장이다.

1. 건강보험에 대한 사회적 실험의 설계

이 실험은 1974년부터 실시되었는데, 전국 각지의 여섯 개 지역에서 약 7,700여명의 사람들이 건강보험실험에 참여하였다(Newhouse, 1989: 31~40). 이 실험에 참여한 사람들은 3년 내지 5년 동안 건강보험에 가입하는데 자기 돈을 내지 않고, 건강보험 실험계획에 의하여 보험료를 지원받았다.

실험에 참여한 사람들은 3년 내지 5년 후에는 일반적인 건강보험으로 복귀하도록 되어 있다.

병원진료비 가운데 본인부담비율은 자기에게 할당된 건강보험 실험계획에 따라 무료에서부터 35%, 50%, 95% 등으로 구분되었다.

건강보험실험에 관한 이슈는 크게 네 가지였다. 첫째, 얼마나 많은 사람들이 실험에 참여하여야 하며, 각 실험계획(즉 본인부담비율)에 얼마나 많은 사람들이 참여하여야 하느냐, 둘째, 몇 개의 지역(site)에서 실험을 해야 하느냐, 셋째, 매 계획마다 얼마나 많은 사람들이 참여해야 하느냐, 넷째, 실험은 얼마나 오랫동안 계속되어야 하느냐 하는 것 등이다.

첫 번째 이슈인 실험에 참여하여야 할 사람의 규모(수)는 더 많은 사람들이 참여하면 통계적으로 더 신뢰성이 높은 정보를 산출해 낼 수 있겠으나, 추가적으로 참여하는 사람들의 실험에 드는 비용에 비해서 한계수익은 체감(diminishing return)할 것이라는 점을 고려하여야 한다.

두 번째 이슈인 실험지역(site)의 수는 비용과 각 지역들의 동질성 여부를 고려하여 결정하여야 한다. 어떤 한 지역을 추가할 때마다 사무실 임대료 등 고정비용이 추가되지만 추가적인 정보 또한 획득할 수 있다. 일반적으로 지역간에 동질성이 적으면 더 많은 지역을 시험계획에 포함시킴으로써 더 많은 정보를 획득할 수 있다. 그러나 지역수가 증가하면 매 지역에 참여하는 사람들의 수는 적어질 수밖에 없다. 비용측면에서 보면 하나의 지역을 실험계획에 추가할 때 증가하는 비용이 어떤 한 지역에 한 사람을 추가하는 비용보다 상대적으로 더 많다면 실험지역은 적을수록 바람직하다.

세 번째 이슈인 매 건강보험 실험계획당 참여자의 수는 각 실험계획당 소요되는 비용을 고려하여 결정하여야 한다. 만일 각 실험계획당 소요되는 비용이 동일하다면, 모든 실험계획에 동일한 수의 사람들을 배정한다. 그러나 각 실험계획마다 비용이 다르다면 상호간의 비용의 비율에 대한 평방근(the square root of the reciprocal of the cost ratio)에 의하여 각 실험계획에 참여할 사람들의 수를 결정한다. 예컨대 한 건강보험실험계획이 다른 건강보험실험계획에 비해서 비용이 4배가 더 든다면, 각 실험계획별 참여자는 전자의 경우 후자의 절반수준이 될 것이다. 참여자의 수를 비용비의 평방근으로 하는 이유는 표본수의 증가에 따른 정보의 정밀도는 표본의 크기의 평방근에 비례한다는 통계학의 원리에 따른 것이다.

네 번째 이슈는 주어진 예산하에서 실험에 참여하는 기간을 더 짧게 함으로써 더 많은 사람들을 참여시킬 것이냐, 아니면 더 길게 하고 더 적은 인원을 참여시킬 것이냐 하는 것을 결정하는 것과 관련되어 있다. 사람들의 행태는 반복하는 성향을 가졌기 때문에 2년 동안 한 사람을 관찰하는 것보다 1년 동안에 두 사람을 관찰하는 것이 더 바람직 할 수도 있다. 그리고 이 경우 실험결과로부터 정보를 더 빨리 획득할 수 있는 장점도 있다. 그러나 관찰하는 기간이 너무 짧은 경우에는 한 사람의 장기적인 건강상태의 변화에 따라 일어날지도 모르는 행태변화에 관한 정보를 얻지 못할 수도 있다. 이러한 점들에 대해서는 의학전문가들의 전문지식에 의한 조언을 참고하여 실험설계를 하여야 할 것이다.

표 9-2 건강보험의 함수로서의 의료서비스 활용의 측정(매 1인당, 1년간)

개인부담 비율	내과의 방문	100인당 병원 방문	개인별 보험금의 지출 (1984 US$)
0	4.55	12.8	777
25	3.33	10.5	630
50	3.03	9.2	583
95	2.73	9.9	534

자료: Newhouse, 1989: 36.

2. 건강보험에 대한 사회적 실험의 결과

건강보험에 대한 사회적 실험의 결과는 <표 9-2>와 같이 요약되었다. 이 결과에 의하면, 병원비에 대한 개인의 분담비율이 95%인 사람들은 분담비율이 0%인 사람들에 비해 약 40% 적게 내과의사를 찾아갔으며, 병원의 활용은 23%, 그리고 치료비에 지출한 돈은 31% 적었다.

그러면 분담비율이 0인(0%) 사람들이 그렇지 않은 사람들에 비해서 추가적으로 더 의료서비스를 받음으로써 결과적으로 그들의 건강에 어떤 영향을 미쳤는가 하는 것이 연구의 주된 관심사였다. 여기에 대한 자료는 이 실험을 하기 전에는 이용가능하지 않았다. 이번 실험결과에 의하면, <표 9-3>에서 보는 바와 같이 병원서비스비용 전액을 건강보험에서 부담하고 본인 부담이 없는 집단의 평균적인 사람의 건강과 일부를 본인이 부담하는(25%, 50%, 95% 등) 집단의 평균적인 사람들의 건강간에는 뚜렷하게 큰 차이는 발견되지 않는 것으로 보고되고 있다.

표 9-3 건강보험의 함수로서의 건강 결과에 대한 측정

건강보험계획의 유형	일반적인 건강에 대한 본인의 인지*	심장이완기의 혈압(mm of Hg)	시력측정**(Snellen Lines)
무료진료	67.4	77.9	2.42
비용분담	68.0	78.8	2.52

*100점 만점.
**측정치 2는 20/20의 교정시력, 3은 20/25의 교정시력, 4는 20/30의 교정시력으로 수치가 적을수록 좋음
자료: Newhouse, 1989: 36.

제 2 절 진실험설계와 정책평가의 타당성

Ⅰ. 진실험설계의 유형과 타당성

1. 실험설계의 의의와 사용되는 주요 기호

정책평가에서 실험설계는 정책의 순효과를 찾아내기 위한 연구설계를 의미한다. 실험설계는 정책의 영향을 평가하는데 필요한 두 가지 구성요소인 정책집행의 결과와 정책을 집행하지 않은 경우의 어떤 상태, 즉 대응적 사실(counterfactual)에 도달하게 되는 방법을 포함한다(Mohr, 1988: 45~50).

만일 대응적 사실, 즉 정책이나 프로그램이 없었더라면 정책대상집단이 도달하게 되었을 어떤 상태가 없다고 한다면 정책평가에 있어서 평가설계라고 하는 것은 있을 수가 없다. 평가설계에 있어서 대응적 사실은 다음과 같은 두 가지 소스(source)들 가운데 어느 하나로부터 오거나 또는 이들의 조합으로부터 온다. 이들 소스는, 첫째는 정책을 집행한 한 기간 또는 그 이상의 기간 이전의 동일한 대상집단이고, 둘째는 정책을 집행한 대상들과 비교가능한 대상들로 구성된 집단이다.

프로그램의 평가를 위한 실험설계를 위해서는 몇 가지 기호들을 사용하고 있는데, 이들 기호들과 그 기호들이 의미하는 바는 다음과 같다.

일반적으로 통용되고 있는 관례와 마찬가지로 X_T는 실험적으로 조작될 수 있는 독립변수인 정책을 나타내고, Y는 이러한 독립변수의 영향을 받아 변화를 하는 종속변수를 나타낸다. 독립변수가 여럿인 경우에는 X_{T1}, X_{T2}, X_{T3} 등으로 구분하여 나타낸다. 한편 $\sim X_T$는 독립변수 X_T가 조작가능한 변수이나 실제로 조작되지 않았음을 의미한다. 그리고 기호 [R]은 평가의 대상들을 실험집단과 통제집단에 무작위적으로 배정함을 의미한다. 이에 비해서 [Mr]는 짝짓기(matching)에 의해서 평가의 대상들을 실험집단과 통제집단에 배정함을 의미한다.

2. 실험설계의 몇 가지 기본적인 유형과 타당성

진실험설계에 대한 이해를 돕고 설명의 편의를 위하여 먼저 가장 기본적인 세 가지의 진실험이 아닌 설계유형을 살펴보고, 이어서 몇 가지 기본적인 진실험설계의 유형들을 살펴보고자 한다.

다음 설계 1과 설계 2는 실험설계의 일종이라고 할 수는 있으나 진실험설계는 아니다.

〈설계 1〉 일회의 사례연구

$X_T \qquad\qquad\qquad Y_a$

위의 설계 1은 1회의 사례연구(one-shot case study)로서 사전 사후 비교도 없고, 비교집단도 없기 때문에 엄밀한 의미에서 정책효과의 평가를 위한 설계라고 보기는 어렵다. 위의 설계에서 Y_a의 첨자 a는 정책을 집행한 후(after)를 나타낸다. 여기에서는 사용되지 않았지만 이후에 사용하게 될 기호 가운데 Y_b의 첨자 b는 정책을 집행하기 이전(before)을 나타낸다.

이 설계의 내적 타당성에 대한 제1차적인 위협은 대응적 사실이 없다는 것이고, 그렇기 때문에 처리의 영향을 추론할 기초가 없다는 점이라 할 수 있다(Campbell and Stanley, 1963: 6~7). 여기서 내적 타당성에 대한 위협이란, 어떤 평가설계에 기초를 두고 정책의 영향을 추론하거나 결론을 내린데 대한 타당성이 의심을 받거나 위협받는 것을 의미한다. 내적 타당성에 대한 위협은 다음과 같은 질문에 그대로 잘 나타나고 있다. "처리 이외의 다른 어떤 것들, 예컨대 역사적 사건, 성숙효과, 선발효과, 오염(contamination) 등이 실제결과와 대응적 사실간의 차이를 가져오지 않았겠는가?" 그런데 평가설계 1에는 대응적 사실이 없기 때문에 내적 타당성을 위협하는 이러한 요소들이 아니라 정책의 영향에 의하여 정책집행대상집단에 일어난 것과 같은 변화를 가져왔다고 하는 설득력 있는 주장을 펴기 어려운 것이다.

〈설계 2〉 사전~사후설계

$Y_b \qquad X_T \qquad Y_a$

이 평가설계 2는 동일한 대상집단을 정책을 집행하기 이전에 관찰하고 측정한 결과를 정책을 집행한 후의 그것과 비교하여 정책의 효과를 추정하려는 것으로서 진실험설계라고 할 수 없고, 일종의 준실험설계에 해당된다. 이 평가설계 2에서는 정책을 집행하기 이전의 상태를 대응적 사실로 간주하는 것이 평가설계 1과 다른 점이다. 그러므로 평가설계 2는 평가설계 1에 비해서 개선된 평가설계라고 할 수 있으나 역사요소, 성숙요소, 인공회귀, 대상집단을 구성하는 대상자들의 처리과정에서의 상실 등과 관련된 요소들에 의하여 내적 타당성이 크게 위협을 받는다는 결점은 배제하기 어렵다(Cook and Campbell, 1979).

평가설계 2는 또한 테스트 효과에 의하여 내적 타당성이 위협받을 수도 있다. 여기서 테스트란 사전테스트(pretest)를 의미하며, 사전테스트의 위협이란 정책집행대상에 사전테스트를 하였기 때문에 관찰대상자들이 이러한 사전테스트의 결과로 더 정신을 바짝 차리게 되거나 또는 테스트에서 평가자가 무엇을 원하는가를 알아내는 것 등의 영향으로 사후테스트의 결과가 이러한 사전테스트가 없었더라면 얻었을 어떤 테스트 점수와는 달라질 수도 있다는 것이다.

상실에 의한 내적 타당성의 위협이란 정책을 집행하기 이전의 관찰시점과 정책을 집행한 이후의 관찰시점 사이의 기간 동안에 여러 가지 이유로 정책집행대상자들이 정책집행 대상집단에서 떠남으로써 두 시점 사이의 관찰대상집단이 크게 변질되는 경우를 말한다. 만일 두 시점 사이에 관찰한 대상집단의 성격이 달라진다면, 두 시점에서 관찰한 대상집단에 대한 어떤 측정결과들, 즉 측정점수들의 평균의 차이가 실제로는 정책의 영향을 나타내는 것인지 아니면 관찰대상집단의 변질에 기인된 것인지 분간하기 어려울 것이다. 그러므로 상실요소는 평가설계 2의 내적 타당성을 크게 위협하는 중요한 요소들 가운데 하나이다.

〈설계 3〉 비교집단 사후테스트 설계

$$\frac{X_T \qquad Y_a(\text{실험})}{\sim X_T \qquad Y_a(\text{통제})}$$

이 평가설계 3에서는 평가설계 1이나 평가설계 2의 경우에 비해서 역사적 요소, 성숙효과, 회귀인공요소 등에 의한 내적 타당성의 위협은 많이 완화될 수 있다. 그러나 실험집단과 통제집단에 서로 다르게 일어나는 역사적 사건(divergent event), 서로 다르게 일어나는 상실(divergent attrition), 서로 다른 성숙효과, 그리고 서로 다른 인공회귀 등이 두 집단에 나타남으로써 내적 타당성을 위협할 수 있다. 예컨대 초등학교 4학년 학생들에 대하여 일 년 동안 시청각 교재를 사용한 자연과학교육의 효과를 평가하기 위하여 서울시 종로구에 있는 어느 초등학교의 4학년 학급들 가운데 한 학급 학생들을 실험집단으로 하고, 전라남도 구례군에 있는 어느 초등학교의 4학년 학급들 가운데 한 학급을 선발하여 통제집단으로 하였다고 가정해 보자. 양 집단에 속한 학생들이 경험하는 여러 가지 사건들, 일 년 동안에 전학을 가거나 전학을 옴으로써 일어나는 두 학급의 구성원의 변화, 두 지역 학생들의 신체적・정신적 성장, 또 이해력이 아주 높거나 또는 아주 낮았던 학생들이 깨우치는 속도 등이 서로 다를 수도 있는데, 이런 요소들이 교육효과의 평가에 있어서 내적 타당성을 위협하는 요소로 작용하게 된다.

그러나 이들보다 더 근본적으로 내적 타당성을 위협하는 것은 선발요소의 작용가능성이라고 할 수 있다.

만일 시청각 교육방법의 효과를 평가하는 과정에서 실험집단에는 IQ가 높은 학생들을 많이 배정하고 통제집단에서는 IQ가 낮은 학생들을 더 많이 배정한 다음에 실험집단에는 시청각교재를 사용하여 과학교육을 실시하고, 통제집단에는 재래식 교육방법으로 과학교육을 실시한 다음 가르친 내용에 대하여 시험을 보았더니 두 집단의 학급평균이 각각 80점과 75점이었다고 해보자. 그러면 실험집단과 통제집단간의 학급평균의 차이 5점은 시청각교재의 사용 여부에 의해서 온 것인가 아니면 두 학급의 편성과정에서 각각 IQ가 다른 학생들을 선발하여 배정하였기 때문인가? 이와 같이 선발요소는 정책효과에 대한 판단을 어렵게 함으로써 정책효과추론의 내적 타당성을 저하시키게 되는 것이다.

이상에서 세 가지의 진실험설계가 아닌 평가설계들을 살펴보았는데 다음에는 몇 가지 전형적인 진실험설계들을 중심으로 위의 평가설계 1, 평가설계 2 및 평가설계 3에서 제기되었던 내적 타당성을 위협하는 요소들의 문제들이 어떻게 해결되거나 또는 해결되지 못하게 되는가를 살펴보고자 한다. 여기에서 제시하는 진실험설계들은 설명을 위하여 도입한 전형적인 것들이며, 이들의 변형이나 또는 조합에 의하여 현실적으로는 여러 가지의 진실험설계들이 가능할 것이다.[5)]

---

5) 평가설계의 방법에 대한 더 구체적인 논의에 대해서는, (Kerlinger, 1973: 327~345; Franklin

〈설계 4〉 실험집단과 통제집단: 연구대상의 무작위적 배정

$$\boxed{\mathrm{R}}\ \frac{X_T \qquad Y_a(\text{실험})}{\sim X_T \qquad Y_a(\text{통제})}$$

이러한 실험설계는 가장 보편적으로 사용되는 설계의 유형으로써, 이론적으로 볼 때 모든 가능한 여타 변수들의 영향이 제거될 수 있을 것이다. 따라서 내적인 타당성이라는 면에서 볼 때 위의 설계 1, 설계 2 및 설계 3에 비해서 더 만족스러운 설계라 할 수 있을 것이다.

설계 4에서는 무작위배정에 의하여 동질적인 실험집단과 통제집단을 구성함으로써 앞의 설계 1～설계 3에 비해서 역사적 요소, 성숙효과, 회귀인공요소 등에 의한 내적 타당성의 위협이 감소될 것이다. 또한 서로 다른 사건, 서로 다른 성숙, 서로 다른 회귀 등에 의한 내적 타당성의 위협도 설계 3에 비해서 크게 감소하게 될 것이다(Kerlinger, 1973: 327～345; Campbell and Stanley, 1963; 13～20).

이 설계 4의 경우 정책효과는 실험집단의 산출과 통제집단의 산출의 차에 의하여 검증된다. 그런데 실험집단의 산출을 이 집단의 평균 $\overline{Y}_{aE}$에 의하여 나타내고, 대응적 사실을 나타내는 통제집단의 산출을 이 집단의 평균 $\overline{Y}_{aC}$에 의하여 나타낼 때[6] 그 차는 $\overline{Y}_{aE}-\overline{Y}_{aC}$로 나타내는데 통계적 검증은 이것을 토대로 하여 이루어지게 된다. 이러한 검증은 실험집단과 통제집단의 처리전의 관찰된 평균값 $\overline{Y}_{bE}$와 $\overline{Y}_{bC}$값들이 모두 동일하다는 것을 전제로 하는 것이다. 그러나 설계 4에서는 처리전의 관찰값 $\overline{Y}_{bE}$와 $\overline{Y}_{bC}$의 값이 동일한지 여부를 체크해 볼 수 없다고 하는 것이 약점이라고 하겠다.

이러한 설계 4의 약점을 보완하기 위하여 고안된 것이 설계 5이다.

---

and Thrasher, 1976: 44～47) 참조.

6) $\overline{Y}_{aE}$와 $\overline{Y}_{aC}$의 첨자 E와 C는 각각 실험집단과 통제집단을 나타낸다.

〈설계 5〉 사전 및 사후 통제집단

$$\boxed{R}\ \frac{Y_b \qquad X_T \qquad Y_a(\text{실험})}{Y_b \ \sim \ X_T \qquad Y_a(\text{통제})}$$

설계 5의 구조는 설계 4의 구조와 유사하지만, 사전테스트를 설계에 포함시키고 있다는 점이 다르다. 이러한 설계들은 변화의 정도를 분석하기에 적합한 설계이다. 그리고 여러 가지 독립변수의 동시적 영향력을 검증하기 위한 다요인설계로 확장시킬 수도 있다.

설계 5의 경우에도 설계 4와 마찬가지로 역사적 요소, 성숙효과, 회귀인공요소, 서로 다른 역사적 사건, 서로 다른 성숙, 서로 다른 인공회귀 등의 영향을 배제할 수 있다. 또한 설계 5에서는 실험집단과 통제집단의 처리전의 상태가 동일한지 여부를 $\overline{Y}_{bE}$의 값과 $\overline{Y}_{bC}$의 값을 비교함으로써 체크해 볼 수 있다는 장점을 가지고 있다. 그리고 정책의 효과는 $(\overline{Y}_{aE}-\overline{Y}_{bE})$와 $(\overline{Y}_{aC}-\overline{Y}_{bC})$를 비교함으로써 검증될 수 있는 것이다.

이 설계 5가 설계 4에 비하여 갖는 약점은 테스트 효과이다. 설계 5는 사전테스트를 도입함으로써 정책집행의 결과로 실험집단과 통제집단에 일어난 변화를 관찰하려고 하는 설계인데, 실험집단과 통제집단에 속하는 대상들이 테스트에 의하여 정상과는 다른 민감한 반응을 보일 수도 있고, 또 평가자의 의도를 파악하거나 검사의 양식에 익숙하게 되어, 실제 정책효과와는 다른 어떤 결과를 산출할 수도 있는 것이다. 이것이 바로 테스트 효과인데, 이 테스트 효과는 실험집단과 통제집단에 모두 일어날 수 있는 것이기 때문에 $\overline{Y}_{aE}-\overline{Y}_{aC}$에서 서로 상쇄됨으로써 내적 타당성에는 아무런 영향을 미치지 못하게 된다. 다시 말하면 설계 5의 경우에는 테스트 효과가 내적 타당성을 위협하는 요소가 되지 않는 것이다. 그러나 이 테스트 효과는 외적 타당성을 위협하는 요소가 된다는 점에 유의하여야 한다(Mohr, 1948: 48~58). 설계 5에서 정책의 효과는 정책에 의한 처리전과 처리후의 산출결과값의 평균에 의하여 $(\overline{Y}_{aE}-\overline{Y}_{bE})$ 및 $(\overline{Y}_{aC}-\overline{Y}_{bC})$로 측정되는데 테스트가 없었을 경우의 값과 다를 가능성도 있는 것이다. 만일 테스트효과에 의하여 $\overline{Y}_{aE}$의 값과 $\overline{Y}_{aC}$의 값이 모두 영향을 받게 된다면 이것을 토대로 정책효과를 정책실험대상집단 이외의 다른 대상집단에까지 일반화(generalization)

했을 때, 외적 타당성이 위협을 받게 된다.

진실험설계에 의하여 정책효과를 평가하고자 하는 경우 사용될 수 있는 가장 대표적인 이들 설계 4와 설계 5는 각각 서로 다른 장점과 약점을 가지고 있지만, 만일 설계 5에 외적 타당성과 관련된 심각한 약점이 예상되지 않는 한 평가설계 5를 이용하는 것이 바람직하다.

진실험평가설계에는 위의 설계 4와 설계 5 이외에도 이들을 조합한 여러 가지 형태의 평가설계들이 있는데, 이들 설계들도 내적 타당성을 위협하는 여러 가지 요소들을 통제하는 효과는 앞의 설계 4 및 설계 5와 유사하다. 다음에는 이들 몇 가지 변형된 형태의 진실험설계들에 대하여 특징적인 것만 간략하게 살펴보고자 한다.

〈설계 6〉 모의(simulated) 사전 사후 무작위배정

R		X_T	Y_a(실험)
	Y_b		(통제)

실험집단의 사전테스트의 효과를 제거한다는 현실적 필요성에 의하여 이러한 설계가 활용되는 경우도 있으나 그 유용성은 의심스럽다 하지 않을 수 없다. 왜냐하면 실험집단과 통제집단의 초기의 상태가 동일한지 여부를 체크해 보기도 어렵고, Y_a와 Y_b의 기간 동안에 여타의 변수들이 영향력을 미칠 수 있기 때문이다.

〈설계 7〉 세 집단, 사전-사후

R	Y_b	X_T	Y_a(실험)
	Y_b	~ X_T	Y_a(통제 1)
		X_T	Y_a(통제 2)

이 설계는 설계 5의 약점인 사전테스트에 의한 가능한 상호작용효과를 배제할 수 있다는 점에서 설계 5보다 바람직하다고 할 수 있을 것이다. 왜냐하면 실험집단의 Y_a와 통제집단 2의 Y_a를 비교함으로써 사전테스트의 효과를 체크해 볼 수 있기 때문이다. 다시 말하자면 실험집단의 Y_a가 통제집단 1의 Y_a보다 현저하게 크다고 할 경우에도 우리는 이것이 X_T의 영향에 의한 것인지 여부에 대

해서 의문을 품게 될 것이다. 따라서 이 경우 실험집단의 Y_a를 통제집단 2의 Y_a와 비교하여 그 차이가 현저히 크지 않다고 결론지을 수 있는 경우, 우리는 실험집단 Y_a와 통제집단 1의 Y_a의 차를 X_T의 영향에 의한 것이라고 결론지을 수 있게 된다.

〈설계 8〉 네 집단, 사전~사후(Solomon)

R	Y_b	X_T	Y_a(실험)
	Y_b	$\sim X_T$	Y_a(통제 1)
		X_T	Y_a(통제 2)
		$\sim X_T$	Y_a(통제 3)

Solomon에 의하여 제안된 설계 8은 가장 강력한 설계유형이라 할 수 있다(Solomon, 1954: 137~150; Campbell and Stanley, 1963: 13~20). 이것은 바로 설계 4와 설계 5를 결합한 것으로서 두 가지 설계의 장점들을 모두 구비하고 있기 때문에 사회과학의 가장 이상적인 설계유형으로서 각광을 받고 있다. 이 설계를 허용하면 처음 두 줄과 다음 두 줄로서 비교의 목적을 달성할 수 있게 되고, 처음의 두 줄만으로서 역사(history)와 성숙효과를 통제할 수 있게 된다. 이와 동시에 처음의 세 줄로서 사전테스트(pretest)에 의한 상호작용효과(평가대상들의 민감도증대효과)를 통제할 수 있으며, 통제집단 3을 부가함으로써 Y_a와 Y_b 사이에 가능한 일시적인 효과를 통제할 수 있게 된다. 만일 실험집단의 Y_a가 통제집단 1의 Y_a보다 현저히 크고, 통제집단 2의 Y_a가 통제집단 3의 Y_a보다 현저히 크다고 한다면, 이것은 바로 우리가 설정한 가설의 타당성에 대한 강력한 증거가 되는 것이다. 그러나 현실적으로 볼 때 이 설계 8은 두 가지의 다른 실험을 동시적으로 수행해야 한다는 점과 동일한 종류의 더 많은 연구대상들을 확보하여야만 한개의 실험집단과 세개의 통제집단에 배정할 수 있게 된다는 어려움을 가지고 있다.

Ⅱ. 진실험설계 일반에 관련된 타당성과 실행가능성의 문제

1. 내적 타당성의 문제

(1) 불균등한 상실

진실험설계 하나하나와 관련된 개별적인 내적 타당성의 문제는 이미 앞에서 논의한 바와 같다. 여기서 특히 항목을 달리하여 언급하고자 하는 것은 진실험설계 일반과 관련된 내적 타당성의 약점에 대한 것이다.

진실험설계는 동질적인 실험집단과 통제집단의 구성을 전제로 하는 평가설계이다. 그런데 실험집단과 통제집단이 동질적이어야 한다는 것은 정책실험을 시작하기 전에만 동질적이어야 한다는 것이 아니라, 정책실험을 시작하기 전부터 정책실험이 끝난 후까지 전 기간에 걸쳐서 동질적이어야 한다는 것이다. 그런데 정책을 집행하는 과정에서 정책실험집단이나 통제집단을 구성하는 대상자들 가운데 일부는 실험집단이나 또는 통제집단을 떠나게 된다. 이것을 "대상의 상실"이라고 한다. 그런데 만일 실험집단과 통제집단에서 떠나는 대상들의 성질이 유사하여 이들 두 집단들이 그들 구성원들의 일부를 상실한 이후에도 계속 동질적인 집단으로 남아있는 한 이러한 상실은 내적 타당성에는 아무런 영향을 미치지 않을 것이다. 그러나 어떠한 이유로 이들 실험집단과 통제집단을 떠나는 대상들의 성질이 달라지게 된다면 두 집단의 균형이 깨어지고 동질성을 유지하지 못하게 된다. 예컨대 실험대상에 유리한 처리를 시행하는 경우 이러한 혜택을 받지 못하는 통제집단에 속한 대상들이 불만을 품고 통제집단을 떠남으로써, 상대적으로 실험집단에는 처리에 더 호의적인 사람이 많이 남게 되어 정책의 효과에 대한 판단을 어렵게 하는 경우도 있을 수 있고, 때로는 처리내용이 실험대상자들에게 불리한 것이어서 실험대상집단의 구성원들 가운데 이러한 이유로 실험대상집단을 떠나는 수도 있게 된다. 이러한 경우에도 실험집단과 통제집단의 동질성은 유지되기 어렵고 내적 타당성은 위협을 받게 되는 것이다. 진실험설계에서 나타날 수 있는 이러한 불균등한 상실은 내적 타당성을 크게 저하시키는 요인이 되기 때문에 평가자는 특히 유의하여야 한다.

(2) 오염

진실험설계를 통한 정책평가에서 내적 타당성을 위협하는 또 하나의 주요한 요소는 오염이라 할 수 있다. 여기서 오염이란 정책효과가 추론될 때 가정하는 순수한 상태와는 다르거나 또는 순수하지 못한 상태를 일컫는다. 우리가 사용하는 평가설계에서 설계라는 용어는 대상의 처리에 대한 배정, 처리의 전달, 그리고 통제 등을 말한다. 오염에 의한 바이어스(bias)는 이러한 배정, 처리의 전달 및 통제를 시행하는 과정에 불순한 요소들이 개입되면서 일어나게 되는 것이다. 그러므로 오염은 규정되거나 이해되고 있는 처리 이외의 어떤 요소들이 대상집단에 작용해서 찾아내기 어려운 영향을 산출에 미치는 것을 의미한다. 오염에 의한 바이어스는 배정, 처리의 전달 및 통제과정에서 불순한 요소들이 개입되어 발생하는 것이지만, 그 가운데에서 진실험설계의 내적 타당성을 크게 위협하는 것은 처리의 전달 및 통제와 관련된 오염이라고 할 수 있다. 이들 가운데 서비스의 전달과 관련된 오염이란 처리가 잘못 전달된 것을 의미한다. 예컨대 실험집단에게만 전달되기로 된 처리를 프로그램 집행자가 잘못하여 알지 못하는 사이에 통제집단에게도 전달한다든지, 프로그램집행자가 우정이나 또는 외부의 압력 등에 의하여 고의로 통제집단에 전달하는 경우 등을 그 예로 들 수 있다.7) 때로는 처리의 전달이 처리의 일부로 생각될 수 없는 어떤 심리적 영향을 실험대상에게 미침으로써 처리의 효과를 왜곡하는 경우도 있다. 그 좋은 예로서 호손효과(Hawthorne effects)를 들 수 있는데, 이는 실험대상자들이 자기들을 평가자와 동일시하여 평가자들이 바란다고 믿는 바대로 행동함으로써 프로그램의 효과를 왜곡했던 사례이다.

오염의 또 하나의 원인은 바로 부적절한 통제에 기인되는 것이다. 이러한 현상은 사회실험에서 흔히 나타나는 것으로 실험집단과 통제집단을 적절히 격리시키지 못함으로써 오게 되는 것이다. 이러한 오염의 대표적 현상으로서는 모방(imitation)과 누출, 그리고 부자연스러운 변이(unnatural variation) 등을 들 수 있다.

---

7) 여기서 외부의 압력이란 실험집단의 대상자들에게 주는 혜택을 통제집단의 대상자들에게도 주도록 하는 압력 등을 말한다. 예컨대 영세민에 대한 어떤 프로그램의 평가에서 통제집단에 속한 영세민들에게도 똑같은 혜택을 주도록 하는 정치적 압력, 의료기관에서 실시하는 어떤 처방에 대한 내용을 통제집단에 속한다고 하여 환자에게 전달하기를 거부할 수 없다고 하는 윤리적 압력 등을 들 수 있다.

사회실험에서는 정책의 실험과정에서 실험대상자와 통제대상자들이 격리되지 못하고 서로 접촉하게 되는 경우가 자연스러운 현상이다. 이때 정책의 내용인 어떤 처리에 의하여 실험집단에 속하는 대상자들의 행동에 변화가 일어났을 경우 통제집단에 속하는 대상자들이 이를 모방하여 그대로 행동을 한다면, 실제로는 정책의 효과가 있는 경우에도 두 집단의 평균의 차 $\overline{Y}_{aE}-\overline{Y}_{aC}$가 거의 없거나 유의미하지 않을 것이기 때문에 효과가 없는 것으로 결론지을 수도 있는 것이다. 청소년 선도 프로그램에서 상담의 대상이 된 청소년들의 행동을 통제집단에 속하는 청소년들이 모방한다든지, 산아제한 프로그램에서 실험대상에 실시하였던 피임에 대한 아이디어가 지역에 거주하는 통제집단에 속한 대상자들에게 누출되어 모방되는 것 등이 그 좋은 예이다(Mohr, 1988: 62~66).

부자연스러운 변이란 실험대상이나 통제대상의 자연스런 상태를 정책실험에 의하여 일시적으로 자연스럽지 못한 상태로 변화시키는 것을 일컫는다. 예컨대 어떤 지역에 대한 경찰의 순찰효과를 평가하고자 하는 경우, 순찰대상지역에서 활동하던 범법자들이 실험기간 동안만 통제지역을 포함한 다른 지역으로 이동하여 활동함으로써 실험기간 동안에 실험대상지역의 범죄발생비율은 낮아진 반면에 통제대상지역은 오히려 높아지게 되고, 이에 따라 순찰의 효과가 큰 것으로 과대추정되는 경우가 있는 것이다.

이러한 불완전한 통제는 실험대상자들과 통제대상자들의 상호관계, 실험대상집단과 통제대상집단간의 상호작용에서 기인되는 경우도 있고, 외부세계와의 상호작용에 의해서 기인되는 경우도 있다. 그리고 이러한 오염에 의한 타당성의 문제는 비단 진실험의 경우에만 국한되는 것이 아니라, 준실험을 포함하는 모든 실험적 연구에 해당될 수 있다는데 유의하여야 한다.

2. 구성의 타당성과 외적 타당성의 문제

외적 타당성이란, 이미 앞의 제7장에서 살펴본 바와 같이 하나의 평가로부터 도출한 결론을 안전하게 일반화할 수 있는 정도를 말한다. 어떤 평가에서 도출한 결론들은 다른 대상, 다른 시기, 다른 상황의 경우에도 타당한 것인지 의문시되는 경우도 많다. 그리고 이러한 의문이 크면 클수록 그만큼 외적 타당성은 낮다고 할 수 있을 것이다.

먼저 구성의 타당성이 높으려면 평가연구의 대상들의 표본수가 모집단을 대표할 만큼 충분히 크지 않으면 안 된다.

그러나 실제로 진실험설계에 의하여 평가를 하고자 하는 경우 실험집단과 통제집단에 배정할 표본을 충분히 확보하기 어려운 경우도 있고, 또 표본의 크기는 충분히 크게 확보하였으나 모집단의 다양한 구성요소들을 골고루 대표할 만큼 다양한 표본을 무작위표본추출에 의하여 확보하기 어려운 경우도 있다. 또한 평가연구를 계획한 초기에는 실험집단과 통제집단에 배정한 다양한 표본을 충분히 추출하였으나, 실험기간 동안에 실험집단에 속한 대상자들이나 통제집단에 속한 대상자들을 많이 상실하여 이 실험집단과 통제집단에 속한 대상자들이 더 이상 모집단을 대표할 수 없는 경우도 있다. 때로는 대상자들의 불균등한 상실에 의하여 실험집단이나 통제집단의 구성이 다양한 모집단의 구성을 대표할 수 없게 되어 정책평가의 결과에 대한 일반화가 어렵게 되고, 이것이 결과적으로는 구성의 타당성을 저하시키는 요인으로 작용하기도 한다.

어떤 평가연구는 구성의 타당성이 높은 경우에도 외적 타당성을 확보하기가 어려운 경우도 있을 수 있다.

일반적으로 어떤 대상에 시행한 처리의 내용은 대상자들이 처하고 있는 정치, 경제, 사회, 인구학적 특성 등과 상호작용을 하여 어떤 결과를 산출하게 된다. 그러나 이와 같은 어떤 처리를 시행한 특정한 상황을 그대로 복제하여 재현한다는 것은 매우 어렵거나 때로는 불가능하기도 한 것이다. 그러므로 어떤 결과가 처리와 특정한 환경적 상황과의 상호작용의 산물이라고 할 때에는 특정한 상황에서 시행한 처리의 결과를 일반화하기가 매우 어려울 것이다. 왜냐하면 상황이 달라지면 동일한 처리에 의한 결과도 또한 달라질 것이기 때문이다.

이미 앞에서 논의한 바와 같이 프로그램이 집행되는 상황은 산출물을 가져오는데 매우 중요한 하나의 요소가 된다. 그렇기 때문에 만일 어떤 평가실험이 자연스러운 사회생활 과정에서 시행되지 않고 실험실과 같이 대상자들을 격리시켜서 시행하는 경우, 실험대상자들은 이러한 실험적 상황에 민감하게 반응하여 자연스러운 사회생활 과정에서 보일 수 있는 것과는 다른 행태를 나타낼 수도 있어 이러한 결과를 일반화하기가 어려운 경우도 있다. 신발공장에서 조도가 신발생산에 미치는 영향을 연구하기 위하여 실험대상에 속하는 연구대상자들을 그들의 동료들과 격리한 상태로 실험하였던 호소효과(Hawthorne effects)가 그 좋은 예이며, 사회의 저명한 인사들을 1주일 또는 2주일씩 사회에서 격리하여 새마을 교육을 시킨 후 나타났던 행태변화가 그들이 사회생활에 복귀한 후 일정기간이 지나면 점차로 소멸되거나 전혀 다른 행태를 보이는 것도 그 좋은 예라고 하겠다.

3. 실행가능성의 문제

진실험설계는 대상자들을 실험집단과 통제집단에 무작위로 배정하여 정책이 의도하는 어떤 처리를 집행할 수 있는 것을 전제로 한 것이다. 그러나 이러한 진실험설계에 의한 정책효과의 평가는 윤리적·정치적 및 사회경제적 실행가능성이 낮아서 실제로는 시행하기가 어려운 경우도 있을 수 있다.

암과 같이 그 치료방법 여하에 따라서는 환자의 생명에 직결되는 병의 치료방법에 대한 실험을 실시하기 위하여 환자들을 무작위로 실험집단과 통제집단에 배정하여 그 치료방법이나 투약의 내용을 달리하는 것이라든지, 초등학교 어린이와 같이 성장과정에서의 교육내용과 방법이 해당 어린이들이 성장한 후에도 인간형성에 크게 영향을 미치는 데에도 불구하고 어떤 교육방법이나 교육내용의 효과에 대한 실험을 초등학교 학생들을 대상으로 하여 실시하는 것 등은 과연 이것이 바람직한가 하는 커다란 사회윤리적 문제를 초래할 수 있으며, 이것이 환자나 어린이들에게 미치는 영향의 심각도에 따라 실행가능성도 큰 영향을 받게 된다.

어떤 사회복지 프로그램에서 영세민들을 도와서 자립할 수 있도록 하는 처리의 효과를 평가하려고 하는 경우, 영세민들을 무작위적으로 실험집단과 통제집단에 배정하여 그 효과를 평가하려고 하는 경우를 생각해 보자. 이러한 경우에도 정책실험연구에 의하여 혜택을 받는 대상으로 선발된 영세민들은 아무런 문제도 제기하지 않겠지만, 혜택을 못 받거나 덜 받는 집단에 배정된 영세민들은 커다란 반발을 하게 될 것이며, 때로는 이것이 사회경제적 문제나 정치적 문제로까지 비화하게 되어 결국은 이러한 실험 자체가 취소되어야만 하는 경우도 있을 수 있다.[8] 따라서 평가자들은 사회실험에 의한 정책의 평가연구를 시행함에 있어서 타당성의 문제와 아울러 이러한 실행가능성의 문제를 세밀하게 검토하여

8) 이에 대한 논의에 대해서는, (Ferber and Hirsch, 1982: 212~213) 참조.

평가계획을 작성하여야 할 것이다.

끝으로 실행가능성은 실험연구를 실시하는데 소요되는 많은 경비와 소요되는 오랜 기간 때문에 낮아지게 되는 경우도 있다. 미국에서 실시하였던 웍 인센티브실험(work incentive experimentation)은 약 3,400만 달러가 소요되었으며, 다음 [예 9.5]에서 보는 바와 같이 1967년부터 1973년에 걸친 6년 6개월이라는 장기간이 소요되었다. 그러나 대부분의 정책이나 프로그램은 사회에서 제기된 문제를 해결하기 위한 것이므로, 어떤 문제가 제기된 뒤에 곧바로 어떤 정책이나 프로그램을 집행하고 그 효과의 유무에 따라 정책이나 프로그램의 내용을 수정보완해 나가야 하는 것이 일반적인 행정현실이다.

Ⅲ. 진실험설계의 주요 이슈들

1. 인과관계추론의 가능성

정책평가에서 평가자들이 프로그램의 순효과를 추정할 수 있기 위해서는 인과관계의 추론을 가능하게 하는 몇 가지 조건들을 충족시켜야 하는데, 이들 가운데 중요한 것으로는 프로그램(X_T)의 변화(variation)를 산출결과(Y)가 일어날 수 있을 정도로 충분히 크게 하여야 한다는 것과 시간의 순서를 설계하는 것 등을 들 수 있다(Kenny, 1979).

이제 이러한 조건들이 무엇을 의미하는가를 이해하기 위하여 다음과 같은 사례를 살펴보기로 하자.

[예 9.4] 정부는 그 동안 수차례에 걸쳐 과학기술진흥 5개년계획을 수립하고 이를 집행하여 왔는데, 이러한 과학기술진흥을 위한 중간목표의 구체적인 표현의 하나가 기술개발이라 할 수 있다. 이러한 과학기술개발의 기반을 조성하고, 이를 촉진하기 위하여 1960년대 중반 이후에 나타난 일련의 정책의지의 표현들이 바로 과학기술진흥법, 과학기술개발촉진법, 과학기술개발촉진법시행령 등이라 하겠다.[9] 조세상의 지원정책은 기술개발촉진 정책의 수단들 가운데의 하나로

9) 1972년 12월 18일, 법률 제2377호; 1972년 12월 28일, 법률 제2399호; 1981년 12월 31일, 법률 제3521호 등 참조.

서 기술개발촉진정책의 하나의 하위정책을 형성하고 있다.

1972년도에 제정된 기술개발촉진법에 포함된 주요 정책수단들을 보면 기술개발준비금의 적립, 정부자금의 지원, 조세상의 지원, 기술정보지원, 정부공업소유권 등의 사용특례, 기술개발심의위원회의 설치운영 등이다. 이들 가운데 조세상의 지원은 기업의 기술개발을 위한 연구활동을 뒷받침하기 위하여 기업이 연구개발투자를 확대하도록 유도하고, 이를 통하여 기술혁신을 촉진시키는 것을 궁극적인 목표로 하고 있다.

그 지원의 내용을 보면 "내국인으로서 제조업을 영위하는 자가 기술의 개발 및 혁신에 소요되는 경비를 충당하기 위하여 기술개발준비금을 필요경비 또는 손금으로 계상할 때에는 당해 사업 연도의 소득금액의 100분의 5에 해당하는 금액의 범위 내에서 이를 그 사업 연도의 소득금액계산에 있어서의 필요경비 또는 손금에 산입한다"라고 되어 있어, 이 정책의 일차적인 목표가 기술개발자원의 확대에 있음을 나타내 주고 있다.

그 후 조세상의 지원에 대한 내용은 여러 차례 개정되어 왔는데, 1977년 12월에는 기술개발촉진법의 개정을 통하여 조세감면의 내용을 기술개발준비금 적립 한도를 당해 사업 연도 또는 과세기간 소득금액의 $\frac{5}{100}$에서 $\frac{20}{100}$으로 대폭적으로 상향조정하였고, 이어서 1981년도에는 이를 다시 당해 과세년도 수입금액의 $\frac{1}{100}$에 상당하는 금액과 당해 과세 연도 소득금액의 $\frac{20}{100}$에 상당하는 금액 중 많은 금액을 기준으로 세금을 감면하도록 조세감면법을 개정하였다.[10]

(1) 프로그램(X_T)의 변화의 적정화

이 조건은 독립변수 X_T(프로그램)와 종속변수 Y(산출결과)간의 공동변화(covariation)를 확보하기 위하여 필요한 선행조건이다. 위의 [예 9.4]에서 제조업체들의 연구개발투자(Y)를 증가시키기 위하여 해당 제조업체들의 과세 연도의 소득금액의 일정비율을 감면(X_T)하도록 하고 있는데, 이 감면의 비율은 $\frac{1}{100}$에

10) 조세감면규제법 제4조의 9(1974. 12. 19 신설); 기술개발촉진법시행령 제2조의 2(1973. 9. 22 개정분) 및 제4조(1978. 4. 12 개정분) 참조.

서 $\frac{100}{100}$까지의 범위 내에서 어떤 값도 취할 수 있을 것이다. 그러나 감면의 비율이 너무 낮으면(예컨대 $\frac{1}{100}$ 정도) 제조업체들의 연구개발투자(Y)의 증대를 가져오기가 어려울 것이고, 그렇다고 하여 너무 높게 하는 경우에는(예컨대 $\frac{70}{100}$ 정도) 정부의 조세수입이 크게 줄어들게 될 것이다. 따라서 정부의 조세수입을 크게 감소시키지 않는 범위 내에서 최소한 X_T와 Y가 공동변화를 일으킬 수 있는 X_T, 즉 적정조세감면의 비율을 찾아야 할 것이다. [예 9.4]에서 1972년에는 조세감면의 비율을 $\frac{5}{100}$로 정하였다가, 1981년에 다시 $\frac{20}{100}$으로 그 조세감면의 비율을 높인 것은 X_T를 $\frac{5}{100}$로 했을 때에는 Y의 유의미한 변화를 기대할 수가 없다고 보았기 때문일 것이며, X_T를 $\frac{20}{100}$으로 정한 것은 최소한 X_T가 이 정도는 되어야 Y에 바람직한 방향으로 변화가 일어날 수 있으리라고 판단했기 때문이었을 것이다.

(2) 시간적 순서의 설정

이 조건은 독립변수 X_T(프로그램)가 종속변수 Y(산출결과)를 선행하여야 한다는 조건이다. 이에 대한 하나의 예로서 도시지역의 실업자훈련을 위한 정부의 자금지원프로그램을 생각해 보도록 하자. 이 자금의 지원은 실업률이 가장 높은 도시지역에 우선순위를 두어 자금을 지원하게 될 것이다. 그러므로 어떤 일정시점(t_1)에서 가장 높은 실업률을 가진 도시가 훈련프로그램(X_T)을 위한 자금을 할당하는 시점(t_2)에서 가장 많은 지원을 받아야 할 것이다. 그리고 이 훈련프로그램이 정말로 효과적인 것이라면, 시점 t_2에서 훈련을 위한 자금지원을 받게 되면, 일정한 기간이 지난 후의 시점 t_3에서는 실업률의 감소가 있지 않으면 안된다. 다음의 [그림 9-3]은 대상집단의 측정에서부터 영향이 오기까지의 과정을 나타내 주고 있다.

[그림 9-3]은 왜 시간적 순서가 이와 같은 훈련프로그램의 효과를 평가하는데 있어서 하나의 명시적인 구성요소가 되어야만 하는가를 보여주고 있다. 그러나 실제의 평가에 있어서는 평가자들은 이와 같은 시간에 기초를 둔 적절한 정보를 활용할 수 없는 경우가 많다. 어떤 경우에는 이들 평가자들은 한 시점에서 관찰

한 결과에 의존하여 평가하지 않으면 안 되는 경우도 있다. 만일 [그림 9-3]이 훈련프로그램의 실제의 영향을 나타내고 있는 것이라고 한다면, 횡단면적 정보(cross-sectional information)에 의존하게 되면 잘못을 범하게 될 소지도 있게 될 것이다. [그림 9-4]는 실업자를 위한 훈련프로그램의 지원을 받은 결과로 실업이 감소되었다고 보기보다는, 평가자가 오히려 훈련프로그램과 실업간에는 아무런 공동변화(covariation)도 없는 것으로 잘못 결론을 내릴 가능성도 있을 수 있다는 것을 보여주고 있다.

훈련프로그램을 도입하기 전과 후의 실업에 대한 정보가 없는 경우에는 훈련프로그램의 대상을 정하는 것과 훈련프로그램의 영향이 서로 뒤얽혀 있는 것을 분리해 내기 어려운 것이다. 만일 대상의 결정이 두 변수간의 플러스(+)의 공동변화를 가져오고, 프로그램의 영향이 마이너스(−)의 공동변화를 가져온다면, 이들 두 가지 효과들은 서로 상쇄됨으로써, 이들 두 변수들간의 공동변화는 거의 일어나지 않게 되거나 극히 미미한 공동변화만을 가져온 것으로 관찰될 것이다. 그러므로 평가자는 공동변화를 거의 관찰하기 어렵게 되고, 이에 따라 훈련프로그램이 실업에 아무런 영향도 미치지 않았다고 하는 잘못된 결론을 내릴 가능성이 있다.

그림 9-3 시간적 순서를 아는 경우의 실제적 효과

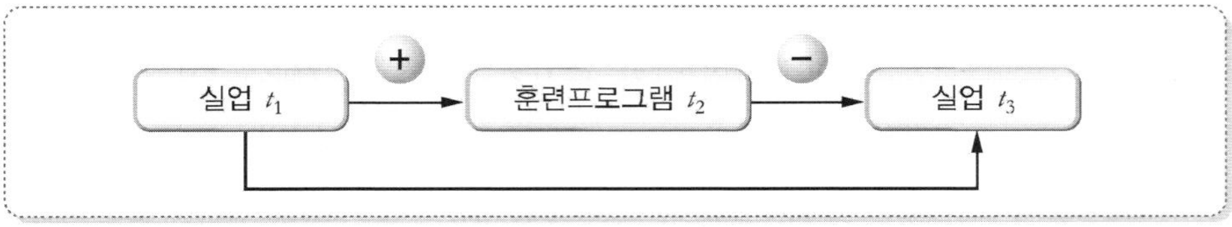

그림 9-4 시간적 순서를 모르는 경우의 관찰된 효과

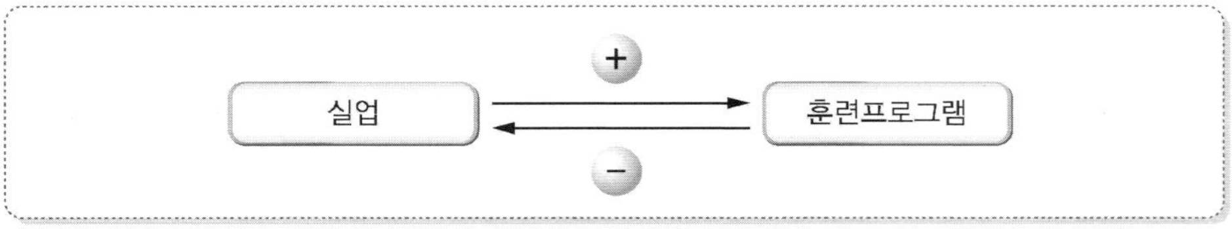

2. 처리의 선택과 표현

처리의 선택과 표현의 이슈를 이해하기 위해서는 먼저 다요인설계(factorial design), 교차설계(crossed design), 정착설계(nested design) 등의 개념을 이해하여야 하며, 다음에는 처리의 수준과 비교집단의 선택에 대한 이슈 등을 이해하여야 한다.

(1) 다요인설계

정책실험에서 최소한 둘 또는 그 이상의 수준(평가목적)을 가진 두개 또는 그 이상의 실험적 요소들의 조합들 가운데 최적의 조합을 찾아내고자 하는 경우, 각각의 실험대상들은 이들 두개 이상의 요소들의 서로 다른 수준들의 조합들 가운데 어느 하나의 처리를 받게 된다. 이제 이것을 좀 더 구체적으로 이해하기 위해서 뉴저지 웍 인센티브 실험(the New Jersey Work Incentive Experiment)의 사례를 먼저 살펴보기로 하자.[11)]

[예 9.5] 뉴저지 웍 인센티브 실험은 미국에서 실시된 최초의 대규모적인 사회실험 가운데의 하나이다. 이 실험은 1967년에 시작되어 1973년에 결과에 대한 보고서가 나오기까지 6년 6개월이 소요되었다. 그리고 이 실험에는 약 3,400만 달러의 예산이 투입되었는데, 이들 예산의 약 1/3이 1,357명의 실험대상자들에게 지불되는데 사용되었다. 뉴저지 웍 인센티브 실험은 부(負)의 소득세(negative income tax)가 가난한 피고용자들의 일하고자 하는 의욕에 미치는 영향을 테스트하고자 하는 것이었다.

이 문제에서 핵심적인 과제는 보증의 수준과 추가적인 소득에 대한 삭감의 비율간의 '최선의 조합'을 선택하는 것이다. 여기서 보증의 수준이란 소득이 없는 가족이나 개인들에게 지급되는 금액을 말한다. 한편 삭감의 비율은 이들 처음에 소득이 없었던 가족들에게 다른 소득이 증가되어 감에 따라 부의 조세보조금액(negativetax payments)이 삭감되는 비율을 말한다. 이 삭감되는 액수는 항상 다른 소득이 증가된 액수보다 작게 되어 있다.

---

11) 이 실험은 "Negative-Income-Tax Experiment"로 알려지고 있다. 여기에 대한 좀 더 구체적인 내용에 대해서는, (Kershaw, 1980: 27~41) 참조.

이 소득유지 프로그램에 비판적인 사람들은 만일 가난한 사람들이 일을 하지 않고 돈을 받게 되면, 그들은 일을 그만두게 될 것이라고 우려하였다. 이러한 우려는 부분적으로는 경제이론, 즉 소득에 대한 보증의 수준이 높아지면 높아질수록, 일을 하려는 노력은 점점 더 줄어들게 될 것이라는 예측에 근거를 둔 것이었다. 경제이론은 또한 여타의 소득이 증가됨에 따라 소득유지를 위한 지불액이 일정비율로 삭감되게 되는데, 이 비율이 또한 일을 하려는 노력에 영향을 미치게 될 것으로 예측하고 있다. 이에 의하여 평가자들은 보증의 비율이 올라가고, 또 세금(tax)의 비율이 올라감에 따라, 일을 하려는 노력은 감소되게 될 것이라고 가정하였다.

이러한 가정의 내용을 이해하기 위하여 몇 가지 보증의 수준과 세금의 비율에 대한 예를 살펴보기로 하자. 만일 정부가 네 식구 가족에 대하여 연간 4,000달러를 보증한다면, 정부는 아무런 소득이 없는 가족에게 연간 4,000달러($)를 지불해야 한다. 만일 그 가족이 추가적으로 벌어들이는 금액만큼을 정부가 그 가족에게 지불하는 금액에서 삭감하면, 묵시적인 세율은 100%가 되는 셈이 된다. 다음 <표 9-4>는 정부가 4,000달러를 보증하고, 또 세율이 100%인 경우의 가상적인 한 가족의 총소득이 어떻게 변화하게 되는가를 나타내 주고 있다.

표 9-4 부(負)의 소득세 프로그램: 4,000달러 보증, 100% 세율

소득	세금액(정부로부터 개인에게)	가족의 총소득(행1+행2)
0달러	4,000달러	4,000달러
1,000달러	3,000달러	4,000달러
2,000달러	2,000달러	4,000달러
3,000달러	1,000달러	4,000달러
4,000달러	0달러	4,000달러

만일 이 가족이 일을 해서 비용을 제한 후에 벌어들일 수 있는 능력이 4,000달러를 훨씬 더 상회하지 않는다면, 그 가족의 순수입은 일을 하든 또는 하지 않든 관계없이 항상 4,000달러가 된다. 이러한 상황하에서는 이 가족이 일을 하지 않고 편안히 지내기를 바라리라고 생각하는 것은 매우 합리적인 생각이 될 것

표 9-5 부(負)의 소득세 프로그램: 4,000달러 보증, 30% 세율

소득	세금액	가족의 총소득
0달러	4,000달러	4,000달러
1,000달러	3,700달러	4,700달러
2,000달러	3,400달러	5,400달러
4,000달러	2,800달러	6,800달러
6,000달러	2,200달러	8,200달러
8,000달러	1,600달러	9,600달러
12,000달러	400달러	12,400달러
13,333달러	-달러	13,333달러

이다.

그러면 만일 부의 소득세 스킴(scheme)이 달라지게 되면 어떻게 되겠는가? 만일 보증액이 4,000달러로 남아있고, 세율이 30%로 저하된다면 대상가족이 1달러를 벌게 되면, 정부는 그 가족에게 지불할 돈 0.3달러를 절약할 수 있게 되는 것이다. 그리고 그 가족은 1달러를 벌 때마다 0.7달러를 가질 수 있게 될 것이다. <표 9-5>는 이러한 사실들을 나타내 주고 있다.

비록 세율을 낮추는 것이 일을 하려는 노력을 증가시키는 것이 틀림없다 할지라도, 이것은 또한 프로그램에 더 많은 비용이 들도록 하고, 또한 더 불공평하게 하는 것이다. 세율을 낮춘다는 것은 중산층의 가족들까지도 부의 세보조를 받게 된다는 것을 의미하는 것이기 때문이다. <표 9-5>는 12,000~13,000달러 수준의 소득이 있는 가족들가지도 소득유지보조를 받게 된다는 것을 보여 주고 있다.

이러한 어려운 선택의 여건하에서 미국정부는 소득보증수준과 삭감률들간의 최선의 조합을 찾기 위한 사회실험을 한 것이다. 다음 <표 9-6>은 뉴저지 웍 인센티브 실험에서 사용되었던 처리들을 나타내 주고 있다.

연구개발투자를 증대시키기 위한 정부의 조세지원정책에 관한 [예 9.1]의 경우에는 정책실험의 대상이 되는 요소가 조세의 감면율 하나뿐이었으나, [예 9.5]의 뉴저지 웍 인센티브 실험에서는 정책실험의 대상이 되는 요소가 빈곤자에 대한 생활보증의 수준과 부의 세율이라는 두 가지인 것이 중요한 차이점이라 하겠다. 뉴저지 웍 인센티브 실험과 같이 실험의 대상이 되는 요소가 두 가지 또는 그 이상인 경우 이것을 다요인실험설계라 부른다.

표 9-6 뉴저지 웍 인센티브 실험에서 사용되었던 처리의 내용*

보증(빈곤선의 %)	세율(%)		
	30	50	70
50	×	×	
75	×	×	×
100		×	×
125		×	

*"×"가 있는 셀(cell)은 실험대상이 배정된 것을 나타냄.

[예 9.5]에서 실험대상으로 뽑힌 각 가족 또는 실험의 단위들은 <표 9-6>의 다요인설계의 하나의 셀(cell)에 무작위적으로 배정되었다. 이것을 가리켜 실험의 용어로는 가족들이 처리 내에 정착(nested)되었다고 말한다. 만일 우리의 목적이 단지 두 가지 요소들의 하나하나에 대한 효과를 평가하는 것이라면, 교차다요인설계(crossed factorial design)는 그것이 필요 이상으로 훨씬 더 복잡한 것으로 보일지도 모른다. 만일 우리가 분리된 두개의 개별적인 연구를 한다면, 즉 하나는 <표 9-6>에 나타나 있는 보증의 수준이라는 네 개의 처리를 사용하여 기본적인 편익요소인 보증의 수준의 효과를 평가하고, 또 다른 하나는 부의 세율이라는 세 개의 처리조건을 사용하여 묵시적인 세율의 효과를 평가한다면, 그 연구는 훨씬 더 간단하지 않겠는가? 그러나 교차다요인설계를 사용하는 것에 비해서, 이들 두개의 분리된 평가연구를 수행하는 것의 약점은 하나의 요소의 효과가 또 다른 요소의 수준에 따라 다르게 나타날지도 모르는데 이것을 알아 낼 수 없다는 것이다. 예컨대 묵시적인 세율의 변화(variation)는 기본적인 편익의 수준이 높으냐 낮으냐 하는데 따라 다른 효과를 가지게 될지도 모르는 것이다. 만일 한 요소의 효과가 실제로 다른 요소의 수준에 의존하게 된다면, 우리는 소위 두 변수간의 통계적 상호작용이라 부르는 효과를 갖는 셈이 되는 것이다. 이 상호작용의 효과는 오직 교차다요인설계를 사용함으로써만 발견될 수 있다. 그러므로 실제로 관심 있는 요소들간의 상호작용이 찾아야 할 중요사항인지 여부에 관한 처리조건설계가 최초에 결정해야 할 중요한 의사결정이 된다. 만일 그러한 상호작용의 효과가 발견해야 할 중요한 관심사라 한다면 우리는 교차다요인설계를 사용해야 한다.

처리조건을 만들어 내기 위하여 실험요소들을 교차시키는 것 이외에도 하나의 요소가 다른 요소 내에 정착되어(nested)있는 경우, 이것을 어떻게 할 것인가 하는 의사결정의 문제가 남아있다. 예를 들어서, 우리가 고등학교의 교과과정을 평가한다고 가정해 보자. 그리고 여기서 평가하고자 하는 요소는 학생들에게 가르치는 교과과정이라고 가정해 보자. 그리고 여기서 하나의 요소는 학생들에게 가르치는 교과과정(구교과과정 대 신교과과정)의 유형이라 가정해 보도록 하자. 이 때 만일 어떤 교사는 구교과과목을 가르치는데 최적격자이고, 또 다른 어떤 교사는 신교과과목을 가르치는데 최적격자라고 한다면, 이 교사들은 교과과정의 수준 내에 정착되었다고 볼 수 있다. 이와 같이 교사들이 어느 과정에 정착되어 있는 경우에는 교사와 교과과정간의 상호작용은 평가될 수 없다. 오직 교사와 교과과정이 교차될 수 있을 때에만 상호작용을 검증해 볼 수 있는 것이다. 한 요소가 다른 요소 내에 정착되는 경우에는 이들간의 상호작용을 검증할 수 없을 뿐만 아니라, 한 요소의 효과는 그것이 정착되고 있는 다른 요소의 효과와 혼동을 일으킬 우려도 있게 된다. 예를 들면 오직 나이가 든 교사들만이 구교과과정을 가르친다고 하고, 또 반대로 비교적 최근에 교육받은 젊은 교사들만이 신교과과정을 가르친다고 한다면, 두 교과과정에 있는 대상들 사이에 관찰된 산출의 차이는 교사들의 경험 또는 교과과정 가운데 어느 것에 기인된 것인지 분간하기 어렵다. 이러한 혼란을 극복하기 위하여 우리는 교과과정요소의 여러 수준에 교사들을 무작위적으로 배정하는 것이다. 이와 같은 교사들의 교과과정에 대한 무작위배정의 절차가 학생들의 처리조건에 대한 무작위배정과 아울러 사용되어야 한다. 만일 교사들이 교과과정요소의 여러 수준에 무작위적으로 할당되게 된다면, 마치 대상들을 실험집단과 통제집단에 무작위적으로 배정함으로써 혼란요소를 통제하는 것과 똑같은 논리에 의하여 교과과정요소가 교사의 특성들과 얽혀서 일어나게 되는 혼란은 감소하게 될 것이다. 만일 우리가 교사들을 서로 다른 교과과정들에 무작위적으로 배정할 수 있다면, 우리가 교사들을 교과과정 요소들과 교차시킬 수 있는 확률이 높아지게 된다. 교사들을 교과과정에 무작위적으로 배정한다는 것은 각 교사들이 모든 교과과정을 가르칠 수 있는 능력을 가졌다는 것을 의미한다. 그러므로 우리는 각 교사들로 하여금 할당된 모든 교과과정을 가르치도록 할 수 있게 되는 것이다. 이러한 경우 교차설계는 교사와 교과과정간의 상호작용을 검증해 볼 수 있기 때문에 정착설계(nested design)보다 더 바람직한 것이 된다.

(2) 처리수준의 선택

평가자는 평가연구에서 관찰되어야 할 실험요소의 수와 그의 수준의 극단치를 결정하지 않으면 안된다. 어떤 경우에는 이러한 선택은 실행가능성에 의하여 제약을 받기도 한다.

앞의 [예 9.5]에서 정부의 높은 보증수준은 일을 하고자 하는 노력을 줄이고, 정부의 비용을 가중시키며, 또한 중산층에 이익을 주는 결과를 가져오게 될 것이다. 그러므로 높은 보증수준과 낮은 세율은 실행불가능한 것으로 간주되었다. 반면에 낮은 보증수준과 높은 세율도 역시 똑같이 실행불가능한 것으로 간주되었다. 왜냐하면, 이러한 방안은 비록 정부에 부담은 적지만, 반면에 그러한 계획은 너무나 인색하고, 또 너무나 일할 인센티브가 결여된 것으로 간주되었기 때문이다.

이러한 수준선택의 문제는 또한 구성의 타당성의 문제가 되기도 한다. 예를 들어서 정신요법 처리시간의 길이가 정서적 적응에 미치는 효과를 검토하고 있다고 가정해 보자. 우리는 이때 두개의 서로 다른 평가계획을 생각해 볼 수도 있다. A라는 계획은 0시간, 25시간, 50시간, 75시간, 100시간의 정신요법 등 다섯개 수준의 처리를 포함하고 있다고 가정한다. 그리고 B라는 계획은 단지 0시간과 100시간 등 두 가지 수준만을 포함하는 것으로 가정해 본다. 만일 이들 두개의 설계에서 실험대상의 총수가 동일하다고 가정하고, 또 대상이 더 오랜 시간동안 정신요법을 받으면 그 효과는 더 강하다고 가정한다면, 계획 B의 설계는 계획 A의 설계에 비해서 실질적으로 더 높은 결론의 타당성을 확보할 수 있을 것이다. 그러나 계획 B의 설계가 계획 A의 설계에 비해서 갖는 약점은 정신요법 지속기간의 길이가 갖는 비선형적인 효과를 평가할 수 없다는 점이다. 예를 들어서, 만일 정신요법이 최초의 25시간이 지난 후에는 효과가 더 이상 커지지 않는다고 한다면, 계획 B의 설계를 가지고는 이것을 발견할 수 없는 것이다. 그러므로 얼마나 많은 요소들에 대해서 얼마나 많은 수준을 검토할 것인가 하는 사용될 계획에 대한 의사결정은 궁극적으로는 우리로 하여금 특정한 종류의 처리효과를 기대하도록 이끌어주는 이론이라든지 또는 과거의 평가연구에 의존하지 않으면 안 된다. 포함되어야 할 수준에 관한 의사결정은 이러한 관점에서 궁극적으로는 구성의 타당성에 관한 의사결정이라 할 수 있다.

3. 관찰될 실험의 단위(unit)

앞에서는 일반적으로 평가되어야 할 처리에 의하여 영향을 받는 집단에 대해서는 평가자가 이미 결정을 내린 것으로 가정하고 논의해 왔다. 그러나 영향을 받는 집단이 실험의 단위로서 평가연구에 들어가야 할 수준에 대한 여러 가지의 중요한 의사결정이 아직도 남아 있다. 구체적으로 예를 들면, 새마을 프로그램이 지역주민들의 의식에 미치는 영향을 검토하려고 한다고 가정해 보자. 일반적으로 평가자는 어떤 지역에 거주하는 주민들이 영향을 받는 집단을 형성하는 것으로 알고 있다. 그러나 이들 지역주민들은 여러 가지 다른 집합체(aggregate)의 수준으로 평가연구에 참여할 수 있다. 평가자는 이들 개인들을 여러 가지 처리에 무작위적으로 배정하고 그들의 산출물을 측정할 수 있다. 평가자는 몇 개 세대로 이루어진 블록(block), 예컨대 마을을 여러 개의 다른 처리에 배정할 수도 있다. 그리고 실험단위는 또한 영향을 받는 전체 지역사회, 예컨대 면이 될 수도 있을 것이다. 이와 같이 어떤 수준이 평가연구에서 가장 적합한가 하는 것을 결정하는 것은 가장 기본적이면서도 또한 때로는 가장 어려운 문제가 될 수 있다.

이론적인 면에서 여기에는 하나의 핵심적인 이슈가 개재되어 있다. 즉 평가자는 어떤 수준에서 정책효과를 일반화(generalize)하기를 원하는가 하는 것이다. 그러나 실제로는 정책의 영향을 받는 집단이 실험단위로서 역할을 하게 되는 수준에 관하여 내려야 할 상호관련되어 있으면서도 또 서로 다른 세개의 의사결정 문제가 존재한다. 첫째, 평가자는 어떤 수준의 대상단위를 처리조건에 무작위적으로 배정하고자 하는가를 결정하여야 한다. 예컨대 교과과정의 평가에 있어서 평가자는 학급을 교과과정에 무작위로 배정할 것인가, 아니면 개인을 무작위로 배정할 것인가를 결정하여야 한다. 둘째, 평가자는 또한 어떤 수준을 처리에 무작위로 배정했건 상관없이, 어떤 수준의 산출결과를 측정해야 할 것인지를 결정해야 한다. 셋째, 분석될 실험단위의 수준을 결정해야 한다. 무작위배정의 수준과 분석의 수준에 관한 첫 번째 의사결정과 세 번째 의사결정은 불가피하게 서로 연관을 가지고 있다. 일단 처리에 무작위적으로 배정할 단위의 수준이 결정되고 나면, 분석의 수준도 또한 결정된 것으로 보아야 한다.

만일 학급이 서로 다른 교과과정에 무작위적으로 배정이 되었거나, 또는 만일 지역사회가 서로 다른 새마을 프로그램에 무작위적으로 배정이 되었다면, 통계적으로 볼 때, 자료에는 할당된 실험단위의 수만큼의 자유도(degree of freedom)만이 존재하는 것이다. 만일 집합체(aggregats)가 처리조건에 무작위배정이 되었을 때, 개인을 분석의 단위로 사용한 분석은 일반적으로 자료에 있는 정보의 양을 부적절하게 과대추정하는 경향을 나타내는 것으로 보고되고 있다.

그러므로 분석의 수준에 대한 의사결정은 무작위배정된 단위의 수준에 의하여 지배되게 된다. 그러나 측정이 이루어지는 수준은 무작위배정의 수준과 독립적인 것이 될 수도 있다. 평가자는 집합체가 된 단위를 실험의 처리에 무작위적으로 할당할 수 있고, 이에 따라 분석의 수준도 바로 이 집합된 단위가 되어야 하는 것이지만, 이 경우에도 측정단위의 수준은 개인적인 산출결과 또는 집합된 전체 산출결과의 어느 것이 되어도 무방한 것이다. 그러나 이의 역은 통상적으로 성립되지 않는다. 다시 말하면, 만일 평가자가 집합체 내의 개인을 서로 다른 실험처리에 무작위적으로 배정했다면, 처리에 대한 비교의 목적으로 집합체의 산출결과를 측정하는 것은 거의 무의미한 것이 된다. 새마을 프로그램의 예는 이 말을 분명하게 해준다. 만일 평가자가 지역사회를 여러 가지 유형의 서로 다른 새마을사업에 무작위적으로 배정하였다고 하면, 평가자는 개인의 산출결과는 물론 지역사회의 산출결과를 평가할 수 있게 된다. 평가자가 실험단위로서의 지역사회를 분석에 활용했다면, 이들 양 수준의 측정결과를 여러 가지 형태의 새마을사업들이 개인들이나 총체적인 산출결과에 미친 영향을 평가하는데 이용할 수 있는 것이다.

그러나 만일 지역사회에 있는 개인들이 여러 가지 유형의 서로 다른 새마을사업에 무작위적으로 배정이 되었다면, 개인적인 산출결과는 아주 정밀하게 측정될 수 있겠지만, 처리가 총체적인 지역사회 수준에 미친 영향을 측정할 수는 없게 된다.

이상과 같은 논의를 통하여 우리는 다음과 같은 세 가지 결론에 도달할 수 있게 된다. 첫째, 개인적인 수준이나 총체적인 수준의 산출결과를 측정하는 것은 모두 의미가 있는 일이 된다. 이것은 무작위배정의 단위나 분석단위의 수준에 관계없이 통용되는 사실이다. 둘째, 만일 평가자가 개인적인 수준보다 총체적인 수준의 산출결과에 더 관심이 있다면, 총체적 단위를 처리에 무작위적으로 배정해야 의미가 있으며, 따라서 분석 또한 총체적인 수준에서 이루어져야 한다. 셋째, 분석은 무작위적으로 배정된 단위에 기초하여 이루어져야 한다. 만일 총체적인 집합체가 무작위적으로 배정이 되었고, 산출결과에 대한 측정은 개인적인 수준에서 이루어졌다면, 총체적인 평균 또는 요약통계치는 분석에 있어서 종속적인 측정으로서 역할을 해야 한다.

이 장의 요약

1. 하나의 프로그램의 순수효과는 대상집단에 일어난 전체변화를 나타내는 총산출로부터 허위요소와 혼란요소들의 영향에 의하여 일어난 효과들을 제거함으로써 오게 된다.

2. 정책의 효과를 평가할 때, 정책이나 프로그램의 영향 이외에 정책을 집행하는 대상집단에 작용하는 허위변수들이나 혼란변수들의 영향을 제거하는 것을 이들 변수들을 통제한다고 한다. 정책평가에서 사용하는 허위변수들이나 혼란변수들이 영향을 통제하는 방법으로는 무작위배정에 의한 통제, 축조에 의한 통제, 재귀적 통제, 통계적 통제, 포괄적 통제, 잠재적 통제 등을 들 수 있다. 이들 가운데 무작위배정에 의한 통제방법을 사용하는 사회적 실험연구를 진실험에 의한 평가라 한다.

3. 진실험에 의한 평가는 무작위배정에 의하여 동질적인 실험집단과 통제집단을 구성함으로써 이루어진다. 무작위배정에 의하여 실험집단과 통제집단을 동질적으로 구성함으로써 대부분의 허위변수와 혼란변수 등 내적 타당성을 위협하는 요소들의 영향을 통제할 수 있다. 그러나 진실험에 의한 평가설계에도 여러 가지 유형들이 있기 때문에 내적 타당성을 위협하는 요소들 가운데 어떤 요소들을 더 효과적으로 통제할 수 있느냐 하는 것은 일률적으로 말하기

어렵다.

4. 진실험설계들 가운데 가장 대표적인 두 가지의 설계유형은 연구대상의 무작위배정에 의한 실험집단과 통제집단 설계와 무작위배정에 의한 사전 및 사후 통제집단을 들 수 있을 것이다. 이들 두 설계들은 내적 타당성을 위협하는 역사적 사건, 성숙효과, 회귀인공요소 등 여러 가지 요소들의 영향을 효과적으로 제거할 수 있다. 위의 두 가지 진실험설계들 가운데 후자는 정책집행에 의하여 일어난 변화까지를 $\overline{Y}_{aE}-\overline{Y}_{bE}$에 의하여 측정해 낼 수 있다는 장점을 가진 반면에 테스트 효과에 의하여 외적 타당성을 위협받게 된다는 약점도 아울러 가지고 있다.

5. 진실험설계에 의한 평가는 처리의 전달과정이나 통제과정에서 불순한 요소들이 스며들어 옴으로써 발생하게 되는 오염에 의하여 내적 타당성이 위협을 받을 수도 있고, 실험의 집행과정에서 실험집단과 통제집단에 일어날 수도 있는 불균형적인 상실에 의하여 외적 타당성이 위협을 받을 수도 있다. 진실험에 의한 평가는 실험적 평가연구에 필요한 충분한 수의 표본확보의 어려움, 실험의 시행에 따르는 과다한 경비, 실험과 관련된 윤리적 사회적 문제와 정치적 압력 등 여러 요인들의 작용에 의하여 실행가능성의 문제가 항상 대두될 수 있기 때문에 평가자들은 이러한 장애요인을 염두에 두고 평가계획을 수립하여야 한다.

연/습/문/제

[9.1] 정책집행의 대상집단에 일어나는 총산출과 순산출은 어떻게 다른가?

[9.2] 정책평가에서 허위요소들과 혼란요소들을 통제하는 통제의 유형들에는 어떤 것들이 있으며, 서로 어떻게 다른가?

[9.3] 진실험의 논리를 구체적인 정책사례를 들어 설명하여라.

[9.4] 진실험설계에서 실험집단과 통제집단을 동질적인 집단으로 구성한다고 할

때, 여기서 말하는 동질성의 개념은 무엇인가? 구체적인 정책사례를 들어 설명하여라.

[9.5] 사회적 건강보험실험 (예 9.3)에서 다음에 대하여 답하여라.

(1) 표본수에 따라서 정밀도는 어떻게 달라지는가?

(2) 지역(site)은 어떻게 선택되어야 하는가?

(3) 각 실험계획에 같은 수의 사람을 배치할 때는 언제인가?

(4) 건강보험계획의 함수로서의 건강결과의 측정이 건강보험정책에 주는 시사점은 무엇인가?

[9.6] 교재에 있는 실험설계의 유형 3과 유형 4를 내적 타당성을 중심으로 비교 설명하여라.

[9.7] 진실험설계의 방법 가운데의 하나인 설계 5에서 테스트 효과가 어떠한 타당성을 저하시키는가를 설명하여라. 또 그러한 이유는 무엇인가?

[9.8] 진실험설계를 사용하여 정책을 평가하는 경우, 불균등한 상실이 일어나게 되는 원인은 무엇이며, 불균등한 상실이 야기하는 문제는 무엇인가?

[9.9] 진실험설계에 의한 평가에서 오염(contamination)의 원인과 그것이 미치는 영향은 무엇인가?

[9.10] 진실험설계에 의하여 평가를 시행하는 경우 구성의 타당성과 외적 타당성의 문제가 일어나게 되는 원인은 무엇인가?

[9.11] 정책평가에서 인과관계의 추론의 가능성을 높이기 위하여 프로그램(X_T)의 변화를 적정화하여야 한다는 것은 무엇을 의미하는가? 정책사례를 들어 설명하여라.

[9.12] 다요인설계에 의한 정책평가에서 교차설계와 정착설계는 어떻게 다른가?

제 **10** 장

준실험설적 방법에 의한 정책혁신영향의 평가

장 | 머 | 리 | 에

정책효과의 평가를 위한 설계로서의 진실험설계는 내적 타당성을 위협하는 여러 가지 허위변수들이나 혼란변수들을 효과적으로 통제해 줄 수 있다는 점에서 가장 강력한 정책평가설계라고 할 수 있으나, 외적 타당성과 실행가능성이라는 점에서 취약점을 가지고 있다고 하는 것은 이미 제9장에서 살펴본 바와 같다. 진실험설계가 가지고 있는 이러한 취약점들을 보완할 수 있다는 점에서 널리 이용되고 있는 정책평가설계의 하나가 준실험설계의 방법이다.

정책평가자가 어떤 정책이 관찰된 바와 같은 효과를 가져왔다고 주장하기 위해서는 시간적으로 원인이 효과를 선행하여야 하고, 원인과 효과가 공동변화 하여야 하며, 정책 이외에는 그 효과를 설명할 다른 요소들이 존재하지 않는다고 하는 것을 입증하여야 한다는 것은 이미 앞의 진실험설계에서 살펴본 바와 같다. 이들 가운데에서도 실험설계와 밀접히 관련된 것은 세 번째 요건이다. 진실험설계에서는 실험집단과 통제집단을 무작위로 배정하여 동질적인 집단을 형성함으로써 이 세 번째 조건을 충족시키고, 이로써 정책효과평가의 타당성을 높이고 있다. 그러나 준실험설계에서는 진실험설계에 있어서와 마찬가지로 무작위배정에 의하여 동질적인 집단을 형성할 수 없기 때문에 다른 방법에 의하여 이 세 번째 요건을 충족시키지 않으면 안된다.

본 장에서는 준실험설계에 의한 정책평가의 성격과 여러 가지 접근방법들, 그들의 분석논리 및 관련된 타당성의 문제들을 개괄적으로 살펴보고자 한다.

제1절 준실험설계에 의한 정책혁신영향평가의 성격과 접근방법

Ⅰ. 준실험에 의한 평가의 성격

진실험적 방법에 의한 평가연구에서 필수적으로 요구되는 통제집단을 도입하기 어렵거나, 통제집단을 도입한다 할지라도 동질적인 실험집단과 통제집단을 구성하기 어려운 경우에, 다시 말하면 무작위배정에 의한 통제에 의하여 정책을 평가하기 어려운 경우에는 준실험적 방법에 의하여 정책평가연구를 하게 된다 (Campbell and Stanley, 1966: 34~64; Cook and Campbell, 1979: 95~232). <표 9-1>에서 축조된 통제집단 활용에 의한 평가와 재귀적 통제에 의한 평가가 이에 해당된다.

비록 무작위배정에 의한 방법을 사용하지 않는다고 할지라도, 준실험적 방법은 모든 잠재적인 혼란변수나 허위변수라는 측면에서 가능한 한 유사한 실험집단과 통제집단을 구성하려고 노력한다. 이론상으로 통제집단은 그들이 받는 처리에서만 실험집단과 달라야 한다. 준실험적 설계는 모든 제3의 변수(즉 허위변수와 혼란변수)들의 점수들이 모두 같고, 오직 정책변수 X_T의 영향에 의한 점수만이 다르도록 통제집단을 구성함으로써 무작위배정에 의한 진실험적 방법과 거의 유사한 것이 되도록 노력한다.

실제에 있어서는 준실험적 방법은 몇 가지 측면에서 진실험적 방법과 다르다. 준실험적 방법은, 비록 반드시 그럴 필요가 있는 것은 아니지만, 회고적(retrospective)인 성격을 띠고 있다. 프로그램의 영향에 대한 평가를 하고자 하는 의사결정이 프로그램이 집행되고 오랜 기간이 지난 후에 내려지게 되는 경우에는, 진실험의 가능성은 일반적으로 배제된 상태라 할 수 있다. 이러한 상황하에서는 많은 경우, 준실험적 접근방법이 프로그램의 영향을 추정할 수 있는 가능한 유일한 방법이다. 전향적(prospective)인 준실험적 방법도 또한 진실험적 방법과 마찬가지로 많은 사전계획을 필요로 한다. 그러므로 전향적인 평가는 진실험적 방법, 준실험적 방법 또는 비실험적 방법 등 어느 방법도 똑같이 가능하다. 비록 대부분의 준실험적 방법이 회고적인 것이기는 하지만, 잘 설계된 전향적인 준실험에 의한 평가의 내적 타당성은 진실험에 의한 평가의 내적 타당성과 비교해도 손색이 없다는 것이 밝혀지고 있다(Campbell and Stanley, 1966: 34~63; Riecken and Boruch(eds.), 1974).

진실험적 방법과는 달리 준실험적 방법은 여러 개의 비교집단에 대하여 장기간 동안 측정된 자료들을 필요로 하는 평가연구에서부터 단순한 사례연구와 유사한 것에 이르기까지 여러 가지 접근방법들을 평가를 위하여 도입하는 평가설계이다. 비교집단들을 신중하게 사용해야 하기 때문에 준실험적 방법에서는 일반적으로 진실험적 방법의 경우보다 더 많은 정보를 필요로 한다. 이와 같이 많은 정보를 토대로 준실험의 방법을 신중하게 사용하는 경우, 준실험적 설계에 의한 평가는 매우 높은 내적 타당성을 얻을 수 있다.

그러나 일반적으로 대부분의 준실험적 설계에 의한 평가의 내적 타당성은 진실험적 설계에 의한 내적 타당성보다 더욱 더 의문시된다. 준실험적 방법은 무작위배정을 사용하지 않고도 모든 가능한 혼란변수와 허위변수들이 동등하게 되도록 집단들을 구성하여야 하는 것이다. 무작위배정은 대상들이 어떤 처리를 받을 것인지 여부에 관계없이 통계적인 방법으로 두 집단이 동등하게 되도록 보증해 준다. 무작위배정은 또한 평가대상자들이 하나의 처리를 다른 처리보다 선호하도록 하는 원인이 되는 모든 변수들을 평가자가 식별해야 하는 짐을 덜어준다. 이와 반대로, 준실험적 방법에 있어서는 평가자가 그들 특성의 하나 하나를 식별하고, 측정하여야 하며, 이것을 토대로 비교집단을 구성하여야 한다. 이러한 과업들을 성공적으로 집행하는 것은 매우 번거롭고 또한 어려운 일이다. 만일 평가자가 모든 혼란변수들을 정확하게 식별할 수 있다면, 어쩌면 평가를 할 필요가 없을 정도로 그가 다루고자 하는 주제에 대해서 매우 잘 알고 있는지도 모르는 것이다. 그리고 비록 평가자가 이들 모든 허위변수와 혼란변수들을 식별할 수 있다고 할지라도, 그들을 측정할 수 없을지도 모르고, 자료가 이용가능하지 않을지도 모르며, 또는 변수들의 측정이 문제가 될 것이 없는 경우일지라도 허위변수와 혼란변수들은 모두 동등하고 오직 처리변수만이 다르도록 대상들을 배정하기가 어려울지도 모른다. 또한 일단 이와 같이 배정되는 경우일지라도, 외적 타당성이 낮은 모집단의 이상한 부분집합(subset)인 대상집단이 표본이 될 가능성도 있다. 이러한 특성들이 준실험적 평가를 어렵게 하는 요소들이다. 그러나 이러한 난점들을 극복하기 위하여 여러 가지의 준실험적 방법이 개발되어 왔으며, 만약 신중하게 활용되기만 한다면, 이들 준실험적 방법도 내적 타당성과 외적 타당성이 높은 평가정보를 제공해 줄 수 있다. 그리고 준실험적 평가연구는 어떤 상황에서는 가능한 유일한 접근방법이 될 수도 있다.

Ⅱ. 준실험적 방법에 의한 평가의 접근방법

준실험적 방법에 의한 평가의 접근방법으로는 축조된 통제(constructed control)에 의한 평가와 재귀적 통제(reflexive control)에 의한 평가 등을 들 수 있다. 여기서는 이들 두 가지 접근방법의 기본개념들에 대해서 간략히 살펴보고, 이들 접근방법의 구체적인 평가설계와 절차들에 대해서는 각각 절을 달리하여 논의하고자 한다.

1. 축조된 통제에 의한 평가

(1) 매칭에 의한 대상의 배정

매칭(matching) 또는 짝짓기 방법에 의한 배정이란 정책실험집단과 통제집단을 구성하는데 있어 평가대상들을 평가하고자 하는 정책효과와 관련된 변수들을 중심으로 유사한 것끼리 둘씩 짝을 지은 다음, 하나는 정책실험집단에, 다른 하나는 통제집단에 배정하는 방법을 말한다. 예를 들어서 초등학교 운동회에서 어떤 학급의 학생들을 청군과 백군의 두 집단으로 나눌 때, 키가 큰 순서대로 줄을 세운 다음 홀수는 청군, 짝수는 백군으로 나눈다면 바로 이것이 짝짓기에 의하여 두 집단을 형성하는 방법이다. 여기서 주의하여야 할 점은 운동회에서 달리기는 다리의 길이와 밀접히 관련되어 있다는 점이다. 다리의 길이가 길수록 달리는 속도가 빠른데, 다리의 길이는 대부분의 경우 키의 크기와 밀접하게 관련되어 있기 때문에 달리기의 속도와 키의 크기는 상관관계가 높다고 할 수 있다. 그러므로 키의 크기를 기준으로 둘씩 짝을 지은 다음, 하나는 청군으로 그리고 나머지 하나는 백군으로 배정한다면, 다리의 길이가 청군과 백군의 달리기의 승패에 미치는 영향은 배제될 수 있을 것이다. 만일 60명 중 키가 큰 30명은 청군에, 그리고 키가 작은 30명은 백군에 배정한다면, 다른 요소들보다 다리의 길이가 길고 짧은 것이 두 집단의 달리기의 승패에 결정적으로 영향을 미쳐 청군이 승리할 가능성이 매우 높아질 것이다. 바로 이러한 키라고 하는 요소의 영향을 배제하기 위해서 청군과 백군을 나눌 경우에 키가 유사한 학생들끼리 둘씩 짝을 지어서 임의로 한 학생은 청군에, 그리고 나머지 한 학생은 백군에 배정한다면 키의 영향은 서로 상쇄되어 없어지게 된다. 이와 유사한 논리에 의하여 정책의 효과를 평가할 때 정책 이외에 정책이 미치는 영향과 유사한 영향을 실험집단과 통제집단에 미칠 것으로 생각되는 변수들을 설정하고, 이 변수들을 기준으로 그 성질이 유사한 대상끼리 짝을 지은 다음, 그들 가운데 하나는 정책실험집단에 그리고 나머지 하나는 통제집단에 각각 배정한다면, 두 집단을 나눌 때 짝짓기 기준이 되었던 변수의 영향이 두 집단에 유사하게 나타남으로써 그 영향이 서로 상쇄되어 없어지게 된다. 이러한 이유로, 짝을 지을 변수를 올바로 선택한다면, 짝짓기 방법에 의하여 정책평가를 설계하는 경우 정책을 집행한 대상이 되었던 정책실험집단과 정책을 집행하지 않았던 통제집단에 나타난 변화의 차이는 순수한 정책의 효과라고 할 수 있다.

짝짓기 방법에 의하여 정책실험집단과 통제집단을 구성하는 예로서는 새마을사업의 효과를 평가할 때 정책실험집단과 통제집단을 구성하는 것을 들 수 있다. 새마을사업을 평가할 때, 만일 새마을사업의 실시대상이 되는 가구와 그렇지 않은 가구들을 무작위방법으로 선정하여 이 가구들 가운데 새마을사업의 실시대상으로 선정된 가구들을 예컨대 A라는 지역으로, 그리고 새마을사업을 실시하지 않을 대상으로 선정된 가구들을 B라는 지역으로 이주시킨 다음, A라는 지역은 새마을사업을 실시하고 B라는 지역은 새마을사업을 실시하지 않을 수 있다면, 그들 두 지역에 일어난 변화의 차이를 구함으로써 새마을사업의 효과를 추정할 수 있을 것이다. 그러나 새마을사업의 효과를 평가하기 위하여 새마을사업을 실시할 대상으로 선정된 가구들을 A지역으로, 그리고 새마을사업을 실시하지 않을 대상으로 선정된 가구들을 B라는 지역으로 이주시킨다는 것은 현실적으로 매우 어려운 과제이다. 이러한 어려움을 극복하면서 새마을사업의 효과를 평가하기 위하여 고안된 것이 바로 짝짓기에 의한 배정이다. 우선 마을의 천연적인 지리적 조건들, 예컨대 인접도시로부터의 거리, 관개시설이 잘된 수리답과 천수답의 비율 등이 유사하고 마을의 인적 구성, 예컨대 노인과 청년의 비율, 고등교육을 받은 사람의 비율, 남녀의 비율, 잘 살고자 노력하는 의욕의 정도, 매 가구당 소유하고 있는 농지의 면적 등이 유사한 마을들을 둘씩 짝을 지은 다음, 한 마을은 새마을사업을 실시하기로 한 집단에, 그리고 나머지 한 마을은 새마을사업을 실시하지 않기로 한 집단에 배정하여 두 집단을 구성한다면, 이것이 바로 짝짓기에 의한 방법으로 정책실험집단과 통제집단을 구성하는 경우가 되며, 그 짝짓기의 정확성이 높으면 높을수록 정책실험집단에 일어난 변화와 통제집단에 일어난 변화간의 차이에 의하여 새마을사업의 순효과를 더 정확하게 추정할 수 있게 될 것이다.

매칭에는 집단적 매칭과 개별적 매칭의 두 가지 방법이 있다. 집단적 매칭은 프로그램을 집행하고 있는 집단과 관련된 주요 특성들이 유사한 집단을 통제집단으로 선택하는 것이다. 예컨대 새마을사업의 효과를 검토하기 위하여 어떤 한 지역에 있는 몇 개의 마을 전체를 실험집단으로 선택하였다면, 이들 참여지역과 지리적 조건, 인구학적 특성 및 사회·경제적인 환경 등이 유사한 다른 지역을 선택하고, 이 지역에 속하는 마을들로 통제집단을 구성하는 것이 집단적 매칭이다.

한편 개별적 매칭이란 새마을사업을 집행하지 않은 마을이나, 또는 프로그램 내용이 다른 새마을사업을 집행하고 있는 마을들로 구성된 풀(pool) 가운데에서 실험에 참여하고 있는 마을 하나 하나의 인구학적 특성, 지리적 조건, 사회·경제적 상황 등이 유사한 마을들을 하나 하나 1대 1로 짝을 지은 다음 이들을 선택하여 통제집단을 구성하는 것이다.

일반적으로 개별적 매칭이 집단적 매칭보다 더 바람직하다. 그러나 개별적 매칭은 그것이 집단적 매칭보다 비용이 더 많이 들고, 시간이 오래 걸리며, 매칭되어야 할 변수가 많은 경우에는 집행하기가 어렵고, 모방효과 등을 통제하기 어렵다는 취약점을 가지고 있다.

매칭에 의하여 통제집단을 구성할 경우에는 여러 가지 약점이 있으나, 그 중에서도 가장 치명적 약점의 하나는 매칭이 영향평가에 사용된 산출변수에 대한 예비측정결과에 기초를 두고 이루어지는 경우에 발생하게 된다. 즉, 만일 예비측정이 신뢰성이 낮은 것인 경우에는 이에 토대를 둔 평가의 결과는 평균에 접근하려는 회귀효과(regression effect) 등에 의하여 타당성이 낮은 것이 되거나, 사실을 왜곡하는 것이 될 수도 있다(Campbell and Boruch, 1975: 195~296).

(2) 축조된 통제의 의의

축조된 통제란 짝짓기 또는 매칭의 방법에 의하여 실험집단과 통제집단을 구성함으로써 허위변수나 혼란변수들을 제거하는 것을 말한다.

순산출결과 = [프로그램 시행집단의 산출결과] − [축조된 통제집단의 산출결과] ± [무작위적 오류]   (10 · 1)

그러나 식 (10 · 1)은 무작위배정에 의한 평가에서 얻었던 순산출결과를 나타내는 공식과는 다를 수도 있다. 왜냐하면 이 공식이 성립될 수 있는지의 여부는 축조된 통제집단이 모든 중요한 면에서 얼마나 처리집단과 가깝게 닮은 것이 될 수 있도록 할 수 있느냐 하는데 달려 있기 때문이다.

무작위배정에 의하지 않고 이와 같이 축조된 통제집단을 사용하는 경우에는 실험집단과 통제집단간에 오염에 의한 차이(contaminating difference)를 가져오게 될 소지가 많이 개재되게 된다. 그들 가운데 중요한 것으로는 자원자에 의하여 실험집단을 구성함으로써 오게 되는 자기선발(selfselection)효과에 의한 왜곡(Heckman, 1980; Cook and Campbell, 1979: 249~265), 프로그램 담당자들의 의도적 선택에 의한 왜곡 등을 들 수 있다. 예컨대 비료의 사용이 농작물의 수확량에 미치는 효과를 축조된 통제집단을 사용하여 비교하는 경우를 생각해 보도록 하자. 평가자는 통제집단을 구성함에 있어서 어떤 지역의 평균강우량, 가구당 평균 농경지규모, 가구당 농기기의 보유량 등을 고려하여 실험집단의 그것들과 매칭(matching)시키도록 노력할 것이다. 그러나 이 실험에 참여하는 어떤 지역의 주민들은 모험을 취하려는 혁신의 정도에 있어서 좀 더 진취적인 성향을 가지고 있을 수도 있다. 이 프로그램에 참여하고 있는 집단의 구성원들이 자원에 의하여 실험집단에 참여하는 경우, 겉으로 보기에는 실험집단과 통제집단이 거의 동등한 것 같이 보이지만 실제로는 그들 집단구성원들의 성향에는 크게 차이가 있을지도 모른다. 그리고 이러한 성향이 농작물 생산량의 변화에 어떤 적극적인 영향을 미치는 경우, 앞의 식 (10 · 1)에 의하여 오게 된 차이가 비료사용량의 차이에 의해서 온 것인지, 아니면 참여자들의 이러한 성향의 차이에 의해서 오게 된 것인지 구분하기가 어렵게 된다. 이러한 오염에 의한 차이가 자기선발효과이다.

한편 프로그램 담당자들의 선택과정도 또한 준실험적 결과의 해석을 어렵게 하는 왜곡요소의 하나가 될 수 있다. 프로그램의 담당자가 실험대상지역을 선택할 때, 그들의 과거의 경험에 비추어 새로운 영농방법을 열성적으로 채택하여 실시할 것으로 생각되는 지역을 선택함으로써 프로그램의 적극적인 효과를 전시할 기회를 극대화하려고 할지도 모른다. 이러한 경우에도 식 (10・1)에 의하여 산출된 효과는 비료의 사용량 증가에 따른 프로그램의 편익을 과대추정하게 되는 결과를 초래하게 된다. 우리나라에 있어서 새마을사업의 효과에 대한 평가나 새품종 볍씨의 효과에 대한 평가 등에 있어서 가장 흔히 범하기 쉬운 오류의 하나는, 이와 같이 축조에 의한 실험집단과 통제집단을 구성하는데 따른 자기선발효과나 오염에 의한 왜곡이다.

2. 재귀적 통제에 의한 평가

(1) 재귀적 통제의 의의

어떤 경우에는 짝짓기의 방법에 의해서도 정책실험집단과 통제집단을 구성하기가 어려운 경우가 있다. 정책을 전국적으로 실시하는 경우가 바로 그러한 경우이다. 이와 같이 정책의 효과를 평가하고자 하는 어떤 정책이 전국적으로 일시에 집행된 경우에는 정책을 집행하지 않은 대상이 없으므로 짝짓기에 의해서도 비교의 기준이 되는 통제집단을 구성할 수 없다. 이러한 경우에는 불가피하게 자기의 현재의 상태와 자기의 과거의 상태를 비교하여 정책효과를 추정할 수밖에 없다.

프로그램이 전면적으로 시행되지 않거나, 전면적으로 시행되고 있다고 할지라도 정부간여의 수준들이 다른 경우, 비교집단의 식별과 이에 의한 비교집단의 형성은 가능하다고 할 수 있다. 그러나 이러한 경우에도 시간의 제약이나 예산상의 제약 등으로 비교집단을 구성하여 평가하기가 어려운 경우도 있는데, 그런 경우 불가피하게 자기의 현재의 상태와 자기의 과거의 상태를 비교하여 정책효과를 추정할 수밖에 없다.

자기와 자기를 비교하여 정책의 효과를 추정한다는 말은, 어떤 대상집단을 선정하여 그 집단에 정책을 집행한 후 일정한 기간 동안에 일어난 변화를 동일한 집단에 정책을 집행하기 이전의 동일한 기간 동안에 일어났던 상태들과 비교하여 그 차이를 추정한 다음, 이러한 차이를 정책의 효과로 보자는 것이다. 이러한 방법도 준실험적 방법에 의한 정책효과 평가방법의 일종이며, 이러한 방법을 재귀적(再歸的) 통제에 의한 정책효과의 평가라 부른다.

주말이나 공휴일에 고속도로를 이용하는 소형 승용차에 고속도로 통행료를 평일 통행료의 2배를 부과하기로 한 다음 이 정책이 통행량의 감소에 미치는 효과를 평가하고자 하는 경우, 이 정책은 어떤 특정한 지역의 승용차나 또는 어떤 특정한 집단에 속하는 사람들이 소유한 승용차만을 그 대상으로 하는 것이 아니라 전국의 모든 승용차를 그 대상으로 하기 때문에 통제집단을 구성하기 어려우며, 이러한 경우에는 불가피하게 이 정책을 시행하기 이전 일정기간 동안의 주말이나 공휴일에 고속도로를 이용한 승용차의 양과 이 정책을 시행한 이후 일정기간 동안의 주말이나 공휴일에 고속도로를 이용한 승용차의 양을 비교함으로써 그 효과를 검토하는 방법을 사용한다. 이러한 방법이 바로 재귀적 통제에 의한 정책효과의 평가이다.

이와 같이 재귀적 통제란 프로그램에 참여하고 있는 대상의 산출결과에 대하여 프로그램이 시행되기 이전에 실시한 산출결과에 대한 측정결과를 비교를 위한 기준치로 삼는 것을 말한다(Rossi and Freeman 1985: 271~274). 단일집단설계를 사용한 평가에 있어서는 비교집단설계를 사용한 평가에 있어서보다 순효과를 추정하는데 있어서 더 많은 어려움에 직면하게 될 가능성이 있다. 그러나 적절한 안전장치를 한다면, 이러한 평가설계의 방법들도 프로그램 영향에 대한 유용한 지식을 제공해 줄 수 있으며, 때로는 충분한 자료와 적절한 분석에 의하여 비교적 정밀한 평가결과를 얻을 수도 있다.

(2) 재귀적 통제의 기본전제와 문제점

프로그램이 전면적으로 시행되어 무작위배정에 의한 통제집단이나 축조된 통제집단을 형성하기 어려운 경우에는 재귀적 통제에 의한 평가가 때로는 이용가능한 유일한 접근방법이 되는 경우도 있다.

재귀적 통제의 설계를 평가에 사용하는데 대한 기본적인 정당화의 전제는 대상이 프로그램에 참여하기 전과 후에 프로그램 변수 이외에는 변화되지 않고 모두 동일하게 남아있을 것이라는 데에서 찾을 수 있다(Rossi and Freeman 1985:

273~274). 다른 말로 바꾸어 말하면 프로그램이 없었더라면, 프로그램을 시행하기 이전이나 이후의 산출결과점수들(outcome scores)은 동일한 것이 될 것으로 가정할 수 있다는 것이다.

재귀적 통제의 평가설계에 의한 평가는 순효과를 잘못 추정할 수 있다는 몇 가지 취약점들을 가지고 있다. 첫째, 재귀적 통제는 그 정의에 의하여 시간상 서로 다른 시점에서 대상집단을 관찰하는 것이다. 그런데 산출결과변수들이 연령과 관련되었거나 또는 대상단위들이 프로그램에 노출된 후에 프로그램 이외의 다른 경험들이 축적됨에 따라 이에 의하여 영향을 받는 경우에는, 추정된 순효과는 참된 효과를 잘못 추정한 것이 될 가능성이 높다. 둘째, 재귀적 통제를 사용하는 경우 기본전제는 관찰기간 동안에 관련된 둘 또는 그 이상의 대상집단의 변화의 추세가 동일하다는 것이다. 하지만 프로그램의 처리가 없는 경우에 있어서도 실제로는 관련된 기간에 있어서 대상집단의 변화의 추세는 다를 수도 있다. 이러한 경우에는 프로그램의 순효과를 잘못 추정하게 될 가능성이 높다. 셋째, 두 기간 동안에 프로그램의 효과를 촉진하거나 더디게 하도록 작용한 사건들이 서로 다르게 일어남으로써 프로그램의 순효과를 잘못 추정하도록 할 가능성도 있다.

재귀적 통제에는 이와 같은 문제점들이 내재되어 있는 것은 사실이지만, 이러한 문제점들을 극복하여 추정된 정책의 타당성을 높이기 위한 많은 재귀적 통제의 설계가 개발되어 왔다. 이들 가운데 중요한 것들에 대해서는 다음 제3절에서 자세히 다루게 될 것이다.

Ⅲ. 타당성과 실행가능성

준실험적 방법은 진실험적 방법에 비해서 무작위배정에 의하여 동질적인 실험집단과 통제집단을 구성할 수 없기 때문에, 내적 타당성이라는 면에서 볼 때에는 타당성의 위협을 더 많이 받는 평가방법이라고 할 수 있다. 그러나 준실험방법에서도 짝짓기 방법에 의하여 대상집단을 실험집단과 통제집단에 배정하거나, 이것이 어려운 경우에는 동일한 대상집단을 정책을 집행하기 전과 후에 여러 차례에 걸쳐 관찰함으로써 성숙효과, 역사적 사건, 회귀인공 등 여러가지 허위요소와 혼란요소들을 통제하려고 노력한다. 물론 이 뒤에서 다시 살펴보겠지만, 이러한 방법들이 불균형적인 서로 다른 성숙(divergent maturation), 서로 다른 역사적 사건, 서로 다른 회귀인공요소, 그리고 자기선발효과 등 내적 타당성을 위협하는 요소들을 만족스럽게 통제할 수는 없지만 제9장의 설계 1, 설계 2 등에서 살펴본 바와 같은 비실험적 방법들에 비해서는 내적 타당성이 그래도 높은 편이라고 할 수 있다.

외적 타당성이라는 면에서 볼 때, 준실험적 방법은 진실험방법에 비해서 더 자연스러운 사회·경제적 환경에서 실시할 수 있다는 점에서 호손효과(Hawthorne effect)를 막을 수 있고, 또 진실험의 경우 테스트효과에 의하여 외적 타당성이 위협받을 가능성이 높으나[1] 준실험의 경우 테스트에 의하여 배정하지 않으므로 테스트 효과가 문제가 되지 않기 때문에, 진실험의 방법에 비해서 외적 타당성이 높다고 할 수 있다.

실행가능성이라는 면에서 볼 때에는 진실험방법은 윤리적, 사회적 및 경제적 측면에서 실행하기 어려운 여러가지 어려움에 봉착하기도 하고, 실험의 대표성을 확보할 만한 충분한 크기의 표본을 확보하기 어려워 진실험에 의한 평가가 어려운 경우도 많이 있는데 비해서, 준실험의 경우에는 자연스러운 사회생활을 해나가는 상황에서 실험이 실시되므로 실험대상을 확보하기가 용이하다. 따라서 준실험의 실행가능성은 진실험에 비하여 그만큼 더 높아지게 된다. 그러므로 실행가능성의 측면에서만 본다면 비실험적 평가방법의 실행가능성이 가장 높다고 하겠다. 왜냐하면 비실험적 방법은 정책을 집행하는 과정에서나 또는 정책을 집행한 후에 통계적 기법에 의하여 정책의 효과를 추정해 내거나 정책에 참여한 대상, 정책집행자 또는 해당분야의 전문가들의 의견과 경험적 판단에 의하여 정책의 효과가 있는지 여부를 판단하기 때문이다.

1) 진실험에서 테스트에 의한 배정을 사용하는 경우 테스트 효과가 실험집단과 통제집단에 모두 나타날 수도 있으나, $(\overline{Y}_{aE}-\overline{Y}_{bE})-(\overline{Y}_{aC}-\overline{Y}_{bC})$에 의하여 이 테스트 효과가 제거되므로 내적 타당성에는 별문제가 없게 된다. 그러나 실험집단에 나타난 변화에는 테스트 효과가 포함되고 있지만, 다른 상황에서는 이것이 나타나기 어렵기 때문에 정책효과를 일반화하기는 어려울 것이다.

제 2 절 축조된 통제에 의한 평가설계의 접근방법

축조된 통제에 의한 평가설계의 대표적인 것으로는 비동질적 통제집단설계(nonequivalent control group design), 사후테스트 비교집단설계(posttest comparison group design), 회귀불연속설계(regression discontinuity design) 등을 들 수 있다. 이들 가운데에서도 비동질적 통제집단설계는 준실험적 설계의 원형이라고 부를 정도로 가장 널리 알려지고 있는 평가설계들 가운데의 하나이다. 비동질적 통제집단설계는 미국에서 Sesame Street 프로그램(Ball and Bogatz, 1970), 인력훈련프로그램(Hardin and Borus, 1971) 등 다양한 프로그램들의 평가에 활용되어 왔다. 다음에는 먼저 비동질적 통제집단설계를 살펴보고, 이어서 사후테스트 비교집단설계와 회귀불연속설계 등을 간략하게 살펴보기로 한다.

Ⅰ. 비동질적 통제집단설계에 의한 평가

1. 구성의 논리와 제약

비동질적 통제집단설계는 사전테스트와 알려져 있지 않은 배정규칙(assignment rule)으로서 정의된다. 여기서 배정규칙이란 대상자들을 실험집단에 배정할 것인가 통제집단에 배정할 것인가를 결정하는데 이용되는 기준을 말한다. 이 뒤에 살펴볼 회귀불연속설계의 경우에는 학교성적 몇점 이상의 학생들에게는 장학금을 지급하고, 그 외의 학생들에게는 지급하지 않는 것과 같은 배정규칙이 있으나, 비동질적 통제집단설계의 경우에는 이러한 명확한 배정규칙이 없는 것이다.

이 평가방법의 원리를 좀 더 쉽게 이해할 수 있도록 하기 위하여, 다음 [그림 10-1]과 같은 초등학교 1학년에 재학중인 지진아들에 대한 독해력 증진 프로그램의 영향을 평가하기 위한 평가설계의 과정을 생각해 보자. [그림 10-1]에는 사전테스트와 프로그램 처리 후의 테스트에 모두 영향을 미칠 가능성이 높다고 생각되는 여러 가지 허위변수들과 혼란변수들이 식별되고, 그들이 영향을 미치는 과정들을 보여주고 있다.

그림 10-1 측정오류가 없는 경우 사전테스트에 의한 매칭

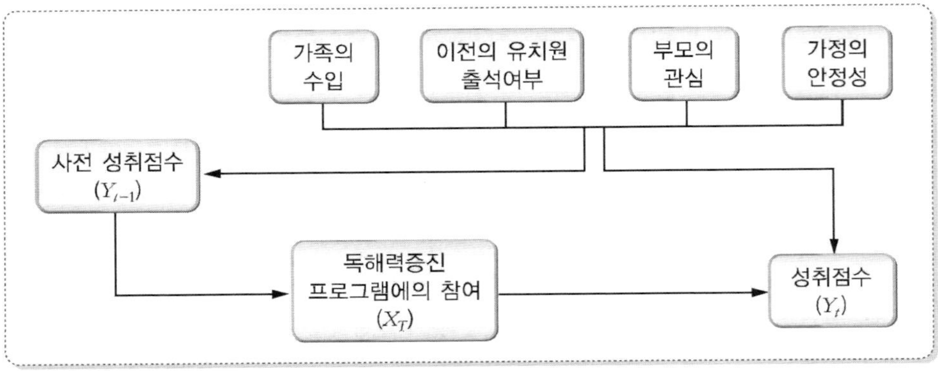

[그림 10-1]에서는 가족의 수입, 초등학교 입학 이전의 유치원 출석 여부, 부모의 자녀에 대한 관심, 가정의 안정성 등이 학생들이 초등학교에 입학한 후의 학교성적에 영향을 미치는 것으로 발견되었다고 가정하고 있다. 이것이 만일 사실이라고 한다면, 학교성적이 뒤떨어진 학생들에게 독해력을 증진시키기 위한 특별반을 편성하여 운영하고, 이 프로그램이 과연 효과가 있는지 여부를 알아보기 위해서 사전테스트에 의하여 성적이 뒤떨어진 학생들만을 선정한 뒤, 성적이 유사한 학생들끼리 짝을 지어 그들 가운데 한쪽 학생들은 독해력증진 프로그램을 실시하는 실험집단에 배정하고, 나머지 한쪽 학생들은 이 프로그램을 실시하지 않는 통제집단에 배정한 다음, 6개월이나 1년 등과 같은 일정한 기간 동안 교육을 실시한다. 다음에 실험집단에 속한반 학생들과 통제집단에 속한 반 학생들의 독해력에 대한 테스트를 실시하여 그들 학급평균들을 비교하여 어떤 차이가 발견된다면 그 점수의 차이는 바로 독해력증진 프로그램의 효과를 나타내는 것으로 볼 수 있다.

만일 사전테스트가 측정오류 없이 정확한 것이라면, 성적이 뒤떨어진 학생들 가운데 유사한 성적을 받은 학생들끼리 둘씩 짝을 지어서 배정하게 되면 각 학생들의 성적에 영향을 미치는 여러가지 요소들의 영향, 예컨대 가족의 수입, 이전의 유치원 출석 여부, 부모의 관심, 가정의 안정성 등의 영향들은 서로 상쇄되기 때문에 실험집단과 통제집단의 독해력 테스트 평균점수의 차이는 오직 독해력증진 프로그램의 영향에 의해서만 오게 된 것이라고 결론지을 수 있다. 그러

나 만일 사전테스트가 측정오류를 포함하는 것이라면, 사전테스트의 결과에 의하여 둘씩 짝을 지어 실험집단과 통제집단에 배정한다고 하여도 성적에 영향을 미치는 여러 가지 요소들의 영향이 완전히 상쇄되어 없어지지 않는다. 이것은 마치 운동회에서 청군과 백군을 편성할 때 정확하게 키가 같은 학생들끼리 짝을 지어서 청군과 백군으로 나누었다면 달리기에 미치는 키의 영향, 즉 다리길이의 효과가 서로 상쇄되어 없어질 것이지만, 만일 키가 잘못 측정되는 경우에는 키의 크기가 같은 학생들끼리 짝을 짓지 못하고 부정확하게 짝을 짓게 되어 키가 큰 학생과 작은 학생들이 짝을 짓는 경우가 많아지게 됨으로써 청군 혹은 백군 가운데 어느 한쪽에 키가 큰 학생들이 더 많이 배정되게 되어 달리기에 있어서 키의 영향, 즉 다리의 길이에 의한 영향이 상쇄되지 못하는 이치와 마찬가지이다.

그러므로 사전테스트에 의해서 대상자들을 실험집단과 통제집단에 배정하는 방법은 측정오류가 없는 경우에만 사용하여야 한다(Campbell and stanley, 1996: 34~64). 만일 측정오류가 존재한다고 생각한다면, 이들 사전테스트의 점수에 의하여 짝을 지을 뿐 아니라 위에서 지적한 기타의 여러가지 요소들, 다시 말하면 허위변수 및 혼란변수들도 비슷한 것끼리 짝을 지어서 배정하여야만 이들의 영향을 상쇄시킬 수 있다. 왜냐하면 [그림 10-2]에서 볼 수 있는 바와 같이 사전테스트에 측정오류가 존재하는 경우에는 사전테스트도 여러 가지의 허위변수 및 혼란변수들 가운데의 하나로 전환되기 때문이다. 이러한 경우에는 이미 앞에서 말한 바와 같이 평가자는 사전테스트 점수와 아울러 이들 허위변수 및 혼란변수들을 고려하여 각 참여자들과 통계적으로 동등한 비참여자들을 선택하여 통제집

그림 10-2 측정오류가 존재하는 경우 허위변수, 혼란변수 및 사전테스트에 의한 매칭

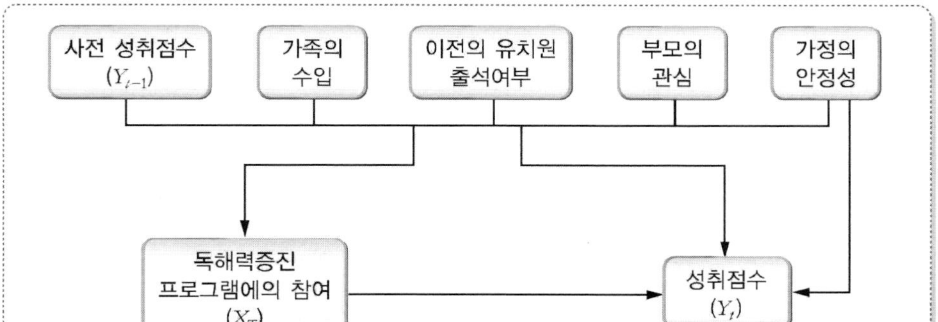

단을 구성하도록 하여야 할 것이다. 그러나 현실에 있어서는 이들 여러 가지 허위변수들 및 혼란변수들에 대한 자료가 결여되어 있는 경우가 대부분이기 때문에, 이 점이 비동질적 통제집단설계에 의한 효과평가방법을 적용하는데 나타나는 중요한 애로사항들 가운데 하나로 지적되고 있다.

이상의 논의를 통해서 볼 때, 비동질적 통제집단설계에 의한 평가의 가장 어려운 점은 배정규칙이 알려져 있지도 않고 또 무작위배정도 아니라고 하는 점이다. 그러므로 이 설계방법을 이용하여 정책을 평가하기 위해서는 평가자는 이러한 사실을 인식하는 데에서부터 시작하여야 한다. 즉 배정변수는 알려져 있지도 않고, 그리고 대부분의 경우 측정하기도 어렵다. 그러므로 정책효과에 대한 납득할 만한 추정은, 알려져 있지도 않고 측정하기도 어려운 배정변수에 대한 가정이 이루어질 때에만 가능하게 된다. 위의 독해력증진 프로그램의 예에서는 성취점수에 대한 사전테스트 점수가 배정변수의 역할을 하는 것으로 가정하였다. 이와 같이 알려져 있지 않은 배정변수에 대한 가정을 하여야 하기 때문에 모험이 뒤따르게 된다는 것을 평가자는 항상 유의하여야 한다.

이 설계에서는 처리가 시작되기 바로 직전과 처리가 이루어지고 일정한 기간이 경과한 후에 산출변수 Y에 관찰된 평균점수들만의 차이를 중심으로, 처리를 받은 집단과 처리를 받지 않은 집단을 비교하게 된다. 다음 [그림 10-3]은 비동질적 통제집단설계를 도시해 주고 있다. 여기에서 알 수 있는 바와 같이, 처리를 받은 집단과 통제집단간에 유의미한 차이가 있고, 이것이 처리에 기인된 것이라고 할 수 있기 위해서는 위에서 논의한 바대로, 이들 두 집단간에 모든 잠재적인 혼란변수들과 허위변수들이 통계적으로 동등하여야 한다. 만일 두 집단이 동등

그림 10-3 비동질적 통제집단설계

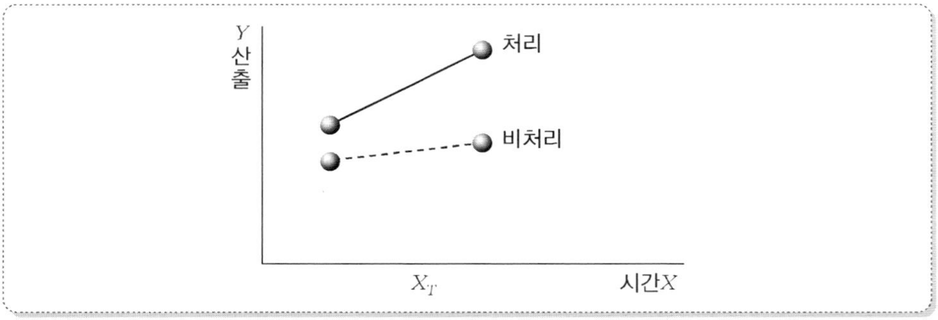

하다면, 처리에 의하여 집단간에 관찰된 것과 같은 차이가 오게 된 것으로 간주할 수 있을 것이다.

그러므로 두 집단을 얼마나 동질적인 집단으로 구성할 수 있느냐 하는 것이 처리효과에 대한 해석의 타당성을 결정하게 될 것이다. 만일 사전테스트의 점수에 무작위적 측정오류가 포함되지 않은 것이라고 할 수 있다면, 처리집단과 비교집단은 사전테스트 점수만에 의하여 매칭이 될 수 있다(Reichardt, 1979: 147~206). 그리고 더 이상의 허위변수나 혼란변수를 식별하지 않아도 된다.

비동질적 통제집단설계에 의한 평가의 가장 중요한 제약점은 산출변수 Y에 대한 시계열적인 정보가 이용가능하지 못한 경우가 많다는 것이다.

이러한 경우에는 때로는 측정오류의 혼재에 의한 극단적인 측정값 Y 때문에 처리의 효과에 대하여 잘못된 결론을 내릴 가능성이 높아지게 된다. 다음 [그림 10-4]는 이러한 잘못된 결론이 왜 내려질 수 있겠는가 하는 것을 나타내 주고 있다. 사전의 시계열적인 추세에 대한 지식이 없는 경우, 평가자는 정상적인 패턴(pattern)과 극단적인 점수를 구분하기가 어렵게 된다. 따라서 관찰된 두 시점의 점수들에만 의존할 경우, 평가자는 앞에서 예로 들었던 지진아들에 대한 독해력증진 프로그램이 성공적인 것으로 결론을 내리게 될 것이다. 그러나 전반적인 추세에 대한 지식을 가지고 있는 경우에는 이 결과는 소위 '회귀효과'에 의한 것이었다는 것을 알 수 있을 것이고, 이들 결과는 또한 진정한 프로그램의 효과라기보다는 무작위적인 측정오류를 반영하는 것이라는 것을 알 수 있을 것이다.

같은 논리로 과거의 시계열적인 자료뿐만 아니라 프로그램 집행 후에도 일정기간 동안 반복적인 측정이 이루어질 수 있다면, 이러한 시계열적인 자료는 역

그림 10-4 비동질적인 비교집단에 대한 극단적인 측정치의 영향

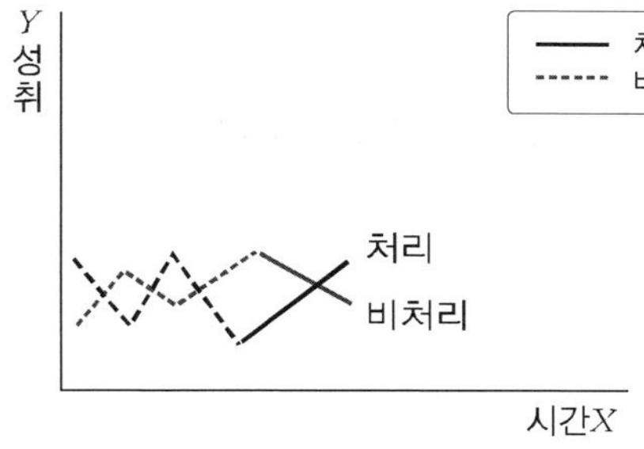

시 결과에 대한 올바른 결론을 내리는데 큰 도움이 될 것이다.

[예 10.1] 안전띠 착용증가에 의한 사망자 사고의 감소

안전띠 착용이 생활화되면서 올해 교통사고 사망자가 작년에 비해 23.1%나 감소한 것으로 나타났다(조선일보, 2001.11.9).

경찰청은 지난 6일 현재 2001년도 교통사고 사망자가 6,653명으로, 작년 같은 기간의 8,654명보다 무려 2,001명(23.1%)이나 줄어든 것으로 잠정 집계됐다고 8일 밝혔다. 경찰은 지난 3월 안전띠 단속 시작 후 착용률이 90% 이상을 유지하고 있다고 말했다. 미국안전협회(NSC)는 지난 98년 안전띠 착용률이 90%를 넘으면 교통사고 사망자 수가 40%나 감소한다는 연구결과를 발표했었다.

경찰은 이 추세라면 연말까지 교통사고 사망자는 지난해(1만 236명)보다 2,236명이 줄어든 8,000명선이 될 것이며, 교통사고 사망에 따른 사회적 비용 7,600억원(사망자 1인당 3억 4,000만원 추산)이 절약될 것이라고 전망했다.

그림 10-5 국내 자동차 1만대당 교통사고 사망자수

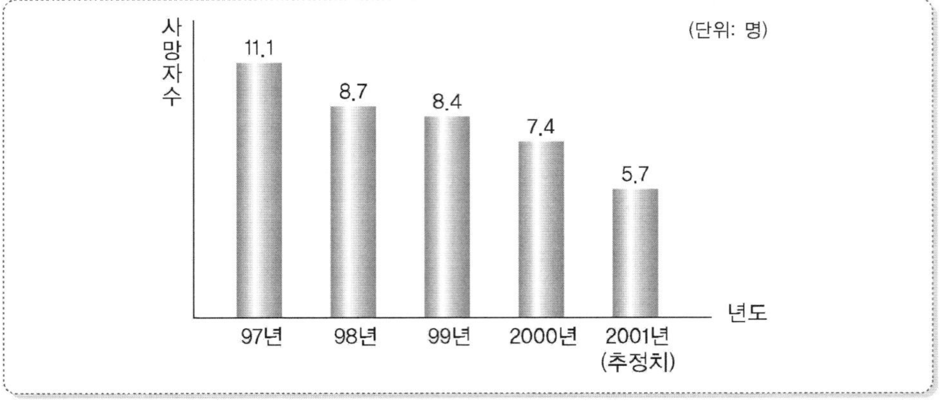

[예 10.1]은 반복적인 측정이 이루어지는 경우에는 이러한 시계열적 자료가 결과에 대한 올바른 결론을 내리는데 도움이 된다는 것을 보여주고 있다.

2. 정책효과의 추정

우리는 앞의 제8장에서 회귀모형에 의하여 정책의 효과를 추정하는 방법들에 대하여 살펴보았는데, 논의의 편의를 위하여 그들 가운데 일부를 여기에 옮겨보면 다음과 같다.

$$Y = \beta_0 + \beta_1 X_1 + \epsilon_i \quad (10 \cdot 2)$$

$$Y = b_0 + b_1 X_1 + e \quad (10 \cdot 2a)$$

$$\overline{Y} = b_0 + b_1 \overline{X}_1 \quad (10 \cdot 3)$$

식 (10 · 2)와 식 (10 · 3)에서 X_1은 사전에 측정된 배정변수를 나타내고, Y는 정책의 산출변수를 나타낸다. 여기서 한 가지 주의하여야 할 점은 사전에 측정되는 배정변수 X_1은 경우에 따라서 사전에 측정된 Y_b(또 Y_{t-1}는)와 같을 수도 있고 다를 수도 있다는 점이다. 예를 들면 체중을 줄이기 위한 체중조절 프로그램에서 사전에 측정된 체중을 기준으로 대상자들을 실험집단과 통제집단으로 배정한다면, Y_b는 체중조절 프로그램 실시 전의 개개인의 체중을 나타내고, Y_a는 체중조절 프로그램 실시 후의 개개인들의 체중을 나타내며, X_1은 역시 배정의 기준이므로 프로그램 전에 측정한 개개인들의 체중을 나타내기 때문에 결국 Y_b와 X_1은 동일한 것이다. 그러나 운동경기의 이어달리기에서 청군과 백군을 나눌 때 Y_b는 청군과 백군으로 나누기 이전의 개개인들의 달리기의 속도이고, 배정기준으로서의 X_1은 학생들의 키가 되므로 Y_b와 X_1은 서로 다른 것이다.

이미 앞에서 도입한 바와 같이 실험집단의 Y의 평균을 $\overline{Y}_E$, 통제집단의 Y의 평균을 $\overline{Y}_C$, 그리고 실험집단의 X_1의 평균을 $\overline{X}_E$, 통제집단의 X_1의 평균을 $\overline{X}_C$로 놓기로 한다.[2)]

그런데 만일 두 집단이 동질적인 집단이라면 배정변수의 평균은 $\overline{X}_E = \overline{X}_C$가 될 것이므로 정책의 효과가 없다면 다음과 같은 관계가 성립하게 한다.

---

2) 엄밀한 의미에서 실험집단과 통제집단의 X_1의 평균은 각각 $\overline{X}_{1E}$와 $\overline{X}_{1C}$가 될 것이다. 그러나 여기에서는 단순화를 위하여 배정변수가 하나라고 가정하여 $\overline{X}_E$와 $\overline{X}_C$로 표시하였다. 그러나 짝을 지은 배정변수가 두 개 이상일 때에는 $\overline{X}_{1E}$, $\overline{X}_{2E}$, $\overline{X}_{1C}$, $\overline{X}_{2C}$ 등으로 기술하여야 할 것이다.

$$\hat{Y}_{0E} = b_0 + b_1 \overline{X_E} = b_0 + b_1 \overline{X_C} = \overline{Y_C} \qquad (10 \cdot 4)$$

여기서 $\hat{Y}_{0E}$는 실험집단에 정책을 집행하지 않는 경우(즉 대응적 사실)의 Y_E의 추정값이다.

그러나 비동질적 실험집단의 경우 $\overline{X_E} \neq \overline{X_C}$가 된다. 한편 식 (10・2)에 처리변수 X_T를 도입하면 식 (10・5)와 같이 된다.

$$Y = b_0 + b_1 X_1 + b_T X_T + e \qquad (10 \cdot 5)$$

그런데 X_T는 가변수로서 정책을 집행하는 대상집단의 경우에는 1의 값을, 그리고 집행하지 않는 통제집단의 경우에는 0의 값을 부여하면, $\overline{Y_E} = b_0 + b_1 \overline{X_E} + b_T$가 되고, $\overline{Y_C} = b_0 + b_1 \overline{X_C}$가 되어 $\overline{Y_E} - \overline{Y_C} = b_T + b_1(\overline{X_E} - \overline{X_C})$가 되므로, 정책효과 b_T는 다음과 같이 나타낼 수 있다.

$$b_T = (\overline{Y_E} - \overline{Y_C}) - b_1(\overline{X_E} - \overline{X_C}) \qquad (10 \cdot 6)$$

b_1의 값은 배정변수가 산출변수값에 미치는 영향을 나타내는 회귀계수이다. 이 값은 실제로는 관찰된 자료들을 식 (10・4)에 대입하여 경험적으로 구하여야 할 값이나 논의의 편의를 위하여 $b_1 = 1$로 가정해 본다.

그러면 우리는 식 (10・6)에서 다음과 같은 관계를 얻을 수 있다.

$$\begin{aligned} b_T &= (\overline{Y_E} - \overline{Y_C}) - (\overline{X_E} - \overline{X_C}) \\ &= (\overline{Y_E} - \overline{X_E}) - (\overline{Y_C} - \overline{X_C}) \\ &= ([t + \hat{Y}_{0E}] - \overline{X_E}) - (\overline{Y_C} - \overline{X_C}) \\ &= \underbrace{t}_{\text{순효과}} + \underbrace{(\hat{Y}_{0E} - \overline{X_E})}_{\text{실험집단의 선발-}Q\text{바이어스}} - \underbrace{(\overline{Y_C} - \overline{X_C})}_{\text{통제집단의 선발-}Q\text{바이어스}} \end{aligned} \qquad (10 \cdot 7)$$

식 (10·7)에서 t는 순효과를, 그리고 $\hat{Y}_{0E}$는 실험집단에 정책을 집행하지 않는 경우(즉 대응적 사실의) 실험집단의 $\overline{X_E}$에 대응하는 산출변수 Y의 값이다.

한편 실험집단과 통제집단에 바이어스를 가져오는 선택효과에는 두 가지가 있는데, 그들 가운데 하나는 소위 선발－P바이어스(selection-P bias)라는 것이고, 다른 하나는 선발－Q바이어스(selection-Q bias)라는 것이다(Campbell and Stanley, 1966: 34~63).[3] 여기서 선발－P바이어스는 사전테스트 효과에 의한 바이어스를 말하고, 선발－Q바이어스는 선발-P바이어스를 제외한 기타의 모든 소스로부터 오는 바이어스들이다. 두 집단을 형성할 때 두 집단이 동질적이 아닌 경우 오게 되는 서로 다른 역사적 사건, 서로 다른 성숙, 서로 다른 인공회귀 등이 이에 해당된다.

그림 10-6 매치가 잘 되지 않은 집단에 있어서 선발－Q바이어스의 영향

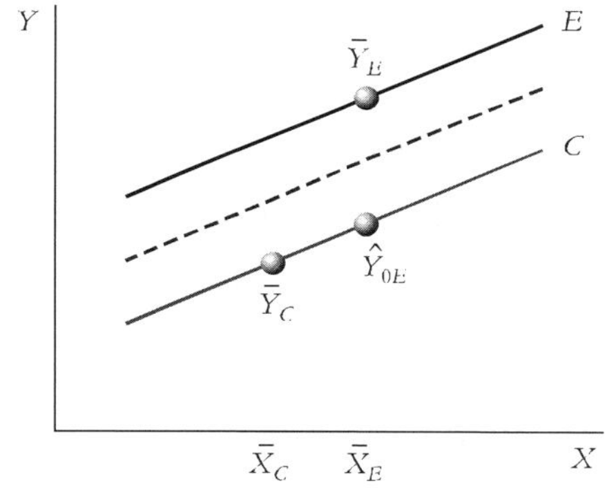

식 (10·7)에서 $(\hat{Y}_{0E} - \overline{X_E})$와 $(\overline{Y_C} - \overline{X_C})$는 각각 실험집단과 통제집단의 선발 －$Q$바이어스를 나타낸다. 만일 두 집단이 동질적인 집단이라면, 식 (10·4)에서 보는 바와 같이 $\hat{Y}_{0E} = \overline{Y_C}$가 되므로 $\hat{Y}_{0E} - \overline{X_E} = \overline{Y_C} - \overline{X_C}$가 되어, 두 집단의 성숙효과, 역사적 사건, 인공회귀 등 선발－Q바이어스 등이 동일하게 되기 때문에 순효과는 $b_T = t$가 된다. 그러나 두 집단이 동질적이 아닌 경우에는

3) 이러한 선발－Q바이어스들 가운데에서도 선발과 성숙의 상호작용효과가 비동질적 통제집단설계에 의한 평가의 가장 큰 약점이라고 한다. 이에 대해서는, (Posavac and Carey, 1985: 212~216) 참조.

$\overline{X}_E \neq \overline{X_C}$가 되어 $\hat{Y}_{0E} \neq \overline{Y_C}$가 되므로 $(\hat{Y}_{0E} - \overline{X_E}) \neq (\overline{Y_C} - \overline{X_C})$가 된다. 따라서 $b_T \neq t$가 되는 것이다. 다시 말하여 두 집단의 선발-Q바이어스가 다르게 되면, X_T의 회귀계수 b_T는 진정한 의미의 프로그램 효과를 나타내지 못한다는 데 주의하여야 한다. [그림 10-6]은 위에서 배정변수의 매치가 제대로 안된 경우에 선발-Q바이어스가 미치는 영향을 그림으로 나타낸 것이다.

지금까지 우리는 실험집단과 통제집단 내의 기울기, 즉 배정변수의 영향을 나타내는 회귀계수 b_1은 두 집단에 모두 동일한 것으로 가정하고 논의를 전개하였다. 그러나 만일 배정변수와 처리변수의 상호작용에 의한 영향이 나타나게 될 것으로 생각되는 경우에는 식 (10・5)보다 더 일반적인 다음 식 (10・8)에 의하여 처리의 효과와 다른 파라미터의 값들을 추정하여야 한다.

$$Y = b_0 + b_1 X_1 + b_T X_T + b_2 X_1 X_T + e \qquad (10 \cdot 8)$$

이 식 (10-8)은 처리와 사전테스트의 상호작용을 모형에 포함시킨 것이다. 그러므로 처리효과는 단순히 b_T에 의하여 측정되는 것이 아니라 $(b_T + b_2 X_1)$에 의하여 측정되는 것이다. 여기에 대한 더 자세한 논의는 본서의 수준을 넘는 것으로 이에 대해서는 좀 더 상위수준의 방법론에 관한 서적을 참조하여야 할 것이다.

Ⅱ. 사후테스트 비교집단설계

1. 사용되는 경우와 제약

정책평가자들은 때로는 프로그램이 집행되고 난 후에 그 프로그램을 평가해 달라는 요청을 받게 된다. 새마을사업을 실시한 후 몇 년 지나서 평가하는 것이 그 예이다. 이러한 경우 평가자는 일반적으로 프로그램이 집행되고 난 다음에야 산출결과에 대한 정보, 프로그램의 집행대상자들의 배경의 특성에 관한 정보, 그리고 처리에 관한 정보 등을 동시에 수집하게 된다. 이러한 방법에 의하여 프로그램의 영향을 평가하는 것을 사후테스트 비교집단설계에 의한 평가, 또는 사후상관설계(post-only correlational design)에 의한 평가라 부른다.

이 사후테스트 비교집단설계는 처리 이전의 측정자료가 이용가능하지 않다는 점 이외에는 비동질적 통제집단설계와 매우 유사하다. 이들 두 가지 설계에서 여러 개의 대상집단들은 모두 서로 다른 처리를 받게 된다. 이들 두가지의 설계에 있어서 대상들이 처리의 조건들에 무작위적으로 배정되지 않을 뿐만 아니라, 배정의 규칙도 알려져 있지 않다. 그러나 비동질적 통제집단설계와는 달리 사후테스트 비교집단설계에 있어서는 알려져 있지 않은 배정변수를 통제하기 위한 수단으로서의 처리 전의 측정이 포함되고 있지 않다. 사후테스트 비교집단설계에 있어서는 알려져 있지 않은 배정규칙에 대한 추론은 대상들이 처리에 노출된 다음에 수집되게 된 자료들을 토대로 이루어지지 않으면 안 된다. 그러므로 사후테스트 비교집단설계에 의하여 수집된 자료들만을 가지고 있는 경우에는 비동질적 통제집단설계의 경우보다 적절한 통제가 훨씬 더 어려울 것이라고 기대하는 것은 극히 자연스러운 일이다. 따라서 다른 준실험적 설계에 의한 평가에 비해서 사후테스트 비교집단설계에 의한 평가의 경우에는 더 많은 경쟁적인 설명의 가능성들을 가지고 있다.

다음 [그림 10-7]은 사후테스트 비교집단설계를 그래프로 나타낸 것이다. 이 설계는 거의 대부분의 경우 회고적(retrospective)인 것이 될 수밖에 없다. 이 설계에 의한 평가연구의 가장 전형적인 것이 미국의 Westinghouse사에 의하여 시행된 교육적으로 불리한 여건에 있는 학생들의 성취수준에 대한 Head Start 프로그램의 영향에 대한 평가이다(Cicirelli *et al.*, 1969). 이 프로그램의 평가는 프로그램이 집행되고 난 후에 시작되었고 과거의 성취점수에 대한 자료가 거의

그림 10-7 사후테스트 비교집단설계

(가) 그래프

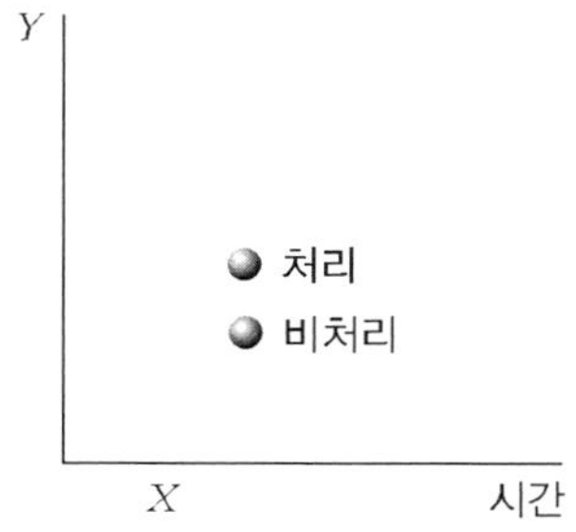

(나) 기호

$$\frac{X_T \quad Y_1}{\sim X_T \quad Y_2}$$

이용가능하지 못하였기 때문에 사후테스트 비교집단설계의 접근방법을 사용하지 않을 수 없었던 것이다.

사후테스트 비교집단설계가 지니고 있는 여러가지 문제점 중에서도 특히 중요한 문제점들은 해석상의 문제와 내적 타당성의 문제라 할 수 있다. 즉 [그림 10-7]의 차이가 과연 프로그램에 의하여 오게 된 것이라고 해석할 수 있느냐 하는 것에 대한 해답이 어렵다는 것이다.

앞에서 예로든 Head Start프로그램의 경우, 평가자들은 Head Start프로그램 참여자들의 성취점수를 이와 동등하다고 생각되는 비참여자들의 성취점수들과 비교하였다. 그러나 평가자들은 이들 두 집단 가운데 어느 것에 대해서도 Head Start프로그램을 집행하기 전의 성취점수에 대한 자료를 가지고 있지 못하였다. 종속변수에 대한 시계열적인 측정자료를 가지고 있지 못하였기 때문에 평가자들은 [그림 10-8]에 나타난 바와 같은 두 가지의 상반되는 결론을 구분할 수가 없었다.

[그림 10-8]의 (가)에 나타나 있는 것은 참여자와 비참여자들간에 아무런 차이도 없다는 것을 나타내고 있다. 한편 [그림 10-8]의 (나)에서는 Head Start프로그램이 성취도를 점선으로부터 실선으로 개선시킴으로써 정상적 성취율을 향상시켰음을 나타내고 있다. Head Start프로그램이 없었더라면 참여자들은 비참여자들보다 성취점수가 낮았을 것이고(점선으로 표시된 대응적 사실 참조), Head

그림 10-8 시계열 정보의 결론에 대한 영향: Head Start의 경우

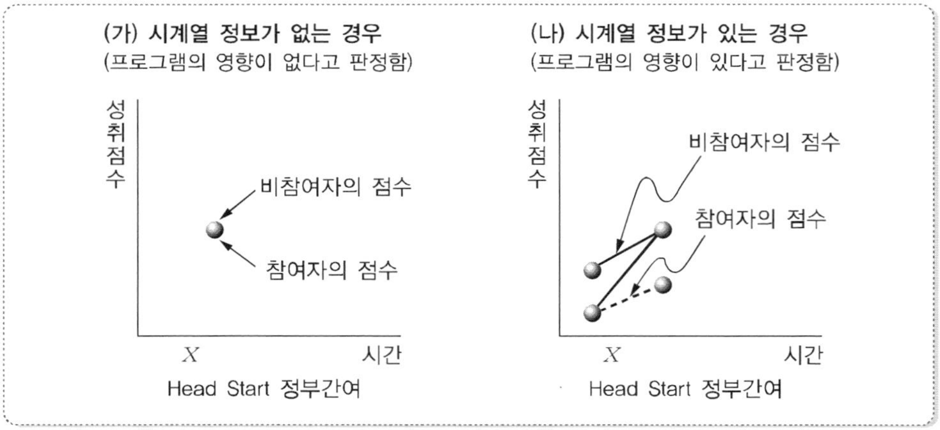

Start프로그램이 존재함으로써 참여자들도 비참여자들과 마찬가지로 좋은 성취 점수를 얻을 수 있게 되었다고 볼 수 있는 것이다. 이와 같이 프로그램을 집행하기 전의 대상자들에 대한 정보가 프로그램 영향의 존재 여부에 대한 추론을 바꿀 수도 있다.

사후테스트 비교집단설계는 다른 비동질적 통제집단 설계보다 내적 타당성에 대하여 더욱 큰 취약점을 내포하고 있다. 이 사후테스트 비교집단평가설계의 접근방법은 허위변수나 혼란계수를 식별하고, 이들 요소들이 동등하게 되도록 처리집단과 비교집단을 구성한다는 면에서 비동질적 통제집단설계의 경우보다도 더 큰 제약이따르기 때문이다. 왜냐하면 Y에 대한 사전테스트 정보가 없기 때문에 경험적으로 두 집단을 동등하게 만드는데 더 큰 어려움이 따르기 때문이다.

사후테스트 비교집단설계에 있어서는 비동질적 통제집단설계에서는 요구되지 않는 추가적인 가정을 하나 더 도입하여야만 한다. 즉 처리집단과 비교집단의 Y에 대한 사전테스트의 평균값은 동등하다는 가정이다. [그림 10-9]의 (가)에서는 프로그램 영향의 크기는 하나의 사후테스트 점수로부터 또 다른 하나의 사후테스트 점수를 빼어줌으로써 추정할 수 있게 된다. 한편 [그림 10-9]의 (나)에서는 Y_A' 와 Y_A'' 간의 차이는 [그림 10-9]의 (가)의 경우와 동일하다. 그러나 이 경우는 사전테스트 점수가 알려져 있다. 비록 Y_A' 와 Y_A'' 간의 차이는 양자의 경우에 동일한 것이지만, 프로그램 영향의 추정결과는 동일하지 않다는 것을 알

그림 10-9 프로그램 영향의 측정의 비교

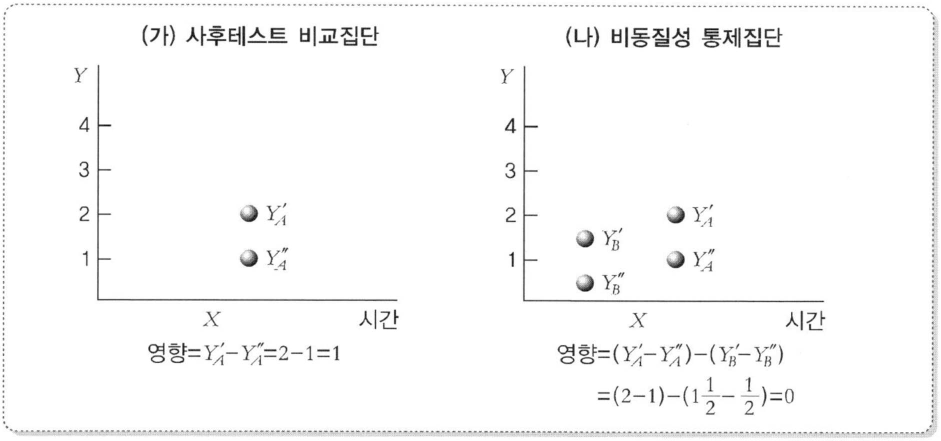

수 있다. $Y_A^{'} - Y_A^{''}$가 프로그램 영향에 대한 정확한 추정으로 간주되기 위해서는 $Y_B^{'} = Y_B^{''}$가 되어야 하는 것이다. 그런데 사후테스트 비교집단설계에서는 이것이 알려져 있지 않은 것이다.

2. 분석의 방법

사전테스트 비교집단설계에 의하여 자료가 수집된 경우 프로그램의 영향은 다음과 같은 가변수를 가진 다중회귀모형에 의하여 추정된다.

$$Y = b_0 + b_1 X_1 + b_T X_T + e \qquad (10 \cdot 9)$$

여기서, Y=참여자와 비참여자들의 산출결과 점수,
X_T=대상자가 프로그램에 참여할 경우에는 1, 참여하지 않은 경우에는 0,
X_1 연속변수인 혼란변수.

프로그램의 영향에 대한 측정치는 b_T이다. 이것은 X_1이 일정한 수준의 값을 가질 때 참여자와 비참여자 사이의 Y의 평균값의 차이를 추정한 것이다. 그리고 b_0는 $X_1 = 0$인 경우 비참여자의 Y값이고, $(b_0 + b_T)$는 $X_1 = 0$인 경우 참여자의 Y값이다. 회귀계수 b_1는 X_T가 일정하게 고정될 때, X_1값 한 단위의 변화에 따른 Y의 변화를 추정한 것이다. 평가자에게는 b_T가 가장 중요한 의미를 갖는다. 왜냐하면 이것은 혼란변수와 허위변수를 제거한 후의 프로그램 영향을 추정한 값이기 때문이다.

만일 프로그램이 참여와 비참여라는 두개의 카테고리가 아니라 비참여, 처리 #1에의 참여, 처리 #2에의 참여 등 세개의 카테고리를 가진 경우에는 평가자는 두개의 가변수들을 사용하지 않으면 안된다.

$$Y = b_0 + b_1 X_1 + b_{T1} X_{T1} + b_{T2} X_{T2} + e \qquad (10 \cdot 10)$$

여기서, X_{T1} =대상자가 처리 #1에 참여하면 1, 그렇지 않으면 0,
X_{T2} =대상자가 처리 #2에 참여하면 1, 그렇지 않으면 0,
X_1 =혼란변수에 관찰된 모든 값,
$b_0 = X_1$이 0일 때, 모든 비참여자들에 대한 Y의 추정된 평균값,
$b_{T1} = X_1$을 통제할 때, 처리 #1을 받은 대상과 비참여자 사이의Y의 평균점

수의 차,

$b_{T2}=X_1$을 통제할 때, 처리 #2를 받은 대상과 비참여자 사이의 Y의 평균 점수의 차.

그러므로 X_1이 0일 때, 처리 #1에 참여하는 대상자들의 Y의 평균점수는 (b_0+b_{T1})이 되고, 처리 #2에 참여하는 대상자들의 Y의 평균점수는 (b_0+b_{T2})가 된다. 평가자들에게는 회귀계수 b_{T1}과 b_{T2}가 가장 중요하다. 왜냐하면, 이들은 허위변수나 혼란변수가 제거되고 난 다음의 서로 다른 처리들의 산출결과에 대한 영향을 나타내는 값들이기 때문이다.

Ⅲ. 회귀불연속설계

1. 사용의 기본조건과 평가의 논리

회귀불연속설계는 또 다른 형태의 준실험적 평가의 방법이다. 이 설계는 처리를 받은 대상자들이나 처리를 받지 않은 대상자들의 모두에 대하여 일반적으로 X_A 변수로 표현되는 유자격기준(eligibility criterion)에 산출결과인 Y의 회귀(regression)를 비교하는 것이다. 이 설계에 의한 평가는 처리집단과 비처리집단의 구분이 분명하고, 배정이 계량적인 유자격기준에 의하여 이루어질 경우에만 적절한 방법이다. 그리고 유자격기준과 영향에 의한 산출결과(Y)는 모두 연속변수이어야만 한다.

회귀불연속설계의 개념과 평가의 논리는 학생들이 대학교에 재학하는 동안에 장학금을 수여한 것이 학생들이 대학교를 졸업하여 사회에 진출한 다음에 사회에서 이룬 성취도(예컨대 사회적인 성공, 수입 등)에 미친 영향에 대해서 평가하는 예를 살펴보면 쉽게 이해할 수 있다.

대부분의 경우 학생들이 학교에서 장학금을 받기 위해서는 학교성적이 일정한 점수 이상에 도달되어야 한다.[4] 만일 학생이 이 요구조건을 만족시키면 한

---

4) 상황에 따라서는 이 기준은 다음과 같이 될 수도 있다. 즉, 어떤 처리전의 측정결과 일정한 값 이하의 점수를 받은 대상자들은 처리를 받고, 이 값보다 더 큰 점수를 받은 대상자들은 처리를 받지 않는다. 예컨대 연간소득이 얼마 이하인 가족들만 영세민으로 책정되어 정부로부터 생활비 보조금을 받는다든지, 의료보호를 받을 수 있다는 것이 바로 일정한 값 이하가 배정기준이 되는 경우이다. 이러한 기준에 의한 준실험적 연구의 예로서는 (Boruch, 1975: 31~53) 참조.

학기 동안에 일정한 액수의 장학금을 지급받게 된다. 이 장학금 지급의 효과에 대한 평가에는 세 가지의 변수들이 개입되어 있다는 것을 알 수 있다. 그들 가운데 하나는 장학금을 받는 학생과 장학금을 받지 못하는 학생을 구분하는 기준이 되는 변수인데, 이것은 배정변수(X_A)라고 한다. 둘째는 장학생으로 선발된 학생이 지급받는 것의 내용인데, 이것을 처리변수(X_T)라고 한다. 마지막으로 셋째는 학생들이 학교를 졸업한 후에 사회에서 이룬 성취도인데 이것을 처리의 효과라고 하며, 이러한 처리의 효과를 나타내는 변수를 산출변수(Y)라고 한다. 회귀불연속설계를 사용하여 정책을 평가하고자 하는 경우에는 이들 세 가지 변수들에 관한 자료가 이용가능하여야 한다.

우리는 위에서 학생들이 대학교에서 일정한 수준 이상의 평균점수를 얻게 되면 장학금 지급대상자로 선정되고 그 점수 미만을 받게 되면 장학금 지급대상자로 선정될 수 없다고 하였는데, 이와 같이 장학금을 받을 수 있는 대상자로 선정될 수 있는지의 여부를 결정하는 기준을 유자격기준이라고 하고, 이 기준이 되는 점수를 구분점(X_{A0})이라 한다. 그리고 이 구분점 이상의 점수를 받은 학생들은 장학금을 지급받을 수 있는 대상으로 선정되고, 구분점 미만의 점수를 받은 학생들은 장학금을 지급받을 수 있는 대상으로 선정될 수 없다고 하는 규칙을 배정규칙이라고 한다. 회귀불연속설계에 의한 평가의 가장 중요한 특징은 이와 같이 어떤 대상자들을 처리를 받을 대상으로 배정할 것인지 또는 처리를 받지 않을 대상으로 배정할 것인지를 분명히 밝혀 주는 배정규칙이 알려져 있다고 하는 점이다.

회귀불연속설계에서 배정규칙은 대략적으로 알려진 것이 아니라 정확하게 알려져 있다는 점에 유의하여야 한다. 또한 회귀불연속설계에 있어서는 최소한 세 개의 변수들이 고려되어야 한다(Judd and Kenny, 1981: 82~83). 첫째 알려진 배정변수 X_A가 존재해야 한다. 이 배정변수에서 구분점은 X_{A0}로 표시하기로 한다. 뒤에서 설명하게 되겠지만 배정변수는 구간척도(interval scale)로 측정되어야 하며, 그리고 최소한 세개 수준의 값을 가져야 한다. 이 배정변수는 산출결과변수에 대한 사전의 측정값, 즉 사전테스트 값이 되는 경우가 많다. 그러나 처리가 이루어지기 이전에 측정된 경우에는 어떤 변수라도 배정변수로 사용될 수 있다. 배정변수는 일반적으로 유자격에 대한 하나의 측정수단이 된다. 그러므로 이

그림 10-10 회귀불연속설계로부터의 산점도(scatter diagram)

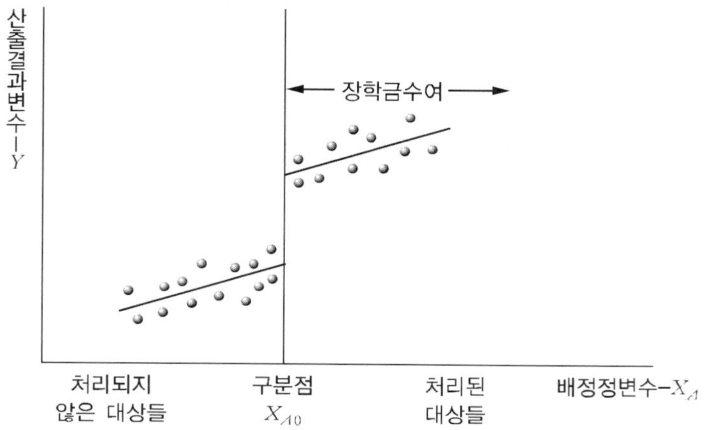

배정변수의 어떤 일정한 기준에 비추어 보아 그 이상의 점수를 받은 사람들은 처리를 받을 더 좋은 자격을 갖춘 것으로 생각되는 것이다. 둘째 이분(二分)된 처리변수, X_T가 존재해야 한다. 그리고 분석할 때는 이 변수는 처리를 받은 대상자들에 대해서는 1의 값을, 처리를 받지 않은 대상자들에 대해서는 0의 값을 부여하게 된다. 세 번째 고려되어야 할 변수는 처리효과를 나타내는 산출결과변수 Y이다. 산출결과변수와 배정변수간의 관계는 처리가 이루어지기 이전에 미리 구체화되어야 한다.

이 설계에 의한 평가의 논리는 다음과 같다. 예를 들어서 배정변수는 학교의 평균성적이고, 산출결과는 졸업 후의 업적이며, 처리는 장학금의 수여라고 해보자.[5] [그림 10-10]에서 보는 바와 같이 수직선이 구분점 X_{A0}를 통과하도록 그어져 있다. 다음에는 X_{A0}를 중심으로 그 값 미만의 점수를 받은 대상자들에 대한 자료와 X_{A0} 이상의 점수를 받은 대상자들에 대한 자료들을 토대로 각기 다른 두개의 분리된 평행한 회귀직선을 추정한다. 여기서 우리는 선형(linear)의 회귀선과 공동의 기울기를 가정하고 있다. 다음에는 이들 두개의 선형회귀선들을 구분점 X_{A0} 위로 세운 수직선과 만날 때까지 외삽법에 의하여 연장한다. 그러면 이 X_{A0}점에 있어서의 Y값의 차이가 처리효과의 척도가 된다.

5) 이에 관한 평가에 대해서는, (Thistlethwaite and Campbell, 1960: 309~317) 참조.

이 회귀불연속설계의 가장 핵심적인 가정의 하나는 X_{A0}를 중심으로 X_{A0}의 전후의 좁은 폭에 속하는 대상자들은, 예컨대 [그림 10-11]의 사선그은 부분에 속하는 대상들은 실제로는 장학금을 받았거나 또는 그렇지 않았거나간에 그 능력상에는 거의 차이가 없을 것이라고 하는 것이다. 그런데 그들 가운데 약 절반은 타이-갱신무작위배정(tiebreaking randomization)에 의하여 장학금을 수여받게 되었고, 또 나머지 절반은 장학금을 수여받지 못하게 되었다. 다시 말하면 X_{A0}를 전후로 좁은 폭에 속하는 대상자들은 그들의 능력이 거의 비슷한데도 불구하고, 그들 가운데 절반은 무작위적으로 선발되어 장학금을 수여받게 되었고, 또 일부는 장학금을 수여받지 못하게 되었다고 볼 수 있는 것이다. 그런데 학교를 졸업한 뒤 일정한 기간이 지난 다음에 그들의 성취도(예컨대, 사회적인 성공, 수입 등)를 측정한 Y값이 X_{A0}에서 식별할 만한(discernible) 차이가 있었다면, 이것을 토대로 장학금이 성취도에 유의미한 효과를 미친 것으로 결론 내릴 수 있다.[6]

이제 이 논리를 좀 더 분명하게 나타내기 위하여 [그림 10-10]을 추정된 두개의 회귀직선으로 나타내 보면 다음 [그림 10-11]과 같다. [그림 10-11]에서 점선

그림 10-11 타이-갱신과 회귀불연속분석

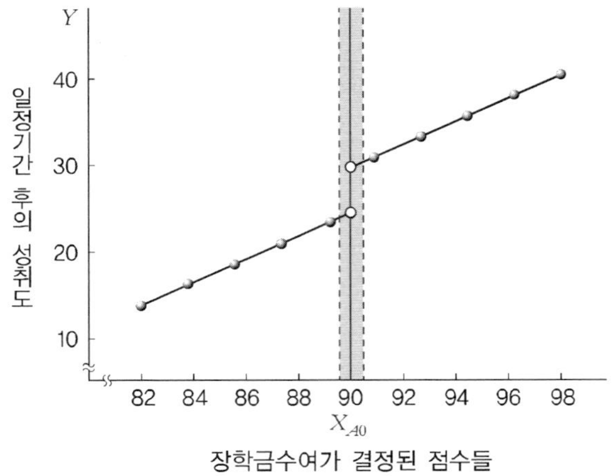

6) 여기에 대한 좀 더 자세한 논의에 대해서는, (Campbell, 1973: 187~225) 참조.

그림 10-12 회귀불연속분석결과들의 예시

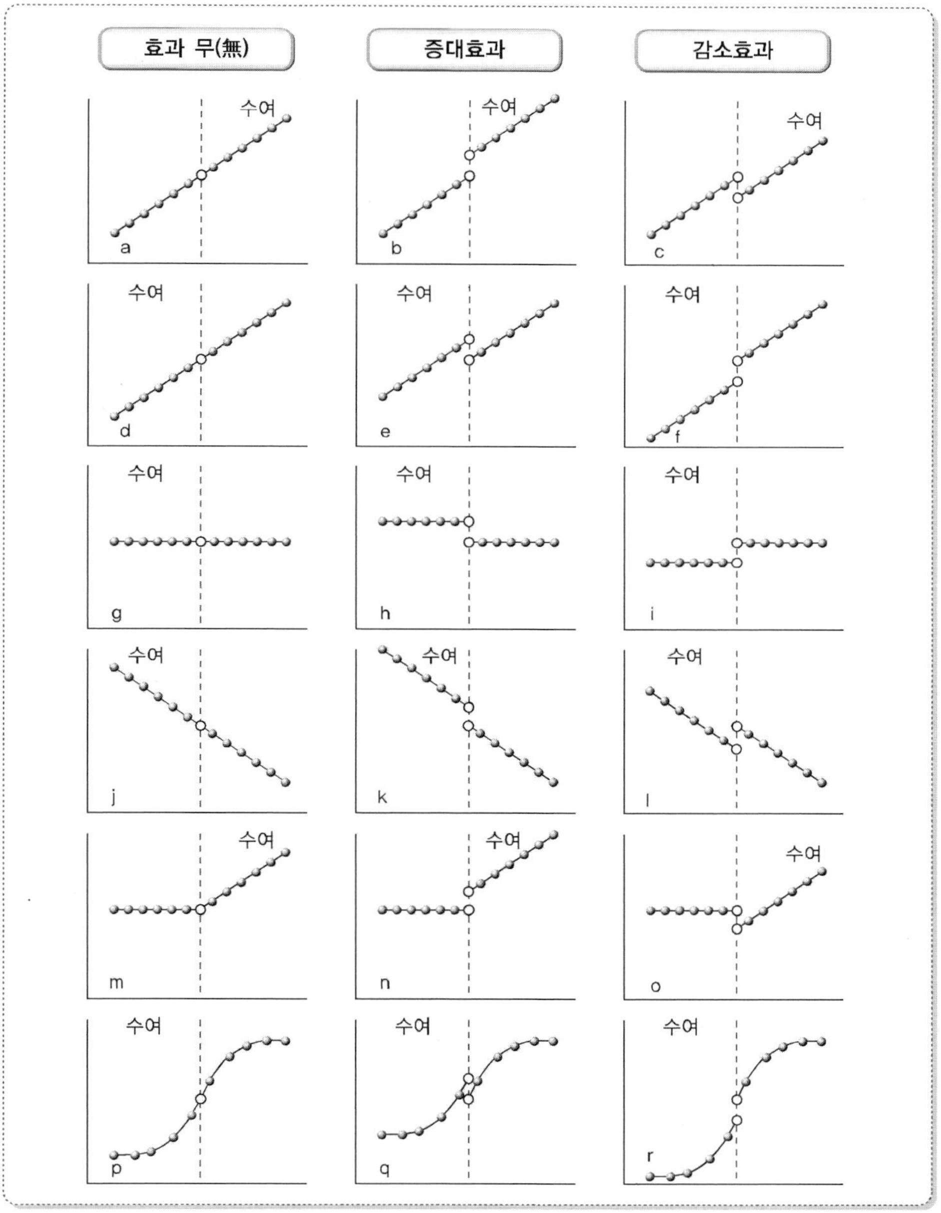

자료: Campbell, 1973: 212.

들은 회귀직선들을 연장한 것을 의미한다. 그리고 두 개의 회귀직선상의 점들은 각각의 X_A값에 상응하는 Y값의 평균값들을 나타낸다. [그림 10-11]은 또한 처리가 없었다고 할지라도 높은 사전테스트 점수를 얻은 대상자들은 일정한 기간이 지난 후에 더 높은 Y값을 갖게 되고, 여기에 실질적인 처리효과가 추가된 것을 나타내고 있다.

[그림 10-12]는 여러 개의 가상적인 산출결과들을 보여주고 있다. 이들 가운데 맨 왼쪽 행(column)에 나타나 있는 것들은 효과가 없는 것으로 해석될 수 있는 것들이고, 가운데 행에 나타나 있는 것들과 맨 오른쪽 행에 나타나 있는 것들은 처리효과가 있는 것들이다. 이들 가운데 몇 가지 특별한 사례들에 대해서 주의를 할 필요가 있다. [그림 10-12]의 (a) 및 (b)에 있어서와 같이 업적을 기초로 유자격자를 결정하는 경우, 사후테스트에 대한 사전테스트의 백그라운드 회귀(background regression)를 무시하는 경우, 낙관적인 가효과(pseudo-effect)의 결론에 도달하게 된다. 다시 말하면 [그림 10-12]의 (a)의 경우, 장학금 때문만이 아니라 할지라도, 장학금을 받은 자들은 졸업 후의 일정기간이 지난 후에 더 잘 해 나가고 있음을 보여주는 것이다. 그러나 사회를 개선시키려는 노력에 의하여, 실제상황은 [그림 10-12]의 (b) 및 (e)와 같이 될 가능성이 있는 것이다.[7)]

2. 효과의 추정

회귀불연속설계의 효과는 [그림 10-13]을 보면 쉽게 이해할 수 있을 것이다. 이 설계에서 실험집단(E집단)에 정책을 집행하지 않았을 경우(즉, 대응적 사실)에 나타날 효과는 통제집단(C집단)의 회귀직선을 구분점 X_{A0}의 반대쪽으로 나란하게 연장함으로써 구할 수 있다. 그런데 실험집의 회귀선과 통제집단의 회귀선은 직선이고 그 기울기가 모두 동일하다고 가정한다면 두 회귀직선 사이의 거리가 바로 정책의 효과이다.

통제집단의 회귀방정식은 다음과 같은 회귀방정식으로 주어진다.

$$Y_i = b_0 + b_A X_A + e \qquad (10 \cdot 11)$$

7) 이들 각각의 경우에 대한 더 자세한 논의에 대해서는, (Campbell, 1973: 211~214) 참조.

그림 10-13 회귀불연속설계의 정책효과

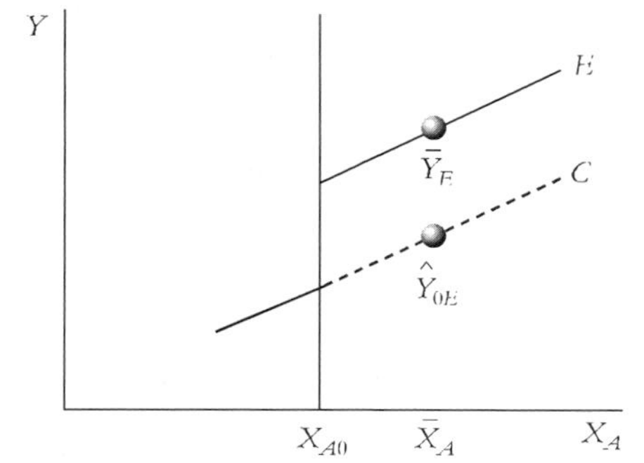

그러면 정책집행이 없었더라면 도달되었을(즉 null case의 경우) 실험집단의 사후테스트 점수는 다음과 같다.

$$\hat{Y}_{0E} = b_0 + b_A \overline{X_A} \qquad (10 \cdot 12)$$

그러면 처리효과는 다음과 같다.

$$\text{처리효과} = \overline{Y_E} - \hat{Y}_{0E} \qquad (10 \cdot 13)$$

위의 식 (10 · 13)의 처리효과는 실제의 산출물과 대응적 사실(또는 null case) 간의 차라는 것을 알 수 있다. 이러한 관계는 처리변수를 포함하는 다음 식 (10 · 14)와 같은 식을 이용하면 더 용이하게 구할 수 있을 것이다.

$$Y = b_0 + b_A X_A + b_T X_T + e \qquad (10 \cdot 14)$$

식 (10 · 14)에서 처리변수 X_T는 실험집단에서는 1, 통제집단에서는 0의 값을 갖는다. 그러므로 처리효과 $b_T = \overline{Y} - \hat{Y}_{0E}$가 될 것이다. 그리고 실험집단과 통제집단 내의 회귀직선이 나란한 한 어느 점에 있어서나 그 거리가 동일하므로 이 효과는 동일하게 측정될 수 있다.

제 3 절 재귀적 통제에 의한 평가설계의 접근방법

Ⅰ. 단절적 시계열설계에 의한 평가

1. 평가의 논리와 제약

최근에는 여러 시점에서 관찰된 자료들을 평가에 이용하고자 하는 관심이 높아지고 있다. 단절적 시계열설계(interrupted time-series design)는 이와 같이 여러 시점에서 관찰된 자료를 정책의 평가에 이용하도록 고안된 평가설계의 방법이다.

정책을 국민 전체를 상대로 집행하거나 어떤 관련된 모집단 전체를 대상으로 하여 집행할 때에는 비교집단이나 통제집단을 설정하기 어렵다. 예컨대 정부에서 중소기업지원정책을 실시하고 그 효과를 평가하고자 하는 경우, 만일 이 지원정책이 우리나라 중소기업 전체를 대상으로 하여 집행되었다면 통제집단을 구하기 어려울 것이고, 대학입학시험에 논술고사를 부과한 것의 효과를 평가하려는 경우, 이 입시제도가 전체 대학입시대상자들에게 실시되었기 때문에 이 제도를 적용하지 않은 통제집단이나 비교집단을 설정하기가 어렵다. 이러한 경우에는 불가피하게 단절적 시계열설계의 방법을 이용하는 경우가 많다(Maki, Hoffman and Berk, 1978: 107～118).

단절적 시계열설계는 각 시점에서 관찰된 단일단위(a single unit)가 정의될 수 있고, 계량적인 관찰이 가능하며, 이러한 관찰이 정책을 실시하기 전과 후의 여러 시점에 걸쳐서 가능할 때 적용가능한 방법이다(Posavac and Carey, 207～212). 이 경우에는 전체적인 시계열을 관찰함으로써 극단적인 점수에 대한 일시적인 반응이나 성장률에 있어서 식별되고 있지 않은 변화 등으로 인하여 진정한 프로그램의 효과에 혼란을 가져오게 되는 기회가 감소될 수 있는 것이다. 단절적 시계열설계는 다음과 같이 표시될 수 있다.

$$\text{시계열설계: } Y_1 \quad Y_2 \quad Y_3 \quad X_T \quad Y_4 \quad Y_5 \quad Y_6$$

단, 여기에서 $Y_1 \sim Y_6$ 등은 여러 시점에서 대상들을 측정한 값이다. 이 설계의 방법에서 특히 유의하여야 할 점은 X_T의 처리를 하는 기간과 그렇지 않은 기간에 있어서 허위변수와 혼란변수들의 Y에 대한 영향력상에 어떤 커다란 변화가 있었는지 여부를 확인하여야 한다는 것이다. 만일 X_T 이외의 여타 요인들이 작용하거나 또는 기본조건들이 이들 기간 동안에 변화되고 있었다면, X_T를 적용하기 이전과 이후의 각 기간 동안의 Y의 변화정도의 차이가 과연 X_T의 영향력에만 한정된 것이었는지 여부를 검증하기 어렵기 때문이다.

다음에는 정부가 수행한 안전캠페인(campaign)이 자동차사고에 의하여 발생한 사망자수에 미치는 영향에 대해서 알고자 하는 경우를 생각해 보도록 하자. 인구 매 1만명당 자동차 사고에 의한 사망자 수에 대한 지난 20년간에 걸친 자료가 이용가능하다고 가정하고, 그 가운데 최소한 전기 10년간의 자료는 안전캠페인이 시작되기 이전의 자료라고 가정한다. 이에 대한 가상적인 자료는 <표 10-1>과 같으며, [그림 10-14]는 이 자료에 대표한 그래프이다. 이 자료의 구조는 각 시점에 대하여 하나의 자료점이 주어져 있기 때문에 시계열이라고 불린다. 그리고 [그림 10-14]는 10년과 11년 사이 즉, 정부간여가 시작되는 점에서 분명한 구분선이 존재하기 때문에 단절적 시계열이라고 불린다.

표 10-1 자동차 안전캠페인과 사망률에 관한 가상적 자료

연도	10,000명당 사망자수	연도	10,000명당 사망자수	연도	10,000명당 사망자수	연도	10,000명당 사망자수
1996	5.1	2001	4.6	2006	5.7	2011	6.2
1997	4.4	2002	5.2	2007	5.5	2012	6.5
1998	4.7	2003	5.2	2008	5.1	2013	6.7
1999	4.3	2004	5.8	2009	5.4	2014	6.7
2000	4.6	2005	6.1	2010	5.3	2015	7.1

이 설계는 고속도로상에서의 자동차의 속도제한의 규제효과의 평가와 폭력범들에 대한 중벌선고의 효과 등에 널리 활용되었다(Ross and Campbell, 1977: 543~568).

다음 [그림 10-15]는 속도에 대한 교통통제가 실시되기 이전과 그 이후의 미국 코네티컷주의 교통사고에 대한 사망자수의 변화를 나타내 주고 있다. 1955년

그림 10-14 자동차 안전캠페인과 사망률에 관한 그래프

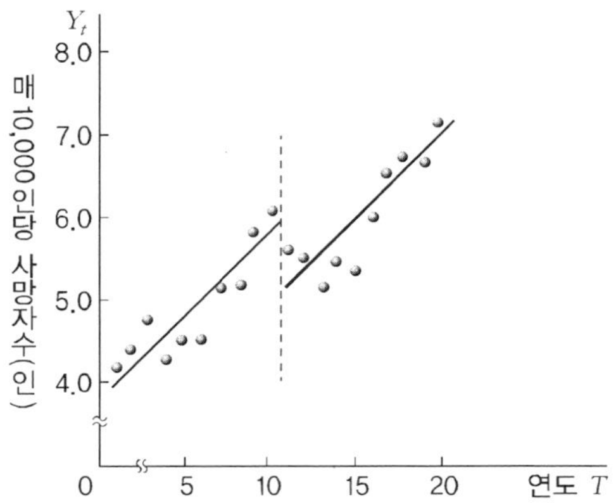

그림 10-15 속도규제 전후의 교통사고에 의한 사망자수

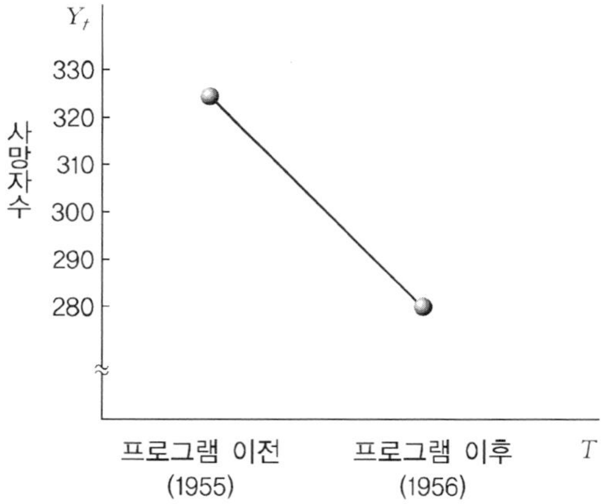

에는 324건의 교통사고에 의한 사망자가 있었는데, 1956년도에는 284건의 교통사고에 의한 사망자가 발생하여 전체적으로 2.3%의 감소가 있었다. 이 자료에 의하여 주 당국자들은 이 속도규제 프로그램이 뚜렷한 효과를 나타낸 것으로 판단하였다.

그러나 이 결과에 대한 여러 가지 또 다른 해석들, 예컨대 1956년은 눈이 오는 날이 예년에 비하여 현저히 적었기 때문에 교통사고에 의한 사망이 적었을

그림 10-16 교통사고사망자에 대한 시계열적 관찰

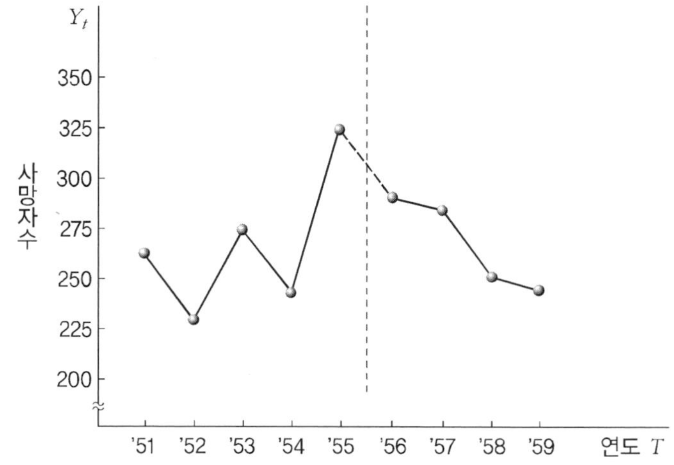

것이라는 해석도 가능하다. 그러므로 프로그램의 효과에 대한 해석의 타당성을 좀 더 높이기 위하여 [그림 10-16]과 같이 좀 더 관찰횟수를 시간적으로 늘린 시계열적 설계를 사용해 보는 것도 큰 도움이 될 수 있다.

이 시계열설계에 의한 자료는 여러 가지 경쟁적인 해석의 여지를 크게 줄여주고 있다. 즉 1955년 속도규제 프로그램이 시행된 이래로 교통사고에 의한 사망자수는 뚜렷하게 감소되기 시작하여 그 효과를 나타내고 있다는 것이다(Ross and Campbell, 1977: 543~568). 이와 같이 시계열설계를 정책평가에 도입하게 되면 정책의 효과에 대한 이해를 크게 높일 수 있고, 그 해석의 타당성과 신뢰성을 높이는데 도움이 될 수 있다.

시계열설계에서는 처리조건에 배정되는 단위가 개인이나 개인들로 구성된 집단이 아니고, 시간상의 어떤 점이 된다. 이론상으로는 N개의 다른 시점들이 무작위적으로, 그리고 알려진 배정규칙이나 알려지지 않은 규칙에 의하여 처리집단이나 비교집단에 배정될 수 있다. 그러나 이것은 실제로는 실현하기가 매우 어렵기 때문에 어떤 한 시점이 처리집단에 배정되면 그 후에는 상당기간 동안 각 시점들이 처리집단에 배정되는 것으로 보아야 할 것이다.

만일 시간(time)이 알려진 배정규칙이라면, 시계열설계와 역시 알려진 배정규칙을 가지고 있는 회귀불연속설계간에 어떤 유사한 점들이 있지나 않겠는가 하는 의문을 가질 수도 있다. 앞의 [그림 10-10]과 [그림 10-14]를 비교해 보면, 우리는 이들간에 몇 가지의 유사점들이 존재하는 것을 알 수 있다. 이들 두 가지 경우에 모두 X축에 있는 변수는 배정변수이고, Y축에 있는 변수는 산출변수이다. 또한 이들 두 가지 설계들은 모두 엄격한 구분점을 지니고 있다. 회귀불연속설계의 경우에는 어떤 일정한 값 이하에 속하는 대상자들은 처리를 받을 수가 없고, 시계열설계의 경우에는 어떤 일정한 시점 이전에는 처리가 전달되지 않고 있다. 그렇기 때문에 회귀불연속설계에 해당되는 여러 가지의 분석 및 해석상의 문제들이 단절적 시계열설계에도 그대로 적용된다.

대부분의 전형적인 단절적 시계열설계의 유형은 시간을 배정규칙으로 가정할 뿐 실제의 배정규칙은 알려져 있지 않고 있다. 배정규칙이 알려져 있지 않은 경우에는, 바이어스가 없는 효과추정의 결과를 얻기 위해서는 배정규칙이 산출변수의 원인이 되지 않는다고 가정해야 한다. 다시 말하면 알려져 있지 않은 배정규칙이 시간과 함께 변화하며, 그러므로 배정변수는 시간을 통제하게 되면 산출과 아무런 관계도 없게 된다고 가정하는 것이다. 따라서 시간을 알려져 있지 않은 배정변수에 대한 대용변수(proxy variable)로서 작용한다고 가정하여야 한다. 시간이 통제된 경우에 있어서도 배정변수가 산출과 관계가 있다면 그 정도에 따라서, 즉 시간이 배정변수에 대한 빈약한 대용변수인 정도에 따라서 처리효과의 추정은 시간이 통제되는 경우에 있어서도 바이어스(bias)를 갖게 되는 것을 면치 못하게 된다(Gotton, 1981). 여기서 알려져 있지 않은 배정규칙에 대한 통제의 문제는 비동질적 통제집단설계의 분석에서 논의했던 문제들과 매우 유사한 것이다. 그러나 시계열설계의 경우에는 알려져 있지 않은 배정규칙에 대한 대용변수가 시간인 반면에, 비동질적 통제집단설계의 경우에는 사전테스트 점수가 대용변수로서 사용되었다. 만일 시간이 배정변수에 대한 빈약한 대용변수인 경우에는, 처리효과는 시간을 통제할 때 산출과 알려져 있지 않은 배정변수간의 관계의 방향에 따라 과대추정될 수도 있고 과소추정될 수도 있다.[8)]

---

8) 이에 대한 더 자세한 논의에 대해서는, (Nachmias, 1979: 57∼61; Judd and Kenny, 1981: 135∼136; Cook and Campbell, 1979: 225∼232) 참조.

2. 분석의 방법

만일 시간이 배정변수라는 것이 알려져 있거나, 시간이 알려져 있지 않은 배정변수에 대한 좋은 대용변수라는 것을 가정할 수 있다면, 우리는 회귀불연속설계로부터 시계열설계의 분석을 위한 모형을 빌려올 수 있을 것이다.[9)]

$$Y_t = b_0 + b_1 T_t + b_T X_T + e_t \qquad (10 \cdot 15)$$

여기서, Y = 산출변수

T = 시간(년 1, 2,……)

X_T = 처리된 집단에 대해서는 1, 처리되지 않은 집단에 대해서는 0

e = 잔여

t = 시점

위의 식 (10 · 15)에서 최초의 관찰치에 대해서는 t와 T를 1로 놓고, 마지막 관찰치에 대해서는 N으로 놓는다. 그러면 b_0는 만일 자료를 최초의 측정이 이루어지기 바로 전년도에 Y의 관찰치가 얼마나 될 것인가 추정한 것이 된다.

앞에서 예로 든 <표 10-1>의 고속도로 안전에 관한 가상적인 자료를 사용하여 식 (10 · 15)에 있는 회귀계수들과 절편의 값들을 추정하면 식 (10 · 16)과 같이 된다.

$$Y_t = 3.8 + 0.2\,T_t - 0.9 X_T + e_t \qquad (10 \cdot 16)$$

식 (10 · 16)에서 절편의 값은 1995년의 추정값을 나타낸다. 시간에 대한 플러스(+)의 회귀계수는 교통사고에 의한 사망률이 시간에 따라 증가되고 있음을 나타낸다. 그리고 처리변수에 대한 마이너스(−)의 회귀계수는 이 처리에 의하여 1만명당 0.9명의 비율로 사망자수가 감소되는 것을 나타내 준다.

우리는 앞의 제8장의 회귀모형에 대한 논의에서 종속변수의 관찰값 Y_t(또는 e_t)들간에는 서로 상관관계가 없다는 것을 기본적인 가정으로 하고, 이러한 기본적인 가정 위에서 선형회귀모형을 정책가설의 검증에 이용할 수 있다고 하였다.

---

9) 시계열 분석의 여러가지 변형된 방법을 이용한 분석의 사례에 대해서는 (Newcomer and Hardy, 1981: 135~149) 참조.

그러나 시계열분석에 사용되는 자료들은 이러한 기본적인 가정이 성립될 수 없는 자료들인 것이 일반적이다. 다시 말하면, 관찰된 Y_t들의 값들은 상호간에 독립적이 아니라 서로 의존적이다. 이것을 시계열적 의존성(serial dependency)이라 부른다. 이러한 시계열적 의존성으로 인하여 식 (10・15)를 이용하여 추정한 회귀계수들이 통계적으로 유의미한 것인지를 검증하는데 문제가 생기게 된다. 왜냐하면 처리효과를 포함하는 모든 회귀계수들에 대한 표준오차와 추정치가 바이어스되고, 이에 따라 그들의 t-테스트값도 자연히 바이어스가 되기 때문이다(Hibbs, Jr., 1974). 다행히 회귀계수 그 자체는 바이어스가 되지 않는다.

관찰된 Y_t값들간에 이와 같이 시계열적 의존성이 있는 경우에는 Box-Jenkins 모형[10) 의하여 효과를 추정하고 검증하여야 한다.

Ⅱ. 단절적 시계열 비교집단설계에 의한 평가

앞에서 논의하였던 단절적 시계열설계와 비동질적 비교집단설계의 두 가지 평가설계방법들을 조합한 것이 단절적 시계열 비교집단설계(interrupted time-series comparison group design)이다.[11) 단절적 시계열 비교집단설계는 잘만 집행된다면 프로그램 효과추정상의 바이어스를 줄일 수 있는 가장 가능성이 높은 준실험적 방법이다. 다음 [그림 10-17]은 이 설계를 개념화한 것이다. [그림 10-17]에 나타나고 있는 곡선들은 단절적 시계열이 이 두 집단에 대해서 시간적으로 Y값의 변화를 비교하고 있음을 보여주고 있다. 이들 가운데 하나는 처리된 집단이고, 다른 하나는 처리되지 않은 집단이다. 물론 단절적 시계열 비교집단설계는 셋 또는 그 이상의 처리의 영향을 비교하는 데에도 이용될 수 있다.[12)

단절적 시계열에 비동질적 비교집단을 도입한다면, 프로그램의 효과에 대한 인과적 해석을 위하여 좀 더 믿을 수 있는 증거를 얻을 수 있다.

이러한 단절적 시계열 비교집단설계를 사용하면 통제집단과 실험집단들이 공

10) 시계열에 대한 Box-Jenkins의 접근방법은 각 모형을 특정한 ARIMA 모형(autogressive integrated moving-average model)으로 표시하게 된다. 이에 대한 더 자세한 논의에 대해서는, (Box and Jenkins, 1970; Glass, Wilson and Gottman, 1979: 233~293) 참조.

11) 단절적 시계열 비교집단설계를 통제계열 설계(control series design)라 부르기도 한다.

12) 여러 가지 형태의 단절적 시계열 비교집단설계에 대한 논의에 대해서는, (Wilson and Gottman, 1979: 233~293) 참조.

그림 10-17 단절적 시계열 비교집단설계

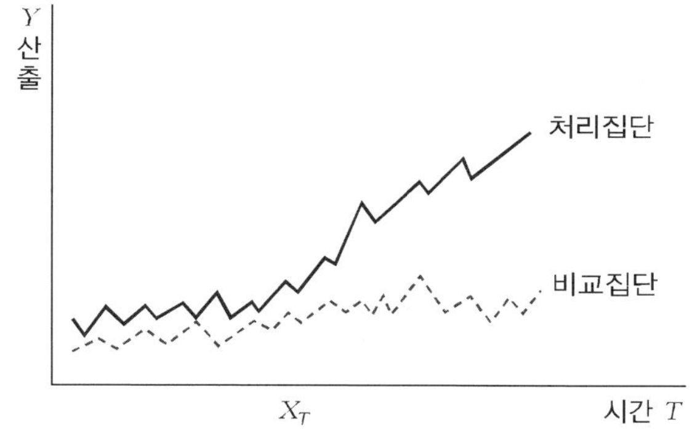

유하는 역사, 성숙, 테스트 효과 등을 통제할 수 있는 장점이 있다. 다음 [그림 10-18]은 앞에서 예로 든 코네티컷주의 교통사고에 의한 사망자수의 변화를 이웃 4개주의 평균교통사고에 의한 사망자수와 비교해 주고 있다.

이들 두 개의 시계열을 비교가능한 동등한 크기로 하기 위하여 인구에 대한 비율로 자료를 정리하였다. [그림 10-18]에서 볼 때, 이들 단절적 시계열 비교집단설계에 의한 평가자료는 1955년 이전에는 코네티컷주의 교통사고에 의한 사망률이 이웃 4개 주의 평균에 접근되어가는 경향을 보였으나, 1956년 이후에는 이웃 4개주의 평균감소경향보다 훨씬 더 급격하게 감소하는 경향을 보여주고 있다(Campbell, 1973: 206~207). 이와 같은 증거자료에 입각하여 우리는 단순한 회귀인공(regression artifact)효과를 넘어서 프로그램이 어떤 영향을 가졌다고 추론할 수 있다.

내적 타당성이 높고 무작위적 오류로부터 자유로운 단절적 시계열 비교집단설계의 최선의 방법은 비교집단을 구성하기 전에 잠재적인 허위요소나 혼란요소들이 무엇인가를 미리 예상하는 일일 것이다. 이동평균법은 시계열을 고르게 함으로써 무작위적 영향을 최소한으로 줄일 수 있는 가장 손쉬운 방법이다(Wilson II, 1975; 105~112).

그림 10-18 단절적 시계열 비교집단설계의 예시(코네티컷주 및 이웃 4개 주 교통사고에 의한 사망률의 변화)

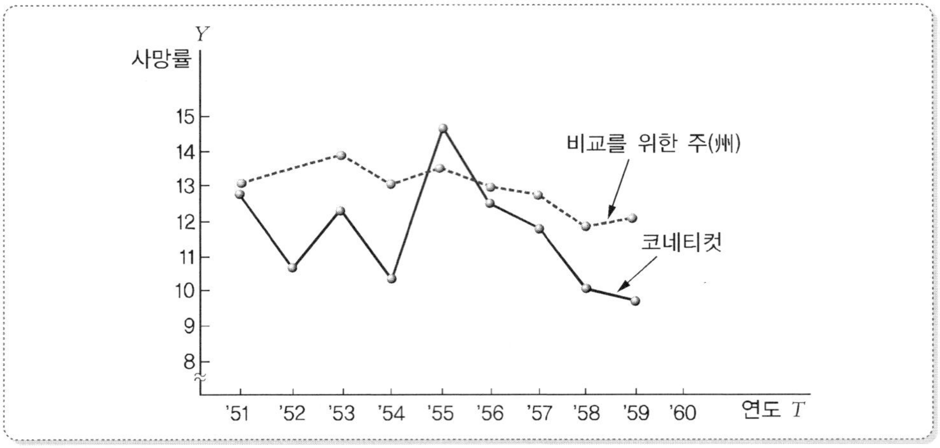

자료: Campbell, 1973: 207.

비록 단절적 시계열 비교집단설계가 준실험적 접근방법의 최선의 방법 가운데 하나라 할지라도, 이것이 항상 이용가능한 설계는 아니다. 이 설계를 사용하기 위해서는 처리집단과 처리되지 않은 두 집단의 대상들에 대한 현재의 시계열 자료들이 이용가능하지 않으면 안된다. 이들 자료들은 처리가 시작되기 이전과 이후의 행태를 기록하여야 한다. 그러므로 이 평가설계는 모든 대상들에 대한 전반적인 영향(universal impact)을 가진 정책의 영향을 평가하기에는 부적합한 것이다.

시계열분석에서 관찰된 결과로부터 타당성이 높은 해석을 유도해 낼 수 있느냐의 여부는 그러한 관찰을 되풀이할 수 있는지 여부에 달려 있다. 만일 관찰된 연구를 반복할 수 있다고 한다면 그렇지 못한 경우에 비해서 내린 결론에 대한 신뢰도가 훨씬 더 높을 것이다.

정책실험집단과 동일한 처리를 일정한 기간이 지난 후에 받는 비교집단을 도입한 시계열설계는 타당성에 대한 위협을 막아주는 좀 더 안전한 평가설계이다. 다음 [그림 10-19]는 이러한 평가설계에 의한 연구의 예이다. Cook과 Campbell은 이러한 설계를 "전환반복 단절적 시계열(interrupted time series with switching replications)"이라 부르고 있다(Cook and Campbell, 1976).

그림 10-19 가상적인 전환반복 단절적 시계열설계에 의한 평가결과

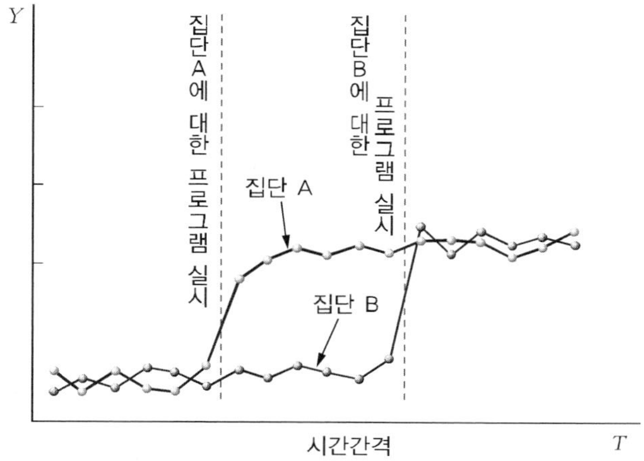

만일 관찰된 자료들이 [그림 10-19]와 같은 형태로 나타난다면, 더 이상의 통계적 분석은 필요없이 정책의 효과가 있는 것으로 판단할 수 있다. 그러나 불행히도 정책효과를 관찰하는 과정에서 여러 가지 사회변화가 동시에 일어나게 되어 대부분의 경우 종속변수들이 해석하기 어려운 형태로 나타나는 경우가 더 많다.

이 장의 요약

1. 준실험적 방법은 무작위배정에 의하여 실험집단과 통제집단을 구성하기 어려운 경우에 시행하는 평가연구의 설계방법으로 가장 널리 이용되고 있는 설계라 할 수 있다. 준실험 설계에 의한 평가에 있어서 내적 타당성은 진실험설계에 의한 평가에서보다 약하나, 외적 타당성과 실행가능성은 더욱 강한 설계라 할 수 있다.

2. 준실험 설계의 방법에는 축조된 통제에 의한 평가와 재귀적 통제에 의한 평가설계가 있다. 축조에 의한 평가설계는 짝짓기 방법에 의하여 구성하는 실험집단과 통제집단을 이용하여 허위변수와 혼란변수를 통제하고자 하는 평가설계의 방법이며, 재귀적 통제는 정책을 집행하기 전과 후에 여러 차례에 걸쳐 관찰함으로써 허위변수와 혼란변수들을 통제하고자 하는 평가설계의 방법이다.

3. 축조된 통제에 의한 평가설계의 대표적인 것으로는 비동질적 통제집단설계, 사후테스트 비교집단설계, 회귀불연속설계 등을 들 수 있고, 재귀적 통제에 의한 평가설계의 방법으로는 단절적 시계열설계, 단절적 시계열 비교집단설계 등을 들 수 있다.

4. 준실험적 평가설계를 이용한 관찰한 자료의 분석은 정책변수를 가변수(dummy variable)로 포함하는 다중회귀분석모형을 이용하여 분석할 수 있다. 분석결과에 대한 해석의 타당성과 신뢰성은 실험집단과 통제집단을 짝짓기에 의하여 배정하는 경우 두 집단이 얼마나 동질적 집단에 가깝게 구성되었느냐 하는데 따라 결정된다.

연/습/문/제

[10.1] 준실험설계에 의한 평가방법의 성격을 설명하여라.

[10.2] 축조된 통제에 의한 평가의 논리를 설명하여라.

[10.3] 준실험설계에 의한 평가와 진실험설계에 의한 평가에 있어서 내적 타당성, 외적 타당성, 실행가능성을 비교 고찰하고, 그러한 결론을 내리게 된 이유들에 대해서 설명하여라.

[10.4] 비동질적 통제집단설계에 의한 평가에 있어서 구성의 논리를 교재에 들어있지 않은 정책사례를 예로 들어서 설명하여라.

[10.5] 비동질적 통제집단설계에 의한 평가에 있어서 바이어스를 가져오는 요인으로서의 선발－Q바이어스에 대하여 설명하여라.

[10.6] 사후테스트 비교집단설계에 의한 평가의 논리를 정책사례를 예로 들어 설명하고, 그 제약점을 지적하여라.

[10.7] 회귀불연속설계에 의한 평가방법이 사용될 수 있는 기본조건과 평가의 논리를 설명하여라.

[10.8] 단절적 시계열설계에 의한 평가의 논리를 구체적인 정책사례를 예로 들어서 설명하여라.

[10.9] 단절적 시계열설계에 의한 평가와 회귀불연속설계에 의한 평가를 비교하여라.

[10.10] 전환반복 단절적 시계열설계(interrupted time series with switching replications)에 의한 평가의 방법과 이점에 대해서 설명하여라.

제 11 장

비실험적 방법에 의한 통제 및 매개논리와 정책영향의 평가

장 | 머 | 리 | 에

비실험적 방법에 의한 정책영향의 평가는 진실험에 의한 정책영향평가와 준실험에 의한 정책영향평가를 제외한 모든 정책영향의 평가방법들을 포함한다. 비실험적 방법에 의한 정책영향의 평가는 다시 통계적 통제에 의하여 정책의 영향을 평가하는 범주에 속하는 방법들과 통계적 통제 이외의 방법들에 의하여 정책영향을 평가하는 범주에 속하는 방법들로 대별된다. 통계적 통제에 의하여 정책의 영향을 평가하는 방법은 다시 관찰된 자료들이 카테고리로만 분류된 자료들이냐 아니면 연속 또는 불연속변수로 관찰된 자료들이냐 하는데 따라서 적용될 수 있는 통계적 통제의 방법들이 달라질 수 있게 된다.

연속 또는 불연속변수로 관찰된 자료들은 구조방정식모형(structural equation model)에 의하여 분석될 수 있는데, 여기에 주로 이용되는 모형들은 이미 제9장에서 논의하였던 다중회귀모형과 다중회귀모형의 반복적인 사용에 기초를 둔 인과모형이다.

비실험적 방법에 의하여 정책의 영향을 평가하는 방법은 이와 같이 여러 가지로 다양하게 구분되고 있다. 여기서는 이들 가운데 먼저 통계적 통제의 방법에 의한 영향평가방법을 논의하고, 이어서 통계적 방법을 사용하지 않는 영향평가의 방법들을 하나로 묶어서 논의하게 될 것이다. 통계적 통제의 방법에 의하여 영향을 평가하는 것은 이를 다시 통계적 통제에 의한 평가와 인과모형에 의한 평가로 분리하여 논의하고자 한다. 물론 인과모형에 의한 정책영향의 평가도 통계적 통제에 의한 영향평가의 방법에 속하는 것이나, 단지 논의의 편의상 이를 구분하는데 불과하다.

제1절 통계적 통제에 의한 평가

Ⅰ. 비실험적 평가의 약점과 통계적 통제의 필요성

비실험적 평가의 방법은 정책의 효과를 평가하기 위하여 진실험적 방법이나 준실험적 방법을 적용하기 어려운 경우에 주로 이용하는 평가의 방법이다. 대상들을 무작위배정이나 짝짓기 방법으로 실험집단이나 통제집단으로 배정하여 실험집단과 통제집단을 구성하기도 어렵고, 또한 정책을 집행하기 전과 후에 여러 차례에 걸쳐서 정책집행대상들의 변화를 관찰하기도 어려운 경우, 불가피하게 비실험적 방법으로 정책의 효과를 평가하지 않을 수 없을 것이다. 설사 진실험적 방법이나 준실험적 방법으로 정책의 효과를 평가할 수 있는 경우라 할지라도 이러한 실험적 방법들을 사용하기에는 비용이 너무 많이 필요하거나 시간이 너무 오래 소요되어서 비실험적 방법을 택하지 않을 수 없는 경우도 있다.

그러나 어떠한 이유로 비실험적 방법을 택하여 정책을 평가하든지 간에 이 방법은 타당성이라는 면에서 치명적인 약점을 가지고 있다.

비실험적 방법은 이미 제9장의 평가설계 유형1과 유형2에서 볼 수 있는 바와 같이, 정책을 집행하고 난 후에 정책집행대상집단만을 관찰하여 그 집단의 변화를 토대로 효과를 추정하거나 또는 정책을 집행하기 전과 후에 한번씩 정책집행대상집단을 관찰하여 수집된 정보를 토대로 정책의 효과를 추정하려고 한다. 물론 비실험적 평가의 방법은 실행가능성이라는 면에서는 진실험이나 준실험적 평가방법에 비해서 매우 강한 평가의 방법이지만 내적 타당성이라는 면에서는 매우 약한 평가의 방법이다. 이는 정책을 집행한 후 한번 관찰하거나 정책을 집행하기 전과 후에 한 번씩 관찰하여 대상집단에 일어난 전체 변화를 토대로 정책의 효과를 평가하고자 하는 경우에는 이러한 변화에 대한 경쟁적인 설명력을 가지고 있는 역사적 요소, 성숙효과, 회귀인공요소 등 여러 가지 허위요소 및 혼란요소들을 통제하기가 어렵기 때문이다.

그러므로 이러한 내적 타당성을 약화시키는 요소들을 사후적으로라도 통제하여 정책의 역효과를 진실에 근사하도록 추정하여야 하는데, 이러한 목적에 가장 알맞은 분석의 방법이 바로 통계적 분석방법이다.

만일 어떤 정책에 대한 효과가 대상자의 연령에 따라 달리 나타나게 될 가능성이 있는 경우에는 연령을 하나의 통제대상변수로 보아, 예컨대 20대, 30대, 40대, 50대 등으로 구분하여 20대에서는 정책의 효과가 어떻게 나타나는가, 30대에서는 정책의 효과가 어떻게 나타나는가, 그리고 40대와 50대에서는 각각 어떻게 나타나는가 하는 관점에서 살펴본다면, 각 연령계층에서는 연령이 고정되므로 연령의 영향이 통제될 수 있다. 이것이 카테고리형 자료의 평가원리인데 이에 대해서는 뒤에서 좀 더 자세히 살펴보게 될 것이다. 그러나 만일 자료가 연속형인 경우에는 다중회귀모형을 도입하여 분석한다면 우리가 원하지 않는 변수의 영향을 통제할 수 있다. 여기에 대해서도 항을 바꾸어 그 다음 항에서 평가의 논리를 자세히 살펴보고자 한다.

Ⅱ. 카테고리형 자료의 평가와 해석

1. 허위관계와 인과관계

이미 앞의 제7장과 제9장에서 논의한 바와 같이, 프로그램의 영향평가에서 가장 중요한 과제 중의 하나는 프로그램의 변화와 산출결과 사이에 관찰된 관계가 허위적인 관계인지 여부를 결정하는 것이다. 개념적인 수준에서는 평가자는 현실세계의 현상이 [그림 11-1]의 (가)에서 보여주고 있는 모형과 같은 것인지, 아니면 [그림 11-1]의 (나)에서 보여 주고 있는 모형과 같은 것인지를 밝혀내기 위하여 그가 가지고 있는 자료들을 사용해야 한다. 이들 두 가지 모형들 가운데 어느 하나를 선택하는 결정은 매우 중요하다. 왜냐하면 만일 현실세계가 [그림 11-1]의 (가)와 같은 것이라고 한다면, 프로그램(X_T)은 아무런 효과(Y)도 없는 것이 되기 때문이다. 그러나 만일 현실세계가 [그림 11-1]의 (나)와 같은 것이라고 한다면, 프로그램(X_T)은 영향을 가진 것을 의미하고, 따라서 평가자의 과제는 그의 크기를 추정하는 것이 된다. 이들 두 가지 각각의 경우, 현실세계에서 창출해 낸 자료들은 각 모형의 특정한 양태의 성격을 나타낼 것이므로, 통계적인 기법들은 이들 고유한 양태를 찾아낼 수 있도록 도와주는 것이다.

평가자는 현실세계가 [그림 11-1]의 두 모형들 가운데 어느 것에 더 적합한지를 결정하기 위하여 프로그램(X_T)과 효과(Y)간의 공동변화를 관찰해야 하는데 실제는 이것이 매우 어렵다. 왜냐하면 X_1이 허위변수이건 또는 혼란변수이건 상관없이, X_T와 Y사이의 관계는 통계적으로 유의미할 것이기 때문이다. 이러한 상황에서 다변량분석(多變量分析)은 평가자가 이들간의 관계가 어떤 관계인지를 결정할 수 있도록 도움을 줄 수 있다. 허위변수의 관계에 있는 모형(이하에서는 허위의 모형이라 함)에서는 X_1의 변화는 X_T의 변화를 가져오고, 아울러 X_1의 변화가 Y의 변화를 가져온다. 그러므로 X_1이 변화하는 한 X_T와 Y는 공동변화를 하게 된다. 그러나 혼란변수의 관계에 있는 모형(혼란모형)에서는 X_1의 변화가 X_T와 Y가 함께 변화하도록 만든다. 그러나 이 모형에서는 X_1이 변화하지 않는 경우에도 X_T만 변화하면 Y의 변화를 가져오는데 충분하다. 그러나 허위모형에서는 X_1이 변화하지 않으면 X_T가 변화한다 하여도 Y의 변화를 가져올 수 없다.

그림 11-1 허위관계와 인과관계*

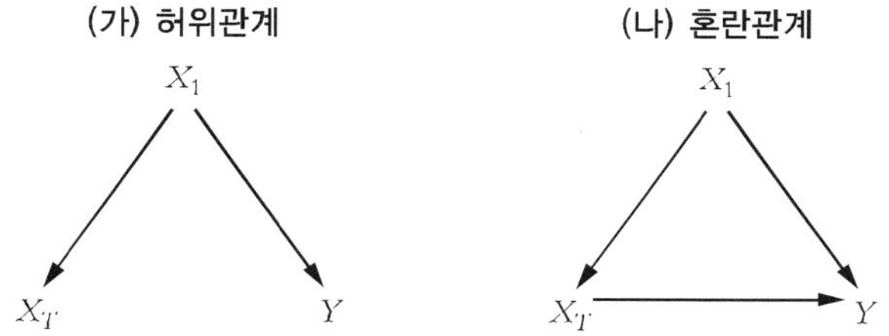

*X_T: 프로그램 Y: 효과 X_1: 제3의 변수

이러한 분석을 수행하기 위해서는, 평가자는 먼저 제3의 변수인 X_1을 통계적으로 고정함으로써 그의 변화에 의해서 오게 되는 영향을 제거해야 한다. X_1이 불변인 경우에는, 프로그램의 집행대상이 어떤 유형의 프로그램에 노출되었다고 할지라도, X_1의 값은 대체적으로 동일한 값을 가지게 된다. 그러므로 만일 X_T와 Y가 허위의 관계를 가지고 있다면, X_1을 일정하게 고정시킨다는 것은 또한 X_T와 Y 간의 원래의 관계를 제거하는 것을 의미한다. [그림 11-1]의 (가)는 왜 X_1이 허위변수인 경우에 이원변량관계(bivariate association)가 사라지게 되는가 하는 것을 보여주고 있다. 만일 [그림 11-1]의 (가)가 진정한 현실세계를 나

타내는 것이라면, X_1의 변화가 X_T와 Y 양자의 변화를 가져오게 될 것이다. 그리고 평가자가 X_1이 변화하지 못하도록 한다면, X_T와 Y는 같이 변화하지 못하게 될 것이다. 왜냐하면 X_T와 Y 간의 원래의 이원변량(二元變量)의 관계는 그들이 공동으로 의존하고 있는 X_1의 변화에 전적으로 의존하고 있기 때문이다. 그러므로 X_1에 있어서의 변화를 제거하게 되면, 원래의 관계를 사라지도록 만들 수 있고, 이것은 이 모형이 허위의 관계에 있기 때문에 프로그램이 아무런 영향을 가지고 있지 않다는 것을 말해주는 것이다.

이러한 분석, 즉 허위모형과 혼란모형을 구분하기 위한 다변량분석은 만일 자료가 카테고리형으로 정리되어 있는 경우에는, 단순한 백분비를 사용함으로써도 이루어질 수 있다.[1)]

표 11-1 학교의 질과 성취간의 관계

학교시설의 질 / 성취점수	고(高)		저(低)		합계
	빈도	백분비	빈도	백분비	빈도
≥전국적 평균	60	60%	40	40%	100
<전국적 평균	40		60		
합계	100		100		200

* % 차이=20%

어떻게 평가자가 X_1을 일정하게 유지시킬 수 있겠는가 하는 것을 간단한 수치를 가진 예를 들어 설명해 보기로 한다. 앞의 <표 11-1>의 전체표(total table)의 빈도에 의하여 주어진 바와 같이 학교의 질과 성적간의 플러스의 관계를 생각해 보자. 이들 두 변수들은 모두 이분법으로 분류되어 있기 때문에 백분비의 차이는 그들간의 관계를 나타내는데 간단하면서도 적절한 방법이라 할 수 있다. 이 <표 11-1>은 시설이 좋은 학교에 다니는 학생들이 시설이 좋지 못한 학교에 다니는 학생들보다 좀 더 좋은 성취점수를 얻는 경향이 있다는 것을 나타내 주고 있다. 만일 이 이원변량(二元變量)의 관계가 허위적인 것이라면, 좋은 학교시설이 성취점수를 높이지 못할 것이다.

1) 여기에 대한 더 자세한 논의에 대해서는 다음 문헌들을 참조할 것. (Kritzer, 1978: 187~226; Lanbein, 1980: 113~129; Goodman, 1965: 290~301; Goodman, 1970: 226~256).

실제로는 <표 11-1>에서 관찰된 관계는 허위적인 것일 수도 있다. 이전의 연구에 의하면 높은 사회·경제적 지위(SES)를 가진 가정의 출신 학생들은 낮은 사회·경제적 지위를 가진 가정의 출신 학생들보다 좀 더 좋은 시설을 가진 학교에 다니는 경향을 가지는 것으로 나타나고 있었다. 그리고 높은 SES출신 학생들은 또한 더 높은 성취점수를 갖는 경향을 보였다. 그러므로 <표 11-1>에 있는 학교의 질과 성취간의 공동변화는 공동의 원인, 즉 학생들의 SES에 대한 그들의 공동적인 의존에 기인하는 것일 수도 있다. 다음 [그림 11-2]는 이러한 가능성을 모형화한 것이다.

이 모형을 평가하기 위해서는 X_1을 통계적으로 일정하게 유지시킬 필요가 있다. 만일 [그림 11-2]에 있는 모형이 실제의 현실세계와 일치하는 것이라면, 학교의 질(X_T)과 성취점수(Y)간의 관계는, 동일한 사회·경제적 지위(SES)를 가진 학생들을 분리해서 분석하게 되면 사라지게 될 것이다. <표 11-2>의 가상적 자료는 이와 같은 분석이 이루어지고, 또 모형이 실제로 허위적인 것이었을 때 이 자료가 어떻게 되게 되는가를 나타내 주고 있다. <표 11-2>는 높은 SES를 가진 학생들과 낮은 SES를 가진 학생들을 분리하고 있기 때문에 이것은 허위변수 X_1을 일정하게 유지하고 있는 것이 된다. 각 집단 내에서 SES(또는 X_1)는 불변이다. 그리고 각 부분표(partial table)에 있는 성적(종속변수)의 백분비의 차이는 또한 거의 0이 되고 있다. 허위의 모형에 의하여 우리가 기대하였던 부분적인 관계(partial association)는 전적으로 사라지게 되었다. 그러므로 이 자료는 인과모형보다는 학교의 질이 학생들의 성취점수에 영향을 미치지 않을 것이라는 허위모형과 더욱 일관성을 유지하고 있다.

그림 11-2 허위관계: 성취와 학교의 질

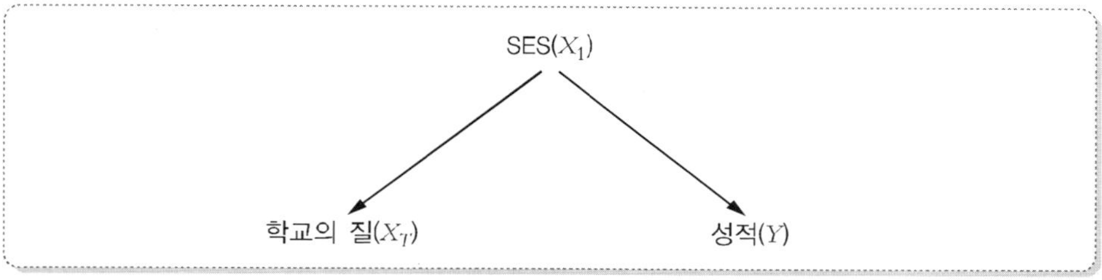

표 11-2 학생들의 사회 · 경제적 지위(SES)를 고정할 때, 성취점수와 학교의 질 간의 관계

저(低) SES					
학교의 질 / 성취점수	고		저		총빈도
	빈도	백분비	빈도	백분비	
≥전국적 평균	6	15%	10	15%	16
<전국적 평균	35		57		92
합 계	41		67		108

* % 차이=0.

고(高) SES					
학교의 질 / 성취점수	고		저		총빈도
	빈도	백분비	빈도	백분비	
≥전국적 평균	54	92%	30	91%	84
<전국적 평균	5		3		8
합 계	59		33		92

* % 차이=1.

우리는 앞에서 허위모형에 대해서만 논의하였다. 이들 모형에서는 각각의 부분표에서 성적(종속변수)의 백분비의 차이는 거의 0에 가까웠다. 각 부분표에서 성적(종속변수)의 백분비의 차이가 0은 아니나 그 차이가 서로간에 거의 같은 경우도 있는데, 이 경우에도 평가자는 X_1이 혼란변수이고 X_T이가 Y의 원인이 되고 있다고 성급하게 결론을 내려서는 안 된다. 다음 [그림 11-3]에서 보는 바와 같이, (가)와 (나)에 있는 두 가지 모형들이 모두 각 부분표에 있는 0이 아니지만, 백분비의 차이의 값이 거의 동등한 두 변수간의 관계를 생각해 볼 수 있다. 만일 평가자가 그가 알고 있는 하나의 허위변수 또는 혼란변수를 통제한다면, 이들 두 가지 모형들은 모두 X_T와 Y 사이에 남아있는 유의미한 공동변화를 예측하는 것이다. 그러므로 평가자는 X_T가 Y의 원인이라고 주장할 수 있다. 그러나 그는 생략된 제3의 변수 X_2가 일단 식별이 되고, 측정되며, 그리고 통제되었더라면 X_T와 Y 사이의 관계를 완전하게 제거할 수도 있었을 것이라는 가능성을 배제할 수는 없다.

그림 11-3 부분표에서 영(零)이 아닌 관계: X_2가 일정하게 유지된 경우*

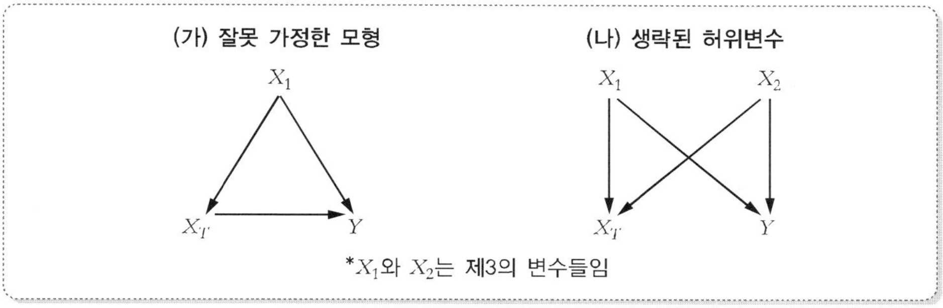

그림 11-4 부분표에서 영(零)이 아닌 관계: X_1과 X_2를 일정하게 유지하는 경우*

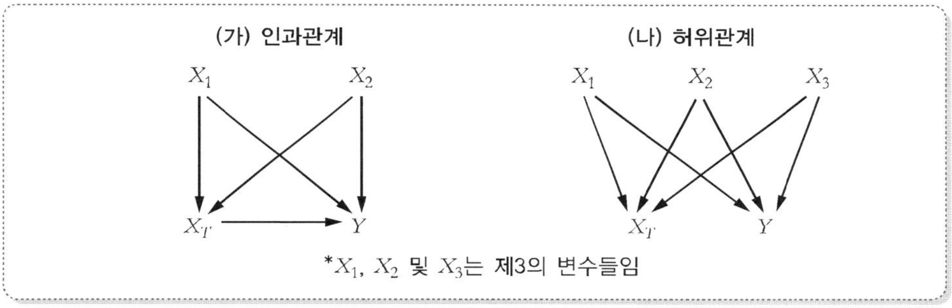

진실험 이외에는 항상 통제되지 않은 제3의 변수의 영향이 존재할 가능성이 있다. 다음 [그림 11-4]에서는 평가자가 제3의 변수 X_1과 X_2를 통제한 후에 있어서조차도 X_T와 Y 사이에 관찰된 유의미한 관계가 실제로는 인과관계가 아니라, 또 다른 제3의 변수 X_3에 의한 허위의 관계일 가능성이 있다는 것을 보여주고 있다. 그러므로 평가자는 이러한 가능성을 항상 염두에 두고 자료를 관찰하고 분석하며, 해석을 내리는데 신중을 기하도록 하여야 한다.

위와 같은 경우의 예로서 앞에서 살펴보았던 학교의 질과 성취점수간의 관계를 다시 생각해 보도록 해보자. 평가자는 학생들의 사회·경제적인 지위(SES)뿐만 아니라 부모들의 학생들에 대한 관심도 또한 통제되어야 한다고 결정할 수도 있을 것이다. 만일 실제 모형이 [그림 11-5]에서 보여주는 것과 같은 모형인 경우, 평가자가 SES만을 통제하게 되면, X_T와 Y간의 공동변화를 인과관계로 단정하는 오류를 범할 가능성도 있다. 그러므로 이러한 오류를 범하지 않고 효

그림 11-5 두 개의 제3의 변수에 의한 허위관계

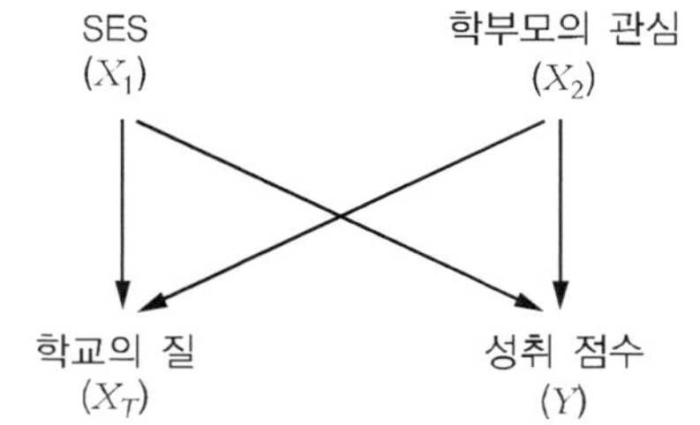

과에 대한 정확한 판단을 내리기 위해서는 SES(X_1)와 아울러 학부모들의 관심(X_2)도 아울러 통제하여야 한다.

이와 같이 통제되어야 할 변수의 수가 증가하게 되면, 부분표의 수도 역시 증가하게 된다. 위의 경우에는 SES에 대하여 두 개, 그리고 각 SES에 대하여 학부모가 관심을 갖는 경우와 갖지 않는 경우의 두 가지 경우가 있으므로, 총 네 개의 부분표가 작성되어야 두 개의 제3의 변수들을 통제할 수 있다. 일반적으로 통제될 변수가 n개이고, 각 변수가 앞에서와 같이 두 개씩으로 구분되는 이원변량인 경우 모두 2^n개의 부분표가 필요하게 된다. 그러므로 통제되어야 할 변수가 3인 경우에는 $2^3 = 8$개의 부분표가 필요한 것이다. 이와 같이 통제되어야 할 변수가 늘어나게 되면 부분표의 수가 급속히 증가하게 되므로, 각 표의 셀(cell)에 들어가게 될 관찰된 항목수(표본수)가 줄어들게 되어 통계적 유의미성이 크게 감소하게 되는 결과를 가져온다. 이것을 피하기 위해서는 표본의 수를 증가시켜야 하는데, 때에 따라서 비용 등의 문제로 표본수를 필요한 만큼 늘리기 어려운 상황도 있을 것이다. 이런 경우는 표본수를 늘리지 못하게 되어 허위변수를 통제하지 못함으로써 오게 될 의사결정의 오류와 표본수를 늘림으로서 오게 될 비용의 증가 간에 어떤 신중한 교환(trade-off)이 있어야 할 것이다.

부분표의 증가는 통제변수의 수의 증가에 따라서만 오게 되는 것이 아니라, 하나의 통제변수를 몇 개로 구분하여야 하느냐 하는데 따라서도 오게 된다. 우리는 지금까지 하나의 변수를 두 가지로만 분류하는 이원변량만을 고려하여 왔으나, 이것을 셋 또는 그 이상으로 분류하는 것이 필요한 경우도 있을 수 있다. 예를 들면 앞에서 학생들의 사회·경제적 지위를 고(高), 저(低)의 두 가지로만 분류하는 것이 아니라 고, 중, 저의 세 가지로 분류하는 것이 허위변수를 통제하는 데 더 효과적인 것이 될 수도 있을 것이다. 이와 같이 제3의 변수를 통제하기 위한 카테고리의 설정도 또한 부분표의 수를 증가시킬 수 있다는 점을 염두에 두고, 카테고리의 수를 결정하도록 하여야 한다.

2. 제3의 변수가 매개변수인 모형

우리는 앞에서 제3의 변수를 허위변수 또는 혼란변수로 가정하는 모형에 의하여 자료를 분석하고, 이를 해석하는 방법에 대하여 고찰하였다. 그러나 제3의 변수가 허위변수나 혼란변수가 아니고, 매개변수로 생각되는 모형이라면, 자료의 분석과 해석은 어떻게 달라지게 되겠는가?

제3의 변수가 매개변수로 작용하는 경우에도 부분적 관계(partial association)가 0인 경우와 0이 아닌 경우, 즉 부분표에서 차이가 0인 경우와 0이 아닌 경우의 두 가지 경우가 있을 수 있다.

이들 두 가지의 경우들 가운데 여기에서는 먼저 전자의 경우를 살펴보도록 한다. 부분표에서 프로그램(X_T)과 효과(Y)간의 관계가 0인 것으로 나타나는 경우는 [그림 11-6]에서 보는 바와 같이 두 가지의 경우가 있을 수 있다. [그림 11-6]의 (가)에서 제3의 변수 X_1은 허위변수이며, X_1이 X_T와 Y가 공동으로 변화하게 되는 원인이 되고 있다. 그러나 [그림 11-6]의 (나)에서는 X_1은 X_T와 Y 사이를 매개하는 매개변수로서의 역할을 하고 있다. X_T가 Y에 영향을 미치는 것은 사실이지만, 이 영향은 X_1의 매개영향에 의하여 간접적으로 이루어지고 있는 것이다. 이들 두 가지 모형에서 모두 X_1을 일정하게 유지함으로써 X_T

그림 11-6 부분표에서의 영(零)의 관계*

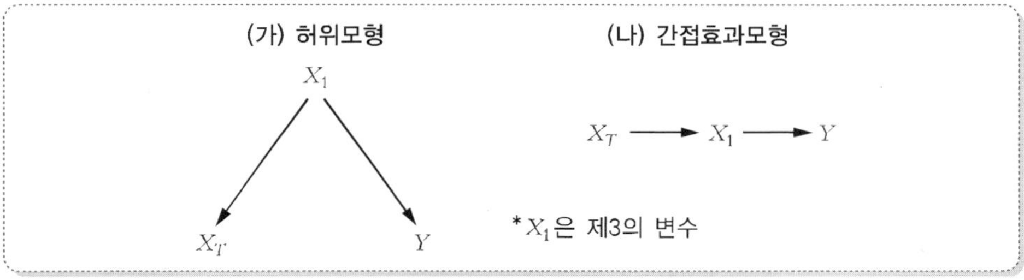

와 Y 사이의 관계를 제거할 수 있다. 허위모형에서는 X_1을 일정하게 고정함으로써 X_T와 Y간의 공동변화를 제거하게 된다. 그 결과 부분적 관계는 0이 될 것이다. 한편 X_T가 X_1의 매개를 통해서 간접적으로 Y의 값에 영향을 미치게 될 때에는 X_1에서의 변화를 제거한다는 것은 X_T의 변화가 Y값에 더 이상 영향을 미칠 수 없다는 것을 의미한다. X_1을 인위적으로 고정시킴으로써 X_T에 있어서의 변화가 X_1의 변화를 유도할 수 없게 되고, 이에 따라 X_1이 고정됨으로써 Y 또한 변화하지 않은 상태로 남아있게 되며, 이에 따라 X_1의 각 카테고리 내에서 X_T와 Y간의 관계는 0이 될 것이다. 그리고 X_T와 Y 간의 전체적인 공동변수가 허위적인 것이건 또는 간접적인 프로그램 효과를 나타내는 것이건 간에 관계없이 부분적인 관계는 0인 것으로 나타나게 된다.

이와 같은 관점은 때로는 그렇게 어려운 문제가 아닌 경우도 있다. 비록 [그림 11-6]에서, 두 모형간에 통계적으로 아무런 차이가 없으나, 이들 두 가지 모형은 프로그램(X_T)과 제3의 변수 X_1 사이에는 시간적 순서가 있다는 점을 나타내 주고 있다. 허위모형에 있어서는 X_1이 X_T를 선행하지 않으면 안된다. 반면에 X_1이 매개변수인 모형에서는 X_T가 X_1을 선행해야 한다. 만일 시간적 선후관계만 분명히 밝힐 수 있다면, 우리는 프로그램과 효과간에 아무런 공동변화가 없는 것이 X_T와 Y간에 아무런 인과관계가 없어서 그러한 것인지, 아니면 매개변수 X_1이 고정되어 있기 때문에 그러한 것인지를 식별해 낼 수 있다. 우리는 이미 제7장의 인과관계에 대한 논의에서 시간적 선후관계의 설정이 인과관계의 식별에 가장 기본적인 가정의 하나임을 지적하였다.

세 변수모형에서 시간적 선후관계는 때로는 분명한 경우도 있으나, 때로는 이의 구분이 애매모호한 경우도 있을 수 있다. 예컨대 [그림 11-2]에서 관찰된 0인 부분적 관계는 그렇게 모호한 것은 아니다. 왜냐하면 사회·경제적 지위(X_1)는 최소한 단기적으로는 분명히 학교의 질(X_T)을 선행한다고 볼 수 있기 때문이다. 단기적으로 볼 때, 시설이 좋은 학교에 다닌다고 해서 갑자기 학생들이 사회·경제적인 지위가 높아지지는 않을 것이라고 보아도 큰 무리는 없을 것이다. 그러나 학생들의 SES가 그가 다니는 학교의 선택에는 영향을 미칠 가능성이 높다. 따라서 X_1이 X_T를 선행하기 때문에, 영(零)의 부분적 관계(zero partial association)는 학교의 질과 성취점수간에 관찰된 공동변화가 허위적인 관계라는 것을 나타내 주는 것으로 볼 수 있다. 그러나 허위모형과 간접효과 가운데의 선택은 항상 위에서 보는 바와 같이 분명한 것만은 아니다. 그러므로 평가자는 자료를 분석하기 이전에 올바른 인과모형을 식별하는데 더 많은 노력을 기울여야 한다.

프로그램과 제3의 변수간의 시간적 선후관계는 부분적 관계가 0이 아닌 경우에도 프로그램의 영향추정에 영향을 미친다. 평가자가 그가 잠재적인 허위변수나 혼란변수들을 모두 제거했다고 확신을 가지고 있고, 그리고 부분표에서 백분비의 차이가 0이 아닌 경우에는, 어떤 증거가 있다면 이것은 프로그램이 Y에 직접적인 인과적 영향을 미쳤다는 결론을 지지해 준다. 만일 혼란변수가 X_T를 선행한다면 이미 앞에서 논의한 바와 같이, 부분표에서 백분비의 차이는 프로그램 영향의 올바른 측정이 된다. 이와 반대로, 만일 프로그램이 제3의 변수를 선행한다면, X_1은 혼란변수가 아니라 매개변수인 것이며, 프로그램은 Y에 대하여 직접효과와 간접효과를 모두 가지고 있다. [그림 11-7]은 이것을 나타내 주고 있다. 그러므로 프로그램 영향을 올바로 측정하기 위해서는 평가자는 이들 두 가지 효과를 모두 포착해야 한다. X_1이 허위변수인 경우에는 부분표에 나타나 있는 부분적 관계는 직접적인 영향만을 나타낸다. 그러므로 직접적인 영향과 간접적인 영향이 있는 경우에는, 전체적인 영향을 측정하고자 하는 평가자는 전체표에 나와 있는 백분비의 차이를 사용하지 않으면 안 된다. 평가자가 프로그램 영향을 올바로 측정할 수단을 선택하기 위해서는 이와 같이 X_T와 X_1간의 인과적

그림 11-7 프로그램(X_T)과 제3의 변수(X_1)간의 모호한 시간적 선후관계: 부분적 관계가 0이 아닌 경우

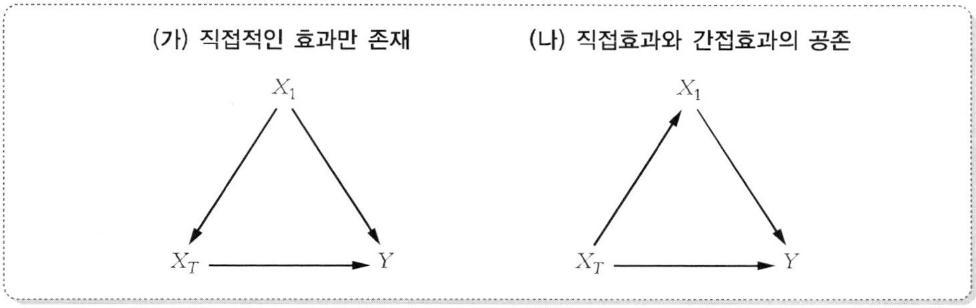

순서에 대한 지식을 필요로 하게 된다. 평가자는 선험적인 가정에 의하여 이러한 변수들간의 선후관계에 대한 선택을 내리는 데 도움을 받을 수 있다(Simon, 1971: 9~11; Van Meter and Asher, 1957: 61~72).

Ⅲ. 연속형 자료의 평가와 해석

진실험적 방법에 의한 평가연구에 있어서 수집된 자료를 분석하여 정책의 효과를 검증하고 추정하는데 이용되는 가장 강력한 수단의 하나는 다중회귀모형이라는 것은 이미 앞의 제9장에서 논의하였다. 회귀모형은 진실험적 방법이나 준실험적 방법에 의하여 영향을 평가할 때뿐만 아니라 비실험적 방법에 의하여 정책영향을 평가할 때에도 널리 이용될 수 있는 강력한 분석도구의 하나이다.[2] 이는 특히 연속형의 자료들을 분석하여 정책의 영향을 검증하고 추정하는데 이용될 수 있는 가장 적합한 효과측정의 수단이라 할 수 있다. 다중회귀모형에 의하여 효과를 검증하고 추정하는 절차에 대해서는 이미 앞의 제10장에서 자세히 논의한 바 있다. 그러므로 여기에서는 가급적 이미 앞에서 논의한 것과 중복을 피하면서, 회귀모형에 의한 평가의 논리와 그 해석에 그 초점을 두고 논의하고자 한다. 따라서 여기에서 논의하는 내용은 앞의 제10장의 회귀모형에 의한 정책가설의 검증과 효과의 추정에 대해 논의했던 내용에 대한 일종의 보완적인 성격을 띠는 것이 될 것이다.

정책효과의 평가에 있어서 분석에 사용되는 모든 변수들이 카테고리형으로 측정되었는지 또는 연속형으로 측정되었는지에 관계없이 프로그램이 아무런 인과적 영향이 없었는가, 직접적인 인과적 영향만 있었는가, 또는 직접적 및 간접적인 영향이 있었는가의 여부를 결정하기 위해서는 평가자는 두 가지의 정보들을 필요로 하게 된다. 이들 가운데 하나는 정책변수 X_T와 제3의 변수 X_1간의 시간적 선후관계에 관한 정보이고, 다른 하나는 부분적 관계를 적절한 수단에

---

2) 가장 널리 알려지고 있는 회귀모형에 의한 사후적 평가연구의 하나는 James S. Coleman과 그의 동료들에 의하여 이루어진 연구보고서인 *Equality of Educational Opportunity(EEO)*이다. 그 외에도 Yong Hyo Cho의 대도시범죄에 대한 공공정책의 영향 측정모형; 노화준의 과학기술개발정책효과분석 등 회귀모형을 이용한 비실험적 평가연구에 대한 많은 사례들이 발표되고 있다. (Coleman *et al.*, 1966; Cho, 1980: 264~287; 노화준, 1983: 38~48) 참조.

의하여 계산한 정보이다.

연속형의 변수로 측정된 자료를 분석하여 정책변수와 효과변수간의 부분적 관계를 계산할 수 있도록 해 주는 가장 적절한 수단 가운데의 하나가 바로 다중회귀모형의 부분적 회귀계수(partial regression coefficient)이다.

우리는 이미 제9장에서 프로그램 X_T에 의하여 오게 되는 효과 Y를 추정하기 위한 단순회귀모형은 다음 식 (11・1)과 같이 나타낼 수 있음을 보았다.

$$\hat{Y} = b_0 + b_T X_T \tag{11・1}$$

위의 식 (11・1)에서 단순회귀계수 b_T는 X_T가 한 단위 증가할 때 정책효과 Y의 증가를 나타낸다. 여기서 주의하여야 할 점은 회귀계수 b_T는 다른 변수의 영향을 통제(control)하지 않은 경우 X_T가 Y에 미치는 총체적인 효과를 나타내고 있다는 점이다.

한편 정책변수 X_T 이외에 제3의 변수 X_1을 포함하는 Y의 효과를 추정하기 위한 다중회귀모형은 다음과 같다.

$$\hat{Y} = b_0 + b_1 X_1 + b_T X_T \tag{11・2}$$

위의 식 (11・2)에서 회귀계수 b_1은 X_T를 일정하게 고정할 때, X_1을 한 단위 증가시킴에 따라 증가되는 Y의 증가량을 나타낸다. 마찬가지로 b_T는 X_1을 일정하게 고정할 때, X_T를 한 단위 증가시키는데 따라서 증가되는 Y의 증가량을 나타내는 것이다. 이렇게 볼 때 b_T는 모형 내에 포함된 제3의 변수의 영향을 배제한 후에, 정책변수 X_T가 Y에 미치는 영향을 나타내는 것이라는 것을 알 수 있다. 이러한 의미에서 b_1이나 b_T는 모두 부분적 회귀계수인 것이다.

다중회귀분석에서는 회귀계수들이 부분적 회귀계수임을 강조하기 위하여 b_T는 $b_{YT\cdot 1}$로, 그리고 b_1은 $b_{Y1\cdot T}$로 나타내기도 한다. $b_{YT\cdot 1}$은 제3의 변수 X_1을 일정하게 고정할 때, X_T가 한 단위 증가할 때 증가되는 Y의 양, 즉 X_T가 Y에 미치는 영향을 나타내고,[3)] $b_{Y1\cdot T}$는 X_T를 일정하게 고정시키고 X_1을 한 단

3) $b_{YT\cdot 1}$에서 첨자 T는 X_T를, 첨자 1은 X_1을 나타낸다.

위 증가시킬 때 증가되는 Y의 양, 즉 X_1이 Y에 미치는 영향을 나타낸다. 따라서 식 (11・2)는 다음 식 (11・3)과 같이 고쳐쓸 수 있다.

$$\hat{Y}= b_0 + b_{YT.1}X_T + b_{Y1.T}X_1 \quad (11 \cdot 3)$$

$$\text{또는} \quad Y= b_0 + b_{YT.1}X_T + b_{Y1.T}X_1 + e \quad (11 \cdot 4)$$

그러면 정책변수 X_T 이외의 제3의 통제변수(control variable)들은 어떻게 통제할 수 있는가? 제3의 변수 X_1, X_2, … 등은 정책변수 X_T와 아울러 산출변수 Y에 영향을 미치는 변수들이다. 그러므로 이들 제3의 인과계수 X_1, X_2, … 등의 영향을 통제(즉 배제)해야만 정책변수X_T의 진정한 효과를 추정해 낼 수 있다.

제3의 인과변수들의 영향을 통제하는 가장 바람직한 방법은 이들 제3의 인과변수들을 정책효과를 추정하는 회귀모형에 포함시키는 것이다. 그러면 정책변수 X_T의 회귀계수 b_T의 의미는 모형에 포함된 다른 변수들을 일정하게 유지시킬 때(즉 통제할 때) X_T가 한 단위 증가하면 증가하는 $\hat{Y}$의 양을 나타내기 때문이다. 다시 말하면 회귀계수 b_T는 다중회귀모형에 포함된 다른 인과변수들의 영향을 통제한 상태하에서 정책변수 X_T의 영향을 나타낸다. 그러므로 논리의 핵심은 다중회귀모형을 이용하여 정책의 효과를 추정하고자 하는 경우에는 정책변수 이외에 산출변수 Y에 영향을 미치는 제3의 인과변수들을 모두 식별하여 다중회귀모형에 포함시킴으로써 그들의 영향을 통제(또는 제거)해야 한다는 것이다.

그러면 어떻게 제3의 인과변수들을 식별하여 정책효과를 추정할 다중회귀모형에 포함시킬 수 있는가? 이것은 먼저 관련된 분야의 이론, 선행연구 또는 단순상관분석 등을 통하여 정책산출변수 Y의 변화에 영향을 미치는 변수들을 식별하는 것으로부터 시작하여야 한다. 다음에 이렇게 식별된 제3의 인과변수들을 중심으로 하는 다중회귀모형을 만들고, 여기에서 관련된 제3의 인과변수들의 회귀계수 b_i가 설정된 유의수준하에서 유의미한 것만을 t검증 또는 F검증을 통하여 식별해 내어야 한다.[4] 그런 다음에는 이들 식별된 제3의 인과변수들과 정책변수를 포함하는 다중회귀모형을 작성하면 이것이 바로 우리가 원하는 정책효과를 추정하기 위한 정책효과추정모형이 된다.

---

4) 이러한 절차를 응용한 정책효과분석의 예로서는, (Cho, 1980: 264~287) 참조.

다중회귀모형은 앞에서 설명한 바와 같이 프로그램(X_T), 혼란변수(X_1), 또는 다른 측정되지 않은 어떤 외부적 변수(X_2) 등이 효과변수(Y)에 미치는 서로 분리된 영향을 추정하는데 적합한 통계적 기법이다. 그러나 이것이 적절히 사용될 수 있느냐의 여부는 전적으로 인과적 추론에 대한 전제들(premises)의 타당성 여부에 달려있다. 이들 전제들은 (1) 정책변수 X_T와 효과변수 Y는 공동변화를 해야 한다. (2) X_T는 Y를 선행해야 한다. 그리고 (3) 허위변수들과 혼란변수들은 통계적 통제에 의하여 제거되어야 한다는 것 등이다. 가장 단순한 다중회귀모형인 식 (11・4)는 [그림 11-8]에 보여주고 있는 두개의 인과모형들 가운데 어느 하나와 상응하는 것이다. 식 (11・4)의 첫 번째에 있는 회귀계수 $b_{YT \cdot 1}$은 X_1이 일정하게 고정된 상태에서 X_T가 Y에 미치는 직접효과를 추정하는 것이기 때문에 프로그램 평가자가 가장 관심을 갖는 것이다. 그런데 현실이 [그림 11-8]의 (가)인 경우에는 $b_{YT \cdot 1}$이 총체적인 프로그램 영향을 나타내는 것이지만, 만일 현실이 (나)인 경우에는 직접효과만을 나타낸다는 데 해석상 주의하여야 한다. 두 번째 회귀계수 $b_{Y1 \cdot T}$는 X_T가 일정하게 고정될 때 X_1이 Y에 미치는 영향을 나타낸다. 이것은 정책평가자가 조작(manipulate)할 수 없는 허위요소나 혼란요소(X_1)의 영향이 얼마나 큰가 하는 것을 평가자에게 말해 준다.

한편 식 (11・4)의 다중회귀모형에 나타나 있는 오류항 e는 측정되지 않은 외부변수들이 산출의 측정치 Y에 미치는 영향을 나타낸다. 모형에 포함된 어떤 회귀계수들도 이 오류항 e와 관계가 없다고 보아야 할 것이다. 왜냐하면, 만일 어떤 관련이 있다고 한다면 회귀계수를 해석하기가 어렵기 때문이다. 회귀계수는 측정의 단위를 필요로 하고 있으며, Y에 대한 측정되지 않은 외부변수들의

그림 11-8 정책변수 X_T와 제3의 변수 X_1에 대한 Y의 다중회귀에 가정된 인과모형들

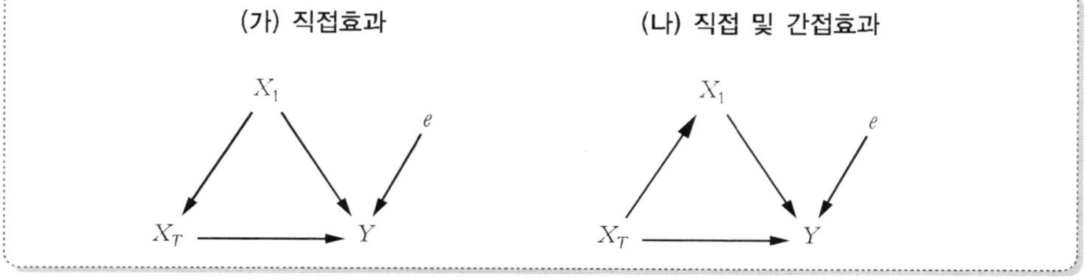

영향은 전체적으로 어떤 단위가 주어지기가 어렵다. 그러므로 측정되지 않은 변수들의 총체적인 영향에 대해서는 표준화된 측정수단이 사용되지 않으면 안 된다. 이 측정수단은 변수 e가 무엇을 나타내건 관계없이 그의 영향의 추정값이 0으로부터 1에 이르기 때문에 표준화되어야 한다.

이 표준화된 측정수단은 $(1-R^2_{Y \cdot T1})$으로 표현된다. 여기서 $R^2_{Y \cdot T1}$은 다중결정계수(coefficient of multiple determination)라 한다.[5] $(1-R^2_{Y \cdot T1})$의 값은 측정되지 않은 변수(e)의 측정된 변수들(X_T, X_1)에 대한 상대적인 영향을 나타낸다. 측정된 변수들과 측정되지 않은 변수들의 총체적인 영향은 1이 된다. $R^2_{Y \cdot T1}$은 측정된 변수 X_T와 X_1이 Y에 미치는 표준화된 영향의 정도를 나타내며, 0에서부터 1사이의 값을 갖는다. 1에 가까울수록 측정된 변수들이 Y에 미친 영향은 큰 것을 나타내며, 0에 가까울수록 그 영향이 작은 것을 나타낸다. 마찬가지로 측정되지 않은 변수들의 영향$(1-R^2_{Y \cdot T1})$도 1에서 0 사이의 값을 가지며, 그 값이 1에 가까울수록 모형에 포함되지 않은(측정되지 않은) 변수들의 영향이 큰 것을 나타내고, 0에 가까울수록 그 영향은 작은 것을 나타낸다. 만일 $(1-R^2_{Y \cdot T1})$의 값이 큰 경우에는 Y에 영향을 미치는 주요 변수가 생략된 것을 의미하며, 이 경우에는 이 주요 변수를 식별하여 모형에 포함시키도록 하여야 할 것이다. 프로그램의 평가자가 외부변수의 영향을 측정하고 통제할 수 있는 경우이건 또는 그렇지 못할 경우이건, 평가자는 X_1(및 그 외에 제3의 변수 포함)이 통제되었을 때 프로그램(X_T)이 Y에 미치는 영향을 나타내는 부분적 회귀계수를 해석할 때 특히 주의하여야 한다. X_T와 X_1에 대한 Y의 다중회귀에서 $b_{YT \cdot 1}$은 단지 X_T가 Y에 미치는 직접적인 영향만을 추정하는 것이다. 그러나 대부분의 경우 프로그램의 평가자들은 프로그램이 산출에 미치는 총합적인 영향을 추정하기를 원한다. 만일 X_T가 Y에 미치는 영향이 직접적인 영향과 아울러 간접적인 영향을 포함하는 경우에는, 다중회귀는 이에 따라 변형되지 않으면 안 된다.

먼저 계산된 $b_{YT \cdot 1}$의 값이 통계적으로 0과 다르지 않다는 검증결과가 나온

---

5) 다중결정계수 R^2의 계산과 그 의미에 대해서는 (노화준, 1990: 385~386; 401~402) 참조. 한편 $R^2_{Y \cdot T1}$에서 첨자 T는 X_T를, 1은 X_1을 나타낸다.

상황을 생각해 보도록 하자. 부분적 회귀계수가 이러한 값을 가지게 될 수 있는 밑에 깔려있는 두 가지의 모형들은 [그림 11-9]와 같다. 만일 X_1이 X_T를 선행한다면, $b_{YT \cdot 1}=0$은 일단 X_1이 제거되고 난 후에는 X_T의 변화가 Y에 아무런 영향을 미치지 않는 [그림 11-9]의 (가)와 같은 허위모형을 의미한다. 이와 반대로, 만일 X_T가 X_1을 선행한다면 $b_{YT \cdot 1}=0$은 매개변수 X_1이 프로그램의 영향을 중개하는 (나)와 같은 간접적인 인과모형을 의미한다. 이 모형에서는 X_T의 변화가 Y의 변화를 가져올 수 있다. 그러나 X_T는 X_1에 영향을 미치고 X_1이 다시 Y에 영향을 미침으로써 X_T는 간접적으로 Y에 영향을 미칠 수 있게 된다. 그러므로 일단 Y에 대한 X_1의 영향을 통계적으로 제거하게 되면, X_T에 있어서의 변화는 더 이상 Y에 영향을 미칠 수 없게 된다. 그러므로 일단 Y에 대한 X_1의 영향을 통계적으로 제거하게 되면, X_T에 있어서의 변화는 더 이상 Y에 영향을 미칠 수 없게 된다. 그러나 [그림 11-9]의 두 가지 모형의 경우에 모두 부분적 회귀계수(partial regression coefficient)는 0이 된다. 그러나 오직 허위모형에서만 $b_{YT \cdot 1}$은 프로그램 영향에 대한 올바른 추정이 된다. 진정한 모형이 간접적인 영향인 경우에 프로그램의 영향을 추정하기 위하여 $b_{YT \cdot 1}$를 사용하면, X_T는 Y에 직접적인 영향을 미치지 않는다는 것을 나타내 준다. 그러므로 총체적인 영향의 측정수단으로서의 $b_{YT \cdot 1}$은 잘못된 추정으로 이끌어 갈 가능성이 높아진다. 이와 같이 X_T가 Y에 대하여 간접적인 영향을 미칠 경우에는, $b_{YT \cdot 1}$보다는 b_{YT}가 프로그램 영향에 대한 정확한 추정치가 된다. 그러므로 이들 두 가지 모형을 구분하는 것은 평가자에게 주어진 매우 중요한 과제이다. 그리고 이들 두 가지 모형들 가운데 어느 하나를 선택할 수 있는 유일한 길은 X_T와 X_1

그림 11-9 $b_{YT \cdot 1}=0$인 경우의 두 가지 모형

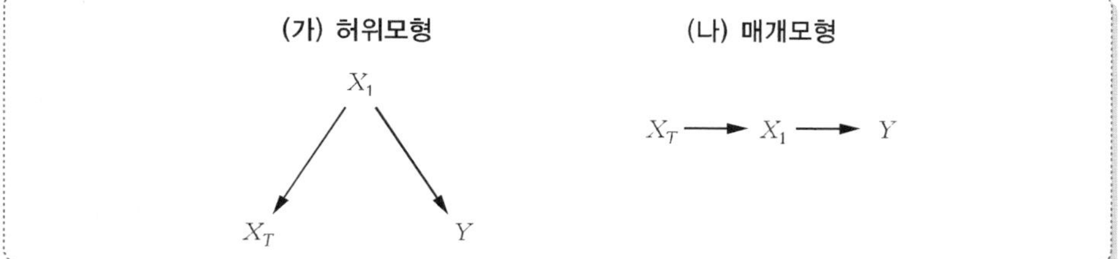

그림 11-10 X_1이 X_T를 선행하고, $b_{YT\cdot 1} \neq 0$인 경우의 모형들

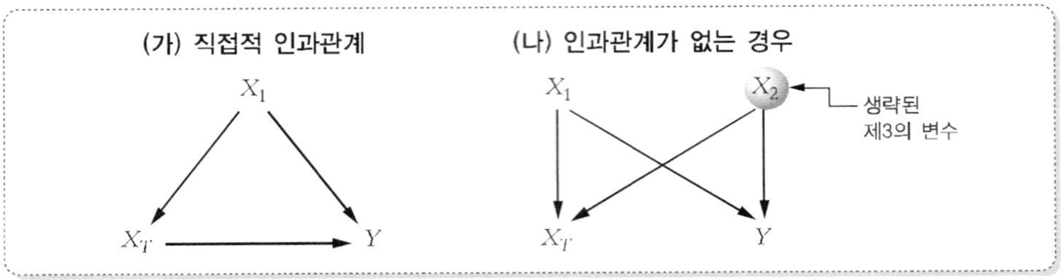

사이의 시간적 순서를 식별하는 것이다.

다음에는 $b_{YT\cdot 1}$이 통계적으로 0과 유의미하게 다른 경우를 생각해 보도록 하자. 이 경우에도 그에 대한 인과적 해석을 위해서는 X_T와 X_1 간의 시간적 선후관계에 대한 지식이 요구될 뿐 아니라, 허위변수나 혼란변수가 생략되지 않았다는 확신이 필요하다. $b_{YT\cdot 1} \neq 0$인 경우에는 네 가지의 설명이 가능하다. 만일 X_1이 X_T를 선행한다고 가정하면, 이들 네 가지의 가능성들 가운데 두 가지가 삭제되게 된다. 만일 X_1이 X_T를 선행하고, 그리고 만일 다른 허위변수나 혼란변수가 존재하지 않는다면, 평가자는 프로그램이나 처리가 가져오는 차이가 [그림 11-10]의 (가)에 보여주고 있는 직접적인 인과모형과 일관성있는 산출을 가져오도록 영향을 미친다고 추론할 수 있다. 만일 생략된 제3의 변수 X_2가 존재한다면, 평가자는 [그림 11-10]의 (가)와 아무런 효과가 없는 것을 나타내는 (나)와 같은 모형 등 두 가지 모형들 가운데 어느 것을 선택해야 할 것인지 선택하기가 매우 어려울 것이다. 만일 $b_{YT\cdot 1} \neq 0$이고, 평가자가 정책변수 X_T가 제3의 변수 X_1을 선행한다고 믿는다면, 프로그램 영향에 대한 내적 타당성이 있는 결론은 어떤 변수도 생략되지 않았다고 하는 전제에 그렇게 크게 의존되지는 않는다.

매개변수가 생략된 경우에는, 평가자는 X_T가 X_1을 선행하고, $b_{YT\cdot 1} \neq 0$인 한 프로그램(X_T)이 산출(Y)에 영향을 미친다는 것을 개략적으로 확신할 수 있게 된다. 그러나 이 경우에도 [그림 11-11]에 있는 모형들은, 만일 하나의 매개변수가 생략되는 경우에는, 프로그램의 영향이 전적으로 간접적인지, 아니면 직접적인 것과 간접적인 것이 공존하고 있는지 여부를 결정할 수 없음을 보여주고

그림 11-11 X_T가 X_1을 선행하고, $b_{YT \cdot 1} \neq 0$인 경우의 모형들

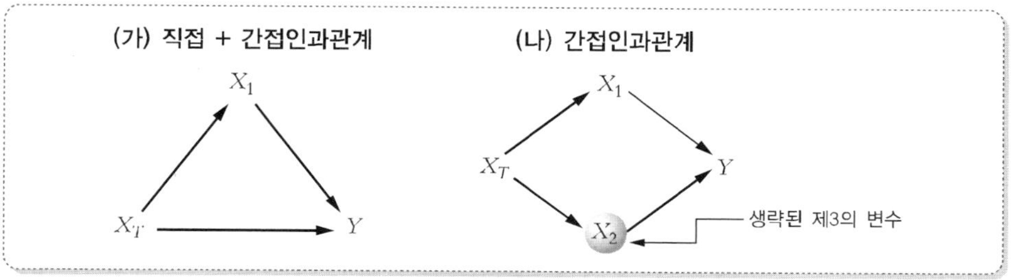

있다. 그러나 이러한 구분은 평가자가 프로그램의 총체적인 영향 가운데 직접적인 구성요소와 간접적인 구성요소들을 분리하여 추정하고자 할 때에만 중요하다. 그렇지 않은 경우에는 [그림 11-11]의 (가)의 경우이건, 또는 (나)의 경우이건, 정확한 b_{YT}가 총체적인 프로그램 영향의 적절한 추정값이 된다.

대부분의 경우, 평가자는 혼란변수와 매개변수가 혼존하는 상황에 직면하게 된다. 어느 경우에 있어서건 X_T가 미치는 총체적인 영향을 타당성 있게 추정하고자 하는 경우에는 혼란변수들을 통제하지 않으면 안 된다. 평가자가 직접적인 영향과 간접적인 영향을 분리해서 추정해야 하는 경우에 한해서, 매개변수인 제3의 변수들의 영향을 식별하고, 측정하고, 그리고 통제해야 할 것이다.

제 2 절 인과모형에 의한 평가

일반적으로 평가자들은 복잡한 원인과 효과들간의 관계를 이해할 필요가 있을 때 인과분석(causal analysis)의 방법을 사용한다. 이러한 인과분석의 방법은 평가자들에게 다음과 같은 것들을 수행할 수 있는 수단들을 제공해준다. 즉, 인과분석의 방법은 복잡한 프로그램을 모델링(modeling)하고 비전문가들에게 프로그램이 어떻게 운용되었는가 하는 것에 대한 의사전달을 가능케 해 주고, 여러 가지 대체적인 모델(alternative models)들을 검토할 수 있도록 해 주며, 직접적 및 간접적인 효과들을 연구할 수 있도록 해 주고, 프로그램 모델들을 점진적으로 수정해 나갈 수 있도록 해 줄 뿐만 아니라, 프로그램의 과정과 영향(impacts)

을 이해할 수 있도록 해 주는 이론들을 발전시키고 검증할 수 있도록 해 준다.

인과분석은 여러 가지 평가연구에 응용될 수 있다. 전형적인 예로서는 관찰된 효과가 실제로 프로그램이나 활동에 기인된 것인가 하는 원인의 탐색, 프로그램 결과의 식별과 같은 효과의 발견 및 왜 프로그램이 원래에 기대했던 것을 벗어난 영향(impact)을 미치는가 하는 것 등을 이해하기 위한 영향의 분석 등을 들 수 있다.

인과분석은 두 단계를 거쳐서 이루어진다. 첫째 단계는 인과적 모형형성(causal modeling)의 단계이고, 둘째 단계는 경로분석(path analysis)의 단계이다. 이들 가운데 인과적 모델링은 프로그램 결과와 프로그램 내외의 어떤 핵심적인 요소 및 활동들간의 가정된 원인과 결과 관계를 기술하기 위하여 사용될 수 있으며, 경로분석은 앞에서 가정된 인과적 관계를 통계적으로 분석하기 위하여 사용되고 있다.

Ⅰ. 프로그램 평가를 위한 인과모형의 작성

1. 인과모형의 의미

하나의 인과모형 또는 영향모형은 사회적 행동이나 지역사회의 조건들에 대한 규제, 수정 및 통제 등에 대한 관념들을 다음에 이들 관념들에 의하여 행동할 수 있는 가설들로 전환하고자 하는 하나의 시도이다. 일반적으로 영향모형은 정책이나 프로그램 운영의 밑에 깔려 있는 가설들로 구성되어 있다. 이들 가정들은 과거의 연구로부터 끄집어 낸 경우도 있고, 실무자들이 과거에 수행했던 업무경험을 토대로 검증되지 않은 상태에서 끄집어 낸 것일 수도 있다. 일반적으로 영향모형은 프로그램과 그의 정책목적들간에 기대되는 관계를 기술하는 형태를 취한다. 그것은 프로그램의 기획단계에서 설정했던 목적과 현존하는 행태나 조건들 간의 갭(gap)을 없앨 수 있는 전략들을 설정한 것이다. 그렇기 때문에 만일 이러한 영향모형이 없다면, 설사 하나의 프로그램이 서비스의 제공이나 프로그램 목표달성에는 성공적이라고 할 수 있을지라도 어떻게, 그리고 왜 그 프로그램이 제대로 작동하게 되었는지, 또는 좀 더 광범위한 규모로 그의 효과를 가져오게 되었는지 하는 것 등에 대해서 이해할 수 있는 기초가 없는 셈이 된다.

영향모형은 정책이나 프로그램이 대상집단에 어떠한 과정을 거쳐서 어떠한 변화나 효과를 가져오게 되었는가를 나타내는 것이기 때문에 인과관계를 나타내는 일종의 인과적 가설이다.[6]

하나의 영향모형은 인간의 행태나 사회적 조건, 또는 이들 두 가지 모두의 수정이나 변화에 대한 이론적 아이디어를 평가하고 있는 정책에 적합한 한 세트의 변수들과 이들 변수들간의 관계를 나타내는 몇 개의 구체적인 명제들로 전환시킨 것이다. 정책의 활동이나 정책의 평가연구 양자는 모두 그러한 영향모형에 기초를 두고 이루어지게 된다. 좀 더 구체적으로 말하면, 하나의 영향모형은 투입(정책 또는 프로그램)에 대한 기술, 대상집단에 대한 기술, 투입(정책 또는 프로그램)이 이들 대상집단에 가져오리라고 기대되는 변화 및 이러한 변화가 수정 또는 개선될 것으로 기대되는 행태나 조건에 어떻게 영향을 미칠 것으로 생각되는가 하는 것들에 관한 명제들로 구성되며, 이것을 결과선(outcome line)이라 부르기도 한다.

영향모형은 심리적 영향모형과 사회적 영향모형으로 구분될 수 있다(Freeman and Sherwood, 1970: 7~9). 정책의 영향이 광범위한 집단에 걸쳐서 미치게 될 때 이것을 심리적 영향이라 한다. 그러나 때로는 이들을 구분하기 어렵거나 어떤 한 정책의 영향은 이들 양자의 모두에 걸쳐서 나타날 수도 있다.

다음 [그림 11-12]는 일반적 형태의 영향모형을 나타내고 있다. 어떤 정책의 영향은 행태를 바꾸는 것에 그치는 수도 있겠으나 때로는 이러한 행태변화가 조건의 변화까지를 가져오게 되는 경우도 있다. 예컨대 경제적 인센티브가 시민들의 대중교통수단에 대한 태도를 바꾸고, 이러한 태도의 변화가 시민들 개개인의 행태의 변화를 가져오며, 이것이 다시 대중교통수단들의 활용률을 높일 때, 이러한 교통정책의 영향은 상황의 변화에까지 미치게 된 것으로 볼 수 있다.

그림 11-12 영향모형의 일반적 형태

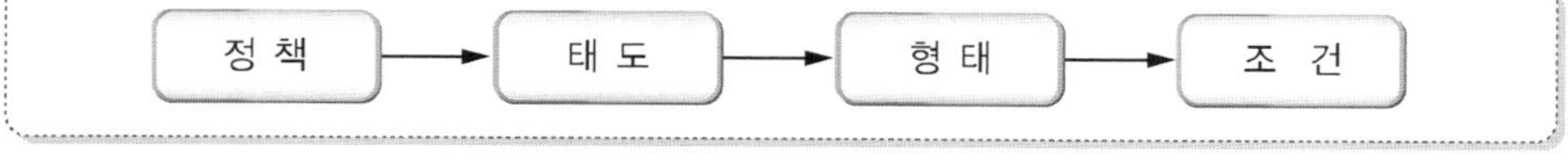

6) 인과관계에 대한 자세한 논의에 대해서는 제7장 제1절의 정책평가연구에 있어서 인과적 추론을 참조할 것.

그림 11-13 보상적 교육프로그램과 교육적 성취간의 관계를 나타내는 가상적 영향모형

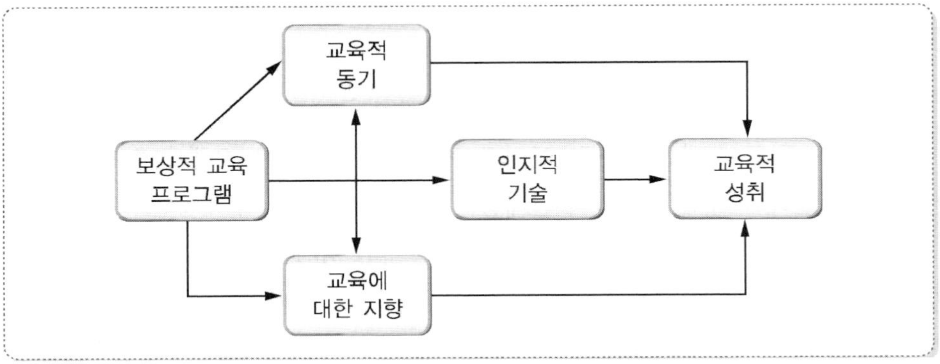

영향모형은 때로는 관련된 구체적인 변수들에 대하여 묘사하고, 변수들이 대상집단 내에서 조작되는 경계를 설정하며, 정책의 집행과 그의 효과에 대한 조작(manipulation)들간의 시간지연, 그리고 변수들간에 이론적으로 기대되는 관계들을 형성하는 것으로 구성되기도 한다(Nachmias, 1979: 10~11). 이러한 변수들간의 인과관계들은 직접적인 것일 수도 있고 간접적인 것일 수도 있으며, 리커시브(recursive)적인 관계인 경우도 있고, 비리커시브적인 관계인 경우도 있다.[7)][그림 11-13]은 보상적 교육프로그램과 교육적 성취간의 가상적 관계를 나타내는 영향모형이다. 이 영향모형에서 화살표들은 한 변수가 다른 변수들에게 영향을 미치는 경로를 나타내고 있는데, 변수들간의 영향관계가 양방관계이므로 이것은 비리커시브 영향모형이다.

또한 [그림 11-14]는 직접적 영향과 간접적 영향이 최종 산출물에 미치는 일반적인 사회적 영향모형을 예시한 것이다(Olsen and Merwin, 1977: 43~61). [그림 11-14]의 영향모형은 정책이 직접적인 영향과 간접적인 영향을 거쳐서 최종의 산출물을 가져오게 되며, 이 과정에서 영향들간의 상호작용이 최종적인 전체적 영향의 크기, 강도 및 방향을 결정하는 데 중요한 역할을 한다는 것을 나타내 주고 있다.

7) 리커시브 모형은 인과모형에서 그 영향관계가 일방통행적인 경우이며, 비리커시브 모형은 그들 영향관계가 양방향적인 경우이다.

그림 11-14 일반적인 사회적 영향모형

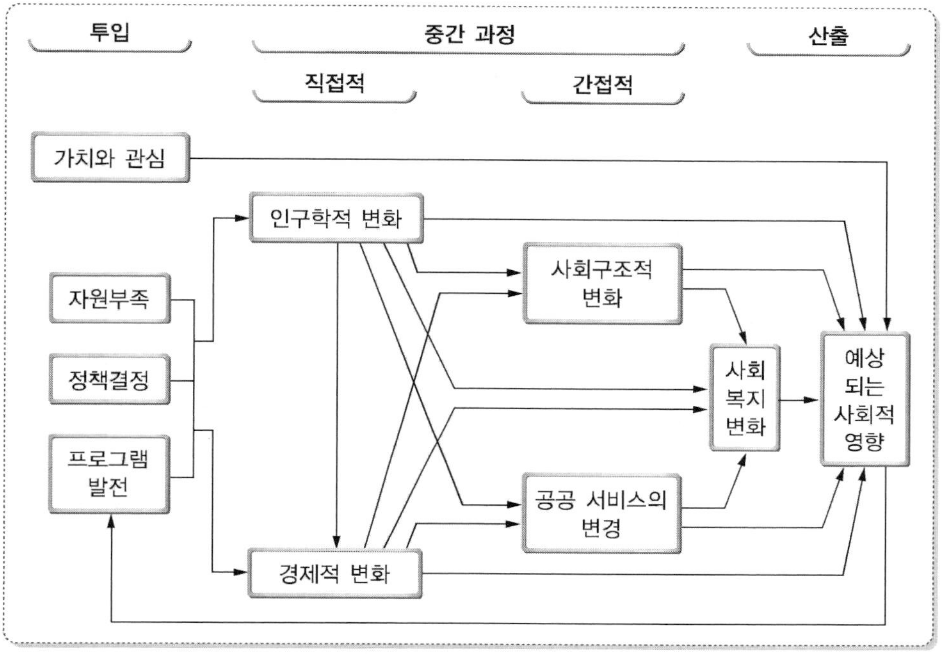

2. 인과모형의 작성절차

인과모형은 (1) 한정된 수의 변수의 선정, (2) 변수들간의 인과적 관계에 대한 가정(assumptions)의 설정, (3) 모형의 적절성에 대한 검토 등의 절차에 따라 작성된다.

(1) 연구할 변수의 선정

일반적으로 인과모형에 포함될 변수들은 평가과정에서 연구를 진행하는데 관심이 있는 것들이 된다. 이들 연구과정에서 관심이 있는 여러 가지 변수들 가운데 구체적으로 어느 변수를 선택하느냐 하는 것은 그들 변수들의 측정가능성, 자료를 수집하는데 소요되는 비용 및 연구자가 관련된 주제에 대하여 사전에 알고 있는 지식 등에 의하여 결정된다. 그러나 대부분의 연구는 시간과 자원의 제약을 받기 때문에 현실적으로는 넓은 범위에 걸쳐서 탐색하기보다는 몇 개의 제한된 소수의 적절한 변수들에 초점을 맞출 때 더욱 연구의 성과가 크게 될 것이

그림 11-15 매개변수 분석모형

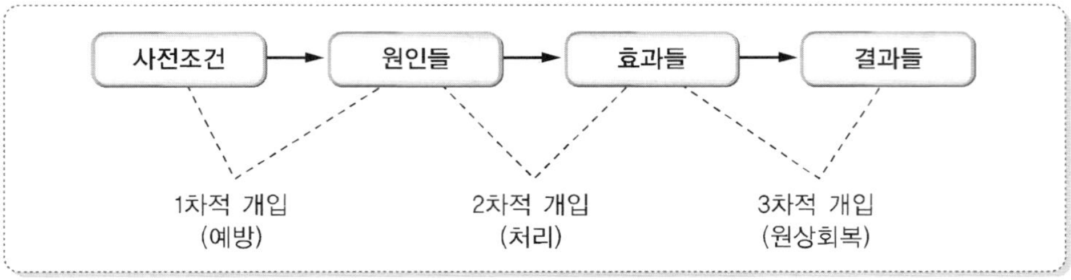

다(Weiss, 1972: 47).

이와 같이 평가연구에 가장 적절한 몇 가지 변수들을 선택하기 위해서는 평가의 초점 또는 "참고양식"(reference mode)을 결정하고, 이들 "참고양식"에 따라 기본이 되는 관련된 변수들을 구체화하여야 한다.

(가) **평가초점의 설정** 여기서 "참고양식"(reference mode)이란 독해력이 부족한 학생들의 성적을 향상시키기 위해서 실시하는 가정방문 프로그램에서 교사가 학생들의 가정을 방문하는 기간이 바로 "참고양식"이 된다. 즉 어떤 진행되고 있는 프로그램에서 측정한 기간을 "참고양식"이라고 부른다(Rander, 1973: 247~248). 인과모형을 작성할 때 포함된 효과들은 이러한 "참고양식" 또는 평가의 초점을 설정하는 것으로부터 시작된다.

대부분의 프로그램들은 어떤 바람직하지 않은 효과를 방지하거나 바람직한 효과를 가져오도록 북돋기 위해서 실시하는 정부개입(government intervention)이다. 이러한 점에서 프로그램은 일련의 사건의 연쇄(chain of events)과정의 어느 고리에 간여하도록 설계되어 있다. 이들 사건의 연쇄과정에서는 세 가지의 중요한 원인과 효과의 하위그룹들이 있는데, 이들은 사전의 조건(precondition)과 인과변수간의 관계, 원인과 효과간의 관계 및 효과와 결과(consequences)변수간의 관계 등이다(Suchman, 1967: 173). 위의 [그림 11-15]는 이러한 매개변수분석모형을 나타내고 있다.

예컨대 대부분의 교육프로그램들은 앞의 [그림 11-15]에 나타나고 있는 2차적(二次的) 개입, 다시 말하면 무지와 미숙련의 효과를 감소시키기 위한 교육 및 훈련프로그램들을 강조하고 있다. 그러나 최근에는 그 외에도 1차적 및 3차적 개입을 강조하는 경향이 증가하고 있다. 즉 3차적 개입인 교육 및 훈련프로그램들은 직업을 구할 수 없는 것과 같은 교육부재에 따른 결과들(consequences)을 감소시킬 수 있도록 설계되어 있다. 또한 일차적 개입인 취학 전 교육프로그램들은 교육의 성취도를 저하시키는 원인이 될 수도 있는 영양의 결핍과 같은 환경적 장애요인들의 개선에 중점을 두고 있다.

위에서 보는 바와 같이, 무엇이 독립변수(원인)이고 무엇이 종속변수(효과)인가 하는 것은 이러한 인과적 고리들 가운데 어떤 부분을 연구하기 위한 대상으로 선택하였느냐 하는 것과 관련된 것이다. 이러한 선택은 물론 연구의 목적, 특히 연구결과의 사용자가 누구냐 하는데 따라 영향을 받는다. 그러나 어떠한 경우이든 이러한 연구의 초점, 즉 "참고양식"의 선택은 인과모형작성의 방향을 결정하는 첫걸음이 될 것이다.

(나) **중요한 변수들의 구체화** 연구의 초점이 결정되고 나면 다음 단계는 모형작성에 포함될 구체적인 변수가 무엇인가를 탐색하는 단계이다. 이 단계에서는 시스템모형(system model)을 생각하면 도움을 받을 수 있다. 일반 시스템모형은 투입, 과정, 산출 등 세 가지 유형의 변수들에 초점을 둔다.

프로그램 투입(inputs)은 내적인 요소와 외적인 요소들로 구분해 볼 수 있는데 내적인 요소는 예산조달, 인력충원, 법적 또는 규제적 요구사항, 고객 등이고, 외적인 요소들은 정치적, 경제적, 사회적 및 물리적 요소 등이다.

한편 시스템의 과정인 프로그램 활동들은 공식적이고 계획된 활동, 비공식적이고 계획되지 않은 활동들을 포함하게 된다. 그리고 시스템의 산출인 프로그램의 결과들은 단일 혹은 복수의 산출, 의도된 산출과 의도되지 않은 산출, 단기적인 산출과 장기적인 산출, 긍정적인 산출과 부정적인 산출 등 여러 가지 형태를 띠게 된다.

평가자는 이상에서 살펴본 바와 같은 가능한 광범위에 걸친 변수들을 검토한 다음 연구하는 시점에서 이용가능한 변수들 가운데 가장 적절하다고 생각되는 변수들을 선택하게 된다. 이 과정에서는 관련된 문헌들을 최대한 참고하고, 프로그램을 담당하고 있는 담당자, 과거에 발간되었던 프로그램의 진척상황에 대한 보고서, 과거에 수행되었던 평가연구, 그리고 이와 유사한 프로그램을 시행하였던 곳에서 발견된 유사한 효과를 가져왔던 원인 등을 참조하여 중요한 개념이나 변수들을 추출하고, 이들 변수들을 연계(link)시키는 이론적 명제들에 따라 이들 변수들의 조합을 만들어 본다면 큰 도움을 얻을 수 있다.

(2) 변수들간의 인과적 관계에 대한 가정의 설정

인과모형에 포함될 중요한 변수들이 식별되고 나면, 다음 단계는 변수들간의 가능한 원인과 결과간의 관계를 식별해 내는 단계이다. 이 과정에서는 화살표를 이용하여 직접 원인과 결과를 나타내는 그림을 그려보면 큰 도움을 얻을 수 있다. 이 과정에서는 앞의 [그림 11-13]에서 살펴본 바와 같은 화살표 방향이 양방향으로 나타나 있는 비리커시브모형을 작성해 볼 수 있고, 앞의 [그림 11-14]에서 볼 수 있는 바와 같은 리커시브모형을 작성해 볼 수도 있다. [그림 11-16]은 앞의 일반 시스템 모형에서 살펴본 바와 같은 투입, 산출 및 과정 등을 사용하여 프로그램의 맥락에서 인과관계도를 작성해 본 것이다.

[그림 11-16]은 일종의 비리커시브적인 인과모형으로서 장기적으로 볼 때 프로그램의 결과가 다시 시스템의 내적요인 및 외적요인들에 환류되는 것을 상정해 본 것이다. 그러나 단기적인 프로그램의 효과분석에서는 프로그램의 결과가 가져오는 영향(impacts)이 환류되는 것을 생각하지 않는 리커시브적 인과모형을

그림 11-16 프로그램의 맥락에서 본 변수들간의 인과관계

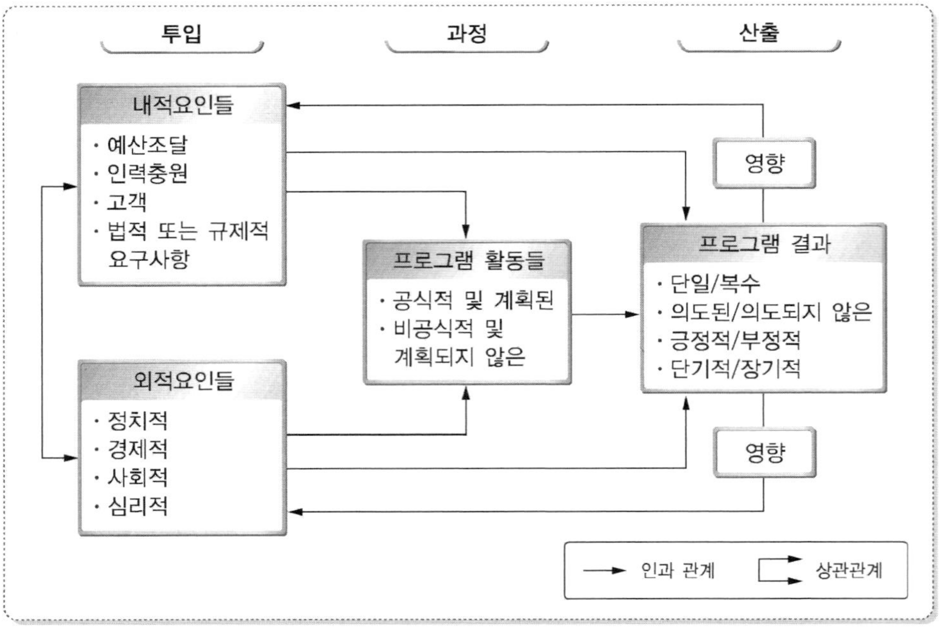

작성한다면 분석이 더욱 용이해 질 것이다.

인과분석에서는 주로 리커시브모형을 활용하고 있는데 변수들간의 관계가 리커시브모형인 인과모형이 되기 위해서는 다음과 같은 가정들을 도입하고 있다(Simon, 1971: 9~11).

첫째의 가정은 어떤 변수는 다른 변수에 직접적으로 의존되지 않는다는 선험적 가정이며, 때로는 이 가정은 사건에 대한 시간적 선후관계에 대한 지식에서 오기도 하고, 어떤 이론에서 도출되기도 한다.[8)]

둘째의 가정은 오류들(e_i)은 서로 상관과계가 없을 뿐 아니라 모형 내의 타변수들과도 관계가 없다고 하는 선험적인 가정이다. 만일 오류항 e_i와 e_j가 관계가 있다고 한다면, 이는 X_j와 X_i에 공통적으로 영향을 미치는 제3의 다른 체계적인 외부변수가 e_i와 e_j에 내재되어 있다는 것을 의미한다. 만일 이 내재된 체계적 외부변수의 영향이 큰 경우에는 이것을 제4의 변수로 끄집어 내어 명시적으로 구조방정식모형에 포함시켜야 한다. 그리고 오류항 내에 모형에 명시적으로 포함된 변수들에 직접적으로 영향을 미치는 공통적인 요인들의 수가 많으면 많을수록 이들을 모두 명시적으로 구조방정식모형에 포함시켜야 하기 때문에 그 모형에 포함될 명시적인 변수의 수는 계속 증가될 것이며, 또 만일 이들을 포함시키지 않을 경우에는 인과모형으로서의 타당성은 크게 의문시되게 된다.

이러한 기본가정들 이외에도, 경로분석모형의 응용을 위하여 도입하고 있는 추가적인 가정은 모형에 있는 변수들간의 관계가 선형적이고 가법적이라는 것이다(Kerlinger and Pedhazur, 1973: 309). 따라서 비선형이며 승법적인 관계는 제외되고 있다.

다음 [그림 11-17]은 가상적인 교도소 가석방과정을 나타내는 부분적인 인과모형이다(GAO, 1982: 14~15).

8) 여기서 말하는 이론은 변수들간의 인과적 우선순위결정을 가능케 해주는 partial theory를 말한다. 이에 대한 논의에 대해서는 (Heise, 1969: 50~52) 참조.

그림 11-17 가상적인 교도소 가석방과정 모형

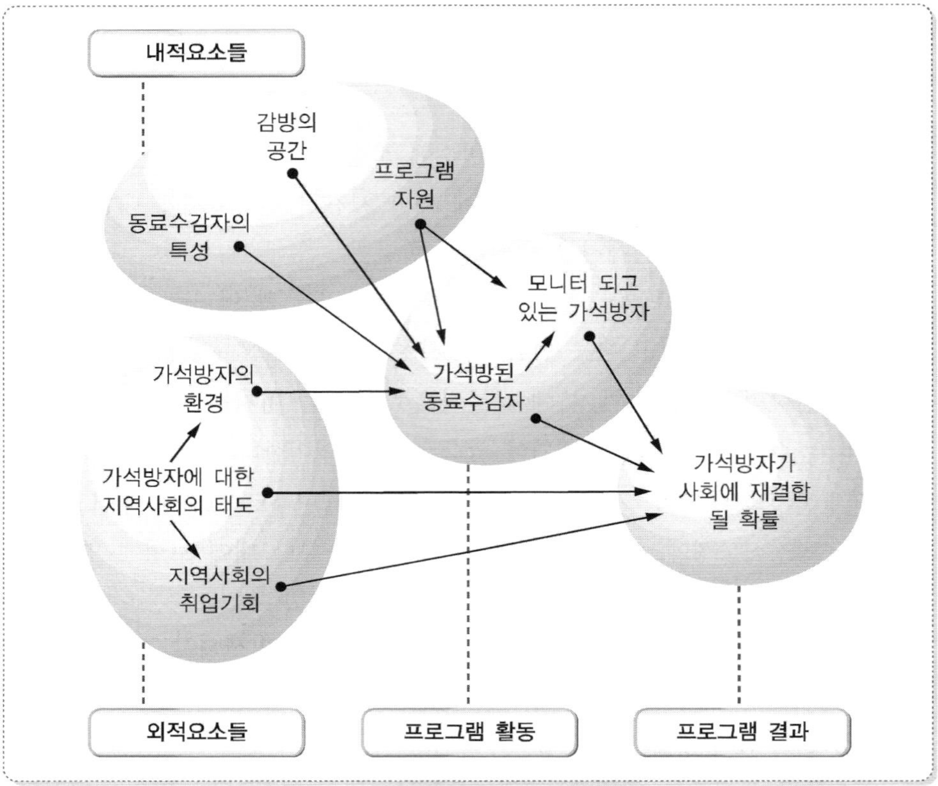

(3) 모형의 적절성에 대한 검토

이미 제7장의 인과관계의 개념에서 설명한 바와 같이, 독립변수 X가 종속변수 Y의 원인이 되었다고 결론을 내리기 위해서는 X가 Y에 대하여 시간적으로 선행하고 있는가, X와 Y가 서로 관계를 맺고 있으며, 이러한 X와 Y간의 관계는 우연히 이루어진 것인가 또는 어떤 다른 요인들에 의하여 이루어진 것이 아닌가 하는 것들을 검토해 보아야 한다. 따라서 앞의 두 단계를 통하여 작성한 변수들간의 인과관계를 나타내는 인과모형도 이러한 검토사항들에 비추어 검토함으로써 모형의 적절성 여부를 검토하여야 하는 것이다. 이러한 인과모형의 적절성을 검토하는 방법 가운데 하나가 경로분석(path analysis)방법이다.

Ⅱ. 경로분석

경로분석(path analysis)은 인과모형에 포함된 변수들간의 연계관계의 크기를 추정하기 위한 통계적 방법이다. 이 방법도 반드시 그런 것은 아니지만 인과적 모델링과 같이 사용되는 것이 일반적이다. 이 분석은 평가자로 하여금 변수들간의 가설적인 관계를 더 잘 이해할 수 있도록 해 주고, 또한 이들 변수들간의 관계를 수정할 수 있도록 해주는 정보를 평가자에게 제공해 주기도 한다.

1. 경로분석의 의미

경로분석은 변수들간의 직접 및 간접적인 인과적 관계들(causal association)의 강도를 결정하기 위한 한 세트의 절차이다. 이것은 (1) 좀 더 규모가 큰 인과모형의 일부분을 이루는 변수들간의 관계를 나타내는 관계도(diagram)를 그리고, (2) 가정한 인과적 관계들의 크기를 계산해 내며, (3) 가정들(assumptions)을 분석하고 수정하고, (4) 최종적인 경로도를 해석하는 과정들을 포괄한다.

경로분석은 회귀분석방법을 반복적으로 사용함으로써 변수들간에 존재할 것으로 상정하고 있는 인과관계의 크기를 추정해 낸다.[9]

또한 이 경로분석은 인과모형이 전체적으로 얼마만큼 효과를 설명해줄 수 있는가 하는 전반적인 모형의 설명력의 추정을 가능하게 해 주고, 변수들간의 간접적인 인과적 영향의 크기를 추정가능하게 해 주며, 나아가서는 변수들간의 관계가 유의미하지 않은 경우 이것을 수정할 수 있도록 해 준다.

다음 [그림 11-18]은 교사훈련 프로그램의 효과를 평가하기 위하여 경로분석을 사용하고 평가한 결과를 예시하고 있는 것이다. 이 경로도에서 훈련, 교사의 연령, 성별, 학급규모 등은 외생변수이고, 과업완수에 대한 교사의 지향은 내생변수이다. 한편 화살표상에 나타나고 있는 숫자들은 경로계수(path coefficients)들을 나타내고 있는데, 플러스(plus)숫자는 한 변수의 값이 증가하면 영향을 받는 변수의 값은 증가하는 양(陽)의 영향관계를 나타내고, 마이너스(minus)숫자는

9) 이러한 경로분석에 대한 자세한 절차와 활용방법에 대해서는 (Kerlinger and Pedhazur, 1973: 309~318) 참조.

그림 11-18 교사훈련 프로그램의 평가

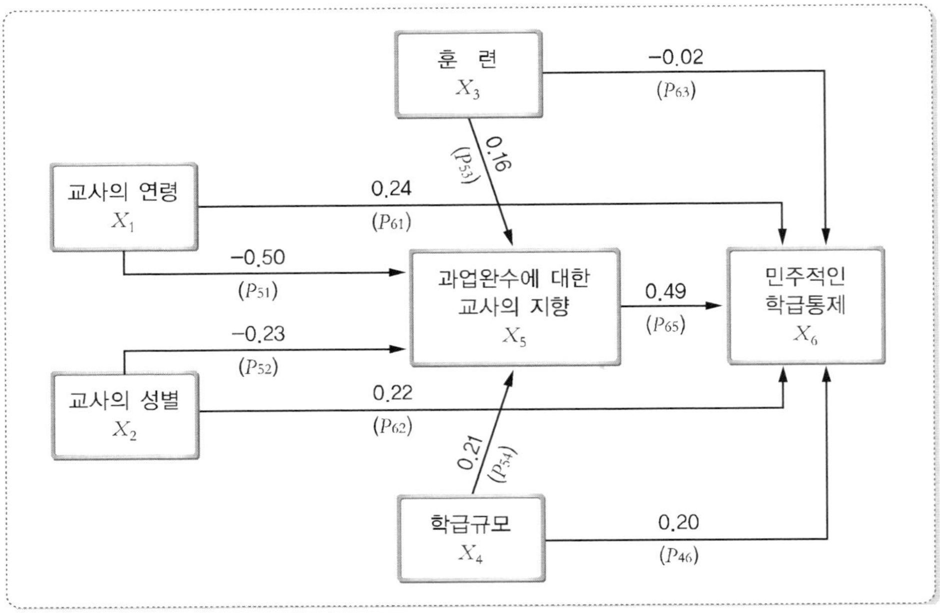

주: P_{ji}는 경로계수이며 i는 영향을 미치는 변수, j는 영향을 받는 변수를 나타냄.

한 변수의 값이 증가하면 다른 영향을 받는 변수의 값은 감소하는 음(陰)의 영향 관계를 나타낸다(Smith and Murray, 1978: 15).

2. 모형의 검증과 재구성

정책평가연구의 목적 가운데의 하나는 이론에서 도출한 변수들간의 가설적 관계에 대한 모형을 검증하고, 관찰된 자료와 일관성을 가진 모형을 발전시킴으로써 궁극적으로 규범적 이론을 수정하고 발전시키는 것이다.

경로분석에 있어서 변수들간의 관계에 대한 인과모형의 검증은 두 단계를 거치게 된다.

첫째 단계는 경로모형의 직접적인 영향의 경로를 나타내는 경로계수 P_{ji}가 통계적으로 유의미한가 하는데 대해서 검증하는 단계이다. 이것은 회귀모형에서 회귀계수를 검증하는 절차와 동일한 방법을 사용한다. 다시 말하면 경로계수 하나하나에 대하여 t검증을 사용하여 만일 경로계수 P_{ji}가 유의수준 0.05 또는

0.01(이것은 연구자의 목적에 따라 설정)에서 그 영향이 0이라고 하는 귀무가설이 기각될 수 있다면, 변수 i가 변수 j에 어떤 직접적인 영향관계를 가지고 있다고 볼 수 있으며, 그렇지 않고 그 귀무가설이 받아들여진다면 P_{ji}는 0이라고 결론지을 수 있다. 이 경우에는 변수 i가 변수 j에 미치는 영향은 모두 간접적인 것이라고 볼 수 있다. 만일 후자의 경우와 같이 변수 i가 변수 j에 미치는 영향이 모두 간접적이라고 판단되면 이 경우에는 변수 i에서 변수 j에 이르는 경로는 삭제될 수 있고, 이러한 경로계수에 대한 검증을 통하여 변수들간의 인과관계에 대한 좀 더 간략한 영향모형을 발전시킬 수 있게 된다. 그러나 관찰된 표본의 수가 증가하게 되면 P_{ji}의 값이 작은 경우에도 항상 유의미하다는 검증결과가 나오는 경향을 띠게 되므로 통계적인 유의성의 검증기준에 대해서 많은 의문이 제기되지 않을 수 없다.[10] 이러한 결점을 보완하기 위하여 경로계수의 값이 0.05 이하인 경우, 이러한 경로계수는 유의미하지 않은 것으로 보아야 한다는 판단의 기준도 제안되고 있다.

둘째 단계는 유의미하지 않은 영향경로를 삭제하고, 새로 발전시킨 경로모형이 유의미한가를 검증하는 단계이다. 만일 경로모형에 포함된 변수들간의 상관관계 매트릭스를 R이라 한다면, 이 단계에서의 모형의 검증의 초점은 유의미하지 않은 영향의 경로들을 삭제하고 새로 발전시킨 인과모형의 경로계수들을 사용하여 모형내에 있는 변수들간의 상관관계 매트릭스 R을 재작성하였을 때, 이것이 원래의 그것과 유의미한 차이가 있느냐 또는 없느냐 하는 것이다. 만일 유의미한 차이가 없다면, 자료에 있는 상관관계의 패턴은 좀 더 단순화된 인과모형과 일관성을 가지고 있다고 결론을 내릴 수 있다. 이때 원래의 상관관계(R) 매트릭스와 새로운 상관관계 (R) 매트릭스가 유의미한 차이가 있는지 여부를 판정하는 기준은, 상관관계(R) 매트릭스에 포함된 변수 i와 변수 j들의 원래의 상관관계의 값과 새로 구한 상관관계 값의 차가 어떤 일정한 기준, 예컨대 0.05보다 작은지 또는 큰지 여부와, 또 상관관계(R) 매트릭스 속에 이와 같이 큰 차이가 있는 것의 수가 얼마나 포함되어 있느냐 하는 것이다(Kerlinger and Pedhazur, 1973: 317~318).

10) 이러한 결점을 보완하기 위하여 통계적인 기준과 동시에 이론적인 유의미성을 판단의 기준으로 하여야 한다는 의견도 제시되고 있다. (Heise, 1969: 50~52) 참조.

만일 변수들간의 상관관계(R) 매트릭스에 포함된 변수들간의 상관관계 중 원래의 상관계수와 재생된 상관계수의 차가 큰 것이 극히 적게 포함되어 있으면 이 새로운 R 매트릭스는 일관성있는 모형이라고 결론지을 수 있다.

제3절 포괄적 통제와 잠재적 통제에 의한 평가

포괄적 통제와 잠재적 통제는 비교적 용이하게 사용할 수 있는 영향평가의 방법이며, 무작위배정에 의한 진실험적 평가나 축조된 통제집단에 의한 통제 또는 재귀적 통제에 의한 준실험적 평가보다 실시하는데 비용이 적게 들고, 짧은 시간 내에 수행할 수 있는 방법이기 때문에 가장 널리 이용되고 있는 방법들에 속한다. 그러나 많은 경우, 포괄적 통제와 잠재적 통제에 의한 영향평가는 다른 통제의 방법들에 의한 영향평가가 어려운 경우에 사용되는 경우가 대부분이다.

Ⅰ. 포괄적 통제에 의한 평가

포괄적 통제(generic control)는 정책을 집행한 대상집단과 유사한 집단에 이러한 정책을 집행하면 이러이러한 변화가 일어날 것이라고 기대하는 전형적인 규범 또는 목표 등과 같이 프로그램의 산출결과와 비교하기 위하여 사용되고 있는 사회적 과정에서 설정된 척도(尺度), 예컨대 공표된 테스트 규범(test norms)과 비교하여 집행한 정책이 효과가 있었는지 여부를 판단하는 평가방법을 말한다. 그 사회에 전형적인 사망률, 남녀간의 성별 비율, 여러 직종에 있어서 학력별 근로자들의 비율 및 이들을 기초로 유도된 여러 가지 응용비율 등에 비교하여 정책의 효과를 평가하는 것이 포괄적 통제에 의한 평가의 예들이다. 교육분야에 있어서는 표준학력검정의 규범 등에 비교하여 평가하는 것이 포괄적 통제에 의한 평가의 예가 될 것이다. 포괄적 통제에 의한 평가는 이와 같이 대상집단에 일어난 프로그램의 효과를 위와 같이 이미 사회적 표준으로 설정된 규범과 비교하여 판단하는 것을 말한다(Rossi and Freeman, 1985: 279~281).

사회프로그램의 영향평가에 있어서는 포괄적 통제의 방법을 적용하기가 어려운 경우가 대부분이다. 그 중요한 이유는 사회과정이나 인간과정에서는 어떤 특정한 상황이나 국면과 관련된 변화의 표준을 설정하기가 어렵기 때문이다. 예를 들면, 화학이나 공학 등에서는 여러 가지의 다양한 물리적 과정들(physical processes)에 대한 표준화된 값(수치)들을 제공하는 핸드북(handbook)을 만들어 발간할 수가 있다. 그러므로 예컨대 공업화학자는 여러 가지 연료의 BTU(British Thermal Unit)값을 측정할 필요가 없는 것이다. 왜냐하면 이미 여기에 관한 핸드북들이 발간되어 있기 때문이다. 그러나 사회과학분야의 연구자들을 위해서는 이에 필적할 만한 핸드북이 거의 없는 실정이다. 이와 같이 사회과학분야에 있어서는 표준화된 규범으로 설정된 것들이 그렇게 많지 않다는 것이 사회프로그램의 영향을 평가하는 데 있어서 포괄적 통제방법을 이용하는데 대한 큰 제약이 되고 있다. 그러므로 다른 유형의 통제의 방법이 이용되기 어려운 특수한 상황 이외에는 포괄적 통제를 사용하는 것을 가급적 피하여야 할 것이다. 그리고 불가피하게 사용하는 경우에도 전형적인 표준이 설정된 경우 등에 한정하며, 이 경우에도 그 해석 등에 많은 주의를 기울여야 할 것이다.

Ⅱ. 잠재적 통제에 의한 평가

대부분의 사회프로그램에 있어서는 어떤 포괄적 통제를 위한 표준을 찾기가 매우 어려운 것이 사실이다. 예를 들면, 직업훈련, 소득지지 또는 상담프로그램 등에 있어서 어떤 표준이 되는 규범이라는 것이 존재하고 있지 않은 것이다. 그러나 여러 가지의 사회서비스 분야에는 어떤 프로그램의 산출결과가 현저한 순영향(net effects)을 가져 온 것으로 보아도 좋을 만한 충분한 증거가 되는지 여부를 추정하는데 준거할 만한 전문적인 지식을 가진 전문가들이 존재하고 있다. 뿐만 아니라, 프로그램에 참여하고 있는 참여자들에게도 당해 프로그램이 그들에게 유의미한 영향을 미쳤는지 여부를 평가해 보도록 함으로써 프로그램의 영향을 추정해 볼 수도 있다. 이와 같이 프로그램의 영향을 추정하는데 있어서 전문가들이나 프로그램을 집행하는 행정가들, 또는 프로그램에 참여하는 참여자들의 판단에 의존하는 것을 잠재적 통제(shadow control)라 한다. 이는 이들 잠재적 통제의 방법들이 실질적인 증거가 되는 기초가 일반적으로 결여되어 있다고 하는 사실을 반영하여 붙여진 이름이다.

1. 전문가의 판단

전문가의 판단이 잠재적 통제로서 사용될 경우, 이러한 판단의 가치는 문제가 되고 있는 전문가들의 기술과 지식에 크게 의존하게 된다. 그러므로 먼저 전문가의 판단에 의하여 프로그램의 영향을 판단하고자 하는 경우에는 그 분야에 깊은 지식을 가진 전문가들을 확보하는 것이 선결조건이 될 것이다.

만일 전문가들의 판단이 프로그램의 영향의 추정에 사용되는 경우에는 그것이 사용된다는 것을 명시적으로 나타내는 것이 필수적인 요건 가운데의 하나이다. 그리고 전문가들의 판단이 이루어지게 된 기초(bases)가 가능한 한 완전하게 기술되어야 한다.

전문가들의 판단에 의한 평가의 가치는 다음과 같은 두 가지의 고려사항에 의하여 달라지게 된다(Rossi and Freeman, 1985: 308~310). 첫째, 해당되는 분야에 대한 전문가의 지식의 수준이다. 만일 어떤 한 분야에서 어떤 특정한 하나의 산출결과를 가져오는데 관한 지식이 고도로 발전되어 있는 경우라면, 한 사람의 전문가의 판단은 매우 정확하다고 볼 수도 있다. 그러나 해당되는 분야의 지식발전의 수준이 그렇게 높지 못한 경우에는 하나의 특정한 프로그램의 효과성에 대한 한 전문가의 판단은 다른 보통사람의 판단 이상으로 가치가 있는 것이 되지 못할 것이다. 전문가는 또한 유사한 프로그램에 대한 좀 더 체계적인 평가를 포함하는 많은 다른 평가에서 발견된 사항들에 대해서도 숙지하고 있지 않으면 안된다. 둘째, 프로그램의 관리자들은 가능한 한 프로그램의 가장 좋은 점만을 보여주려고 노력한다는 사실을 알고 있어야 한다. 그러므로 프로그램이 집행되고 있는 현장을 전문가가 답사한다는 것이 공지되는 경우, 현장답사에서 관찰되는 것은 다른 어떠한 때보다도 가장 좋은 상태에 있는 것일 것이라는 점을 감안하여야 할 것이다.

전문가의 판단에 의한 평가는 많은 경우, 앞에서 기술한 바와 같이 선택된 전문가의 지식수준과 자질에 의하여 크게 영향을 받게 되므로, 전문가가 해당되는 분야의 지식을 마스터하고 있는지, 그리고 의사소통의 장벽을 극복할 능력을 소지하고 있는지 여부 등을 깊이 고려하여 적절한 전문가를 선택하도록 해야 할 것이다. 그리고 전문가들은 그들의 판단을 내리기 전에 최소한 다음과 같은 소스의 자료들을 면밀히 검토하여야 할 것이다.

(1) 행정적 기록에 관한 자료

전문가는 다음과 같은 주제에 관한 행정기록들로부터 정보를 추출하여야 한다.

① 프로그램의 규모
② 선택된 참여자의 유형
③ 참여자의 탈락
④ 참여자들의 프로그램 이후의 경험
⑤ 프로그램을 완전히 끝낼 때까지의 참여자 한 사람당 비용
⑥ 프로그램을 집행하기 전과 후에 참여자에게 일어난 프로그램 목표에 적합한 변화

(2) 프로그램 운용에 대한 관찰

전문가는 프로그램이 실제로 집행되고 있는 현장을 직접 관찰하여야 한다.

(3) 참여자들과의 면접

현재 프로그램에 참여하고 있는 사람 및 전에 프로그램에 참여했던 사람들을 대상으로 비공식적인 면접을 실시해야 하는데, 그 대상자들 가운데 일부는 자발적으로 프로그램에 참여했던 참여자들이어야 한다. 면접에서는 다음과 같은 사항들이 주로 질문되어야 한다.

① 참여자들의 선발과정
② 참여자들의 참여동기
③ 프로그램에 대한 참여자들의 만족도
④ 프로그램 목표를 향한 참여자들의 진전 등

(4) 적절한 상황(context)하에서의 면접

프로그램이 집행되고 있는 지역의 해당 지방공무원들, 경쟁관계에 있는 프로그램의 집행자, 프로그램과 관련된 중요한 지방관서의 집행관리자들, 해당지역의 지방유지나 그 지방의 유력한 기관의 대표자 등에 대한 비공식적인 면접을

하여야 하는데, 여기에 포함될 사항들은 다음과 같다.

① 프로그램의 값어치

② 프로그램이 지역사회에 대하여 도움이 된다고 보는가 또는 위협이 된다고 보는가 하는 데 대한 견해

③ 전시기간이 끝난 후에도 프로그램이 계속되기를 희망하는지의 여부 등

물론 전문가들의 판단에 의한 프로그램 영향의 판단은 여러 가지의 약점이 있는 것도 사실이나, 어떤 경우에는 이 방법만이 사용될 수 있는 유일한 방법이기 때문에 불가피하게 사용하여야만 하는 상황도 있는 것이다. 프로그램을 전 모집단에 일률적이며 장기적으로 실시하고 있을 뿐 아니라, 통제집단을 사용한 종합적인 영향평가를 실시하기에는 비용과 시간이 극히 제한되어 있는 경우나, 또는 실질적으로 통제집단을 사용하는 평가연구가 실시되기 어려운 경우에는 전문가에 의한 판단의 방법을 차선책으로 사용하게 된다.

2. 프로그램 집행자의 판단

프로그램을 실제로 집행하고 있는 집행자들은 프로그램의 집행과정과 대상자들에게 일어나고 있는 변화를 가장 가까이에서 구체적으로 관찰할 수 있는 위치에 있는 사람들이다. 그렇기 때문에 이들에게 프로그램이 그의 목표를 충족시키는 방향으로 진전해 나가고 있는지에 대하여 일상적으로 질문을 하게 마련이고, 이를 토대로 프로그램의 효과를 판단하는 것도 효과판단의 하나의 방법으로 받아들여지고 있다. 그러나 대부분의 경우, 프로그램 집행자들의 보고에 의해서 영향을 평가하는 데에는 여러 가지 문제점 내지는 의문점이 제기되고 있다.

첫째, 프로그램의 집행자는 사업의 일상적인 운용에 책임을 지고 있기 때문에 영향의 평가에 많은 시간을 할애하거나 주의를 기울일 여유가 별로 없을 뿐만 아니라, 영향평가에 필요한 적절한 기술적인 자격도 결여되어 있는 경우가 대부분이다. 그러므로 최선의 상황하에서 판단에 의한 영향의 평가를 실시하기가 어려울 것이다. 둘째, 정상적으로 실시되는 영향평가에 있어서 귀무가설은 프로그램이 아무런 효과도 없다는 것이고, 프로그램 집행자를 가이드하는 사업의 지침은 이 사업이 참여자들에게 중대한 효과를 가져온다는 것이다. 프로그램의 집행자가 이들 두 가지의 가설들을 동시에 가지고 집행의 현장에 임하리라고 생각하

는 것은 비현실적인 것이다. 셋째, 프로그램의 집행자가 가급적이면 프로그램의 좋은 면만을 부각시키고, 부정적인 효과에 대한 정보를 적극적으로 차단하려는 경향을 가지게 될 것이라고 생각하는 것은 극히 자연스러운 것이다.

그러므로 프로그램 집행자의 판단으로부터 얻을 수 있으리라고 기대할 수 있는 최선의 것은 프로그램의 집행절차에 대한 정확한 기술 정도가 될 것이다. 그러므로 평가자는 프로그램의 집행자들로부터 사업에 대한 신뢰할 수 있는 통계자료와 행정기록 등을 얻는데 더 노력하여야 할 것이다.

3. 프로그램 참여자들의 판단

프로그램에의 참여자들은 프로그램이 제공하는 서비스의 수혜자들이기 때문에, 이들 참여자들이 프로그램에 의하여 얼마나 서비스를 잘 받았으며, 만족하고 있느냐 하는 것은 프로그램의 효과에 대한 좋은 척도의 하나가 될 것이다. 이러한 평가의 방법을 사용하면 많은 유용한 정보를 얻을 수 있기 때문에 민본행정을 구현한다는 측면에서는 바람직한 평가방법의 하나라 할 수 있다(허범, 1983: 273~290). 그러나 사회과학자들이 얻으려고 하는 것과 같은 프로그램의 순효과(net impact)를 추정하는데 이러한 방법이 크게 도움이 되리라고 생각하기에는 많은 제약이 있다. 왜냐하면 프로그램에 참여하는 어느 특정개인들이 만일 프로그램에 참여하지 않았더라면 어떤 특정한 일이 일어났을 것이라든지, 또는 일어나지 않았으리라는 것을 상상력을 발휘하여 평가하기란 매우 어려운 일이기 때문이다. 또한 순효과의 추정은 비교에 의하여 더 잘 이루어질 수 있는 과업이기 때문에 프로그램에 참여한 사람들에 의하여 효과를 판단하는 데에는 제약이 있기 마련이다.

그러나 이미 위에서 말한 바와 같이 프로그램이나 서비스에 대한 참여자들의 평가(rating)는 그 자체로서 가치가 있고 중요한 것일 뿐만 아니라, 참여자에 대한 조사는 만족도에 대한 조사와 아울러 대상자들의 참여를 어떻게 증가시킬 수 있는가 하는 데 대한 실마리를 제공해 줄 수 있기 때문에, 위와 같은 제약점이 있음에도 불구하고 여전히 중요한 것이다.[11)]

11) 안해균 교수는 "영세민을 위한 행정지원시책의 평가"라는 조사를 했는데 이 조사는 참여자, 전문가 및 프로그램 집행자 등의 판단을 동시에 프로그램 평가에 사용한 좋은 예 가운데의 하나이다. (안

그러므로 참여자에 의한 프로그램 효과의 판단은 연구설계에 의한 영향평가를 대체할 수는 없으나 많은 유용한 정보를 제공해 주기 때문에 서로 보완적으로 실시되어야 할 것이다.

이 장의 요약

1. 비실험적 평가의 방법은 정책의 효과를 평가하는데 있어서 무작위배정에 의하여 실험집단과 통제집단을 구성할 수 없고, 짝짓기 방법에 의해서도 실험집단과 통제집단을 구성하기 어려우며, 또 정책을 집행하기 전과 후에 여러 차례에 걸쳐서 정책집행대상을 관찰하여 평가에 필요한 자료를 수집하기 어려운 경우에 이용하는 평가의 방법이다. 비실험적 평가의 방법은 경비나 시간이 진실험설계에 의한 평가나 준실험설계에 의한 평가를 시행하기에 충분하지 못한 경우에도 실시하는 경우가 많다.

2. 비실험적인 방법에서 통계적 기법을 이용하여 정책효과를 평가하는 경우에는 통계적 방법으로 정책산출변수에 미치는 정책변수 이외의 제3의 인과변수, 즉 허위변수들과 혼란변수들을 통제하는데 그 기초를 두고 있다. 이러한 통제는 카테고리형 자료의 경우에는 수집된 자료들을 제3의 인과변수들의 카테고리에 따라 분류함으로써 이루어지게 되고, 연속형 자료의 경우에는 제3의 인과변수를 정책효과추정을 위한 다중회귀모형에 포함시킴으로써 이루어지게 된다.

3. 프로그램이 효과를 미치는 경로에 대하여 관심이 있는 경우에는 인과모형을 이용하게 된다. 인과모형은 구조방정식모형들 가운데 리커시브모형의 일종이다. 인과모형은 (1) 한정된 수의 변수의 선정, (2) 변수들 간의 인과적 관계에 대한 가정들(assumptions)의 설정, (3) 모형의 적절성에 대한 검토 등의 절차에 따라 작성된다.

해균, 1982: 205~252) 참조.

4. 정책의 효과를 평가하는 데에는 또한 어떤 설정된 표준에 그 효과를 비교해 보기도 하고, 전문가, 정책집행자, 또는 정책집행의 대상자들에게 질문하여 이 결과를 토대로 정책의 효과 유무를 판단하기도 한다. 특히 전문가, 정책집행자, 또는 정책집행의 대상자들에게 질문하여 정책의 효과를 평가하는 방법을 주관적인 평가방법이라고도 한다.

연/습/문/제

[11.1] 비실험적 평가의 약점과 강점은 무엇인가?

[11.2] 통계적 평가기법으로서 카테고리형 자료로 수집된 자료를 토대로 평가하는 방법의 기본논리에 대해서 설명하여라.

[11.3] 비실험적 방법에서 다중회귀모형을 이용하여 정책의 효과를 평가할 때 효과판단의 논리에 대해서 설명하여라.

[11.4] 다중회귀모형을 이용하여 정책의 효과를 평가하고자 할 때 모형에 포함될 제3의 인과변수들을 식별하는 절차에 대해서 설명하여라.

[11.5] 다중회귀모형을 이용하여 정책효과를 평가하는 경우 X_T의 회귀계수 $b_{TY \cdot 1}$의 해석방법에 대하여 설명하여라.

[11.6] 인과모형의 의미와 인과모형의 작성절차에 대하여 설명하여라.

제 12 장

평가종합과 메타분석

장|머|리|에

정책을 평가하는 가장 중요한 목적의 하나는 이미 집행하였거나 집행중에 있는 정책을 평가하여 얻은 지식과 정보를 정부개입(government intervention)의 목적을 가장 효율적으로 달성할 수 있도록 새로운 정책을 설계하거나 또는 현재 집행중에 있는 정책을 수정 보완하고자 재검토하는 과정에서 활용하자는데 있다. 이러한 목적을 달성하는데 가장 널리 활용되고 있는 정책평가방법 가운데 하나가 바로 평가종합(evaluation synthesis)의 방법이다.

평가종합은 어느 한 정책의 효과에 대한 다수의 연구결과를 종합하여 효과의 방향과 크기를 결정하기 위해서도 사용된다. 평가종합은 좀 더 넓은 의미의 연구종합(research synthesis)의 한 분야이며, 연구종합은 메타분석(meta-analysis) 또는 체계적인 리뷰(systematic review)등으로 불리기도 한다. 연구종합은 어느 한 주제에 대한 다양한 연구결과들을 종합하여 가설의 검증력을 높임으로써 이론발전에 기여하기 위하여 발전하였다. 그러한 의미에서 평가종합이나 정책평가에 응용되는 메타분석은 정책이론 발전에도 기여할 수 있다. 이와 같이 평가종합과 메타분석은 정책이론발전과 정책결정의 합리성제고 등 양면에 모두 기여할 수 있다.

정책실무면에서 평가종합의 방법은 미국 의회에서 기존의 정책을 재검토하거나 행정부에서 의회에 제출한 정책 혹은 프로그램을 심의하는 과정에서 필요한 정보들을 산출하기 위하여, 이미 수행된 프로그램에 대한 평가결과들을 종합하는(synthesize) 수단으로 개발되었다. 그렇기 때문에 평가종합의 방법들은 심의하기 위하여 의회에 제출된 정책이나 프로그램 또는 이들과 관련된 유사한 정책이나 프로그램에 대한 평가들이 이미 수행되어 있는 것을 전제로 한다. 다시 말하면 평가종합의 방법은 정책이나 프로그램을 새로이 평가하는데 관한 이론이나 방법이 아니고, 이미 수행된 평가결과들을 검토하고 종합하는데 관한 이론과 방법이다. 이 평가종합의 방법은 이론발전의 측면에서는 가설검증의 파워(power)를 높이고, 정책실무적 측면에서는 비단 국회에서 제출된 정책이나 프로그램을 심의하는 과정에서 뿐만 아니라, 어떤 한 부처의 최고정책결정자나 또는 여러 관련 부처의 정책을 조정하는 위치에 있는 정책결정자들에게 긴요하게 쓰일 수 있는 정책평가의 새로운 분야의 하나이다.

제1절 평가종합과 메타분석의 의미와 절차

Ⅰ. 평가종합과 메타분석의 의미와 논리

1. 평가종합과 메타분석의 의미

문헌들을 탐색하고 리뷰(review)하기 위하여, 기존의 연구들(studies)을 수집하고, 그 수집된 연구결과들을 코딩(coding)하고 조합하며, 그 결과들을 해석하고, 보고 하는 것을 과학적으로 훈련되고, 투명하며, 통일된 일정한 형태로 수행하는 것을 묘사하는데 여러 가지 용어들을 사용한다. 이들 용어들 가운데 널리 사용되는 것이 체계적인 리뷰(systematic review), 메타분석(meta-analysis), 연구종합(research synthesis) 등이다. 인식론 사전(dictionary of epistemology)에 의하면, 체계적인 리뷰란 어떤 특정한 주제에 관한 모든 연구들의 모음에서 바이어스(bias)를 제한하고, 비판적인 평가를 하며, 종합하는 전략들을 적용하는 것이다. 이때 메타분석은 이 과정의 일부로서 사용될 수도 있으나, 반드시 사용하여야 하는 것은 아니다.

한편 메타분석은 어떤 주제에 대한, 서로 분리되어 있으나 비교가능한 연구들을 통계적으로 종합하며, 연구결과들의 풀(pool)에서 계량적 요약(quantitative summary)을 산출해내는 과정이다. 질 높은 메타분석은 체계적인 리뷰에 토대를 두고 있다.

한편 연구종합은 일반화(generalization)를 하기 위한 목적으로 경험적 연구들을 통합하려는 시도이다. 다시 말하면 몇 개의 연구결과들에 대한 정보들을 토대로 일반화 하려는 것이 연구종합의 기본적인 아이디어이다(Boruch and Petrosino, 2004: 176~203).

이들 사용된 용어들은 서로 다르지만, 이들이 공통적으로 지향하는 것은, 평가를 포함한 연구결과들을 리뷰하는 과학(science of reviewing research)이라고 할 수 있다. 그리고 연구종합은 연구들을 리뷰하는데 질적방법과 계량적 방법들을 포함하는 다양한 접근방법들을 사용하는 과학이라는 좀 더 넓은 의미로 사용되는데 비해서, 메타분석은 주로 통계적인 통합(statistical synthesis)방법을 사용한다는 점에서 좀 더 한정적인 의미로 사용하고 있다.

메타분석을 실제로 실행한다는 실무적인 측면에서 본다면, 메타분석은 사람보다 연구보고서들(research reports)을 서베이하는 형태로서 이해될 수 있다. 이러한 서베이를 실시하기 위해서는 코딩형태(coding form)(즉 서베이 절차)가 발전되고, 연구보고서의 표본 또는 모집단이 수집되며, 각 연구결과들(research study)이 그것을 읽는 코딩을 하는 사람들(coder)에 의하여 인터뷰되고, 그 보고서의 특성과 계량적인 발견사항들에 대한 적절한 정보들이 코딩된다. 그리고 코딩된 자료들은 선택된 한 세트의 연구들에 포함된 발견의 패턴들(patterns of findings)을 분석하고 기술하기 위하여 가장 적합한 통상적인 통계적 기법들을 사용하여 분석된다.

메타분석은 오직 경험적 연구결과들에만 적용가능하고, 이론적인 연구에는 적용할 수 없다. 메타분석은 변수들을 계량적으로 측정하고 연구결과들을 요약하기 위하여, 기술적 통계나 추측통계(inferential statistics)를 보고한 연구들에 적용할 수 있다. 메타분석은 또한 통계자료들이 연구보고서에 프레젠트(present)된 대로 연구결과 발견된 사항들을 요약한 통계치들을 코딩하고(encoding) 분석하는 기법이다.

이미 위에서 기술한 바와 같이 평가종합은 연구종합의 일종이다. 평가종합은 평가연구들을 종합(synthesize)하는데 연구종합과 마찬가지로 계량적인 방법과 질적인 방법들을 모두 사용한다. 이에 비해서 메타분석을 평가종합에 사용하는 경우에는 메타분석을 연구종합에 사용하는 것과 마찬가지로 주로 통계적인 종합방법을 사용한다.

평가종합은 정책이론의 발전의 필요성에 의해서만 발전한 것이 아니고, 정책실무적인 필요성에 의해서도 발전하였다. 즉, 정책에 대한 본격적인 정교한 평가를 하기에는 너무 시간이 부족하고, 관련된 정책이나 프로그램에 대한 기존의 평가정보들이 있으나 이들이 너무 단편적이고 어느 한 측면에만 치우쳐 있어서 종합성이 결여된 경우도 있다. 이러한 경우 기존의 정책이나 프로그램들에 대한 평가연구들을 종합하여, 정책결정과정에서 평가정보가 필요한 때에 맞추어 적시에 활용할 수 있도록 종합화된 정보를 산출해내는 일련의 기법을 평가종합의 방법이라고 한다. 이러한 평가종합의 방법은 적시에 필요로 하는 정보를 산출하여 제공할 수 있을 뿐만 아니라, 어느 한 평가정보를 사용하는 경우보다 더 정책효과에 대한 균형 잡힌 정보를 제공할 가능성이 높으며, 두개 이상의 정책이나 프로그램들의 성과들에 대한 비교정보들을 산출하여 검토할 수 있도록 해주고, 주어진 짧은 시간 내에 소수의 제한된 전문가들이 어떤 한 정책이나 프로그램 분야의 현재의 지식수준에 관한 평가적 요약(evaluative summary)을 할 수 있도록 해준다는 이점이 있다.

2. 등장배경

평가종합과 메타분석이 등장하게 된 배경은 여러 가지가 있겠으나, 하나의 평가보다는 복수의 평가(multiple evaluation)의 종합이 정책의 효과를 이해하는데 더 바람직할 것이라고 하는 것과 종래의 문헌리뷰(literature review)방법의 결함에 기인한다.

먼저 하나의 사이트(site)에서 또는 하나의 팀에 의하여 수행된 정부간여의 효과에 대한 연구는 여러 개의 환경(settings) 또는 여러 개의 연구팀에 의하여 수행된 정부간여 효과에 대한 연구보다 일반화하는데 한계가 있다는 것이다. 또한 종래의 문헌리뷰는 각각 독립적으로 수행하는 리뷰들이 증거(evidence)에 대한 공통적인 표준이 없어 주관적이 될 개연성이 높았으며, 표준을 명백하게 만들 기회도 없었을 것이라는 것이다. 종래에 문헌리뷰를 하는 사람들은 통계적 증거에 관한 기초적인 규칙(rule)을 무시했기 때문에, 종래의 리뷰는 통계적으로 건실(sound)하지 못하였다. 또한 종래의 전통적인 리뷰는 증거를 추출해 내는데 효율적이지 못하였다(Light and Pillemer, 1984).

특히 통계적 증거에 기초를 두는 메타분석의 기원은 훨씬 더 오래전으로 거슬러 올라간다. 지난 1953년에 Cochran은 서로 독립적으로 수행된 연구들의 산술평균(mean)들의 평균(averaging)을 내는 방법을 논의하였고(Lipsey and Wilson, 2001), 현대적인 의미의 메타분석이 근거를 둘 통계적 기초들을 마련하였다.

3. 평가종합과 메타분석의 논리

전통적인 문헌리뷰의 방법들은 통계적으로 유의미한지 여부의 검증(statistical

significance test)에 초점을 두었다. 그러나 통계적 유의미성의 검증은 연구결과의 종합(또는 평가연구결과의 종합)에는 적합하지 않았다. 왜냐하면 통계적 유의미성은 표본의 크기에 크게 의존하였고, 또한 귀무가설의 유의성에 대한 발견은 대립가설의 유의성에 대한 발견과 동일한 비중을 두지 않았다.[1)]

즉 유의미한 효과(significant effect)는 강한 결론인 반면에, 유의미하지 않은 효과(nonsignificant effect)는 약한 결론으로 받아들여졌던 것이다. 이에 비해서 메타분석은 여러 개의 평가연구들을 통털어서 효과의 방향과 크기에 초점을 맞춘다. 이것이 평가에서 우리가 갖는 관심이다. 그리고 효과의 방향과 크기는 효과의 크기(effect size)로 대표된다. 메타분석에서 관심을 갖는 것은 바로 이 효과의 크기이다.

Ⅱ. 평가종합과 메타분석의 절차

평가종합과 메타분석의 절차는 이것을 실시하는 목적에 따라 다르나, 일반적으로 다음과 같은 여덟 개의 기본적인 단계들을 거치고 있다. 즉, (1) 연구주제 영역의 구체화, (2) 탐색전략의 구체화, (3) 연구를 리뷰에 포함시키거나 배제할 기준의 발전, (4) 기존의 평가연구의 검토, (5) 연구결과를 코딩하는 계획(scheme)의 발전과 스크린, (6) 관리의 전략과 절차의 발전, (7) 분석전략의 발전, (5) 결과에 대한 해석과 보고 등이다(Boruch and Petrosino, 2004: 182~190; Sutton and Others, 2000).[2)]

(1) 연구주제 영역의 구체화

평가종합 또는 메타분석 정보를 발견된 사실에 대한 이론적 보편화(generalization)를 위하여 사용할 것인가, 아니면 정책결정과정에서 사용할 것인가, 그리고 정책

1) 정책평가에서 귀부가설은 정책처리집단과 통제집단간에 차이가 없다는 것, 즉 정책이 효과가 없다는 것이다.

2) 한편 GAO는 이와는 약간 다른 8단계를 제시하고 있는데, 이는 GAO가 메타분석보다는 평가종합에 더 중점을 두고 있기 때문인 것으로 보인다. GAO가 제시한 8단계는 다음과 같다. ① 연구주제와 질문의 식별, ② 이미 수행된 평가와 기타 정보의 수집, ③ 평가종합에 포함시켜야 할 평가연구유형의 결정, ④ 기존의 평가연구의 검토, ⑤ 종합방법(synthesis method) 활용의 적절성에 대한 재검토, ⑥ 정보의 종합과 신뢰수준의 결정, ⑦ 아직도 충족되지 않고 남아 있는 평가적 지식(evaluative knowledge)의 갭에 대한 식별, ⑧ 평가종합을 위한 연구결과의 발표(present) 등이다. 여기에 대해서는 (GAO, 1983: 4~21) 참조.

결정과정에서 사용되는 경우에도 수정 또는 보완되어야 할 정책인가, 프로그램의 심의를 위하여 사용할 것인가, 그리고 그 구체적인 용도가 청문회에서 사용할 것인가, 기존정책의 감사를 위한 검토에 사용할 것인가, 또는 예산의 배정을 위한 논의과정에서 사용할 것인가 하는 등에 따라 달라질 수 있다. 그렇기 때문에, 연구자는 필요한 정보가 무엇이며 어떤 형태이어야 하는가를 먼저 식별하여야 하며, 이에 따라 연구의 주제와 질문들을 식별하여야 한다.

연구주제의 구체화는 다음과 같은 점들을 착안하여 수행할 수 있다.

- 문제를 표명(address)하는 이유
- 표명되어야 할 구체적인 질문들
- 적절한 산출결과(outcome)변수들
- 관심의 대상이 되는 적절한 타깃모집단과 하위모집단들
- 문제를 표명한 적절한 정부간여와 간여의 정도 등.

(2) 탐색전략의 구체화

일단 연구주제가 선정되고 구체적인 질문들이 결정되고 나면, 다음에는 적절한 평가정보가 수집되어야 한다. 평가종합은 관련된 정책이나 프로그램들에 대한 평가들이 이미 수행된 것을 전제로 하는데, 이러한 평가는 행정기관에 의하여 이루어진 것들도 있을 수 있고, 연구소나 대학교 또는 민간단체들에 의하여 이루어진 것들도 있다. 그리고 학술지에 발표된 것도 있고, 발표되지 않은 것들도 있다. 또한 학위논문의 형태로 발표된 것들도 있다. 그러므로 평가정보의 수집은 먼저 공인된 학술지에 발표된 것들을 중심으로 시작하되 행정기관과 행정기관 이외의 연구소나 대학교 또는 민간단체 등에서 수행한 평가연구결과들도 골고루 수집하여야 하며, 또한 공식적인 보고서로 공표되지 않은 것들도 포함시키는 것이 바람직하다. 왜냐하면 공표된 평가결과들은 공표되지 않은 것들에 비해서 프로그램이 좀 더 유의미한 효과가 있다고 하는 연구결과일 가능성이 높기 때문이다(White, 1982: 461～481).

이와 같이 체계적인 리뷰에 포함시킬 연구들을 광범위하게 탐색해야 하는 이유는, 리뷰범위를 학술지에 발표된 것으로 좁게 한정하면, 메타분석결과는 바이어스될 가능성이 높다. 그 이유는 학술지에 발표된 연구들은 동료가 리뷰한(peer-reviewed)것이기 때문에, 일반적으로 유의미한 발견(significant findings)

결과를 포함한 연구가 유의미하지 않은 발견을 포함한 연구보다 학술지에 게재될 가능성이 높기 때문(즉 한쪽 방향으로 치우칠 가능성이 높기 때문)이다. 그러므로 이용가능성 기준(eligibility criteria)에 맞는 모든 연구들을 체계적인 리뷰 풀(pool)에 포함시켜야 하는 것이다.

리뷰할 문헌들의 가능한 소스는 다음과 같다.

- 컴퓨터화된 문헌목록 데이터베이스
- "Google" 등 인터넷 서치 엔진(internet search engine)
- 연구영역에서 연구하고 있는 저자들
- 학회의 발표 프로그램들(conference programs)
- 학위논문들
- 리뷰된 논문들
- 관련분야 학술지의 탐색
- 정부보고서, 참고문헌 목록 등.

(3) 연구를 리뷰에 포함시키거나 배제할 기준의 발전

일단 관련있는 문헌들이 식별되어 수집되고 나면, 다음에는 이들 가운데 어떤 것들을 종합하는데 포함시킬 것인가 하는 것을 결정하여야 한다. 평가종합의 목적 가운데 하나는 바이어스(bias)를 식별하고, 이것을 통제하는 것이다. 그렇기 때문에 만일 평가종합에 이용된 연구들이 어떤 알려져 있지 않은 소스의 바이어스를 공통적으로 가지고 있다고 한다면, 평가종합의 결과는 전체적으로 그 바이어스를 내포하게 될 것이다.

이와 같은 바이어스를 식별하고 통제하기 위해서는, 기존의 평가연구에 활용된 연구방법들이 연구결과에 어떠한 영향을 미쳤는가 하는 것을 이해하는 것이 중요하다. 서로 다른 평가연구들은 경우에 따라서는 그들 연구가 각기 다른 정보들을 산출하도록 설계되었기 때문에 그 연구결과들이 다를 수도 있다. 그렇기 때문에 서로 다른 연구설계를 사용한 평가연구들이 있다면, 이것을 문제시할 것이 아니라 오히려 자산으로 생각하여야 할 것이다. 그래서 만일 이와 같이 서로 다른 평가연구설계들을 사용하여 얻은 연구결과들이 연구설계에 상관없이 어떤 일관성을 유지하고 있다고 한다면, 평가종합에서 발견한 사실들에 대한 신뢰수준은 그만큼 더 높아지게 될 것이다.

그러므로 기존의 평가연구결과들을 종합함에 있어서, 연구자는 만일 가능하다면 다양한 방법, 다양한 종류의 설계를 이용하여 수행한 평가연구들 가운데 기준에 맞는 유형의 평가연구들이 실제로 평가종합에 반영될 수 있도록 노력하여야 한다.

그러므로 이 단계에서는 먼저 어떤 연구가 체계적인 리뷰(systematic review)에 정당한 구성요소로소 가능성이 있는지를 판단할 기준을 마련하여야 한다. 이 기준은 좀 더, 통일적이고(uniform), 명시적이며(explicit), 그 지향이 과학적이어야 한다는 것이 국제적인 규범이다. 일반적으로 연구영역(research domain)이 넓으면 넓을수록, 포함시킬 것이냐 배제할 것이냐의 판단기준은 좀 더 구체적인 것이 되어야 한다. 그리고 문헌을 다루어감에 따라 이 기준들은 좀 더 다듬어가야 한다.

좀 더 구체적인 판단기준의 구성요소들은 다음과 같다.

- 구분할 수 있는 특징들(distinguishing features)
- 연구에 대한 응답자들
- 핵심적인 변수들
- 연구방법들
- 문화적 및 언어적 범위(range)
- 시간 프레임(frame)
- 발표한 매체의 유형(publication types) 등.

질적으로 낮은 연구를 체계적 리뷰에 포함시킬 것이냐 또는 배제시킬 것이냐 하는 것이 방법론적 질에 대한 딜레마(methodological quality dilemma)이다. 모든 연구의 발견들은 오류(error)를 범할 가능성은 내포하고 있기 때문이다(방법론적 질은 이분법적인 것이 아니고, 연속선상의 어느 점에서 결정된다).

방법론적 수준에 너무 엄격하면 많은 연구를 체계적인 리뷰에서 제외하므로 일반화(generalization)를 제약할 가능성도 높아진다. 그러나 지나치게 느슨하면 이와 반대로 평가종합의 결과에 대한 신뢰를 떨어뜨릴 수 있다. 그러므로 체계적인 리뷰를 실시하는 사람은 그의 연구질문(research question)에 맞추어 적절하게 균형을 유지하여야 한다.

체계적인 리뷰에 포함시키지 않고 배제시켜야 할 연구는 ① 정부간여와 산출결과들(outcomes)을 연결시켜주는 구성의 타당성(construct validity)을 보고하지 않은 연구, ② 통계적으로 바이어스 되지 않고(unbiased) 명료한 효과의 추정을 가능하게 하는 평가설계를 채택하지 않은 연구, ③ 적정한 타켓모집단에 대한 정부간여를 검증하지 않은 연구, ④ 효과의 크기(effect size)를 추정하기에 충분한 정보를 보고하지 않은 연구 등이다. 이러한 정보들을 보고한 연구들은 잠정적으로 체계적인 리뷰대상에 포함시킬 수 있다.

(4) 기존의 평가연구의 검토

포함시켜야 할 평가연구들을 결정할 판정기준들이 결정되고 나면, 다음에는 어떤 평가연구들을 평가종합을 위한 기초자료로 삼아야 할 것인가 하는 것을 이 기준에 비추어 결정하여야 한다. 왜냐하면 각기 다른 평가연구들은 연구설계가 다르기 때문에 사용되는 자료의 소스도 다르고, 이에 따라 이들 연구들의 절차와 연구수행방법들의 과학적인 타당성과 신뢰성도 달라질 수 있으며, 때로는 연구설계 그 자체의 적절성도 문제시될 수 있기 때문이다.

그렇기 때문에 평가연구들을 종합함에 있어서는 개별적인 평가연구들이 전반적으로 건전한 것인가의 여부를 검토하여야 한다. 이러한 검토는 연구목적의 기술, 연구설계, 연구에 포함된 변수, 표본의 크기와 표본추출의 절차, 분석설계, 통계적 절차와 연구과제간의 적합성, 자료수집절차상의 신뢰성, 연구자의 신뢰성, 결론에 도달되기까지의 분석의 적절성 등 여러 측면에서 이루어져야 한다.

기존의 평가연구의 검토과정은 또한 효과의 크기가 어떻게 측정되고 보고되었는가 하는 것도 중요한 검토항목으로 포함하여야 한다.

(5) 연구결과를 코딩하는 계획의 발전과 스크린

체계적인 리뷰대상으로 포함된 평가연구들이 모두 결정되고 나면, 다음에는 통일되고, 투명한 방법으로 각각의 평가연구들을 코딩양식(format)에 따라 코딩하여야 한다. 이와 같이 개별연구들을 메타분석을 하기 위해서는 그 전에 먼저 코딩계획(coding scheme)을 발전시키고, 코딩을 담당할 사람들을 훈련시켜야 한다. 그리고 코딩에는 최소한 두 사람 이상의 서로 독립적인 사람들(coder)을 사용하여 각각 코딩하도록 하고, 그 결과들 비교 체크하여야 한다. 이렇게 함으로써 코딩결과의 신뢰성을 체크할 수 있다.

(6) 관리의 전략과 절차의 발전

체계적인 리뷰, 메타분석, 또는 평가종합을 효과적으로 수행하기 위해서는 이것을 하나의 평가연구과제로 보고, 평가연구를 실시하기 위하여 계획하고, 설계하며, 집행하는 것과 마찬가지로, 어떠한 자원을 투입하여 어떻게 앞에서 기술한 각 단계들을 실시할 것인가 하는데 대한 방안과 절차들을 마련하여야 한다.

(7) 분석전략의 발전

체계적인 리뷰, 메타분석, 또는 평가종합을 하는 중요한 이유는 기존의 평가연구결과들을 종합하여 주어진 주제와 관련한 정부간여의 결과로 실제로 어떠한 효과가 있었으며 그 효과의 크기(effect size)는 얼마나 되는가를 식별하고 일반화하기 위한 것이다. 따라서 분석결과를 토대로 어떤 결론에 도달할 수 있도록 분석이 이루어져야 한다. 그렇게 하기 위해서는 먼저 기존의 각 연구들에 나타난 효과의 크기의 분포상태와 아웃라이어(outlier)의 존재들을 식별하고, 아웃라이어들을 어떻게 처리하고, 이 처리결과가 분석결과의 해석에 어떻게 영향을 미칠 것인가를 검토하는 절차를 마련하여야 한다. 또한 효과의 크기에 대한 분석은 리뷰에 포함된 연구들의 특성에 대한 코딩을 어떻게 했느냐 하는 것의 함수라는 것을 이해하여야 한다. 어떤 연구결과의 특성을 코딩할 때, 그 연구에서는 답변할 수 없는 변수(missing variable)의 처리를 다른 연구들의 그 변수 값들에 대한 평균으로 할지, 또는 단지 결측값(missing)으로 처리할 것인가 하는 것들을 검토하고, 그것들이 결론에 미치는 영향을 검토하여야 한다.

(8) 결과에 대한 해석과 보고

평가종합이나 체계적인 리뷰의 결과보고는 최소한 두 가지를 포함하여야 한다. 첫째, 리뷰를 하고자 하는 다른 사람들이 동일한 리뷰를 실행해 볼 수 있도록 충분한 정보를 보고서에 포함시켜야 한다. 둘째, 하드카피(hard copy)나 전자형태로 요약한 내용을 활동자들이 이용할 수 있도록 하여야 한다. 요약 내용은 평이한 용어를 사용하고, 리뷰의 형태는 다른 리뷰의 형태들과 동일한 형태를 사용함으로써 활용자들이 용이하게 이해하고 사용할 수 있도록 하여야 한다.

제2절 평가종합과 메타분석의 방법

Ⅰ. 평가종합의 일반적 방법

통계적 분석에 초점을 맞추는 메타분석은 평가종합의 하나의 접근방법이므로, 여기에서는 먼저 평가종합의 일반적인 방법들을 살펴보고, 다음에 통계분석중심의 메타분석의 방법을 살펴보고자 한다.

평가종합의 방법은 계량적인 방법과 비계량적인 방법으로 대별할 수 있다.

1. 계량적인 방법

계량적인 방법에 대해서는 메타분석에서 좀 더 구체적으로 논의하게 되므로, 여기에서는 메타분석을 통해서 계산해 내고자하는 효과의 크기(effect size: ES)의 유형을 살펴보고, 구체적인 계산절차는 메타분석의 방법에서 설명하고자 한다.

효과의 크기는 메타분석을 가능하게 해준다. 효과의 크기는 체계적 리뷰의 대상으로 선택된 연구들을 수치적 척도로 부호화(encode)한 것이다. 또한 각각의 다른 연구 상황에 따라, 여러 가지의 다른 효과의 크기에 대한 측정방법들이 존재한다. 각각의 효과크기(ES)의 유형에 따라 여러 가지 다른 계산방법들을 사용하고 있다.

널리 사용되고 있는 효과의 크기에는 표준화된 평균의 차이(mean difference), 가능성 비율(odds-ratio), 상관계수, 리스크 비율(risk ratio), 비율(proportion), 표준화된 획득점수(standardized gain score) 등이다. 평가종합의 계량적 접근방법에서는 이들 효과의 크기를 계산해 내는데 중점을 둔다.

2. 비계량적인 방법

집행 중에 있거나 집행된 정책에 대한 평가연구들 가운데에는 계량적인 방법을 사용하여 연구한 것들도 있으나, 사례연구 등 기타의 방법으로 평가한 것들도 있다. 그리고 계량적인 접근방법을 사용한 평가연구들 가운데에도 그 연구

중 일부분에는 비계량적인 부분도 포함되어 있는 경우가 많다. 이러한 경우에는 비계량적인 방법을 사용하여 기존의 평가연구들을 종합하는 것이 바람직하다.

비계량적인 평가종합의 접근방법에는 (1) 단일사례 설계(single case design), (2) 비계량적 종합연구(non-quantitative aggregate studies), (3) 계량적 평가연구에 포함된 비계량적 정보의 종합, (4) 전문가의 판단, (5) 수집된 평가연구에 대한 기술적 검토 등이 있다.

(1) 단일사례 설계

평가연구들 가운데에는 사례연구를 한 것들도 상당히 많다. 여기서 사례란 하나의 사건에 대한 연구나 복수의 사건들에 대한 비합산적 연구(disaggregated studise)를 말한다. 경우에 따라서는 사례연구도 계량적인 산출물을 다루고 있는 경우도 있으나, 그것들은 대부분의 경우 효과의 크기(effect size)를 계산해 내기가 어려운 형태로 되어있다. 그렇기 때문에 이러한 사례연구의 분석을 통해서는 집단내 변이(within-group variation)를 직접적으로 계산해 내기는 어려우며, 통제집단도 없는 경우가 대부분이다. 이러한 경우에는 각 사례들을 분석하여 발견된 사실들을 기술적으로 종합할 수밖에 없다.

(2) 비계량적 종합연구

어떤 평가연구에는 객관적 또는 계량적 방법으로는 측정하기가 어려우나 그러면서도 중요한 결과들을 포함하고 있는 경우도 많다. 예컨대 임상심리학에서 뚱뚱하게 살찐 사람들이 살을 어느 정도 뺀 다음에는 그들의 일상생활이 좀 더 나아진 것으로 느끼는 것으로 보고된 경우도 있다. 물론 비명시적인 어떤 판단기준이 있을 수도 있겠지만, 살을 뺀 다음에 오는 편익을 객관적으로 또는 계량적으로 측정해 낸다는 것은 매우 어려운 일이 아닐 수 없다. 그렇지만 평가종합에 그러한 비계량적인 결과도 꼭 포함시키기를 원하는 경우도 있으며, 이 경우 계량적인 정밀성과 비계량적인 어떤 의미성간에 트레이드 오프(trade-off)를 할 수밖에 없을 것이다.

(3) 계량적 평가연구에 포함된 비계량적 정보의 종합

계량적인 평가연구에도 비계량적인 내용들이 많이 포함되어 있다. 연구의 절차, 처리와 참여자들에 대한 기술, 연구의 한계와 특별히 주의할 사항 등 비계량적인 기술은 다양한 형태를 띠고 있는데, 이러한 비계량적인 기술내용들은 계량적인 요약내용들을 보완하고 해석하는데 매우 중요한 정보가 된다.

(4) 전문가들의 판단

평가종합을 위한 연구과정에서 개개의 평가연구들에 대하여 검토자는 그 연구의 초기에 개개 평가연구의 타당성이나 신뢰성, 그 연구를 수행한 기관이나 연구자들의 신뢰수준 등에 대하여 관련된 분야의 전문가들의 자문을 구하고, 이 자문의 내용을 평가종합을 위한 연구과정에서 정책이나 프로그램의 효과성에 대한 판단을 내릴 때 참고하고자 하는 경우가 있는데, 이때 주로 사용하는 것이 전문가들의 자문을 구하는 방법이다. 평가종합에는 이러한 전문가들의 판단을 포함시키는 것이 바람직하다.

(5) 수집된 평가연구에 대한 기술적 검토

평가종합에는 수집된 개개 평가연구들에 대한 기술적 검토가 포함되어야 한다. 기술적 검토란 예컨대 개개 평가연구 또는 어떤 특정분야의 평가연구에 흔히 나타나는 어떤 방법론적 약점을 식별해 내는 것을 말한다. 만일 이러한 기술적 검토가 이루어지면 이러한 검토의 내용들이 평가종합에 포함된 결과의 해석에 반영되어야 한다.

3. 계량적인 접근방법과 비계량적인 접근방법의 통합

평가종합에는 계량적인 접근방법과 비계량적인 접근방법을 보완적으로 활용하는 것이 바람직하다. 비계량적인 접근방법은 블로킹기법이나 군집기법 등과 같은 계량적 접근방법을 사용하여 드러나게 된 평가연구의 서로 상충되는 발견사실을 다루는 데에 특히 유용하다. 서로 상충되는 발견사실들을 검토하는 과정에서 보통 때 같으면 그냥 지나쳐 버릴 수도 있는 중요한 정보들을 끄집어낼 수도 있다.

만일 개개 평가연구들을 검토하여 종합하는 과정에서 서로 상충되는 사실들이 발견되게 되면, "이들 서로 다른 사실의 발견으로 무엇을 설명할 수 있는가" 하는 것을 되풀이하여 질문하여야 한다. 이러한 상충되는 사실에 직면하여 그들에 대한 이유를 찾아내고, 이것을 확인하는데 도움을 받을 수 있는 몇 가지 방법을 들어보면 다음과 같다. (1) 평가연구들에 있어서 동일한 것으로 명명된 처리나 프로그램들이 실제로는 어떤 중요한 차이가 있는 것이 아닌가를 검토한다. (2) 상황과 처리간에 어떤 상호작용이 있지 않은가를 탐색한다. (3) 평가연구들에 사용된 서로 다른 연구설계 등을 정밀히 검토한다. (4) 각 평가연구들에 사용된 서로 다른 분석의 전략들을 점검한다. (5) 배경변수와 발견된 사실들간의 관계를 검토한다.

Ⅱ. 메타분석의 방법

1. 효과의 크기에 대한 이해

효과의 크기(effect size: ES)가 있기 때문에 메타분석이 가능하다. 효과의 크기는 종속변수이며, 효과의 크기는 여러 평가연구들이 발견된 것으로 보고되고 있는 것이 동일한 형태로 표준화되어 있어야 직접적으로 비교가능하다. 바꾸어 말하면 체계적인 리뷰에 포함시킬 평가연구들은 발견된 보고 내용들이 동일한 형태를 취하고 있어야 한다는 것이다.

어떠한 표준화된 지수(index)라도 다음 조건들이 충족되면 효과의 크기(ES)가 될 수 있다.

- 여러 평가연구들에 걸쳐서 비교가능하다(일반적으로 표준화가 필요함).
- 관심의 대상이 되는 관계의 크기와 방향을 나타낸다.
- 표본의 크기(sample size)와 독립적이다.

또한 서로 다른 메타분석에서는 서로 다른 효과의 크기 지수들(effect size indices)을 사용할 수 있다.

2. 효과의 크기의 전형적인 예

우리는 앞의 항에서 여러 가지 효과의 크기(effect size)에 대해서 살펴보았는데, 여기에서는 각각에 대한 예들을 살펴봄으로써 효과의 크기에 대한 이해를 높이고자 한다.

(1) 표준화된 평균의 차이

체계적인 리뷰를 위하여 설정된 많은 연구들이 서로 다른 측정의 척도들과 측정의 범위(range)들을 가지고 효과의 크기를 측정하는 경우가 많다. 예컨대 5점 척도를 사용하여 실험집단과 통제집단의 산출결과의 차이를 측정하였을 수도 있고, 7점 척도를 사용하여 측정하였을 수도 있다. 그러므로 각 연구결과들의 평균의 차이를 통합(synthesize)하기 위해서는, 각 연구들의 효과의 크기들이 비교가능(comparable)하여야 한다. 이것은 표준화를 통해서 가능해질 수 있다.

표준화된 평균의 차이에 대한 평가연구는 집단간을 비교하는 연구(group contrast research)에서 볼 수 있다. 처리집단과 자연적으로 일어나는 집단(naturally occurring group) 또는 통제집단간의 차이가 그 예이다. 집단간의 차이는 속성상 연속변수를 사용하여 측정한다.

표준화된 평균의 차이를 계산하기 위해서는 표준오차(standard error)의 계산이 필요하다. 이 표준오차를 역분산가중치(inverse variance weight)라 하며, 계산하는 방법이 다양하다.

$$ES = \frac{\overline{X}_{G1} - \overline{X}_{G2}}{S_{pooled}} \qquad (12 \cdot 1)$$

$$S_{pooled} = \frac{\sqrt{S_1^2(n_1 - 1) + S_2^2(n_2 - 1)}}{n_1 + n_2 - 2} \qquad (12 \cdot 2)$$

식 (12・1)은 평균의 차이이며, S_{pooled}는 집단1과 집단2의 풀(pooled)의 표준오차이다. 그리고 식(12・2)에서 S_1^2과 S_2^2는 집단1과 집단2의 분산들이고, n_1과 n_2는 각 집단들의 표본의 크기이다.[3)]

일반적으로 표준화된 평균의 차이는 "d" 또는 "g"로 부른다.

(2) 가능성 비율(odd-ratio)

집단간의 차이를 비교하는 연구(group contrast research)로서 평가연구에서는

---

3) 표준화된 평균의 차이를 계산하는 공식은 이용가능한 정보에 따라 다양하다. (Lipsey and Wilson, 2001: 38~58) 참조.

처리집단과 자연적으로 일어나는 집단 또는 통제집단간을 비교하며, 속성상 이분법적 구성(dichotomous construct)이다.

가능성 비율(odds-radio)은 예컨대 <표 12-1>과 같은 2×2 상황표에 기초하여 작성된다.

표 12-1 예시적 상황표

집 단 \ 빈 도	성 공	실 패
처리집단	a	b
통제집단	c	d

<표 12-1>을 사용하면 가능성 비율은 다음과 같이 정의된다.

$$ES = \frac{a/b}{c/d} = \frac{ad}{bc} \qquad (12 \cdot 3)$$

가능성 비율은 처리집단의 성공가능성(odds of success)을 통제집단의 성공가능성과 비교한 상대적인 값이다.

(3) 상관계수

상관계수는 속성상 연속변수로 측정된 연구변수들간의 관계(association)의 정도를 나타낸다.

$$\overline{ES} = r \qquad (12 \cdot 4)$$

식 (12 · 4)에서 r는 일반적으로 보고된 피어슨 상관계수(the pearson product moment coefficient)이다.

(4) 리스크 비율

리스크 비율(risk ratio)은 처리집단과 자연적으로 일어나는 집단간의 차이에 관한 연구이다. 이 연구는 인식론자들과 의학 메타분석에서 공통적으로 사용된다. 속성상 이분법적 구성(dichotdmous construct)이며, 가능성 비율보다 해석이 더 용이하다.

리스크 비율은 <표 12-1>과 같은 2×2 상황표로부터 얻은 자료에 기초를 두고 작성되며, 각 집단에 대한 성공(또는 실패)확률들의 비율이다.

$$ES = \frac{a/(a+b)}{c/(c+d)} \qquad (12 \cdot 5)$$

(5) 비율(proportion)

비율은 일반적으로 중앙경향에 대한 연구(central tendency research)이다. 홈리스들(homeless) 가운데 알콜중독자의 비율이 얼마인가, 영세민이 된 사람들 가운데 가장의 만성질병이 그 원인인 가정의 비율은 얼마인가 하는 것들이 그 좋은 예들이다.

(6) 표준화된 획득점수

표준화된 획득점수(standardized gain score)는 동일한 변수를 서로 다른 시점에서 측정했을때 일어난 변화나 증가(gain)한 점수이다. 특별한 방법으로 통계학을 강의하였을때, 그 집단에서 강의 전과 후에 증가된 이해력 측정점수, 직업기술훈련과정에 참가하기 이전과 이후에 증가된 기술숙련도 테스트점수 등이 좋은 예들이다.

(7) 비표준화된 효과의 크기

만일 여러 연구들이 공통적인 측정방법을 사용하여 평가한 여러 연구결과들을 종합(synthesize)하는 경우에는 단순평균의 차이(simple mean difference)와 같은 비표준화된 효과의 크기(ES)를 사용할 수 있다. 동일한 정부 프로그램을 여러 지역(multi-site)에서 시행하고, 각 지역별로 평가한 후 그것을 종합하는 것이 그 예이다.

3. 통합된 효과의 크기의 계산방법

(1) 역분산 가중치

만일 평가의 통합(evaluation synthesis)이 평균에 관한 효과의 크기라고 한다면, 메타분석을 진행하기 전에 각 연구마다 독립된 한 세트의 효과의 크기가 존재해야 한다. 즉 매 평가연구마다 하나의 효과의 크기(ES)가 존재하든지, 또는 한 연구내의 매 하위표본(subsample)마다 각각 하나씩의 효과의 크기가 존재해야 한다. 그러면 통합된 효과의 크기, 즉 평균효과의 크기 $\overline{ES}$는 식(12·9)에서 보는 바와 같이 이들 각 평가연구들의 효과의 가중평균이 된다.

이때 가중치(wight)는, 체계적인 리뷰의 대상으로 선택된 각각의 연구의 효과들의 분산(variance)을 구한다면, 그 분산의 역수가 된다. 이것을 역분산가중치(inverse variance weight)라고 한다. 역분산 가중치를 사용하는 이유는 일반적으로 각 평가연구들의 표본의 크기는 일정하지 않고 다양하며, 표본수가 100인 평가연구에 토대를 두고 추정한 효과의 크기(ES)는 표본수가 10인 평가연구에 토대를 두고 추정한 효과의 크기보다 더 "정밀한" 추정치가 될 것으로 가정할 수 있기 때문이다. 그러므로 표본수가 많은 평가연구는 표본수가 적은 평가연구보다 더 큰 "가중치"를 두어야 한다. 그런데 단순한 접근방법은 각각의 평가연구의 효과의 크기(ES)에 그 연구의 표본의 수를 가중치로 사용하여야 하나, 그보다 더 바람직한 접근방법은 역분산(inverse variance)에 의하여 가중치를 부여하는 방법이다.

그러면 역분산 가중치란 무엇인가? 표준오차(standard error: SE)는 효과의 크기(ES)의 정밀도(precision)의 직접적인 지수(index)이고, 표준오차는 신뢰구간을 설정하는데 사용된다. 즉 표준오차가 적을수록 효과의 크기(ES)의 정밀도는 더 높아진다. 따라서 메타분석에서 가중치를 W라 하면, W는 다음과 같다.

$$W = \frac{1}{SE^2} \qquad (12 \cdot 6)$$

표준화된 평균의 차의 표준오차와 역분산가중치는 식(12·7) 및 식(12·8)과 같으며,[4)] 바로 메타분석의 가중치와 같다.

$$Se = \sqrt{\frac{n_1 + n_2}{n_1 n_2} + \frac{\overline{ES}^2_{SM}}{2(n_1 + n_2)}} \qquad (12 \cdot 7)$$

4) 한편 상관계수 및 가능성 비율(odds-ratio)의 표준오차와 가중치에 대해서는 (Lipsey and Wilson, 2001: 62~65) 참조.

$$W = \frac{1}{Se^2} \tag{12 · 8}$$

(2) 가중평균 효과의 크기(ES)의 계산

체계적인 리뷰의 대상으로 선정된 개별적인 평가연구들의 효과의 크기를 ES라 하고, 가중치를 W라고 하면, 효과의 크기의 평균 $\overline{ES}$는 다음 식 (12 · 9)와 같이 구할 수 있다.

$$\overline{ES} = \frac{\Sigma(W \times ES)}{\Sigma W} \tag{12 · 9}$$

이제 식(12 · 9)를 활용하여 효과의 크기의 평균을 구하는 절차를 살펴보기 위하여, 10개의 가상적인 평가연구가 체계적 리뷰의 대상으로 선정되었다고 가정하고, 각 연구의 효과의 크기(ES)와 가중치(W)들이 <표 12-2>와 같이 식별되었다고 가정한다. 그러면 가중평균 효과의 크기(weighted mean effect size)는 <표 12-3>과 같은 계산과정들을 거쳐서 구할 수 있다.

먼저 <표 12-2>에서와 같이, 주어진 효과의 크기(ES)와 역분산 가중치 (W)를 곱하여 $W \times ES$값을 각 연구별로 구하여 정리하면 <표 12-3>과 같이 된다.

표 12-2 가상적인 평가연구들의 효과의 크기(ES)와 역분산 가중치(W)

연 구	ES	W
1	−0.33	11.91
2	0.32	28.57
3	0.39	58.82
4	0.31	29.41
5	0.17	13.89
6	0.64	8.55
7	−0.33	9.80
8	0.15	10.75
9	−0.02	83.33
10	0.00	14.93

표 12-3 가중평균 효과의 크기(ES)를 구하기 위하여 개별효과의 크기와 가중치의 합을 구하는 절차

	ES	W	$W\times ES$
1	−0.33	11.91	−3.93
2	0.32	28.57	9.14
3	0.39	58.82	22.94
4	0.31	29.41	9.12
5	0.17	13.89	2.36
6	0.64	8.55	5.47
7	−0.33	9.80	−3.24
8	0.15	10.75	1.61
9	−0.02	83.33	−1.67
10	0.00	14.93	0.00
합계		269.96	41.82

<표 12-3>에서 보는 바와 같이, 가중치의 합계는 269.96이고, 효과의 크기(ES)와 가중치를 곱한 것의 합계는 41.82이다. 따라서 식(12-9)에 의하여 효과의 크기의 평균은 다음과 같다.

$$\overline{ES}=\frac{\Sigma(W\times ES)}{\Sigma W}=\frac{41.82}{269.96}=0.15$$

한편 평균의 표준오차(standard error of the mean)는 다음과 같다.

$$Se_{\overline{ES}}=\sqrt{\frac{1}{\Sigma W}}=\sqrt{\frac{1}{269.96}}=0.061$$

따라서 평균효과의 크기에 대한 t값과 95% 신뢰구간은 다음과 같이 구해질 수 있다.

$$t=\frac{\overline{ES}}{Se_{\overline{ES}}}=\frac{0.15}{0.061}=2.46$$

또한 효과의 크기의 평균($\overline{ES}$)의 95% 신뢰구간은 다음과 같다.

$$95\%\ \text{신뢰구간의 하한값} = \overline{ES} - 1.96(Se_{\overline{ES}})$$
$$= 0.15 - 1.96(0.061) = 0.03$$

$$95\%\ \text{신뢰구간의 상한값} = \overline{ES} + 1.96(Se_{\overline{ES}})$$
$$= 0.15 + 1.96(0.061) = 0.27$$

따라서 $\overline{ES}$의 95% 신뢰구간은 0을 포함하지 않으므로, 유의수준 95%하에서 $\overline{ES}$는 유의미하다고 할 수 있다. 즉 효과는 0보다 크다고 할 수 있다.

Ⅲ. 메타분석의 강점과 약점

1. 메타분석의 강점

메타분석의 가장 큰 강점은 종래의 리뷰방법들보다 좀 더 차별화되고, 세련된 방법으로 발견된 것들(findings)을 정리해서 나타낼 수 있고, 이에 따라 좀 더 설득력을 얻을 수 있다는 점이다. 뿐만 아니라 메타분석을 사용하면, 다른 방법들을 사용하는 경우 애매모호하였던 여러 연구들에 나타나고 있는 관계들을 명확하게 발견해낼 수 있도록 해준다. 그러나 무엇보다도 중요한 강점은 많은 수의 평가연구결과들을 다룰 수 있도록 해주고(Rossi, Lipsey and Freeman, 2004: 324~325), 일정한 방법에 따라 통합(synthesize)할 수 있도록 해준다는 것이다.

2. 메타분석의 제약점

메타분석은 다음과 같은 여러 가지 제약점들을 가지고 있다. (1) 많은 노력을 필요로 한다. (2) 연구결과들간의 질적인 차이를 분석과정에서 구분할 수 없다. (3) 서로 다른 연구결과들이 뒤섞일 가능성이 있어 “사과와 오렌지”의 비판을 피하기 어렵다. (4) 메타분석에는 흠결이 있는 연구들이 포함될 가능성이 있다. (5) 선택 바이어스(selection bias)의 위협을 받고 있다. 즉 효과가 없다거나 부정적 효과를 발견한 연구들(negative and null finding studies)을 찾기 어렵기 때문에, 체계적인 리뷰대상풀에 포함시키기 어렵다. 이 때문에 평가종합의 결과가 바이어스 될 가능성도 있다.

이 장의 요약

1. 평가문헌들을 탐색하고, 리뷰(review)하기 위하여 기존의 평가연구들을 수집하고, 수집된 연구결과들을 코딩하고 조합하며, 그 결과들을 해석하고, 보고하는 것을 과학적으로 훈련되고, 투명하며, 통일된 일정한 형태로 수행하는 것을 평가종합 또는 메타분석이라고 한다. 그리고 평가종합은 연구들을 리뷰하는데 질적방법과 계량적방법들을 포함하는 다양한 접근방법들을 사용하는 과학이라는 좀 더 넓은 의미로 사용하는데 비해서, 메타분석은 주로 통계적인 통합방법을 사용한다는 점에서 좀 더 한정적인 의미로 사용하고 있다.

2. 메타분석은 여러 개의 평가연구들을 통틀어서 효과의 방향과 크기에 초점을 맞춘다. 메타분석에서 관심을 갖는 것은 바로 이 효과의 크기이다.

3. 평가종합과 메타분석은 (1) 연구주제 영역의 구체화, (2) 탐색전략의 구체화, (3) 연구를 리뷰에 포함시키거나 배제할 기준의 발전, (4) 기존의 평가연구의 검토, (5) 연구결과를 코딩하는 계획(scheme)의 발전과 스크린, (6) 관리의 전략과 절차의 발전, (7) 분석전략의 발전, (8) 결과에 대한 해석과 보고 등이다.

4. 메타분석의 방법은 효과의 크기(effect size)가 있기 때문에 실행가능하다. 효과의 크기는 종속변수이며, 효과의 크기는 여러 평가연구들이 발견된 것으로 보고되는 것이 동일한 형태로 표준화되어 있어야 직접적으로 비교가능하다.

5. 효과의 크기의 전형적인 예로서는 표준화된 평균의 차이, 가능성 비율(odds-ratio), 상관계수, 리스크 비율(risk ratio), 비율(proportion), 표준화된 획득점수, 비표준화된 효과의 크기 등을 들 수 있다.

6. 가중평균 효과의 크기($\overline{ES}$)는 다음과 같은 식에 의하여 구할 수 있다.

$$\overline{ES} = \frac{\sum (W \times ES)}{\sum W}$$

위의 식에서 W는 역분산가중치이고, ES는 개별평가연구의 효과의 크기이다.

연/습/문/제

[12.1] 다음 각각에 대하여 설명하여라.

1. 평가종합과 메타분석의 의미
2. 평가종합과 메타분석의 필요성
3. 평가종합과 메타분석의 논리

[12.2] 메타분석을 수행하는 기본절차를 설명하여라.

[12.3] 교육 또는 복지분야의 프로그램 평가사례를 하나 선택하여 다음에 대하여 대답하여라.

1. 효과의 크기는 무엇이 될 수 있겠는가?
2. 통합된 효과의 크기($\overline{ES}$)를 계산하고자 한다. 이때 당면하는 가장 큰 문제점은 무엇인가? 이 문제는 통합된 효과의 크기를 계산한 결과에 어떠한 영향을 미칠 것으로 보이는가?

제 13 장

복합적응 시스템과 발전적 평가

장 | 머 | 리 | 에

복잡성 상황하에서 발전적 평가는 사회적 혁신을 성공적으로 설계하고 수행하기 위한 프로그램평가이다. 그러므로 발전적 평가를 이해하기 위해서는 먼저 복잡적응 시스템을 이해하여야 한다.

이번 장에서는 복잡적응시스템을 이해하도록 하기 위해서 기계적 시스템과 살아있는 시스템을 설명하고, 이러한 이해를 토대로 정책 발전 과정에서 정책 문제가 직면하는 다양한 시스템 동태를 이해하도록 설명한다. 그리고 이러한 이해를 토대로 각 유형의 시스템 동태에서 어떻게 각기 다른 평가 설계들이 활용되고 있는지를 설명한다.

발전적 평가에 대한 이해는 적응적 사이클을 이해할 때 더 잘 이해할 수 있기 때문에 시스템의 적응적 사이클을 설명하고, 적응적 사이클의 한 과정으로서의 재조직화 과정에서 대두되는 사회적 혁신의 과제와 발전적 평가의 과제에 대하여 설명함으로써 발전적 평가에 대한 이해를 높이도록 한다.

제1절 복잡성과 복잡적응 시스템에 대한 이해

Ⅰ. 시스템의 의의와 복잡적응 시스템

1. 시스템의 의의와 시스템적 사고

시스템이 무엇인가에 대한 합의된 단일한 정의는 없다. 시스템에 대한 서로 다른 정의들은 시스템의 서로 다른 특성들을 강조한다. 일반적으로 시스템이 다음과 같은 구성요소들로 구성되었다고 하는 데에 대부분 동의하고 있다(Williams and Hummel-brunner, 2009: 16~23).

- 전체(whole)를 만드는 부분들(parts) 또는 요소들(elements)
- 부분들 간의 연결들(links), 즉 전체라는 관점에서 부분들을 붙들어 매는 과정들(process)과 상호관계들(interrelationships)
- 무엇이 내부에 있고 무엇이 밖에 있는지를 결정해주는 시스템 경계(boundary) 등[1]

시스템을 이렇게 광범위하게 정의하고 보면, 거의 모든 현상들이 하나의 "시스템"으로 간주될 수 있다.

정책학 연구와 관련하여 시스템을 보는 관점에서 중요한 것은 시스템의 구성을 위와 같이 보면서도 시스템을 목적(purpose)과 관련시켜 본다는 것이다. 이러한 관점에서는 시스템을 특정한 목적을 가진 복잡하고(complex) 통일된 전체(unified whole)를 형성하도록 상호작용을 하고, 상호 관련되어 있으며, 상호의존적인 부분들로 구성된 어떤 그룹으로 본다. 시스템들은 목적을 가지고 있고, 모든 부분들은 적절한 방법으로 그들의 목적들을 수행하며, 부분들을 어떻게 배열하느냐 하는 것이 중요하다. 그리고 시스템들은 피드백(feedback)을 통하여 안정성을 유지하려고 노력한다. 전체 시스템은 부분들 또는 구성원들(agents)의 합보다 더 크다.

---

1) 어떤 연구자들은 시스템의 경계를 컨테이너(container)라 부르기도 한다(Olson and Eoyang, 2001).

그림 13-1 시스템의 빙산

시스템적 사고(systems thinking)를 한다는 것은 어떤 이슈들을 시스템(조직)의 전체(whole)적 관점에서 바라보는 틀(framework)을 가지고 본다는 것을 말한다. 즉 망원렌즈가 아니라 좀 더 넓은 각도를 가진 렌즈를 통해서 보는 사고를 하고, 단지 부분들만 보는 것이 아니라 부분들이 어떻게 연결되었는가를 보며, 원인과 효과가 일어나는 시간과 거리를 검토하고, 선형적인 사고가 아니라 순환적 사고(circular thinking)를 한다는 것이다. 그렇게 때문에 시스템적 사고는 문제를 해결하는 도구(tool)로 간주된다.

어떤 맥락에서 시스템들을 관찰하는 관점에는 여러 가지 수준들이 있는데 가장 전형적인 수준들은 사건(events), 패턴(patterns) 및 구조(structure)의 수준이다. [그림 13-1]은 시스템의 빙산(iceberg)으로서 사건, 패턴 및 구조들 간의 관계를 잘 설명해 준다(Parsons, 2009).

사건들은 매일매일 일어나는 것으로, 시간의 흐름에서 어떤 한 순간의 하나의 스냅 샷(snapshot)에 해당된다. 한편 패턴들은 시간의 흐름에 따라 사건들이 누적된 것이다. 사건들이 누적된 것을 검토해보면, 개별적인 사건들을 볼 수 있도록 해주는 맥락과 개별적인 사건들이 어떻게 관련되어 있는가 하는 것을 이해할 수 있도록 해주는 통찰력을 제공해주는 패턴들이나 경향들(trends)로 구성되어 있다. 이에 비해서 구조는 시스템의 부분들이 조직화되는 방법들을 나타낸다. 구조들은 패턴들과 사건들을 만들어내는데 이것들은 유형의 것일 수도 있고 무형의 것일 수도 있다.

2. 전통적인 기계적 은유의 한계와 복잡성과학 도입의 필요성

위에서 언급한 바와 같이 전통적인 정책학의 기존 모델들은, 반드시 그건 것은 아니지만, 많은 경우 뉴턴류의 과학적 원칙들에 토대를 두고 만들어진 것들이며, 지배적인 은유(metaphor)는 기계이다. 그리고 그 은유의 기본적인 전제들은 다음과 같다(Zimmerman, Lindberg and Plsek, 2008: 4~6).

- 기계(와 시계)는 환원주의를 사용하여 설명될 수 있다.
- 기계전체는 부분(part)의 합이다.
- 이러한 클락웨어(clockware) 관점은 조직의 부분들의 특성들과 기능에 초점 등을 맞춤으로써 많은 발견들을 가능하게 했다.
- 부분들은 몇 개의 불변하는 힘(forces)이나 법칙들에 의하여 통제된다.
- 부분들은 선택이나 자기결정권(self-determination)을 갖지 않는 것으로 생각된다.
- 기계들은 단순하고 예측가능하다. 그러므로 사람들은 부분들이 어떻게 행동할 것인가를 예측하기 위해서는 몇 개의 지침이 되는 외부의 규칙들만 이해하면 된다.

살아 있는 시스템과 사람들로 이루어진 조직들은 이러한 시각으로는 이해하는 데 한계가 있다. 왜냐하면 인간들은 개인적인 선택이 없는 기계부품과 같은 부분들(parts)이 아니며, Kant가 개념화한 바와 같이 자율적인 개인(autonomous individual)이기 때문이다(Stacey, 2007:33). 그러므로 클락웨어(clockware) 은유는 필요하지만, 복잡한 시스템을 이해하는 데 충분한 방법이 아니다.

먼저 우리가 이해하여야 할 것은 현상을 보는 뉴턴적 시각(Newtonian perspective)이다.[2] 뉴턴적 시각은 부분들을 주의 깊게 검토함으로써 모든 것을 설명할 수 있다고 가정한다.

- 그러나 인간행태들의 많은 측면들은 이러한 가정들이 들어맞지 않고 있다. 전체는 부분들의 합이 아닌 경우도 많다. 때로는 부분들을 연구함으로써 어

2) 여기서 시각이란 이해관계자들의 세계를 보는 관점(worldview)과 목적들을 의미한다.

떤 상황의 산출결과들(outcomes)을 설명할 수 없는 경우도 많다.

- 어떤 지역사회가 재난을 당했을 때, 분명한 지도자, 통제자 또는 디자이너가 없는 경우에도 자생적인 조직이 생기는 경우도 많다. 충남 태안에서 기름 탱크를 실은 배가 충돌하여 기름이 유출되었을 때 수많은 자원봉사자들에 의하여 유출된 기름을 제거한 과정이 좋은 예이다.
- 이러한 상황에서는 집단 내에 이용 가능한 자원들과 기술들(skills)을 합쳐서 이룰 수 있으리라고 생각했던 것보다 훨씬 더 많은 산출결과들과 효과들을 집단이 만들어 낸 것을 우리는 볼 수 있었다.
- 이런 경우 이것을 자기조직화(self-organization) 현상이라 부른다. 자기조직화에서 산출결과들은 단순한 부분들이 합으로 이루어지는 것이 아니라 시스템을 구성하는 부분들 간의 관계들(relationships)과 맥락이 어떠하냐에 따라 산출결과들이 창발(emergence)하는 것이 크게 달라진다.

위에 기술한 내용들은 시스템적 특성을 나타내는 것도 있지만 복잡성과학을 이해함으로써만 이해할 수 있는 현상들도 있다.

그러므로 산출결과들이 창발하는 현상을 이해하기 위해서는 먼저 복잡성과학(complexity science)이 무엇인가를 이해할 필요가 있다. 복잡성과학은 하나의 이론(a single theory)이 아니라, 복잡적응시스템(complex adaptive systems)에 관한 연구이다(Olson and Eoyang, 2001).[3] 복잡성과학은 시스템 내에 있는 관계들의 패턴들(patterns of relationships)에 대한 연구이며, 그 패턴들이 어떻게 유지되고, 어떻게 그들이 자기조직화하며, 어떻게 산출결과들이 창발하는가에 대해서 연구한다. 복잡성과학에는 수많은 이론들과 개념들이 있으며, 복잡성과학은 하나 이상의 이론적 틀(theoretical framework)을 포함하고 있다. 복잡성과학은 살아 숨 쉬고, 적응하며, 변화 가능한 시스템들에 대한 몇 가지 근본적인 질문들에 대답하기 위하여 생물학, 물리학, 화학, 문화인류학, 경제학, 사회학, 관리이론들 및 여타의 학문들을 포함한 고도의 학제 간 접근방법을 택하고 있다.

---

3) 복잡적응시스템에 대해서는 다음 항 참조.

표 13-1 복잡성과학에서 사용하고 있는 주요 개념들*

• 복잡성(complexity)

- 복잡성은 '어린아이 기르기'를 예로 들어보면 이해가 용이하다. 어린아이를 기를 때 그 장래는 알려지지 않았고(unknown) 또 알 수도 없다(unknowable). 알려지지도 않았고 알 수도 없어서 어떻게 변화할지 모르는 현상이 복잡성이다.
- 비선형적 상호작용요소들, 창발현상, 연속적 및 비연속적 변화, 그리고 예측하기 어려운 산출결과들 등으로 특징지어지는 시스템에 나타나는 복잡한 형상에 대한 기술이다.
- 비록 받아들여질 수 있는 하나의 정의는 없지만, 혼돈(chaos), 자기조직화 임계(criticality)(핵분열 연쇄반응이 일정한 비율로 유지되는 상태), 복잡적응시스템들, 비선형적 동태들, 균형 조건으로부터 멀리 떨어진 상태 등과 같은 일련의 서로 다른 관련된 시스템 행태들에 적용될 수 있다.
- 복잡성은 일반적으로 단순하고, 선형적이며, 균형에 기초를 둔 시스템에 대비하여 이해된다.

• 복잡적응시스템(complex adaptive systems: CAS)

- 변화하는 환경에 적응할 능력을 가진 복잡하고(complex), 비선형적이며, 상호작용하는 시스템이다. 이러한 시스템은 불균형적인 환경에서 자기 조직화할 수 있는 잠재력을 가지고 있는 것으로 특징지어진다.
- 하나의 CAS는 돌연변이, 자기조직화, 환경에 대한 내적인 모형의 전환(transformation) 및 자연선택 등에 의하여 진화한다.
- 복잡적응시스템은 역사적으로 진화하는데, 이것은 그 시스템의 과거 또는 역사(경험)가 추가되어 축적되고 그것이 그들의 미래의 궤적에 영향을 미친다. 시스템들의 적응력은 상호작용을 형성하는 규칙들에 의하여 증가할 수도 있고, 감소할 수도 있다.

• 생태계(eco system)

- 상호작용하는 다양한 생명체들과 영향을 주고받는 환경을 하나로 묶어 생태계라 한다.

• 결정론적 시스템(deterministic system)

- 어떤 한 시스템의 후기의 상태가 이전의 상태에 의하여 결정되는 시스템이다. 이러한 결정론적 시스템은 시스템의 미래상태가 그 이전의 상태에 의하여 결정되지 않는 추측통계학적(stochastic) 또는 무작위적인 시스템과 대비되는 것이다.

• 적응(adaptation)

- 다윈의 진화(Darwinian evolution)에서, 적응은 하나의 생물유기체가 변화하는 환경에 적합(fit)하는 계속적인 과정을 일컫는다. 적응은 생존에 도움이 되는 것으로 입증된 생물유기체의 변이(modification)를 통해서 이루어진다. 이들 변이는 무작위적 돌연변이나 유전물질의 재조합에 의하여 이루어질 수 있다. 일반적으로, 자연선택의 메커니즘을 통해서, 종의 생존을 도와주는 그러한 변이들이 유지된다.
- 복잡적응시스템의 가장 근본적인 특성은 시스템들을 구성하고 있는 행위자들(agents)의 상호작용의 규칙들을 바꿈으로써 적응할 수 있는 그들(시스템들)의 역량이다. 이러한 방법으로, 적응은 행위자들이 하는 새로운 규칙에 대한 학습(learning)을 포함할 수 있다.
- 그러므로 적응은 외부환경변화나 다른 행위자들의 행동에 능동적 또는 수동적으로 반응하여 행위자의 행동규칙을 바꾸는 것으로 파악할 수 있다.

• 동태(dynamics: 역학, 동학)

- 움직임(movement)을 말한다.
- 시간이 지남에 따라 발전하면서 현상(phenomena)이 나타내는 패턴들(patterns)이다.
- 동태적 현상들(dynamic patterns)은 시간이 지남에 따라 나타나는 변화의 패턴들이다.

• 자기조직화(self-organizing)

- 외부의 의도적인 간섭이 없이, 복잡시스템의 프로세스에 의하여 새로 창발하는 구조, 패턴 및 특성(properties) 등과 같은 질서를 만들어 내는 것을 의미한다.
- 자기조직화는 집중화되고 계층적인 명령과 통제가 지배하는 센터(command and control tower)에 의하여 통제되지 않는, 하나의 시스템 전체에 걸쳐서 이루어지고 있다.
- 자기조직화는 평형으로부터 멀리 떨어진 또는 혼돈의 가장자리 등과 같이 여러 가지로 묘사되는 적절한 조건하에 있는 하나의 복잡, 비선형 시스템(complex nonlinear system)을 필요로 한다.
- 자기조직화는 경제, 뇌 및 신경시스템, 면역시스템, 환경시스템, 그리고 현대의 기업이나 기관들(institutions) 등을 포함한 여러 가지 다양한 대규모의 시스템들에서 일어나는 창발과 집단적 행태를 이해하는 데 도움이 되는 매우 중요한 방법으로 이해되고 있다.

• 스웜웨어(Swarmware)와 클락웨어(Clockware)

- 클락웨어(Clockware)는 합리적이고, 표준화되어 있으며, 통제되고, 측정된 프로세스들(processes)을 의미한다.
- 스웜웨어(Swarmware)는 실험, 시행착오(trial and error), 리스크 테이킹(risk taking) 행위자의 자율성 등을 포함하는 프로세스들을 의미한다.
- 클락웨어 프로세스는 선형적인 시스템에 나타나는 데 비해서 스웜웨어는 구성요소들의 비선형적인 결과로서 자기조직화가 이루어지는 복잡시스템(Complex system)에서 일어난다.

• 평형(균형, equilibrium)

- 미시적으로 수많은 요소들이 각자 운동하고 있지만 거시적인 양은 변하지 않은 상태를 의미한다. 물리학에서는 온도나 압력이 변하지 않는 기체 상태를 생각할 수 있고, 경제학에서는 다양한 거래가 이루어지지만 가격이 변하지 않는 시장을 생각할 수 있다.
- 일반적으로 평형은 시스템이 현상유지상태로 남아 있는 것을 말한다.

*) Zimmerman, Lindberg and Plsek, 2008: 259~261; Goldstein, Hazy and Lichtenstein, 2010; 윤영수 · 채승병, 2005: 532~546; 신국조역(프리고진 · 스텐저스 공저, 2011) 등을 참조하여 작성.

3. 복잡성과학의 사회현상을 보는 시각

복잡성과학은 전통적인 과학의 방법들로는 단지 부분적으로만 이해할 수 있었던 많은 시스템을 보는 우리의 관점을 재구성하도록 해준다. 공사조직의 리더들과 관리자들은 복잡성과학을 활용함으로써 사회현상과 정책문제를 보는 새로운 시각을 갖게 되고, 일을 하는 새로운 방법들을 터득할 수 있게 된다.

그러면 복잡성과학과 전통적인 과학은 어떻게 비교될 수 있는가?

복잡성과학은 전통적인 접근방법에서는 무시되었거나 별로 언급하지 않았던 살아있는 시스템의 측면들을 논의한다(Zimmerman, Lindberg and Plsek, 2008).

- 행정학과 정책학을 비롯한 경제학, 경영학 및 물리학들은 주로 뉴턴적 과학의 원리들(Newtonian scientific principles)에 기초를 두고 발전되었다.
- 뉴턴적 과학의 지배적인 은유(metaphor)는 기계이다.
- 우주와 그의 하위시스템들은 거대한 시계들(clocks)이거나 생명이 없는 기계들이다.
- 이 클락웨어의 시각은, 사람들이 신체 또는 사람들로 구성된, 부분들의 특성들과 기능 작용들에 초점을 맞추어 연구함으로써 많은 위대한 업적들을 이룰 수 있게 되었다.
- 부분들은 소수의 변치 않는 외부의 힘이나 법칙들에 의하여 통제된다.
- 부분들은 선택이나 자기 결정을 하지 않는 것으로 간주된다.
- 기계들은 단순하고 예측가능하다. 그러므로 사람들은 부분들이 어떻게 행동할 것인가를 결정하는 것을 가이드 할 몇 개의 외부적 규칙들(external rules)을 이해하는 것만을 필요로 했다.
- 그러나 살아 있는 시스템들, 특히 사람들로 구성된 조직들을 이해하고자 할 때에는 이러한 시각에는 한계가 있다.
- 인간은 개인적인 선택이 없는 기계 부품이 아니며, 그러므로 클락웨어(clockware)는 복잡시스템을 이해하는 방법으로 필요하기는 하나 충분하지는 않다.

복잡성과학을 통해서 사회현상과 정책문제를 보는 시각 가운데 가장 중요한 것은 자기조직화 현상과 창발현상을 이해할 수 있게 된다는 것이다. 즉,

- 뉴턴적 시각은 부분들을 주의 깊게 검토함으로써 전체를 설명하는 것이 가능하다고 전제하지만, 인간행태의 많은 측면들에 대해서는 이러한 전제가 들어맞지 않고 있다.
- 어떠한 지역사회가 재난을 당했을 때 분명한 지도자나 통제자 또는 디자이너가 없어도 자발적인 조직이 생겨서 많은 일들을 하는 것을 본다(예: 2011년 봄의 일본의 쓰나미 사례).

- 이러한 상황에서 우리는 여러 그룹들이 단순히 그룹 내에서 이용 가능했던 자원들이나 기술들(skills)을 합해서 이룰 것으로 예측했던 것보다 훨씬 더 큰 산출결과와 효과들을 만들어 내는 것을 볼 수 있다.
- 이러한 경우들을 보면 단순히 부분들에 의존하기보다는 관계들(relationships)과 맥락에 크게 의존하여 산출결과들(outcomes)이 창발하는 자기조직화가 있음을 볼 수 있다. 이것을 Kauffman(1995)은 "자율적으로 만들어지는 질서(order for free)"라 부르고, Kelly(1999)는 "무(無)에서 어떤 것을 만들어냄"이 라고 부르고 있다.
- 복잡성과학은 하나의 단일한 이론이 아니라 복잡적응시스템에 관한 연구이다. 즉 복잡적응시스템 내에 있는 관계의 패턴들(patterns of relationships)이 어떠하며, 그들이 어떻게 유지되고, 그들이 어떻게 자기조직화하며, 그리고 산출결과들이 어떻게 창발하는가 하는 데 대한 연구이다.
- 복잡성과학에는 많은 이론들과 개념들이 있으며, 이들은 하나 이상의 이론적 틀에 내포되어 있다.
- 복잡성과학은 살아 있고, 적응하며, 변화 가능한 시스템들의 어떤 근본적인 질문들에 대답하기 위하여 수행하는 고도의 학제 간 연구이다.

복잡성과학에서 자기조직화와 창발현상에 대한 연구는 주로 복잡적응시스템(complex adaptive system)이라는 관점에서 이루어지고 있으나 복잡반응과정(complex responsive processes)이라는 관점에서도 연구가 활발하게 이루어지고 있다(Stacey, 2007: Stacey, 2001; Stacey and Griffin, 2006).

4. 복잡적응시스템의 의의와 주요성격

1) 복잡적응시스템의 의의

(1) 복잡성의 의미와 측정

복잡성이 무엇이냐 하는 데 대해서 많은 논의가 있었지만 여전히 학문분야와 논자에 따라서 그 정의는 다양하다. 복잡적응시스템에서 복잡(complex)이라는 개념은 다양성을 의미한다. 즉 여러 가지 많은 요소들 간에 아주 많은 수의 연결들(connections)이 맺어지고 있는 것을 말한다. Kurtz와 Snowden(2003: 462~

483)은 상황에 따른 행태들(situational behavior)을 분류하면서, 고도로 맥락 의존적이고, 고도로 출발조건들에 의존적이며, 고도로 동태적이고, 급속하게 변화하며, 관계들이 단순하지도 않고, 부분들이 상호의존적이고, 비선형적이며, 고도로 창발적이어서 예측이 가능하지 않은 상황을 복잡한 상황으로 정의하고 있다. 지난 2015년 5월 하순에 발생하여 수많은 인명 피해와 막대한 경제적 손실을 가져왔고, 사회적혼란을 초래했던 메르스(MERS: 중동호흡기증후군) 사태는 바로 이러한 복잡한 상황의 한 예로 이해할 수 있다.

Mitchel(2009)은 사회적 복잡성(social complexity)을 바라는 산출결과를 달성하는 데 고도로 불확실한 상황으로 정의하였다. 즉 고도의 불확실성 때문에 수많은 변수들 간의 상호작용 결과들을 예측하기 어렵고, 무엇을 해야 할지에 대하여 이해관계자들 간에 현저한 의견의 불일치가 있는 상황이 사회적으로 복잡성이 높은 상황이라는 것이다. 2011년 1년 동안을 우리사회는 어떠한 복지제도를 실시할 것이냐 하는 문제에 대한 논쟁으로 보냈다. 그런데 보편적 복지냐 선택적 복지냐 하는 논쟁은 목적에 대한 합의를 도출하기도 어려웠고, 이러한 복지정책을 실시하는 데 필요한 재원에 대한 예측과 재정적자규모에 대한 예측도 어려워서 결과가 매우 불확실하였다. 이러한 사회적 상황이 바로 사회적 복잡성을 나타낸다. 사회적 복잡성을 나타내는 이들 두 가지 차원, 즉 목적에 대한 합의 정도와 예측결과의 확실성의 정도를 어떻게 측정할 것인지에 대한 정밀한 조작적 정의가 없는 상태이다.

(2) 적응과 복잡적응시스템

적응은 바꾸거나 변화하는 역량(capacity), 즉 경험으로부터 배우는 능력을 말한다(Patton, 2011; Zimmerman, Lindberg and plsek, 2008). 적응은 하나의 생명체가 변화하는 환경에 계속 맞추어가는(fit) 과정이다. 복잡적응시스템의 가장 기본적인 개념 중 하나는 시스템을 구성하고 있는 부분들이나 행위자들(agents)이 그들 간의 상호작용 규칙들을 변화시킴으로써 적응해가는 그들의 역량이다. 그러므로 적응은 행동을 위한 새로운 규칙이나 가이드라인(guide lines)을 학습해 가는 것으로 구성되어 있다.

하나의 복잡적응시스템은 변화하는 환경에 적응하는 능력을 가진 복잡하고, 비선형적이며 상호작용하는 시스템이다. 그러한 시스템들은 비평형적 환경에서 유기체적(organic)이며 자체 조직화하는 잠재력을 가진 것으로 특징지어진다. 하나의 복잡적응시스템 내에서 예측할 수 없는 방법들로 자유롭게 행동할 수 있는 수많은 반독립적(semi-independent)인 다양한 행위자들이 서로 간에 적응하며, 전체로서 환경에 적응하는 과정에서 시스템 전체에 걸친 패턴들을 형성해가면서 계속해서 상호간에 작용하는데, 이러한 시스템이 복잡적응시스템이다.

2) 복잡적응시스템의 주요 성격[4)]

복잡적응시스템의 성격을 나타내는 개념들에는 여러 가지가 있으나 여기에서는 진화와 공진화, 자체조직화, 창발, 비선형 등의 개념들을 중심으로 살펴보고자 한다.

(1) 생태계, 진화 및 공진화

복잡적응시스템들은 일련의 상호 연결된 특성들이나 성격들을 가지고 있다. 이들 모든 특성들은 모두 상호 연결되어 있기 때문에 이들 특성들 가운데 어느 것이 출발점인지 식별하기 어렵다. 그리고 이들 각 특성들은 각각 다른 특성들의 원인이면서 결과이다. 이들 특성들은 모두 전통적인 관리나 뉴턴의 과학의 밑면에 깔려있는 묵시적인 전제들과 완전히 대비된다(Zimmerman, Lindberg and Plsek, 2008).

복잡적응시스템(CAS)들은 다른 CAS에 뿌리를 두거나(embeded) 정착(nested)되어 있다. CAS에서 각각의 개별적인 행위자들은 그 자신들이 CAS이다. 예컨대 생태계에서 숲속의 한 나무는 하나의 CAS이며, 동시에 CAS인 숲속의 하나의 행위자이다.[5)] 그리고 CAS인 숲은 섬(island)이라고 하는 좀 더 큰 생

4) 복잡성이란 용어를 잘 감지할 수 있도록 해주는 개념들(sensitizing concepts) 가운데 중요한 것들을 들어보면 비선형성(nonlinearity), 창발, 적응, 불확실성, 동태들(dynamics)과 동태적 상호작용, 공진화 등이다(Patton, 2011: 146~147). 여기서 잘 감지할 수 있도록 해주는 개념들이란 사람들이, 특정한 장소나 특정한 세트의 환경에서, 어떻게 개념에 의미가 부여되어 있는가를 연구할 때 어떤 최초의 방향(initial dIrection)을 제공해줄 수 있는 관련된 개념들이다(Patton, 2002). 그러므로 복잡성이라는 용어는 위에서 제시한 몇 가지 센시타이징(sensitizing) 개념들을 이해한다면 더 용이하게 이해할 수 있게 될 것이다.

5) 정책연구에 있어서 생태학적 접근을 정책대상, 예컨대 산업정책에서 어떤 산업분야의 대기업, 중소기업들이 어떻게 건전한 생태계를 이루어 상생 발전할 수 있도록 지원하기 위하여 관련분야 정책을 발전시킬 수 있는가 하는 것을 연구하는 접근방법과 정부의 여러 가지 정책들 간의 관계를 하나의 생태계로 보고 정책들 간의 조화 발전을 연구하는 접근방법 등을 생각해 볼 수 있다. 정책연구에 있어서 생태학적 관점의 적용가능성에 대해서는 오철호(2010), pp. 41~74 참조.

태계 내의 하나의 행위자이다. CAS인 행위자들은 그들이 일부를 이루고 있는 더 상위의 CAS와 더불어 공진화(coevolution)한다. 그리고 이들 원인과 결과들은 일방적이기보다는 상호적이다. 예컨대 보건에서 그들 자신들이 CAS인 병원의 의사들은 사회의 한 행위자이며, 그 자신이 또한 CAS인 병원과 공진화한다. 그리고 전체 보건시스템은 촘촘하게 이루어지는 CAS들 간의 상호작용의 패턴으로부터 창발한다.

하나의 CAS가 지속가능하려면, 다양성이 존재해야 하며, 이 다양성은 새로움의 원천이다. Holland(1995; 1998)에 의하면 하나의 CAS의 다양성은 점진적인 적응의 결과라고 한다. 적응의 결과인 다양성은 미래적응의 원천이 된다. 그리고 다양성의 감소는 미래의 적응의 잠재력을 감소시킨다. 조직에서 다양성은 지속가능성의 핵심적인 소스(source)가 되는 것으로 간주되고 있다. 그리고 다양성은 혁신과 장기적인 생존의 열쇠인 것으로 생각되고 있다.

생물의 진화는 돌연변이보다 유전물질(genetic material)의 교차에 의한 혁신에 의하여 훨씬 많이 이루어진다는 주장도 있다. Holland(1995; 1998)에 의하면 돌연변이보다 유전물질의 교차가 몇 백만 배나 더 공통적인 현상이라고 한다. 여기서 교차(crossover)란 동일한 빌딩블록들(building blocks)이나 유전물질들을 서로 다른 조합들로 조합하는 것을 의미한다. 빌딩블록들이나 유전자 또는 다른 원재료의 요소들이 여러 가지 다양한 방법들로 재조합되는 것이 지속가능성의 열쇠이다. 그러므로 정책혁신도 조직의 구성원들이 다양할 때 촉진될 수 있고, 조직발전도 지속가능하게 된다.

이들 빌딩블록들을 조합하는 과정들은 그들이 상호간에 관계가 있을 때에만 일어날 수 있다. Holland(1995; 1998)는 "시스템은 적합도를 증가시키는 빌딩블록들의 조합들을 기억한다"고 주장하고 있다. 이것은 빌딩블록들 그 자체도 중요하지만 빌딩블록들 간의 관계들(relationships)이 더 중요하다는 것을 말해주는 것이다. 즉 초점은 상호관계들에 주어진다.

조직 관리의 관점에서 보면 이러한 논리는 개인적인 탁월성을 무시해도 좋다는 말이 아니라, 개인의 능력만이 성공과 실패를 설명하는 모든 것은 아니라는 말이다. 관리의 관점에서 보면 개인이나 그룹들 간의 상호관계의 패턴들과 이슈의 맥락으로 초점이 이동하고 있음을 의미한다.

CAS들은 집중화된 통제보다는 분산된 통제 시스템을 갖고 있다. 즉, 모든 행위자들에게 명령을 내리는 집중화된 하나의 지휘센터 대신에 통제가 시스템 전체에 분산되어 이루어지고 있다. 분산된 통제(distributed control)는 CAS의 산출결과들이 외부에서 설계되고 통제되거나, 집중화된 기구에 있기보다는 자기조직화 과정으로부터 창발된다는 것을 의미한다. 이것은 정책개발과 정책발전에도 중요한 의미를 갖는다. 즉 정책발전은 정부조직의 각 부서별로 통제되지 않고 자발적으로 이루어질 때 그 효과가 더 클 수 있다는 것을 의미한다.

공진화(coevolution)는 더 큰 생태적인 시스템(ecological system) 내에서 둘 또는 그 이상의 시스템들이 조정되고 상호의존적으로 이루어지는 진화이다. 시스템들 간에는 한정된 동일한 자원을 둘러싼 경쟁 또는 협력과 서로 다른 활용이라는 측면에서 피드백이 있다. 한 포식자에 변화가 일어나면 그의 먹이(prey)가 되는 개체들의 적응가능성에 변화가 일어나는 것을 예로 들 수 있다. 비즈니스나 기관들도 그들의 공급자들, 공급을 받는 자들, 자금공여자들, 시장들, 지역공동체들 및 경쟁자들 등이 여러 가지 방법으로 공진화하는 것도 흔히 볼 수 있는 예들이다.[6)]

(2) 자체조직화

자체조직화(self-organization)는 하나의 복잡시스템(complex system)에서 일어나는 현상으로 외부에서 해당 시스템에 강요하거나 부과되지 않은 조건하에서 구조, 패턴, 또는 과정 등과 같은 새로운 현상들이 출현하는 하나의 프로세스(process)이다. 자체조직화는 계층적인 명령과 통제센터에 의해서 통제되지 않고, 일반적으로 시스템 전체에 분산되어 일어난다.

이 개념은 경제, 사회, 두뇌 및 신경시스템, 면역시스템, 대규모 생태계 및 현대의 대규모 기업이나 기관들을 포함하는 다양한 시스템들에서 일어나는 집합적 형태(collective behavior)를 이해하기 위하여 사용되고 있다.

(3) 창 발

유기체나 자체 조직화하는 시스템에서 구조, 패턴 또는 특질(properties)들과

---

6) 관치경제와 금융을 중심으로 한국행정문화의 공진화 과정에 대한 분석에 대해서는 노화준(1998a: 137~156) 참조.

같은 기대하지 않았던 새로운 현상들이 일어나도록 하는 프로세스를 일컫는다(Goldstein, Hazy and Lichtenstein, 2010: 13~14). 조직들 가운데에서 창발현상은 언제나 항상 일어나고 있지만, 조직의 계층제에 의해서 생성된 통제 메커니즘에 의해서 사라지거나 경시될 수 있다.

복잡적응시스템에서 창발은 행위자들 간의 상호관계들의 패턴들의 결과이다. 이러한 창발현상은 예측이 가능하지 않다는 것, 즉 어떻게 시스템이 진화할 것인가를 정확하게 기술할 수 없을 것이라고 하는 것을 말해준다. 창발의 이러한 성질 때문에 Kauffman(1995)은 CAS들의 적합도 지형들(fittness landscape)에 대하여 생각하도록 권유한다.

조직에서 창발현상은 조직의 리더들에 의하여 촉진될 수도 있고 저해될 수도 있다. 그렇기 때문에 새로운 창발구조를 어떻게 촉진시킬 수 있고, 자생적으로 일어나고 있는 창발현상들의 유리점들을 어떻게 취할 수 있느냐 하는 것이 조직의 리더들에게 부과된 중요한 도전이라 할 수 있다.

(4) 비선형

선형시스템들에서는 부분들이나 구성요소들은 고립되어 있고 상호작용을 하지 않는다. 그러므로 작은 변화는 작은 효과를 가져오고, 큰 변화는 큰 효과를 가져온다. 그러나 비선형시스템들에서는 부분들이나 구성요소들은 서로 상호작용을 하며, 상호의존적이고, 그리고 피드백 효과들을 나타낸다. 그 결과 작은 변화들에 큰 효과들(예컨대 초기 조건에 민감하게 의존하는 나비효과 등)을 가져 올 수 있다. 반대로 큰 변화들이 작은 효과들을 가져올 수도 있다.

(5) 단순규칙

단순규칙(simple rules)은 하나의 시스템 내에 있는 모든 부분들이나 행위자들의 활동들을 일정한 범위 내에 제한하는 한 세트의 가이드라인들이나 규범들이다. Holland(1998: 238~240)는 하나의 시스템에서 잘 선택된 한 세트의 빌딩블록(building blocks)들이 단순규칙들에 의하여 제약을 받으면 한정되지 않은 여러 가지의 복잡패턴의 흐름을 만들어낸다고 밝히고 있다. 사람들이 정의하여 만들어낸 대부분의 게임들(바둑, 체스 등)이 단순규칙들의 제한에 의하여 시스템의 다양한 구조나 행태의 패턴들을 만들어내는 좋은 예들이다. 만일 시스템 내의 모든 부분들이나 행위자들이 각각 그들의 행동들을 하는 데 동일한 가이드라인을 따른다면, 각 부분들이나 행위자들은 대규모 시스템의 나머지 부분들을 그대로 유지하는 채로, 각각 바로 직면하고 있는 로컬(local)환경에 효과적으로 적응한다. 혼잡한 고속도로에서 앞차와의 거리를 차 두 대 정도 간격으로 유지하고, 내 차의 속도를 다른 차의 속도와 같이 유지하라는 단순한 가이드라인에 따름으로써 고속도로에서 자동차들이 질서정연하게 움직일 수 있다. 또한 개미들의 집단거주지에서 개미들은 반입하는 음식물들이 다른 개미들에 의하여 수용되는 한 음식물 찾기를 계속한다. 복잡적응시스템에서는 단순규칙들은 행위자들의 적응활동을 촉진함으로써 새로운 패턴이 창발하도록 한다(parsons, 2009).

Ⅱ. 사회구성 과정에서 정책문제가 직면하는 시스템 동태상황의 유형

종래의 정책학 연구는 만들고자 하는 사회를 만들어가는 과정에서 정책문제가 직면하는 다양한 시스템 동태 상황들을 명시적으로 고려하지 못하였기 때문에 각기 다른 시스템 동태적 상황들을 정책의제설정, 정책형성, 정책결정, 정책집행 및 정책평가과정에 명시적으로 포함시켜 정책이론과 정책실무를 발전시키려고 하는 노력에 큰 진전을 보지 못하였다. 이는 만들고자 하는 사회를 만들어가는 과정에서 정책문제가 직면하는 시스템 동태 상황을 구분하지 못한 데 기인한 것이다. 그러므로 먼저 정책문제가 직면하는 각기 다른 시스템 동태 상황들을 올바르게 식별할 수 있도록 유형화하는 작업이 선행되어야 한다. 복잡적응시스템의 성격에 대한 이해는 만들고자 하는 사회를 만들어가는 과정에서 정책문제가 직면하는 다양한 시스템 동태 상황들을 유형화하는 데 새로운 지평을 열어주고 있다.

1. 정책문제가 직면하는 복수적인 시스템 동태의 상황들

지난 수십 년간 정책 및 관리이론과 실무들은 크게 두 개의 서로 다른 캠프(camp)로 나누어져 있었다. 그중 하나는 상황의 실제성격에 관계없이 모든 상황들을 단순 상황(simple)으로 간주한 캠프였다.[7] 관리정책에서 결과에 토대를 둔

관리(result-based management), 목표에 의한 관리 등이 그 좋은 예이다. 또 다른 하나는 복잡성이론에 토대를 두고 모든 현상을 복잡성 상황(complex)으로 간주하는 캠프이다(Williams and Hummelbrunner, 2011: 163~164). 그러나 최근에는 제 3의 트렌드가 대두되고 있다. 그들은 정책 및 관리의 이론과 실무에서 모든 것을 단순상황으로 간주하는 것도 비효과적이고, 모든 것을 복잡한 상황으로 간주하는 것도 비효과적이라고 본다. 복잡성이론에서는 시스템의 동태를 조직화된 동태(organized system dynamics)의 상황, 비조직화된(unorganized) 시스템 동태의 상황 및 자체 조직화하는(self-organizing) 시스템 동태의 상황 등으로 구분함으로써 정책 및 관리의 연구와 실무의 발전에 일대 전환기를 맞이할 수 있도록 해주고 있다.

복잡사회시스템들(complex social systems)은 크게 뒤얽혀 있는 공식적 및 비공식적 조직들과 네트워크들로 구성되어 있다. 이들 각종의 공식적 및 비공식적 조직들은 각기 서로 다른 바람, 규범, 가치, 이념 및 이해관계들을 가지고 상호작용한다. 이들 공식적 및 비공식적 조직들이 서로 다른 바람, 규범, 가치 및 이념들을 가지고 상호작용하기 때문에 그들의 상호작용은 조직화된 시스템 동태, 적응적(또는 자체 조직화하는) 시스템 동태 및 비조직화된 시스템 동태의 상황들을 나타낸다.

Stacey(1996)는 사회시스템 동태들을 구분할 수 있는 기준으로서 사회시스템 내에서의 "합의의 정도(degree of agreement)"와 "확실성의 정도(degree of certainty)"를 제안하였다. 여기서 "합의"란 그룹, 팀, 조직 및 커뮤니티 내에 그들이 관여하고 있는 변화(또는 정책)의 목적, 우선순위 및 활동들에 대한 일치의 정도를 일컫는다. 그리고 "불확실성"이란 행동들(actions), 상황들 및 행동의 결과들에 관한 원인과 결과 관계들이 어느 정도나 예견될 수 있느냐 하는 것을 말한다. 우리나라 경제시스템이 1997년 11월 국제통화기금의 지원을 받기에 이르는 과정에서 가장 중요한 특징은 우리나라에 금융·외환위기가 오리라고 하는 것을 그 시기가 임박할 때까지 국내외 전문기관들조차도 정확하게 예측하지 못함으로써 정책적 대응방안을 마련하지 못했었는데 이것은 불확실성의 전형적인 사례이다(노화

---

7) 여기서 단순상황은 말 그대로 단순한 상황이 아니라 원인과 결과의 관계가 단순한 선형적인 패턴을 나타내는 것 등을 포함한 어떤 특정한 성질을 가진 상황인데 여기에 대해서는 바로 다음에 구체적으로 설명한다.

그림 13-2 사회시스템의 세 가지 동태와 그의 맥락

준, 1998b: 13~14). 변화에 대한 합의의 정도 및 산출결과의 예측의 확실성의 정도와 관련된 시스템 동태의 상황들과 그 맥락을 그림으로 나타내면 [그림 13-2]와 같다(Parsons, 2009: 2).

우리나라 정치계에서는 2011년도에 보편적 복지를 실현하는 사회를 만들 것이냐, 선택적 복지를 실현하는 사회를 만들 것이냐 하는 미래사회에 대한 변동의 방향과 그 정책의 우선순위에 대한 합의를 하지 못하여 사회적 갈등을 경험하였는데, 이것은 사회시스템 내에서의 합의의 정도가 낮았음을 말해준다. 그리고 보편적 복지사회를 실현하고자 하는 경우 소요되는 재원이 얼마나 될 것인가, 그리고 그 재원을 어떻게 조달할 것인가 하는 것을 확실하게 예측할 수도 없었다. 즉 확실성의 정도가 매우 낮았다. 이것은 복지사회를 실현하는 정책문제와 관련하여 우리 사회는 혼돈상황은 아니라 할지라도 혼돈의 언저리에 있는 자체조직화하는 시스템 동태의 상황에 처해 있었다고 할 수 있다.

[예시 13-1] 새마을 운동 추진과정의 시스템 동태 상황

1970년대 초 농촌새마을 운동 과정에서 큰 도로에서 마을이나 주요 농로에 이르는 협소한 도로를 넓히거나 농촌마을내의 구불구불하고 좁은 골목길들을 가능한 한 부분적으로라도 직선화하고 차량이 다닐 수 있도록 넓히기 위해서는 농촌마을 주민들이 자기들의 논이나 밭, 자기 집의 대지나 심지어는 그들의 집의 일부도 희생해야 했다. 그런데 정부에서는 접근도로를 넓히거나 직선화하기 위하여 희사한 땅들에 대하여 아무런 보상을 해주지 않고 자발적으로 희사하는 것을 원칙으로 하고 있었다. 또한 농촌마을의 생활환경을 개선하거나 농업생산기반시설을 하는데 동원된 노동에 대해서도 정부는 아무런 보상을 해 주지 않는 자비부담과 자율을 원칙으로 하고 있었다(Park, Jin-Hwan, 1979: 2-4). 또한 모든 사업은 자비부담비율이 일정수준을 유지하는 매칭펀드 방식을 택했다. 소득사업도 최소 20% 정도는 수익자가 부담하도록 하였다. 정부가 자재를 지원하고 토지소유자가 마을을 위해 토지를 희사함으로써 주민들은 노동력을 부담하여 새마을사업에 참여하게 되었다(정갑진, 208: 86-87). 그러나 접근 도로나 마을길을 확장하는데 필요한 논이나 밭, 대지 등을 희사하도록 설득하는 것은 매우 어려운 과제였으며, 또한 무보수로 노력을 동원하는 것도 매우 어려운 일이었다. 이러한 일들이 농촌마을 단위에서 새마을을 만들어 가는 과정에서 농촌마을들이 변화나 변화의 목적들(goal)에 대한 합의를 어렵게 하는 갈등요인들이었다. 또한 농촌마을 사람들은 수백 년 동안의 생활양식에 타성이 젖어 있어서 큰 도로로부터의 접근도로나 마을내의 골목길을 넓힌다든지, 우물이나 화장실들을 개선하는 것이 실제로 주민들의 소득을 올리는데 얼마나 효과가 있는지에 대해서도 큰 믿음이 부족하였다. 여기에서부터 새마을을 만들어가는 농촌마을들에서 주민들 간의 비조직화된 동태(unorganized dynamics)의 특징이 나타나고 갈등현상이 나타나게 된 것이다(노화준 · 노유진, 2010).

새마을사업에 대한 마을 주민들의 의견의 불일치와 비협조에 의한 주민들 간의 갈등은 새마을운동의 성공사례들에 잘 나타나 있다. 새마을운동의 추진과정에 나타났던 대표적인 의견의 불일치와 갈등의 주요원인은 마을지도자(이장)의 비협조적인 태도, 대지헌납요청에 대한 불응, 외지에서 온 지도자에 대한 불신 등이었다(노화준, 2010: 11~13).

시스템 동태의 상황들을 시스템 동태의 성격에 따라 구분하려는 노력은 여러 분야에서 계속되어 왔다. 그러한 노력들은 복잡성과학뿐만 아니라 네트워크이론(network theory) 및 지식관리이론 등 여러 갈래로 수행되어 왔는데 이들을 종합하여 시스템의 상황들을 네 가지 상황으로 구분하여 제시한 것이 시네핀 프레임워크(Cynefin framework)이다. 이 시네핀 프레임워크에서는 [그림 13-3]에서 보는 바와 같이 상황을 먼저 가장 질서정연한 상황과 가장 혼돈적 상황의 연속선을 보고, 그 연속선상에서 상황들을 단순(simple) 상황, 뒤얽힌(complicated) 상황, 복잡(complex) 상황 및 혼돈(chaotic) 상황으로 구분하였다(Williams and Hummelbrunner; 2011: 165).

Kurts와 Snowden(2003: 462~483)이 네트워크 이론으로부터 도출한 시네핀 프레임워크의 네 가지 상황의 구조적 특성들은 [그림 13-4]와 같으며, 이들 각 상황들의 특성들은 다음과 같다. 즉,

- 단순(simple)측면의 상황들은 요소들 간의 연결은 약하지만, 중앙의 통제요소들과의 연결은 강한 것이 특징이다. 여기에서는 전통적인 명령과 통제 시나리오가 지배적이다. 이들 측면들은 상황이 "알려진(known)" 측면으로 불리기도 한다.

그림 13-3 질서와 혼돈상황 사이의 연속선

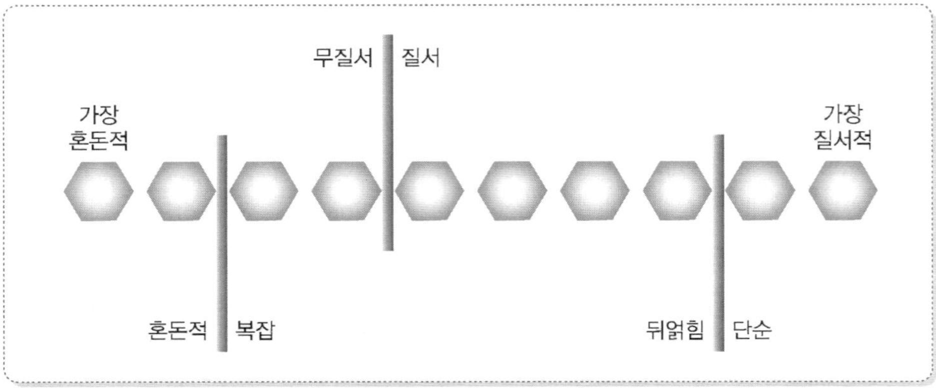

그림 13-4 시네핀 프레임워크

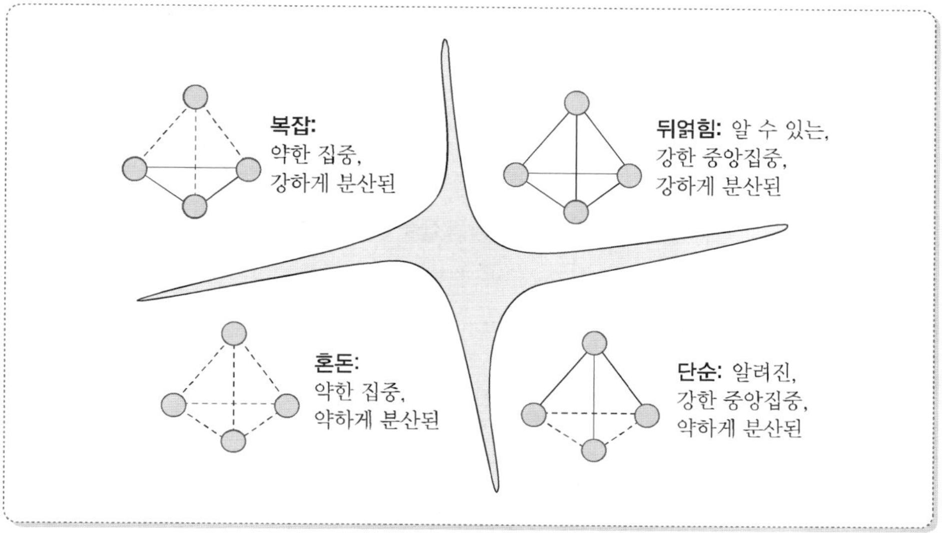

- 상황이 뒤얽힌 측면은 요소들 간에 강한 연결을 가지고 있지만 또한 중앙 통제요소들과도 강하게 연결되어 있는 것이 특징이다. 상황의 이러한 측면은 상황의 "알 수 있는(knowable)" 측면으로 불리기도 한다.
- 상황의 복잡(complex) 측면은 요소들 간에는 강하게 연결되어 있지만, 중앙의 통제요소들과는 약하게 연결되어 있는 것이 특징이다.
- 상황의 혼돈적(chaotic) 측면은 요소들 간에도 약하게 연결되어 있고, 조직의 핵심(core)과도 조직화하는 연결이 결여되어 있는 것이 특징이다.

시네핀 프레임워크에서 발전시킨 '상황의 뒤얽힌 측면'이라는 개념을 도입하여 [그림 13-1]의 복잡성 영역들 다시 기술적으로 뒤얽힌 상황(technically complicated situation)과 사회적으로 뒤얽힌 상황(socially complicated situation) 및 복잡성 영역으로 재분류하기도 한다. 이러한 상황들을 그림으로 나타내면 [그림 13-5]와 같다(Patton, 2011: 87~91).

그림 13-5 기술적으로 뒤얽힌 상황, 사회적으로 뒤얽힌 상황 및 복잡성 상황의 영역들

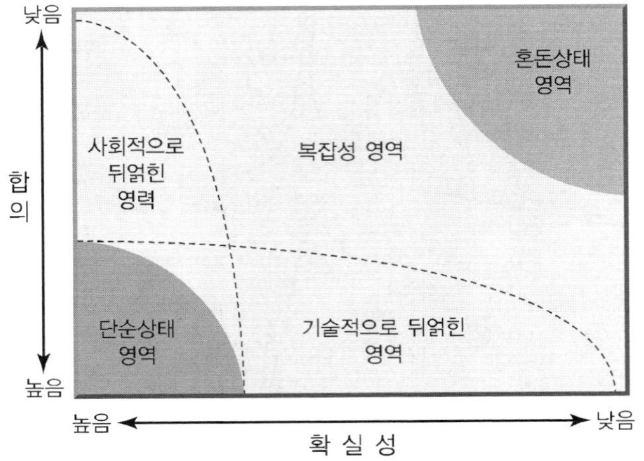

2. 정책문제가 직면하는 복수적인 시스템 동태 상황들의 성격

1) 조직화된(단순) 시스템 동태 상황

만들고자 하는 사회 또는 정책문제의 목적, 우선순위 및 액션들에 대한 합의 정도가 높고 행동결과들에 대한 예측의 확실성도 높기 때문에 안정되고, 조직화되고, 예측 가능한 시스템 동태 상황을 나타낸다. 전통적인 계층조직, 생산현장의 조립라인 등은 이러한 타입의 시스템 동태를 가정하고 설계되었으며, 구조화된 역할, 기획 및 통제에 기초하여 관리된다.

이러한 조직화된 시스템들은 살아 있는 시스템(living system)들로 구성되기도 하지만, 살아 있는 시스템과 살아 있지 않은 시스템(예컨대 전력시스템 등)들과 혼합된 시스템으로 구성되어 있기도 하다.

이러한 단순상황에서의 몇 가지 처방적 특성들은 다음과 같다(Patton, 2011: 86~87). 즉, ① 무엇을 할지를 알고 있고, ② 처방이 필수적이며, ③ 처방은 후에 사용할 수 있도록 복제가능성을 확인하기 위하여 테스트된다. ④ 특수한 전

문성(expertise)이며, 예컨대 어떻게 민원서비스 시스템을 만들 것인가를 아는 것이 성공도를 높이며, ⑤ 처방이 표준적인 서비스 제공이나 제품들의 생산을 가능하게 하고, ⑥ 항상 동일한 결과를 가져올 것이 확실하다.

2) 뒤얽힌 시스템 동태의 상황[8)]

상황들에 대한 예측가능성이 감소하고, 바람직한 산출결과들이 불확실해져 가면, 상황들은 뒤얽힌 상황들로 이행한다. 이러한 뒤얽힌 상황들은 다시 기술적으로 뒤얽힌 상황들과 사회적으로 뒤얽힌 상황으로 나누어 볼 수 있다. 달나라에 로켓을 보내는 것은 기술적으로 뒤얽힌 상황의 예이다. 이러한 상황은 살아 있는 시스템과 인공으로 만든 시스템이 서로 상호작용하는 시스템인 경우가 많다.

하지만 이 영역은 알아낼 수 있는 영역이다. 기술적으로 뒤얽힌 문제를 해결하기 위해서는 기술적인 지식과 전문성(expertise)이 요구된다. 예컨대 정부부처들이 가지고 있는 정보를 공유하는 행정정보공유시스템을 만들기 위해서는 이러한 시스템을 만들 수 있도록 뒷받침할 IT분야에 대한 고도의 전문지식을 가진 전문가들이 필요한 것이다. 많은 전문 기술적인 설계와 조정에 의하여 구축작업이 성공적으로 이루어진다면 바람직한 산출결과를 얻을 수 있다. 그러므로 고도의 전무성과 조정이 요구되는 영역이다.

사회적으로 뒤얽힌 상황은 서로 다른 이해관계자들이 서로 다른 관점들(perspectives)을 제시하고 경쟁적인 가치들을 결집(articulate)하며 서로 양립하기 어려운 해결 방안들을 제시할 때 발생한다(Patton, 2011: 87～89). 해결방안들에 투입할 자원들은 한정되어 있으나 필요한 자원들은 많고, 우선순위에 쉽사리 합의하기 어려울 때 이러한 상황들이 발생한다. 경쟁하는 이해관계자들을 어떻게 조정하고 통합하여야 하느냐 하는 난제에 직면하며, 정책과정의 참여자들을 조정하고 통합할 수 있는 고도의 정치적 조정력과 리더십이 요구된다.

---

8) 뒤얽힌 것(complicated)과 복잡성(complexity) 간의 가장 기본적인 차이는 뒤얽힌 것은 로켓이나 점보제트기와 같이 회로가 복잡하게 뒤얽혀 있지만 새로운 행태나 구조 또는 패턴들이 창발하지 않으나, 복잡성은 행위자들이 서로 다른 관점들과 정보들을 가지고 상호 작용함으로써 새로운(novel) 행태, 구조 또는 패턴들이 창발한다는 점이다(Goldstein, Hazy and Lichtenstein, 2010: 3～5). 뒤얽힌 현상은 전문가는 알 수 있으나 복잡현상은 전문가도 알기 어렵다는 점이다. 어린아이를 기르는 것은 전문가의 도움을 받을 수는 있으나 전문가도 어린아이의 미래를 확실히 알기는 어렵다는 점이 차이이다. 한 사회는 복잡성 영역과 뒤얽힌 영역이 혼재되어 있다.

3) 비조직화된(무작위적) 시스템 동태의 상황

비조직화된 시스템 동태의 상황은 혼돈적 상태의 상황이다. 이러한 상황에서 시스템들은 불통합(disintegrated)되어 있다. 액션들은 예측가능하지 않고 무작위적이다. 비조직화된 사회의 시스템들에서 많은 사건들과 액션들은 무작위적이다. 2011년 봄 일본에서 처음 쓰나미가 발생했던 초기에 많은 사건들과 행동들이 무작위적으로 일어났던 것을 사람들은 TV 화면을 통하여 생생하게 목격하였다. 사람들은 사건이나 행동들 사이에서 어떤 패턴들이나 상호연결을 볼 수 없었다.

이 혼돈상황은 관찰될 수 있는 패턴들이 없을 뿐만 아니라, 의존할 사전적인 경험이 없는 경우가 대부분이다. 이러한 상황에서는 요소들 간의 관계도 약하고 중심을 잡아줄 핵심적인 정부조직도 무력하기 때문에 여러 가지 이유로 많은 바람직하지 않은 것들이 일어날 수 있다. 또한 어떠한 인간관계들을 결정하는 것도 불가능하다(Williams and Hummelbrunner, 2009: 167~168).

4) 자기조직화하는(복잡 적응적) 시스템 동태의 상황

자기조직화시스템은 조직화된 시스템과 무작위시스템의 사이에 위치하고 있는 특별한 시스템 동태의 상황이다. 이 시스템은 조직화된 상태의 평형으로부터 멀리 떨어져 있으며 비조직화된 상태로부터도 떨어져 있는 시스템으로서 행위자들이 자체조직화하는 복잡 적응적 시스템이다. 그런데 이러한 자체조직화는 식물들이나 많은 동물들이 조직화하는 것이기 때문에 생물유기체의 조직화(organic organizing)로 불리기도 한다.

복잡적응시스템에서는 예측하기 어려운 방법들로 자유롭게 행동하는 수많은 반독립적이고 다양한 행위자들이 계속적으로 서로 상호작용한다. 그들은 서로간에 적응하면서, 또한 하나의 전체(whole)로서 환경에 적응한다. 그들은 매우 위력적인 범시스템적 패턴들을 창조할 수 있다. 그들 행위자들은 안정을 이루는 방향으로 움직이는 것도 아니고, 또한 그들은 영향을 받을 수는 있지만 통제될 수 있는 것도 아니다(Parsons, 2009).

자체조직화 하는 생물유기체들은 기계장치인 메커니즘들(mechanisms)과는 매우 다르다는 것을 이해하는 것은 앞으로 복잡적응적 시스템에서 정책문제를 해결해 가는 것을 이해하는 데 매우 중요하다. 기계장치인 메커니즘은 기능적 단위(functional unity)를 형성하는 부분들로 구성되어 있다. 예컨대 시계는 각각의 기능을 수행하는 여러 가지 부속품들로 구성되어 있다. 여기서 부분들(부속품들)은 시계 전체로서의 기능수행을 위하여 요구되는 부분들일 뿐이다. 그러므로 부분들이 어떤 기능들을 가질 수 있기 전에 전체라는 완결된 관념이 형성되고, 그리고 부분들은 설계되고 그들의 특별한 역할을 수행하도록 조립되어야 한다. 그렇지 않다면 전체로서의 시계(whole clock)가 될 수 없다. 이 말은 계획이나 프로그램을 만드는 것을 기계적인 메커니즘으로 보고 일을 수행한다면 전체를 먼저 머릿속에 그리고, 여기에 맞추어 각 부분을 계획하거나 프로그램들을 만들어 가야 한다는 것을 시사해준다.

그러나 하나의 살아 있는 시스템의 부분들은 먼저 설계되는 것이 아니며, 생물유기체의 개체(unity) 속으로 끼워 넣는 것이 아니다. 그보다는, 오히려 부분들은 발전되어가는 생물유기체 내에서 상호작용들의 결과로서 생기는 것이다. 예컨대 하나의 나무는 뿌리들, 줄기들, 잎들 및 꽃들을 가지고 있고, 이것들이 서로 상호작용하면서 나무를 형성하는 것이다. 각 부분들은 사전적인 설계에 의해서가 아니라 하나의 특정한 환경적 맥락에서 자체발생적인(self-generating), 자체조직화하는 동태과정에서 시스템 또는 유기체 그 자체 내에서 내적인 상호작용의 하나의 결과로서 창발(emerge)한다. 부분들은 전체(whole)에 앞서 오는 것이 아니라, 전체로서의 하나의 개체(unity) 내에서 부분들이 발생할 수 있도록 스스로 만든 차이들(differences)에[9] 의한 상호작용 과정에서 창발한다(Webster and Goodurinm 1996; Stacey, 2007; 31~32). 그러나 부분들은 전체를 만들어 내기 위하여 반드시 존재하여야 하며 전체에 서브(serve)해야 한다. 전체(whole)는 먼저 설계되는 것이 아니라 부분들과 더불어 존재하는 것이다. 우리는 동일한 종류의 식물의 씨앗이라도 어떤 토양에서, 그리고 어떤 기후조건에서 자라느냐 하는 데 따라 그 나무가 각기 다르게 성장하는 것을 보는데 이것이 전체와 부분들, 그리고 맥락간의 관계를 잘 나타내준다.

---

9) 차이(differences)는 창발과 관련된 주요 개념이다. 하나의 시스템 내의 부분들 간의 중요한 차이들이나 다양성은 생명유기체의 자체조직화 과정에서 창발하는 일차적인 패턴들을 결정한다. 두 개의 부분들이나 행위자들 간의 차이는 시스템 내의 다른 행위자들에게 반사(reflected)되거나 강화됨으로써(reinforce) 다음에 전체 시스템의 패턴으로 발전한다. 사회시스템에서 유의미한 차이들을 예로 들어보면 파워, 전문성, 품질, 비용, 성별, 인종 및 고육 등을 들 수 있다.

생물유기체의 발전을 이와 같이 보는 것은 생물유기체가 태어날 때 이미 개체 내에 내포되어 있는 것(enfolded)을 성숙된 형태로 펼쳐나간다고(unfolding) 보는 것과 상통한다. Kant는 생물유기체의 부분들은 창발하는 특질을 가진 전체를 유지하기 때문에, 그리고 유지하기 위해서, 존재한다고 보았다(Kauffman, 1995). 그에 의하면, 생물유기체들은 자체적으로 생산하고(self-producing), 그러므로 전체를 자체조직화하며, 전체는 부분들에 의하여 유지되고, 전체는 부분들에게 전체를 유지하도록 명령한다는 것이다. Kant는, 기계적인 메커니즘에서 자연을 이해하는 방법인 단순하고 선형적이며 효과적이라는(만일 …이면, 그러면 …이다) 관점에서 보는 인과관계 대신에, 형성적 목적론적(formative teleological) 인과관계를 도입하였다(Stacey, 2001: 5). 부분들과 전체가 창발하도록 부분들이 자체조직화 하는 상호작용을 하면, 그러한 인과관계가 형성적이다. 자연은 이미 배태된(enfolded) 형태들을 펼쳐나가는데(unfolding), 이러한 인과관계가 형성적이며, 지배적인 인과관계의 형태는 배아(embryonic) 행태로부터 성숙된 행태로 발전되어 가는 것이 형성적 과정이다(Stacey, 2001: 5; 2007: 32). Kant의 시스템적 사고에서 보면 자체조직화는 부분들 간의 상호작용을 의미하며, 이러한 상호작용 가운데에서 창발하는 것이 전체적인 발전적 패턴(developmental pattern)이다.

제 2 절 복잡성 상황하의 발전적 평가[10)]

Ⅰ. 다양한 시스템 동태의 유형과 상응하는 평가 설계의 유형

1. 전통적 평가와 발전적 평가

발전적 평가(developmental evaluation)가 무엇인가를 이해하기 위해서는 이와 용어상으로 밀접히 관련되어 혼란을 일으키는 발전평가(development evaluation)와 어떻게 다른가를 이해하는 것이 선행되어야 한다. 발전평가와 발전적 평가간

10) 발전적 평가에 대한 논의는 노화준(2010)의 "정책설계의 사회적 재구성과 발전적 평가의 활용: 새마을운동정책을 중심으로"에 의하여 작성되었음.

의 차이를 이해하기 위해서는 이미 제 2 장에서 논의했던 정책형성과 결정과정의 동태들을 결정하는 데 결정적인 영향을 미치는 서로 다른 시스템 동태 상황들과 그 원인들에 대하여 이해하여야 한다.

[그림 13-2]에서 조직화된 시스템 동태 상황에서 정책을 발전시키고 평가하는 데에는 전통적인 정책평가방법들이 활용된다. 이에 비해서 비조직화된 시스템 동태상황들과 자체 조직화하는 시스템 동태 상황들과 같이 복잡성(complexity)이 높은 상황 하에서 정책을 발전시키기 위해서는 발전적 평가방법이 활용되어야 한다. 여기서 전통적인 평가방법들, 예컨대 형성적 평가, 정책영향평가, 집행의 모니터링과 성과의 모니터링 등과 같은 정책평가방법들이 발전평가방법들이다.

일반적으로 발전평가는 발전도상국가에서 수행되고 있는 평가에 대한 일반적인 용어이며, 주로 국제적인 원조프로그램이나 기관들의 효과성 평가의 초점을 맞추고 있다(Carlsson, Erikson-Baaz, Fallenius & Lövgren, 1999; Hanna & Picciotto, 1999; Imas & Rist, 2009). 이에 비해서 발전적 평가는 정부간여의 틀(frameworks)로서 시스템사고(system thinking)와 복잡성 개념들(complexity concepts)을 응용하고 사용하며, 사회혁신, 간여 또는 프로그램을 발전시키는 것을 도와주는 것을 목표로 한다(Mathison, 2005: 116; Patton, 2011).[11] 발전적 평가에서는 통상적으로 평가자가 프로그램의 일부가 되거나 혁신디자인 팀의 일부가 되고, 의사결정에 전적으로 참여하며, 무엇이 일어나든 어떻게 평가할 것인가 하는 데 대한 논의를 촉진시킨다. 모든 팀 구성원들은 함께 평가에서 발견한 사실들을 해석하고, 시사점들을 분석하며, 그 결과들을 다음 단계의 발전을 위하여 사용한다. 평가자는 간여(intervention)를 개선하기 위해 참여하며, 평가적 접근방법을 프로그램, 프로젝트, 생산품, 조직요원 및/또는 조직의 발전을 촉진시키기 위하여 사용한다(Patton, 2011: 20). 그러므로 발전도상국가에서 수행하는 평가에는 발전평가와 발전적 평가의 성격을 동시에 갖는 평가들도 있을 수 있다. 발전적 평가는 사회적 변혁이나 이를 위한 정부개입프로그램을 발전시킬 목적으로 실시한다(Mathison, 2008: 116: Patton, 2011: 20). 발전적 평가는 연구개발(R&D) 조직에 비유되며 평가적 관점(evaluative perspective)은 운영조직 속에

11) 발전적 평가가 시스템사고와 복잡성개념들을 응용한다는 점에서 발전적 평가를 실시간 평가, 창발적(emergent) 평가, 활동평가, 적응적(adaptive) 평가라고 부르기도 한다.

내면화되고 통합되는 것이 특징이다(Patton, 2011: 20).

표 13-2 전통적 평가와 발전적 평가의 대비

전통적 평가	발전적 평가
• 모형의 테스트에 중점을 둔다.	• 혁신과 적응의 지원에 중점을 둔다.
• 성공과 실패에 관한 명확 판단을 내려준다.	• 실시간적으로 피드백을 제공하고, 학습을 시켜주며, 실시간적으로 변화의 방향을 지원해주거나 확인시켜 준다.
• 사전에 설정한 목적에 비추어 성공도를 측정한다.	• 목적이 창발(emerge)하고 진화하는 데 따라 새로운 성과측정방법들과 모니터링 메커니즘들을 개발한다.
• 평가자는 외부에 속하고, 독립적이며, 객관적이다.	• 평가자는 평가적 사고방식을 일상 업무에 가져오며, 조직의 목적들을 지원하는 팀의 구성원이고, 촉진자(facilitator)이며, 학습 코치의 일부이다.
• 평가자는 무엇이 중요한가에 대한 그의 판단에 따라 평가 설계를 결정하고, 평가를 통제한다.	• 평가자는 변화를 가져오려고 노력하는 사람들과 협력하여 그들의 철학과 조직에 맞게 평가과정을 설계한다.
• 선형적인 원인과 효과 논리모형에 기초하여 평가 설계를 한다.	• 시스템 동태, 상호의존 및 창발하는(emergent) 상호연계(interconnection)를 포착할 수 있도록 평가를 설계한다.
• 시공간을 초월하여 일반화할 수 있는(generalizable) 발견을 하는 것을 목적으로 한다.	• 현재 진행 중인 혁신을 이해할 특정한 맥락에 맞는(context-specific) 이해력을 북돋는 것을 목적으로 한다.
• 외부의 당국자들과 연구비 공여자들에 초점을 맞춘 책무성을 중시한다.	• 혁신가의 기본가치(fundamental value)와 약속(committment) 및 학습에 대한 투철한 사명감에 중점을 둔 책무성을 중시한다.
• 통제를 하고, 실패에 대하여 누가 책임이 있는가를 따지기 위한 책무성을 중시한다.	• 통제가 부족하다는 것을 깨닫고, 무엇이 전개되고 있는가를 계속해서 알 수 있도록 한다. • 그렇게 함으로써 전략적으로 대응하도록 한다.
• 평가는 조직에 위임된 순응 기능이다.	• 평가는 리더십 기능이다. 즉, 현실을 검증하고, 결과에 초점을 맞추며, 학습지향적인 리더십이다.
• 평가가 실패에 대한 공포심을 불러일으킨다.	• 평가가 학습에 대한 갈증을 채워준다.

자료: Patton(2010; 2011, 23~26)에 의거 작성.

발전적 평가가 무엇인가를 이해하는 방법 중의 하나는 이미 잘 알려진 전통적인 평가와 발전적 평가를 대비하여 그 차이를 보는 접근방법이다. [표 13-2]는 전통적인 평가와 발전적 평가를 대비한 것이다. 물론 전통적인 발전평가도 여러 분야에서 다양한 목적과 방법으로 수행되고 있기 때문에 단정적으로 대비하기는 어려우나 전통적인 평가의 일반적인 접근방법들과 발전적 평가를 비교함으로써 발전적 평가가 무엇인가에 대한 많은 통찰력을 얻을 수 있고, 이해를 높일 수 있을 것이다.

전통적인 평가는 수행하는 프로그램의 중간, 또는 프로그램이 종료된 후에 실시하며, 형성적 평가 또는 총괄적 평가를 실시하는 것이 일반적이다. 여기서 중요한 것은 전통적 평가의 멘탈리티(mentality)는 모형 멘탈리티라는 것이다. 그렇게 때문에 프로그램이 제대로 작동하고 있는지 여부를 평가하기 위해서는 일정한 기간 동안 프로그램이 변화하지 않아야 한다는 것이다. 그래야 프로그램 수행 중간에서 형성적 평가를 하고, 종료된 후에는 총괄적 평가를 하며, 그 결과를 바탕으로 모형을 검증하고 다른 장소(site), 다른 조직 또는 다른 국가에서 그 프로그램을 복제(replicate)하여 사용할 수 있다고 전제하는 것이다. 즉 전통적 평가는 입증된 모형을 식별해 내고 이것을 전파하는 데 중점을 둔다. 그러므로 일종의 하향식 접근방법(top down approach)이다. 이에 비해서 발전적 평가는 사회혁신 프로그램이 제대로 잘 작동하고 있는지를 평가하여 수시로 프로그램을 재설계하는 과정활용(process use)과 적응적 관리를 위하여 사용된다. 그러므로 상향적(bottom-up)인 적응적 관리의 접근방법이라 할 수 있으며, 모형의 테스트보다는 입증된 원리들(proven principles)의 식별에 중점을 둔다(Patton, 2011: 179~181).

2. 비조직화된 시스템 동태 상황하에서의 탐색적 평가 설계

Kellogg재단(2007: 10~18)은 구체적인 발전적 평가방법으로서 비조직화 시스템 동태 상황에서는 탐색적 평가 설계의 접근방법을, 그리고 자체 조직화 시스템 동태 상황에서는 탐색적 자체 조직화 평가 설계의 접근방법을 활용할 것을 제안하였다.

[그림 13-2]에서 비조직화된 영역은 먼저 행동을 취하고, 자료를 수집하여 평

가하며, 그 결과에 따라 반응(response)하는 영역이다(Kurtz & Snowden, 2003). 여기에서 활용될 수 있는 평가는 탐색적 평가이며, 탐색적 평가 설계를 활용한다. 탐색적 평가 설계는 이니셔티브의 비조직화된 동태영역에서 이니셔티브(initiative)를 조사하기 위하여 사용된다. 이니셔티브가 시작되었을 때에는 이해관계자들 간에 무엇을 어떻게 변화시켜야 할지에 대한 합의의 정도가 낮은 것이 보통이고, 행동이나 행동의 결과에 대한 예측들도 비교적 낮은 것이 일반적이다.

그러므로 탐색적 평가 설계는 일반적으로 이니셔티브(정책)의 변화의 이론에는 아직 기술(delineate)되지 않은 중요성이 높아질 잠재력이 높은 구성요소들과 변화의 동태들을 식별하기 위하여 사용된다(W. K. Kellogg Foundation, 2007: 12~14). 즉 이니셔티브의 탐색적 설계는 ① 무엇이 일어났으며, ② 그것이 어떤 차이를 가져왔고, ③ 무엇을 알게 되었으며, ④ 그것이 미래에 대하여 어떤 정보를 주는가를 탐색할 목적으로 사용된다. 이러한 질문들을 통하여 특히 기대하지 않았거나 놀랄 만한 어떤 일이 일어나지 않았는가 하는 것을 찾아내도록 노력한다. 정책설계・재설계와 관련해서는 새로운 사회구성 비전이 어떻게 받아들여지고 있으며, 잘 받아들여지지 않는 경우에는 그 이유는 무엇인가, 그리고 그에 대응하여 기왕에 설계한 행위 및 제도 설계들을 어떻게 바꾸어 나가야 할지에 대한 통찰력을 얻을 수 있는 정보와 자료들을 수집할 수 있도록 평가 설계를 하여야 한다.

탐색적 평가 설계에는 표적집단(focus group) 인터뷰, 현장방문 등 질적인 방법들이 자료수집에 주로 사용된다. 왜냐하면 이니셔티브를 처음 시작하면 연구대상으로 하는 시스템 동태가 비조직화된 시스템 동태일 뿐 아니라 어떤 범위에 걸쳐서 조사를 실시해야 할지도 확실하지 않기 때문이다(Patton, 2011: 237~263; W. K. Kellogg Foundation, 2007: 16). 평가자들이나 조사자들이 현장에서 일어나는 일들에 대한 다양한 시각들(perspectives)을 탐색하려고 할 때, 그들은 사회변혁 운동으로부터 이익을 보는 사람들과 희생을 당하는 사람들에 대한 자료들을 수집함으로써 그 시각들에 대한 그들(평가자들과 조사자들)의 이해를 높일 수 있다. 이러한 평가적 접근방법을 통하여 변화 이론의 질을 높일 수 있고, 행위설계와 제도설계 등 정책을 발전시키는 과정에서 활용할 수 있는 정보들을 획득하여 활용할 수 있다.

3. 자체조직화 시스템 동태 상황하의 자체조직화 평가 설계

자체조직화 영역은 뒤얽힌(complicated) 상태와 복잡성(complexity) 상태가 같이 나타나는 영역이다. 자체조직화는 새로운 구조, 질서, 패턴 및 특성들(properties)이 외부의 강요에 의하지 않고 스스로 창발(emergent)하는 것으로 정의된다(Zimmerman, Lindberg & Plsek, 2001: 270). 외부의 지도자들은 지역사회나 조직에 무엇이 일어날 지에 대하여 통제하지 않는다. 이니셔티브나 사업의 지도자들에 의하여 액션들(actions)이 통제되는 것이 아니라 이니셔티브에 관여하는 그룹이나 개인들에 액션들이 창발(emerge)할 때 자체조직화가 이루어진다. 복잡한 상황이나 시스템에서는 예측성(확실성)이 제한되어 있다. 확실성보다는 사람들은 적당한 정도의 합의에 의해서 그들이 하는 일에 영향을 받는다. 그렇게 때문에 자체조직화 패턴들을 이해하는 것이 중요하다(W. K. Kellogg Foundation, 2007: 25).

복잡한 자체조직화 시스템에서 새로운 질서나 패턴은 사전기획 없이도 창발할 수 있다. 엉클어진 복잡한 시스템은 안전하거나 또는 불안정한 상태로 움직이는 것만은 아니다. 오히려 때로는 모순과 다툼으로 특정되어지는 불균형 상태(낮은 수준의 확실성과 합의상태)에 머물러 있을 수도 있다. 장기적으로는 협동과 경쟁이 공존하고, 독립과 의존이 공존할 수도 있다(Stacey, 1996).

자체조직화 평가 설계는 예측모형이 적합하지 않은 영역에서 이니셔티브 리더들(initiative leaders)이 그들의 변화의 이론(theory of change)을 풍부하게 하도록 도와준다.

자체조직화 평가 설계를 가이드 하는 평가질문은 이니셔티브(정책)를 통하여, 또는 영향에 의하여 일어나는 자체조직화 하는 동태로부터 창발하는 패턴들을 탐색해내는 데 초점을 맞춘다. 시간이 지남에 따라 조직구성원들이나 공동체의 구성원들 간의 관계들(relationships)에서 어떠한 변화의 패턴이 나타나고 있는가 하는 질문이 자체조직화 평가 설계의 질문의 예이다(W. K. Kellogg Foundation, 2007: 26).

실제 이니셔티브가 집행되는 현장에서는 각 행위자들이 다른 행위자들과 관계를 맺는 맥락에서 피드백, 추구하는 가치들, 관계들(relationships), 경계 및 기타 여러 조건들에 따라 상황에 적응한다(Zimmerman, Lindberg & Plsek, 2001;

Eoyang, 2001). 이러한 적응들은 현장에 정책이 집행되는 과정에 참여하는 다양한 참여자들이 자기 동기부여(self-motivation)와 독립적 또는 상호의존적인 액션들의 복잡한 상호작용에 의하여 형성된다. 사람들이 현지상황과 서로 다른 사람들의 액션들에 계속적으로 적응할 때 새로운 액션과 패턴들이 창발하기 시작한다. 그리고 이 새로운 패턴들이 바람직한 변화인지를 평가하고, 이에 따라 정책의 발전방향을 재설정한다.

자체조직화 평가 설계에서 자료의 수집은 질적인 자료수집방법들이 주로 사용된다. 인터뷰, 포커스그룹(focus group) 인터뷰, 의제(agenda)나 블로그들(blogs)의 추적, 스토리텔링(storytelling) 및 현장방문들의 방법이 주로 이용되고 있다. 자체조직화 액션(action)에 의하여 형성되는 패턴들의 변화를 찾아내기 위하여 계량적인 자료들의 분석이 활용될 수도 있다.

Ⅱ. 적응적 사이클과 발전적 평가

1. 적응적 사이클의 의미

적응적 사이클(adaptive cycle)은 복잡성 상황 하에서 산림과 생태계에서 일어나는 변화의 패턴들로 Holling(1978)에 의하여 처음 발견되었으며, 인간들과 사회시스템들에서도 일어나는 변화의 패턴들인 것으로 발견되었다(Patton, 2011: 189). 그 이후 적응적 사이클이 산업과 정책의 변동들을 설명하는 중요한 모형으로 대두되었다. 그러나 그보다 훨씬 이전부터 조직들의 생애주기(life cycle) 모형이 산업들과 조직들의 성장과 성숙(maturity)을 이해하고 설명하는 데 사용되어 왔다. 그 모형은 S커브 모형으로 불린다. 그러나 이 S커브 모형은 생물시스템들의 다른 측면들을 묘사하는 데에는 실패하였다. 즉 파괴와 갱신(renewal)의 국면들을 묘사하지 못하고 있는 것이다. 이 S커브 모형은 진정한 생애주기의 측면들에 대해서는 침묵하고 있다. 반면에 환경순환(ecocycle) 또는 환경 사이클 모형은 바로 이들 차원들을 통합하기 위하여 개념(concept)을 확장한 것이다. 복잡적응시스템의 진화와 지속가능성(sustainability)은 파괴와 갱신의 자연적이고도 필요한 역할들을 포함한다. 역설적이게도(paradoxically) 갱신과 장기적인 생존을 위해서는 파괴가 불가피한 것이다.

Holling(1978)의 연구는 산림들의 건강과 회복력(resilience)이 반복되는 적응 사이클(adaptive cycle)을 이루는 네 개의 국면들을 통하여 화재 질병 및 계속되는 가뭄(periods of drought) 등에 어떻게 정기적으로 적응하는가 하는 것을 포함하고 있다. 이 적응 사이클은 ① 창조적 파괴와 방출(하나의 성숙된 시스템 내에서 일어나는 산림 화재 또는 다른 형태의 파괴), ② 갱신, 재조직화와 탐색(exploration)(파괴에 뒤이은 새로운 성장), ③ 탄생과 개발(exploitation)(자원에 대한 경쟁 속에서 한 생물종이 다른 생물종을 넘어서 성장), ④ 성숙과 보존(성숙된 산림이 한 생물종에 의하여 지배됨) 등으로 이루어져 있다.

환경 사이클 개념은 생물학에서 널리 사용되고 있으며, 무한대 고리(∞)로 표현된다(Zimmerman, Lindberg, and Plsek, 2008). 산업성장을 나타내는 S커브는 그것을 거꾸로 뒤집어놓은 역 S커브에 의하여 보완됨으로써 [그림 13-6]에서 보는 바와 같이 생애주기를 나타내는 생애 사이클 모형이 된다. 여기서 중요한 것은 이 모형에는 처음 시작단계와 마지막 단계가 없으며, 각 단계들은 서로 연결되어 있다고 하는 것이다. 그러므로 파괴와 갱신은 계속되는 생애주기 과정의 일부라고 하는 것이다.

산업성장모형을 나타내는 S커브는 탄생과 성숙단계로 이루어져 있다. 편의상 여기에서 [그림 13-6]의 왼쪽 하단의 감마(γ)로 표시된 조각(patch)로부터 시작해보기로 한다. 이 단계는 조직이 탄생하고 생애가 시작되는 초기의 국면이다. 숲(산림)에서는 여러 가지 생물종들이 자원을 서로 얻기 위하여 쟁탈전을 벌이는 단계이다. 이러한 특징을 나타내기 위하여 감마(γ)로 표시된 국면을 개발(exploitation)국면이라고 부른다(Zimmerman, Lindberg, and Plsek, 2008: 173). 이 단계에서는 지배적인 생물종들은 존재하지 않는다. 이 단계에서는 수많은 개체들이 탄생하지만, 많은 개체들이 자원을 획득하지 못하여 성숙단계에 도달하지 못하고 사망한다.

산업계에서 이 단계는 혁신적인 창업가들(entrepreneur)의 탄생과 활동의 국면이다. 어느 산업분야에서건 간에 개발 국면에서는 수많은 기업체들이 새로운 아이디어들을 가지고 창업하여 시행착오에 의한 학습을 하면서 경쟁한다. 치열한 경쟁과정을 거쳐서 성공한 기업체들만이 자원을 계속 획득하며 살아남고 성장하며, 계속적으로 자원을 획득하지 못하는 기업체들은 소멸한다.

정부의 정책이나 프로그램들은 이 단계에서는 새로운 사업들이나 기업들이 경쟁력을 가지고 살아남고 성장하도록 지원하기 위한 것이다. 정부의 조세감면규제법에 의하면 제조업자로서 연구개발(R&D)에 투자하면 법인세를 산정할 때 당해 연도 연구개발 투자액 중 일정 비율을 조세부과대상 수입금에서 공제해 주는 제도가 그 좋은 예이다.

그림 13-6 생애주기 모형과 창조적 파괴 단계

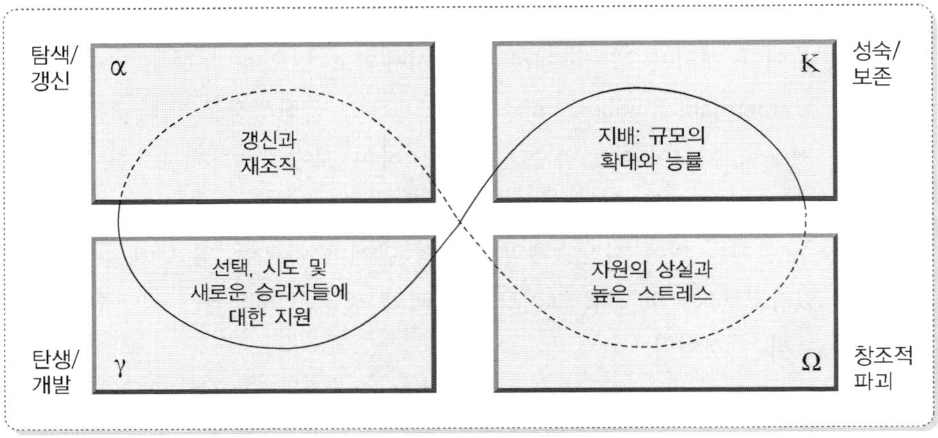

주: 점선은 창조적 파괴와 탐색(exploration) 국면을 나타낸다.
자료: Zimmerman, Lindberg, and Plsek(2008), pp.172~173 ; Patton(2011), p.204에 의거 작성.

[그림 13-6]의 오른쪽 상단의 카파(K)국면은 환경 사이클에서 성숙과 보존(conservation)국면이다(Zimmerman, Lindberg, and Plsek, 2008: 173). 이 단계에서는 몇 개의 생물종들이 보존되고, 공간을 지배하기 시작한다. 공간이 한정되어 있으므로 경쟁에서 이기기 위해서는 능률적이어야 하며 능률적인 생물종만이 살아남게 되고 자원이 이 생물종에 집중되고, 따라서 번창하게 된다. 그러므로 이 단계에서는 능률이 요구되는 단계이다. 산림에서는 소수의 나무들만이 자원경쟁에서 살아남아 번창한다. 인간조직들에 있어서는 기업체들 간에 합병이 일어나고 통합되어, 소수의 경쟁력 있는 기업체들이 강자로 부상한다. 기업체들은 능률성을 높이기 위하여 전략기획(strategic planning)제도, 예산제도, 통제제도 등이 통합(consolidation)과 능률증진을 위하여 재설계되고 재정비된다. 정부의 성과관리전략기획제도, 목표에 의한 관리제도 등도 정부업무 수행의 능률성 향상과 성

과를 재고시키기 위하여 도입된 제도들이다.

[그림 13-6]의 오른쪽 아래의 오메가(Ω)국면은 창조적 파고(creative destruction)의 국면이다. 산림에서도 화재에 의하여 산림이 파괴되지만, 완전히 파괴되는 것은 아니다. 그러나 이것은 육안(naked eye)으로는 분명하지 않다. 불에 탄 나무와 죽은 나무들은 양분과 유전자들을 땅에 방출함으로써 새로운 성장의 조건들을 창조한다(Zimmerman, Lindberg, and Plsek, 2008: 174). 산업조직들에서는 창조적 파괴의 국면에서는 너무 경직되었거나 다양성이 너무 적어서 사람이나 지역사회의 니즈에 부응하지 못했던 시스템이나 구조들을 폐기한다. 그러나 낡은 사고방식에 젖어서 변화하는 니즈와 환경에 민첩하게 대응하지 못하는 참여자들의 의식도 타파의 대상이 된다. 그러므로 이 시기는 변화하는 니즈와 환경에 비추어 그동안의 전제들(assumptions)을 재검토해야 하기 때문에 혼란스럽고 불안정한 시기이다.

우리는 1998년도에 외환부족으로 인하여 IMF의 구제금융을 받았던 시기에 정부와 기업들은 격렬한 구조조정을 단행하여 수많은 사람들이 해고되었다. 많은 정규직 직원들이 하청업체의 직원으로 이동하지 않으면 안 되었고, 의료보험과 연금의 대상에서 제외되는 계약직으로 이적되어 사회불안이 가중되기 시작하였다. 정부는 이 시기에 결과 지향적 관리(result oriented management)라는 새로운 성과 관리 제도를 도입함으로써 조기에 사회의 복원력(resilience)을 제고시키려고 노력하였다. 여기서 복원력이란 시스템이 그 시스템을 구성하는 구성분자들의 행태를 통제하는 변수들과 프로세스들을 변화시킴으로써, 시스템이 그의 구조를 변화시키기 전에 흡수할 수 있는 교란(disturbance)의 크기로 정의된다(Gunderson & Hollings, 2002: 28). 즉 복원력이란 대규모의 변동을 경험하면서도 원래의 통합(integrity)을 계속 유지할 수 있는 역량이다(Westley et al., 2006: 65). 우리 사회는 이러한 복원력을 제고시킬 수 있게 됨으로ㅆ 조기에 IMF 구제금융의 위기를 극복하고 자유시장제도의 정착이라는 새로운 발전의 계기를 마련할 수 있게 되었었다.

[그림 13-6]의 왼쪽 상단의 알파(α)국면은 동원(mobilization), 갱신과 재조직의 국면이다(Zimmerman, Lindberg, and Plsek, 2008: 174~175). 산림에서는 화재로 인하여 새로운 공터가 생겨났다. 불에 타거나 죽은 나무들이 방출한 자원, 즉

영양소들로 인하여 땅은 비옥하게 되었다. 그러나 잠재적 가능성은 높아졌으나 어떠한 생물의 조합들이 가장 성공하게 될지에 대해서는 아직 분명하지 않다. 이 단계에서 조직들은 능률성이나 효과성보다는 다른 조직들과 연계들을 만들고 자원들을 동원하며, 재화와 서비스를 효과적이고 능률적으로 만들 다음 세대들을 준비해야 한다. 정부에서는 이 단계에서는 창업을 지원하는 프로그램들을 도입하여 실시한다. 창업을 지원하기 위하여 실시하는 창업지원 교육프로그램들, 창업을 지원하기 위한 각종 금융지원프로그램들을 만들어 실시하는 것들이 좋은 예들이다. 이러한 활동이 사회적 혁신(social innovation)활동이다. 사회적 혁신은 사회가 안고 있는 문제들에 대하여 기존의 해결방법들보다 좀 더 효율적이고, 능률적이며, 지속 가능하고, 정의로운 새로운 해결방안들(novel solution)이며, 이 해결방안들로부터 창출되는 가치는 사적인 개인들 한 사람 한 사람들 보다는 일차적으로 전체로서의 사회에 발생하게 되는 것으로 정의할 수 있다(Phills, Deiglmeir, and Miller, 2008: 34~43; Auerswald, 2009: 520; Rho, 2014). 이상에서 논의한 적응 사이클을 잠재력과 연결차원들을 중심으로 산업에 적용하여 정리하면 [그림 13-7]과 같다.

그림 13-7 산업계의 적응 사이클

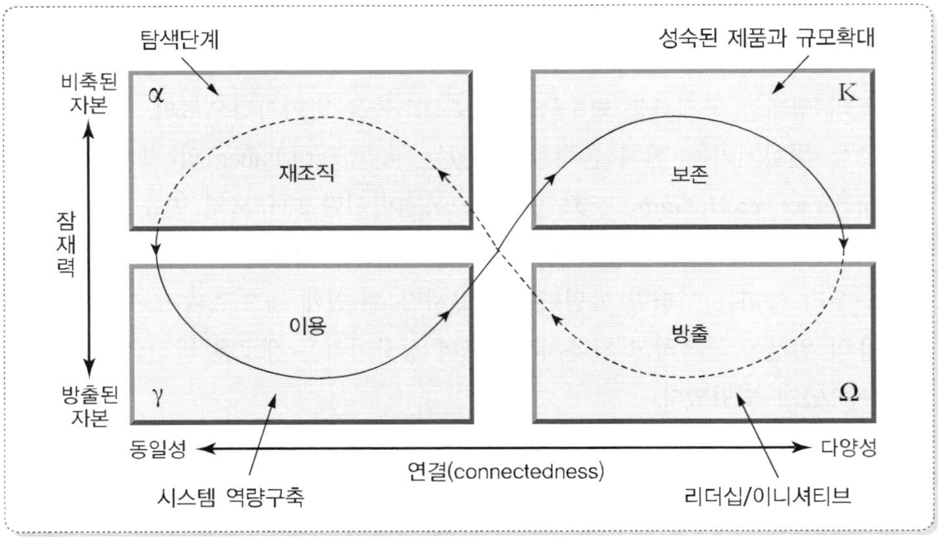

자료: Patton(2011), p.202.

2. 적응적 사이클이 재조직화와 정책혁신에 주는 시사

적응적 사이클을 통하여 우리는 정책혁신에 대하여 많은 시사점들을 얻을 수 있다.

첫째, 정책혁신은 맥락변수들에 의하여 크게 영향을 받는다는 것이다. 우리 사회는 2010년대에 들어서면서 사회의 양극화현상, SNS(social network service)를 위시하여 새로운 커뮤니케이션의 등장과 발달로 인한 의사전달 방법의 혁명, 정치권에 대한 고도의 불신, 고등교육을 받은 수많은 실업자들과 준비 안 된 정년퇴직자들의 급증과 같은 사회불안 요인들이 상승작용하고 있다. 그러므로 우리는 각 영역의 정책별로 그것을 둘러싸고 있는 사회적 맥락이 어떠한가를 분석하고 적응적 사이클의 어떠한 국면에 처해있는가를 분석 평가하여 적정한 정책목적과 수단들을 선택하여 변화하는 사회·경제적 환경에 효율적으로 대응하고 나아가서는 변동을 유도할 수 있도록 하여야 한다.

둘째, 건강한 산림은 네 가지 국면의 동태들(patch dynamics)을 모두 포함하고 있다. 산림의 어떤 부분은 나무들이 무성하고, 또 어떤 부분들은 육안(naked eye)으로 볼 때에는 나무가 자랄지 알 수 없는 공터로 남아있다. 그러나 건강한 숲은 많은 종류의 새로운 나무들이 자랄 수 있는 지역을 가지고 있다. 마찬가지로 사회도 새로운 아이디어들과 생각들을 가지고 있는 다양한 사람들이 살고 발전할 수 있는 여지를 만들고 남겨둘 수 있는 정책을 개발하고 발전시켜야 한다.

셋째, 산림 가운데는 화재, 홍수, 가뭄, 질병 등에 의하여 파괴되고 있는 부분들이 계속 존속한다. 마찬가지로 사회에도 여러 가지 이유로 파괴되고 있는 부분이 계속 존재하고 있다. 이러한 파괴가 창조적 파괴가 되기 위해서는 사회의 복원력(resilience)을 제고시켜야 하며, 이를 통하여 지속가능한 발전(sustainable development)을 이룩할 수 있도록 하여야 한다. 여기서 지속가능한 발전은, 앞에서도 설명한 바와 같이, 대규모의 변동을 경험하고도 원래의 통합(integrity)을 유지할 수 있는 역량이다. 이러한 복원력을 균형적인 변동(balancing change)과 안정(stability)에 대한 것이 아니라, 오히려 역설적으로(paradoxically) 어떻게 대규모의 변동과 안정이 동시에 같이 일어날 수 있느냐 하는 것이다. 대규모 변동이 일어나는 시기에는 아무것도 그 전과 동일한 것 같아 보이지 않는다. 그러나 사람들의 핵심(core)은 복원되어 남는 것이다. 이것이 사람들이 모든 주위환경의 변화에도 불구하고 그 사람의 고결함(integrity)은 바뀌지 않고 그대로 유지된 채로 남아 있도록 하는 것이다(Westley *et al.*, 2006: 65). 바로 이 복원력이 사회를 유지하고 지속적으로 발전하도록 하는 원동력이다. 그리고 이러한 복원력은 생태계 복원력(ecosystem resilience)이다.[12)]

3. 재조직화 과정: 사회적 혁신과 발전적 평가

사회시스템은 안정되고 선형적으로 변화하는 조직화된 시스템 동태, 비조직화된 혼돈적 시스템 동태(chaotic system dynamics) 및 자체조직화하는 시스템 동태들이 혼재되어 있다. 이러한 다양한 시스템 동태의 상황들은 적응적 사이클의 각 국면들의 상황적 성격을 결정짓는다. 물론 어떤 한 국면이 시스템 동태의 어느 하나와 일대일로 매치(match)되는 것은 아니다. 적응적 사이클의 어느 국면이건 여러 가지 시스템 동태의 성격들이 다소간의 차이는 있지만 혼재되어 있다. 그러나 적응적 사이클의 각 국면마다 어느 특정한 시스템 동태의 성격이 더 강하게 나타날 수 있는 것은 사실이다.

정책평가는 정책이나 프로그램평가를 통하여 정책학습을 하고, 이러한 정책학습 결과들을 피드백(feedback)하여 정책을 개선하고 발전시켜 나가려는 데 목적이 있다. 그러나 상황에 맞지 않는 정책평가방법을 사용하면 정책평가를 통하여 배우고자 하는 것을 올바로 배울 수 없다.

이미 제 2 장의 정책평가방법들에 대한 리뷰(review)를 통하여 안정되고 표준화되어 있으며 총괄적 평가를 할 준비가 되어 있는 상황에서는 프로그램과 혁신들을 평가하는 데 전통적인 정책평가방법인 형성적 평가와 총괄적 평가의 접근방법들을 활용하는 것이 더 적합하지만, 그 반면에 극심하게 소용돌이치는 환경

12) 복원력은 엔지니어링 복원력(engineering resilience)과 생태계 복원력으로 구분할 수 있다. 엔지니어링 복원력은 전통적으로 균형적 정상상태(equilibrium steady state) 근처에서의 안정에 중점을 둔다. 엔지니어링 복원력에서는 교란(disturbance)에 대한 저항과 균형 상태로의 회귀속도를 그 복원력의 성질을 측정하는 데 사용된다. 이와는 대조적으로 생태계 복원력은 균형적인 정상상태로부터 멀리 떨어진 조건들을 강조한다. 이 경우에는 불안정성이 시스템을 또 하나의 다른 안정성 영역으로 시스템을 밀어 넣는다. 그러므로 이 경우 복원력은 시스템이 그 시스템 형태들을 통제하는 변수들과 과정들을 변화시킴으로써 시스템이 그의 구조를 변화시키기 전에 흡수할 수 있는 교란의 크기로 측정된다(Gunderson & Holing, 2002: 27~28: Patton, 2011: 198).

(turbulent environment)과 복잡성 상황하에서는 비선형적인 복잡한 시스템 동태에 그들의 프로그램간여를 적응시켜 나가야 하는 사회 혁신가들을 도와줄 평가정보를 산출해 내는 데에는 발전적 평가의 방법들을 활용하는 것이 더 적합하다는 것을 논의한 바 있다. [그림 13-8]은 적응적 순환 사이클의 각 국면별 성격들과 거기에 적합한 정보를 산출하여 제공할 평가방법들을 정리한 것이다.

그림 13-8 평가와 적응사이클

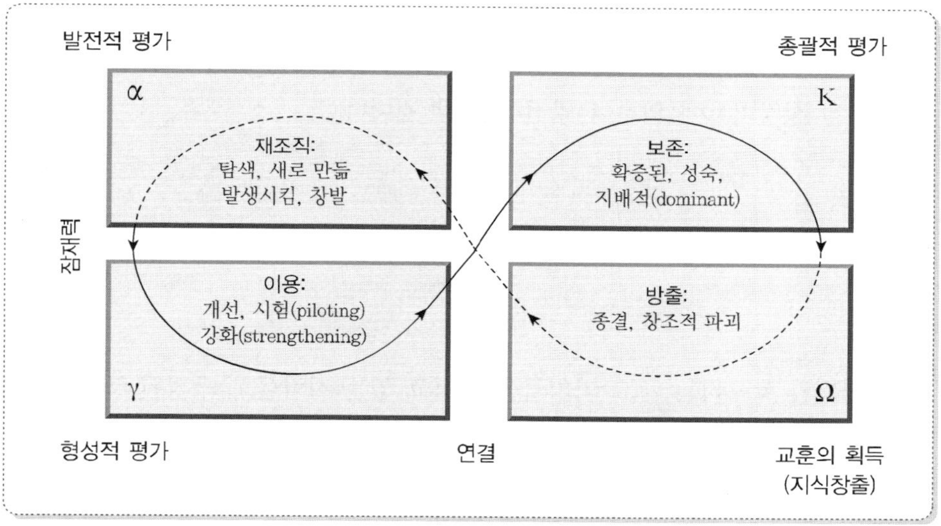

자료: Patton(2011), p.207.

[그림 13-8]의 감마(γ)국면과 카파(K)국면에서는 어떻게 맥락이 효과성과 능률성에 영향을 미치고 여건들을 조성하는가 하는 것을, 여러 프로그램들을 평가한 결과들을 통하여 보편적인 패턴들(general patterns of effectiveness)을 찾아냄으로써 정책의 특성과 집행상의 문제점들을 알아내고, 이것을 통하여 프로그램을 개선시킬 교훈을 얻자는 데 평가의 목적이 있다.

우리는 감마국면(γ)에서 카파국면(K)에 이르는 커브가 굵은 실선으로 표시된 것을 볼 수 있는데, 이것은 적응 사이클에서 이들 국면들이 매우 느리게 진행되는 것을 나타낸다. 이에 비해서 오메가국면(Ω)에서 알파국면(α)에 이르는 커브는 점선으로 표시되어 있는데, 이것은 이들 국면들이 매우 빠르게 진행되는 것을 나타낸다. 예컨대 오메가국면(Ω)에서 화재나 질병에 의한 산림의 파괴는 매우 빠르게 진행된다. 사회현상들도 마찬가지다. 1998년의 외환부족 사태에 의한 IMF 구제금융 사태나 2008년도의 세계금융위기, 2015년 5월의 메르스(MERS) 사태 등은 매우 빠르게 진행되었다. 이와 같이 창조적 파괴가 지속적으로 일어나고, 자원이 방출되며, 창조적 파괴측면에서 재조직국면으로 빠르게 전환되므로, 그러한 급속한 변환과정에서 정책평가를 통한 정책학습을 통하여 어떤 교훈을 얻지 못하면 성공적으로 재조직과정으로 진입하기 어려울 것이다. 창조적 파괴과정에서 정책평가를 통한 정책학습을 통하여 획득한 교훈을 토대로 재조직과정으로 전환하여 성공적으로 갱신과 재조직, 그리고 혁신이 이루어질 때 사회는 새로운 성장커브에 의하여 발전해 나갈 것이다.

이 장의 요약

1. 사회가 추구하는 주요 가치들을 가지고 있는 사람들로 구성된 조직들은 살아 있는 시스템(living system)이다. 정책연구와 관련된 복잡성과학은 살아 있는 시스템의 측면들을 중요시한다.

2. 시스템적 사고를 한다는 것은 어떤 이슈들을 시스템(조직)의 전체적 측면에서 바라보는 틀(framework)을 가지고 본다는 것을 말한다. 복잡성과학은 전통적인 접근방법에서는 무시되었거나 별로 언급하지 않았던 살아 있는 시스템의 측면들을 논의한다.

3. 복잡성과학을 통해서 사회현상과 정책문제를 보는 시각 가운데 가장 중요한 것은 자기조직화현상과 창발현상을 이해할 수 있게 된다는 것이다. 복잡성과학에서 자기조직화와 창발현상에 대한 연구는 주로 복잡적응시스템(complex adaptive system)이라는 관점에서 이루어지고 있다.

4. 정책문제가 직면하는 시스템 동태의 상황들은 조직화된 동태의 상황, 비조직

화된 동태의 상황 및 자체조직화 동태의 상황 등이다. 변화에 대한 합의가 높고, 상황전개의 예측가능성이 높은 상황은 조직화된 동태의 상황이며, 변화에 대한 합의 정도가 매우 낮고 결과에 대한 예측가능성이 매우 낮은 상황은 비조직화된 혼돈상황이다. 그리고 그 중간영역이 자체조직화 상황의 영역이다. 조직화된 시스템 동태의 상황은 산출결과가 선형적으로 나타나며, 질서정연하고 통제가 용이하다는 성격을 나타낸다. 비조직화된 동태들의 상황은 무작위적이고 비패턴적이며, 혼돈적이라는 것으로 특징지어진다. 그리고 자체조직화 동태들은 창발하는 패턴과, 응집력은 있으나 예측가능하지 않은 시스템으로 특징지어진다.

5. 복잡적응시스템이론이 시스템적 사고에 토대를 두고 발전되었으나 복잡반응과 정이론은 인간의 상호작용을 이해하고 이러한 상호작용과정에서 의미형성과 관계형성이 이루어지며, 이러한 의미형성과 관계형성과정에서 새로운 정책지식과 전략이 창발한다고 보는 관점이다.

6. 정책문제의 해결과정에서 정책문제가 직면하는 시스템 동태의 상황들은 서로 다를 수 있기 때문에 어느 한 가지 시스템 동태상황만을 가정하고 정책문제들을 해결하고자 하는 경우에는 직면하고 있는 상황과 정책문제해결 활동들이 잘못 매치될 가능성이 높기 때문에 정책문제들을 제대로 해결하지 못하거나, 해결한다고 할지라도 비능률을 초래할 수 있다. 그러므로 정책문제를 해결하는 과정에서는 먼저 직면하고 있는 시스템 동태의 상황들을 정확히 이해하고, 각 상황에 알맞은 적절한 행동들(actions)을 발전시켜 나가야 한다.

7. 발전적 평가는 정부간여의 틀(framework)로서 시스템사고와 복잡성개념을 응용하고 사용하며, 간여 또는 프로그램을 발전시키는 것을 도와주는 것을 목표로 한다.

8. 적응적 사이클(adaptive cycle)은 복잡성상황하에서 산림과 생태계에서 일어나는 변화의 패턴들이다. 이 적응적 사이클을 이해하면 개선과 이용, 성숙과 보존, 창조적 파괴, 탄생과 갱신의 국면들을 이해할 수 있다. 사회변화도 이러

한 적응적 사이클로 이해할 수 있고, 적응적 사이클을 이해하면 각 국면별 정책변동과 정책변동의 원인들을 이해하고 정책평가를 통하여 정책을 발전시키는 데 도움이 된다.

연/습/문/제

[13.1] 사회현상을 이해하는데 시스템적 사고의 중요성에 대하여 논의하여라.

[13.2] 전통적인 기계적 은유의 한계와 복잡성과학 도입의 필요성에 대하여 논의하여라.

[13.3] 복잡적응시스템에서 일어나는 자기조직화가 창발현상을 이해하는데 왜 중요한가?

[13.4] 시스템의 세 가지 동태의 생성원인에 대하여 논의하여라.

[13.5] 네트워크 이론에서 보는 단순시스템, 뒤얽힌 시스템, 복잡시스템 및 혼돈시스템을 설명하여라.

[13.6] 뒤얽힌 시스템과 복잡성 시스템의 중요한 차이점에 대하여 논의하여라.

[13.7] 전통적 평가와 발전적 평가를 비교 설명하여라.

[13.8] 적응적 사이클의 의미를 설명하여라.

[13.9] 생애주기 모형에서 탄생과 갱신의 사회적 혁신 활동의 성격에 대하여 논의하여라.

[13.10] 발전적 평가의 사회적 혁신 활동으로서의 성격에 대하여 논의하여라.

제 14 장

정책평가의 관리와 활용

장 | 머 | 리 | 에

우리가 정책평가를 실시하는 가장 중요한 목적은 정책평가의 결과로 발견된 사실들을 정책결정 시스템에 반영시켜 정책결정의 질을 높이고, 정책의 내용을 개선하며, 정책집행의 효과성과 효율성을 높이고, 정책과 관련된 우리의 경험적 지식의 기초를 높이자는데 있다.

정책평가에서 발견된 지식이 얼마나 효과적으로 활용될 수 있느냐 하는 것은 정책평가의 관리가 얼마나 효과적으로 이루어지고 있느냐, 그리고 정부의 정책평가제도는 어떠하며, 정부의 정책평가역량은 어떠하냐 하는 것과 밀접히 관련되어 있다. 본 장에서는 정책평가결과의 활용방법, 정책평가의 관리절차, 활용의 효율성 제고를 위한 방법, 우리나라 정부의 정책평가의 특징과 활용, 우리나라 정부의 정책평가역량의 실태와 정부조직의 정책평가역량 구축방안 등에 대하여 살펴보고자 한다.

제1절 정책평가의 낮은 활용원인과 관리

Ⅰ. 정책평가결과의 낮은 활용의 원인

1. 활용의 유형

정책평가결과로 발견된 정보를 활용하는 유형은 여러 가지로 나눌 수 있지만 가장 전형적인 분류의 하나는 전반적인 판단의 결정, 개선의 촉진 및 지식의 창출(generating knowledge) 등에 따른 분류이다(Patton, 1997: 64~77).

이러한 정책평가 활용의 유형은 평가의 목적과 밀접히 관련되어 있다. 어떤 것에 대한 전반적인 메리트(merit), 값어치(worth), 또는 가치(value)를 결정하기 위하여 하는 평가가 판단지향적인 평가(judgement oriented evaluation)이다. 판단지향적인 평가의 접근방법은 공공 책무성을 판단하기 위한 성과의 측정, 프로그램 감사(program audits), 프로그램의 전반적인 효과를 평가하기 위한 총괄적 평가, 품질관리와 순응(compliance)에 대한 보고, 비용 편익에 관한 의사결정, 프로그램의 집행결과의 비교에 의한 등급화(comparative rating) 등을 위한 활용을 포함한다.

판단지향적인 평가에 있어서는 판단을 위한 기준들을 구체화하는 것이 필수적이다. 이러한 판단의 기준들을 설정하는데 있어 프로그램과 관련된 다양한 이해관계 집단들은 각기 자기들에게 유리한 판단기준을 채택하도록 노력한다.[1)]

정책의 기획, 예산의 편성, 프로그램의 집행과정에서 개선에 필요한 정보를 산출해 내기 위하여 수행하는 평가가 개선지향적 평가이다. 평가정보를 이와 같이 개선을 위하여 활용하는 것을 수단적 활용이라고 한다.[2)]

평가정보를 프로그램의 개선을 위하여 활용하는 것은 전반적인 효과성, 메리트, 또는 값어치(worth)를 판단하는데 사용하는 것과는 크게 다르다. 개선지향적

1) 판단을 위한 평가를 위하여 Scriven은 4단계의 가치평가의 논리(logic)를 제시하였다. 즉 (1) 메리트의 기준의 선택, (2) 성과의 표준의 설정, (3) 성과의 측정 및 (4) 가치 판단을 내릴 수 있도록 측정결과의 통합(synthesize)등이다(Scrivin, 1980).

2) 어떤 평가연구자들은 평가결과의 활용을 수단적 활용, 개념적 활용 및 설득을 위한 활용으로 분류하기도 한다. 개선지향적 평가정보는 수단적 활용과 밀접히 관련되어 있다(Rich, 1977).

형태의 평가는 형성적 평가, 품질개선, 대응성 평가(responsive evaluation), 강점과 약점의 식별, 총체적 질 관리(total quality management), 학습조직으로의 발전, 발전적 평가 등을 포함한다. 이러한 접근방법들이 공통적으로 공유하고 있는 것은 총괄적인 판단을 위한 정보를 제공하기보다는 개선에 초점을 두고 있다는 것이다. 판단지향적인 평가는 사전적이고 명시적인 판단기준의 제시가 요구되고, 이 판단기준에 의하여 값어치를 평가한다. 이에 비해서 개선지향적인 평가의 접근방법은 좀 더 개방적인 형태를 띠는 경향을 가지고 있다. 즉 프로그램의 강점과 약점에 대하여 발견되는 모든 정보들을 수집하고, 프로그램혁신의 사이클에서 발견된 정보들이 개선을 위하여 활용된다.

판단지향적 평가와 개선지향적 평가는 평가결과의 수단적 활용을 포함한다(Leviton and Hughes, 1981: 525~548). 수단적 활용은 평가정보를 보고 난 다음에 의사결정이나 행동이 뒤따를 때 일어난다. 물론 이 경우에도 평가정보만이 프로그램 개선에 대한 의사결정이나 행동을 전부 설명할 수 있는 것은 아니나, 만일 평가설계단계에서부터 활용에 중점을 두고 설계된다면 이러한 수단적 활용의 가능성은 그만큼 높은 것이다.

세 번째 유형의 평가정보의 활용은 개념적 활용이다. 이 개념적 활용은 지식지향적평가(knowledge-oriented evaluation)와 밀접하게 관련되어 있다.

평가결과의 개념적 활용은 평가결과에 의하여 얻은 정보를 구체적으로 문서화가 가능한 어떤 목적에 직접적으로 관련시키지 않으면서도 어떤 하나의 이슈에 관한 사고에 영향을 미치도록 평가를 활용하는 것이다. 즉 개념적 활용은 어떤 이슈들에 대하여 일반적인 방법(general way)으로 사고에 영향을 미치는 활용이다. 평가정보는 지식을 증대시킴으로서 여기에 공헌한다. 하나의 예로서 의료와 복지서비스의 전달프로그램을 검토함에 있어서 이러한 프로그램들을 편익과 비교하여 그들의 유효성과 비용을 평가함으로써 적어도 부분적으로는 이러한 비교결과들을 토대로 그 전달비용을 통제하고자 하는 노력이 증대되어 오고 있다는 것을 들 수 있다.

사고에 영향을 미치는 평가정보는 구체적일 수도 있고, 일반적이고 모호한 것일 수도 있다. 평가정보가 구체적인 것의 예로서는 프로그램 모형을 분명하게 하는 것, 프로그램 이론을 검증하는 것, 정부간여의 유형을 구분한 것, 산출결과를 측정하는 방법을 찾아낸 것, 배울 수 있는 교훈들(lessons)을 식별해낸 것, 정책의 옵션을 탐색해낸 것 등을 들 수 있다. 이러한 평가정보를 통해서 관련된 정책결정자, 프로그램 관리자, 또는 이해관계자들의 사고에 영향을 미칠 수 있다. 일반적인 활용의 예로서는 평가정보를 통해서 전반적으로 프로그램을 더 잘 이해할 수 있고, 이를 통해서 불확실성을 줄이고, 관련자들의 통찰력을 높일 수 있는 것을 들 수 있다(Weiss, 1990: 171~184). 그리고 이러한 사고에 대한 영향을 통해서 미래의 프로그램에 관한 정책형성에도 영향을 미친다. 효과성에 대한 일반화, 작동하는 것에 대한 원칙의 탐색, 이론의 형성(theory building), 여러 프로그램에 걸친 패턴의 종합화, 정책결정 등이 이러한 활용에 포함된다.

이상에서 정책평가의 전형적인 세 가지 유형들과 활용들에 대해서 살펴보았는데, 이들 활용들 가운데 수단적 활용이란 정책결정, 프로그램의 기획, 예산편성 등에 정책평가의 결과가 직접적으로 활용되는 것을 말하고, 개념적 활용이란 정책평가의 결과가 정책결정, 프로그램의 기획, 예산편성 등의 과정에서 정책결정자, 프로그램의 설계자, 예산의 편성자 등의 사고에 영향을 미침으로써 간접적으로 이들의 결정에 활용되는 것을 말하는 것이다.

우리가 정책평가의 결과가 널리 활용되고 있지 못하고 있다고 할 때에는 이들 평가의 결과가 수단적 활용의 목적으로 활용되지 못하고 있다는 것을 의미하는 것이 일반적이다. 실제로 대부분의 평가들은 수단적 활용을 위하여 시작되고 있으며, 또 앞으로 평가가 활발히 이루어질 것이냐의 여부도 바로 수단적 활용이 얼마나 극대화될 수 있느냐 하는 것에 크게 의존된다고 보아도 지나치지는 않을 것이다. 물론 시간이 흐름에 따라 평가에 있어서 개념적 활용의 중요성이 점점 더 높아져 가고 있으며, 장기적으로 볼 때 그러한 개념적 활용은 평가연구를 위하여 필요하게 되는 비용과 노력을 정당화하고도 남을 것이다. 그러나 거의 대부분의 평가연구를 위한 자금은 직접적이며 비교적 단기적인 수단적 활용을 위하여 임무지향적인 조직들에 의하여 지원되고 있다는 것도 또한 사실이고 보면, 정책평가의 주된 관심이 수단적 활용을 극대화하려는 데 집중되고 있다는 것도 또한 부인하기 어려울 것이다.

2. 낮은 활용의 원인

사회과학연구, 특히 평가연구가 정책결정, 수정, 확대, 종결 등 정책과정에서 얼마나 유용하게 활용될 수 있느냐 하는 것을 결정짓는데 영향을 미치는 요소에는 여러 가지가 있으나, Leviton에 의하면 가장 중요한 요소들로서는 다음과 같은 다섯 가지를 들 수 있다고 한다(Leviton and Hughes, 1981: 525~548).

1) 적절성
2) 평가자와 활용자 사이의 커뮤니케이션
3) 활용자에 의한 정보처리
4) 평가결과의 사실성(plausibility)
5) 활용자의 관여 또는 창도

위의 요소들은 성질상 평가의 과정 및 평가의 결과 그 자체와 밀접히 관련된 것들이다.

Weiss 역시 정책평가의 활용에 영향을 미치는 요소에 대한 연구에서 이와 유사한 요소들을 지적하고 있다. 일반적으로 정책결정자들은 정보의 홍수 속에서, 의사결정에 필요한 정보인지의 여부를 결정하는데 세 가지의 기본적인 참고의 틀(frame of reference)을 활용하게 된다고 한다. 그들 가운데 첫째는 연구의 내용이 그들의 책임성의 영역에 적절한 것이냐 하는 것이고, 둘째는 연구가 믿을 만한 가치가 있는 것이냐 하는 것이며, 셋째는 그 연구가 제시하는 방향이다(Weiss and Bucuvalas, 1980: 302~313).

특히 이들 참고의 틀 가운데 두 번째 것과 세 번째 것은 진실성의 테스트와 효용성의 테스트라 부르는데, 이들은 각기 두 가지씩의 상호의존적인 요소들로 구성되어 있다.

먼저 진실성의 테스트란 이 연구가 믿을 만한 가치가 있는 것이냐, 이 연구에 의존할 수 있겠느냐, 이 연구가 비판으로부터 보호해 줄 수 있겠느냐 하는 질문들에 대하여 어떠한 답을 해줄 수 있겠느냐 하는 테스트이다. 이러한 질문들에 대한 답은 다음과 같은 구체적인 세 가지의 요소에 의하여 크게 영향을 받게 된다. 즉, 첫째는 연구의 내용으로서, 시행하고 있는 정책평가가 정책에 대한 이해관계 당사자들이 원하는 질문에 답변을 해줄 수 있겠느냐 하는 것이고(Cook,

1982: 120~123), 두 번째는 연구의 질로서, 이 연구가 과연 적절한 과학적 방법에 의하여 수행되었느냐 하는 것의 여부에 의하여 결정되는 것이며, 세 번째는 연구가 활용자의 기대에 합치되고 있느냐 하는 것으로, 이것은 연구가 정책결정자의 경험, 지식 및 가치지향과 얼마나 조화되고 있느냐 하는 정도에 따라 결정된다.

효용성의 테스트는 이 연구가 방향을 제시해 주고 있느냐, 이 연구는 문제해결을 위한 즉각적인 행동을 취하거나 또는 다른 접근방법의 대안을 고려하도록 하는 지침을 가져다주는 것이냐 하는 질문들에 대하여 어떠한 답을 해줄 수 있겠느냐 하는 것에 대한 테스트이다. 이에 대한 답은 다음과 같은 두 가지의 구체적인 질문들에 의하여 크게 영향을 받게 된다. 즉 첫째는 행동지향인데, 이것은 변경가능성이 있는 그러한 정책에 대하여 실제로 어떻게 실현가능한 변화를 도입할 수 있겠느냐 하는 것을 보여줄 수 있는 정도에 의하여 결정되는 것이고, 두 번째는 현상유지에 대한 도전으로, 이것은 평가연구가 현재에 지배적인 철학, 프로그램 또는 실무에 도전할 수 있으며, 또 이 연구가 새로운 관점을 제공해 줄 수 있느냐 하는 정도에 따라 결정된다.

앞에서 말한 적절성과 아울러 위에서 제시한 네 가지 요소들을 정책결정자들이 평가연구결과를 그들의 정책결정과정이나 기획과정에 활용할 수 있는지를 판별하기 위한 참고의 틀로서 사용되게 된다. 이 요소들 역시 평가연구결과가 지니고 있는 성격과 관련된 요소들이라 할 수 있을 것이다.

Horst는 평가연구의 활용성, 특히 낮은 활용성에 영향을 미치는 요소들로서 다음과 같은 것들을 지적하고 있다(Horst *et al.*, 1974: 300~307).

1) 정책평가가 의사결정을 지원하도록 계획되고 있지 못하다.

2) 평가연구의 시기(timing), 양식, 그리고 정밀도가 활용자의 필요성을 충족시키지 못하고 있다.

3) 평가결과로 발견된 사실들이 의사결정자들에게 적절히 전달되지 못하고 있다.

4) 동일한 프로그램에 대한 서로 다른 연구결과들이 비교할 수 없게 되어 있다.

5) 평가연구들이 그 증거를 축적시킴으로써 점차로 그 정확성을 높여가야 하는데도 불구하고, 그렇지 못하고 있다.

6) 평가연구들이 그 자체로서는 답을 할 수 없는 문제들을 제기해 놓고, 결론이 없는 연구결과로 끝을 맺는 수가 많다.

위의 여섯 가지 요소들은 평가연구 그 자체에 따르는 결정요인들도 있지만, 또 어떤 요소들은 평가 그 자체에 내재되어 있는 문제만이 아니라 평가를 관리하는 행정시스템의 평가관리 문제들과도 체계적으로 관련된 요소들도 있다. 특히 이 요소들 가운데 앞의 세 요소들은 평가관리 시스템들과 밀접하게 관련된 영향요소들이다. 이들 정책평가의 활용과 관련된 요소들 가운데 평가연구 자체와 관련된 요소들에 대해서는 다음 절에서 살펴보기로 하고, 여기서는 먼저 평가관리 시스템과 관련된 요소들만을 살펴보기로 한다.

Ⅱ. 활용성제고를 위한 정책평가의 관리

정책평가는 그것을 수행하는 목적, 단계, 계획과의 연계성 등에 따라 다양하며, 이에 따라 정책평가를 통하여 알고자 하는 정책질문의 내용도 각기 다를 수 있다. 또한 정책평가를 통하여 얻은 정보의 활용목적이 정책의 결정, 수정, 보완, 종결, 정책집행상의 관리능률 향상 등으로 다양하기 때문에 정책평가를 위한 설계와 이들 평가에 사용되는 방법들도 다를 수 있다. 따라서 정책의 평가가 무작위적으로 이루어져서 올바르지 못한 정책질문에 대한 해답, 정책평가의 우선순위가 낮은 정책질문에 대한 해답 등을 구하거나 정책평가에 올바르지 못한 설계와 방법 등이 사용된다면 평가자원활용의 효율성은 낮아지게 되고, 또한 부적절한 평가를 기초로 하여 정책을 결정하고 집행함으로써 오게 되는 손실 또한 막대할 것이다. 그러므로 정책평가는 정부의 올바른 수준과 관련된 각기 다른 부문에서 체계적으로 계획되고, 조정되며, 수행되고, 감독되어져야 한다. 이와 같은 정책평가의 계획, 조정, 수행, 감독 등의 정책평가관리가 바로 정책평가 시스템이 수행하여야 할 주요 관리기능들이다.

이들 관리시스템이 정책평가결과의 활용도를 제고하기 위하여 수행하여야 할 주요 관리기능들은 (1) 프로그램 목적의 설정 및 산출결과의 측정을 위한 정의, (2) 평가작업계획의 발전, (3) 평가연구의 설계와 집행, (4) 평가연구결과의 배포와 활용, (5) 평가자료의 사후관리 등이다(Wholey, Scanlon, Duffy, Fukumoto and Vogt, 1976: 28~51).

1. 프로그램 목적의 정의

정부가 수행하는 프로그램들 가운데에는 이들 프로그램의 효과성을 측정할 수 있도록 적절히 정의된 평가기준이 결여되어 있는 경우가 대부분인데, 그 원인으로서는 정부프로그램들이 일반적으로 다목적을 가졌다는 것과 이 목적들을 측정가능한 용어로 정의하기가 어렵다는 것 등을 들 수 있다. 그러나 평가기준이 결여된 가장 중요한 원인으로서는 프로그램의 관리자들이 그들의 목적이 무엇인가를 깊이 생각해 보지 않고 있다는 점과 평가자들이 평가기준을 정의하는데 필요한 지침을 제공해 주도록 요구하고 있지 않다는 점 등을 들 수 있다. 또한 프로그램 집행과 관련된 분명한 행정지침이 없다는 것도 프로그램 활동들과 궁극적인 정책목적들간의 관계에 관한 이해가 미약하다는 것을 반영해 주고 있다. 그러므로 정부가 수행하는 각종의 프로그램들에 대해서 그들의 목적을 설정해 주고, 아울러 장단기의 유의미한 산출결과의 측정수단을 구체화하는 것은 평가관리 시스템에 주어진 중요한 과제라 할 수 있을 것이다.

물론 프로그램의 목적은 구체적으로는 평가성사정의 과정에서도 그 목적이 정의되고 식별될 수도 있겠으나, 정책평가의 관리시스템이 스스로 프로그램의 목적을 정의하는 노력을 계속하는 것이야 말로 평가결과의 활용도를 제고시키려는 노력의 표현으로 볼 수 있다.

프로그램 목적을 정의함에 있어서는 다음과 같은 일들이 이루어져야 한다.

1) 각 기관의 책임자들은 평가요원들로 하여금 프로그램 관리자나 정책결정자들과 더불어 주요 프로그램들이 판단될 수 있는 복수의 평가기준을 정의하는 작업을 하도록 하여야 한다.

2) 중앙평가기구와 각 부처의 프로그램 평가요원들은 정책결정자나 프로그램 관리자들의 목적이 명확하게 표현되었는지의 여부를 확인하기 위하여 중요한 프로그램의 평가를 위한 평가기준들을 검토하여야 한다. 그리고 관련된 프로그램들은 포로그램들간의 상호비교가 용이하게 하기 위하여 공통적인 산출결과 측정수단들에 의하여 평가될 수 있도록 하여야 한다.

3) 프로그램의 목적과 평가의 기준에 대한 정의와 선택은 외부의 계약자에 의

해서가 아니라 기관 내의 관련자들에 의하여 이루어져야 한다.

4) 바림직한 프로그램의 결과들에 대한 기술은 프로그램을 만드는 과정에서 거기에 포함되어져야 한다.

5) 중앙평가기구와 프로그램의 운용기관은 현존하는 산출결과 측정수단들이 적절한 것인지 여부를 결정하기 위하여 기초연구를 계획하고 이를 수행하여야 한다.

2. 평가작업계획의 발전

지금까지 정부기관들은 그들의 주요 프로그램들의 결정을 위한 정책분석의 노력과 집행한 결과에 대한 평가의 노력도 부족하였을 뿐 아니라, 평가가 이루어지는 경우에도 각 기관별로 사전에 평가를 위한 적절한 작업계획이 불충분 하였거나 이용가능한 제한된 평가관계 자금들도 가능한 평가연구사업들 가운데 어떤 우선순위를 설정함이 없이 지출되기도 하였다. 특히 어떤 프로그램을 재검토하고 앞으로의 방향을 결정할 필요가 있었을 때에도 그 프로그램의 효과성에 대해서 꼭 알아야 할 중요한 문제들에 대한 해답들을 거의 얻지 못한 채 그대로 남겨둔 경우도 많았다.

만일 평가작업에 대한 계획이 제대로 되어 있지 못할 경우에는 평가를 의뢰받는 기관과의 계약에 있어서 프로그램 수행기관들은 그들이 알고자 하는 바를 상대방에게 충분히 이해시키지 못하게 되는 경우도 있게 된다. 이러한 경우에 평가를 의뢰받는 기관들은 그들 자신들의 평가연구계획을 짜고, 그들 자신들이 보는 문제점들을 설정하며, 여기에 따라 자료들을 수집하기 때문에 정책결정자들의 정책결정에 크게 도움이 되는 유용한 정보들을 제공하지 못하게 되는 경우도 있을 수 있게 된다.

평가사업이 무의미하게 끝나지 않고 좀 더 정책결정이나 프로그램 방향의 재검토에 유용한 정보들을 제공할 수 있도록 하기 위해서는, 정부 각 부처나 일선행정기관들의 평가작업계획이 종합적이고도 체계적으로 작성되고 조정되어져야 한다. 그리고 이 평가작업계획은 다개년계획이어야 하며, 다음에 열거하는 요인들에 대한 신중한 분석을 토대로 매년 초에 평가의 우선순위를 수정해 나가는 것이 바람직하다.

이때 고려하여야 할 주요 요인들로서는 (1) 높은 우선순위를 가진 정책질문의 식별, (2) 이들 질문에 응답할 수 있는 방법론의 이용 가능성, (3) 계획된 연구를 설계된 대로 수행할 수 있는지 여부에 대한 현실성, (4) 비용 및 (5) 이러한 평가계획을 작성할 뿐 아니라 실제로 연구가 수행되는 과정에서 평가연구수임기관과 카운터 파트가 되어 그 과정들을 체크하고 조정해 나갈 수 있는 자질있는 요원들의 확보 등을 들 수 있다.

평가작업계획들은 2년 내지 3년 정도를 커버하는 것이 바람직하며 특히 다음과 같은 사항들을 구체화하여야 한다.

즉, (1) 국가적인 주요 프로그램들의 효과성, 이들 프로그램들의 전략 및 관련된 정책결정자나 프로젝트 관리자들의 정보수요와 신뢰의 수준(Imboden, 1978: 131~133), (2) 예산당국이나 정책결정자들에게 제출하여야 할 추정일자, (3) 현재 계획되었거나 이미 집행 중에 있는 평가의 일반적 유형, (4) 각 연구가 답하도록 설계된 구체적인 질문, (5) 그들 연구들을 위하여 이용가능한 조직 내의 자질있는 요원과 자금, (6) 리스트상에 오른 평가사업들에 대한 기관내의 우선순위 및 (7) 현재의 평가작업계획에 나타나고 있지 않은 중요한 질문 등이다.

양질의 작업계획은 광범한 참여를 필요로 한다. 그러므로 중앙평가기관에서 평가계획을 작성함에 있어서는 예산, 기획 및 관련프로그램 담당기관들의 요원들과 중앙평가기관인 평가조정관실의 공동노력이 필요하다. 그리고 각 부처수준에서의 평가계획의 작성은 각 부처의 정책결정자가 지정하는 평가요원, 프로그램 계획담당자, 예산담당자, 프로그램 관리자들의 참여에 의한 공동의 노력과 협조에 의하여 이루어져야 한다.

3. 평가연구의 설계와 집행

대부분의 정부부처에는 평가만을 전담하는 요원들이 소수이고, 평가전문성이 높지 않기 때문에 평가연구들은 외부전문가들에 의하여 수행되는 것이 일반적이다. 그러나 만일 평가연구의 의뢰과정에서 분명한 지침을 주지 못하고 또한 연구의 수행과정에서 세심한 감독이 결여된다면, 평가연구의 수탁자들은 자연히 그들 자신들의 관심에 따라서 연구를 설계하게 되는 경향을 띠게 될 것이다. 이로 인하여 정책평가는 꼭 다루어져야 할 핵심적인 정책관계질문과는 매우 동떨어진 문제들만을 다룰 가능성도 높아지게 된다. 또한 평가연구의 수탁자들은 계약 초기의 연구계획서작성에 있어서는 그들이 실제로 연구하여 완성할 수 있는 것 이상으로 과장하는 경향을 띠고 있다.

그러나 정부부처 내에는 평가연구계획서에 포함되어야 할 내용들에 대한 분명한 요구사항들을 준비하고 평가연구계획서의 타당성을 검토하며 아울러 실제로 연구가 진행되는 동안에 이들 수탁자들과 밀접한 관계를 유지하면서 일할 수 있는 능력과 시간을 가진 요원들이 부족하고 타업무와 겸무하는 경우가 대부분이다. 이와 같이 정부부처 내에 평가를 전담하는 요원들이 부족하여 평가연구를 제대로 계획하고 집행하지 못함으로써 오는 사회적 손실은 실로 막대한 양에 달할 것이다. 어떤 정책프로그램이 과연 얼마만한 가치가 있는 프로그램인가도 모르면서 그 프로그램을 계속함으로써 오는 손실도 막대할 뿐 아니라, 또한 이러한 프로그램들을 평가하는 경우에도 필요하고 타당하며 신뢰성 있는 정보를 얻지 못한다면 프로그램의 효과성에 대한 판단을 잘못 내림으로써 손실을 받게 되고, 아울러 평가에 투자된 자금과 노력 등의 손실을 입는 등 이중적인 손실이 초래되는 것이다.

따라서 정부 각 부처는 평가만을 전담할 수 있는 유능한 요원을 다수 확보하고, 이들로 하여금 수탁 연구되는 평가사업의 연구계획서의 작성에 포함되어야 할 사항, 올바른 평가방법의 사용, 진행과정의 감독 등의 역할을 하도록 하여야 한다.

4. 평가연구결과의 배포와 활용

평가는 합리적인 정책결정과 능률적인 정책집행의 도구이다. 그러므로 평가에 대한 가장 기본적인 존립의 근거는 어떤 행동결정을 하기 위한 정보를 제공함으로써 의사결정의 합리성을 높이는데서 찾아야 한다(Weiss, 1966). 이러한 의미에서 볼 때 평가의 성공이나 실패의 여부는 프로그램이나 자원배분의 변경 및 집행과정에서 잘못을 바로 잡는데 미친 영향의 정도에 따라 측정되어야 할 것이다(Williams and Evans, 1969: 453). 우리나라의 경우 평가의 중요성에 대한 인식이 아직도 그렇게 높지 않아서 프로그램담당 기관 자체의 필요에 의해서 평가연구 자체가 이루어지는 경우가 드물기 때문에, 평가연구결과가 정책결정, 프로그램

방향의 개선, 예산의 배정 등 제 과정에 크게 영향을 미칠 단계에 도달되고 있지 않다. 평가연구가 어느 정도 본궤도에 오른 것으로 생각되고 있는 미국의 경우에도 평가연구의 결과가 정책결정에 큰 영향을 미치지 못하고 있다는 견해가 지배적이다(Sherwood, 1966).

그러나 평가연구가 정책결정이나 예산의 편성과정에서 큰 영향을 미치지 못하고 있는 것은 평가연구 자체의 질적 수준과 다루어진 내용이 정책결정자나 예산편성자의 주요 정책적 질문과 정책관심사를 충족시켜 주지 못하고 있는 데에도 기인하겠지만, 또 한편으로는 정책결정이나 자원의 배분과정에 영향을 미치는 요인들이 다양하기 때문에 특정 평가연구의 구체적인 역할이라고 하는 것이 때로는 불분명해지는 경향이 있기 때문이다(Resource Management Corp., 1969: 41~42). 이와 같이 평가연구결과의 활용이 저조하게 된 아주 기본적인 주요 이유 네 가지를 들어보면 다음과 같다.

첫째는 조직의 관성인데, 일반적으로 평가는 변동을 의미하는 반면에 조직들은 변동에 저항하려는 경향을 띠고 있다.

둘째는 평가에 이용하는 방법론적 취약성으로서, 정책결정자들은 일반적으로 빈약하게 수행된 평가연구의 결과를 신뢰하기보다는 자기 자신들의 경험이나 통찰력에 의존하는 경향을 띠고 있다.

셋째는 평가연구에 있어서 설계의 부적절성을 지적할 수 있다. 많은 평가연구들이 프로그램이나 정책들의 주요 이슈들을 다룰 수 있도록 설계되지 못하여 그들의 연구가 갖는 정책이슈들에 대한 적합성을 저하시키고 있다.

넷째는 연구결과의 배포의 결여를 들 수 있는데, 프로그램이나 정책과 관련된 정책결정자 또는 관리자들은 유용한 연구결과를 입수하거나 내용을 파악할 기회를 갖지 못하게 되는 경우가 많다.

위에 지적한 네 가지 이유들 가운데 조직의 변화에 저항하고자 하는 관성은 그 형태만 다를 뿐이지 어디에나 있는 현상이지만 방법론적인 취약성, 설계의 부적절성, 연구결과배포의 결여 등은 평가를 담당하고 있는 평가시스템이 제기능을 다 할 수 있다면 어느 정도 극복될 수 있는 성질의 것들이다.

그러므로 이들 요인들 가운데 첫 번째 요인을 제외한다면 나머지 세 가지 요인들 중 두 가지는 이미 앞에서 논의했던 것들이고, 마지막에 든 연구결과의 배포의 결여가 바로 여기서 관심을 갖는 배포와 활용간의 연계문제이다.

아무리 많은 비용을 들여 과학적인 방법으로 수행한 평가라 할지라도 그러한 평가의 결과가 어느 특정한 부처에만 보관되고 널리 배포되지 않는다고 한다면, 이와 유사한 문제를 다루는 기관들은 후에 동일한 평가연구를 처음부터 새로 반복하는 경우도 있을 수 있고, 또 때로는 시간과 자원의 제약에 의하여 이러한 평가연구를 수행함이 없이 프로그램에 대한 어떤 결정을 내리는 경우도 있을 수 있다. 따라서 정책평가를 제대로 수행하는 것도 중요하지만, 이것을 필요로 하는 정책결정자나 관리자들에게 배포함으로써 필요한 때에 적시에 이용할 수 있도록 하는 것도 활용도를 높이는 중요한 방법의 하나가 될 것이다. 그리고 평가연구 결과에 대한 정보가 중앙정부기관이나 일선행정기관의 정책결정자들과 프로그램 관리자들에게 제대로 전달되도록 하기 위해서는 이들 각 기관들에 평가작업 계획이나 완성된 평가연구들을 심사하여 종결짓는 청산부서(clearing house)를 설치할 필요가 있다.

이들 청산부서들은 여러 가지의 기능들을 수행하겠지만, 평가연구결과들에 대한 검토와 중점에 대한 요약을 작성하여 정책결정자들에게 이들 요약을 브리핑함으로써 정책결정자의 행동결정에 도움이 되도록 하여야 할 것이다.

5. 평가자료의 사후관리

평가자료의 활용도를 높이기 위해서는 평가자료의 사후관리가 또한 철저히 이루어지지 않으면 안 된다. 이러한 사후관리제도 가운데 중요한 것으로서는 정책의미논문(policy implication paper)의 작성과 평가정보관리시스템의 구축을 들 수 있다(Levitan and Wurzburg, 1979: 104~108).

일반적으로 평가연구의 상당부분은 외부와의 계약에 의하여 이루어지지 않을 수 없을 것이다. 이러한 계약에 의한 평가의 결과는 정책결정자의 입장에서 볼 때에는 가공되지 않은 원자재나 중간재에 불과하기 때문에 그대로 활용하기가 어려운 경우가 일반적이다. 그러므로 정부내 각 부처의 평가담당자들의 주요 업무 중의 하나는 이들 평가결과들을 기초로 정책결정에 필요한 정보를 끄집어내거나, 정책평가의 결과가 정책에 대하여 갖는 정책의미논문을 작성하거나, 또는 정책결정자를 위하여 평가를 통하여 발견된 것들에 대한 요약서를 작성하는 일이다.

평가결과의 활용도를 높이기 위한 평가자료관리제도의 또 다른 하나는 이미 앞에서 말한 평가정보관리 시스템 구축을 들 수 있다. 미국의 과학정보연구원(The Institute of Scientific Information)은 바로 이 시스템의 대표적 예이다. 미국의 과학정보연구원은 필요로 하는 기관이나 개인들에게 사회과학인용 인덱스(index)를 제공하고 있는데, 여기에는 사회과학의 연구결과들 뿐만 아니라 사회프로그램의 평가들도 수록함으로써 그 활용성을 높이고 있다.

제 2 절 우리나라 정부의 정책평가와 활용

Ⅰ. 우리나라 정부의 정책평가의 변천과 성과관리

1. 우리나라 정부의 정책평가의 변천

정부업무평가라는 용어는 다양한 정부평가활동에 적용되는 용어이다. 정부업무평가라는 용어는 우리가 지금까지 논의한 정책이나 프로그램에 대한 평가에도 적용되지만 기관평가에도 적용된다. 우리나라 정부의 주요 평가대상은 중앙행정기관, 지방자치단체, 지방자치단체의 소속기관, 공공기관 등 기관이다.

우리나라 중앙정부의 정책평가는 정부기관평가의 일부로서 이루어져 왔다. 지난 1998년 국민의 정부 출범과 더불어 정부업무의 심사평가 및 조정에 관한 규정을 개정하였는데, 이때 가장 중요한 특징은 기관평가제도를 도입한 것이다(대통령령 제15774호, 1998. 4. 13). 2000년도 정부업무 심사평가지침은 기관평가를 중앙행정기관의 주요업무의 추진상황 및 집행성과와 이를 추진하는 행정체제의 추진역량 등을 종합적으로 점검 · 분석 · 평가하는 것이라고 정의하고, 행정의 효율성을 제고하면서 경쟁을 통해 책임성을 높이는 유인체제를 확립하기 위해 정부부처를 종합적 · 포괄적으로 평가하기 위한 기관평가제도를 도입하였다고 밝히고 있다(국무조정실, 2000. 10: 1~5).

그 후 2001년에 정부업무등의 평가에관한기본법과 동시행령이 제정되어 기관

평가제도는 확고한 법적근거를 마련하게 되었다(정부업무등의 평가에관한기본법, 2001. 1; 정부업무등의 평가에관한기본법시행령, 2001. 3). 이 제도는 과거 심사분석 제도가 정부부처 주요시책의 집행실적 등만 평가함으로써 각 부처의 종합적인 업무추진능력에 대한 평가가 결여되었던 문제점을 보안하고, 각 기관간 경쟁을 유발하여 정부업무추진의 효율성과 책임성을 확보하기 위하여 도입되었다.

실제 기관평가는 국무조정실의 평가지침에 따라 매년 약간씩 다르게 실시되고 있다. 예컨대 2000년도의 평가대상영역은 크게 세 가지였다(국무조정실, 2000: 6~9).

첫 번째 영역은 각 부처의 주요 정책과제이다. 이는 각 부처의 업무계획중 주요 시책과 국민적 관심이 큰 특정과제였다.

두 번째 영역은 각 부처의 정책추진 역량과 의지였다. 이는 각 부처가 보유한 능력을 평가한다는 것인데, 능력의 전부를 평가한다는 것은 어려운 일이며 모호한 것이기 때문에, 매년도별로 몇 가지 영역으로 구체화하여 평가하였다. 2000년의 경우 기관운영혁신노력을 평가하기 위하여 지식기반정부구현노력, 정책추진의 법제화와 부패방지노력, 국정홍보강화노력 등을 평가하였고, 또한 각 부처의 자체정책평가 수행노력을 평가하였다. 첫 번째 영역이 '일에 대한 평가'라고 한다면, 두 번째 영역은 '주체에 대한 평가'라 할 수 있다.

세 번째 영역은 행정에 대한 국민만족도 평가였다. 이는 다시 각 부처의 민원행정서비스에 대한 민원인의 만족도를 측정, 평가하는 것과 각 부처의 주요시책에 대한 일반국민의 만족도를 평가하는 것으로 구분되는데, 이는 고객에 의한 평가라 할 수 있었다.

우리나라 정부의 정책평가는 2014년에 정부업무평가 기본법을 제정함으로써 다시 성과관리제도로 전환되었다(법률 제12844호, 2014. 11. 19). 정부업무평가 기본법에서는 평가를 일정한 기관법인 또는 단체가 수행하는 정책·사업·업무 등에 관하여 그 계획의 수립과 집행과정 및 결과 등을 점검·분석·평정하는 의미로 규정하고 있다. 그리고 정책평가의 목적을 능률성, 효과성 및 책임성을 확보하기 위한 것으로 규정하고 있고, 평가대상기관은 중앙행정기관, 지방자치단체, 중앙행정기관 또는 지방자치단체의 소속기관 및 공공기관 등이다.

정부업무평가 기본법은 평가방법을 자체평가, 특정평가 및 재평가 등으로 구분하고 있다. 여기서 자체평가란 중앙행정기관이나 지방자치단체가 소관정책 등을 스스로 평가하는 것을 지칭한다. 그러나 여기서 말하는 자체평가는 정책평가 방법론에서 말하는 정책을 기획하고 집행한 기관의 담당자들이 스스로의 필요에 의하여 정책의 기획 및 집행자들이 자체적으로 평가하는 것이 아니라 중앙정부 기관이나 지방자치단체 내에 구성된 자체평가위원회에서 평가하는 것을 말한다.

한편 특정평가란 국무총리가 중앙행정기관을 대상으로 국정을 통합적으로 관리하기 위하여 필요한 정책 등을 평가하는 것을 말한다. 그리고 재평가란 이미 실시된 평가의 결과·방법 및 절차에 관하여 그 평가를 실시한 기관외의 기관이 다시 평가하는 것을 지칭한다(정부업무평가 기본법, 제2조 2014).

2014년에 개정된 정부업무평가 기본법에서 규정하고 있는 정부업무평가의 가장 중요한 특징은 그 중점을 정부업무 성과관리에 두고 있다는 것이다. 그 목적은 정책 등의 계획수립과 집행과정에서 자율성을 부여하되 그 결과에 대해서는 책임을 지도록 한다는 것이다. 이를 위해서 중앙행정기관의 장은 중장기 성과관리전략계획을 세워야 하고, 성과관리전략계획의 목표를 달성하기 위하여 연도별 성과관리시행계획을 세우도록 규정하고 있다(정부업무평가 기본법, 제5조 및 제6조, 2014).

정부업무평가를 실시함에 있어서는 자율성과 독립성이 보장되어야 하고, 객관적이고 전문적인 방법을 통하여 결과의 신뢰성과 공정성이 확보되어야 하며, 정부업무평가의 과정은 가능한 한 평가대상이 되는 정책 등의 관련자도 참여할 수 있는 기회가 보장되고 그 결과가 공개되는 등 투명하여야 한다고 규정하고 있다(정부업무평가 기본법, 제7조, 2014). 이러한 정부업무평가제도는 평가의 공정성과 신뢰성을 담보하기 위해 정책을 기획하고 집행하는 담당자들이 스스로 평가하기보다는 외부 전문가에 의한 평가를 강조하고 있는 것이다. 이는 평가의 객관성과 공정성을 담보하기 위한 제도적 장치이지만, 다른 한편으로는 정책을 기획하고 집행한 담당자들이 스스로 정책의 전략을 평가함으로써 발전시킬 수 있는 정책역량의 구축기회를 상실하는 결과를 초래할 뿐 아니라 정책의 잘못이나 실패를 스스로 바로 잡을 수 있는 기회를 상실하는 결과를 초래하는 원인으로 작용할 수도 있다.[3)]

3) 이에 대해서는 다음 절에서 좀 더 구체적으로 논의하고자 한다.

한편 정부업무평가의 실시와 평가기반의 구축을 체계적·효율적으로 추진하기 위하여 국무총리 소속 하에 정부업무평가위원회를 두도록 하고 있다(정부업무평가 기본법, 법률 12844호, 2014. 11. 19). 정부업무평가위원회는 정부업무평가 기본계획을 수립하고, 이 기본계획에 의하여 정부업무평가를 실시하고 있다. 또한 중앙행정기관과 지방자치단체들은 자체평가조직 및 자체평가 위원회를 구성하고, 자체평가계획을 수립하며, 자기 기관의 정부업무에 대하여 자체평가를 실시하도록 하고 있다(정부업무평가 기본법, 제14조 및 제18조, 2014. 11. 19).

정부업무 성과관리 운영지침(국무조정실, 2015)에는 정부업무평가의 기본방향인 정부업무 성과관리체계와 성과관리 전략계획에 대하여 구체적으로 설명하고 있다. 정부업무의 성과관리체계를 도시하면 [그림 14-1]과 같다(국무조정실, 2015: 1).

그림 14-1 정부업무의 성과관리체계

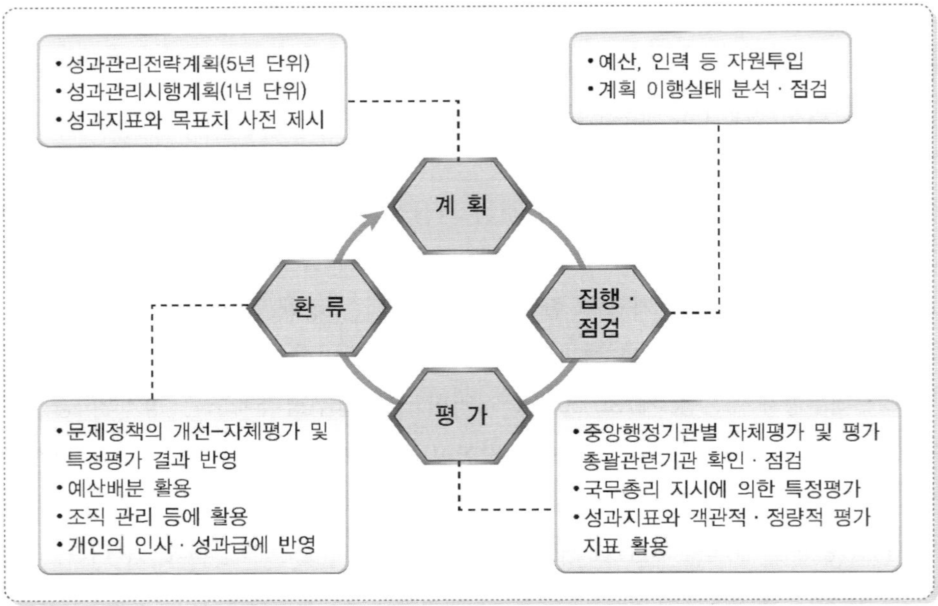

2. 성과관리와 자체평가

(1) 성과관리 전략계획

정부업무평가에서 가장 핵심이 되는 정부업무 성과관리 전략계획의 작성방법은 그 큰 틀에 있어서는 일반적인 전략기획의 작성방향에 따르고 있다. 즉 ① 기관의 임무와 목표를 명확히 제시하고, ② 계획의 수립과정에서 타 기관 및 이해관계자들과 충분히 협의하며, ③ 환경적 요인에 대한 폭넓은 사전분석을 실시하는 것 등이다(국무조정실, 2015: 9). 이러한 전략계획의 작성방법은 Bryson의 10단계 전략기획 작성과정과 그 맥을 같이 하고 있다(Bryson, 1995: 21~37). 즉 전략기획을 하는 과정에서 임무와 추구하는 가치뿐만 아니라 외적환경과 내적환경을 분석하고 이를 통하여 외적인 기회와 위협(opportunities and threats: OT)이 무엇이며, 내적인 강점과 약점(strength and weakness: SW)이 무엇인가, 즉 SWOT 분석을 함으로써 실효성 있는 전략기획을 할 수 있다는 논리와 일관성을 가지고 있는 것이다.

전략계획의 작성과정을 보면, 먼저 해당기관의 중・장기적 전략목표와 중・장기 성과목표를 제시하고, 각각의 요소는 [그림 14-2]와 같은 형태로 체계화하도록 하고 있다(국무조정실, 2015: 10).4)

[그림 14-2]에서 임무는 해당기관의 존재이유(목적)와 주요기능을 의미하며 비전은 장기적인 목표와 바람직한 미래상으로 조직의 정책방향 설정과 구성원에 대한 동기부여의 기능을 수행한다(국무조정실, 2015. 3: 10~11).5)

한편 전략목표는 국정지표, 국정전략, 기관의 임무와 비전 등을 감안하여 해당 기관이 중점을 두고 지향하거나 추진해야할 내용으로 제시하여야 한다. 전략목표는 성과관리 전략계획의 계획기간동안 성과의 개선수준을 명확히 확인할 수 있을 정도로 명확히 할 것을 요구하고 있다.

---

4) 여기서 사용하고 있는 전략목표와 성과목표는 전략적 목적(strategic goal)과 성과목표(performance objective)로 이해된다.

5) 2015년도 국무총리실 국무조정실에서 발행한 "2015년도 정부업무 성과관리 운영지침"에는 정부기관과 산하기관들의 성과관리를 위한 상과관리 전략계획의 작성방법에 대하여 세부적으로 설명하고 있다. 여기에서는 그 지침에 따라 성과관리 전략계획작성의 개요만을 요약하여 소개하고자 한다. 구체적인 작성방법과 절차에 대해서는 국무조정실 "2015년 정부업무 성과관리 운영지침(제 127차 정부업무 평가위원회 의결안건, 2015. 3)을 참조하기 바란다.

그림 14-2 정부기관의 중 · 장기적 전략목표와 중 · 장기 성과목표*

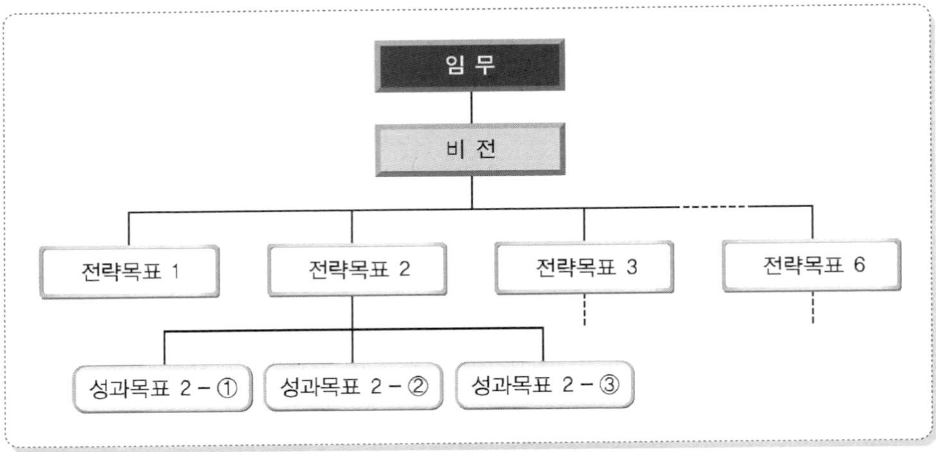

* 인사 · 조직 분야 및 성과관리 역량 강화 등 기관 관리역량과 관련한 전략목표, 성과목표 설정 여부는 기관 업무 특성에 따라 자율 결정

성과목표는 전략목표를 구체화하는 하위목표로서 전략목표 실현을 위해 계획기간 내에 달성하고자 하는 내용으로 설정하도록 하고 있다(국무조정실, 2015. 3: 13). 성과관리 전략계획에서 말하는 성과목표는 계획기간 5년간의 '중 · 장기 성과목표'로 '성과관리 시행계획'에서 수립되는 '연도별 성과목표'보다는 넓은 의미로 사용한다고 설명하고 있다.

성과관리의 시행계획은 5년간의 성과관리 전략계획 가운데 당해연도에 시행할 성과관리의 년도별 시행계획이다. 이러한 성과관리 시행계획의 작성을 위한 기본 방향은 다음과 같다.

즉 ① 성과관리 전략계획에 기초한 당해 년도 성과목표를 명확히 정의하고, ② 목표달성을 위한 방법 및 제약조건들을 엄격히 분석하여야 하며, ③ 성과목표 설정시 이해관계인에 대한 충분한 의견수렴을 하여야 한다. 그리고 ④ 성과측정을 위한 객관적인 성과지표를 제시하여야 한다(국무조정실, 2015. 3: 17~20).

목표수립 체계 및 방법을 도시하면 [그림 14-3]과 같다.

그림 14-3 성과관리 시행계획 목표수립 및 방법*

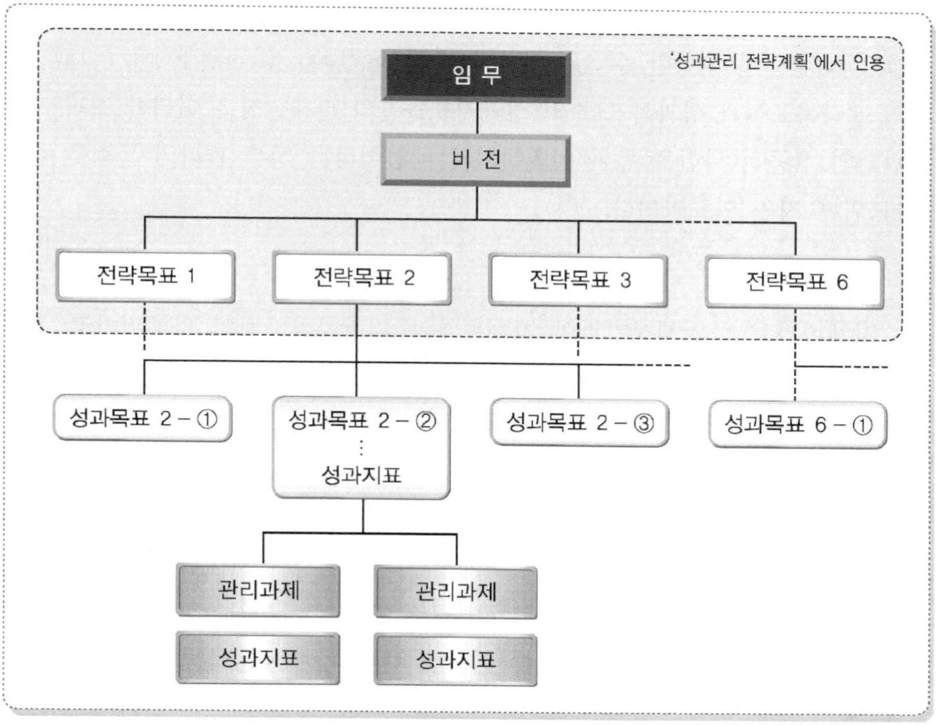

* 인사·조직 분야 및 성과관리 역량 강화 등 기관 관리역량과 관련된 성과 목표와 관리과제 설정 여부는 기관 업무 특성에 따라 자율 결정

[그림 14-3]에서 성과목표는 해당년도의 성과목표로서 전력목표 달성을 위한 수단이다. 그러므로 전략목표와 성과목표 및 관리과제 간에는 연계성이 확보되어야 하며, 최종적인 효과를 파악할 수 있도록 결과 지향적으로 설정되어야 한다는 것을 강조하고 있다(국무조정실, 2015. 3: 18). 성과지표가 이와 같이 최종적인 효과를 파악할 수 있도록 결과 지향적으로 설정되어야 한다고 강조하고 있는 것은 우리나라 정부가 2000년대 들어서면 일관되게 지향해왔던 정부개혁의 목표와 일관되며(송희준, 2001: 5), 웨스트 민스터형 정부개혁과 미국의 정부재창조 등 시장 지향적, 결과 지향적 정부개혁(Kettle, 2000: 15~19)과도 일관되는 행정관리의 방향이다(노화준, 노유진, 2004: 2~8).

결과 지향적 관리를 지원하기 위한 인프라는 한편으로는 관리자에게 창의적이고 자율적인 관리를 할 수 있는 충분한 융통성을 주되 이에 따라 발생할 수 있는 주인-대리인의 문제, 즉 목적(goal) 불일치의 문제와 정보비대칭의 문제를 적절히 해소하면서도 또 한편으로는 기관의 관리능력과 통제력을 배양할 수 있고, 성과문화를 고양할 수 있어야 한다(Bryson, 1995, Moore, 1995). [그림 14-3]의 전략목표들과 성과목표들 및 성과지표들간의 관계설정은 이러한 결과 지향적 관리의 성공적 실현을 통한 성과문화의 배양이라는 정부 관리의 목적을 실현하기 위한 지원 인프라이다.

(2) 자체평가

자체평가는 중앙행정기관의 자체평가와 지방자치단체의 자체평가로 구분할 수 있다. 중앙행정기관의 장과 지방자치단체의 장은 그 소속기관의 정책 등을 포함하여 자체평가를 실시하고, 자체평가를 실시하기 위하여 자체평가 조직 및 자체평가위원회를 구성·운영하도록 하고 있다(정부업무평가 기본법, 법률 제 12844호, 제 14조, 2014. 11. 19).

자체평가를 실시하기 위해서는 자체평가 계획을 수립하여야 하는데 여기에는 다음과 같은 내용들이 포함되어야 한다. 즉 당해 중앙행정기관 및 지방자치단체의 임무, 전략목표 및 성과목표 등에 관한 사항, 당해 연도 주요 정책 등의 내용에 관한 사항, 자체평가의 기본방향에 관한 사항, 자체평가 조직 및 자체평가위원회의 구성·운영에 관한 사항, 자체평가의 대상 및 방법에 관한 사항, 자체평가결과의 활용 및 조치에 관한 사항, 그 밖에 자체평가에 관한 주요사항 등을 포함하여야 한다(정부업무 평가 기본법, 법률 제 12844호, 제 15조 및 제 18조, 2014. 11. 19).

자체평가의 평가부분(대상) 및 평가총괄기간은 <표 14-1>과 같다(국무조정실, 2015. 3:38).

표 14-1 평가부분[대상] 및 평가총괄기관

부분	평가대상과제	평가총괄
주요정책	성과관리시행계획*의 관리과제 * 중앙행정기관의 장이 매년 수립하는 업무계획으로서 당해 연도 소관 기관의 주요 정책·사업의 목표와 추진일정, 목표 달성도를 측정할 수 있는 성과지표를 포함	국조실

재정사업 R&D사업	일반재정 · 정보화 및 R&D사업 중 3년 평가주기가 도래*한 2015년도 평가대상사업 * 재정 및 R&D 사업을 통해 달성하고자 하는 향후 전략 및 성과목표를 제시하고, 목표 달성도를 판단할 수 있는 지표 및 지표별 목표치를 포함	기재부 미래부
행정관리역량	조직 · 인사 · 정보화 등의 행정관리 역량	행자부, 인사처

부문별 시행계획은 주요정책부분, 재정사업부문 및 R&D 사업부문, 행정관리역량부분 등 4개 부문으로 구분되어 실시되고 있다.

2015년도의 부문별 시행계획 가운데 주요정책부문의 시행계획을 보면, 평가대상은 2015년도 성과관리시행계획의 관리과제이다.[6] <표 14-2>와 같이 평가결과는 상대등급화 방법으로 실시된다. 평가결과는 개인성과 등에 활용할 수 있도록 상대평가 7개 등급기준을 적용하되, 등급명은 자율적으로 설정 가능하도록 하고 있다(국무조정실, 2015. 3: 40).

표 14-2 평가등급 분포 기준*

순위 누적 %*	등급(등급명)	예시(총20개 관리과제)
~상위 5%이내	1등급(매우우수)	1위
5%초과~20%이내	2등급(우수)	2, 3, 4위
20%초과~35%이내	3등급(다소 우수)	5, 6, 7위
35%초과~65%이내	4등급(보통)	8, 9, 10, 11, 12, 13위
65%초과~80%이내	5등급(다소 미흡)	14, 15, 16위
80%초과~95%이내	6등급(미흡)	17, 18, 19위
95%초과~	7등급(부진)	20위

* 순위 누적(%)=(순위/총과제수)×100%. 단, 동 순위일 경우 하위 순위를 적용
* 최상위 1등급과 최하위 7등급은 순위 누적 기준선을 준수하되, 여타 등급은 등급 기준선을 각 5% 범위 이내에서 조정 가능

2015년도 재정사업부문의 평가 대상은 각 부처의 일반행정, 정보화사업 중 2015년도 성과계획서상 1/3에 해당하는 단위사업을 기획재정부와 협의하여 선

6) 중앙행정기관의 장이 매년 수립하는 업무계획으로 당해 연도의 주요정책 · 사업 목표와 추진일정, 목표달성도를 측정할 수 있는 성과지표를 포함한다(국무조정실, 2015. 3: 39)

정한다. 평가방법에 있어서는 사업 및 성과계획의 적정성, 사업관리, 사업목표달성도, 사업추진의 효율성 등을 측정할 수 있는 공통평가지표를 설정하도록 한다. 부처 자체평가는 평가점수와 점수순위를 종합 감안하는 상대평가 방식을 적용하며, 부처 자체평가 결과에 대한 기재부 확인·점검은 메타평가 방식으로 수행하며, 필요한 경우 사업별로 실시한다. 주요 점검사항은 <표 14-3>과 같다(국무조정실, 2015. 3: 44).

표 14-3 자율평가 재정사업 확인 · 점검 사항*

구 분	점검 지표(안)
평가 과정의 충실도	• 자체평가 위원회 운영의 적절성 • 평가보고서 등 제출기한 준수
평가결과의 적정성	• 자체평가 보고서 양식 준수 • 평가지표별 측정기준 준수 • 자체평가의 전략적 평가왜곡 여부 - 의무지출사업 등 현실적으로 예산삭감이 어려운 사업 및 소속기관 사업위주로 미흡사업을 선정하는 등 의도적 평가왜곡 여부 • 상대평가 준수
환류계획의 적정성 및 이행여부	• 사업별 환류방안의 합리성 • 지출구조 조정규모 달성도 • 전년도 평가결과의 환류방안 이행

* 미흡사업은 ① 원칙적으로 예산을 10% 이상 삭감하되, 예산삭감이 곤란한 사업의 경우 ② 집행대책 등 성과관리개선 대책이나 ③ 사업통폐합 등 제도개선대책을 시행.
* 메타평가 결과 등을 활용한 기관차원의 인센티브·패널티를 병행하여 적용.

2015년도 R&D 사업부문의 평가대상은 부처의 R&D 사업 중 3년 평가 주기가 도래한 사업을 미래창조 과학부와 협의하여 선정하도록 하고 있다(국무조정실, 2015. 3: 45). 평가방법은 계획·관리·결과·환류(목표달성도, 성과의 질적 우수성 등) 등 부문별 공통 평가지표 및 측정기준을 적용하여 평가하도록 한다. 또한 평가 관대화 예방을 위해 각 부처에 등급배분 의무화를 실시하며, 이 기준은 평가대상 사업수가 6개 이상인 부처에 적용한다. 미래창조과학부는 부처 자체평가 결과에 대한 상위평가를 실시하고 우수사업 도출 및 컨설팅 등 지원업무를 실시한다. 상위평가의 주요 평가기준은 <표 14-4>와 같다(국무조정실, 2015. 3: 46).

표 14-4 국가 연구개발사업 상위평가 주요 평가사항*

구 분	항 목	평가 지표(안)
1단계 (적절성 점검)	자체평가 과정	• R&D 자체평가위원회 구성의 적절성 • 자체평가 형식요건 준수 여부 • 종합적 성과분석을 통한 평가의 객관성 확보 등
	자체평가 근거	• 근거자료의 양적 · 질적 충실성 • 자체평가 의견의 구체성 · 명확성 • 평가의견과 등급부여와의 부합성
	자체평가 결과	• 자체평가 결과의 적절성 여부(관대화 방지 등) – (등급 배분 의무화 적용 기관) 등급 배분 기준 준수, 소액 사업, 종료 사업 등에 미흡 이하 등급 편중 등 – (등급 배분 의무화 미적용 기관) 평균 점수 적절성 등
2단계 (확인 점검)	• (대상) 적절성 점검 결과, 미통과 부처의 사업을 점검 • (지표) 자체평가지표에 의거 미래창조과학부가 실시 • (결과) 확인 · 점검 결과에 따라 점수 및 등급 조정 가능	

※ 평가 지표(안)는 관계 기관 및 연구 현장의 의견 수렴을 통해 수정 가능
※ 자체평가지표: 계획(성과목표 · 지표 적절성, 사업목표와 연계성), 관리(사업 관리, 집행 관리 등), 결과 · 환류(목표 달성도, 성과의 질적 우수성, 평가결과 활용 등)
* 집행 관리는 국방사업과 시설장비 구축 사업에만 적용

행정관리역량부문의 2015년도 평가대상은 중앙행정기관의 정책과 서비스 수준에 영향을 주는 조직 · 인사 · 정보화 등 관리능력이다. 평가에 있어서는 평가분야(조직 · 인사 · 정보화)별 공통 평가지표 및 측정기준을 적용하여 중앙행정기관의 행정관리 역량을 진단하도록 한다. 행정관리역량부분에 있어서 성과관리 및 자체평가 실태점검운영방침(안)은 <표 14-5>와 같다(국무조정실, 2015. 3: 48).

표 14-5 성과관리 및 자체평가 실태 주요 점검사항*

구 분	점검 지표(안)
운영의 충실성	• 기관역량 제고 노력도 – 기관장 의지 및 관심도, 체계 확산 노력, 평가지표 시행계획 수립 등의 충실성 • 평가결과 분석의 적절성 – 평가결과를 바탕으로 평가지표별 원인분석 충실성
평가결과의 객관성	• 자체평가 분석의 적절성 – 부처 자체평가 점수와 실태점검 점수 간 편차 진단

환류의 적절성	• 환류의 적절성 - 점검 및 평가결과를 정책개선에 반영여부

※ 세부측정방법은 전문가 면담·관계기관 의견수렴 등을 통해 2015년도 성과관리 및 자체평가 운영실태 점검 계획에 반영 검토('15년중)

Ⅱ. 우리나라 정부의 정책평가의 특징과 활용

정부의 정책평가의 시행과 관리가 어떻게 이루어지고 있느냐 하는 것은 정책평가결과의 활용에 큰 영향을 미친다. 이미 앞 항에서 살펴본 우리나라 정부의 정책평가시행과정을 볼 때, 우리나라 정부의 정책평가시행과 관리는 다음과 같은 특징들을 가지고 있다.

첫째, 우리나라 정부의 정책평가는 비록 자체평가를 강조하고 있을지라도, 철저한 중앙통제하에 이루어지고 있다. 정책평가의 대상과제선정, 평가기준, 평가방법 등의 주요내용들을 국무조정실(정부업무평가위원회)에서 결정하고, 정책을 결정하고 집행하는 실무부서들은 이 지침에 따라 정책을 평가하고 성과를 모니터링한다. 이는 다른 말로 바꾸어 말하면, 우리나라 정부의 정책실무부처들은 자기들이 정책결정이나 정책집행과정에서 절실히 필요로 하는 정보수요에 부응하기 위하여 정책평가대상 과제를 선정하고, 이 필요에 맞출 수 있는 정보를 산출해내기 위하여 정책평가를 설계하고 시행하지 못한다는 것이다. 그 결과 행정기관의 정책실무자들이 프로그램의 전략을 개발하고 집행한 다음 그 전략의 유효성을 평가하고 수정함으로써 평가역량과 아울러 정책역량이 구축되나, 실질적인 자체평가를 실무자들이 수행하지 않음으로써 이러한 역량들을 구축할 기회를 갖지 못하고 있는 것이다.

둘째, 우리나라 정부에서는 정책평가를 시행하는 주체는 국무조정실의 정부업무평가위원회와 실무부처의 자체평가위원회이다. 이들 정부업무평가위원회의 구성은 관련정책분야의 전문가 위주로 되어 있어 일반적으로 평가분야의 전문성이 결여되어 있다(김명수, 2005: 1~30). 국무조정실의 정부업무평가위원들의 경우 주어진 한정된 기간 내에 여러 부처를 평가해야 할 뿐 아니라, 주로 관찰과 통찰력에 의한 평가를 수행하는 특징을 가지고 있다.

셋째, 평가가 주로 부처가 수행하는 정책들을 책임성있게 수행하도록 책임성 확보(accountability)에 초점이 맞추어져 있고, 부처간의 서열을 결정하기 위한 체크리스트식 평가에 중점을 두고 있다. 그러므로 평가대상부처들은 정책집행과 관련된 애로사항과 문제점들을 부각시키기보다는 오히려 이러한 현상과 관련된 정보의 노출을 꺼리고, 잘되고 있는 점을 부각시키려는 형태를 보이고 있다(노유진, 2004: 164~167).

넷째, 정책평가가 문제의 원인을 밝혀내기 위한 체계적인 분석을 하여 실무부처에 제시하지 못하고 있다. 오히려 국무조종실의 정부업무평가지침에서는 "각 부처는 자체평가결과를 분석하여 성공과 실패사례 및 요인 등을 발굴하여 학습교재로 적극 활용"하도록 권장하고 있는 실정이다(국무조정실, 2005: 9). 다시 말하면, 정책평가가 문제의 원인을 분석하여 제시함으로써 실무부처에서 이 정책평가정보를 활용하도록 하는 것이 아니라, 정책평가가 완료된 이후에 다시 문제의 원인을 분석하도록 함으로써 정부가 수행한 정책평가의 실효성을 떨어뜨리는 원인이 되고 있다.

다섯째, 정책을 담당하고 있는 실무부처에서는 대부분 정책평가과정에서 요청받은 자료들을 제공하는 소극적인 참여의 행태를 보이고 있다(노유진, 2005: 245~275). 이러한 소극적인 참여는 평가에 대한 참여의식을 고양하지 못하고, 평가결과 산출된 평가정보의 유용성에 대한 인지도를 높이지 못하는 요인으로 작용하고 있다.

위에서 지적한 우리나라 정부의 정책평가의 특징들을 정책평가의 결과를 순응확보를 위하여 활용하도록 하는데 기여하고 있다. 그러나 프로그램의 개선을 위한 활용과 정책의 설계 및 관리에 관한 지식을 창출해 내는 데에는 기여를 하지 못하는 원인이 되고 있다. 우리나라 정부의 정책평가는 이러한 문제점들을 개선해 나간다면 정책결정과 집행의 발전에 더 큰 기여를 할 수 있을 것이다.

제 3 절 정책평가역량 구축[7)]

Ⅰ. 정책평가역량 구축의 필요성과 조직의 평가역량 구축 탐구를 위한 분석틀

1. 평가역량 구축의 필요성과 중요성

(1) 평가역량 구축의 필요성

평가역량 구축의 의의와 필요성은 프로그램 평가 및 평가적 탐구에 대한 정의와 밀접하게 관련되어 있다. 프로그램 평가에 대한 정의는 여러 가지로 내릴 수 있으나 일반적으로 프로그램 평가란 프로그램에 대한 판단을 하고, 프로그램의 효과성을 증진하며, 미래의 프로그램을 만드는데 대한 의사결정과정에 정보를 제공하기 위하여 프로그램의 활동, 특성 및 산출결과들에 대한 정보들을 체계적으로 수집하고 산출해 내는 것이다. 평가적 탐구는 중요한 조직이슈들을 탐구하고, 이해하는 계속적인 과정이다. 그러므로 평가와 평가적 탐구는 조직의 업무수행 실무에 완전하게 통합된 학습의 접근방법이라 할 수 있다(Preskill and Torres, 1999: 1~2).

개인, 그룹 또는 조직이 위에서 정의한 바와 같은 평가 및 평가적 탐구를 효과적으로 수행하기 위해서는 이를 뒷받침할 힘이 필요한데, 이것이 평가역량이고, 이러한 힘을 발전시키는 것이 평가역량 구축(evaluation capacity building)이다. Preskill(2005)은 평가역량 구축이란 수준 높은 평가를 수행하고 그 활용을 루틴화(routinize)하는 전반적인 조직과정을 계속적으로 만들고 유지하는 의도적인 작업이며, 한 조직이 평가를 하는데 필요한 자원들을 가지고 있으며, 평가를 수행하고 분석하며 평가를 활용할 동기를 가진 정도를 나타낸다고 정의하고 있는데, 이는 평가역량구축의 활동적 측면과 수준적 측면을 나타내는 정의라 할 수 있다. 다시 말하면 평가역량구축은 평가 및 평가적 탐구를 효과적으로 수행

7) 정책평가역량 구축에 대한 논의는 노화준(2006)의 “정부조직의 평가역량 구축방안”에 의거하여 작성되었음.

할 수 있는 역량을 기르는 활동임과 동시에, 그러한 역량의 정도를 나타낸다.

평가역량과 평가실무는 밀접하게 연결되어 있다. 그들 간의 차이는 평가역량이 인적자원(기술, 지식, 경험 등)과 재정적 및 물적 자원들을 일컫는데 비해서, 평가실무(evaluation practice)는 평가를 실제로 수행하는 것을 일컫는다. 평가실무는 평가문제의 정의, 평가연구설계와 평가활동들의 실행, 결과 및 특정한 정책의 임팩트를 지칭한다. 이 평가실무는 조직이 하드웨어의 공급(즉 평가역량)을 받고 있을 때 가능하다. 평가역량 구축과 밀접하게 관련된 용어가 평가의 제도화(institutionalization of evaluation)이다. 평가의 제도화는 어떤 특정한 정부의 공공정책이 평가되는 것을 가이드하는 규칙, 절차 및 조직의 배열(organizational arrangements) 등을 지칭한다(Boyle, Lemaire and Rist, 1999: 5).

그러면 왜 평가역량을 구축하여야 하는가? 평가역량을 구축하여야 할 필요성은 평가에 대한 가정들과 밀접하게 관련되어 있다. 이들 평가에 대한 가정들 가운데 평가역량을 구축하여야 할 필요성과 관련된다고 생각되는 것들을 몇 가지 들어보면 다음 <표 14-6>과 같다.

표 14-6 평가역량 구축과 관련된 평가에 대한 주요 가정들

- 평가는 개인, 그룹 및 조직학습을 위한 역량이다.
- 평가는 변화지향적인 간여(intervention)이다.
- 평가는 발견된 사실들을 활용할 의도가 있을 때 수행하여야 한다.
- 평가는 구성원들의 의사결정에 기여해야 한다.
- 평가의 관리과정에서의 활용은 평가결과 발견된 것의 활용만큼 중요하다.
- 평가는 모든 조직원들의 책임이다.
- 평가는 협력적(collaborative)이고, 참여적이며, 학습지향적일 때 효과적이다.
- 평가과정에 이해관계자들이 참여하는 것이 평가역량을 구축하는데 도움이 된다.
- 평가에 대화과정들(dialogic processes)을 사용하면 이해관계자들의 학습이 증진된다.
- 조직 인프라가 평가가 성공적으로 이루어지도록 하는 정도와 방법에 큰 영향을 미친다.
- 모든 조직들이 평가과정에 관여하거나 발견으로부터 배우고 행동으로 옮길 준비가 되어 있는 것은 아니다.

<표 14-6>의 평가에 대한 가정들은 왜 평가역량의 구축이 필요한가를 말해주고 있다. 예컨대 평가는 개인, 그룹 및 조직학습을 위한 역량이라는 가정은, 그러므로 개인, 그룹 및 조직학습 역량을 발전시키기 위하여 평가역량을 구축하는

것이 필요하다는 것이며, 평가는 모든 조직원들의 책임이라는 가정은, 그러므로 이러한 책임을 다하기 위하여 평가역량을 구축하는 것이 필요하다는 것이다.

평가에 대한 가정들은 평가역량 구축이 왜 필요한가 하는 이유뿐만 아니라 어떻게 평가역량을 구축하여야 하는가 하는 방안들도 제시해 주고 있다. 예컨대 평가과정에 이해관계자들이 참여하는 것이 평가역량을 구축하는데 도움이 된다는 가정은 평가역량을 구축하는 과정에 이해관계자들을 참여시킬 때 그것이 촉진될 수 있음을 말해주고, 조직의 인프라가 평가가 성공적으로 이루어지도록 하는 정도와 방법에 큰 영향을 미친다는 가정은 평가역량을 효과적으로 구축하기 위해서는 평가 인프라들을 식별하고, 이 인프라를 구축하여야 함을 말해준다.

평가역량 구축은 평가역량을 구축함으로써 얻게 될 이익들을 극대화하기 위해서도 필요하다. 평가역량 구축의 이점은 프로그램 수행의 결과를 보여줄 능력을 증진시키고, 자금공여자들의 책무성 촉구에 대한 요구를 충족시키는데 도움을 주며, 여러 가지 프로세스 개선에 대한 발의들(initiatives)을 조정할 수 있도록 해준다.

평가역량 구축은 또한 추가적인 재원을 확보하는데 도움을 주고, 의사결정과 집행활동을 위한 정보들을 수집하고 활용하는 능력을 증대시켜주며, 평가에 있어서 외부전문가들에 대한 의존을 감소시켜주고, 조직 구성원들의 지식과 기술을 인정하고 활용할 수 있도록 해주며, 조직학습을 촉진한다는 이점이 있다.

공공조직의 평가역량 구축은 국가적인 평가시스템의 발전을 뒷받침하기 위해서도 필요하다. 국가적인 평가시스템이 없으면 정부가 추진한 액션들과 프로그램들의 결과들을 확인할 객관적인 증거가 거의 없기 때문에 국가적인 평가시스템의 발전이 요구된다(Boyle, Lemaire and Rist, 1999: 6). 정부가 취한 액션에 대해서는 여러 가지 다양한 주관적인 의견들이 제시될 수 있는데, 이들 가운데 어느 것이 옳고 그른가를 판정하기 위해서는 객관적인 데이터에 근거한 분석정보가 요구된다. 이러한 객관적인 증거가 없으면, 정부는 끊임없는 압력과 정치적인 공세에 시달릴 가능성이 높다. 정부가 취한 액션이나 프로그램의 결과에 대한 객관적이고 신뢰할 수 있는 정부 정책에 대한 담론(discourse)의 성격은 바뀔수도 있다. 그렇기 때문에 정부의 액션과 프로그램들에 대한 평가가 필요하고, 이러한 역할을 효과적으로 수행하기 위해서 정부조직들의 평가역량을 구축하여야 하는 것이다.

공공조직이 평가역량을 구축하여 제대로 평가를 하게 되면 증거에 기초한 관리(evidence based management)를 가능하게 하고, 촉진시킨다. 평가역량을 구축하여 평가를 제대로 수행하면 거버넌스(governance)의 과정에서 최소한 다음과 같은 네 가지의 이점이 있다(Chelimsky, 1995: 4; Rist, 1999: 114~115). 첫째, 알려진 문제들과 제안된 정책 또는 프로그램에 의한 치유책을 통합시킨다. 둘째, 제기된 문제 또는 그의 치유책과 관련된 통상적인 지혜나 대중적인 신화의 신비를 벗긴다. 셋째, 정책문제나 정책효과에 관한 새로운 정보들을 발전시킬 수 있다. 넷째, 평가로부터 발전시킨 새로운 정보들이 함축하는 바를 정책 행위자들에게 설명할 수 있다.

평가에서 발전시킨 객관적인 증거는 무엇이 좋은 변화이고, 무엇이 나쁜 변화인가 하는데 대한 갈등들을 자동적으로 해소시킬 수 있기 때문에 중요한 것이 아니라 - 물론 그렇게 할 수도 없지만, 최소한 그러한 증거가, 정책목적이 무엇인가에 관계없이, 그러한 변화가 그들 목적들에 도달하게 할 수 있다는 가능성에 대한 초당파적 이해를 가져올 수 있게 해줄 수 있다는데 그 중요성이 있다. 따라서 정책에 대한 토론이, 참여자들의 신념과 의견에 따라, 무엇이 적절하고 무엇이 적절하지 않은가에 대하여 진행될 수 있겠지만, 객관적인 증거는 그 토론에 객관적인 경험적 가중치(weight)를 제공하고, 정책과 프로그램에 대한 과장된 주장들을 줄일 수 있게 해주며, 값비싼 비용을 치루는 치명적 잘못을 저지를 가능성을 경감시켜줄 수 있으며, 장기적으로는 정부에 대한 신뢰를 약화시키는 것을 피할 수 있게 해준다.

정보조직들의 평가역량 발전은 신공공관리 철학에 기초한 정부개혁을 뒷받침하기 위해서도 필요하다(Boyle, Lemerie and Rist, 1999: 7~8). 신공공관리 철학에 기초한 정부개혁은 운영기능의 더 많은 위임과 권한이전, 중앙정부에 의한 전략적 관리, 성과기대들에 대한 명확한 정의 등을 핵심 내용으로 한다. 평가는 이러한 결과지향적 공공관리의 통합적 요소로 간주되고 있으며, 이러한 통합적 기능을 효과적으로 수행하기 위해서 정부조직들의 평가역량 발전이 요구되는 것이다. 위에서 논의한 평가로부터 오는 이점들을 극대화시키기 위해서도 정부조직들이 평가역량을 발전시키는 것이 절실하게 요구된다.

(2) 정책평가역량구축의 중요성

정부의 정책실패는 많은 경우 사회변화에 대한 대응의 실패나 사회변화 유도 기능의 실패에서 연유하는 경우가 많다. 지난 2014년 봄의 세월호 사고의 발생이 그렇고, 2015년 봄의 메르스(MERS) 사태의 발생이 그렇다. 이들 사고와 사태들은 사고를 당한 유가족들과 국민들에게 치유하기 힘든 슬픔을 주었고, 사회적 갈등과 불통합을 유발하였으며, 수백조 원에 이르는 엄청난 경제·사회적 손실과 국가적인 경기침체까지 가져왔다. 이들 사고와 사태의 발생들은 모두 우리 사회의 변화에 대한 정부의 대응과 유도 정책들의 실패에 기인한 것들이었다.

그 동안 이들 사건과 사고의 발생에 대한 정부의 대응정책의 실패에 대해서 많은 지적들이 있었고 또 정책적 대응 능력의 향상에 대한 많은 논의들도 있었으며, 많은 학습도 하였다. 그러나 사회변화의 유도정책에 대한 논의와 학습은 상대적으로 적었지 않았는가 생각된다. 예컨대 안전사고의 방지에 대한 의식과 실천행동의 생활화, 전염병 예방에 대한 의식과 실천행동의 생활화 등이 그것들이다.

정부는 사회 변화를 유도하기 위한 프로그램 평가를 통하여 정책 학습을 하고 정부의 정책역량을 구축한다. 우리나라 정부는 정부업무 평가 제도를 도입하여 상당부분 사회 변화를 유도하는데 '선'기능을 수행해 온 것도 사실이다. 그러나 2000년대에 들어서면서 현재의 정책평가제도와 기능만으로는 사회변화를 유도하는데 한계가 있음을 나타내고 있다. 바로 세월호 사고의 발생이 그렇고 메르스 사태의 발생이 그렇다.

이미 너무 늦었지만 정책기획 역량 향상과 사회변화 프로그램 개선을 목표로 하는 자체 평가 제도를 전면적으로 도입하고, 이것을 실질적으로 실행할 전문가 집단을 각 부처에 배치하며, 담당 공무원들을 주기적으로 훈련하여 정책평가 역량을 구축하는 것을 제도화 할 때가 된 것이다. 정책평가를 토대로 정책혁신을 하는 것을 제도화하고 있는 미국 환경청이 그 좋은 예이다. 정부의 자체 평가제도는 정책을 만든 정부 부서 스스로가 사회변화 유도 정책을 평가하여 정부가 만든 프로그램이 그러한 사회 변화를 가져왔는지를 평가하고, 만일 그러한 변화를 가져오지 못했다면, 왜 그러한 변화를 가져오지 못했는가를 분석하여 평가하도록 하기 위한 것이다. 지금도 자체평가제도가 없는 것은 아니지만 정부의 주된 평가제도로 전면적으로 도입하는 것이 요청되고 있는 것이다.

정책이나 프로그램을 통하여 사회를 변화시키고자 하는 경우에는 최종 목적뿐 아니라 여러 개의 중간 목표들, 즉 전략들을 설정하는 경우가 많다. 정책 평가의 용어로 말하면 대상 집단에 일어나는 변화는 산출결과(outcome)이므로 중간 산출결과들과 최종 산출결과를 토대로 변화의 체인(chain)을 만드는 것이다.

그러므로 정책이나 프로그램의 평가는 사회변화를 유도하려는 정책의 변화의 체인을 구성하는 전략들의 효과를 평가하고 그 전략의 타당성을 검증하는 것이다. 이러한 내부 평가는 단순히 정책의 목적달성과 전략들의 평가에 그치는 것이 아니다. 이러한 평가과정을 통하여 사회 변화를 유도하려는 프로그램 기획자들은 그들이 만든 전략을 평가할 수 있고, 그 전략들이 왜 제대로 기능을 하지 못하는지를 알 수 있게 된다. 이것은 정책담당자들의 정책평가역량, 나아가서는 정책역량이 향상됨을 의미한다.

프로그램 평가의 패러다임을 프로그램의 최종성과만을 중점적으로 평가하는 검은 상자(black box) 패러다임과 프로그램 논리를 가설로 보고 검증하기 위하여 집행과정을 중점적으로 평가하는 투명상자 패러다임으로 구분할 때, 프로그램 기획과 프로그램 평가를 하나의 과정으로 보는 통합적 시각은 투명상자 패러다임적 시각이다(Love, 1991). 현재 우리나라 정부의 정책평가 패러다임의 중점은 최종 성과를 주로 평가하는 검은 상자 패러다임에 두어져 왔다. 정부의 프로그램 평가시스템은 변화의 체인이 예상한대로 이루어져 중간산출결과들이 예상한 변화와 성과들을 이루어내고 있는지, 그리고 그들이 세운 전략들이 제대로 작동하고 있는지를 프로그램 담당자들이 스스로 평가하여 수정하지 못하는 시스템이다. 그 결과 기획과 프로그램 전략에 대한 자체평가를 통하여 기획역량을 향상시키고, 나아가서는 창의력을 향상시킬 기회를 활용하지 못하고 있는 실정이다. 현행의 정부 프로그램의 평가는 프로그램을 기획한 담당자들보다는 주로 외부위원들에 의한 평가에 더 중점을 두어 왔다. 그러나 세월호 참사를 가져온 2014년의 안전프로그램의 실패와 수많은 인명손실과 경기침체를 가져온 2015년의 메르스 사태를 통해서 보듯이 근본적인 사회변화를 위해 안전프로그램과 보건프로그램들의 집행이 가져오는 변화의 인과적 체인, 즉 프로그램 활동들과 중간산출결과들의 인과적 체인들은 제대로 계획되었으며, 그 산출결과들에 대한 측정은 제대로 이루어졌고, 그 측정결과가 주는 의미에 대한 판단, 즉 평가는 제대로 이루어졌으며, 전략에 대한 수정 조치들은 제대로 이루어졌는가, 그리고 프로그램을 계획하고 집행하며 평가하는 담당자들은 이 과정에서 어떤 정책역량이 향상되었고, 결과지향적인 관리 마인드는 향상되었는가 하는 물음에 대해서는 긍정적인 대답을 얻기는 어려울 것이다.

이러한 현상은 비단 안전 및 보건프로그램뿐만 아니라 환경, 과학기술, 원자력, 여성문제들과 관련된 대부분의 사회변화 프로그램들에 공통적으로 나타나고 있는 현상이다. 창조경제시대에 창조적 혁신활동들을 적극적으로 수행할 수 있도록 뒷받침하기 위하여 경제·사회 활동 주체들의 창조적 역량발전이 요구되듯이, 창조경제시대에 혁신적인 정부프로그램들을 개발하고 발전시키기 위해서는 프로그램 전략들을 개발하고 집행하며 프로그램들이 계획한대로 올바로 가고 있는지 여부를 판단하는 프로그램 기획과 평가의 통합적 시각과 투명상자 평가패러다임으로의 전환이 절실하게 요구된다. 아울러 이러한 투명상자 평가패러다임에 의하여 사회변화, 사회적 혁신 프로그램 전략의 효과성과 능률성을 평가할 정책평가역량구축이 절실히 요구된다. 여기에 정책평가 역량구축의 중요성이 있다.

2. 조직의 평가역량 구축의 탐구를 위한 분석틀

조직의 평가역량 구축이나 발전방안에 대한 논의는 다양하지만, 이들 논의들은 대부분 평가역량 구축을 지원할 조직의 상황적 조건들(contextual condition)과 관련되어 있다. 이들 상황적 조건들은 리더십의 지원, 평가과정에 있어서 광범위한 이해관계자들의 참여, 탐구정신, 협동(collaboration)의 문화, 학습시스템과 구조, 효과적인 커뮤니케이션 시스템, 평가에 대한 개방적인 태도, 평가에 대한 인지된 니즈(needs)나 수요, 조직구성원들의 평가기술의 보유, 평가역량 구축을 지원할 자원 등이다.

이들 상황적 조건들 가운데서도 가장 중요한 조건이 평가를 수행할 능력 있는 평가인력의 확보이다. 평가인력의 확보전략에 속하는 중요한 방안들은 훈련, 멘토링(mentoring), 수습(apprenticeship), 기술지원, 테크놀로지, 문서화된 자료, 평가실무자 공동체(communities of practice) 등이다.

조직의 평가역량 구축방안으로서 활용되고 있는 주된 훈련방법은 워크숍(workshop)이다. 프로그램 요원들을 대상으로 평가를 설계하고 평가를 수행한다든지, 또는 프로그램논리모형의 작성과 활용에 대해서 몇 시간동안 워크숍을 개최하는 것 등이 그 좋은 예들이다.

멘토링 평가에 더 경험이 있는 개인들이 경험이 적은 프로그램 요원들에게 조언(advice), 자문(counsel), 또는 지침을 제공하는 멘토와 수련자 간의 일대일의 개인적인 관계이다. 평가에 관한 워크숍이 끝난 후 조직 내의 평가 유경험자가 프로그램요원들을 평가연구에 관한 작업을 하기 위하여 소집하여 지도하는 것이 좋은 예이다.

수습은 새로이 전문직업(profession)에 들어온 신입자가 그 전문직업 분야에서 전문가로 알려진 사람과 공식적인 관계를 갖는 것이다. 수습자는 전문가로서의 지위를 얻기 전에 사전에 설정된 한 세트의 단계들을 거치는 것이 요구된다. 수습자는 이 과정을 거쳐서 실무자들의 공동체에 사회화된다. 미국의 경우 대학원 졸업자가 평가센터에서 연구조교로 일하면서, 평가과목들을 수강하고, 평가연구과제에 참여하며, 미국평가학회(AEA)와 지역에 위치한 평가학회 지회에서 발표하고, 평가에 경험있는 전문가들의 지도하에 평가과목과 워크숍을 강의하는데, 이것이 평가분야 수습이 좋은 예이다.

기술지원은 어떤 유형의 평가교육실무나 절차의 채택과 집행의 효율성을 증진시키는데 필요한 지식을 사용하는 수단이다. 기술지원은 개인별 또는 소그룹베이스로 이루어진다. 평가설계 및 평가의 집행 등에 대하여 필요한 때에 질문에 대답해 줄 수 있도록 프로그램 요원과 평가에 경험 있는 유경험자가 매치(match)되는 것이 좋은 예이다. 커뮤니케이션은 주로 이메일(e-mail)이나 전화로 이루어진다.

동기적(synchronous) 또는 비동기적 테크놀로지의 사용은 평가실무의 여러 측면(예컨대 e-mail, 지식관리시스템, 웹사이트, 비디오 컨퍼런스, 웹 컨퍼런스, 비디오 테이프 등)에 대해서 정보와 피드백을 제공할 수 있다. 이전에 이루어진 평가에 관한 지식관리 데이터 베이스가 만들어지고, 이것을 조직의 모든 구성원들이 접근하게 되어 이용하는 것이 좋은 예이다. 조직구성원들은 평가의 방법론, 발견된 사항 및 건의사항들에 대하여 배울 수 있다. 또한 어떻게 평가를 시행할 것인가에 대한 정보를 제공할 웹사이트의 리스트가 모든 조직 구성원들에게 이용가능하게 하는 것도 좋은 예이다.

조직은 또한 평가역량을 구축하기 위하여 여러 가지의 문서화된 자료들(예컨대 평가를 어떻게 할 것인가에 대한 매뉴얼, 뉴스레터, 브로셔, 평가계획과 보고서 등)을 설계하고, 발전시켜 사용할 수 있다. 평가계획에 포함시켜야 할 내용들에 대한 체크리스트, 조직의 도서관에 평가교재의 비치, 이전에 실시되어 완성된 평가의 경우 평가설계, 평가방법, 발견된 내용, 건의사항 등이 기술된 뉴스레터에 수록된 논문 등이 좋은 예이다.

평가실무자 공동체는 공통관심 영역에 대한 정보, 통찰력, 경험 및 평가도구들을 공유하는 사람들의 그룹이다. 구성원들은 기관의 여러 계층과 분야에 걸쳐 있으며, 모든 조직에 존재할 수 있다. 조직구성원들이 문제를 해결하기 위하여 시도하며, 서로 돕고, 새로운 아이디어와 접근방법들을 발전시킨다. 평가실무 공동체는 자생적인 조직시스템이다.

평가를 수행할 인적자원과 물적자원(평가예산)에 대한 강조는 조직에서 수행하는 평가의 공급적 측면을 강조하는 평가역량 구축의 접근방법이다. 그러나 아무리 조직이 우수한 평가결과를 산출해낸다 할지라도 그것을 활용하지 않으면 그 평가결과는 사장되고, 평가를 위한 노력은 제대로 대접받지 못하게 되어, 종국에는 평가를 위한 노력자체가 소멸될 수도 있다. 이러한 관점에서 최근에는 평가결과의 활용에 초점을 둔 평가(utilization focused evaluation)의 접근방법이 중요한 평가접근방법으로 대두되고 있다(Patton, 1997). 이러한 경향은 평가역량 발전에 있어서도, 앞에서 논의한 상황적 조건들 가운데, 평가에 대한 인지된 니즈(needs)나 수요, 평가에 대한 개방적인 태도와 기대 등이 중요하다는 것을 나타내며, 평가역량 구축의 전략이 바뀌도록 작용하였다. 평가역량 구축을 조사하고 전략을 탐색하는 틀(framework)을 작성하는데 평가에 대한 공급 측면뿐만 아니라 수요 측면을 동시에 고려하게 된 것은 이와 같은 평가결과 활용에 대한 최근의 강조와 관련된 것이다.

평가역량 구축을 진단하고 발전전략을 모색하는 분석틀로서 공급과 수요모형은 세계은행의 효과적인 평가역량 구축을 위한 과제팀(task force)에 의하여 제안되었다(Boyle, Lemaire and Rist, 1999: 11). 이 과제팀은 정부조직의 평가역량을 발전시키기 위하여 평가에 대한 수요와 공급에 영향을 미치는 요인들을, 재정적 및 정보인프라를 강화시킬 수 있는 니즈(need) 및 기회들과 아울러 고려할 것을 제안하였다. 만일 평가의 공급 역량은 존재하나 활용할 수요가 존재하지 않는다면 평가기능은 약화될 것이고, 만일 평가에 대한 수요는 존재하나 평가공급역량이 약하다면, 또한 평가는 잘 수행될 수 없을 것이라는 것이 기본논리다. 그러므로 평가에 대한 수요와 공급의 연계가 평가역량의 구축에 결정적으로 중요하다는 것이다. 이러한 논리에 기초하여 작성된 조직의 평가역량 구축에 대한 수요와 공급틀은 <표 14-7>과 같다(Boyle, Lemarie and Rist, 1999: 12).

표 14-7 평가역량 구축을 위한 평가 수요와 공급틀

평가공급 \ 평가수요	강함	약함
강함	높은 평가역량 높은 평가결과 활용	높은 평가역량 제한된 평가결과 활용
약함	제한된 평가역량 높은 평가결과 활용	제한된 평가역량 제한된 평가결과 활용

정부조직이 이 수요와 공급의 분석틀 상에서 어디에 위치하고 있느냐 하는 것이 평가역량의 수준을 나타낸다. 그리고 그 위치에서 어떻게 평가에 대한 수요와 공급이 높은 북서코너로 이동하도록 평가역량을 구축할 수 있느냐 하는 것이 평가역량 구축의 전략방안이다.

Ⅱ. 정부조직의 평가역량과 평가역량 구축방안

1. 평가의 수요와 공급측면에서 본 정부조직의 평가역량 구축

앞항에서 분석한 우리나라 정부조직들의 평가에 대한 수요와 공급역량을 <표 14-7>의 평가역량 구축을 위한 평가수요와 공급틀에 비추어보면, 평가공급역량은 매우 낮고, 평가수요 역시 아직도 비교적 낮은 상태이다. 따라서 <표 14-7>의 분석틀에서 제한된 평가역량과 제한된 평가결과 활용의 유형에 속한다고 할

수 있다.[8)]

그러므로 어떻게 평가공급역량과 평가수요가 모두 높은 평가역량, 높은 평가 결과 활용으로 이행하도록 할 수 있느냐 하는 것이 과제이다.

2. 정부조직의 평가역량 구축방안

1) 평가공급역량의 확대

정부조직의 평가공급 역량을 업그레이드 시키는 방안은 여러 가지 측면에서 살펴볼 수 있겠으나 여기에서는 정부 차원의 노력, 해당 조직차원의 노력 및 평가 공동체 차원의 노력으로 구분하여 살펴보고자 한다.

(1) 정부차원의 노력

정부는 평가제도의 운영을 통하여 평가의 공급역량과 평가의 수요에 영향을 미친다. 왜냐하면 정부의 평가는 그 자체가 하나의 중요한 제도(institution)이며, 또한 정부조직의 평가 설계와 방법론의 선택과 활용이라는 어려운 도전(challenge)에 제도가 핵심적 역할을 하고 있기 때문이다(Stiglitz, 1998: 287).

평가제도는 조직구성원들의 인센티브(incentives)에 영향을 미치며, 이것을 통하여 행태에 영향을 미치고, 조직학습과 책무성(accountability)에 큰 영향을 미치며, 평가설계에 영향을 미치는데, 부적절한 평가의 설계는 심각한 왜곡된 영향들(distortionary effects)을 미칠 수 있기 때문이다.

우리나라 정부가 채택한 평가제도가 평가공급 능력의 약화에 어떠한 영향을 미쳤는가를 여기에서는 세 가지 측면에서 살펴보고자 한다. 첫째는 평가제도의 도입형태이다. 우리나라 정부에서 정부업무 평가가 처음 도입된 것은 1961년 8월 국무총리 산하의 기획조정실에서 실시한 심사평가이다. 이 심사평가제도는 1981년 10월까지 계속 유지되어 오다가 같은 해 11월에 경제기획원 심사평가국에 의하여 계승되어 1985년 12월까지 실시되었으며(노화준, 1987: 598-612), 다시 국무총리 산하의 국무조정실에 그 기능이 이관되어 1998년 기관평가제도가 도입될 때까지 심사평가제도가 계속 운영되었다.

---

8) 우리나라 정부조직의 평가의 공급측면의 낮은 실태와 수요측면의 낮은 실태의 조사결과에 대해서는 (노화준, 2006: 381~388) 참조.

정부가 이 기간 동안에 채택한 심사분석방법은 목표 대 실적의 분석이라는 간단한 진도분석으로 깊은 방법론적 지식이 필요하지도 않았고, 여타의 평가방법론들에 대한 지식이 크게 요구되지도 않았다. 그렇기 때문에 평가업무는 순환보직에 의하여 누구나 할 수 있는 업무로 간주되어 전문성이 인정되지 않았고, 평가방법론을 공부하고 발전시키려는 인센티브도 없었다. 이것이 정부조직에 인적인 평가역량이 발전되지 못한 가장 중요한 요인들 가운데 하나이다.

둘째는 평가제도운영의 방법이다. 정부의 평가목적은 정책집행현황을 파악하는 것으로 편향되어 있어서, 정책평가방법 또한 질적인 평가방법만을 주로 사용하는 실정이다(이윤식, 2006: 26). 이로 인하여 타당성과 신뢰성이 높은 문제발견적 인과관계 모형에 기초한 평가방법의 사용이 저조하며, 정부조직에서 프로그램을 담당하는 정책결정자나 관리자들이 평가결과를 정책결정이나 프로그램관리에 활용하고자 하는 동기를 유발하지 못하고, 이것이 다시 프로그램 집행자들에게 피드백되어 집행과정에서 평가를 위한 자료를 수집하고 평가하려는 생각을 촉진시키지 못하게 하는 요인으로 작용하고 있다. 이것이 정부조직에서 평가방법론과 아울러 평가를 실질적으로 수행하는 것을 뒷받침할 관리정보시스템이나 지원시스템의 발전을 가로막는 중요한 요인이 되고 있다.

셋째는 평가제도를 운영하는 정책결정자들이나 정책관리자들의 관심이다. 이들 정책결정자들이나 관리자들의 관심이 소속 정부기관들의 평가순위에 집중되어 있기 때문에 정책이나 프로그램 관리자들은 평가를 통하여 문제를 발견하고, 그 원인들을 분석하며, 개선방안을 마련하는데 관심을 갖기 보다는 오히려 다른 정부기관들과 비교하여 높은 상대적 순위에 들기 위하여 평가를 통해 문제가 드러나는 것을 오히려 두려워하는 경향을 보이고 있었고, 문제를 발견하려는 평가노력을 기피하려 하였다. 이것이 문제를 발견할 수 있는 다양한 평가기법을 도입하고 발전시키며 활용하는 것을 가로막는 요인이 되어 왔다.

넷째는 평가의 기준설정이다. 많은 평가기준들이 상위기관들에 의하여 설정되고, 이때 책임지고 집행하기를 원하는 요소들을 평가기준으로 설정하는 경향을 띠었기 때문에, 때로는 이들 요소들은 흔히 정책평가나 프로그램 평가에서 중요시하는 평가기준에 부합하지 않는 것이 많았다. 따라서 이것이 프로그램 집행을 담당하는 실무자들에게 평가방법을 익히고 발전시키려는 인센티브를 부여하지 못하고, 결과적으로 과학적인 프로그램 평가이론의 도입과 발전이 이루어지지 못하도록 작용한 원인이 되었다.

다섯째는 평가의 수행방식이다. 우리나라 정부에서 그동안 「정부업무등의평가기본법」에 의하여 수행해 온 정부조직들에 대한 평가는 주로 외부전문가 그룹에 의해 일정 기간 내에 평가하는 방식이었다. 그러므로 짧은 기간 내에 여러 정부기관들을 평가하여야 하기 때문에 체계적인 방법에 의하여 필요한 기간 동안 평가하기도 어려웠을 뿐만 아니라, 평가에 참여하는 정부조직 내의 구성원들도 보조적 역할에 그치는 경우가 대부분이었는데, 이것이 평가 노하우(knowhow)가 조직 내에 축적되기 어려운 요인으로 작용하였다. 이러한 외부전문가 주도의 평가방식은 지난 2006년 4월부터 시행된 「정부업무평가기본법」하에서도 그대로 정부조직의 평가과정에 적용되므로써 조직구성원들의 인적평가역량 발전에 기여하지 못하고 있다.

이상의 제도적 요인들이 상호작용하여 정부조직들의 평가공급역량 발전을 약화시키고, 나아가서는 평가역량구축을 가로막고 있다. 따라서 먼저 현행의 기관평가 중심의 평가제도 운영에서 프로그램 중심의 평가제도로 전환하고, 프로그램의 결과를 중요시하는 관리철학으로 정책관리철학을 전환하며, 결과지향적 관리를 위한 성과측정과 평가를 하는 방향으로의 전환이 시급히 이루어져야 하며, 이것을 뒷받침할 수 있도록 평가제도가 재정비되어야 한다.

(2) 정부조직 차원의 노력

개별 정부조직 차원의 평가공급노력은 인적평가역량 발전, 평가를 위한 예산의 확보, 평가활동을 지원할 정보관리시스템의 구축과 활용 등이다.

조직구성원들의 평가역량을 발전시키기 위해서는 훈련, 멘토링, 수습, 기술지원, 테크놀로지, 문서화된 자료, 실무자 커뮤니티의 형성 등 다양한 방법이 있다는 것은 평가역량구축의 상황적 조건들을 논의하는 과정에서 논의한 바 있다. 우리나라 정부조직의 경우에도 조직구성원들의 인적평가역량을 발전시키기 위하여 이들 다양한 방법들을 혼합적으로 사용할 수 있다. 그러나 이들 인적평가역량을 발전시킬 수 있는 다양한 방법들 가운데 현재 우리나라 정부조직에서 이용 가능한 것들도 있으나 이용가능하지 못한 것들도 있다. 예컨대 수습(apprenticeship)의 경우, 이 방법을 사용하기 위해서는 다양한 평가기법을 사용할 수 있는 관련분야 평가에 탁월한 전문적 역량을 갖춘 평가기관이 있어야 하나, 과학기술프로그램평가 등 몇 분야를 제외하고는 이러한 기관이 없어 관련분야에서 필요한 평가인력양성을 위하여 수습방법을 사용하는 것은 현 단계에서는 어렵다.

이와 같이 어떤 인적평가역량 발전방안이 해당 조직에서 사용할 수 있으며 가장 큰 효과를 가져올 수 있는지를 검토하고, 이것을 선택하여 실행할 수 있는 팀이 먼저 조직에 구성되고, 외부의 전문가들의 자문을 받아 조직에 가장 적정하다고 판단한 방법을 선택하여야 한다.

먼저 조직구성원들에 대한 평가방법의 훈련을 위해서는 조직 내외, 특히 조직 밖의 관련분야 전문가를 워크숍 강사로 초정하여 훈련용 평가교재를 개발하고, 연간 수차례에 걸쳐서 교육을 실하는 것이 바람직하다. 미국 EPA의 경우 평가팀이 외부전문가와 공동으로 2-3일간 훈련할 훈련용 평가교재를 개발하고, 매년 연방정부 본청 및 8개 지방청들을 순회하면서 워크숍을 개회하고, 조직구성원들을 지도하고 있다.[9] 그리고 브라운백 런치미팅을 통하여 환경프로그램의 평가사례들을 발표하고 토론하고 있다. EPA는 평가방법에 대한 워크숍 개최와 환경프로그램 평가사례에 대한 발표회 등을 통하여 관리자들 및 실무자들의 프로그램 평가에 대한 관심을 높이면서, 동시에 인적평가역량의 발전을 꾀하고 있다. 이것은 EPA가 평가실무자 공동체를 구성하여 활동하고 있음을 나타낸다. 정부조직들은 또한 해당분야 정부업무에 대한 전분지식과 평가지식을 가진 전문가를 멘토로 선정하여 특정 프로그램에 대한 멘토링을 함과 동시에 기술지원, 평가지침의 개발 등을 함으로써 인적평가역량구축을 촉진할 수 있다.

정부조직들은 국내외의 관련분야 평가사례들을 수집하여 데이터베이스를 만들어 조직구성원들이 프로그램 평가를 설계하거나 실행하는 과정에서 활용할 수 있도록 함으로써 평가실무의 효율성도 높일 수 있고, 인적평가역량 발전에도 기여할 수 있을 것이다.

(3) 평가공동체 차원의 노력

정부조직의 평가역량을 발전시키기 위해서는 평가관련학회 등 평가공동체 차

9) 연구자는 국무총리실의 지원으로 2006년 2월부터 7월까지 6개월 간 미국연방정부 EPA에 연구교수로 근무하면서 사전 평가인 규제영향분석과 아울러 프로그램 평가 실무를 관찰하고 수습하였다.

원의 노력도 동시에 행해야 한다. 우리나라에는 정책분석평가학회를 비롯하여, 교육, 보건, 사회복지, 환경 등 다양한 분야의 학회에 평가관련 학술발표회의와 세미나들이 개최되고 있다. 정부조직들은 구성원들의 평가역량을 발전시키기 위하여 이들 관련분야 학회들의 학술대회와 각종 세미나들을 활용하여야 할 뿐만 아니라, 이들 학술대회 및 각종 세미나 모임에 참여하여 해당 조직에서 수행한 정책 및 프로그램 평가사례들을 적극적으로 발표함으로써 연구자들이 우리나라 평가사례를 통하여 평가이론과 방법을 발전시킬 수 있도록 하고, 공통토론과 공동연구를 통하여 해당업무분야의 평가역량을 업그레이드 시킬 수 있도록 하여야 한다.

또한 평가관련학회들도 정부조직에서 평가를 수행하거나 비영리조직(NPO), 정부산하연구기관 등에서 평가를 수행하는 실무자들이 학술대회에서 발표할 기회를 확대하고, 장려하여야 한다. 또한 평가분야의 이론과 방법론들이 급속하게 발전하고 있으므로 학회를 개최할 때에는 2~3일 간의 평가방법론 워크숍을 개최하여 평가실무자들이 기초적인 평가이론과 방법을 포함하여 새로운 평가기법, 고급의 평가기법 등 다양한 평가방법들을 학습할 기회를 제공하여야 한다. 그리고 이러한 워크숍은 이론보다는 실무와 사례 중심으로 강의하는 것이 효과적이다.[10)]

2006년 가을에 개최된 미국평가학회(AEA)의 경우, 학술대회와는 별도로 학술대회 전후에 약 4일 간의 워크숍이 개최되었는데, 워크숍에서는 니즈의 사정(needs assesment), 평가방법론 기초, 전략기획과 평가 등을 포함하여 총 48개 주제가 커버되었다. 각 워크숍 주제별 강의시간은 주제당 2일간(12시간), 1일간(6시간) 또는 한나절(3시간) 등 다양하였으며, 대부분의 경우 워크숍 강사가 다년간 연구하거나 수행한 평가사례들에 대한 경험적 자료들을 중심으로 강의하고, 토론하는 방식으로 진행되었다. 그리고 수강한 후 즉각 활용할 수 있도록 강의가 진행된다는 것이 특색이다.

우리나라 평가관련분야 학회들도 우리나라 정부의 평가 니즈를 고려하여 워크숍 주제, 강사, 강의내용들을 개발하고, 정부조직들과 공동노력한다면 정부조

10) 이러한 평가방법과 관련된 워크숍의 참여에는 적정한 수강료를 지불하도록 함으로써 워크숍 준비자들이 열성으로 준비할 인센티브를 주고, 실제로 도움이 될 강의안을 준비하도록 하여야 하며, 참여자들에게도 배우려는 동기를 부여하여야 한다.

직의 평가역량 구축에 크게 기여할 수 있을 것이다.

2) 평가수요의 확대

(1) 정부차원의 노력

평가수요를 확대, 발전시키는데 정부가 주로 사용하는 수단은 인센티브, 제약(constraints) 및 평가문화구축(evaluation culture-building) 등이다(Toulemonde, 1999: 153-168). 여기서 인센티브는 평가수요를 창출하는 당근이고, 제약은 채찍에 해당한다.

인센티브로서 주로 사용되는 것은 평가를 수행하는데 필요한 재정자원, 즉 예산의 제공, 승진과 보직 등 인사상의 우대 등이다. 우리나라 정부에서도 평가결과 시정조치가 필요한 상황은 조치계획을 수립하고, 조치계획에 따른 이행사항을 국무총리에게 보고하며, 평가결과를 최대한 예산에 반영하도록 규정하였다(정부업무등의평가기본법, 2001. 1. 8). 또한 평가결과를 공개하고, 우수기관 및 공무원에 대하여 예산지원・포상 및 인사상의 우대 등 필요한 조치를 하도록 규정하였다(정부업무등의평가기본법, 2001. 1. 8). 이러한 평가에 관한 인센티브들이 과거 평가에 관한 인센티브로서 그 영향이 현재에 나타나고 있는 것이다.

평가수요를 확대, 발전시키는데 사용하는 인센티브는 어떠한 종류의 평가를 장려하고, 그 결과를 활용하도록 하느냐 하는 것이 중요하다. 왜냐하면 어떠한 종류의 평가를 실행하고 활용하도록 하느냐에 따라 평가실무의 방향이 결정되고, 그것이 다시 이러한 평가실무를 실행할 평가역량의 구체적인 내용이 결정되도록 영향을 미치기 때문이다. 그동안 우리나라의 평가실행과 결과활용에 대한 인센티브들은 주로 정부의 정책들을 책임지고 실행하도록 하는 책무성 확보에 중점을 둔 평가기준들에 의한 평가였다. 각 정부기관들이 홍보에 얼마나 노력했느냐 하는 것을 평가기준으로 설정한 것이 좋은 예이다. 그에 비해서 평가이론과 방법론을 적용하여 정부가 추진하는 정책이나 프로그램의 문제들을 밝혀내고, 그것을 해결하고 개선하기 위한 체계적인 평가노력은 극히 드물었다. 그리고 이와 같이 체계적인 평가를 수행하고 활용하도록 장려하는 인센티브 제도는 제도화되지 못하였다. 체계적인 정책이나 프로그램 평가수요를 촉진하는 인센티브 제도의 미확립이 체계적인 프로그램 평가를 위한 평가역량의 발전이 더디도록 한 주요 요인의 하나이다.

한편 제약(constraints)에 의한 평가의 창출(creation of evaluation)은 법으로 평가를 강제적으로 시행하도록 하는 것이다. 우리나라에서 평가를 강제로 시행하도록 한 것은 이미 1960년대 심사분석제도를 도입할 때부터였으며, 2001년 「정부업무등의평가에관한기본법」을 제정하면서 강화되었다. 그러나 문제는 어떠한 유형의 평가를 어떻게 실시하도록 제도화되었느냐 하는 것이다. 이미 앞에서 논의한 바와 같이 우리나라 정부가 시행해 온 심사분석제도는 진도파악 위주였기 때문에 체계적인 프로그램평가를 수행하고, 그 결과를 활용하도록 하는 데는 강제력을 미치지 못하였으며, 「정부업무등의평가에관한기본법」이 시행된 이후에는 외부 전문가들에 의한 평가, 평가대상기관들에 서열을 부여하기 위한 평가 등이 주로 실행되었기 때문에 각 정부기관들의 정책관리자들이 정책을 개선하고 학습하는데 필요한 정보들의 산출은 극히 제한적으로 이루어졌다. 그 결과로 기관평가에 의하여 산출된 평가정보들은 해당 부처내에서 활용하고자 하는 평가수요를 창출하는 데는 한계가 있었다.

평가는 또한 강력한 권한을 가지고 있고, 미국의 GAO와 같이 사회적 존경을 받는 기관들이 평가에 대한 질문권한(the right to ask evaluation questions)을 가지고 있을 때 촉진된다. 정책이나 프로그램의 문제점과 개선방안에 대한 평가 질문들이 많이 제기된다면 각 정부기관들의 정책관리자들은 여기에 대한 답변을 하기 위하여 평가에 대한 약속(commitment)을 해야 한다. 만일 체계적인 평가에 대한 정책관리자의 개인적인 약속이 없다면, 정책관리자들은 오히려 기관의 정책문제가 불거지지 않도록 평가제도를 운영할 것이기 때문에 의무적으로 실시하도록 한 평가제도도 평가를 창출하는 기능을 발휘하지 못할 것이다(Toulemonde, 1999: 157-158). 우리나라 정부에서 시행하고 있는 평가제도가 평가수요를 창출하지 못하고 있는 것도 바로 이러한 이유에서이다. 그러므로 국회나 감사원 등이 정책이나 프로그램의 집행과정이나 집행결과 평가에 대한 질문권한을 가지고 올바로 행사한다면 평가수요는 촉진될 수 있을 것이다.

체계적인 정책이나 프로그램 평가는 평가문화가 구축되면, 수요가 확대될 수 있다. 그리고 정책결정자는 때로는 그의 개인적인 이해관계에 크게 반하는 경우에도 체계적인 평가를 수행할 것을 선택하는 경우도 있을 수 있다. 만일 이러한 것을 “선의(goodwill)”라고 부른다면, 이러한 선의가 작동하도록 부추길 수 있는 어떤 수단이 존재할 수 있는가 하는 의문이 제기될 수 있다. 이에 대한 대답은 이러한 수단이 존재하는데 그것은 평가문화의 구축이라는 것이다. 일단 이 평가문화가 구축되면, 평가는 행정적 가치(administrative value)에 깊이 뿌리내리게 되고, 논쟁의 여지가 없는 의무가 되며, 통치시스템의 기본이 된다는 것이다(Toulemonde, 1999: 167-168). 그리고 이 평가문화는, 체계적인 평가가 정책결정자의 개인적 이해관계에 배치되어 그것을 피하고자 하는 경우에도, 그것을 피할 수 없도록 하는 집단적인 압력으로 작용하기 때문에, 체계적인 평가를 수행할 수밖에 없게 된다.

평가문화의 구축은 단순한 커뮤니케이션 노력으로만 이루어질 수 없다. 이러한 평가문화의 구축은 얼마나 많은 존경받는 정보전달자들(messengers)이나 동료들이 체계적인 평가를 수행하여야 한다는데 확신을 가지고 있느냐 하는데 달려 있다. 평가문화의 구축과정은 어떤 믿음을 전도하는 것과 흡사하기 때문에 설교(sermon)가 적절한 수단이라는 주장이 제기되고 있다(Toulemonde, 1999: 167-168). 행정시스템에 있어서는 이러한 설교가 학술대회 워크숍, 평가과목의 훈련, 뉴스레터, 학술지 등의 형태를 띤다.

정부조직의 평가역량에 대한 한 조사에 의하면(노화준 2006: 373~403), 평가문화 발전에 대한 인식은, 긍정적인 답변이 34% 수준으로서 비교적 낮은 것으로 나타나고 있다. 따라서 정부차원에서 평가에 대한 교육, 학회 등의 평가관련 훈련과 워크숍에 대한 지원 등의 노력을 경주하여야 하며, 이런 행사에 공무원들이 참여할 기회를 확대할 수 있도록 참가를 허용하고, 발표의 장려, 참가비 지원 등을 제도화하여야 한다. 미국 정부는 공무원들이 학회에 참여하여 발표하는 것을 장려할 뿐 아니라, 학회참가를 위한 출장비를 지급하고 있다.

(2) 정부조직 차원의 노력

평가수요창출을 위한 정부조직 차원의 노력들은 대부분 평가공급역량 발전을 위한 정부조직 차원의 노력들과 밀접하게 관련되어 있다.

정부조직들도 평가에 대한 관심을 높이고, 평가수요를 창출하며, 평가결과의 활용을 촉진하기 위하여 인센티브 시스템을 도입하여야 한다. 미국 환경청(EPA)의 경우 프로그램 평가경쟁(Program Evaluation Competition: PEC)제도를 도입하고 있다. 이 PEC의 목적은 EPA의 본부와 지역 환경청에 평가를 위한 종자돈을 지급하고, 프로그램평가의 가치를 데몬스트레이션(demonstration)하며, 핵심적인 프로그램과 혁신적인 프로젝트들에 대한 평가를 고무하고, EPA 본부와 지방청내에 평가에 대한 챔피언들(champions)을 육성하고 지원하자는데 있다(Watson, 2006). EPA는 각 프로그램 담당국들과 지방청들이 이 PEC에 참여하는 것을 고무하기 위하여 경쟁에 참여할 프로포설을 작성하는데 외부전문가의 도움을 받을 수 있도록 약간의 비용을 제공하고, 경쟁에 참여하여 평가를 수행할 프로포설이 당선되는 경우 연간 총 약 20만 달러($)에서 30만 달러($)를 지원하며, 당선된 프로포설의 평가를 실행하는 과정에서는 전문가와 기술적 지원을 제공하기 위하여 필요한 자문관(advisor)을 임명하고, 관련프로그램을 평가할 수 있도록 요원들을 훈련시켜주고 있다. EPA는 이 PEC를 1999년에 시작하여 2006년 현재까지 시행해오고 있다.

EPA는 매년 PEC를 통하여 프로그램 평가에 대한 훈련과 홍보를 함과 동시에, 이 PEC에 참여하기 위해서는 프로포설의 작성과 채택된 프로그램의 평가에 관련국 또는 지방청의 국장이나 지방청장들의 승인을 받도록 함으로써 프로그램을 결정하고 관리하는 책임자들이 프로그램 평가에 관심을 가지고 지원할 수 있도록 하고 있다. 이 PEC 프로그램을 통하여 EPA 공무원들 간에 프로그램 평가에 대한인식은 높아지고, 평가방법에 대한 훈련욕구와 아울러 평가결과활용에 대한 욕구도 높아지면서 평가문화가 확산되어 가고 있다.

우리는 이미 앞에서 평가문화의 확산과 정착을 위해서는 정부차원에서 학술대회, 워크숍, 평가과목의 훈련 등 종교에서 시행하는 설교(sermon)적 방법 활용의 중요성에 대하여 논의하였는데, 현실적으로 이러한 설교적 방법의 실행은 정부조직차원에서 조직의 관리자들이 관심을 가지고 추진할 때 더 효과적으로 이루어질 수 있다. 미국 환경청(EPA)의 경우 평가지원과를 중심으로 매년 EPA의 본부 및 지방청의 요원들을 대상으로 평가에 대한 훈련을 실시하려는 것이 이외에도 환경프로그램 평가와 관련된 논문들의 수집·배포, 도서관에 환경평가와 관련된 학술지의 비치, 환경프로그램 평가사례의 발표회 개최 등 다양한 활동들을 하고 있다. 우리나라 정부조직들도 조직차원에서 해당분야의 프로그램 평가사례의 수집·배포, 도서관에 평가관련 학술지의 비치, 조직내부의 워크숍 등에서 평가사례의 발표 등을 고무함으로써 평가문화를 확산시킬 수 있게 될 것이다.

평가결과는 또한 평가의 설계 및 시행과정에 이해관계 당사자들이 참여할 때 활용이 촉진되고 평가문화도 확산될 수 있다. 우리나라 정부조직들의 경우, 정부조직들의 평가 실태에도 나타난 바와 같이, 평가설계와 시행과정에 이해관계자들의 참여가 극히 저조함으로써, 평가결과가 평가를 활용하고자 하는 이해관계자들의 평가 니즈(needs)를 반영하지 못하고 있다. 그렇기 때문에 프로그램 평가설계와 시행과정에 프로그램의 이해관계자인 정책결정자와 집행자, 프로그램의 집행대상자들이 참여하고, 그들의 관점을 평가에 반영하도록 하여야 할 것이다.

(3) 평가공동체 차원의 노력

우리는 앞에서 평가공급역량의 발전을 위해서 평가관련학회 등 평가공동체 차원의 노력이 중요하다는 것을 논의하였다. 여기에서 논의한 바와 같이 평가문화의 확산과 정착에는 설교(sermon)적 방법이 중요하기 때문에 정부조직의 평가실무자, 직접 평가실무에 종사하지 않고 있으나 평가에 중요한 영향을 미칠 프로그램 담당자들이 평가관련 학회 및 워크숍에 적극 참여하여 발표하고 토론할 수 있는 기회를 부여하여야 한다. 그리고 공무원들의 평가관련 학문적 수준도 전반적으로 향상되었으므로, 평가분야 연구자들과 프로그램 관련 실무자들이 공동연구를 수행하고 발표하도록 장려함으로써 정책실무계에 평가에 대한 관심을 고취시켜 나가야 한다.

이 장의 요약

1. 정책평가결과로 발견된 정보를 활용하는 유형을 여러 가지로 나눌 수 있지만, 가장 전형적인 분류는 전반적인 판단의 결정, 개선의 촉진 및 지식의 창출 등에 의한 분류이다. 판단지향적 평가는 어떤 것에 대한 전반적인 메리트(merit), 값어치(worth), 또는 가치(value)를 결정하기 위하여 실시하는 평가이다. 개선지향적 형태의 평가는 총괄적이 판단을 위한 정보를 제공하기보다는 개선에 초점을 둔 평가정보를 산출해 내기 위한 평가이다. 지식의 창출을 위

한 형태의 평가는 평가정보를 프로그램에 대한 의사결정이나 개선에 직접적으로 활용하기보다는 의사결정자나 이해관계자들의 사고에 영향을 미치기 위한 평가정보의 산출에 중점을 둔 형태의 평가이다.

2. 정책평가결과의 활용에 영향을 미치는 주요 요소들로서는 적절성, 평가자와 활용자 사이의 커뮤니케이션, 활용자에 의한 정보처리, 평가결과의 사실성(plausibility), 활용자의 관여 또는 창도 등을 들 수 있다.

3. 정책평가의 관리시스템이 평가결과의 활용도를 높이기 위하여 수행하여야 할 주요 관리기능들에는 프로그램 목표의 설정 및 성과의 측정을 위한 정의, 평가작업계획의 발전, 평가연구의 설계와 집행, 평가연구결과의 배포와 활용, 평가자료의 사후관리 등이다.

4. 우리나라 정부의 정책평가는 정부기관평가의 일부로 이루어지고 있다. 실제 기관평가는 매년 약간씩 다르나 국무조정실의 평가지침에 따라 국무조정실 정책평가위원회가 시행한다.

5. 국무조정은 평가대상과제, 평가기준, 평가방법, 평가결과의 활용 등을 결정하며, 이러한 평가관리는 순응성과 책임성 확보를 위한 평가정보의 산출에는 큰 역할을 하고 있으나, 정책결정과 집행의 개선에 실질적인 도움을 주는 평가정보를 산출해 내는 데에는 한계를 나타내고 있다.

6. 평가에 대한 가정들은 왜 평가역량의 구축이 필요한가를 말해주고, 어떻게 평가역량을 구축하여야 하는가 하는 방안들도 제시해 준다.

7. 평가역량 구축을 위한 평가수요와 공급틀은 다음 [표]와 같다.

표 평가역량 구축을 위한 평가 수요와 공급

평가수요 / 평가공급	강함	약함
강함	높은 평가역량 높은 평가결과 활용	높은 평가역량 제한된 평가결과 활용

약함	제한된 평가역량 높은 평가결과 활용	제한된 평가역량 제한된 평가결과 활용

8. 우리나라 정부조직들은 제한된 평가역량을 보유하고 있고, 제한된 평가결과 활용을 특징으로 하고 있다.

9. 정부조직의 평가역량을 구축하기 위해서는 정부차원의 노력, 정부조직차원의 노력, 평가공동체 차원의 노력들이 상호보완적으로 이루어져야 합성효과(synergy effects)를 낼 수 있고, 평가수요를 확대하는데 있어서도 자체평가를 강화하는 방향으로 제도화해 나가야 한다.

연/습/문/제

[14.1] 정책평가의 세 가지 유형과 정책평가결과 활용간의 관계를 설명하여라.

[14.2] 정책평가결과의 활용도가 낮은 원인은 무엇인가?

[14.3] 우리나라 중앙정부의 정책평가의 관리절차를 설명하여라.

[14.4] 우리나라 중앙정부의 정책평가의 특징이 정책평가결과의 활용에 미친 영향을 설명하여라.

[14.5] 개별적인 평가프로그램의 수행과정에서 평가결과의 활용도를 높이기 위하여 착안하여야 할 사항들은 무엇인가?

[14.6] 정책평가과정에서 정책과 관련된 이해관계 당사자(stakeholder)들의 의견을 존중하여야 할 이유는 무엇인가?

[14.7] 평가역량 구축이 필요한 이유는 무엇인가?

[14.8] 우리나라 정부조직의 평가역량 구축방안을 평가의 수요와 공급측면에서 논의하여라.

참고문헌

[국내문헌]

강은숙(2003), "평가제도와 각종 성과 관리제도의 연계화방안", 서울: 한국행정연구원.

건설교통부(2004), 2004년도 업무계획, 건설교통부.

고성철(2005), "합동평가시책 및 대상과제의 대표성 확보에 관한 연구," 정책분석평가학회보, 제15권 제1호, 한국정책분석평가학회, pp.213～239.

고영선(2004), "외국의 성과관리제도－미국을 중심으로", 정부의 성과관리제도와 산하기관평가제도 발전방안; 2004년 한국정책분석평가학회 학술세미나, 한국정책분석평가학회, pp.43～104.

______(2005), "재정성과 관리제도의 문제점과 발전방향," 성과중심의 국정운영을 위한 평가기능정립, 감사평가원.

공병천(2003), 기관평가와 성과주의 예산의 연계방안에 관한 연구, 서울: 한국행정연구원.

국무조정실・정책평가위원회(2000), 2000년도 정부업무 심사평가 지침, 국무조정실.

______(2003), 2003년도 정부업무 성과지침, 국무조정실.

______(2003), 2003년도 정부업무 평가지침, 국무조정실.

국무조정실(2015), 2015년도 정부업무 성과관리 운영지침.

권기헌(2008), "한국 정책학 연구의 이상과 과제－Lasswell 이론의 계승 발전을 위한 한국정책학의 연구과제," 한국정책학회 춘계학술대회 발표논문집.

김기형(2009), "정책연구에서 복잡성 이론의 유용성 및 적용가능성에 관한 연구," 행정논총, 제47권 제12호, pp.281～311.

______(2009), "정책체제의 복잡성과 자기조직화－의약분업정책을 중심으로," 한국정책학회보, 제182 제4호, pp.23～59

김덕준(2000), "분산요소기법을 활용한 지역개발 격차 초래요인의 상대적 영향력 평가," 정책분석평가학회보, 제10권 제1호, 한국정책분석평가학회, pp.209～228.

김명수(2000), 공공정책평가론, 서울: 박영사.

______(2003), "중앙행정기관 평가제도의 운영에 대한 비판적 검토," 정책분석평가학회보, 제13권 제2호, 한국정책분석평가학회, pp.1～22.

______(2003), "범정부적 정부업무평가의 기획 및 조정," 정부업무평가 누가 어떻게 할 것인가, 한국행정연구원, pp.1～10.

______(2005), "성과중심의 국정운영을 위한 공공정책평가전략," 성과중심의 국정운영을 위한 평가기능정립, 감사평가원.

김병일(2004), "참여정부의 재정개혁과 공공부문의 평가체계 발전방향," 정부의 성과관리제도와 산하기관 평가제도 발전방안, 한국정책분석평가학회 · 기획예산처.

김순은 · 이민홍(2015) "한국노인이 경험하는 문제(어려움)는 무엇인가?: 포괄적 노인문제척도 개발을 중심으로," 정책분석평가학회보, 한국정책분석평가학회, 제25권 제2호, pp.1～22.

김재인 · 김성경(2000), "여성정책 평가지표 개발," 정책분석평가학회보, 제10권 제1호, 한국정책분석평가학회, pp.109～143.

김주환 외(2005), 국가평가인프라 구축방안연구-자체평가시스템 개선을 중심으로, 협동연구 제2차 지정주제지원사업(KRF-2004-044-B00069).

김지원(2000), "지방자치단체의 정책평가를 위한 평가지표의 개발에 관한 연구," 정책분석평가학회보, 제10권 제2호, 한국정책분석평가학회, pp.23～28.

김현구 · 박희정(2003), "광역자치단체 합동평가체제의 실증분석," 정책분석평가학회보, 제13권 제2호, pp.125～148.

김현구(2003), "중앙행정기관 주요정책과제평가의 분석적 논고," 한국정책학회보, 제12권 제4호, 한국정책학회, pp.291～314

노유진(2004), 정책평가결과 활용의 영향요인과 활용유형의 특성에 관한 연구, 고려대학교 행정학과 박사학위 논문.

______(2005), "우리나라 정부부처에 있어서 정책평가결과의 저활용요인에 관한 연구," 행정논총, 제43권 제4호, 서울대학교 행정대학원, pp.245～275.

노유진 · 안문석(2004), "한국정부에 있어서 정책평가결과 활용의 영향요인과 활용유형의 특성," 정책분석평가학회보 제14권 제3호, 한국정책분석평가학회, pp.227～268.

노화준(1980), "정책평가의 체제와 관리," 행정논총, 제18권 제1호, 서울대학교 행정대학원.

______(1983), "정책평가제도의 비교연구: 미국의 평가제도와 우리나라의 평가제도와의 차이를 중심으로," 행정논총, 제21권 제2호, 서울대학교 행정대학원.

______(1987), "평가," 조석준 · 박동서 · 유훈 · 김운태 공편, 한국행정의 역사적 분석, 서울대학교 출판부, pp.598～612.

______(1996), "한국 관료의 정책역량변화," 행정논총, 제34권 제2호, 서울대학교 행정대학원, pp.147～173.

______(1997), "정책개혁과정에 있어서 정책평가의 쟁점과 정책학습," 행정논총, 제35권 제2호, 서울대학교 행정대학원, pp.31～55.

______(1998), "카오스이론이 정책연구에 주는 시사," 행정논총, 제36권 제1호, 서울대학교 행정대학원, pp.1～23.

______(1999), "전략적 기획과 관리에 있어서 복잡성과 전략평가문제," 행정논총, 제37권 제1호, 서울대학교 행정대학원, pp.203～224.

______(2000), “공공부문 성과측정의 이슈와 정책평가제도의 개선방향,” 정책분석평가학회보, 제10권 제2호, pp.1~22.

______(2000), “전략적 관리와 목적달성에 의한 정책평가의 과제,” 행정논총, 제38권 제2호, 서울대학교 행정대학원.

______(2000), “전략적 관리와 목적달성에 의한 정책평가의 방향－전략적 목적의 성과측정과 평가정보 활용을 중심으로,” 행정논총, 제38권 제2호, 서울대학교 행정대학원, p.57~77.

______(2003), “결과지향적 정부개혁과 정책평가제도의 개혁,” 정부개혁과 정책평가, 한국행정연구원, pp.5~45.

______(2006), “정부조직의 평가역량 구축방안,” 행정논총, 제44권 제4호, 서울대학교 행정대학원, pp.373~403.

______(2008), “정책역량발전에 있어서 학회와 정부조직간의 관계,” 정책분석평가학회보, 제19권 제1호, pp.1~34.

______(2010), “정부조직의 정책분석평가 역량구축의 논리와 전략,” 정책분석평가학회보, 제20권 제2호, pp.13~49.

______(2010), “정책설계의 사회의 재구성과 발전적 평가의 활용: 새마을운동 정책을 중심으로,” 한국정책학회보, 제19권 제4호, pp.1~39.

노화준 · 노유진(2004), “결과지향적 관리의 효율화를 위한 정책평가제도의 개혁,” 정책분석평가학회보, 제14권 제1호, 한국정책분석평가학회, pp.1~28.

______(2006), “평가적 탐구로부터의 학습을 위한 정부조직의 준비태세 특성에 관한 연구,” 정책분석평가학회보, 제16권 제4호, pp.29~56.

라휘문(2004), “지방자치단체 자체평가모형의 설계와 적용 그리고 교훈” 정책분석평가학회보, 제14권 제1호, 한국정책분석평가학회, pp.29~54.

류영아(2015) “지방의 재정분권 실현방안: 지방세징수에 대한 공무원 인식분석”, 정책분석평가학회보, 한국정책분석평가학회, 제25권 제2호, pp.135~164.

박기백(2004), “성과중심의 예산관리”, 정부의 성과관리제도와 산하기관 평가제도 발전방안, 한국정책분석평가학회 · 기획예산처.

배점모(1981), 한국의 정책평가체제에 관한 연구, 서울대학교 행정대학원 석사학위논문.

백완기(1979), “한국행정에 있어서 평가제도의 도입연구,” 법률행정논집, 제17집, 고려대학교 법과대학.

송건섭 · 이곤수 · 윤정갑(2005), “성과평가 관리시스템 구축과 적용: 기초자치단체를 중심으로,” 정책분석평가학회보, 제15권 제1호, 한국정책분석평가학회, pp.57~85.

송건섭 · 이원식 · 제갈돈(2006), “중앙행정기관의 자체평가 내실화를 위한 평가역량강화방안,” 정책분석평가학회보, 16(2): 1-25.

송희준(2001), “행정개혁의 현주소와 과제,” 2001년도 추계학술대회 발표논문집, 한국

정책학회, 1-18.
______(2008), "공공난제해결을 위한 행정학 지식의 활용방안," 한국행정학보, 제42권 제4호, 69-94.
신국조 역(1984), 혼돈으로부터의 질서: 인간과 자연의 새로운 대화, 서울: 정용사(Prigogine, Ilya and Stengers, Isakelle(1984), *Order out of Chaos: Men's New Dialogue With Nature*).
심준섭(2015) "행정학 및 정책학 연구에서 확증적 요인분석의 경향과 쟁점; 탐색적 요인분석과의 비교를 중심으로," 정책분석평가학회보, 한국정책분석평가학회, 제25권 제2호, pp.247~278.
윤영수·채승병(2005), 복잡계개론, 삼성경제연구소.
이광희·이석민 (2015) "행정관리 역량평가 제도의 운영실태분석," 정책분석평가학회보, 한국정책분석평가학회, 제25권 제2호, pp.49~70.
이병기(2006), "지방자치단체의 책임성 확보를 위한 성과관리에 관한 연구: 자체평가 장애요인의 해소방안을 중심으로", 공공부문 책임성 확보와 성과관리, 2006년도 한국정책분석학회 추계학술대회 발표논문집, 한국정책분석평가학회.
이석민(2010), "사회서비스 사업에 대한 '프로그램 이론 주도 평가모형'의 적용에 관한 연구," 한국정책학회보, 제19권 제3호, pp.315~343.
이윤식(2002), "기관평가결과활용의 개선방안에 관한 연구: ICT활용과 평가결과 활용의 관계를 중심으로," 정책분석평가학회보, 제12권 제2호, pp.53~84.
______(2006), "우리나라 정부의 정책평가 방법에 관한 개선방안 연구", 정책분석평가학회보, 16(3), 1~32.
이윤식 외(2005), "공공부문 평가역량강화방안연구-선진국 사례를 중심으로", 한국행정연구원 연구보고서.
이진주 외(1996), 정책평가를 위한 새로운 모형, 서울: 나남출판사.
이태열(2006), "우리나라 공공부문 평가제도의 발전방안", 우리나라 공공부문 평가의 현재와 미래, 감사평가연구원.
이한빈(1968), 사회변동과 행정, 서울: 박영사.
이해영·김건위·박해육(2004), "지방자치단체 자체평가제도 집행실태분석", 한국지방자치학회보, 16(3), 43~65.
정부업무평가 기본법, 법률 제12844호, 2014.11.19.
정부업무평가 기본법 시행령, 대통령령 제25751호, 2014.11.19.
정정길(1982), "정책평가를 위한 사회실험," 유훈 외저, 정책학, 서울: 법문사.
정정길·성규탁·이장·이윤식(1987), 정책평가-이론과 적용, 서울: 전광출판사.
제갈돈(2006), "정부업무평가와 통합국정평가제도", 우리나라 공공부문 평가의 현재와 미래, 감사평가연구원.
조성훈(2008), "뻥튀기 교통수요 예측과 혈세", 조선일보, 2008.10.31.

조연숙 · 이충정(2005), "지방정부의 평가 및 성과관리 실태에 관한 연구: 전국 광역 및 기초자치단체를 중심으로," 정책분석평가학회보, 제15권 제3호, 한국정책분석평가학회, pp.161~184.

차의환(2000), "정부정책 심사평가의 반성과 앞으로의 과제," 한국의 정책평가: 성과와 과제, 한국정책학회 2000년도 추계학술대회 발표논문집, 한국정책학회.

최영출(2003), "지방분권화에 따른 지방정부의 역량강화", 지방행정연구, 19(2), 한국지방 행정연구원.

최영훈 · 장덕희 · 김주희(2015) "지방자치단체의 대학 연구개발 지원규모 결정요인분석: 광역자치단체를 중심으로," 정책분석평가학회보, 한국정책분석평가학회, 제25권 제2호, pp.105~134.

최창현 · 유승동(1994), "Chaos이론에 입각한 자기조직화조직의 특성과 조직성과의 분석: 공 · 사 조직의 비교연구," 한국행정학보, 제28권 제4호, pp.1211~1230.

한종희(2003), 기관업무 성과지표 연구, 서울: 한국행정연구원.

허범(2003), "정부기관평가제도의 개혁취지와 발전과제 그리고 실천모형의 모색", 정부개혁과 정책평가, 한국행정연구원, 46~75.

황혜신 · 조세현 · 원소연(2014), "국민 체감 제고를 위한 정부업무평가제도의 개선과제," 이슈 페이퍼, 통권 2014-21, 한국행정연구원.

[서양문헌]

Abramson, Mark A. and Kamensky, John M.(2002), "Managing for Results : Cutting-Edge Challenges Facing Government Leaders in 2002.", *Managing for Results 2002*, NewYork : Rowman & Littlefield Publishers, Inc.

Abt, Clark C.(ed.)(1976), *The Evaluation of Social Problems*(Beverly Hills: Sage Publecations, Inc.).

Adams, Bruce and Sherman, Besty(1978), "Sunset Implementation: A positive partnership to make government work, "*PAR*(January/February), p. 78.

Alkin, Marvin C.(ed.)(2004), *Evaluation Roots: Tracing Theorists' Views and Influences* (Thousand Oaks, CA: Sage Publications).

Altschuld, James W. and Belle Ruth Witkin(2000), *From Need Assessment To Action* (Thousand Oaks, CA: Sage Publications).

Anderson, James E.,(1979), *Public Policy Making*(2nd ed.), (New York: Holt, Rinehart and Winston).

Andrews, Matthew.(2003), "Capacity, Control Culture and the Move to Performance in Public Budgeting," *Paper Presented at 2003 APPAM Annual Meeting*, November 6, 2003, Washington, D.C.

Artley, Will - Ellison, DJ - Kennedy, Bill.(2001), "*The Performance-Based Management Handbook*, Vol. 1", Performance-Based Management Special Interest Group (PBM SIG).

Asher, H.B.(1976), *Causal Modeling* (Beverly Hills, California: Sage Publications).

Atkinson, Anthony J., John H. Waterhouse and Robert B. Wells(1997), "A Stakeholder Apporach to Strategic Performance Measurement," *Sloan Management Review*, Vol. 38, No. 3.

Attkisson, C.C. & Broskowski, A.(1978), "Evaluation and the emerging human service concept," In C.C. Attkisson, W.A. Hargaves, M.J. Horowitz and J.E. Sorensen (eds.), *Evaluation of human service programs*, NewYork: Academic Press.

Baser, H.&P. Morgan(2008), *Capacity, Change and performance. ECDPM Discussion Paper*, No 59B. European Centre for Development Policy Management: Maastricht, The Netherlands.

Bastoe, Peter Oyvind(1999), "Linking Evaluation With Strategic Planning, Budgeting, Monitoring and Auditing", in Richard Boyle & Donald Lemaire(eds), *Building Effective Evaluation Capacity: Lessons From Practice*, New Brunswick, NJ: Transaction Publisher.

Baumgarter, Frank R. and Bryan D. Jones(1993), *Agenda and Instability in American Politics*, Chicago: University of Chicago Press.

Behn, Robert D.(2000), *Why Measure Performance? Different Purposes Require Different Measures* (A paper Prepared for the Twenty-Second Annual Research Conference of the Association of Policy Analysis and Management, November 2-4, Seattle, Washington).

Berk, Richard A., Boruch, Robert F., Chambers, David L., Rossi, Peter H., and Witte, Ann D.(1985), "Social Policy Experimentation: A Position Paper," *Evaluation Review: A Journal of Applied Social Research*, Vol. 9, No. 4, pp.387~426.

Bickman, Leonard (ed.)(1987), *Using Program Theory in Evaluation* (San Francisco: Jossey-Bass Publishers).

Blalock, H.M. Jr. (ed.)(1971), *Causal Models in the Social Sciences* (Chicago: Aldine Publishing Co.).

______.(1964), *Causal Inference in Nonexperimental Research* (Chapel Hill: University of North Carolina Press).

Bloom, Mattin and Fischer, Joel(1982), *Evaluating Practice: Guidelines for the Accountable Professional* (Englewood Cliffs, N.J.: Prentice-Hall, Inc.).

Boeckmann, Margaret E.(1976), "Policy Impacts of the New Jersey Income Maintenance Experiment," *Policy Sciences*, Vol. 7, No. 1, pp.53~76.

Boruch, Robert F. and Anthony Petrosino(2004), "Meta-Analysis, Systematic Reviews, and Research Synthesis," in Joseph S. Wholey, Harry P. Hatry and Kathryn E. Newcomer (eds.), *Handbooks of practical Program Evaluation* (2nd ed.) (San Francisco: Jossey-Bass), pp.176~204.

Boyle, Richard(1999), "Professionalizing in the Evaluation Function-Human Resource Development and the Building of Evaluation Capacity", in Richard Boyle & Donald Lemaire(eds), *Building Effective Evaluation Capacity: Lessons From Practive*, New Brunswick, NJ: L Transaction Publisher.

______(2003), *Building Effective Evaluation Capacity : Lessons From International Practice*, New Brunswick, NJ : Transaction Publisher.

______, Lemaire, Donald and Rist, Ray C.(1999), "Introduction: Building Evaluation Capacity", in Richard Boyle & Donald Lemaire(eds), *Building Effective Evaluation Capacity: Lessons From Practice*, New Brunswick, NJ: Transaction Publisher.

Brinckerhoff, Peter C.(1994), *Mission Based Management* (New York: John Wiley Sons, Inc.).

Brown, Trevon L.(2000), *Evaluating USAID: The U.S. Agency for International Development's Implementation of the Government Performance and Result Act*, Paper prepared for the Annual Meetings of the Association of Policy Analysis and Management, November 2-4, Seattle, Washington.

Bryson, John M.(1995), *Strategic Planning for Public and Nonprofit Organizations* (San Francisco: Jossey-Bass Publishers).

______.(1995), *Strategic planning for public and nonprofit organizations: a guide to strengthening and sustaining organizational achievement*, San Francisco: Jossey-Bass Publishers.

Buckmaster, Natalie(1998), "Association Between Outcome Measurement, Accountability, and Learning for Non-profit Organizations," *International Journal of Public Sector Management*," Vol. 12, No. 2, pp.186~197.

Campbell, D.T. & Stanley, J.C.(1963), *Experimental and Quasi-Experimental Designs for Research* (Chicago: Rand McNally & Company).

______, Donald T.(1973), "Reforms as Experiments," in James A. Caporaso and Lesile L. Roos, Jr., *Quasi-Experimental Approaches: Testing Theory and Evaluating Policy* (Evanston: Northwestern University Press).

Caporaso, James A. and Roos, L.L. Jr.(1973), *Quasi-Expermental Approaches: Testing Theory and Evaluating Policy* (Northwestern University Press).

Caro, F.G.(1971), "Evaluation Research : An Overview, "F.G. Caro (ed.) (1971), *Readings in Evaluation Research* (NewYork : Russell Sage Foundation).

Carter, N.(1991), "Learning to Measure Performance: the Use of Indicators in

Organizations," *Public Administration Review*, Vol. 69, No. 1, pp.85~101.

Chelimsky, E.(1977), "An Analysis of the Proceeding of a Symposium on the Use of Evaluation by Federal Agencies," *Symposium Report*, Vol. 2, M77~39 (Matrek Division, Mitre Corporation) p.6.

Chelimsky, Eleanor(1985), "Comparing and Contrasting Auditing and Evaluation: Some Notes on Their Relationship," *Evaluation Review: A Journal of Applied Social Research*, Vol. 9, No. 4, pp.483~502.

______(1985), *Program Evaluation: Patterns and Directions* (Washington D.C.: The American Society for Public Administration).

______(1995), "Preamble: New Dimensions in Evaluation", *New Directions for Evaluation*, No. 56(Fall).

Chen, Huey-Tsyh(1992), *Theory-Driven Evaluation* (Newbury Park: SAGE Publications).

______(1992), and Peter H. Rossi, *Using Theory To Improve Program and Policy Evaluation* (New York: Greenwood Press).

Cho, Yong Hyo(1980), "A Multiple Regression Model for the Measurement of the Public Policy Impact on Big City Crime," in David Nachmias (ed.), *The Practice of Policy Evalyuation* (New York: St. Martin's Press), pp.264~284.

Conybeare, John A.C.(1980), "Evaluation of Automobile Safety Regulation: The Case of Compulsory Seat Belt Legislation in Australia," *Policy Sciences*, Vol. 12, No.1, pp.27~38.

Cook, Thomas D. & Campbell, Donald T.(1979), *Quasi-Experimentation: Design & Analysis Issues for Field Settings* (Chicago: Rand McNally College Publishing Company).

Cronbach, Lee(1982), *Designing Evaluations of Educational and Social Programs* (San Francisco: Jossey-Bass).

Czanecki, Marke T.(1999), *Management by Measuring* (Houston, Tex.: The Benchmarking Network, Inc.).

Davies, Huw T.O. Sandra M. Nutley and Peter C. Smith(2000), *What Works? Evidence-Based Policy and Practice in Public Services*, The Policy Press, University of Bristol, UK.

Deniston, O. Lynn and Rosenstock, Irwin M.(1978), "Relating Program Evaluation to Planning," in Fremont J. Luden and Ernest G. Miller (eds.), *Public Budgeting: Program Planning and Evaluation* (Chicago: Rand McNally College, Publishing Company).

Dery, David(1984), "Evaluation and Termination in the Policy Cycle," *Policy Sciences*, Vol. 17, No. 1, pp.13~16.

Dolbeare, Kenneth E. (ed.)(1975), *Public Policy Evaluation* (Beverly Hills: Sage

Publication).

Donaldson, S.(2007), *Program Theory-Driven Evaluation Science*. New York : Lawrence Erlbaum Associates.

Duncan. O.D.(1966), "Path Analysis: Sociological Examples," *American Journal of Sociology*, Vol. 72, pp.1～16.

Eoyang, G.(1997), *Coping with Chaos: Seven Simple Tools*, Cheyenne, WY: Lagumo publishing.

Evaluation Research Society Standards Committee(1982), "Evaluation Research Standards for Program Evaluation," in *Standards for Evaluation Practice, New Directions for Program Evaluation*, No. 15 (San Francisco: Jossey-Bass, September).

Ferber, Robert & Hirsch, Werner Z.(1982), *Social Experimentation and Economic Policy* (Cambridge University Press).

Fisher, Frank(1995), *Evaluating Public Policy* (Chicago: Nelson-Hall Publishers).

Franklin, J.L. & Thasher, J.H.(1976), *An Introduction to Program Evaluation* (New York: John Wiley & Sons, Inc.).

Fredrickson(2001), "The Potential of the Government Performance and Results Act as a Tool to Manage Third-Party Government" in Mark A. Abramson and John M. Kamensky (eds.), *Managing for Results 2002*, New York : Rowman & Lillefield Publishers, Inc.

Funnel, Sue C.(2000), "Developing and Using a Program Theory Matrix for program Evaluation and Performance Monitoring," in Patricia J. Rogers, Timothy A. Hacsi, et. al (eds.), *Program Theory in Evaluation: Challengers and Opportunities* (San Francisco: Jossey-Bass Publishers).

Funnell, Sue C. and Rogers, Patricia J.(2011), *Purposeful Program Theory: Effective Use of Theory of Change and Logic Models*, John Wiley & Sons, Inc.

GAO(1966), *Executive Guide: Effectively Implementing the Government Performance and result Act*, GAO-96-118.

______(1982), *Causal Analysis* (United States General Accounting Office, Program Evaluation and Methldology Division).

______(1983), *The Evaluation Synthesis* (United States General Accounting Office, Program Evaluation and Methldology Division).

______(1989), *Prospective Evaluation Methods: The Prospective Evaluation Synthesis* (United States General Accounting Office, Program Evaluation and Methodolgy Division).

______(1984), Program Evaluation and Methodology Division, "Designing

Evaluations," (United State, GAO's Methodology Transfer Paper 4).

Goldstein, Jeffrey A.(2007), "A New Model for Emergence and Its Leadership Implication, "in James K. Hazy, Jeffrey A. Goldstein and Benzamin B. Lichtenstein(eds), *Complex Systems Leadership Theory*, Mansfield, MA: ISCE Pullishing.

Goldstein, Jeffrey, Hazy, James K. and Lichtenstein, Benjamin B.(2010), *Complexity and the Nexus of leadership*, New York: Palgrave Macmillan.

Grumm, John G. and Wasby, Stephen L.(1981), *The Analysis of Policy Impact* (Lexington, Mass.: D.C. Heath and Company).

Grumm, John G.(1975), "The Analysis of Policy Impact" in Fred I. Greenstein and Nelson W. Polsby (eds.), *Handbook of Political Science*, Vol. 6 (Reading, Mass.: Addison..Wesley Publishing Company).

Hatry, Harry P., Winnie, Richard E., and Fisk, Donald M.(1973), *Practical Program Evaluation for State and Local Government Officials* (Washington, D.C.: The Urban Institute).

______.(1990), James R. Fountain, Jr., and Jonathan M. Sullivan, "Overview," in *Service Efforts and Accomplishment Report: Its Time Has Come*, Harry P. Hatry, James R. Fountain, Jr., Jonathan M. Sullivan, and Lorraine Kremer (eds.), Norwalk, Conn: Government Accounting and Standards Board, pp.1~49.

______.(1996), "Tracking the Quality of Public Services," in James Perry (ed.), *Handbook for Public Administration* (San Francisco: Jossey..Bass), pp.537~554.

______.(1999), *Performance Measurement: Getting Results* (Washington D.C.: The Urban Institute).

Heise, D.R.(1969), "Problems in Path Analysis and Causal Inference," in E.F. Borgatta (ed.), *Sociological Methodology 1969* (San Francisco: Jossey Bass).

Hewitt, Anne(2008), *Evaluation as a Key Capacity Building Tool : Sharing Outcomes from a 10-year Review of New Jersey's Faith-Based Initiatives*, 22nd Annual Conference of the American Evaluation Association, denver, Colorado, November 5-8, 2008.

Holland, John A.(1998), *Emergence: From Chaos To Order*, New York: Basic Books.

Horst, Pamela, Nay, Joe N., Scanlon W., and Wholey, Joseph S.(1974), "Program Management and The Federal Evaluator," *Public Administration Review*, Vol. 34, No. 4, pp.300~308.

Horton et.al(2003), *Developing and Evaluating Capacity in R&D Organizations*, ISNAR Briefing Paper No. 62.

Horton, D.(2002), *Panning, Implementing, and Evaluating Capacity Development.* ISNAR Briefing Paper No. 50.

Horton, D., R. Mackay, A. Andersen, L. Dupleich(2000), *Evaluating Capacity Development in Planning, Monitoring, and Evaluation : A Case from Agricultural Research,* Research Report No. 17.

Howlett, Michael(2007), *Policy Analytical Capacity as a Source of Policy Failure,* Paper Prepared for the Workshop on Policy Failure, Annual Meeting of the Canadian Political Science Association, University of Sarkatechan, Sarkatoon, Sarkalchewan, June 1, 2007.

Hyde, Albert C. and Shafritz, Jay M.(1979), *Program Evaluation in the Public Sector* (New York: Praeger Publishers).

Imboden, N.(1978), *A Management Approach to Project Appraisal and Evaluation* (Paris: OECD).

Joint Committee on Standards for Education Evaluation(1981), *Standards for Evaluation of Educational programs, Projects and Material* (New York: McGraw-Hill).

Judd, Charles M. and Kenny, David A.(1981), *Estimating the Effects of Social Interventions* (Cambridge: Cambridge University Press).

Kamarck, Elaine Ciulla(2000), "Globalization and Public Administration Reform," in Nye, Joseph S. and Donalhue, John D. (eds.), *Governance in a Globalizing World,* Washington, D.C. : Brookings Institution Press, 229~252.

Kamensky, John M. & Morales, Allent(eds.)(2005), *Managing for Results 2005,* New York : Rowman & Lillefield Publishers, Inc.

Kaplan, Robert S. and David P. Norton(1992), "The Balanced Scorecard: Measure that Drive Performance," *Havard Business Review,* Vol. 70, No. 1, pp.71~79.

______(1996), *The Balanced Scorecard: Translating Strategy into Action* (Boston: Havard Business School).

Kennedy, Mary M.(1984), "The Problem of Defining the Problem," *Evaluation Review: A Journal of Applied Social Research,* Vol. 8, No. 5, pp.713~724.

Kerlinger, F.N. and Pedhazur, E.J.(1973), *Multiple Regression in Behavioral Research* (New York: Holt, Rinehart and Winston, Inc.).

Kettle, Donald F.(1988), *Government by Proxy,* Washington, D.C : CQ Press.

______(2000), *The Global Public Management Revolution : A Report on the Transformation of Governance,* Washington, D.C : Brookings Institution Press.

Kopczynaski, Mary, and Michael Lombrando(1999), "Comparative Performance Measurement: Insights and Lessons Learned from a Consortium Efforts,"

Public Administration Review, Vol. 59, No. 2, pp.124~134.

Kouzmin, Alexander, Elke Loffler, Helmut Klages and Nada Korac-Kakabades(1999), "Benchmarking and Performance Measurement in Public Sectors," T*he International Journal of Public Sector Measurement*, Vol. 19, No. 2, pp.121~144.

Kravchuk, Robert and Ronald Schack(1993), "Designing Effective Performance Measurement System under the Government Performance Result Act of 1993," *Public Administration Review*, Vol. 56, No. 4, pp.348~358.

Kusek, Jody Zall and Rist Ray c.(2004), *Ten Steps to a Results-Based Monitoring and Evaluation System*, Washington D.C. : The World Bank.

Langbein, L.I.(1980), *Discovering Whether Programs Work: A Guide to Statistical Method for Program Evaluation* (Santa Monica, Califonia: Goodyear Publishing Co., Inc.).

Lawrence, John E.S. & Cook, Thomas J.(1982), "Designing Program Evaluations with the Help of Stakeholders," *Journal of Policy Analysis and Management*, Vol. 2, No. 1, pp.120~122.

Lee, Andrew(2006), "Evaluation of the PEC: Outcomes from PEC Funded Evaluations", Paper Presented at the 2006 Annual American Evaluation Association Conference, October 29-November 4, 2006, Portland, Oregon.

Levitan, Sar A. and Wurzburg, Gregory(1979), *Evaluating Federal Social Programs* (The W.E. Upjohn Institute for Employment Research).

Light, Paul C.(1993), *Monitoring Government*, (Washington, D.C.: The Brookings Institution).

Lipsey, Mark W. and David B. Wilson(2001), *Practical Meta-Analysis* (Thousand Oaks, CA: Sage Publications).

Love, Arnold J.(1991), *Internal Evaluation : Building organizations from Within* (Newbury Park: SAGE Publications, Inc.).

Love, Arnold(2004), "Implementation Evaluation," in Joseph S. Wholey, Harry P. Hatry and Kathryn E. Newcomer(eds.), *Handbook of Practical Program Evaluation* (2nd ed.) (San Francisco: Jossey-Bass), pp.63~97.

Mackay, R. and D. Horton(2002), *Capacity Development in Planning, Monitoring and Evaluation*. ISNAR Briefing Paper No. 51.

Martineau, Jennifer and Patterson, Tracy(2006), "Building an Organizational Evaluation Function", Paper Presented at the 2006 Annual American Evaluation Association Conference, October 29-November 4, 2006, Portland, Oregon.

Mayer, R.R. and Greenwood E.(1980), *The Design of Policy Research* (Englewood Cliffs, N.J.: Prentice-Hall, Inc.).

McLaughlin, John A. and Gretchen B. Jordan(2004), "Using Logic models," in Joseph S. Wholey, Harry P. Hatry and Kathryn E. Newcomer(eds.), *Handbook of practical Program Evaluation* (2nd ed.) (San Francisco: Jossey-Bass), pp.7~32.

Merton, Robert K.(1949), "The Rolle of Applied Social Science in the Formation of Policy," *Philosophy of Science*, Vol. 16.

Mohr, Lawrence B.(1988), *Impact Analysis for Program Evaluation* (Chicago: The Dorsey Press).

Montague, S.(1994), "The three R's Performance-Based Management," *Focus*, Dec.-Jan.

Moore, Marh H.(1995), *Creating Public Values: Strategic Management in Government* (Cambridge, MA: Havard University Press).

Murphy and Carnevale(2001), "The Challenge of Developing Cross-Agency Measures : A Case Study of the Office of National Drug Control policy", in Mark A. Abramson and John M. Kamensky (eds.), *Managing for Results 2002*, New York : Rowman & Lillefield Publishers, Inc.

Nachmias, David(ed.)(1979), *Public Policy Evaluation* (New York: St. Martin's Press).

______(1980), *The Practice of Policy Evaluation* (New York : St. Martin's Press).

Nagel, Ernest(1961), *The Structure of Science*, (New York: Harcourt, Brace and Co.).

Nagel, Stuart S.(1984), "Introspection, Deduction, and Guesswork in Policy Evaluation," *Evaluation Review: A Journal of Applied Social Research*, Vol. 8, No.3, pp.413~423.

Nakamura, R.T. and Smallwood, E.(1980), *The Politics of Policy Implementation* (New York: St. Martin's Press).

Nay, Joe N. and Kay, Peg(1982), *Government Oversight and Evaluability Assessment* (Lexington, mass.: D.C. Heath and Company).

Nelson, Barbara J.(1981), "Client Evaluation of Social Programs," in Charles T. Goodsell (ed.), *The Public Encounter* (Bloomington: Indiana Unversity Press), pp.23~39.

Newcomer, Kathryne E. and Scheirer, Mary Ann.(2002), "Using Evaluation to Support Performance Management : A Guide for Federal Executives," in Mark A. Abramson and John M. Kamensky (eds.), *Managing for Results 2002*, New York : Rowman & Lillefield Publishers, Inc.

Nutley, Sandra and Huw Davies(2000), "Making a Reality of Evidence-Based Practice", in Davies, et.al(eds), *What Works? Evidence-Based Policy and*

Practice in Public Service, The Policy Press, University of Bristol, UK.
Nutt, Paul C. and Backoff, Robert W.(1992). *Strategic Management of Public and Third Sector Organizations, San Francisco*, CA, Jossey-Bass Inc.
OECD(Organization for Economic Development)(1996), *Performance Auditing and the Modernization of Government* (Paris: OECD).
Olve, Nils-Görgan, Jan Roy and Magnus Wetter(1999), *Performance Drivers* (New York: John Wiley & Sons).
Ostrom, Elinor(1975), "The Need for Multiple Indicators in Measuring the Output of public Agencies," in Frank P. Scioli, Jr. and Thomas J. Cook, *Methodologies for Analyzing Public Policies* (Lexington, Mass.: D.C. Heath and Company).
Patton, Michael Quinn(1979), "Evaluation of Program Implementation," in Lee Sechrest et al. (ed.), *Evaluation Studies Review Annual*, Vol. 4 (Beverly Hills: Sage Publications), pp.318~346.
______(2008), *Utilization-focused Evaluation: The New Century Text* (4th ed.) (Thousand Oaks, CA: Sage Publications).
______(2011), *Developmental Evaluation: Applying Complexity Concepts to Enhance Innovation and Use*, New York: The Guilford Press.
Pawson, Ray(2006), *Evidence-Based Policy: A Realist Perspective*, London : Sage Publications.
Peak, David and Michael Frame(1994), *Chaos Under Control : The Art and Science of Complexity*, New York : W.H. Freeman and Company.
Peters, B. G.(1996), *Policy Capacity of Government*, Ottawa : Canadian Center for Management Development.
Phillips, D.C.(1977), "When Evaluators Disagree: Perplexities and Perspectives," *Policy Sciences*, Vol. 8, No. 2, pp.147~159.
Picciotto, Robert and Eduardo Wiesner(eds.)(1998), *Evaluation and Development: The Institutional Dimension* (New Brunswick: Transaction Publishers).
Poister, Theodore H.(1978), *Public Program Aalysis: Applied Research Methods* (Baltimore: University Park Press).
______.(2003), *Measuring Performance in Public and Nonprofit organizations* (San Francisco: Jossey-Bass).
Poland, Orville(1974), "Program Evaluation and Administrative Theory," *Public Administration Review*, pp.333~338.
Polivka, Larry & Stryker, Laurey T.(1983), "Program Evaluation and the Policy Process in State Government: An Effective Linkage," *Public Administration Review*, Vol. 43, No. 3, pp.255~259.
Posavac, Emil J. & Caray, Raymond G.(1985), *Program Evaluation: Methods*

and Case Studies (Englewood Cliffs, N.J.: Prentice-Hall, Inc.).
Preskill, H.& R. Torres(1999), *Evaluative inquiry for Learning in Organizations*. Thousand Oaks, CA, USA: Sage Publications.
Preskill, H. & D. Russ-Eft(2005), *Building Evaluation Capacity: 72 Activities for Teaching and Training*, Thousand Oaks, CA, USA: Sage Publications.
Preskill, H. and Boyle, S.(2008), *A Multidisciplinary Model of Evaluation Capacity Building*, 22nd Annual Conference of the American Evaluation Association, Denver, Colorado, November 5-8.
Pressman, Jeffrey L. and Wildavsky, Aron(1979), *Implementation* (2nd ed.) (Berkeley: University of California Press).
Quigley, Joseph V.(1993). *Vision: how leaders develop it, share it, and sustain it*, New York: McGraw-Hill, Inc.
Radin, Beryl(1998), "Government Performance and Result Act(GPRA): Hydra Headed Monster or Flexible Measurement Tool?" *Public Administration Review*, Vol. 58, No. 4, pp.307~325.
Richardson, Valerie J. (2002). *Annual Performance Planning*, Vienna, Virginia : Management Concent.
Rist, Ray C.(1994), "The Precondition for Learning: Lesson from the Public Sector". In LeeMw, F., Rist, R. and Sonnichsen R. (eds.), *Can Government Learn: Comparative Perspectives on Evaluation and Organizational Learning*, New Brunswick, NJ: Transaction Publisher.
______.(1999), "Linking Evaluation Utilization and Governance: Fundamental Challenges For Countries", Richard Boyle and Donald Lemaire(eds.), *Building Effective Evaluation Capacity: Lessons Form Practice*, New Brunswick, N. J. : Transaction Publisher.
Rogers, Patricia J., Timothy A. Hacsi, et. al (eds.)(2000), *Program theory in Evaluation: Challenges and Opportunities* (San Francisco: Jossey-Bass Publishers).
Roos, L.L., Jr.(1980), "Quasi-Experimentation and Environmental Policy," *Policy Sciences*, Vol. 6, No. 3, pp.249~264.
Ross, John A.(1985), "Program Evaluation as Problem Solving: Implications of a Metaphor," *Evaluation Review: A Journal of Applied Social Research*, Vol. 9, No. 6, pp.659~677.
Rossi, Peter and Freeman, H.E.(1985), *Evaluation: A Systematic Approach* (3rd ed.) (Beverly Hills, California: Sage Publications, Inc.).
Rossi, Peter H. and Williams, W.(1972), *Evaluating Social Programs* (New York: Seminar Press).
Rossi, Peter H., Mark W., Lipsey and Howard E. Freeman(2004), *Evaluation: A*

systematic Approach (7th ed.) (Thousand Oaks, CA: Sage Publications).

Russ-Eft, Darlene and Presskill, Hallie(2001), *Evaluation in Organizations: A Systematic Approach to Enhancing Learning, Performance and Change*, New York: Basic Books.

Schiavo-Campo, Salvatore(2005), *Evaluation Capacity Development: Building Country Capacity for Monitoring and Evaluation in the Public Sector: Selected Lessons of International Experience*, CED Working Paper Series No. 13(June 2005), The World Bank Operations Evaluation Develpment.

Schick, Allen.(1998). "Why Most Developing Countries Should Not Try New Zealand's Reforms," *The World Bank Research Observer*, 13 : 123~131.

Scriven, M.(1972) "The Methodology of Evaluation," in C.H. Weiss (ed.), *Evaluating Action Programs* (Boston: Allyn and Bacon, Inc.).

Shadish, Jr. William R., Thomas D. Cook and Laura C. Leviton(1991), *Foundations of Evaluation* (Newbury Park: Sage Publications).

Shah, Anwar.(2003). "Destination R.O.M.E. : A Road less Traveled By Development Practitioners," *Performance Evaluation System and Guidelines with Application to Large-scale construction, R&D and Job Training Investment*, A Joint Conference of World Bank and Korea Development Institute, July 24-25.

Siegel, Karoymn & Tuckel, Peter(1985), "The Utilization of *Evaluation Research: A Case Analysis,*" *Evaluation Review: A Journal of Applied Social Research*, Vol. 9, No. 3 pp.307~327.

Simon, H.A.(1971), "Spurious Correlation: A Causal Interpretation," in H.M. Blalock, Jr. (ed.), *Causal Models in the Social Sciences* (Chicago: Aldine Publishing Co.).

Spencer, Bruce D.(1997), *Statistics and Public Policy* (Oxford: Clarendon Press).

Stiglitz, Joseph(1998), "Evaluation as an incentive Investment," in Robert Picciotto and Eduardo Wiesner(eds.), *Evaluation & Development: The Institutional Dimension*, New Brunewick: Transaction Publisher.

Suchman, E.(1967), *Evaluative Research* (New York: Russell Sage Foundation).

Sylvia, Ronald D., Kathleen M. Sylvia and Elizabeth M. Gunn(1997), *Program Planning and Evaluation for the Public Managers* (Prospect Heights, Ill.: Waveland Press, Inc.).

Tanur, Judith M. *et al.*(1989), Statistics: *A Guide to The Unknown* (Pacific Grove, California: The Wadsworth & Books).

Thiele G., A. Devaux, C. Velasco, and D. Horton(2007), "Horizontal Evaluation : Fostering Knowledge Sharing and Program Improvement within a

Network.", *American Journal of Evaluation* (28,4) pp.493~508.

Thompson, Ronald W. & Orton, Kenneth D.(1985), "Evaluation of Programs for Handicapped Children: A Strategic Constituent Approach," *Evaluation Review: A Journal of Applied Social Research*, Vol. 9, No. 6, pp.701~713.

Torres, R., H. Preskill & M. Piontek(2005), *Evaluation Strategies for Communicating and Reporting*, Thousand Oaks, CA, USA: Sage Publications.

Toulemonde, Jacques(1999), "Incentives, Constraints, and Culture-building as Instruments for the Development of Evaluation Demand", in Richard Boyle & Donald Lemaire(eds), *Building Effective Evaluation Capacity: Lessons Form Practice*, New Brunswick, NJ: Transaction Publisher.

Tuck, Nancy and Gary Zaleski(1966), "Criteria for Developing Performance Measurement System in the Public Sector," *International Journal of Public Administration*, Vol. 19.

Tufte, Edward R.(1974), *Data Analysis for Politics and Policy* (Englewood Cliffs, N.J.: Prentice-Hall, Inc.).

U. S. Department of Energy.(1996). *Guidelines for Strategic Planning (DOE/PO-0041)*, Washington D.C.

Vedung, Evert(1997), *Public Policy and Program Evaluation* (New Brunswick: Transaction Publishers).

Vinelli, Andris(2000), *Performance Management for Organizational Effectiveness: The Case of Microfinance Organizations*, Paper Prepared for the Association of Policy Analysis and Management, Seattle, Washington.

Waller, John D. *et al.*(1976), *Monitoring for Government Agencies* (Washington, D.C.: The Urban Institute).

Watson, Yvonne(2006), Capacity *Building Approach, Evaluation Methods and Outcomes from the U.S. EPA's Program Evaluation Competition*, AEA 2006 Conference, Portland, Oregon, November 3, 2006.

Weiss, Carol H.(1972), *Evaluation Research* (Englewood Cliffs, N.J.: Prentice-Hall, Inc.).

______.(ed.)(1972), *Evaluating Action Programs* (Boston: Allyn and Bacon, Inc.).

______.(1976), "The Politization of Policy Research," in J. Anderson(ed.), *Cases in Public Policy Making* (New York: Praeger).

______.(1976), *A Methodology for Planning and Conducting Project Impact Evaluation in UNESCO Fields* (Paris: UNESCO SS. 76/W.S./12.) Presented in The UNESCO Symposium on Evaluation Methodologies and Technologies, Washington D.C. September).

Wholey, Joseph S.(1979), *Evaluation: Promise and Performance* (Washington, D.C.: The Urban Institute).

______.(1983), *Evaluation and Effective Public Management* (Boston: Little, Brown and Company).

______.(2004), "evaluability Assessment," in Joseph S. Wholey, Harry P. Hatry and Kathryn E. Newcomer(eds.), *Handbook of Practical Program Evaluation*(2nd ed.) (San Francisco: Jorry-Boss), pp.33~62.

Wildavsky, Aron(1980), "The Self..Evaluating Organization," in David Nachmias (ed.), *The Practice of Policy Evaluation* (New York: St. Martin's Press), pp.441~460.

Woodland, Judith and Hind, Judie(2002), *Capacity Building Evaluation of Capacity Building Programs*, Paper Presented at the 2002 Australian Evaluation Society International Conference, October/November 2002-Wollongong, Austalia.

Wright, S.(1960), "Path Coefficient and Path Regression: Alternative or Complementary Concepts," *Biometrics*, Vol. 16.

찾아보기

ㅇ

ㅈ

ㅊ

ㅎ

저자약력

》》 학력 및 주요 경력

서울대학교 공과대학졸업(공학사)
서울대학교 행정대학원졸업(행정학석사)
미국 Syracuse 대학교 Maxwell 행정대학원졸업(행정학석사, 행정학박사)
미국 M.I.T. Fellow
미국 University of California(Berkeley) Visiting Scholar
미국 Stanford대학교 Visiting Scholar
미국 EPA 방문교수
행정고시위원, 외무고시위원
중앙공무원교육원 겸임교수
한국정책분석평가학회 회장
한국정책학회 회장
서울대학교 행정대학원 교수, 원장
행정정보공유추진위원회 위원장
한국공학한림원 정회원
현, 서울대학교 행정대학원 명예교수, 영남대학교 박정희정책새마을대학원 석좌교수,
서울 사이버대학교 석좌교수

》》 저서

정책학개론(공저, 법문사, 1976)
행정계량분석(법문사, 1985)
정책분석론(박영사, 제4전정판, 2010)
정책학원론(박영사, 제3전정판, 2012)
Korean Public Bureaucracy(Coedlited)
(Kyobo Publishing, Inc., 1982)
세계화와 국가경쟁력(공편, 나남출판사, 1994)

정책평가론 [제5판]

1983년 12월 1일 초 판 발행
2012년 2월 20일 제4판 5쇄 발행
2018년 1월 25일 제5판 2쇄 발행

저 자 노 화 준
발행인 배 효 선

발행처 도서출판 法 文 社

주 소 10881 경기도 파주시 회동길 37-29
등 록 1957년 12월 12일/제2-76호(윤)
전 화 (031)955-6500~6 FAX (031)955-6525
E-mail (영업) bms@bobmunsa.co.kr
(편집) edit66@bobmunsa.co.kr
홈페이지 http://www.bobmunsa.co.kr
조 판 법 문 사 전 산 실

정가 30,000원 ISBN 978-89-18-02439-4